**Les microrégions du guide :**
*(voir la carte à l'intérieur de la couverture ci-contre)*





# Pays basque
## *France, Espagne*
# et Navarre

**Collection Le Guide Vert sous la responsabilité d'Anne Teffo**

**Édition**
Irène Lainey, Sonia Lambert

**Rédaction**
Lucie Dejouhanet, Sarah Parot, Pierre Plantier, Ur Apalategi, Marie-Claude Berger, Iker Elosegi, Alexandra Forterre, Claude Labat, Pakea, Jean-Emmanuel Sceau

**Cartographie**
Marie-Christine Defait, Stéphane Anton, Michèle Cana, Véronique Aissani, Aura Nicolae, Cristina Bragaru, Mirela Spita, Alexandru Iorga, Severin Vlad

**Relecture**
Florence Michel

**Remerciements**
Didier Broussard, Maria Gaspar et Mathieu Bourdenet (iconographie)

**Conception graphique**
Christelle Le Déan

**Régie publicitaire et partenariats**
michelin-cartesetguides-btob@fr.michelin.com
*Le contenu des pages de publicité insérées dans ce guide n'engage que la responsabilité des annonceurs.*

**Contacts**
Michelin
Guides Touristiques
27 cours de l'Île-Seguin, 92100 Boulogne-Billancourt
Service consommateurs : tourisme@tp.michelin.com
Boutique en ligne : www.michelin-boutique.com

**Parution 2012**

**Note au lecteur**

Michelin a apporté le plus grand soin à la rédaction de ce guide et à sa vérification. Toutefois, les informations pratiques (formalités administratives, prix, adresses, numéros de téléphone, adresses Internet...) doivent être considérées comme des indications du fait de l'évolution constante de ces données.

Il n'est pas totalement exclu que certaines d'entre elles ne soient plus, à la date de parution du guide, tout à fait exactes ou exhaustives. N'hésitez pas à nous signaler toute omission ou inexactitude que vous pourriez constater, ainsi qu'à nous faire part de vos avis et suggestions sur les adresses contenues dans ce guide.

Avant d'entamer toute démarche, formalités administratives ou douanières notamment, vous êtes invité à vous renseigner auprès des organismes officiels. Ces informations ne sauraient, de ce fait, engager notre responsabilité.

# Le Guide Vert, mode d'emploi

## Le Guide Vert, un guide en 3 parties

- **Organiser son voyage :** les informations pratiques pour préparer et profiter de son séjour sur place
- **Comprendre la destination :** les thématiques pour enrichir son voyage
- **Découvrir la destination :** un découpage en **microrégions** *(voir carte générale dans le 1er rabat de couverture et sommaire p. 4)*

En ouverture de chaque **microrégion**, retrouvez un **sommaire** et une **carte** qui indiquent :

- les villes et sites traités dans le chapitre
- les circuits conseillés

Pour chaque chapitre, consultez « **Nos adresses...** » :

- des informations pratiques
- des établissements classés par catégories de prix
- des lieux où boire un verre
- des activités à faire en journée ou en soirée
- un agenda des grands événements de l'année

## En fin de guide

- un **index général** des lieux et thèmes traités
- un **index** des cartes et plans du guide
- la légende des symboles du guide
- la liste de nos publications

## Et en complément de notre guide

- Créez votre voyage sur **Voyage.ViaMichelin.fr**

# Sommaire

## 1/ ORGANISER SON VOYAGE



## 2/ COMPRENDRE LE PAYS BASQUE ET LA NAVARRE

# 3/ DÉCOUVRIR LE PAYS BASQUE ET LA NAVARRE

## 1 LA CÔTE BASQUE ET LE LABOURD



## 2 LA BASSE-NAVARRE ET LA SOULE



## 3 ST-SÉBASTIEN ET LA PROVINCE DE GUIPÚZCOA



## 4 BILBAO ET LA BISCAYE



## 5 VITORIA ET LA PROVINCE D'ÁLAVA



## 6 LA NAVARRE

# 1/
# ORGANISER SON VOYAGE

*M. Barraud/Ojo Images/Photononstop*

# Venir dans la région

## Par la route

### LES GRANDS AXES

Plusieurs autoroutes convergent vers le Pays basque : l'A 10 (Paris-Bordeaux) et l'A 62 relient Paris et Toulouse à Bordeaux, d'où l'A 63 conduit jusqu'à Bayonne puis à Hendaye. Enfin l'A 64 va de Toulouse à Pau. Le passage en Espagne se fait par Irún où l'A 8 prend le relais en direction de St-Sébastien et Bilbao. Juste après St-Sébastien, la E 5/E 80 permet de rejoindre respectivement Vitoria et Pampelune.
**Informations autoroutières** – ✆ 0 892 681 077 - www.autoroutes.fr

### LES CARTES MICHELIN

**Plans de ville : Bilbao 77, Donastía San Sebastían 84** et **Pamplona 88.**
**Camino de Santiago de Compestella 160** au 1/150 000 : l'itinéraire des chemins de Compostelle, de St-Jean-Pied-de-Port à Santiago, avec auberges, refuges et informations pratiques.
**Cartes Zoom 144** (Pyrénées occidentales) au 1/150 000 avec index des localités, plans de ville et parcours pittoresques.
**Cartes Départements 342** (Hautes-Pyrénées, Pyrénées-Atlantiques) au 1/150 000.
**Cartes Région 573** (Pays basque et Navarre) au 1/250 000 et **524** (Aquitaine) au 1/200 000.
**Carte de France 721 et carte d'Espagne-Portugal 734**.
En ligne : calcul d'itinéraires sur **www.ViaMichelin.fr**

## En train

### LE RÉSEAU GRANDES LIGNES

Le **TGV** relie Paris-Montparnasse à Bayonne en 5h. Il continue jusqu'à Irún (5h35 pour les directs) où la Renfe prend le relais pour conduire à St-Sébastien, Bilbao, Vitoria ou Pampelune. Les autres liaisons ont un changement et se font en partie en train Corail.
**Informations et réservations** – ✆ 36 35 (0,34 €/mn) - www.voyages-sncf.com
**Iberail France (représentation des chemins de fer espagnols Renfe)** - 57 r. de la Chaussée-d'Antin - 75009 Paris - ✆ 01 40 82 63 63 - www.iberrail-agence-voyage. fr

| DISTANCES | Bayonne | Bilbao | Pampelune | St-Sébastien | Vitoria-Gasteiz |
|---|---|---|---|---|---|
| **Bayonne** | | 150 | 112 | 55 | 162 |
| **Bilbao** | 150 | | 156 | 99 | 65 |
| **Pampelune** | 112 | 156 | | 82 | 94 |
| **St-Sébastien** | 55 | 99 | 82 | | 111 |
| **Vitoria-Gasteiz** | 162 | 65 | 94 | 111 | |

### TRAINS EXPRESS RÉGIONAUX

Les **TER** sillonnent la région au départ de Bayonne direction Biarritz, Hendaye, Cambo-les-Bains, Ossès et St-Jean-Pied-de-Port. Ces lignes ferroviaires sont renforcées, voire dans certains cas doublées, par des lignes d'**autocars** (TER).

**Informations et réservations sur le réseau régional**
Ligne directe : ✆ 36 35 (0,34 €/mn) - www.ter-sncf.com/aquitaine
Le **forfait Passbask**, utilisable tlj en juil.-août (le reste de l'année le w.-end), permet de voyager entre Bayonne et St-Sébastien : trajets illimités avec arrêts possibles dans les gares intermédiaires du jour du compostage au lendemain minuit en été, du samedi au dimanche minuit le reste de l'année. En vente dans toutes les gares SNCF d'Aquitaine et celles d'Euskotren - ✆ 0 800 872 872 - www.ter-sncf.com/aquitaine - 11 € (-12 ans 7 €).

### EN ESPAGNE

C'est la compagnie nationale **Renfe** qui assure les trajets sur les grandes lignes. Horaires, prix et réservations en ligne sur **www.renfe.es**
En Euskadi, en attendant la réalisation de l'Y, liaison à grande vitesse reliant les trois capitales (Bilbao, St-Sébastien et Vitoria-Gasteiz), le chemin de fer est régi en Biscaye et dans la province de Guipúzcoa par une compagnie publique régionale.
**Euskotren** – Gare de St-Sébastien, plaza Easo - ✆ (+34) 902 543 210 - **www.euskotren.es** : détail des lignes et des horaires.

## En avion

### LES COMPAGNIES AÉRIENNES

**Air France** – La compagnie dessert depuis Paris les aéroports de Biarritz et de Bilbao. Renseignements et réservations : ✆ 36 54 - www.airfrance.fr
**Iberia** – Renseignements et réservations : ✆ 0 825 800 965 - www.iberia.fr - ✆ 902 400 500 - www.iberia.es

### LES AÉROPORTS DE LA RÉGION

**Aéroport de Biarritz-Anglet-Bayonne** – 7 esplanade de l'Europe - 64600 Anglet - ✆ 05 59 43 83 83 - www.biarritz.aeroport.fr. Vols directs de (et pour) Paris-Orly, Lyon, Clermont-Ferrand, Nice et Genève (Air France), Paris-CDG, Lyon et Londres (Easyjet), Marseille, Londres, Dublin et Birmingham (Ryanair).
**Aéroport de Fontarabie/St-Sébastien** – C/Gabarrari, 22 - 20280 Hondarribia - ✆ 902 404 704. Vols directs depuis Biarritz, Madrid et Barcelone.
**Aéroport de Bilbao-Loiu** – 48180 Loiu - ✆ 902 404 704 (aéroport) ou 905 505 505 (infos vols). Plusieurs vols depuis Paris opérés par Air France et Iberia, vols depuis Bruxelles (SN Brussels Air Lines).
**Aéroport de Vitoria** – 01196 Vitoria - ✆ 902 404 704.
**Aéroport de Pampelune** – Ctra Zaragoza, km 5 - 31110 Noáin - ✆ 902 404 704.
Informations sur les aéroports espagnols : www.aena.es

### LES BONS PLANS

Voici quelques sites permettant de réserver en ligne au meilleur prix :
**www.lastminute.com**
**www.opodo.fr**
**www.anyway.com**
**www.voyagermoinscher.com**
**www.bevedair.com** (au départ de Beauvais)
**www.govoyages.fr**
**www.easyjet.com**
**www.voyages-sncf.com**

# Avant de partir

## Météo

Deux versants, l'un tributaire de l'Atlantique, l'autre plus méditerranéen, une barrière montagneuse... c'est dire si le climat peut être changeant dans la région.
**Services téléphoniques de Météo France** – ✆ **3250** (1,35 €/appel + 0,34 €/mn).
**Accès aux prévisions du département** – ✆ **0 899 710 2** suivi du numéro du département (1,35 €/appel + 0,34 €/mn).
En ligne : **www.meteo.fr**

### ÉTÉ

La région a la réputation d'être souvent pluvieuse, mais la réalité ménage heureusement de très belles périodes ensoleillées, parfois troublées dans l'arrière-pays par des orages subits. Les températures peuvent grimper très vite, mais elles restent généralement assez douces. Dans la Ribera navarraise espagnole, c'est l'aridité et, parfois, la canicule qui règnent.

### AUTOMNE

Le temps, généralement agréable, permet de profiter de la mer aussi bien que de la montagne… mais parapluie ou imperméable toujours à portée de main.

### HIVER

Sur la côte, l'hiver est plutôt doux grâce à l'influence du Gulf Stream, mais attention aux sautes d'humeur de l'Océan qui peut s'emballer lors de grosses tempêtes… C'est l'époque idéale pour découvrir les Pyrénées sous la neige et skier du côté de la forêt d'Iraty.

### PRINTEMPS

Les températures deviennent douces et, à St-Sébastien comme à Bilbao, on peut vite avoir l'impression d'être en été. Mais n'oubliez pas votre imperméable, car les pluies sont fréquentes, sur le littoral comme à l'intérieur des terres. En Álava et en Navarre (en particulier dans les vallées pyrénéennes), le temps se montre moins clément, les températures pouvant être très fraîches, surtout en montagne où la neige tient parfois jusqu'au mois de mai !

## Adresses utiles

### LES INSTITUTIONS

**Comité régional du tourisme d'Aquitaine** – Cité Mondiale - 23 parvis des Chartrons - 33074 Bordeaux Cedex - ✆ 05 56 01 70 00 - www.tourisme-aquitaine.fr
**Office espagnol du tourisme** – 43 r. Descamps - 75016 Paris - ✆ 01 45 03 82 50 - www.spain.info/fr
**Comité départemental du tourisme Béarn-Pays basque** – 2 allée des Platanes - 64100 Bayonne - ✆ 05 59 30 01 30 - www.tourisme64.com. Le comité publie un *Guide des loisirs*, une carte touristique, une brochure *Sites et musées en Pays basque*, une carte de circuits de randonnée en vélo, un guide hébergements pour les randonneurs à pied, un guide de la pêche et le *Carnet de Rando 64*. Le guide *Le Nez en l'air : découvrir le Pays basque avec des enfants* est vendu 3 €.
**Euskadi** – www.euskadi.net. Le gouvernement autonome du

Pays basque publie plusieurs brochures sur les différents types d'hébergement, la gastronomie, les parcs naturels et les randonnées. Elles sont disponibles dans tous les offices de tourisme.

**Département de tourisme du gouvernement de Navarre** – Eslava 1 - Plaza San Francisco - 31005 Pamplona - ✆ 948 206 540 - www.navarra.es et www.turismo.navarra.es

De son côté, le **gouvernement navarrais** propose une série de brochures très détaillées présentant tous les sites dignes d'intérêt de la région (villes, monuments, etc.). Il diffuse également un livret assez complet recensant tous les hébergements de la province.

## Maison de pays

**Maison des Pyrénées-Atlantiques** – 20 av. de l'Opéra - 75001 Paris - ✆ 01 53 45 94 64.

## Programmation culturelle

**Institut culturel basque** – Château Lota - 64480 Ustaritz - ✆ 05 59 93 25 25 - www.eke.org - lun.-vend. 9h30-12h30, 13h30-18h (vend. 17h).

**Maison basque de Paris** *(Pariseko Eskual Etxea)* – 59 av. Gabriel-Péri - 93400 St-Ouen - ✆ 01 40 10 11 11 - www.eskualetxea.jimdo.com - lun.-sam. 10h-12h, 14h-17h. Lieu de rencontre et de réunion, cette adresse propose activités et animations en accord avec le calendrier et la culture basques.

## Sur Internet

**www.cotebasque.com** (disponible aussi en application webphone)
**www.cotebasque.net**
**www.turismopaisvasco.com**
**www.navarra.es**
**www.turismo.navarra.es**
**www.alavaincoming.com**
**www.euskadi.net**
**www.bizkaia.net**
**www.navarraterecibegratis.com**

## Offices de tourisme

Les adresses des offices de tourisme se trouvent dans ce guide à la rubrique « S'informer » dans la partie « Découvrir la région ». Nous y indiquons les adresses des sites officiels de ces localités. Mieux vaut néanmoins avoir, pour nombre d'entre elles, quelques notions d'espagnol.

**Communauté de communes Sud Pays basque** – 20 bd Victor-Hugo - BP 265 - 64502 St-Jean-de-Luz Cedex - ✆ 05 59 51 65 34 - www.terreetcotebasques.com. Regroupement des offices de tourisme du Pays de St-Jean-de-Luz-Hendaye, soit Ahetze, Ainhoa, Arbonne, Ascain, Biriatou, Ciboure, Guéthary, Hendaye, St-Jean-de-Luz, St-Pée-sur-Nivelle, Sare et Urrugne. Cette structure publie de nombreuses brochures.

En ligne : une mine d'informations pour faire du tourisme en France sur **www.franceguide.com** et **www.tourisme.fr**

### FORMALITÉS EN ESPAGNE

**Pièces d'identité** – La carte nationale d'identité en cours de validité ou le passeport sont valables pour les ressortissants des pays de l'Union européenne, d'Andorre, du Liechtenstein, de Monaco et de Suisse.

**Santé** – Numéro d'urgence unique : le **112**. Les ressortissants de l'Union européenne bénéficient de la gratuité des soins avec la **Carte européenne d'assurance maladie**.

**Véhicules** – Pour le conducteur : permis de conduire à trois volets ou permis international. Le conducteur doit être en possession d'une autorisation écrite du propriétaire si celui-ci n'est pas dans la voiture. Outre les papiers du véhicule, il est nécessaire de posséder la carte verte d'assurance.

Pensez également à vous munir de deux **triangles de signalisation** et d'un **gilet fluorescent**, obligatoires en cas de panne.

### ANIMAUX DOMESTIQUES

Pour les chats et les chiens, un certificat de bonne santé (datant de moins de 10 jours avant le départ), rédigé en espagnol, et un carnet de santé à jour (avec un certificat de vaccination antirabique) sont exigés.

### TOURISME DES PERSONNES HANDICAPÉES

Le symbole ♿ signale les sites accessibles aux personnes à **mobilité réduite**.

**Accessibilité des infrastructures touristiques :**
Consultez les sites labellisés **Tourisme et Handicap** à l'adresse http://tourisme.handicap.fr
**Association Tourisme et Handicaps** – 43 r. Max-Dormoy - 75018 Paris - ✆ 01 44 11 10 41 - www.tourisme-handicaps.org
**Association des paralysés de France** – Direction de la communication - 17 bd Auguste-Blanqui - 75013 Paris - ✆01 40 78 69 00 - www.apf.asso.fr

**Accessibilité des transports :**
**Train** – Guide *Mobilité réduite* disponible gratuitement dans les gares et boutiques SNCF ou sur le site www.voyages-sncf.com
Centre de service **Accès Plus** : ✆ 0 890 640 650 (0,11 € TTC/mn) - **www.accessibilite.sncf.fr**
**Avion** – Air France propose aux personnes handicapées le service d'**assistance Saphir** : ✆ 0 820 01 24 24 (0,12 € TTC/mn). Voir aussi **www.airfrance.fr**

## Se loger

Retrouvez notre sélection d'hébergements dans « Nos adresses à… » située en fin de description des principaux sites de la partie « Découvrir le Pays basque et la Navarre ».

**Bon à savoir** – Les comités départementaux de tourisme et certains offices de tourisme proposent un service de réservation en ligne et, parfois, des formules thématiques de courts séjours et des offres promotionnelles. Attention, en été, certaines chambres d'hôte, des hôtels bien situés et la plupart des campings n'acceptent pas de réservation pour une seule nuit.

### NOTRE SÉLECTION

**Les hôtels**
Hôtel, pension ou chambre d'hôte, à vous de choisir ! Les établissements sont classés par catégories de prix *(voir le tableau p. 14)*. Les tarifs communiqués, prix minimum et maximum pour une chambre double, sont ceux pratiqués en haute saison. En Espagne, le petit-déjeuner est pratiquement toujours facturé en supplément. À consulter aussi : **Le Guide Michelin France**, le **Guide Camping Michelin France** et **Le Guide Michelin Espagne-Portugal**.

**Les « paradores »**
Le luxe « à l'espagnole ».
Anciens couvents, châteaux ou palais, devenus la plupart du temps propriété de l'État et transformés en hôtels de grand confort, ils occupent en général des sites idéalement placés en centre-ville ou sur des hauteurs avec vues imprenables. Comptez entre 80 et 170 € pour une chambre double (TVA en sus). Réservation conseillée. Sur le territoire couvert par ce guide, il existe trois *paradores* : à Argómaniz près de la sierra de Gorbea *(voir p. 385)*, à Fontarabie *(voir p. 287)* et à Olite en Navarre.
**Réserver depuis la France** – Iberrail France - ✆ 0 825 079 200.
**Réserver depuis l'Espagne** – Requena, 3 - 28013 Madrid - ✆ 902 547 979 - www.paradores.es

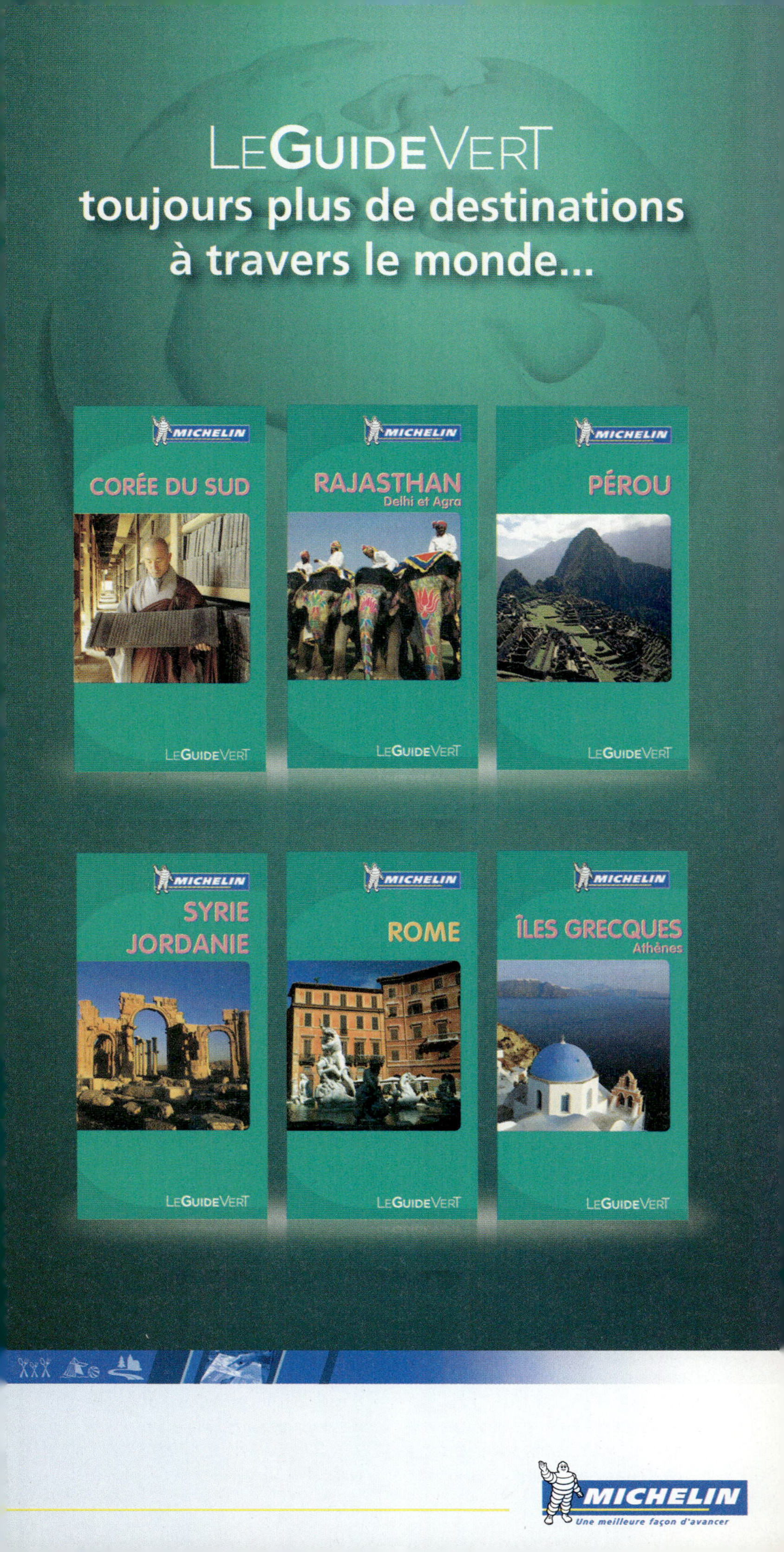
LEGUIDEVERT
toujours plus de destinations
à travers le monde...
MICHELIN
CORÉE DU SUD
LEGUIDEVERT
MICHELIN
RAJASTHAN
Delhi et Agra
LEGUIDEVERT
MICHELIN
PÉROU
LEGUIDEVERT
MICHELIN
SYRIE
JORDANIE
LEGUIDEVERT
MICHELIN
ROME
LEGUIDEVERT
MICHELIN
ÎLES GRECQUES
Athènes
LEGUIDEVERT
MICHELIN
Une meilleure façon d'avancer

| NOS CATÉGORIES DE PRIX | | | | |
|---|---|---|---|---|
| | Hébergement | | Restauration | |
| | Province | Grandes villes | Province | Grandes villes |
| Premier prix | jusqu'à 60 € | jusqu'à 80 € | jusqu'à 15 € | jusqu'à 20 € |
| Budget moyen | de 60 € à 100 € | de 80 € à 120 € | de 15 € à 30 € | de 20 € à 40 € |
| Pour se faire plaisir | de 100 € à 140 € | de 120 € à 160 € | de 30 € à 45 € | de 40 € à 60 € |
| Une folie | plus de 140 € | plus de 160 € | plus de 45 € | plus de 60 € |

## Les pensions

Cette formule d'hébergement ne se pratique qu'au sud des Pyrénées. Formule intermédiaire entre l'hôtel et la chambre d'hôte, la *pensión* offre convivialité et confort pour un prix généralement correct. Le petit-déjeuner n'est souvent pas compris dans la prestation : renseignez-vous auprès de votre hôte.

### SERVICES DE RÉSERVATION

**Fédération nationale des services de réservation Loisirs-Accueil** – 76 r. de Bercy - 75012 Paris - ✆ 01 44 11 10 20 - www.loisirsaccueilfrance.com

**Fédération nationale Clévacances** – 54 bd de l'Embouchure - BP 52166 - 31022 Toulouse Cedex - ✆ 05 61 13 55 66 - www.clevacances.com

### HÉBERGEMENT RURAL

**Fédération des Stations vertes de vacances et Villages de neige** – BP 71698 - 21016 Dijon Cedex - ✆ 03 80 54 10 50 - www.stationverte.com

**Bienvenue à la ferme** – Ce réseau regroupe dans tout le pays des agriculteurs qui proposent des activités d'accueil touristique. Voir www.alaferme64.com

**Maison des Gîtes de France et du Tourisme vert** – 56 r. St-Lazare - 75009 Paris - ✆ 01 49 70 75 75 - www.gites-de-france.com. Cet organisme donne les adresses des relais départementaux et publie des guides sur les différentes possibilités d'hébergement en milieu rural (gîtes, chambres et tables d'hôte, location de chalets, campings, séjours à la ferme, etc.).

**Au sud des Pyrénées** – Vous aurez la liste et le détail des hébergements en demandant les brochures dans les offices de tourisme, ou en consultant les sites Internet www.nekatur.net et www.casasruralesnavarra.com

## Pour les randonneurs

En ligne : **www.gites-refuges.com**

**Label St-Jacques** – Il concerne les gîtes et chambres d'hôte situés à proximité des chemins de St-Jacques s'étant engagés à valoriser ce thème.
Renseignements :
Gîtes de France des Pyrénées-Atlantiques - 20 r. Gassion - 64000 Pau - ✆ 05 59 11 20 64 - www.gites64.com

Les pèlerins « purs et durs », munis de leur **credencial** (obligatoire en Espagne pour accéder à ce type d'hébergement) pourront être accueillis dans les **Albergues** et **Lugares de Acogida**, souvent particulièrement spartiates. *Pour plus de détails, reportez-vous aux pages thématiques p. 435.*

### AUBERGES DE JEUNESSE

**Fédération unie des auberges de jeunesse (FUAJ)** – 27 r. Pajol - 75018 Paris - ✆ 01 44 89 87 27 - www.fuaj.org

**Ligue française pour les auberges de jeunesse (LFAJ)** – 67 r. Vergniaud - bâtiment K - 75013 Paris - ✆ 01 44 16 78 78 - www.auberges-de-jeunesse.com

**POUR DÉPANNER**

### Les chaînes hôtelières

**Akena** – ✆ 01 69 84 85 17 - www.hotels-akena.com
**B & B** – ✆ 0 892 782 929 - www.hotel-bb.com
**Etap Hôtel** – ✆ 0 892 688 900 - www.etaphotel.com
**Villages Hôtel** – ✆ 03 80 60 92 70 - www.villages-hotel.com
Les hôtels suivants offrent un meilleur confort et quelques services complémentaires :
**Campanile** – ✆ 01 64 62 46 46 - www.campanile.fr
**Kyriad** – ✆ 0 825 003 003 - www.kyriad.fr
**Ibis** – ✆ 0 825 882 222 - www.ibis.com
Du côté de l'Espagne :
**www.sercotel.es** – ✆ +34 93 363 63 63.
**www.husa.es** – ✆ 902 100 710.
**www.solmelia.com** – ✆ 902 144 440.

## Se restaurer

Retrouvez notre sélection de restaurants dans « Nos adresses à… » en fin de description des principaux sites de la partie « Découvrir la région ». Comme pour « Se loger », ils sont listés par catégories de prix, sur la base mini/maxi en haute saison.
Sur les **côtes guipúzcoane et biscayenne**, les bars à tapas et à *pintxos* *(voir encadré p. 67)* permettent de déguster une grande variété de produits locaux (asperges, anchois, fruits de mer, etc.) sous forme de canapés, de brochettes ou d'assiettes, accompagnés d'un verre du vin de la maison (ou de cidre).
Dans les **vallées pyrénéennes**, notamment du côté des Aldudes ou de Roncal, truites, jambons et fromages de brebis sont à l'honneur. Pour accompagner ces spécialités, n'hésitez pas à goûter le vin d'Irouléguy produit du côté de St-Étienne-de-Baïgorry.
En Basse-Navarre et Soule, foie gras et cèpes figurent immanquablement à la carte.

**NOTRE SÉLECTION**

Pour répondre à toutes vos envies, nous proposons des **restaurants** régionaux, mais aussi classiques, gastronomiques et des adresses où faire une petite pause.
À consulter aussi : **Le Guide Michelin France** et **Le Guide Michelin Espagne-Portugal**.
En ligne : les fermes-auberges sur **www.bienvenue-a-la-ferme.com**
**Bon à savoir** – Lorsque vous séjournez en Espagne, vous devez vous plier à la fameuse « heure espagnole » : ne comptez pas déjeuner avant 14h ni dîner avant 21h !

**LABELS**

### Les Sites remarquables du goût

Le label « Sites remarquables du goût » regroupe à travers toute la France des sites dont la richesse gastronomique s'appuie sur des produits de qualité liés à un environnement culturel intéressant et à une réelle volonté d'accueil touristique. Dans cette région, il a été décerné au village d'**Espelette**.
Pour en savoir plus : **www.sitesremarquablesdugout.com**

# Sur place de A à Z

Pour obtenir de la documentation, s'adresser aux **comités départementaux** et **comités régionaux** de tourisme *(voir p. 10)*.

**Bon à savoir :** certaines brochures sont téléchargeables sur leurs sites Internet.

## BAIGNADE

Les **plages du littoral** sont en général surveillées durant les mois d'été. Il faut cependant faire attention aux vagues déferlantes et aux courants qui peuvent entraîner les nageurs loin des côtes.
Si vous préférez des eaux moins tourmentées, optez pour les **lacs intérieurs** comme Urrúnaga ou Ullíbarri, près de Vitoria, en Álava. Attention, la baignade n'est pas autorisée partout : renseignez-vous dans les offices de tourisme ou sur **http://baignades.sante.gouv.fr**

### Naturisme

Les villages ou les campings naturistes sont bien plus rares que sur la Côte landaise, mais certaines plages du littoral basque sont fréquentées par les naturistes à Anglet, Biarritz, Bidart ou Hendaye pour la côte nord, St-Sébastien ou Zarautz pour le Guipúzcoa, Ispaster, Ea ou Getxo pour la Biscaye. Le naturisme est également pratiqué en bordure de certains lacs navarrais où il est « toléré » (Yesa, Aioz).

**Délégation régionale de naturisme d'Aquitaine** – Maison des associations - 2 cours Fénelon - 24000 Périgueux - www.naturisme-aquitaine.blogspot.com

**Euskal Naturista Elkartea** – Apdo de Correos 4066 - 48080 Bilbao - ✆ 656 728 499 - www.ene-naturismo.org

**www.naturismo.org** – Fédération nationale des naturistes espagnols.

## CERF-VOLANT

**Fédération française de vol libre** – 4 r. de Suisse - 06000 Nice - ✆ 04 97 03 82 82 - www.federation.ffvl.fr/Vol_Libre/Cerf_Volant

## CHASSE

Les **Pyrénées** attirent les chasseurs à la recherche de gros gibier.
Du côté espagnol, la législation en vigueur limite la chasse de certaines espèces à des zones et à des saisons bien déterminées. Le calendrier de chasse varie suivant les régions. Il est généralement établi au mois d'août, et prévoit les zones et les périodes de chasse autorisée pour chacune des espèces. Chaque chasseur doit posséder un permis de port d'arme délivré par la police des frontières sur présentation du passeport et du permis de chasse français en règle, accompagnés de leur traduction et certifiés par le consulat d'Espagne ; un permis de chasse délivré sur présentation du passeport par les autorités de la région choisie ; une assurance obligatoire.

**Union nationale des fédérations départementales des chasseurs** – 13 r. du Gén.-Leclerc - 92136 Issy-les-Moulineaux - ✆ 01 41 09 65 10 - www.chasseurdefrance.com

**Real Federación Española de Caza** – C/ Francos Rodríguez, 70, 2nd piso - 28039 Madrid - ✆ 913 11 14 11 - www.fecaza.com. Informations sur la législation.

**Federación Vasca de Caza** – D. José Ma Usarraga López - C/ Julián Gayarre, 48 Lonja - 48004

Bilbao (Biscaye) - ✆ 944 735 006 - fvcaza@euskalnet.net.
**Federación Guipuzcoana de Caza** – Paseo de Anoeta - Oficina 58 - 20014 Donostia - ✆ 943 474 642 - www.fedecazagipuzkoa.com

### Chasse à la palombe

La chasse à la palombe (très ancrée dans les Pyrénées), même si sa pratique est aujourd'hui contestée par certaines associations, se pratique en octobre et novembre. Certains prestataires organisent des week-ends ou des journées de chasse à la palombe, avec transfert sur les lieux de chasse.
Pour plus d'informations s'adresser aux **comités départementaux** et **comités régionaux** de tourisme *(voir p. 10).*

## COURSES DE TAUREAUX

*Voir « Sports et jeux » p. 57.*

## COURSE À PIED

Si vous êtes bien entraîné et si la compétition vous intéresse, inscrivez-vous à l'**Hirukasko**, la course des trois sommets, qui a lieu à Bidarray en juin ou à la **Course des crêtes du Pays basque**, qui couvre des distances de 7 à 27 km, et dont les adeptes prennent le départ à Espelette chaque début de juillet depuis plus de 35 ans (prévoir 13 à 17 € de participation, licence sportive requise ou, à défaut, certificat médical sans contre-indication pour pratiquer la course à pied). Un dîner animé vient clôturer la journée.
Autre course incontournable de l'été : la **Course de la Rhune**, soit 13 km parcourus chaque mois d'août entre Ascain et le sommet de la montagne mythique (6,5 km de montée, 920 m de dénivelé).
Les plus mordus pourront tenter la **Euskal Trail**, un raid en boucle de 80 km dans la vallée des Aldudes, qui a lieu en juin. La course se fait par équipes de deux, en deux étapes (environ 40 km, dénivelé de 2 000 m).

## CYCLOTOURISME

Le Comité départemental du tourisme **Béarn-Pays basque** met à disposition un guide *Vélo* regroupant informations et propositions d'itinéraires. La **montagne pyrénéenne** se prête également à des randonnées à VTT. La liste des loueurs de cycles est fournie par les syndicats d'initiative et les offices de tourisme.
**Fédération française de cyclotourisme** – 12 r. Louis-Bertrand - 94200 Ivry-sur-Seine Cedex - ✆ 01 56 20 88 88 - www.ffct.org
**Federación Vasca de Ciclismo (Euskadiko Txirrindularitza Federazioa)** – Velódromo de Anoeta, paseo de Anoeta, 12, 1º derecha - 20014 Donostia - San Sebastián - ✆ 943 457 069 - www.fvascicli.com
**Federación Navarra de Ciclismo** – Casa del Deporte, c/Paulino Caballero, 13 - 4ª planta - 31002 Pamplona - ✆ 948 211 495 - www.fnciclismo.es

## ESCALADE

**Fédération française de la montagne et de l'escalade** – 8-10 quai de la Marne - 75019 Paris - ✆ 01 40 18 75 50 - www.ffme.fr
**Federación Española de Montañismo** – C/Floridablanca, 84 - 08015 Barcelona - ✆ 934 264 267 - www.fedme.es
**Federación Navarra de Deportes de Montaña y Escalada** – C/Paulino Caballero, 13 - 31002 Pamplona - ✆ 948 224 683 - www.mendinavarra.com
**Federación Vasca de Montañismo** – Pº Anoeta, 24 - 20014 San Sebastián - ✆ 943 474 279 - www.emf-fvm.com

## GOLF

**Fédération française de golf** – 68 r. Anatole-France - 92300 Levallois-Perret Cedex - ✆ 01 41 49 77 00 - www.ffgolf.org

**Federación Española de Golf** – C/Provisional Arroyo del Fresno Dos (prolongement de C/Gabriela Mistral), 5 - 28035 Madrid - ✆ 915 552 682 ou 913 769 130 - www.golfspainfederacion.com

**Federación Navarra de Golf** – C/ Paulino Caballero, 13 - Segunda planta - 31012 Pamplona - ✆ 948 210 132 - www.fnavarragolf.com

**Federación Vasca de Golf** – Plaza de Euskadi, 1 - 4° Edificio « La Equitativa » - 20002 San Sebastián - ✆ 943 293 508 - www.fvgolf.com

Voici quelques golfs très connus :

- **Golf du Phare à Biarritz** – 2 av. Edith-Cavell - 64200 Biarritz - www.golfbiarritz.com. Il s'agit du doyen puisqu'il a été inauguré en 1887 par des résidents anglais.
- **Golf de Chiberta à Anglet** – 102 bd des Plages - 64600 Anglet - ✆05 59 52 51 10.
- **Real Golf Club de San Sebastián**, à 14 km de la ville en direction de Fontarabie/Hondarribia - www.golfsansebastian.com
- **Real Sociedad de Golf de Neguri**, à Punta Galea, 25 km de Bilbao (Vizcaya) - www.rsgolfneguri.com
- **Club de golf d'Artxanda**, à Galdakao (Biscaye), sur la route BI3732 à 10 km de Bilbao - www.artxanda.golf.com

## KAYAK DE MER

**www.ffck.org**

## NAVIGATION DE PLAISANCE

De l'embouchure de la Gironde à celle de la Bidassoa, de nombreux ports de plaisance peuvent accueillir les bateaux; les principaux sont Anglet, St-Jean-de-Luz, Fontarabie, St-Sébastien, Zumaia et Getxo. Renseignements auprès des capitaineries des ports.

Pour en savoir plus sur les ports de la côte, vous pouvez consulter *La Côte basque, de Bayonne à Bilbao*, par Nathalie Dupuy, éd. Atlantica. En ligne : **www.ffports-plaisance.com**

## PÊCHE

Pour repérer au mieux votre lieu de pêche, vous pouvez vous procurer la carte halieutique *Truites et saumons en Béarn et Pays basque*. Le Comité départemental du tourisme Béarn-Pays basque publie un *Guide pêche* qui répertorie les cours d'eau, liste leurs spécificités et informe sur les réglementations *(voir p. 10)*.

### Pêche en eau douce

Les Pyrénées offrent aux pêcheurs un grand choix de rivières, lacs et étangs. Généralement, le cours des rivières est classé en 1re catégorie (salmonidés dominants comme la truite, l'ombre ou l'omble chevalier) ou en 2e catégorie (cyprinidés dominants comme la carpe, la brème ou l'ablette, et carnassiers comme le brochet, le sandre et le black-bass).

**Club halieutique** – www.club-halieutique.com

**Bon à savoir** – Quel que soit l'endroit choisi, il convient d'observer la réglementation en vigueur et d'être affilié à une association de pêche et de pisciculture agréée. En Espagne, il vous faudra demander un permis qui s'obtient auprès des services officiels d'agriculture de chaque région, sur présentation du passeport.

**Federación Española de Pesca y Casting** – Navas de Tolosa, 3 - 28013 Madrid - ✆ 915 328 352 - www.fepyc.es

**Federación Vasca de Pesca y Casting** – Pº de Anoeta, 24,2° - 20014 San Sebastián - ✆ 943 466 790 - www.fvpyc.org

**Federación Navarra de Pesca y Casting** – C/Paulino Caballero, 13 - 31002 Pamplona - ✆ 848 427 850 - fednavarrapasca@yahoo.es

### Pêche en mer

L'amateur de pêche en eau salée peut exercer son sport à pied, en bateau ou en plongée le long de la Côte basque. Des sorties de pêche en mer sont organisées à la belle saison : pêche à la ligne, à la traîne, au « gros » (thon), pour une demi-journée ou une journée entière en fonction du temps, du nombre de participants et du poisson à prendre. Le matériel est fourni par l'équipage du bateau. Il est conseillé de s'inscrire à l'avance.

**Fédération française des pêcheurs en mer** – Résidence Alliance, centre Jorlis - 64600 Anglet - ✆ 05 59 31 00 73 - www.ffpm-national.com. Pour tout renseignement côté espagnol, contactez les fédérations de pêche *(voir ci-dessus)* ou les offices de tourisme.

## PELOTE BASQUE

*Voir « Sports et jeux » p. 57.*

**Fédération française de pelote basque** – Trinquet moderne - 60 av. Dubrocq - BP 816 - 64100 Bayonne - ✆ 05 59 59 22 34 - www.ffpb.net. Elle donne la liste de toutes les ligues régionales.

**Ligue de pelote du Pays basque** – 7 pl. du Jeu-de-Paume - 64240 Hasparren - ✆ 05 59 29 59 40 - www.ligue-pelote-basque.com ou www.lppb.fr

**Federación Vasca de Pelota Pedro Uriarte** – Barrio Astola, 26 - 48220 Abadiño (Vizcaya) - ✆ 946 818 108 - www.euskalpilota.com

**Federación Navarra de Pelota** – Frontón Labrit, c/Juán-de-Labrit s/n - 31001 Pamplona - ✆ 948 226 075 - www.fnpelota.com/es.

C'est également Pampelune qui abrite, calle Bernardino Tirapu, la **Fédération internationale** (www.fipv.net).

**Bon à savoir** – Les Parisiens passionnés de ce sport disposent d'au moins deux trinquets : le **trinquet Chiquito de Cambo** (8 quai St-Exupéry, 75016, M° Porte-de-St-Cloud) et le **trinquet de la Cavalerie** (8 rue de la Cavalerie, 75015, M° La Motte-Picquet).

## PROMENADES EN BATEAU

Sur les fleuves et les rivières, la promenade en bateau constitue une agréable activité permettant de découvrir les paysages le long des berges. Le bassin de l'Adour est l'un des rares non assujettis à la vignette VNF (Voies navigables de France). Sa navigation actuelle est très réduite, se limitant aux couralins – nom local d'un bateau à fond plat – et aux pêcheurs professionnels. En été, quelques voiliers (estivants) et la flottille de l'école de voile de Lahonce y circulent, ainsi que des bateaux à moteur de plaisance et deux bateaux-mouches entre Bayonne et Peyrehorade *(Le Bayonne* et *La Hire)*.

## RANDONNÉE ÉQUESTRE

Le Comité régional du tourisme d'**Aquitaine** édite la brochure *À cheval*. Pour chaque centre, club ou ferme équestre, cette brochure propose des idées de séjours et de randonnées de 1 à 7 jours.

De l'autre côté de la frontière, la plupart des centres équestres proposent des excursions.

**Federación Vasca de Hípica** – Avda Julian-Gaiarre, 44 - Bajo - 48004 Bilbao - ✆ 944 734 895 - www.fvh.org

**Federación Hípica de Navarra** – C/Paulino Caballero, 13 - 31002 Pamplona - ✆ 948 227 475 - www.fnhipica.com

Dans un genre moins physique, vous pourrez effectuer des **balades**

**à dos d'âne** à Irouléguy (près de St-Étienne-de-Baïgorry). En revanche, grosse déception pour les amateurs de couleur locale : ne comptez pas enfourcher un **pottok** ! Ces sympathiques petits chevaux consentiront seulement à porter vos bagages *(voir à Espelette, p. 201)*...

## RANDONNÉE PÉDESTRE

### Principaux itinéraires

Deux sentiers de grande randonnée traversent le Pays basque français. Le **GR 10** débute à Hendaye et traverse les Pyrénées d'ouest en est, franchissant plusieurs cols de plus de 2 000 m d'altitude. De son côté, le **GR 65** suit l'un des tracés traditionnels du pèlerinage de St-Jacques-de-Compostelle (celui du Puy-en-Velay). Vous pouvez le rallier à St-Palais.

**Bon à savoir** : sauf pour les chemins de pèlerinage, le balisage au sud des Pyrénées laisse parfois à désirer. Renseignez-vous dans les offices de tourisme locaux pour obtenir une documentation précise.

### Sentier littoral

Entre Bidart et Hendaye, sur 25 km, un sentier littoral a été aménagé pour découvrir la Côte basque. Interdit aux vélos, il est accessible à partir de Bidart, Guéthary, St-Jean-de-Luz, Socoa et Hendaye.

**Fédération française de la randonnée pédestre** – 64 r. du Dessous-des-Berges - 75013 Paris - ✆ 01 44 89 93 90 - www.ffrandonnee.fr

**Centre d'information montagne et sentiers (CIMES-Pyrénées)** – 4 r. Maye-Lane - 65420 Ibos - ✆ 05 62 90 09 90 - www.rando.net. Publication et diffusion d'ouvrages, de guides de randonnée et de cartes au 1/50 000 sur les Pyrénées.

**Federación Vasca de Montañismo** – *Voir la rubrique « Escalade ».*

### Parcs naturels

La plupart des parcs naturels d'Espagne sont pourvus d'une Maison du parc où vous trouverez toutes les indications nécessaires pour vos randonnées.

**Parque natural de Aralar** (Guipúzcoa) – ✆ 943 180 285 - Lizarrusti - 20211 Ataun.

**Parque natural de Pagoeta** (Guipúzcoa) – ✆ 943 835 389 - Aia.

**Parque natural de Urkiola** (Biscaye) – ✆ 944 206 849 - 48211 Abadiño.

**Parque natural de Urdaibai** (Biscaye) – www.urdaibai.org

**Parque natural de Gorbeia** (Álava, Biscaye) – ✆ 946 739 279 - Gudarien Plaza, s/n - 48013 Areatza.

**Parque natural de Izqui** (Álava) – ✆ 945 410 502 - 01129 Corres.

**Parque natural de Valderejo** (Álava) – ✆ 945 353 146 - 01427 Lalastra.

Pour trouver les descriptifs, connectez-vous sur les sites des *Diputaciones forales* (conseils généraux) :

**Diputación foral de Bizkaia** – www.bizkaia.net. Sous-rubrique « agriculture » pour les parcs de Gorbeia et d'Urkiola.

**Diputación foral de Gipúzkoa** – www.gipuzkoa.net

### Les chemins de St-Jacques-de-Compostelle

Pour les pèlerins venant du nord, il existe **trois itinéraires** principaux et historiques (ceux qu'empruntèrent les pèlerins depuis le Moyen Âge), partant de quatre points différents et aboutissant tous à Ostabat ; après Ostabat, un chemin commun, le *Camino francés*, conduit à Puente-la-Reina (Espagne) où le rejoint le chemin d'Arles, pour finir à St-Jacques-de-Compostelle :

- **Via Turonensis**, ou chemin de Tours, via Poitiers, Aulnay, Saintes, Blaye, Bordeaux et Dax ;

- **Via Lemovicensis**, ou chemin de Vézelay, via Bourges, Neuvy-St-Sépulchre, St-Léonard-de-Noblat, La Coquille, Périgueux, Ste-Foy-la-Grande, Bazas, St-Sever et Orthez;
- **Via Tolosane**, ou chemin d'Arles, via Montpellier, St-Guilhem-le-Désert, Castres, Toulouse, Auch, Oloron-Ste-Marie et le col du Somport;
- **Via Podiensis**, ou chemin du Puy-en-Velay, via Saugues, Aubrac, Conques, Cahors, Moissac, Lectoure, Aire-sur-l'Adour et St-Jean-Pied-de-Port.

## ROUTES HISTORIQUES

Pour découvrir le patrimoine architectural local, la **Fédération nationale des routes historiques** (www.guide-chateaux.com) a élaboré 23 itinéraires à thème. Tracés et dépliants sont disponibles auprès des offices de tourisme ou à **La Demeure historique** – Hôtel de Nesmond - 57 quai de la Tournelle - 75005 Paris - ✆ 01 55 42 60 00 - www.demeure-historique.org

**Sur les pas des seigneurs du Béarn et du Pays basque** – Cette route fait étape dans quelques-unes des plus belles demeures du Béarn et du Pays basque, témoins de l'histoire de l'Aquitaine, du 12e au 18e s. : châteaux d'Arcangues, d'Urtubie, d'Antoine Abbadie à Hendaye, d'Andurain à Mauléon-Licharre, de Trois-Villes, de Camou et d'Iholdy; maisons Louis-XIV et de l'infante à St-Jean-de-Luz, villa Arnaga à Cambo. Renseignements au château d'Urtubie - 64122 Urrugne - ✆ 05 59 54 62 51 - www.chateaudurtubie.fr

## ROUTES THÉMATIQUES

**La Route des bastides 64** – Les Pyrénées-Atlantiques comptent 13 bastides que vous pourrez découvrir en vous procurant la plaquette *Bastides du Béarn et du Pays basque*.

**Itinéraire de la culture industrielle** – Le Guipúzcoa édite une brochure (demandez-la auprès des offices de tourisme) détaillant les anciens sites industriels de la province. La route part de St-Sébastien (Musée naval et musée du Ciment) vers Tolosa et son musée de la Confiserie, puis se dirige vers l'écomusée du Sel de Leintz-Gatzaga en passant par le Parc culturel de Zerain. Viennent ensuite le musée de la Machine-Outil d'Elgoibar et celui du Chemin de fer d'Azpeitia. Le circuit aboutit à l'ensemble de la Forge et des Moulins d'Agorregi, à Aia.

**La Route gourmande des Basques** – Comme son nom l'indique, cet itinéraire vous guidera de Bayonne à la vallée des Aldudes pour vous faire découvrir des producteurs et des écomusées qui vous mettront l'eau à la bouche. Miel, chocolat, cidre, gâteau basque, condiments, fromage, vin, truite et jambon… aucune spécialité basque ne manque à l'appel! Route gourmande des Basques - Ferme Berrain - N 10 - 64501 St-Jean-de-Luz Cedex - www.routegourmandebasque.com

**La Route du fromage Ossau-Iraty Pyrénées** – Autre voie gourmande, elle s'étend sur 200 km entre le Pays basque français et le Béarn, à la découverte des producteurs de ce délicieux fromage local.
Se renseigner au 05 59 37 86 61.

**La Route du vin et du poisson** – Le gouvernement d'Euskadi édite une petite carte sur le thème du poisson et du vin, reliant la Côte biscayenne à la Rioja alavesa. Elle recense en fait les parcs naturels et les principaux sites touristiques et culturels des provinces traversées.

**La Route des saveurs** – Cette brochure publiée par le Comité du tourisme d'Álava recense de façon succincte les sites de production viticole de la Rioja. Disponible dans les offices de tourisme.

**La Route du vin rouge** – Elle englobe les bodegas de la Rioja alavesa. Renseignements à l'office du tourisme de Laguardia *(voir Laguardia p. 386)*.

**La Route des cidreries** – Si elle n'a rien d'officiel, vous pouvez toujours l'entreprendre de votre propre chef à partir des informations de l'office du tourisme de St-Sébastien. Car c'est dans son arrière-pays, autour d'**Hernani**, que se concentrent les producteurs de cidre et surtout ces auberges où l'on peut boire le précieux breuvage. Certaines cidreries ont conservé la tradition de consommer boissons et nourriture debout, à la bonne franquette.

### RUGBY

*Voir « Sports et jeux » p. 60.*

**Fédération française de rugby** – 3-5 rue Jean-de-Montaigu - 91463 Marcoussis Cedex - ✆ 01 69 63 64 65 - www.ffr.fr

**Comité de rugby de la Côte basque-Landes** – Résidence Soult - 5 av. Raoul-Follereau - 64100 Bayonne - ✆ 05 59 63 36 57.

### SKI

On pratique surtout le ski de fond dans les Pyrénées basques et navarraises. C'est le cas aux **Chalets d'Iraty**, côté nord, dans la vallée de Salazar ou celle de Belagua, versant sud. La station d'**Abodi-Salazar**, située au-dessus d'Ochagavía, dispose d'une piste verte, de quatre bleues et d'une rouge.

Se renseigner : Carretera de Francia - 31680 Ochagavía/Otxagabia (Navarra) - ✆ 948 394 022 ou à l'office du tourisme d'Ochagavía *(« Forêt d'Iraty », p. 254)*.

Celle de **Larra-Belagua**, surplombant la vallée de Roncal et Isaba, déploie quant à elle 25 km de pistes signalisées.

Informations : www.rutasnavarra.com/asp/asp_ski/skisaba. asp

**Les Chalets d'Iraty** – Larrau - 64560 Licq-Athérey - ✆ 05 59 28 51 29 - www.chalets-pays-basque.com

La station de **La Pierre-St-Martin** sur la commune d'Ariette *(voir Guide Vert Aquitaine)*, non loin de Ste-Engrâce, offre 2 domaines nordiques pour ski de fond et raquettes : le domaine d'Issarbe (31 km) et le domaine de La Pierre-St-Martin dans la forêt du Braca (25 km) ; le ski alpin se pratique sur 24 pistes (25 km). Treize remontées mécaniques fonctionnent en saison. Rens. à l'office de tourisme de La Pierre-St-Martin - Maison de la Pierre - 64570 Arette - ✆ 05 59 66 20 09 - www.lapierrestmartin.com

### SOUVENIRS

## PRODUITS GOURMANDS

### Les labels

Au nord des Pyrénées, le **label AOC** permet de repérer les produits typiques rattachés à un terroir, en l'occurrence le vin d'Irouléguy, le piment d'Espelette et l'Ossau-Iraty. Il est complété par le label **Idoki**, attribué aux producteurs fermiers adhérant à la charte du même nom (culture bio, volume de production contrôlé, hygiène de transformation assurée, utilisation de produits naturels, traçabilité).

Côté espagnol, il existe également des productions portant la dénomination de **produits d'origine (DO)** : le fromage d'Idiazabal, le vin de la Rioja alavesa et le *txakoli* de Getaria, de Biscaye et d'Álava. D'autres portent l'**Eusko label** (miel du Pays basque, pomme de terre d'Álava, tomate du Pays basque, etc.).

Nous vous conseillons les **foies gras** mais surtout les **jambons**, qu'ils soient de Bayonne, Kintoa ou espagnols, comme les fameux **bellota**.

**Produits de la mer (et des rivières)**
Il est déconseillé de rapporter des produits frais dans vos bagages mais vous trouverez des soupes de poisson cuisinées sur la côte ainsi que des morceaux de truite fumée ou préparée en rillettes.

**Fromages**
Ne quittez pas les Pyrénées sans avoir fait provision de **fromage de brebis** : l'appellation Ossau-Iraty vous garantira l'achat d'un produit de qualité. Il en va de même de son alter ego guipúzcoan, le **fromage d'Idiazabal**.

**Les douceurs**
Miel, gâteau basque, macarons *(mouchous)* de St-Jean-de-Luz, chocolat de Bayonne et de Tolosa, confiture de cerise noire d'Itxassou et confiseries de Vitoria.

**Vins et eaux-de-vie**
Les amateurs de vins pourront goûter au **txakoli** en Guipúzcoa, aux vins de la **Rioja alavesa** en vente dans les bodegas proches de Laguardia *(voir p. 391)*, et à ceux de **Navarre** produits autour d'Olite. Côté liqueurs, vous disposez de l'**izarra** en France et du **pacharán**, eau-de-vie de prune de Navarre.

## SPORT

**Le chistera**
Équipement indispensable à la pelote (au moins l'une de ses trois formes), il prend la forme d'un long gant d'osier courbe, dans lequel la balle vient atterrir avant d'être immédiatement relancée. La maison Gonzalez, à Anglet, en fabrique depuis le 19e s *(voir p. 144)*.

## HABILLEMENT, DÉCORATION

**La gourde ou chahakoa**
Savez-vous boire à la régalade ? C'est indispensable au Pays basque. Ici, faire couler le liquide directement dans le gosier s'apparente à un art. C'est du côté de Pampelune que vous aurez le plus de chance de trouver les derniers artisans à fabriquer des gourdes.

**Le makhila**
Cette canne typiquement basque est plus qu'un bâton de marche car son pommeau cache une lame. Vous trouverez des ateliers spécialisés à Bayonne et Larressore *(voir p. 137 et p. 207)*.

**La pure laine**
Dans les **Pyrénées**, la laine apportée par les bergers à la filature est tricotée puis frottée sur un « métier de cardes ».

**L'espadrille**
Cousue en spirale, fermée par une toile de lin ou de coton, il s'agit de la chausse par excellence du Pays basque. C'est à Mauléon-Licharre *(voir p. 261)* qu'elles sont majoritairement fabriquées.

**Le béret**
Le béret (**boina** en espagnol ou **txapel** en basque), originaire du Béarn, est aussi devenu celui du Pays basque. Les plus réputés sont fabriqués à Tolosa par la **maison Elosegui**. On peut également s'en faire faire sur mesure à Bayonne.

**Le linge basque**
Vous en trouverez dans toutes les boutiques de linge au nord des Pyrénées. Si vous le voulez, passez voir l'espace décoration de l'**écomusée Jean-Vier** à St-Jean-de-Luz ou la maison artisanale **Ona Tiss** à St-Palais.

### SPORTS D'EAUX VIVES

**Fédération française de canoë-kayak** – 87 quai de la Marne - 94344 Joinville-le-Pont - ☎ 01 45 11 08 50 - www.ffcanoe.asso.fr
La fédération édite un livre, *France canoë-kayak et sports d'eaux vives* et, avec le concours de l'IGN,

une carte, *Canoë-kayak en France*, avec tous les cours d'eau praticables.

**Federación Navarra de Piragüismo** – Casa del Deporte - Paulino Caballero, 13 - 31002 Pamplona - ✆ 948 206 739 - correo@fenapi.es

**Federación Vasca de Piragüismo** – Pº Anoeta, 5 - 20014 Donostia - San Sebastián - ✆ 943 470 483 - www.fvpiraguismo.org

### Canyoning

**Évasion 64** – Chemin Errola - D 918 - 64250 Itxassou - ✆ 05 59 29 31 69 / 06 66 65 50 97 - www.evasion64.fr

**Loisirs 64** – Porte du Labourd - D 918 - 64250 Louhossoa - ✆ 05 59 93 35 65 - www.loisirs64.com. Organisation de sorties canyoning, randonnée, rafting…

**Cocktail Aventure** – 64780 Bidarray - ✆ 05 59 37 76 24 - www.cocktail-aventure.com

### Hydrospeed

**Évasion 64** – *Voir ci-dessus « Canyoning ».*

**UR 2000** – Biscaye - www.ur2000.com

**Cocktail Aventure** – *Voir ci-dessus « Canyoning ».*

**Ur Bizia Rafting** – Erramondeguya - 64780 Bidarray - ✆05 59 37 72 37 - www.ur-bizia.com

### Rafting

**UR 2000** – Biscaye - www.ur2000.com

**Rafting Eaux Vives** – Le Pont - 64190 Navarrenx - ✆ 05 59 66 04 05 - http://rafting-eaux-vives.com

**Cocktail Aventure** – *Voir ci-dessus « Canyoning ».*

**Ur Bizia Rafting** – *Voir ci-dessus « Hydrospeed ».*

## SPORTS SOUS-MARINS

**Fédération française d'études et de sports sous-marins** (FFESSM) – 24 quai de Rive-Neuve - 13284 Marseille Cedex 07 - ✆ 04 91 33 99 31 ou 0 820 000 457 - www.ffessm.fr

**Federación Vasca de Actividades Subacuáticas** – Pº de Anoeta, 5 - 20014 San Sebastián - ✆ 943 472 057 - www.ehuif-fvas.org

**Federación Española de Actividades Subacuáticas** – www.fedas.es

## SURF

**Fédération française de surf** – 123 bd Dune - 40150 Hossegor - ✆ 05 58 43 55 88 - www.surfingfrance.com.

**EHSF (Euskal Herriko Surfing Federazioa-Federación Vasca de Surf)** – Julián Gaiarre, 44, Lonja 1 - 48004 Bilbao - ✆ 944 735 125 - www.euskalsurf.com

## THALASSOTHÉRAPIE

En France, les centres sont principalement localisés sur Hendaye, Biarritz, Anglet ou St-Jean-de-Luz. En Espagne, les Côtes guipúzcoane et biscayenne en comptent aussi plusieurs.

**Thalassoline New-Eve SA** – 14 av. du Gén.-de-Gaulle - 32600 L'Isle-Jourdain - ✆ 05 62 07 77 40 ou 0 800 800 136 (appel gratuit depuis un poste fixe) - ✆ (+33) 5 620 777 40 pour les appels de l'étranger - www.thalasso-line.com. Cette centrale de réservation vous fera connaître quatre des cinq centres de la Côte labourdine.

**Institut de thalassothérapie Louison-Bobet** – 52 av. Impératrice - 64 200 Biarritz - ✆ 05 59 41 30 00. Fondé par l'ancien champion cycliste Louison Bobet. Des soins haut de gamme !

**La Perla Centro Talaso Sport** – Paseo de la Concha s/n - Edificio la Perla - 20007 San Sebastián - ✆ 943 458 856 - www.la-perla.net
Le plus : un jacuzzi panoramique ouvert sur la Concha.
**Talasoterapia Zelai** – Larretxo, 16 - Playa de Itzurun - 20750 Zumaia - ✆ 943 865 100 - www.talasozelai.com. Le plus classique ; algothérapie et soins esthétiques.
**Talasoterapia Hotel Aisia Lekeitio (Emperatriz Zita)** – Avda Sta-Elena, s/n - 48280 Lekeitio - ✆ 946 842 655 - www.aisiahoteles.com. Le centre de thalassothérapie propose, entre autres, des thérapies au chocolat et des vinothérapies.

## THERMALISME

L'abondance des sources minérales et thermales depuis la rive sud de l'Adour jusqu'aux Pyrénées a fait la renommée de la région dès l'Antiquité. Les eaux pyrénéennes, appartenant à deux grandes catégories, les sources sulfurées et les sources salées, offrent un large éventail de **propriétés thérapeutiques**. Le thermalisme fut remis au goût du jour dès la fin du 18e s., et en particulier au milieu du 19e s., grâce à l'amélioration des transports (Napoléon III) et à l'attrait exprimé par certains membres de la famille royale espagnole pour les thermes de Zestoa en Guipúzcoa.
Prenant le relais du thermalisme mondain d'autrefois, le thermalisme actuel attire des curistes venus se soigner pour des affections diverses. Toutefois, les stations proposent également des formules de **séjour de confort** basées sur la « remise en forme ».
Reportez-vous à la rubrique « Nos adresses » de Cambo-les-Bains *(p. 210).*
**Chaîne thermale du Soleil/ Maison du thermalisme** – 32 av. de l'Opéra - 75002 Paris - ✆ 01 44 71 37 00 ou 0 800 050 532 (appel gratuit) - www.sante-eau.com

### Les sources sulfurées

Elles se situent principalement dans la zone axiale des Pyrénées, notamment à **Cambo-les-Bains**. Leur température, généralement tiède, peut s'élever jusqu'à 80 °C. Le soufre, qualifié de « divin » par les Grecs en raison de ses vertus médicales, entre dans leur composition en combinaisons chloro-sulfurées et sulfurées-sodiques. Sous la forme de bains, douches et humages, ces eaux sont utilisées dans le traitement de nombreuses affections : oto-rhino-laryngologie, maladies osseuses, rhumatismales, rénales et gynécologiques.

### Les sources salées

Elles se trouvent en bordure du massif ancien. Les eaux dites « chlorurées-sodiques » de **Zestoa** (Guipúzcoa) sont utilisées sous forme de douches et de bains.
Celles de **Fitero**, en Navarre, soignent entre autres les rhumatismes.
**Centre national des établissements thermaux** – 1 r. Cels - 75014 Paris - ✆ 01 53 91 05 75 - www.cneth.org
**Asociación Nacional de Estaciones Termales (ANET)** – C/Rodríguez San Pedro, 56, 3° I - 20815 Madrid - ✆ 902 117 622 - www.balnearios.org

## TRAINS TOURISTIQUES

Au nord des Pyrénées, le plus emprunté est le **petit train de la Rhune** qui monte au sommet mythique de la Rhune (le plus beau point de vue sur le Labourd). Plusieurs villes, comme Biarritz, St-Jean-de-Luz et St-Jean-Pied-de-Port, proposent des circuits en petit train en saison.
Au sud, le **txu txu** de St-Sébastien *(voir « Nos adresses » à St-Sébastien*

*p. 283)* parcourt la célèbre station balnéaire, tandis que le train à vapeur du musée du Chemin de fer d'**Azpeitia** dévoile un tronçon de voies, aujourd'hui fermées, entre sa gare et celle de Lasao, du moins à la belle saison *(voir horaires à Azpeitia, p. 306)*.

### URGENCES

**Police Secours** – ✆ 17.
**Pompiers** – ✆ 18 ou 112.
**Samu** – ✆ 15.
**SOS Médecins** – ✆ 36 24 (0,12 €/mn).
**Centre antipoison** – ✆ 04 91 75 25 25 (Marseille).

#### Chéquier et carte de crédit

En cas de perte ou de vol, déposez plainte et faites opposition :
**Chéquiers volés** – ✆ 0 892 68 32 08 (0,34 €/mn).
**Carte Visa** – ✆ 0 892 705 705 (0,34 €/mn).
**American Express** – ✆ 01 47 77 72 00.
**Mastercard** – ✆ 0 800 90 13 87.

#### Téléphone portable

**Orange** – ✆ 0 800 100 740.
**Bouygues Télécom** – ✆ 0 800 29 10 00.
**SFR** – ✆ 06 10 00 19 00.

### VIGNOBLE ESPAGNOL

#### Visite des caves viticoles (bodegas)

La Navarre et la Rioja alavesa comptent parmi les vignobles les plus réputés de la péninsule Ibérique.
**Consejo Regulador Denominación de Origen Navarra** – Rua Romana s/n - 31390 Olite - ✆ 948 741 812 - www.navarrawine.com
**Consejo Regulador Denominación de Origen Calificada Rioja** – C/Estambrera, 52 - 26006 Logroño - ✆ 941 500 400 - www.riojawine.com

### VOILE, PLANCHE À VOILE

**Fédération française de voile** – 17 r. Henri-Bocquillon - 75015 Paris - ✆ 01 40 60 37 00 - www.ffvoile.org
La fédération donne la liste des clubs et des constructeurs, un guide d'information et des calendriers.
**Federación Vasca de Vela** – P° de Anoeta, 5 - 20014 San Sebastián - ✆ 943 453 767 - http://www.euskalbela.es

### VU DU CIEL

**Federación Navarra de Deportes Aéreos** – C/Paulino Caballero, 13 - 31002 Pamplona - ✆ 848 221 323.
**Federación Vasca de los Deportes Aéreos** – Casa del Deporte, c/José María Eskuza, 16 - 48013 Bilbao - ✆ 944 020 893 - www.eakf.net
Parapente, ULM, deltaplane, vol acrobatique, etc.

#### Vol à voile

Il se pratique à Itxassou, côté français, et à partir de différents aérodromes, côté espagnol. Contactez les fédérations.
**Fédération française de vol à voile** – 29 r. de Sèvres - 75006 Paris - ✆ 01 45 44 04 78 - www.ffvv.org

#### Vol libre

**Fédération française de vol libre** – 4 r. de Suisse - 06000 Nice - ✆ 04 97 03 82 82 - http://federation.ffvl.fr

#### ULM

**Fédération française de planeur ultraléger motorisé** – 96 bis r. Marc- Sangnier - 94700 Maisons-Alfort - ✆ 01 49 81 74 43 - www.ffplum.com
Voir aussi : www.ulm-aquitaine.com

# La région en famille

Les nombreuses et belles **plages de la Côte basque** satisferont les envies de baignade et de châteaux de sable de vos enfants : privilégiez les baignades surveillées et méfiez-vous des rouleaux ! Côté français, les plages de St-Jean-de-Luz et la plage principale d'Hendaye sont comparativement moins dangereuses que les plages d'Anglet, mais restez vigilant.

Vous pourrez vous promener en famille sur les sentiers de la forêt des Arbailles, dans le bois de Mixe ou dans l'un des nombreux parcs naturels de Biscaye, de Guipúzcoa ou d'Álava. Certes, le terrain n'est pas plat, mais on peut toujours espérer y rencontrer un Laminak *(voir p. 90 et 267)* au détour d'un sentier !

**Bienvenue à la ferme** *(voir p. 14)* recense 4 fermes de découverte où vos enfants pourront observer les réalités de la vie agricole et rurale : Maison Mountagnes à Came (ferme équestre), ferme Agerria à St-Martin-d'Arberoue (bergerie, fromage Ossau-Iraty), ferme Harizkazuia à Cambo-les-Bains (miel), ferme Mamia-Baïta à Ustaritz (piments d'Espelette). Voir **www.bienvenue-a-la-ferme.com**

N'hésitez pas à vous reporter à « Nos adresses à » à la fin de chaque chapitre : vous y trouverez des activités qui conviendront bien souvent à toute la famille (promenades équestres ou avec un âne, bases de loisirs, aquariums, etc.).

Enfin, en complément du tableau ci-contre, les sites les plus adaptés au tourisme en famille sont repérables tout au long du guide grâce au pictogramme 👪.

**👪 SITES OU ACTIVITÉS À FAIRE EN FAMILLE**

| Chapitre du guide | Page | Nature | Musées | Loisirs |
|---|---|---|---|---|
| **Ainhoa** | **202** | Grottes des Sorcières de Zugarramurdi, grottes d'Urdazubi | | |
| **Anglet** | **143** | | | Plages, parcours aventure, patinoire |
| **Azpeitia** | **306** | | Musée du Chemin de fer | |
| **Balmaseda** | **357** | Grotte Pozalagua | | Parc Karpinabentura |
| **La Bastide-Clairence** | **222** | Bois de Mixe | | Domaine du lac de Sames |
| **Bayonne** | **128** | Muséum d'histoire naturelle | Musée basque, Atelier du chocolat | Journées du chocolat |
| **Vallée du Baztan** | **412** | Centre d'interprétation du parc de Bertiz | | |
| **Biarritz** | **149** | | Musée de la Mer, Cité de l'Océan, musée du Chocolat | Surf |

# LA RÉGION EN FAMILLE

| SITES OU ACTIVITÉS À FAIRE EN FAMILLE | | | | |
|---|---|---|---|---|
| **Chapitre du guide** | **Page** | **Nature** | **Musées** | **Loisirs** |
| **Bilbao** | **320** | | Musée Guggenheim, Musée maritime, forge d'El Pobal | Funiculaire d'Artxanda |
| **Côte de Biscaye** | **340** | | Baleinier *Aita Guria* à Bermeo | Plages |
| **Cambo-les-Bains** | **209** | Forêt des lapins à Louhossa | La Maison labourdine, musée de la Chocolaterie | |
| **Durango** | **353** | Parc naturel d'Urkiola | | |
| **Espelette** | **205** | | L'Atelier du piment | |
| **Fontarabie** | **298** | | | Le bateau pour Hendaye |
| **Guernica** | **347** | Réserve d'Udaibai, arbres colorés de la forêt d'Oma | Musée de la Paix | |
| **Côte de Guipúzcoa** | **290** | | Oiasso à Irún avec film en 3D, site archéo-logique de Santa Maria la Real | Plages (Orio, Zarautz, Zumaia, etc.) |
| **Hendaye** | **182** | Plage, promenade en mer | | Voile, bouée tractée, parcours aventure, Semaines des enfants |
| **Forêt d'Iraty** | **258** | | | Sports de montagne |
| **Grottes d'Isturitz** | **226** | Grottes, ferme Agerria | | |
| **Laguardia** | **390** | Parc ornithologique de Los Molinos | | |
| **Larrau** | **261** | Gorges de Kakuetta | | |
| **Mauléon-Licharre** | **265** | | | Rafting |
| **Olite** | **454** | Lagunes de Pitillas | Château des Rois de Navarre | |
| **Ossès** | **230** | Parcours aventure d'Arrossa, sports d'eaux vives | | |
| **Pampelune** | **400** | Parc de la Taconera | Planétarium, Museo de Educación Ambiental | |
| **La Rhune** | **191** | Petit train de la Rhune, Maison Ortillopitz | Écomusée de la Pelote et du Xistera de St-Pée sur-Nivelle | Base de loisirs |
| **St-Étienne-de-Baïgorry** | **250** | | Chocolaterie Laia | Balade à dos d'âne à Irouléguy |
| **St-Jean-de-Luz** | **168** | Écomusée basque, promenade en mer | | Voile, promenade palmée, bouée tractée, parcours aventure |
| **St-Palais** | **235** | | Château de Camou | |
| **St-Sébastien** | **278** | | Musée de la Science, aquarium | Petit train, parc de loisirs du mont Igueldo, tour de la baie, plages |
| **Sangüesa** | **430** | Belvédère du défilé d'Arbayún | | |
| **Sare** | **198** | Grottes | | Ferme Etxola |
| **Vallée des Aldudes** | **254** | Visite des fermes picicoles et des éleva-ges de porcs, sentier pédagogique | | |
| **Vitoria-Gasteiz** | **366** | Jardin botanique Sta Catalina, salines d'Añana, musée du Sel, Monte Santiago, Mendoza | Musée des Cartes à jouer, musée des Sciences naturelles | |

# Mémo

## Agenda

Nous proposons ci-dessous une sélection de manifestations traditionnelles de la région. D'autres sont répertoriées dans « **Nos adresses à** » des sites à la rubrique « **Agenda** ».

### EN FRANCE

#### JANVIER-FÉVRIER

**Espelette** – Foire aux pottoks (derniers mar. et merc. de janv.).
**Biarritz** – Festival international des programmes audiovisuels (3e w.-end) - www.fipa.tm.fr
**Hendaye** – Fêtes de la Bixintxo (22 janv.).

#### CARNAVAL

**St-Pée-sur-Nivelle** – Février.
**Bayonne** – Début février.
**St-Jean-de-Luz** – Début février.
**Sare** – Carnaval des jeunes.
**Hendaye** – Mi-février.
**Arcangues** – 3e semaine de février.
**St-Jean-Pied-de-Port** – 3e semaine de février.
**Biarritz** – 3e semaine de février.

#### MARS

**St-Pée-sur-Nivelle** – Fête de la confrérie de la truite.
**St-Jean-de-Luz** – Défilé des confréries gastronomiques.
**Biarritz** – Bi Harriz Lau Xori, festival d'expressions basques.
**Hendaye** – Festival international du film de la mer (fin mars-déb. avr.).

#### AVRIL

**Gotein** – Festival Xiru.
**St-Étienne-de-Baïgorry** – Journée de la Navarre (chants et danses).
**Bayonne** – Foire aux jambons (3e w.-end).
**Anglet** – International Surf Film Festival (mi-juil.).
**Biarritz** – Fêtes musicales de Biarritz (3e w.-end) - ✆ 05 59 22 20 21.
**Biarritz** – Quiksilver Biarritz Maïder Arosteguy (surf) (w.-end de Pâques).

#### MAI

**Bayonne** – Journées du chocolat (début mai).
**Biarritz** – Festival des arts de la rue.
**Cambo-les-Bains** – Festival d'*otxote* (chant choral).
**St-Jean-Pied-de-Port** – Festival des musiques d'ici et d'ailleurs (dernier w.-end).
**St-Jean-de-Luz** – Festival international du film de surf.
**Hendaye** – Mai du théâtre.

#### JUIN

**Ascain** – Fête du pottok (début juin).
**Itxassou** – Fête des cerises (1er dim.).
**Biarritz** – Les Océanes, festival de la mer (fin juin).
**St-Jean-de-Luz** – Fête de la St-Jean, Udaberria Dantzan, festival de danses traditionnelles (vers le 11 juin).

#### JUILLET

**Biarritz** – Les Extravagances (festival de musiques actuelles).
**Biarritz** – Biarritz Surf Festival.
**St-Jean-de-Luz** – Fête du thon (1er sam.)
**La Pierre-St-Martin** – Junte de Roncal (le 13 juil.) : célébration du traité le plus ancien d'Europe avec la vallée de Roncal *(voir p. 418)*.

**Bayonne** – La Ruée au jazz.
**Hendaye** – Fête du chipiron (13 juil.).
**Espelette** – Festival international de danse Gau Argi, enfants, 9/15 ans (mi-juil.).
**Itxassou** – Errobiko Festibala, festival de la Nive (3e w.-end).
**Hendaye** – Fêtes de la mer (mi-juil.).

#### JUILLET-AOÛT

**St-Jean-de-Luz** – Internationaux professionnels de *cesta punta*, jeu de pelote - www.cestapunta.com
**St-Jean-de-Luz/Ciboure** – Régates de traînières (vers le 10 juil.).
**St-Jean-de-Luz** – Festiorgues (avr.-août).

#### AOÛT

**Cambo-les-Bains** – Festival international de théâtre d'Arnaga.
**Bayonne** – Fêtes de Bayonne (1re sem.) - http://fetes.bayonne.fr
**Ascain** – Concours de chiens de bergers et course de la Rhune (mi-août).
**St-Étienne-de-Baïgorry** – Festival musical de Basse-Navarre (musique baroque, la 1re quinz. d'août).
**Anglet** – Surf de nuit/Quicksilver Airshow (14 août).
**Zugarramurdi** – Zikiro-Jate.
**Hendaye** – Fête basque (2e w.-end).

#### SEPTEMBRE

**Biarritz** – Quiksilver Pro Junior International (surf), (fin sept.-début oct.).
**Biarritz** – Biarritz Master Jaï Alaï (pelote).
**St-Jean-de-Luz** – Académie internationale de musique Maurice-Ravel - ✆ 05 59 47 13 00.
**Biarritz** – Le Temps d'aimer, festival de danse (1re sem.).
**Sare** – Fête du bourg (2e dim.).
**Biarritz** – Festival Cinémas et cultures d'Amérique latine de Biarritz (dernière sem. de sept.-déb. oct.) - www.festivaldebiarritz.com

#### OCTOBRE

**Biarritz** – Les Translatines.
**Biarritz** – Biarritz Surf Trophée.
**Biarritz** – Championnat de France de surf (fin oct.-déb. nov.).
**St-Jean-de-Luz** – Festival des jeunes réalisateurs.
**Bayonne et Biarritz** – Festival de théâtre latino-américain.
**St-Jean-de-Luz** – Festival de chant choral (fin oct.).
**Espelette** – Fête du piment (dernier dim.).

#### NOVEMBRE

**Biriatou** – Fêtes de la St-Martin.
**Biarritz** – Festival de cirque « On s'appelle on s'fait un cirque ! » (fin nov.).

### EN ESPAGNE

#### JANVIER-FÉVRIER-MARS

**St-Sébastien** – La Tamborrada, une des fêtes emblématiques de la ville (autour du 20 janv.).
**Bilbao** – Semaine chorale de Biscaye (fév.).
**Vitoria** – Semaine du cinéma basque (fin fév.-déb. mars).

#### CARNAVAL

**Mundaka** – 1re quinz. de février.
**Tolosa** – janv.-mars - ✆ 943 697 413.
**Vallée de la Bidassoa** – Carnaval d'Ituren (fin janv.).
Carnaval de Lesaka (fév.-mars).

#### AVRIL

**St-Sébastien** – Festival du film sous-marin (avr. ou mai).
**Vitoria** – Fête de San Prudencio (27-28 avr.).

#### SEMAINE SAINTE

**Balmaseda** (Biscaye) – Chemin de croix vivant.

### MAI

**Bilbao** – Festival du cinéma fantastique (1re quinz.).
**Vitoria** – Festival international du cinéma (2e sem.).
Festival international de folklore.
**Errenteria** – Musikaste : semaine dédiée aux compositeurs basques (3e quinz. de mai) - www.musikaste.com
**St-Sébastien** – Festival publicitaire.

### JUIN

**Getxo** (Biscaye) – Festival international de blues (déb. juin) - ✆ 944 914 080.

### JUILLET

**Vitoria** – Festival de jeux dans la rue (fin juin-déb. juil.).
Festival de jazz (fin juil.).
**Getxo** (Biscaye) – Festival international de jazz (1re sem.) - ✆ 944 914 080.
**Pampelune** – Fêtes de la St-Firmin (los Sanfermines) avec les fameux *encierros* (6-14 juil.).
**Bilbao** – Festival international de théâtre de rue.
**Markina-Xemein** – Fêtes patronales de Markina-Xemein (16 juil.).
**Fontarabie** – Fête de la Kutxa (25 juil.).
**Tudela** – Fête de sainte Anne (24-30 juil.).

### JUILLET-AOÛT

**Bermeo** – Romaria a la Isla de Izaro, fête de la Magdalena (22 juil.).
**St-Sébastien** – Festival de jazz (dernière sem.) - ✆ 943 440 034 - www.jazzaldia.com

### AOÛT

**Pampelune** – Festival de Navarre.
**Vitoria** – Nuit de los Faroles, procession du rosaire (4 août).
Quinzaine musicale - www.quincenamusical.com
**Bilbao** – Semana Grande.
**Guernica** (Biscaye) – Fête de San Roque (15-18 août).
**Llodio** (Biscaye) – Fêtes patronales de Laudio/Llodio (2e quinz. d'août) - ✆ 944 034 930.
**St-Sébastien** – Semana Grande.
Fêtes de la Vierge blanche (6 août).
**Pampelune** – Festival Sabicas de guitare *flamenca*.

### FIN AOÛT-DÉBUT SEPTEMBRE

**St-Sébastien** – Régates de traînières.
**Fontarabie** – Alarde d'armes (8 sept.).

### SEPTEMBRE

**Biarritz** – Festival Le Temps d'aimer la danse - ✆ 05 59 22 20 21.
**St-Sébastien** – Euskal Jaiak, fêtes basques (1re sem.).
Festival international du cinéma - ✆ 943 481 212 - www.sansebastianfestival.com
**Pampelune** – Concours international de chant Julián-Gayarre.
Concours international de violon Pablo-Sarasate - ✆ 848 424 683.

### OCTOBRE

**Vitoria** – Festival international de théâtre.
**Bilbao** – Festival de théâtre et de danse contemporaine.
**Durango** – Fête de San Fausto (13 oct.).
**St-Sébastien** – Festival du film fantastique.
Festival de chorales (fin octobre) Donostia Kultura - ✆ 943 481 150.
**Tolosa** – Concours international de chorales (autour de la Toussaint) - ✆ 943 697 413.

### NOVEMBRE

**Bilbao** – Festival international de marionnettes.
Concours international de chant.

Festival de musique du 20e s. et Zinebi.
Festival international de cinéma documentaire et de courts métrages.
**Tolosa** – Festival international de marionnettes (fin nov.) - ☎ 943 697 413.

## Bibliographie


### CULTURE, GÉNÉRALITÉS

*L'Archipel basque,* C. Dendalteche, Éd. Privat, 2005.
*Les Basques*, J. Allières, PUF, 2003.
*Les Basques, peuple de la montagne,* Koldo San Sebastian, Éd. Elkar, 2007.
*Chocolat de Bayonne et du Pays basque : chocolatiers du XVIIe au XXe siècle*, Marcel Marc Douyrou, Éd. CPE, 2010.
*La Côte basque, de Bayonne à Bilbao,* N. Dupuy, Éd. Atlantica, 2004.
*Fêtes et traditions du Pays basque,* O. de Marliave, Éd. Sud-Ouest, 1998.
*La Force basque : de paille, de bois et de pierre*, Jean-Louis Guidez, Éd. Princi Negue, 2004.
*Jeux et sports basques*, B. Zintzo-Garmendia, Éd. J & D/Deucalion, 1997.
*Le Pays basque vu d'en haut,* J. Pattou, J.-Ph. Ségot, Éd. Atlantica, 2007.
*La Pelote basque,* E. Blazy, Éd. Futur luxe nocturne, 2010.
*Que disent les maisons basques ?,* G. Moutche, Éd. Atlantica, 2010.

### GASTRONOMIE

*Bar à tapas, Saint-Sébastien : guide,* S. Guérin, Éd. Artza, 2010.
*La Cuisine basque : recettes fondamentales des 7 provinces,* Juan José Lapitz Mendia, Éd. Elkar, 2009.

### ITINÉRAIRES

*Balades nature au Pays basque,* collectif, Éd. Dakota, 2010.
*Chemins pour découvrir le Pays basque,* Ibon Martín Álvarez, Alvaro Muñoz Gabilondo, Éd. Travel Bug, 2007.
*Le Guide de la Rhune*, B. Caminade, Éd. La Cheminante, 2010.
*PR/Le Pays basque à pied*, topoguide de la Fédération française de randonnée pédestre, 2010.
*Randonnées sur les sentiers du Pays basque,* A.-M. Minvielle, Éd. Glénat, coll. Rando-Évasion, 2005.

### JEUNESSE

*Bataklon et la sorcière Karameloux*, Sylvet Marko Caro, Éd. Lutin Malin, 2008.
*La Petite Danseuse de Maurice Ravel*, Jean-Philippe Biojout, Éd. Bleu Nuit, 2011.
*Légendes et récits populaires du Pays basque*, J.-F. Cerquand, Éd. Aubéron, 2006.
*Makila*, F. Lorient, Éd. Oskar Jeunesse, 2011.
*Téodosio* et *Olentzero*, C. Labat, Éd. Elkar, 2004. Ces deux ouvrages sont des contes basques adaptés pour petits et grands enfants…

### LANGUE/TOPONYMIE

*Le Basque pour les nuls,* J.-B. Coyos, J. Salaberria, Éd. First, 2009.
*Dictons, sagesses et proverbes basques*, P. Oyhamburu, Éd. De Borée, 2011.
*Euskara, la langue basque,* P. Oyhamburu, Éd. De Borée, 2011.
*La Grammaire basque*, P. Lafitte, Éd. Elkar, 2002.
*Noms de lieux du Pays basque et de Gascogne*, M. Morvan, Éd. Bonneton, 2004.

### LITTÉRATURE/ROMANS

*Les Enfants de la Nivelle*, J.-P. Royo, Éd. Atlantica, 2007.
*Le Goût du Pays basque*, S. Baumont, Éd. Mercure de France, 2011.

*Laminak : carnets extraordinaires d'un explorateur en Pays basque en 1840*, G. Kerloc'h, Éd. Gascogne, 2008.

*Légendes basques*, W. Webster, Éd. Aubéron, 2005.

*Le Pays basque*, P. Loti, Éd. Aubéron, 2007.

*Ramuntcho*, P. Loti, Éd. Aubéron, 1999.

*Sorcières et sorcellerie au Pays basque : légendes & histoires à dormir debout*, J. Patlapin, Éd. Pimientos, 2011.

*La Villa Belza*, B. Pécassou-Camebrac, Éd. Libra Diffusio, 2009.

*Docteur, un cheval vous attend. Mémoires d'un médecin du Pays basque*, André Dufilho, Éd. Aubéron, 1995.

*Zalacain l'aventurier*, P. Baroja, Éd. Aubier-Montaigne (bilingue), 1979.

## Discographie

Vous trouverez un grand choix de disques chez **Agorila** (13 r. Montalibet, 64100 Bayonne, www.agorila.com), spécialisé dans l'édition musicale du Pays basque. Il en va de même d'**Elkar**, maison d'édition (www.elkar.com) qui propose des disques en plus de son catalogue de livres.

*Musiques et promenades en Pays basque* (compilation), Éd. Elkar.

*Tatoo, fêtes du Sud-Ouest*, Agorila.

*Chœurs basques*, Argileak, Agorila.

*Euskal Herriko Musika*, compilation de musiques basques, Éd. Elkar.

*Desertore*, Oskorri, Éd. L'Autre Distribution.

*Hitaz Oroit*, Benito Lertxundi, Éd. Ihl/Elkar.

*Bizi Bizian*, Errobi, Éd. Import 3/ Elkarlanean.

*Haatik*, Amaia Zubiria, Éd. Elkar.

**Oldarra** – *Lu et approuvé*, compilation des principaux titres du groupe choral de Biarritz sortie en 2007.

*Santiago de Compostela/mélodie du silence*, un nouvel album enregistré en 2009, né de l'expérience du voyage du groupe sur les chemins de St-Jacques.

**Oskorri** – Considéré comme le meilleur groupe folk péninsulaire, sa musique s'enracine dans les mélodies populaires tout en se nourrissant de sonorités nouvelles - www.oskorri.com

**Michel Etcheverry** – Originaire de Basse-Navarre, il chante le répertoire basque - www.micheletcheverry.com.

**Sur Internet**

Plusieurs sites Internet répertorient chansons et musiques basques et permettent d'écouter des morceaux :

**www.badok.info/audio.php** - Plus de 300 titres en écoute libre. Site en langue basque mais on y apprécie photos et vidéos.

**www.e-boza.com** - Maison d'édition d'œuvres musicales basques ; répertoire de plus de 500 titres.

**www.euskalmusica.com** - Site en basque et en espagnol.
**www.euskadikosoinuak.com** - Site de promotion et diffusion des groupes basques par le gouvernement autonome basque.
**www.eke.org/fr/kultura/musika**

# Presse

### QUOTIDIENS

**Sud-Ouest**
*Sud-Ouest*, www.sudouest.fr, *Le Journal du Pays basque*, *La Semaine du Pays basque*, *La République des Pyrénées*, *Berria* (en langue basque).

**En Navarre**
*Diario de Navarra*, *Diario de Noticias*.

**En Euskadi**
*El Correo (Biscaye-Álava)*.

# Filmographie

### RÉALISATEURS BASQUES

**Javier Aguirre**
**Montxo Armendariz** – *Tasio*, 1984.
**Julio Medem** – *Lucía et le sexe*, 2001 ; *La Pelote basque* (documentaire), 2003.
**Eduardo Ugarte**

### FILMS TOURNÉS AU PAYS BASQUE

*Voir la mer*, Patrice Lecomte, 2011.
*Ander*, Roberto Castón, 2010.
*Les Derniers Jours du monde*, les frères Larrieu, 2009.
*Hôtel des Amériques*, André Téchiné, 1981.
*Mes nuits sont plus belles que vos jours*, Andrzej Zulawski, 1989.
*Mortelle randonnée*, Claude Miller, 1983.
*Le Rayon vert*, Eric Rohmer, 1986.
*Le Refuge*, François Ozon, 2010.
*La Vie au Pays basque*, Orson Welles, 1955.

### SITES INTERNET

**www.cinespagne.com**
**www.filmotecavasca.com/fr/**
**www.basquefilms.com**
**http://bascoblog.hautetfort.com**

# 2/ COMPRENDRE LE PAYS BASQUE ET LA NAVARRE

Pyrénées-Atlantique, Sare, labellisé Les Plus Beaux Villages de France.
*France-Wysocki / hemis*

# Le Pays basque et la Navarre aujourd'hui

**Comment comparer l'ambiance de St-Jean-de-Luz à celle de Bilbao, le statut de la Navarre à celui du département français des Pyrénées-Atlantiques, le développement industriel d'Euskadi et le choix du tourisme vert du Labourd à la Soule ? Même la variété des paysages est extrême, entre la côte atlantique battue par les vagues, l'arrière-pays verdoyant et le versant méridional au climat méditerranéen. De ces différences persistantes, la région tire ses richesses : les provinces y partagent une langue et une culture, terreau pour un développement commun dans le respect des spécificités.**

La nature est ici d'une richesse formidable ; sur une surface réduite se télescopent l'Océan, une côte rude et déchiquetée, des collines, des vallées plus ou moins encaissées, des sommets atteignant les 2 000 m… et même un désert. Soumis à des influences climatiques différentes, ce pays montagneux est occupé par l'homme depuis des millénaires. Et celui-ci a, au cours du temps, façonné cet espace pour en faire une fantastique mosaïque de paysages.

## Des paysages contrastés

La région que nous décrivons s'étend de part et d'autre des Pyrénées, en France (Labourd, Basse-Navarre et Soule) et en Espagne (Álava, Biscaye, Guipúzcoa et Navarre). Espace charnière entre l'Europe continentale et la péninsule Ibérique, niché au creux du golfe de Biscaye (ou de Gascogne), battu par l'océan Atlantique, traversé par les massifs montagneux (axe pyrénéo-cantabrique), ce territoire de moins de 21 000 km$^2$ est bordé au sud-ouest par la vallée de l'Èbre/Ebro, au nord par l'Adour qui se jette dans l'Océan, à l'ouest par la vallée de Karrantza et à l'est par le massif du pic d'Anie.

Les chaînes de montagne orientées est-ouest forment une ligne de partage des eaux sur l'**axe Gorbea-Orhi**. Le versant nord (Biscaye/Viscaya, nord de l'Álava, Guipúzcoa, Labourd, nord de la Navarre, Basse-Navarre et Soule), dont les eaux débouchent dans l'Atlantique, est soumis à un climat océanique, doux et pluvieux : c'est le **versant atlantique**, humide, verdoyant *(voir les microrégions 1, 2, 3 et 4 dans la partie « Découvrir… »)*. Sur le versant sud (grande majorité de l'Álava et

41

## LE PAYS BASQUE ET LA NAVARRE AUJOURD'HUI

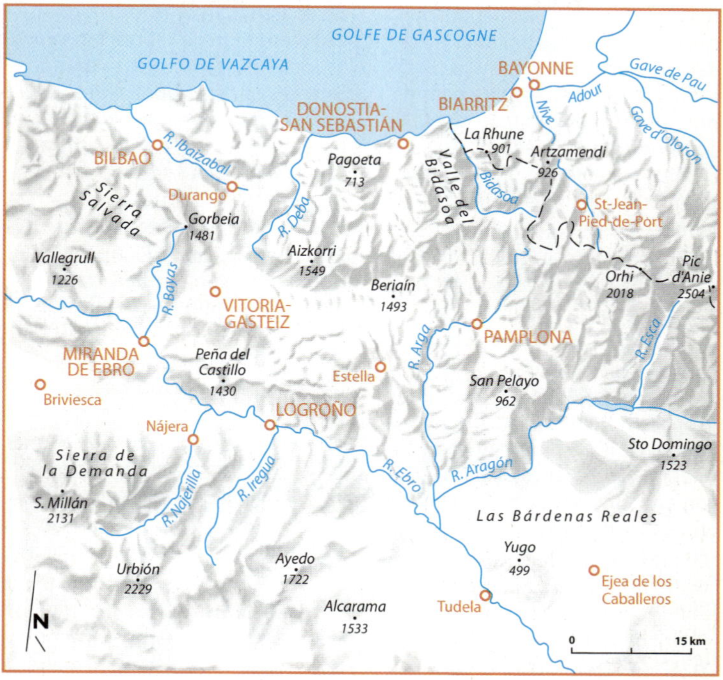


de la Navarre), les eaux arrivent à la Méditerranée, en suivant le cours majestueux de l'Èbre. C'est un climat méditerranéen qui s'impose sur ce **versant méridional**, sec, de couleur ocre jaune en été. 150 km suffisent pour passer d'un climat de haute montagne à un climat subdésertique *(voir les microrégions 5 et 6 dans la partie « Découvrir… »).*

# Des populations inégalement réparties

Ce territoire compte aujourd'hui près de 3 millions d'habitants. Ceux-ci sont cependant très inégalement répartis : avec 277 000 habitants, le Pays basque français fait figure de nain démographique comparé aux 2,7 millions d'habitants côté espagnol.

## En France

### CONCENTRATION SUR LE LITTORAL

Les principaux traits démographiques du Pays basque se sont accentués tout au long des 19e et 20e s. Aujourd'hui, le littoral du Labourd concentre plus des deux tiers des habitants. La croissance constante de la population (plus 15 % en 25 ans) est principalement due à l'attractivité touristique exercée par la côte. Le solde migratoire, largement positif, permet de couvrir et même dépasser le déficit du solde naturel. Les nouveaux arrivants sont principalement des familles jeunes avec enfants, même si la part des retraités attirés par le cadre de vie reste importante. Ce phénomène qui s'amplifie ne va pas sans poser des problèmes de logement : l'offre est insuffisante et, comme dans de nombreuses régions françaises, certaines villes (St-Jean-de-Luz, Biarritz) connaissent une flambée des prix inquiétante pour les familles à revenus moyens et la jeunesse locale. La crise s'étend peu à peu vers l'intérieur des terres…

#### LES MIGRATIONS PENDULAIRES

La Basse-Navarre et la Soule voient leur population se stabiliser (respectivement 31 000 et près de 16 000 habitants) après une longue phase d'exode rural. Certains cantons sont néanmoins toujours en crise, la part des plus de 50 ans représentant souvent 40 à 50 % des habitants. En revanche, les migrations pendulaires prennent de l'ampleur, entraînant l'installation des populations actives en périphérie de l'espace urbain (en Labourd intérieur et Basse-Navarre) le long des voies menant à l'agglomération Côte basque-Adour (ensemble Bayonne-Anglet-Biarritz-Bidart-Boucau).

## En Espagne

#### LA NAVARRE

### Hégémonie de Pampelune

Plus de 190 000 personnes (près d'un Navarrais sur trois) vivent aujourd'hui dans l'agglomération pamplonaise dont l'emprise sur le territoire prouve le dynamisme. Depuis quelques années, les banlieues résidentielles sortent de terre à grande vitesse, englobant les villages proches dans une large ceinture périurbaine. La Navarre connaît depuis plus de quarante ans une forte augmentation de la population liée à l'industrialisation. Les migrations internes ont été importantes, favorisant le développement des espaces urbains : en cinquante ans, la population de Tudela (métropole du sud navarrais) est passée de 16 000 à 35 000 habitants en 2010 quand celle de Pampelune doublait. La capitale navarraise affiche aujourd'hui sa volonté hégémonique, se dotant d'un réseau autoroutier qui fait d'elle un carrefour de voies de communication.

Au sud, la vallée de l'Èbre reste une zone densément peuplée (environ 120 000 habitants) grâce à son agriculture productiviste et à sa proximité avec ses voisins d'Aragon et de Rioja.

### Désertification des vallées pyrénéennes

Ces vallées, principalement au nord-est, subissent de plein fouet la crise du monde rural : l'attraction de Pampelune y est très forte et la désertification succède à l'exode rural : populations vieillissantes, activités déclinantes, villages abandonnés, plus rien ne retient les jeunes actifs dans les vallées d'Arce, d'Aezkoa et de Salazar. En revanche, la vallée du Baztan, plus dynamique, est parvenue jusqu'à aujourd'hui à conserver ses jeunes générations. À défaut de devenir la deuxième couronne de banlieues-dortoirs de Pampelune, les vallées du nord espèrent trouver leur salut dans une route à grande capacité qui relierait le Sud de la France à Pampelune, faisant de ce territoire une zone de passage du trafic international. Néanmoins, ce projet suscite de vives réactions de la part des associations écologistes et une opposition massive des populations et élus de Basse-Navarre, également très concernés par cette affaire.

## LA COMMUNAUTÉ AUTONOME BASQUE (CAB) OU EUSKADI

### L'impact de l'industrialisation

L'Álava, le Guipúzcoa et la Biscaye sont inégalement peuplés.
La suprématie biscayenne (1 153 724 habitants en 2010) est un phénomène assez récent : jusqu'à l'orée du 19e s., c'est le Guipúzcoa qui, des trois, est le plus peuplé. À partir de 1860, le processus d'industrialisation qui touche tout le littoral affecte plus particulièrement la région de Bilbao qui connaît alors une véritable explosion démographique. Ce phénomène est dû à la conjugaison de deux éléments : d'une part, le fort taux de natalité des campagnes biscayennes et, d'autre part, l'arrivée massive de main d'œuvre d'autres régions espagnoles (d'Estrémadure et d'Andalousie) pour travailler dans le secteur industriel. En quarante ans, la population augmente de 168 % ; en 1900, un Basque sur deux vit en Biscaye.

Le Guipúzcoa connaît aussi une forte augmentation de sa population, mais la croissance y est moins spectaculaire qu'en Biscaye.
L'Álava reste à l'écart du processus d'industrialisation jusque dans les années 1950, ce qui se ressent du point de vue démographique (317 000 habitants aujourd'hui). Ce territoire a longtemps gardé sa vocation agricole traditionnelle (il a joué pendant des siècles le rôle de grenier à blé de la Biscaye et du Guipúzcoa), même si Vitoria-Gasteiz se développe rapidement à partir

### ÉMIGRATION ET DIASPORA

L'émigration n'est pas un fait basque. Au 19e s., elle touche toute la population européenne. Cependant, si l'on rapporte l'ampleur du phénomène à la population, on se rend compte qu'il fut extrêmement important au Pays basque, concernant quasiment toutes les familles. L'écrivain souletin Lhande ne dit pas autre chose lorsqu'il annonce que pour être un véritable Basque, il faut notamment « avoir un oncle en Amérique ».

Outre les départs traditionnels vers les régions parisienne ou bordelaise, le Nouveau Monde est la principale destination des Basques qui quittent leur terre : des étendues immenses s'offrent à eux ; ils y seront bergers, producteurs de lait ou encore commerçants. Beaucoup s'y enrichissent et retournent ensuite au pays, mais nombre d'entre eux y restent.

Les Basques ont joué dès le 16e s. un rôle prépondérant dans l'**histoire de l'Amérique latine** : les Biscayens **Mendoza** et **Zabala** fondent respectivement Buenos Aires en 1533 et Montevideo en 1726. **Iturbide**, héros de l'indépendance mexicaine, est originaire de la vallée navarraise du Baztan. La famille du *Libertador* **Bolívar,** tout comme celle de **Che Guevara**, est originaire de Biscaye.

Argentine, Uruguay, Cuba, Chili et Mexique sont les destinations favorites des Basques en Amérique du Sud. Autre grande terre d'accueil, le Nord-Ouest des États-Unis (Californie, Idaho, Montana, Nevada, Utah et Wyoming), très prisé au début du 20e s.

Partout où ils s'installent, ils s'organisent en communauté : des frontons sont construits, des « maisons basques » (centres de retrouvailles et de fêtes) fondées, pour regrouper tous les Basques, quelle que soit leur origine. La diaspora nord-américaine compte aujourd'hui quelques personnalités de renom telles que Paul Laxalt, ex-sénateur du Nevada et Robert, son frère écrivain, ou encore, Peter Cenarrusa, sénateur de l'Idaho.

de 1960 (en 50 ans, elle passe de 75 000 à 240 000 habitants).
Aujourd'hui, la Communauté autonome connaît les problèmes des pays industrialisés : une population vieillissante et un taux de fécondité parmi les plus bas d'Europe. L'immigration a aussi nettement ralenti dans les années 1980, sous le coup de la récession industrielle. La croissance démographique de ces territoires est donc négative sur ces vingt dernières années.
Enfin, le littoral touristique (de St-Sébastien à Mundaka) est victime de son succès : il souffre, comme la Côte labourdine, d'une flambée des prix rendant les logements inaccessibles aux jeunes actifs.

# Les organisations politiques et administratives

### LA COMMUNAUTÉ AUTONOME BASQUE (CAB) OU EUSKADI

La fin du franquisme et les premières années qui la suivent voient le pluralisme politique se remettre en place, dans un cadre institutionnel nouveau, celui d'une monarchie parlementaire. C'est ainsi que le **statut d'autonomie de Guernica**, adopté par référendum en 1979, s'applique à un territoire appelé « Communauté autonome basque » ou Euskadi, qui regroupe les trois provinces de **Guipúzcoa**, **Biscaye** (Vizcaya) et **Álava**. Chaque province est administrée par une *diputación* et est représentée au Parlement autonome de Vitoria-Gasteiz par 25 députés.
Ce **parlement** est investi de compétences très larges, qui font de lui l'autonomie la plus étendue d'Europe, même si toutes les compétences prévues par le statut de 1979 ne lui ont pas encore été totalement transférées par le gouvernement espagnol. Depuis les premières élections libres et jusqu'en 2009, le gouvernement qui dirige la Communauté a été aux mains du **Parti nationaliste basque (PNV)**. Trois présidents s'y sont succédé : Carlos Garaikoetxea, José-Antonio Ardanza et Juan-José Ibarretxe. En 2009, le socialiste **Patxi López** a mis fin à trente ans de gouvernement nationaliste en Euskadi.

### LA COMMUNAUTÉ FORALE DE NAVARRE OU NAVARRA

La Navarre reste un cas particulier, extrêmement sensible. À l'origine intégrée aux premiers projets de statuts d'autonomie des années 1930, elle choisit de ne pas s'y associer lorsque le statut est finalement adopté en 1936. Très attachée à son passé foral, elle est également très religieuse et refuse tout lien avec les nationalistes basques qui soutiennent la République espagnole laïque, et qui, en outre, s'apprêtent alors à faire entrer des communistes au gouvernement. La Navarre est tellement hostile à la République qu'elle se soulève aux côtés de Franco, et s'éloigne toujours plus des autres provinces basques durant la dictature. Lorsque le statut de **1979** est voté, c'est presque naturellement que la Navarre choisit sa propre voie.
Elle négocie en 1982 son **régime de communauté forale**. La collaboration de la Navarre avec la Communauté autonome basque, voisine, concerne essentiellement la mise en place de moyens communs de transports et de communication et le développement de la langue basque.

### LE PAYS BASQUE FRANÇAIS

Au Pays basque français, le découpage administratif hérité de la Révolution française est resté inchangé : les trois provinces du

## LE PAYS BASQUE ET LA NAVARRE AUJOURD'HUI

Labourd, de la **Basse-Navarre** et de la **Soule** sont intégrées au département des **Pyrénées-Atlantiques** (anciennement Basses-Pyrénées). En parallèle à la naissance du nouveau nationalisme basque sous le franquisme durant les années 1960, le mouvement Enbata se crée au Nord. Pour lui, l'avenir du Pays basque passe par un fédéralisme européen et la revendication du département Pays-Basque. En 1973, une nouvelle branche clandestine apparaît, Iparretarrak, qui privilégiera l'objectif d'un statut d'autonomie. En 1981, l'espoir d'une avancée significative naît avec l'avènement au pouvoir de François Mitterrand, qui s'était déclaré favorable au département et à l'officialisation de la langue basque. Mais il ne donnera jamais suite à ces propositions. La question du département reviendra au centre des débats à la fin des années 1990.

### EN ESPAGNE, UNE SITUATION COMPLEXE…

Le statut d'autonomie exceptionnel obtenu en 1979 par la Communauté autonome basque (Euskadi) ne règle pas le problème du nationalisme.
Confronté à des demandes d'autonomie de plusieurs régions (Andalousie, Catalogne, Galice, etc.), l'État espagnol affirme sa vision d'une nation espagnole unique composée de provinces aux statuts différents. Le problème est particulièrement complexe au Pays basque où le terrorisme de l'ETA envenime un dialogue difficile avec les nationalistes.
Le passif humain s'alourdit rapidement : plus de 800 crimes sont commis par l'ETA au cours des dernières décennies. Pour sortir de cette crise, l'État espagnol utilise tous les moyens, alternant négociations et tractations secrètes,

ouverture et fermeté ; au cours des années 1980, une « guerre sale » est menée par les Groupes antiterroristes de libération (GAL). Des moments de grande tension et de forte mobilisation antiterroriste ont régulièrement agité toute l'Espagne. Un des points culminants de ces événements restera certainement les manifestations géantes dans tout le pays contre le terrorisme après l'assassinat par l'ETA du jeune conseiller politique basque Miguel Angel Blanco en juillet 1997.

### Les forces en présence

On peut schématiquement distinguer les trois composantes suivantes dans la vie politique basque en Espagne :
- une frange espagnole représentée par le **Partido Popular (PP)**, de droite, et le **Partido Socialista, (PSOE)** de gauche, dont l'alliance a permis l'élection à la présidence du socialiste Patxi López en 2009 ;
- une frange nationaliste basque radicale ou « gauche abertzale », autour de l'**ETA** et de sa vitrine politique **Herri Batasuna** (Unité populaire) aujourd'hui interdit ; cette formation tenta de revenir sur la scène politique avec un nouveau parti en 2011, interdit lui aussi ;
- enfin une frange nationaliste modérée autour du **PNV** (Parti nationaliste basque) qui a gouverné jusqu'en 2009 la Communauté autonome basque (Euskadi).

La vie politique basque est marquée par une alternance d'accalmies, de trêves et de reprises de tension entre les séparatistes et le gouvernement espagnol.
L'espoir suscité par l'ouverture au dialogue du président Zapatero s'évanouit avec l'attentat à l'aéroport de Madrid qui fait deux morts le 30 décembre 2006.
Les tensions s'avivent encore lors des élections de mai 2007. L'ETA annonce la rupture du cessez-le-feu permanent le 5 juin 2007. Alors que les arrestations de membres influents se multiplient, assassinats et attentats continuent à être perpétrés. En 2011, un tournant semble cependant s'opérer : suite aux déclarations de Bruxelles et de Guernica (2010) qui impliquent des organisations internationales et les formations de la « gauche abertzale » dans la mise en place d'un processus de paix, l'ETA annonce un cessez-le-feu « permanent et vérifiable » et l'abandon des extorsions de fonds auprès des entreprises basques.

### Une question d'identité

L'identité basque est fièrement revendiquée aujourd'hui par de nombreux Basques espagnols. Elle n'est cependant, pour la majorité d'entre eux, nullement antinomique avec un fort sentiment d'appartenance à la nation espagnole. En cela, les Basques sont proches des habitants de la plupart des autres provinces espagnoles qui assument et revendiquent également leur double identité, nationale et régionale.
Cette fierté d'appartenance permet, pour le plus grand bonheur des touristes, de maintenir aussi vivaces des traditions et une culture parmi les plus fortes et les plus originales d'Europe *(voir p. 52 et p. 84)*.

## Les activités économiques

Des ports de pêche animés de barques colorées, des promenades fleuries et des plages de sable fin, des campagnes verdoyantes où paissent les brebis tandis que, dans les villages, le piment sèche en grappes aux fenêtres. L'autre face de la carte, moins exotique, c'est la Biscaye industrialisée à outrance, avec ses mines, ses usines aux hautes cheminées crachant des nuages de suie…

Port de pêche de Bermeo.
S. Sauvignier / MICHELIN

## DES SECTEURS TRADITIONNELS EN DIFFICULTÉ

### Agriculture : entre résistances et modernité

Dans le Pays basque français, l'agriculture est en perte de vitesse : le nombre d'exploitations agricoles a chuté en 45 ans de 11 353 à 4 920 (en 2005). Activité agricole et pêche reculent devant les progrès de l'urbanisation et du tourisme. Les quelques résistances sont liées à un fort attachement culturel à la terre et à l'exploitation familiale, qui fait que l'un des descendants finit par accepter de prendre la succession de manière à ce que le patrimoine ne soit pas démembré. Ainsi, alors que le taux d'agriculteurs français de plus de 55 ans ayant une succession atteint 27 %, il monte jusqu'à 41 % en Pays basque. Même en recul, l'activité agricole en Pays basque présente des permanences anciennes. Sur les franges les plus septentrionales, c'est la production de maïs qui domine, ainsi qu'un élevage à viande et à lait. Vers les zones plus montagneuses de Cize, Baïgorry ou de Soule, c'est l'élevage ovin d'estive ou de petites exploitations encore consacrées à la polyculture. Sur toute la zone méridionale, c'est-à-dire en Navarre et en Álava, le paysage, plus aride, est propice à la culture du blé, de l'orge, de la vigne et de l'olivier. L'agriculture y est moderne et riche, et se permet même de tenter la riziculture irriguée aux portes du désert des Bárdenas. En Guipúzcoa et Biscaye enfin, zones côtières à forte influence océanique et largement industrialisées, l'agriculture est marginale.

### Pêche : une situation contrastée

La pêche est également en grande difficulté, alors qu'il s'agit d'un des secteurs d'activité traditionnels majeurs du peuple basque au cours de son histoire. La raison principale en est l'appauvrissement de la ressource. En outre, les relations entre pêcheurs se sont considérablement dégradées à cause des différentes pêches pratiquées (la guerre, parfois ouverte, oppose schématiquement pêcheurs traditionnels et chalutiers pélagiques). La pêche du Pays basque espagnol peut heureusement profiter de subventions européennes, et si les grands ports de pêche y sont moins nombreux que par le passé (les principaux sont Ondarroa, Lekeitio, Bermeo et Pasaia), ils sont florissants et modernes. On ne peut en dire autant de la pêche en France qui est en grande difficulté. Aussi n'y reste-t-il qu'une seule criée, à St-Jean-de-Luz, dont la valeur des ventes a beaucoup baissé ces dernières années et qui a été récemment au centre de débats virulents entre la Chambre de commerce et les pêcheurs voulant vendre directement leurs poissons aux consommateurs.

## UNE MONTAGNE PASTORALE

Une longue tradition pastorale a profondément marqué la région. Les paysages, mais également la répartition de certaines espèces végétales ou animales montre que l'élevage fut une activité importante.

### La transhumance : une tradition

Les plus vieilles nécropoles régionales sont celles que l'on trouve en montagne, sur les lieux de transhumance. Si les rituels et leurs significations ne sont pas connus, elles prouvent qu'il y a 4000 à 5000 ans, des éleveurs vivaient et mourraient dans ces lieux. Les conditions de vie et les activités économiques ont évolué, mais on retrouve encore les restes d'anciennes organisations, avec des transhumances pouvant être importantes (les troupeaux de la vallée de Roncal sont dans les Pyrénées en été, puis dans les steppes désertiques des Bárdenas pendant l'hiver).

Tous les **massifs pastoraux**, et ils sont nombreux (Gorbea, Andia, Urbasa, Aralar, Garazi, Arbailles, Haute-Soule, etc.), sont occupés à la belle saison par des milliers de brebis, vaches et chevaux. Les bergers utilisent alors de petites **cabanes** souvent très anciennes *(txabola, etxola* ou *kaiolar)* au confort assez rudimentaire. Les porcs aussi peuvent transhumer, consommant le petit lait issu de la fabrication du fromage et finissant de s'engraisser avec les faînes, glands et châtaignes à l'automne. Cette transhumance dans les pacages de montagne est une nécessité pour les éleveurs, puisque les prairies proches des fermes sont alors consacrés à la fenaison, qui constitue la réserve alimentaire des troupeaux en hiver.

### Des races locales adaptées

Les éleveurs ont, au fur et à mesure du temps, domestiqué et sélectionné brebis, chevaux et vaches.
Les **ovins** sont représentés par plusieurs races autochtones. Élevée pour sa viande, la race **rasa navarraise** est très présente dans toute la zone méridionale. Cette espèce, extrêmement rustique et adaptée au climat sec, produit chaque année ses deux voire trois agneaux par brebis. Elle est également bonne laitière et son lait est utilisé pour la fabrication du fromage. Au niveau des races laitières, trois races existent aujourd'hui : les types **manech** (**manex** ou **latxa**), qui peuvent être cornus ou pas, à tête rousse ou à tête noire, et qui sont les plus productifs en lait. C'est essentiellement avec leur lait qu'est produit le fromage de brebis, connu par le grand public pour ses appellations d'origine contrôlée Idiazabal, Erronkari-Roncal ou Ossau-Iraty.

## L'EMPREINTE DE L'HOMME SUR LES PAYSAGES

Les paysages actuels de la région découlent des activités d'une civilisation de paysans-éleveurs qui existe ici depuis le Néolithique (env. 4000 ans). Les sommets se sont dénudés sous la pression du feu des hommes et des besoins de leurs troupeaux. L'**industrie minière et métallurgique**, très ancienne (plus de 2000 ans) comme en témoignent les mines à Aiako Harriak (Guipúzcoa), Banka (Basse-Navarre), Larrau (Soule), Goizueta (Navarre) et Gallarta (Biscaye), s'est accompagnée d'une importante déforestation due à la fabrication de charbon. Puis, au début du 19e s., l'exploitation massive du minerai de Biscaye enclenche le processus d'industrialisation qui a fait la richesse de la région.

La population rurale de Biscaye et du Guipúzcoa quitte ainsi la campagne pour la ville. Les terres agricoles y sont moins exploitées et les montagnes du Guipúzcoa et de la Biscaye sont envahies depuis les années 1950 par des plantations de pins de Monterey.

Plus à l'est, les provinces du Labourd, de la Basse-Navarre et de la Soule, mais également à l'ouest, la vallée de Karrantza *(voir p. 356)*, ont conservé leurs paysages de bocages et de montagnes pastorales, l'agriculture y étant toujours importante.

Aujourd'hui, les pratiques ancestrales sont toujours vivantes : transhumances de plusieurs dizaines de kilomètres, écobuages pour nettoyer et fertiliser les pâturages. Les paysans entretiennent les prairies grâce à leurs troupeaux ou laissent des parcelles en jachère traditionnelle dans les zones méditerranéennes.

La deuxième est la race **basco-béarnaise** qui, comme son nom l'indique, se retrouve en Béarn et à l'extrémité nord-est du Pays basque, en Soule. C'est une grande brebis cornue, à tête blanche et très adaptée à la haute montagne.
La **karranzana**, grande brebis au nez busqué, à tête rousse ou noire, est concentrée à l'ouest de la Biscaye, dans la vallée de Karrantza.

Les montagnes de Navarre, du Guipúzcoa et du Labourd recèlent les derniers spécimens (il en existe moins de mille !) de **betizu** (littéralement « la vache insaisissable »). Ces petites **vaches** sauvages et rustiques de couleur rousse, extrêmement vives, que l'on peut rencontrer au-dessus d'Hernani ou d'Espelette, représentent une des races primitives européennes… mais elles sont en voie d'extinction et il n'est pas fait grand-chose pour les préserver. Plus grande, avec une robe blonde froment et des cornes en forme de lyre, la **pyrénéenne** est encore très présente en Navarre et a été largement utilisée dans la création de la blonde d'Aquitaine, pour ses qualités maternelles et bouchères.

Une race de porc, le **porc pie noir du Pays basque**, a été l'objet d'un regain d'intérêt et permet aux éleveurs de la vallée des Aldudes en Basse-Navarre de produire une viande de très haute qualité. Cette race s'étendait auparavant sur une zone plus importante et valorisait de manière conséquente les faînes, glands et châtaignes *(voir p. 63)*.

Une race de **cheval** existe ici, le **pottok** (prononcez « pottiok »), petit poney à la robe généralement baie mais parfois pie, longtemps utilisé dans les mines et ayant aujourd'hui perdu son intérêt économique. En revanche, son rôle est capital dans le maintien du paysage et des prairies en moyenne montagne, en dessous des 1 000 m, ainsi que dans les landes à ajoncs et à fougères.

### La trace des troupeaux

L'impact de ces élevages est visible, puisqu'ils ont été la cause principale de l'élimination des forêts d'altitude au profit des pâturages. Les plateaux d'Aralar, Andia, Urbasa, les montagnes de Garazi et de Soule sont de véritables gazons entretenus par des milliers de ruminants à chaque nouvelle saison. Si les grandes transhumances anciennes ont disparu, les troupeaux basques font encore à pied ou en camion des dizaines de kilomètres pour retrouver leurs pacages. Les *cañadas*, chemins publics réservés aux transhumances, existent encore par endroits, et une *cañada* était utilisée pour acheminer les taureaux de combat depuis leurs élevages au sud de la Navarre jusqu'à Deba sur la Côte atlantique, ce qui en faisait en quelque sorte un *encierro* à rallonge !

## Le développement inégal de l'industrie

Si la tradition industrielle est ancienne en Biscaye et en Guipúzcoa (milieu du 19e s.), elle est récente en Álava et en Navarre et reste très peu développée en Basse-Navarre, Labourd et Soule.

### EN EUSKADI

Au début des années 1980, le Gouvernement autonome de Vitoria doit redresser l'économie d'Euskadi qui connaît une crise sans précédent. Il se fixe alors trois axes majeurs : parier sur la technologie de pointe, renforcer la qualité du produit et internationaliser l'activité. En 1990, le secteur sidérurgique traditionnel est intégralement reconverti : Euskadi reste le premier **producteur d'acier** d'Espagne, tandis qu'il consolide le secteur automobile et crée *ex nihilo* une nouvelle industrie aéronautique. Cette politique économique est fondée sur le **système des clusters** : réseaux regroupant les entreprises d'un même secteur industriel ainsi que les représentants du gouvernement, dont le but est de travailler en commun dans la recherche et le développement de ce secteur pour le rendre toujours plus compétitif. C'est une véritable réussite, favorisant une croissance économique exemplaire ces quinze dernières années dans la Communauté autonome basque. La crise économique récente n'a pas délogé la Communauté autonome basque de sa place de leader de l'économie espagnole avec, en 2009, un PIB par habitant bien supérieur à la moyenne nationale (32 133 € contre 24 020 € par habitant pour l'Espagne).

Le **modèle coopératif** est également en bonne santé : la MCC (Mondragón Cooperative Corporation, en Guipúzcoa), dont l'un des fleurons les plus célèbres est le groupe électroménager Fagor, emploie près de 100 000 personnes aujourd'hui, dont 35 000 en Euskadi.

### EN NAVARRE

Le développement industriel tardif (milieu du 20e s.) est essentiellement tourné vers l'agroalimentaire (30 % des emplois industriels), la chimie et les matériaux de construction. Le secteur automobile y est également puissant puisque le groupe SEAT-Volkswagen, installé aux portes de Pampelune, représente à lui seul 25 % de la production industrielle navarraise.

### DANS LE PAYS BASQUE FRANÇAIS

Le développement industriel ne semble pas aussi brillant de ce côté des Pyrénées : les quelques grandes entreprises de la Côte basque sont

**LE VERT PARADIS DES SURFEURS**

Depuis maintenant plusieurs décennies, la Côte basque s'affirme comme le berceau européen du surf. Ce succès s'explique par une série de coïncidences géographiques *(voir p. 108)*. Depuis son apparition à Biarritz en 1957, le surf connaît une popularité grandissante, au point de compter aujourd'hui plus de 30 000 licenciés et 150 000 pratiquants. Le surf a même fait son entrée dans les épreuves physiques du baccalauréat. Cet engouement a généré une véritable manne économique pour la côte. En 2005, près de 65,7 % des salariés basques de l'habillement travaillaient pour le surfwear et, en 2007, Anglet a inauguré une ZAC (Baia Park) dédiée aux sports de la glisse… À défaut d'affronter en direct les vagues, les plus frileux profiteront du Festival du film de surf qui se tient chaque année à Anglet pour découvrir les sensations hautes en couleur qu'offre ce sport grisant *(voir p. 144)*.

en difficulté, d'autres ont fermé leurs portes ces dernières années. L'industrie de l'espadrille en Soule connaît les mêmes problèmes. Quelques entreprises telles que Turbomeca aux portes de Bayonne et Sokoa à Hendaye affichent quand même leur dynamisme. D'autres ont un rôle de soutien comme la société de capital-risque Herrikoa (fondée sur l'actionnariat populaire) qui aide, avec un certain succès, à la création et au développement des entreprises en Pays basque.

## Tourisme balnéaire, tourisme vert et surf

### THERMES ET BAINS DE MER

Le tourisme est une activité récente au Pays basque et en Navarre. Certes, dès l'époque romaine, les villes d'eaux y étaient prisées, mais le véritable essor de cette activité date du 19e s., et est largement circonscrit au littoral labourdin. La **vogue des bains de mer** s'étend à la Côte basque par Biarritz sous le Second Empire. C'est l'impératrice Eugénie, épouse de Napoléon III, qui en fait la promotion, puis l'accès vers les plages basques est facilité par la construction du chemin de fer jusqu'à Hendaye au milieu du siècle. Du côté espagnol, St-Sébastien a profité de l'intérêt de la reine Marie-Christine d'Autriche, qui y a séjourné et fait construire le palais de Miramar. Avec les congés payés, le tourisme se démocratise et prend de plus en plus de place dans les politiques locales. Actuellement, on estime à 15 % son poids dans l'activité économique du Pays basque français.

### TOURISME RURAL

Le **tourisme vert** se développe également ces dernières décennies. Il est fondé sur trois piliers : la randonnée pédestre en montagne, la découverte de la gastronomie du Pays basque (organisée en labels, AOC) et l'accueil en gîte rural ou chez l'agriculteur. Il constitue un revenu complémentaire non négligeable pour le monde rural en quête d'un nouveau souffle.

# Traditions et art de vivre

**Le « petit peuple qui danse et chante au pied des Pyrénées »... Combien de fois aura-t-on cité Voltaire pour s'enthousiasmer de la frénésie festive qui s'empare des villes et villages de la région aux beaux jours ? Pourtant, il ne faut pas sous-estimer le patrimoine culturel et artistique attaché à ces événements qui sont autant d'occasions de valoriser une appartenance identitaire, de dévoiler un attachement à des traditions riches et de célébrer le plaisir d'être ensemble. Partez, vous aussi, à la rencontre des virtuoses des percussions, des mots chantés ou des danses sautées, des forçats du tir à la corde et des *corredores* d'*encierro*.**

## L'art de faire la fête

La fête, un art de vivre en Pays basque et en Navarre, est parfois victime de son succès. Les fêtes patronales se succèdent toute l'année et s'intensifient l'été. Chants, danses, concours sportifs, **txaranga** (ensembles instrumentaux appelés aussi **bandas** ou **peñas**), rien ne manque pour que les fêtes soient réussies. Bien entendu, rares sont ces festivités où le **taureau** ne tient pas une place de choix : de façon solennelle lors des corridas, plus ludique lors des courses landaises (au nord) auxquelles répondent les concours de *recortadores* au sud des Pyrénées. Et l'on n'hésite pas à se mesurer à l'animal-roi lors des courses de vachette, quand on ne préfère pas vaincre sa peur en participant aux **encierros** de Pampelune, de Tudela ou d'ailleurs.

### Fêtes locales

Chaque ville, chaque village, chaque quartier défend son originalité, même si aujourd'hui certaines fêtes sont en voie de « pampelunisation ».

La renommée internationale des **Sanfermines** (fêtes de Pampelune) n'est plus à démontrer : des milliers de personnes se pressent chaque année dans la capitale navarraise pour neuf jours de liesse, du 6 au 14 juillet *(voir p. 400)*.

Les **fêtes de Bayonne** (ville jumelée avec Pampelune) attirent également la grande foule fin juillet ou début août. Le rouge et le blanc de Pampelune ont d'ailleurs été adoptés depuis des années par les Bayonnais... ainsi que par les villages voisins, au détriment parfois de l'ancienne « façon de faire la fête » du monde rural...

Certaines fêtes sont inaugurées par les personnages populaires. Ainsi **Célédon**, reconnaissable à sa blouse et à son parapluie, descend du clocher de l'église pour lancer les festivités de la Virgen Blanca à **Vitoria-Gasteiz**. À **Bilbao**, c'est **Marijaia**, une géante aux bras levés, qui inaugure la *Semana Grande (Aste Nagusia)*.

Danse basque.
*J. Larrea / Age fotostock*

On compte aussi de nombreuses fêtes thématiques : **carnavals** à la fin de l'hiver, foires diverses, **tamborradas** ou **alardes** (défilés) à Irún, Fontarabie et St-Sébastien… En Pays basque et en Navarre, toute occasion est bonne pour faire la fête.

### Fêtes religieuses

Difficile de passer sous silence les nombreuses fêtes religieuses qui marquent le calendrier, surtout côté espagnol. L'excentricité des carnavals précède les solennités de la Semaine sainte, qui peuvent être impressionnantes comme à Balmaseda ou Durango. D'autres manifestations traditionnelles sont réputées comme la procession du Corpus Christi ou Fête-Dieu (très beaux masques et danses) à Oñati, les fêtes de la Virgen del Carmen sur la Côte de Biscaye, la fête de saint Ignace (Azpeitia, Getxo), où le profane se mêle sans complexe au sacré.

### Musique, festivals

Les instruments de musique traditionnels tels la *gaïta*, le *txistu*, la *txirula*, l'*alboka* ou la *txalaparta* sont de tous les événements. Mais il existe aussi des festivals internationaux qui dépassent le cadre de l'expression culturelle basque. Ainsi, entre la fin juin et la mi-juillet, les **festivals de jazz** de Getxo (Biscaye), Saint-Sébastien et Vitoria attirent les mélomanes de toute l'Europe.

Vitoria dispose également de son **festival de rock** Azkena, qui a déjà accueilli des géants tels Iggy Pop ou les Pogues.

Enfin, le septième art n'est pas en reste avec le Festival de cinéma de St-Sébastien. De son côté, Biarritz organisait en 2011 son 20^e Festival de cinéma et culture d'Amérique latine.

*Pour retrouver le calendrier des principales fêtes, voir p. 32.*

## Une culture vivante

Une intense activité culturelle se développe tout au long de l'année au Pays basque et en Navarre, même si l'été reste la saison la plus riche. Les manifestations sont tellement nombreuses qu'il serait impossible d'en faire ici un rapport exhaustif. Nous en présenterons donc à grands traits les principaux aspects.

*Pour en savoir plus, consultez le site de l'Institut culturel basque et son portail de la culture basque : www.eke.org*

### AUX FONDEMENTS, LA LANGUE BASQUE

La langue basque, l'Euskara, est à la base de l'originalité de la culture basque. C'est pour cela que de nombreuses associations qui défendent cette langue sont à l'origine de nombreux événements festifs tout au long de l'année.

*Langage, littérature et mythologie, p. 84.*

#### Le bertsu

Le bertsolarisme est une exception culturelle basque, peu accessible aux touristes qui ne connaissent pas la langue : il s'agit en effet d'un chant versifié et improvisé en langue basque, dont les règles sont strictes. Selon le *bertsolari* biscayen Amuriza, le *bertsu* est le « sport national des mots ». Les écoles de *bertsu* ont fleuri partout en Pays basque ces dernières années, après une phase de désaffection. Longtemps marqué par la ruralité, l'art du bertsolarisme est aujourd'hui porté par des représentants de la jeune génération, très prometteuse. Outre de nombreux tournois, tous les quatre ans, un concours général rassemble les meilleurs versificateurs des quatre coins de la région. La finale se déroule au vélodrome de St-Sébastien. Le vainqueur se voit remettre solennellement la *txapela* (béret).

### LE CHANT, SOUS TOUTES SES FORMES

Très encadré en Espagne où les chorales sont nombreuses, le chant l'est de plus en plus en France, même s'il est encore fréquent d'entrer dans un bar où la sonorisation a été coupée pour laisser chanter à tue-tête les clients, toutes générations confondues.

### LA DANSE

Le répertoire de danses traditionnelles est extrêmement riche ; chaque vallée, chaque village parfois, a ses danses propres.
Du **paloteado** (danse avec bâtons) d'Ochagavía/Otsagabia aux couleurs de la mascarade souletine, en passant par l'**inguruntxo** mixte dansé au rythme des castagnettes, le **zortziko** guipúzcoan réservé aux garçons, ou le **kaskarotak** féminin du Labourd, il est impossible de faire l'inventaire de toutes les danses existantes et de leurs variantes locales.
Les danseurs de toute la région se retrouvent régulièrement lors du **Dantzari Eguna**, journée en l'honneur de la danse. Chaque année, les enfants des écoles de danse du Pays basque français se rencontrent également lors du **Dantzari Ttiki** ou du **Dantzari Gazte** (pour adolescents).

### LE THÉÂTRE DE PLEIN AIR

Le théâtre populaire est un peu en déclin au Pays basque. Si elle résiste encore au Nord, la grande tradition des **tobera**, théâtre joué sur la place publique où l'on dénonçait les problèmes du village, est en voie d'extinction. Quelques auteurs présentent encore leurs pièces, mais ils sont de moins en moins nombreux.
En revanche, les **pastorales** rencontrent encore le succès en Soule où l'on organise des représentations en plein air, mettant en scène des personnages historiques.
C'est aussi en Soule que la **mascarade** (forme théâtrale très

codifiée héritée du Moyen Âge, où bons et mauvais s'affrontent) connaît un regain d'intérêt depuis les années 1970. Les représentations, qui durent plusieurs heures, attirent des milliers d'amateurs chaque été dans une commune différente.

# Musique

La musique et les chants font partie intégrante de la culture, comme en témoignent les sources les plus anciennes.

## HISTOIRE

De tradition orale, ce patrimoine musical n'a toutefois été recensé et mis par écrit qu'au 19e s. sous l'impulsion de particuliers comme Antoine d'Abbadie, et surtout le père Donostia, Resurrección María de Azkue ou Salaberry. Ces derniers ont réalisé un colossal travail de compilation en parcourant les provinces basques pour noter et répertorier chants et mélodies. Leurs travaux ont ainsi permis d'identifier des morceaux remontant au 17e s. Le risque était que cette retranscription figeât les harmonies et les textes en leur donnant un cadre écrit. Il n'en a rien été. Dès le début, ces passionnés d'ethnologie et de musicologie ont adapté les morceaux anciens qu'ils répertoriaient, et leurs disciples et lecteurs ont pris la suite. Aujourd'hui, les bibliothèques des archevêchés et avant tout le centre d'archives d'Eresbil offrent aux chercheurs et aux artistes des sources inépuisables d'inspiration.

## INSTRUMENTS

La musique basque s'appuie essentiellement sur les instruments à vent et les percussions.
Les plus répandus sont le **txistu**, flûte à trois trous déjà représentée il y a 22000 ans dans la grotte d'Isturitz et dont l'une des variantes régionales est par exemple la **txirula** en Soule.
Vient ensuite la **gaïta-dulzaïna** d'origine navarraise, qui malgré son nom (*gaita* signifie « cornemuse »), s'apparenterait à un hautbois à anche double, et dont le son ressemble à celui d'une flûte arabe. Quant à l'**alboka**, c'est une corne dans laquelle on souffle pour produire une note continue. Le rythme est marqué par le **txalaparta**, formé de deux corbeilles et de planches sur lesquelles on frappe avec des bâtons et dont le rythme de base évoque le galop d'un cheval.
Sa version en métal se nomme la **tobera**. Signalons aussi un tambour au son très sec, l'**atabal**. Enfin, le **trikitixa**, un accordéon diatonique très apprécié des artistes contemporains, complète l'ensemble.

## CHANTS ET MÉLODIES

### Chants

Chanter est une véritable institution en Pays basque. On chante partout, pour tout, avec ou sans accompagnement, avec ou sans livret, en amateur ou en professionnel. Vecteur de culture, le chant est omniprésent, depuis les offices religieux jusqu'aux fêtes patronales. Celles-ci donnent parfois lieu à des défis entre **otxote** (formation à huit voix) ou entre **bertsolari**, ces poètes qui improvisent en public des vers chantés. Des deux côtés de la frontière, chanter est une telle institution que même pendant les parties de pelote, les points sont psalmodiés ! On ne compte plus les festivals de musique et de chant, dont les principaux sont organisés au sud des Pyrénées.
Les chants les plus anciens se reconnaissent à leur caractère

modal (à l'instar du grégorien), tandis que les musiques plus récentes sont au contraire tonales, et syllabiques pour les mélodies populaires, c'est-à-dire qu'à chaque note correspond une syllabe. L'une des formes mélodiques les plus répandues, le **zortziko**, adopte un rythme irrégulier de cinq croches par mesure pour accompagner les danses.

Au niveau du répertoire, chaque région a développé ses propres traditions musicales, comme celle des complaintes en Soule, mais certaines mélodies sont connues de tous. Elles correspondent généralement à des poèmes épiques. Le plus répandu est le **chant de Lelo**, relatant la résistance des Cantabres (supposés être les ancêtres des Basques) face aux troupes romaines conduites par Auguste. Il provient d'un manuscrit du 16e s. Celui de **Beotibar** nous est parvenu par des fragments de textes datant eux aussi des 16e et 17e s. et raconte la sanglante bataille de Beotibar qui eut lieu en 1321 entre Guipúzcoans et Navarrais. Autre chant arrivé jusqu'à nous, le **chant « Jeiki jeiki »** fait allusion à la rivalité qui opposa marins basques et hollandais à propos des zones de pêche à la morue à la fin du 18e s. Quant au **chant d'Altabizkar**, il s'inspire certes de *La Chanson de Roland*, mais a été écrit au 19e s.

La Navarre a une forte tradition musicale, surtout chorale. Incontournable, la « **jota navarra** » est apparue, semble-t-il, au début du 19e s. Ce chant, sensiblement différent de la jota aragonaise, est un bref poème très expressif sous forme de quatrains. Raimundo Lanas (1908-1939), surnommé « le rossignol navarrais », est considéré comme le meilleur interprète de cette tradition. À noter : La jota est aussi une danse, distincte de la jota chantée en Navarre.

### Chœurs

Aujourd'hui, le patrimoine musical est transmis et développé entre autres par le biais des **sociétés chorales** qui ont adapté les chansons populaires pour l'orphéon. Dans le Nord, on n'en compte pas moins d'une cinquantaine dont les plus renommées sont Oldarra de **Biarritz**, le chœur d'hommes d'**Arcangues**, Adixkideak, celui d'**Hendaye**, Gaztelu Zahar, et le chœur mixte Xaramela de **Bayonne**. Elles s'inspirent pour beaucoup du répertoire folklorique, contrairement à leurs homologues d'Euskadi et de Navarre, de plus grande ampleur, qui interprètent, pour la plupart, du classique lors de festivals comme celui de Tolosa. C'est le cas du très réputé **orphéon de St-Sébastien** (140 chanteurs des deux sexes), du Coro Caso également de St-Sébastien, qui regroupe quatre chœurs (l'un de 45 hommes, un autre de 70 garçons, un troisième de chant grégorien et un dernier mêlant hommes et enfants), du chœur mixte d'Andra Mari de Renteria et de la **société chorale de Bilbao** avec ses 140 chanteurs.

### Interprètes

En plus de ces ensembles vocaux, des interprètes contemporains se font le relais de la tradition en arrangeant ou en créant textes et musiques à partir des mélodies d'antan. C'est ainsi que le groupe **Oskorri** adapte les chansons populaires en s'inspirant du folk. **Beñat Achiary** est connu pour la virtuosité de ses improvisations vocales. **Amaia Zubiria** prête quant à elle sa voix grave et chaleureuse à des textes aussi bien anciens qu'actuels. Native de St-Palais, **Anne Etchegoyen**, qui a débuté en compagnie du groupe Oldarra, se fait l'ambassadrice de la chanson basque en France.

Musiciens de rue pendant les fêtes de Bayonne.
*CDT64*

Enfin, l'auteur-compositeur **Benito Lertxundi** est l'un des rares artistes contemporains à être chanté par tout le Pays basque de son vivant. Et la liste ne s'arrête pas là. Le basque chanté a aussi trouvé de nouvelles expressions, dans le rock notamment.

### Rock basque

Des groupes comme **Kortatu**, fondé au sud des Pyrénées par les frères Muguruza au début des années 1980 et devenu Negu Gorriak en 1990, E. H. Sukarra, Sustraia ou Akelarre marchent tous sur les traces d'**Anje Duhalde** et **Niko Etxart** qui ont choisi, dans les années 1970, de faire du rock en langue basque. Le premier forme avec un autre guitariste, Mixel Ducau, un duo appelé **Errobi** qui fera la passerelle entre folk et rock, tandis que le second tournera pendant près de 20 ans avec son groupe **Minxoriak**. Dans un genre différent, plus axé sur la musicalité, le groupe **Itoiz** (1978-1988) est devenu la formation culte des amateurs de musique pop. Revendicatif sur fond de crise économique en Euskadi dans les années 1980, le rock basque a su s'inspirer de courants extérieurs comme le courant punk, puis le rap, le reggae, et aujourd'hui le hip-hop, la techno, etc.

## Sports et jeux

### LA PELOTE BASQUE

Chaque village possède son fronton ou son trinquet, où des parties de pelote ont lieu régulièrement. C'est un véritable sport régional, reconnu par le ministère de la Jeunesse et des Sports côté français. Vous pouvez tout aussi bien vous y initier qu'encourager les bons joueurs.
En **été**, il est facile d'assister à un match.
Héritière de la **pila** pratiquée par les Romains, la pelote a connu bien des évolutions, surtout avec l'arrivée du caoutchouc au 19$^{e}$ s.
Alliant la rapidité au coup d'œil, l'intelligence stratégique à la finesse, la pelote, si elle n'est pas vraiment née au Pays basque, y est

devenue une véritable institution au point d'être une référence en France et dans le monde. La pelote basque se pratique en effet dans les onze ligues françaises mais aussi beaucoup en Amérique latine. Les règles du jeu et les compétitions internationales (notamment les Championnats du monde qui ont lieu tous les quatre ans) sont régies par la Federación Internacional de Pelota Vasca *(FIPV, Calle Bernardino Tirapu, 67, Pamplona, www.fipv.net)* reconnue par le Comité international olympique et qui regroupe 27 fédérations nationales… mais la pelote n'est plus, depuis les J.O. de Paris en 1900, un sport olympique, encore qu'elle ait été invitée aux Jeux en certaines occasions comme sport de démonstration.

*Pour découvrir l'histoire de la pelote, ses spécialités et ses règles, vous pouvez suivre la visite audioguidée de l'Écomusée de la Pelote et du Chistera de Saint-Pée-sur-Nivelle (voir p. 191).*

## Principaux éléments

On reconnaît quatre types de terrains différents, chacun accueillant un certain nombre de spécialités.

De forme très caractéristique, le « **fronton place libre** » se retrouve sur les places de village. Le mur, ou *frontis*, s'élève jusqu'à 10 m de haut pour 16 m de large. L'aire de jeu, ou *cancha*, peut atteindre 120 m de long.

Souvent couvert, le « **mur à gauche** », ou « fronton 36 m », se distingue du précédent par la présence de murs sur la gauche et au fond.

Salle à quatre murs, complètement fermée, le **trinquet** a quelques spécificités : le *xilo*, un trou à droite sur le mur de face (à 1,20 m du sol), un toit incliné (sur la gauche et au fond), un filet…

## L'équipement

**La tenue** – Traditionnellement, elle est constituée de tennis, d'un pantalon et d'une chemisette de couleur blanche. Seule tache de couleur, la ceinture, ou *cinta*, permet d'identifier les équipes. En pratique, et pour le haut niveau, la ceinture est abandonnée et les chemises sont de différentes couleurs, tandis qu'un casque est désormais de rigueur pour les spécialités pratiquées en intérieur avec une pelote de cuir.

**Gants et raquettes** – Même si la « main nue » est à l'origine de ce jeu, gants et raquettes ont fait leur apparition et déterminent différents types de spécialités. Le **chistera** est une prolongation du gant par une sorte de gouttière courbe en osier. Le **rebot** est une variante plus petite, tandis que la **pala** est une raquette en bois massif qui peut prendre différentes tailles et formes.

**La pelote** – Plus grosse qu'une balle de tennis, elle doit allier la dureté à l'élasticité. Elle comporte un noyau de caoutchouc serré et moulé, enrobé de coton et protégé d'une ou deux épaisseurs de cuir. Elle pèse un peu plus de 100 g et peut atteindre une vitesse de 300 km/h.

La pelote de gomme creuse est de plus en plus utilisée.

## Les spécialités

Difficile, pour le profane, de s'y retrouver dans les quelque 22 spécialités dont nous ne présentons ici que les plus célèbres. Dans les grandes parties, les *pelotaris*, en chemise et pantalon blancs, se distinguent par la couleur de leur ceinture, bleue ou rouge. Ils bondissent d'un bout à l'autre de la piste et renvoient la balle d'un puissant moulinet de bras.

Le *txatxaria* (crieur) chante les points d'une voix sonore.

**Le grand chistera** – Depuis 1900, la formule la plus appréciée des touristes est le jeu au grand chistera, qui ne se pratique qu'en France. Ce « grand jeu », très rapide, à deux équipes de trois joueurs, fut popularisé par les prouesses de **Joseph Apesteguy** (1881-1950), devenu célèbre sous le nom de Chiquito de Cambo. La pelote, lancée contre le mur du fronton, est reprise de volée, ou après un premier rebond, à l'intérieur des limites tracées sur le terrain.

**La cesta punta** – Cette variante du jeu de chistera est aussi spectaculaire qu'athlétique, d'où son succès actuel. Elle se joue sur le *jaï-alaï* et le but se marque sur le « mur à gauche », entre deux des lignes verticales numérotées.

**Et autres variantes…** – Les connaisseurs basques préfèrent d'autres jeux, plus anciens et plus subtils : le « **jeu net** » *(joko-garbi)* au petit gant (chistera de petit format), le jeu à main nue. Le jeu de **rebot** se joue à deux équipes se faisant face. Pour engager le point, le buteur fait rebondir la pelote sur un billot et la lance à la volée, vers le mur, dans le camp adverse.

On retrouve dans les jeux en trinquet, pratiqués en salle, le cadre des anciens jeux de paume. La pelote est lancée à **main nue**, avec une palette de bois (**paleta**, de plus en plus utilisée) ou la raquette argentine (jeu de **xare**). Dans le jeu de **pasaka**, pratiqué avec le gant, les murs sont utilisés comme les bandes d'un billard.

### LES JEUX DE FORCE

Il s'agit de mettre en concurrence des équipes de douze colosses venus défendre l'honneur de leur village. Chacun des équipiers a sa spécialité parmi huit épreuves, inspirées des activités quotidiennes à la ferme. Ces jeux animent de nombreuses fêtes locales, dont la plus connue est celle de St-Palais.

L'**orga joko** (lever de charrette) consiste à faire tourner à bout de bras une charrette de 350 kg sur son timon en faisant le plus grand nombre de tours possible, tandis que l'*aizkolari* (bûcheron) doit couper à la hache des troncs de 35 à 60 cm de diamètre le plus vite possible, et que le *segari* (scieur de bois) scie dix troncs de 60 cm de diamètre, toujours le plus rapidement possible. Le **zakulari** (porteur de sac) court avec un sac de 80 kg sur les épaules.

Le **lasto altxari** (lever de bottes de paille) consiste à hisser à 8 m de hauteur une botte de paille de 45 kg le plus grand nombre de fois possible en deux minutes.

Pour le **harri altxatzea** (lever de pierres), on effectue une levée de pierres de 250 ou 300 kg le plus de fois possible. Les *esneketariak* (porteurs de bidons de lait) doivent parcourir la plus grande distance possible avec deux bidons de 40 kg.

Enfin, la **soka tira** (tir à la corde), épreuve reine, oppose deux équipes de huit hommes tirant chacune de son côté une corde afin que le milieu de celle-ci (marqué par un foulard noué) franchisse un repère au sol.

### COURSES DE TAUREAUX

Dans le moindre village, comme partout en Espagne (la Catalogne faisant seule exception), le taureau est le roi de la fête, quelle que soit la manière de l'approcher.

Universellement connues grâce à Ernest Hemingway, les corridas des **Sanfermines (St-Firmin)** de **Pampelune** attirent une grande foule entre le 6 et le 14 juillet (réservation indispensable). Les taureaux qui combattent dans l'arène l'après-midi sont lâchés au petit matin dans la rue, encadrés de bœufs dressés : c'est l'**encierro** qui se déroule sur un trajet de 800 m délimité par de hautes barrières. Des jeunes gens courent devant eux, *templant* (tempérant) la charge à l'aide d'un journal plié. Mais attention ! On ne s'improvise pas *corredor* d'*encierro* et les accidents, parfois graves, affectent surtout les profanes : restez donc spectateurs de cette course (rendue encore plus dangereuse par la foule qui se presse sur le trajet dans le seul souci de se donner des émotions fortes), que ce soit derrière les barrières fermant les issues, ou sur les gradins des arènes où elle se termine.

Les vrais *aficionados* ne manquent sous aucun prétexte les **corridas générales de Bilbao** (une semaine autour du 15 août), un des sommets de la saison taurine espagnole. Tout aussi courues, les corridas de **Bayonne** (les week-ends de début août à début septembre) et de **St-Sebastien** (Semana Grande, avant le 15 août). Vous pourrez en outre (et entre autres de moindre réputation) assister aux ferias de **Tudela** (juillet), d'**Azpeitia** (autour du 1er août) et de **Vitoria** (feria de la Virgen Blanca, autour des 4-6 août).

Vous pouvez également suivre des **courses landaises** dans les arènes de Bayonne, écarts et sauts permettant d'esquiver les charges de la vache. Les concours de **recortadores** constituent un spectacle assez similaire et de plus en plus populaire en Espagne. Mais à la différence des courses landaises, le taureau sort cornes nues et n'est pas maintenu par une corde.

*Pour connaître le programme détaillé des corridas de chaque feria, rendez-vous sur le site espagnol www.mundotoro.com, rubrique Carteles. Les affiches sont rendues publiques environ un mois avant le début de l'événement. Vous pouvez généralement vous procurer des places à l'avance sur le site Internet de chacune des arènes ou au guichet le matin de la course.*

### TRAÎNIÈRES

Comme pour les autres jeux de force, les courses de traînières (*traineras* en espagnol) font revivre des gestes d'antan. Ces bateaux étaient autrefois utilisés pour pêcher les baleines ou pour le remorquage, à rames, des grands navires approchant des côtes. Aujourd'hui, le Kevlar et le carbone ont remplacé le bois et, au lieu de lutter pour être le premier à aborder le grand voilier (activité fort lucrative) ou revenir au plus vite au port pour vendre les poissons, les équipages (13 rameurs) se mesurent dans de mémorables courses, dont la plus célèbre a lieu dans la magnifique baie de St-Sébastien lors de la Bandera de la Concha.

### BALLON OVALE OU ROND

Est-il besoin de rappeler que le Sud-Ouest est la patrie du rugby français ? D'**octobre à mai**, chaque rencontre dominicale prend l'allure d'une épopée, souvent contée avec beaucoup de verve. L'équipe locale est l'objet de toutes les attentions et de discussions interminables, avivées par la subtilité des règles du jeu et les décisions de l'arbitre. En dehors des grands matchs nationaux et internationaux, vous pourrez vous procurer le calendrier des matchs d'amateurs auprès des offices de tourisme et des clubs. Animé par de grands clubs comme ceux de Biarritz et de Bayonne, ce sport est très populaire en Pays basque. Celui-ci compte parmi ses clubs le prestigieux **Biarritz Olympique**. Créé en 1898, le club a pris ce nom en 1913 et a rapporté cinq fois le fameux Bouclier de Brennus (trophée attribué au champion de France) au Pays basque : 1935, 1939, 2002, 2005, 2006. Son grand rival local, l'**Aviron Bayonnais**, également au Top 14,

Les traînières dans le port de Saint-Sébastien.
J. Larrea / Age fotostock

a quant à lui remporté trois fois le titre suprême (1913, 1934 et 1943), pour quatre finales perdues…
Au-delà de la frontière, c'est le football qui est le sport-roi et l'**Athletic Bilbao** s'enorgueillit de n'aligner que des joueurs basques. Ses duels avec la **Real Sociedad** de St-Sébastien sont épiques, tandis que l'**Osasuna** de Pampelune défend les couleurs navarraises dans la « Liga ». Mais s'il n'y a pas de club de haut niveau au Pays basque français, celui-ci a néanmoins donné des joueurs de talent comme le Luzien **Bixente Lizarazu** et le Bayonnais **Didier Deschamps**, tous deux champions de l'équipe de France à la Coupe du monde 1998.

## MUS

Ce jeu de cartes, dont on trouve une première mention au 18$^{e}$ s., serait originaire du Pays basque. Deux couples de joueurs s'opposent en faisant des paris, ou mises, avec un décompte de points variable suivant les options choisies.
Le jeu se compose de 4 séries de 10 cartes chacune. Ce sont les ors, les coupes, les épées et les bâtons. Chaque série est constituée de trois figures (roi, cavalier, valet) et de sept cartes numérales.

# Terroirs et gastronomie

**La gastronomie au Pays basque et en Navarre a été élevée au rang d'art, que ce soit dans les cuisines familiales où produits du terroir, poissons, gibiers et épices mijotent pour le plus grand délice des papilles, dans les bons restaurants où se succèdent des générations de grands chefs, ou dans les *txoko*, ces lieux fermés où se rassemblent les hommes autour des fourneaux dans l'objectif d'exceller dans l'art culinaire, loin de leurs épouses ! Fromages, douceurs, charcuteries, vins et spiritueux... vous aurez de quoi goûter et savourer.**

## Une grande variété de produits

### POISSONS DE L'OCÉAN

Avec près de 200 km de côtes s'étalant depuis Bayonne jusqu'à l'estuaire du Nervión, il est normal que Labourd, Guipúzcoa et Biscaye aient tiré de la mer leurs principales ressources alimentaires. Autrefois, chaque saison apportait son poisson : au printemps, l'**anchois**, à partir du 29 juin, le **thon** et, pendant l'hiver, la **dorade**, sans oublier les pêches plus lointaines qui ramenaient de Terre-Neuve la morue.

Aujourd'hui, grâce au commerce mondial ou à la congélation, on trouve ces poissons toute l'année mais, si vous le pouvez, dégustez-les de préférence en saison. (Vous les trouverez facilement sur les nombreux ports de pêche de la côte.) La **morue** en risotto, en salade ou en ragoût n'en sera que meilleure. Le **marmitako guipúzcoan**, ragoût à base de thon, de pommes de terre, de tomates et de poivrons en prendra plus de goût, et le **ttoro**, cette soupe de poissons préparée avec ail et piment à St-Jean-de-Luz, n'en aura que plus de saveur.

### FRUITS DE MER ET COQUILLAGES

Autres spécialités venues de la mer et tout aussi délectables : les **chipirones**, petits encornets apprêtés dans leur encre ou avec de l'huile d'olive et de l'ail, sont des grands classiques que vous trouverez dans nombre de bars à tapas. En Guipúzcoa, les restaurants proposent également du **crabe farci**, tandis que ceux de Biscaye mettent à leur carte les **palourdes d'Urdaibai** et les **araignées de mer**.

### POISSONS D'EAU DOUCE

Plus à l'intérieur des terres, la **truite** occupe une place de choix dans les assiettes. Fraîche ou fumée, les recettes la mettant en valeur ne manquent pas.

Enfin, s'il est une spécialité aquatique incontournable et de plus en plus recherchée, c'est bien la **pibale**, alevin d'anguille qui remonte les cours d'eau à la recherche d'un endroit où grandir en paix. Mais la pibale se faisant rare, sa pêche est strictement réglementée aujourd'hui, ce qui en fait un mets de choix, notamment pour les fêtes. Frite dans l'huile et l'ail, elle se déguste dans une cassolette à l'aide d'une petite fourchette de bois.

## VIANDES ET CHARCUTERIE

Outre la mer, les provinces basques et navarraises peuvent se prévaloir de vastes espaces montagneux où agneaux, veaux et porcs paissent en toute tranquillité. Leur viande se retrouve tout naturellement dans les menus des *etxekoandreak* (maîtresses de maison) ou des restaurants, qui vous proposeront de l'**axoa** du côté d'Espelette (sorte de ragoût d'agneau ou de veau coupé en dés avec du piment), du **boudin** vers Laudio (Biscaye) et, partout, du **jambon**.

### Jambons

Le jambon de Bayonne est produit dans le bassin de l'Adour, aire géographique comprenant le département des Pyrénées-Atlantiques et quelques cantons limitrophes, à partir de porcs élevés dans tout le Sud-Ouest. Le **jambon Kintoa** a, lui, une aire de production beaucoup plus restreinte puisqu'elle se limite au Pays Quint *(voir p. 252)* ; les porcs pie noir du Pays basque y sont élevés en plein air et les jambons affinés au séchoir naturel des Aldudes. Inscrit dans une démarche AOC, ce jambon a obtenu la médaille d'argent au Concours général agricole de Paris en 2010 et la médaille d'or au Concours de 2011, confirmant sa place parmi les jambons secs haut de gamme. Côté espagnol, la gamme est très large, allant du savoureux **jabugo** à la viande de cochon sauvage ou de sanglier au **serrano**, en passant par le délicieux **bellota**, préparé avec de la viande de cochon ibérique *(ibérico) pata negra* nourri de glands et de châtaignes. Vous ne verrez pas un bar à tapas ou un restaurant sans son cuissot prêt à la coupe !

### Gibier

Des deux côtés des Pyrénées, la chasse est aussi à l'honneur, offrant en saison gibiers à plume et à poil, dont les fameuses **palombes**, tirées à l'automne vers St-Jean-Pied-de-Port *(voir p. 109)*.

## FRUITS, LÉGUMES ET ÉPICES

De par la surface importante de forêts et l'hygrométrie parfois élevée de certaines zones géographiques, les champignons, et plus particulièrement le cèpe, sont appréciés dans la cuisine basque. Ainsi, il n'est pas une fête en Álava sans que ce mets ne figure au menu. Chanterelles, morilles, russules et girolles lui font parfois concurrence.

Rien ne manque dans le panier de la ménagère basque, et surtout navarraise, puisque la vallée de l'Èbre constitue un véritable potager à ciel ouvert. On y produit de tout : asperges, fèves, bettes, artichauts, haricots verts,

**« DANS LE COCHON, TOUT EST BON »**

À l'instar de Grandgousier, Marguerite de Navarre était friande, dit-on, de ce jambon d'Ametza, « jambon de chêne », auquel les porcs basques, nourris de glands, donnèrent ses lettres de noblesse. L'un d'eux, malencontreusement noyé dans une source d'eau salée de Salies-de-Béarn, fut repêché par des bergers… qui trouvèrent la recette à leur goût.

courgettes, betteraves, aubergines, petits pois, laitues, choux, poireaux, oignons… Autant de produits qui entrent dans la composition des tapas, ou de plats comme la piperade, sorte de ratatouille relevée au piment avec œufs brouillés et jambon.
Certaines communes s'enorgueillissent d'une production bien particulière, comme Guernica pour le piment vert, Fontarabie pour le petit pois, Tolosa pour le haricot, Lodosa pour le *piquillo*, Espelette pour le piment (AOC depuis 2000) et Itxassou pour la cerise noire, dont la confiture accompagne si bien l'Ossau-Iraty. Ne manquez pas de goûter voire de rapporter l'un de ces produits typiques!

## FROMAGE

Culture pastorale oblige, les Basques et les Navarrais utilisent le lait des brebis pour produire des fromages. Le plus connu est l'Ossau-Iraty, AOC depuis 1980, produit dans les Pyrénées-Atlantiques, et plus spécifiquement aux abords de la forêt d'Iraty dont il tire son nom. Il se fabrique à partir du lait entier de brebis manech à tête noire ou rousse, brassé, moulé et pressé puis salé au gros sel et affiné au minimum trois mois. Sur le versant navarrais, le fromage de Roncal, obtenu grâce au lait entier des brebis latxa est travaillé puis salé et affiné entre décembre et juillet. Quant au délicieux fromage d'Idiazabal, il est produit à la frontière entre Navarre et Guipúzcoa. Il s'agit d'un fromage à pâte sèche, élaboré exclusivement avec du lait de brebis latxa et affiné au moins deux mois. Autre produit laitier que vous retrouverez sur les tables des deux côtés de la frontière hispano-française : le **mamia**, du lait caillé de brebis que l'on déguste avec du miel liquide.

## DOUCEURS

Impossible de repartir du Pays basque sans avoir goûté à son chocolat! Les meilleurs se dénichent à Bayonne, St-Sébastien ou Tolosa, selon une tradition remontant au 16e s. Les amateurs de sucreries apprécieront également les *vasquitos* et *nesquitas* de Vitoria, ou les spécialités à base d'œufs et d'amandes produites par les différentes congrégations religieuses du Sud des Pyrénées. Côté pâtisseries, les gourmands se régaleront des macarons de St-Jean-de-Luz, de *goxua* (une sorte de baba au rhum nappé de crème pâtissière et de caramel) et, bien entendu, de gâteau basque au cœur de cerise ou de crème d'amande.

## VINS

Pour accompagner tous ces plats, rien ne vaut un petit verre de vin. Or, Pays basque comme Navarre ne manquent pas de références. La carte des vins offre en effet une large gamme de saveurs issues de quatre principaux vignobles.

### Cru côtier

Celui du **txakoli** demeure le plus confidentiel avec seulement 80 ha exploités du côté de Getaria et de Bakio, sur le golfe de Biscaye. Élaboré à partir d'un cépage local, il se caractérise par une légère acidité et une mousse à peine perceptible. Normalement blanc et sec, il se déguste aussi en vin rouge dans les alentours de Bakio, devenant alors *txakoli ojogallo*.

### Irouléguy

En taille lui succède le vignoble d'Irouléguy avec 200 ha initialement plantés par les moines de Roncevaux au 13e s. non loin de St-Étienne-de-Baïgorry. Déclaré AOC en 1970, il produit des vins

Le piment d'Espelette.
*CDT64*

rouges exclusivement à partir de tannat (*bordelesa* en basque), de cabernet franc *(acheria)* et de sauvignon. Les blancs s'obtiennent quant à eux à partir de courbu *(xuri cerratia)* et de manseng *(ixiriota xuri)*.

### Les vins de la Rioja alavesa

La Rioja alavesa couvre de son côté quelque 8 000 ha plantés essentiellement de *tempranillo*, un cépage qui donne un vin rouge généralement fruité et tannique, surtout s'il est complété par du *graciano* et du grenache.
Les plus réputés sont produits dans les environs de Labastida. Côté blanc, le vignoble d'**Álava** en produit à partir de *viura*.

### La Navarre

Enfin, avec 13 000 ha de *tempranillo* et de grenache, la Navarre arrive en tête des productions, en volume comme en qualité. Les **navarra** produits autour de Tafalla, Tudela, Olite et Estella comptent en effet aujourd'hui parmi les meilleurs vins d'Espagne.

## CIDRE

Ceux que le vin ne tenterait pas pourront toujours se reporter sur le cidre *(sagardoa)*, dont les Basques se revendiquent les premiers producteurs, avant même les Bretons et les Normands. Ils dégustaient autrefois ce breuvage acidulé et pétillant directement au tonneau, ou *kupela*.
Actuellement, la tradition se perd un peu, mais les cidreries n'en continuent pas moins de proposer du cidre maison en hiver.

## SPIRITUEUX

En revanche, pour le **patxaran** ou **pacharán** (parfois appelé en basque *basarana*), point de saison. Cette liqueur de prunelles élaborée en Navarre, qui titre à 25 °C, peut se déguster à tout moment de l'année, tout comme l'*izarra*, spécialité d'Hendaye. Élaboré à partir de plantes aromatiques, de graines, d'écorces et d'Armagnac, cet alcool peut être de couleur verte (à dominante de menthe poivrée) ou jaune (à dominante d'amandes amères).

# Le plaisir de manger

Du fait de l'abondance des produits et de leur qualité, il est facile de bien manger dans la région, que vous vous contentiez d'un simple poisson cuit à la braise sur le quai d'un petit port ou que vous préfériez vous adonner à des agapes plus formelles. Les gourmands auront du pain sur la planche et un séjour ne leur suffira pas pour découvrir et savourer tout l'éventail de spécialités régionales. Ces provinces ont fait de la gastronomie un art de vivre, et ce n'est sans doute pas un hasard si la région concentre de part et d'autre de la frontière une quinzaine de restaurants étoilés.

## LES SOCIÉTÉS GASTRONOMIQUES

La gastronomie est prise très au sérieux dans la région. En Espagne il existe, depuis le 19e s., des sociétés gastronomiques. L'Euskadi en répertorie plus de 1 000, dont au moins 500 pour le seul Guipúzcoa, la palme revenant à St-Sébastien avec une centaine de sociétés, dont les plus prestigieuses et anciennes sont Gaztelubide et Euskal Billera. Elles étaient jadis l'apanage des hommes (des sociétés féminines se sont créées plus récemment) qui se réunissaient pour faire le marché, cuisiner, se transmettre les recettes et se retrouver dans un local réservé, le **txoko**. Dans les plus traditionnelles de ces sociétés, un « tour de cuisine » est établi entre les membres et scrupuleusement respecté.
Certes, il est douteux qu'en tant que touriste vous ayez accès à l'un de ces cénacles mais vous devez connaître leur existence car ils reflètent l'importance que les Basques accordent à l'art de bien manger.

### GÂTEAU BASQUE À LA CRÈME OU À LA CONFITURE DE CERISE

**Pour 5-6 personnes** – 250 g de farine, 125 g de beurre, 125 g de sucre cristallisé, 2 œufs (+ 1 jaune pour dorer la pâte), 2 cuillers à soupe de rhum ou d'essence de vanille, une pincée de sel.
Mélangez d'abord beurre et sucre, puis les œufs et enfin la farine, le sel et l'arôme. Malaxez le tout et faites durcir la pâte au frais le temps de préparer la crème, s'il s'agit d'un gâteau à la crème. Pour préparer celle-ci (1/4 l de lait, 2 jaunes d'œufs, 65 g de sucre semoule, 25 g de farine, 50 g de poudre d'amandes, 2 cuillers à soupe de rhum ou d'essence de vanille) : fouettez ensemble jaunes d'œufs et sucre, ajoutez la farine et mélangez. Versez ensuite la moitié du lait bouilli, tournez puis mettez le tout sur le feu jusqu'à ébullition, pendant 1mn. Ajoutez le rhum ou l'essence de vanille et laissez refroidir.
Étirez votre pâte sur une épaisseur de 4 à 5 mm. Prenez-en 60 % pour en garnir votre moule, beurré et fariné. Répartissez au choix la crème refroidie à laquelle vous ajoutez la poudre d'amandes ou bien la confiture de cerise noire, puis appliquez la pâte restante pour fermer le moule. Abaissez les bords de la pâte, rayez-la à l'aide d'une fourchette. Passez-la à l'œuf pour la faire dorer et enfournez pendant 30 à 40mn, à feu doux (160 °C).

# L'art du « tapeo »

## MODE D'EMPLOI

Pour goûter au meilleur des produits basques ou navarrais au sud des Pyrénées, et plus spécialement sur la côte, il suffit de *tapear* ! Cette pratique gustative hautement conviviale consiste à aller de bar en bar en fin de journée (c'est-à-dire vers 20h côté espagnol) pour vous délecter de tapas et de *pintxos* accompagnés d'un verre de vin ou d'une bière. À cette heure-là, les bars sont littéralement pris d'assaut par les jeunes, les retraités, les parents et les enfants. Chacun papote tout en se servant directement au comptoir, ou en désignant au serveur toutes les préparations dont il a envie avant de récupérer l'assiette qu'il aura composée. Le plus souvent, l'addition se règle après dégustation. Le serveur liste alors les consommations. Gare à celui qui essaierait de frauder : le serveur a bonne mémoire et se souvient toujours de ce qui a été pris !

Au final, l'endroit est aux Basques ce que le pub est aux Anglais et le café aux Français : un pilier incontournable de sociabilité. La gourmandise en plus ! En la matière, la réputation de St-Sébastien est inégalable, suivie de près par Fontarabie.

## TAPAS OU PINTXOS ?

Aujourd'hui connues un peu partout, les **tapas** sont des mises en bouche, qui, au terme de votre balade, auront constitué de véritables repas. Le choix est vaste pour ne pas dire infini et va des **piquillos** et des olives marinées jusqu'à l'assiette de jambon à la coupe en passant par les fameuses **tortillas** (omelettes), les **patatas bravas** (pommes de terre sautées avec une mayonnaise pimentée), les **chipirones** ou les tranches de pain garnies de thon, de crevettes, de poivrons, de champignons ou de tout autre produit dont le cuisinier aurait eu l'idée et la fantaisie.

Si les tapas sont d'origine médiévale, les *pintxos* sont apparus plus récemment, sans doute dans le premier tiers du 20$^{e}$ s. à St-Sébastien. Certains vont même jusqu'à préciser que c'est au bar de La Espiga de la calle San Marcial que sont apparus les premiers *pintxos* (ou *pinchos* selon la graphie espagnole). Ils n'existent d'ailleurs sous ce nom qu'en Espagne. Parfois présentés comme de mini-brochettes, tartinés sur des croûtons de pain ou servis dans de petites cassolettes, il s'agit d'une déclinaison de la tradition culinaire basque sous forme miniature. Là encore, le choix est considérable, et vous aurez peut-être la chance de tomber sur une noix de St-Jacques assaisonnée à l'ail et au pesto ou un foie gras poêlé à l'émulsion de mangue et au vinaigre balsamique, voire un *marmitako* ou un *ttoro* lilliputien.

# Art et architecture

**Depuis des siècles, les pèlerins traversent les Pyrénées pour se rendre à Compostelle. Ces voies plus ou moins fréquentées ont toujours été un lien, parfois très fort, entre des provinces bien différentes. Cette variété est plus que jamais d'actualité et il serait impossible de comparer St-Jean-de-Luz ou Biarritz à Bilbao, Bayonne à Pampelune. La culture ici n'appartient pas au passé comme en témoigne l'importance de l'architecture moderne et de l'art contemporain, réveillés par l'incroyable succès du musée Guggenheim de Bilbao.**

## Art roman

À partir du 10e s., on assiste au repeuplement de la région et à la reconstruction d'églises : au nord des Pyrénées après la victoire des ducs de Gascogne sur les Normands ; au sud après la Reconquête sur l'Islam grâce aux rois d'Asturie-León, Castille et Navarre, et à l'aide légendaire de saint Jacques Matamoros lors de la bataille de Clavijo (844).

### LE RAYONNEMENT DES CHEMINS DE ST-JACQUES

La diversité des chemins de Saint-Jacques à travers le Pays basque et la Navarre fait surgir quantité de monastères, lieux d'hospitalité et de prière, et de nombreuses églises et chapelles : route côtière à travers le Labourd (Lahonce), le Guipúzcoa, la Biscaye (Cenarruza-Ziortza) et l'Álava (Estibaliz), route du col du Somport, conduisant les pèlerins par Jaca, Leyre et Sangüesa ou enfin la route d'Ostabat et Roncevaux, la plus fréquentée à partir du 11e s. Bâtisseurs et sculpteurs transmettent styles et motifs décoratifs d'une région à l'autre (Toulouse, Jaca, etc.). D'autres passent de Compostelle à Pampelune : ainsi, Pierre de Roda (Rodez), évêque de Pampelune et ancien moine de Conques, appelle maître Esteban sur le chantier de sa cathédrale. Des ouvriers, prisonniers arabes ou chrétiens mozarabes, introduisent, sur les murs et les fenêtres, des éléments décoratifs musulmans : entrelacs, rosaces, larges palmettes. Les coupoles à nervures sur plan octogonal à **L'Hôpital-St-Blaise,** en Basse-Soule, ou **Sta María de Eunate** et **Torres del Río** en Navarre témoignent de l'influence de l'art califal de Cordoue. Ces deux derniers édifices étaient peut-être des chapelles funéraires, car des escaliers, logés dans des tourelles adjacentes, permettent d'accéder au toit pour entretenir la lanterne des morts, toujours visible à Torres del Río.

Art de confluences, l'art roman est aussi un art populaire : dans les villages qui se créent et deviennent des étapes pour les pèlerins, des artisans locaux ornent les bâtiments religieux de sculptures, parfois assez frustes mais d'une grande force expressive. Ainsi à Villatuerta en Navarre (1062) ou dans le groupe très curieux de la vallée

# ABC d'architecture

Les dessins présentés dans les planches qui suivent offrent un aperçu visuel de l'histoire de l'architecture dans la région et de ses particularités. Les définitions des termes d'art permettent de se familiariser avec un vocabulaire spécifique et de profiter au mieux des visites des monuments religieux, militaires ou civils.

**L'HÔPITAL-ST-BLAISE – Plan de l'église (12ᵉ-13ᵉ s.)**

Cette petite église romane de Soule, située sur les chemins de St-Jacques, surprend par ses décors très révélateurs de l'influence hispano-mauresque.

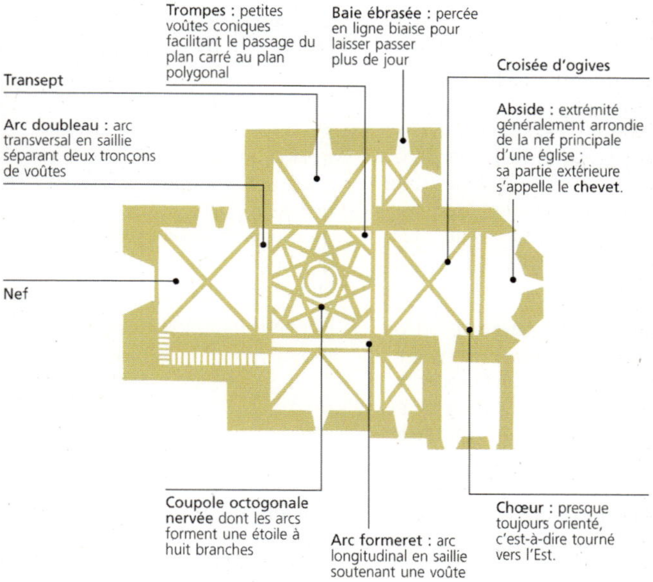


**MONASTÈRE DE LEYRE – Crypte (11ᵉ s.)**

Remarquable pour ces courtes colonnes et ses robustes chapiteaux, la crypte a été construite pour supporter l'église supérieure, de même plan.

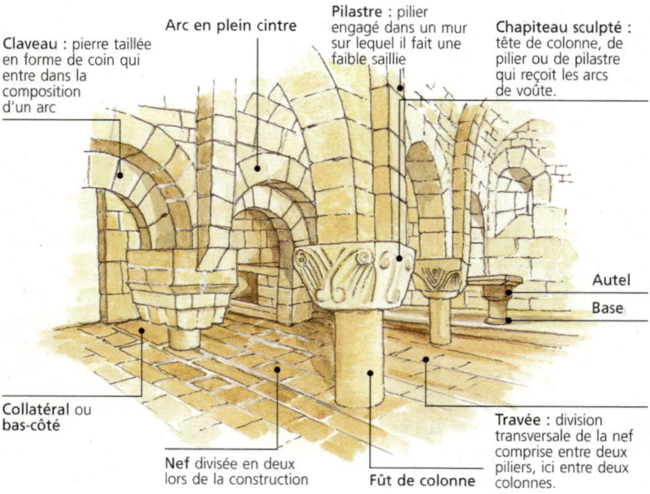


R. Corbel/MICHELIN

d'Orba, au sud de Pampelune.
Deux églises, Orisain et Olleta, et deux ermitages isolés, Echano et Catalain, présentent une très belle décoration sculptée, exécutée par la même équipe au 12e s. Grand nombre de ces édifices comportent un porche méridional en appentis, supporté par des arcades ou des colonnes à chapiteaux.
Au nord des Pyrénées subsistent bien peu des anciens hôpitaux et monastères : en Labourd, Lahonce, en Basse-Navarre, Bidarray, en Soule, L'Hôpital-St-Blaise et, perdue au fond d'une vallée, la **collégiale Ste-Engrâce** (1075) aux superbes chapiteaux polychromes qui dépendait de la puissante abbaye navarraise de Leyre.

### NAVARRE, TERRE ROMANE

Traversée par les deux branches du principal chemin, la Navarre devient tout naturellement une des terres d'élection de l'art roman. Cette floraison artistique commence sous le règne de **Sanche le Grand** (1004-1035), le fondateur du chemin des Français ou *Camino Francés* (Pampelune, Puente-la-Reina, Estella). Il domine un très vaste royaume où s'élèvent de nombreux monastères : Irache, San Millán et surtout Leyre, « cœur et centre du royaume », dont les abbés deviennent souvent évêques de Pampelune. Consacrée en 1057, la crypte, avec ses colonnes ramassées et ses énormes chapiteaux, décorés de simples volutes, soutient un chevet à trois vaisseaux, abside et absidioles, d'une hauteur audacieuse. Ce chevet est le prototype des grandes constructions romanes du 11e s. espagnol, car il est antérieur aux sanctuaires de Jaca, Léon et même Santiago de Compostela.
Près de deux siècles plus tard, l'ère romane s'achève avec **Sanche le Fort** (1194-1234), enterré à Roncevaux, grand champion de la croisade contre les Maures (victoire de Las Navas de Tolosa en 1212).
Les dernières réalisations romanes sont Ste-Marie de Tudela, bâtie sur une ancienne mosquée, et surtout les églises d'Estella, véritables synthèses de l'art du pèlerinage. Les influences musulmanes dans l'art chrétien après la Reconquête vont former le **style mudéjar**.

## Art gothique

Après le succès du roman en Navarre, les souverains venus de Champagne vont faciliter le développement du style gothique qui va s'étendre dans les régions voisines.

### LE ROYAUME DE NAVARRE

Le neveu et héritier de Sanche le Fort est **Thibaud Ier de Champagne**. Avec les rois champenois, suivis des capétiens, l'influence gothique pénètre le royaume. Premiers exemples : le monastère cistercien d'Iranzu, fondé en 1176, ceux de Fitero et de la Oliva (deuxième moitié du 12e s.). Ces églises ont des croisées d'ogives et des piliers d'une sobre rigueur avec des éléments encore romans à la Oliva (le chevet).
L'église romane d'**Ujué**, dont la vénérable statue de la Vierge sanctifie le rôle de forteresse face aux royaumes musulmans, fut enveloppée à la fin du 14e s. par la splendide église gothique construite par Charles II le Mauvais.
La ville royale d'**Olite** connaît quant à elle une activité architecturale intense dès le 13e s. : San Pedro, Santa María la Real, une partie du château royal agrandi ensuite aux 14e et 15e s.
À **Pampelune**, la cathédrale romane fut ravagée en 1277 lors de la guerre civile. La reconstruction gothique (1312) est amplifiée

de 1387 à 1425 par Charles III le Noble : nef, bas-côtés et cloître sont de style flamboyant avec de remarquables sculptures (« la Puerta Preciosa »). Mais la façade fut détruite au 18e s. pour laisser place au néoclassique.

### LES PROVINCES BASQUES EN FRANCE ET EN ESPAGNE

Le vif développement urbain du 13e s. favorise l'essor de l'architecture gothique. En témoignent quelques édifices civils et surtout les cathédrales des principales villes. À **Bayonne**, après l'incendie de 1258 qui ravagea la ville et la cathédrale romane Ste-Marie, l'évêque Raymond de Martres fit appel à des maîtres d'œuvre sans doute champenois. L'influence de Soissons et de Reims est frappante dans l'abside avec son déambulatoire dont les voûtes se prolongent vers les chapelles rayonnantes, la croisée du transept et les sculptures du portail sud. Les clefs de voûte polychromes de la nef datent du 14e s., à l'époque de la domination anglaise ; le cloître et la façade ouest, avec les lys de France, sont du 15e s. Mais les flèches, en harmonie avec ce style gothique flamboyant, ne furent élevées qu'en 1877.

En Biscaye, il faut citer la cathédrale Santiago récemment restaurée au cœur de **Bilbao**, la basilique de **Lekeitio**, le portail flamboyant de **Güeñes**… En Álava, à **Vitoria**, la cathédrale Santa María est l'objet d'un exemplaire chantier de restauration qui remet en valeur la nef et le portail du plus pur gothique français. À **Laguardia**, Santa María de los Reyes présente un admirable portail sculpté du 14e s. Bien protégées des intempéries, les élégantes statues gothiques conservent la polychromie exécutée sans doute au 17e s. En Guipúzcoa, les églises Santa María de **Deba** et San Salvador de **Guetaria** sont de beaux exemples du gothique des 14e et 15e s.

## De la Renaissance au néogothique

Le développement économique s'accompagne d'une richesse décorative très marquée pendant la Renaissance en Espagne. Elle devient très ostentatoire dans le baroque qui se diffuse partout, du 16e au 18e s., en réaction à l'austérité de la Réforme, avant un retour vers le gothique au 19e s.

### LA RENAISSANCE

Avec la richesse venue du Nouveau Monde, le 16e s. est une période de grandes constructions en Pays basque espagnol : achèvement d'anciennes églises avec des voûtes aux articulations très complexes en pierre ou en bois, marquées encore par le gothique. Le style Renaissance, avec la disposition harmonieuse, symétrique des corps de bâtiments et l'importance donnée aux portails sculptés, apparaît à partir de 1526 avec la chapelle et l'université du St-Esprit à **Oñati** en Guipúzcoa. Le séminaire royal de **Bergara**, l'église d'**Elorrio**, entre autres, sont des exemples d'églises-halles à trois nefs de même hauteur, créant un espace unifié sur un modèle nordique. Sous l'influence castillane, la décoration sculptée des portails est souvent de **style plateresque**, ce style d'ornementation architecturale de la Renaissance espagnole dont les motifs évoquent l'orfèvrerie *(voir p. 313)*.

### LE BAROQUE

De la fin du 16e au 18e s., le baroque marque profondément l'architecture, soit avec un style assez sobre mais imposant (églises d'Elgoibar et Segura en Guipúzcoa), soit avec un décor sculpté surabondant (ancienne cathédrale Santa María de **St-Sébastien**). Il a produit une œuvre grandiose en Guipúzcoa : le **sanctuaire de Loyola** en l'honneur de saint Ignace, fondateur de l'ordre des Jésuites. Conçu par l'Italien Carlo Fontana (1634-1714), élève du Bernin, l'influence romaine est visible dans la spectaculaire coupole de 65 m de hauteur et le majestueux portique d'entrée.

### Les églises à galeries en Labourd et Basse-Navarre

Pour faire face à l'accroissement de la population au 16e s., l'évêque de Bayonne conseille en 1556 aux villageois d'Ossès d'agrandir leur église en hauteur et de la garnir de galeries de bois. Cette disposition architecturale simple et peu coûteuse est adoptée presque partout, même dans les églises reconstruites après les destructions dues aux protestants. Les massifs **clochers-porches** abritent souvent une salle qui servait autrefois de lieu de réunion communal. Avec leur nef unique, leur plafond en bois, souvent peint, et leurs galeries sculptées et datées, les églises s'ouvrent largement sur le chœur, décoré d'un retable étincelant de dorures.
Les églises souletines comportent généralement des tribunes sans galeries latérales. Elles offrent de curieux **clochers-calvaires** : murs pignons à trois frontons de hauteur inégale, surélevés de croix pour rappeler la Crucifixion et la Trinité (l'église de Gotein au sud de Mauléon-Licharre en est un exemple caractéristique).

### Les retables

Déjà apparus à la fin de l'époque gothique (retable flamand de Lekeitio en Biscaye), les retables prennent une importance considérable à partir de la Contre-Réforme lorsqu'ils servent l'enseignement religieux et l'exaltation de la foi catholique. Ils réaffirment les dogmes : Trinité, Incarnation, Résurrection et vénèrent la Vierge et les saints autour du tabernacle eucharistique. Pour ces signes ostentatoires de la richesse d'une paroisse ou d'une ville, avec l'éclat des dorures, les sculpteurs rivalisent d'ingéniosité dans l'agencement des différents niveaux ou registres, des multiples volets, bas-côtés, autels latéraux. Outre les documents écrits, l'étude des styles des figures, des détails d'habillement, de la présence ou non d'éléments profanes permet de dater ces ouvrages et de reconnaître la marque d'un sculpteur ou d'une dynastie de sculpteurs.
En **Pays basque espagnol et en Navarre**, presque toutes les églises présentent de magnifiques retables, certains du 16e s. (Oñati, Bergara en Guipúzcoa, Galdakao en Biscaye, Artziniega en Álava, Arguiñano et Ciriza en Navarre), la majeure partie du 17e, du 18e et même du 20e s. (Arantzazu en Guipúzcoa).
En **Pays basque français**, le plus important est à St-Jean-de-Luz (1669), mis en place par le sculpteur Martin de Bidache après le mariage de Louis XIV ! Les retables du Labourd et de Basse-Navarre datent presque tous du 17e s.

## LE NÉOGOTHIQUE DU 19e S.

L'engouement pour le Moyen Âge, le sauvetage et la redécouverte des grandes cathédrales influencent, au 19e s., les nouvelles constructions religieuses. Ce style gothique revisité apparaît alors comme le mieux adapté à l'expression de la foi, suivant un courant artistique en vogue.
Parmi les édifices néogothiques, on peut citer St-André à Bayonne, Ste-Eugénie à Biarritz et, en zone rurale,

# ART ET ARCHITECTURE

### LAGUARDIA – Portail de l'église Sta-Maria-de-los-Reyes (12e-17e s.)

Sculpté au 12e s., ce portail gothique impressionne toujours par la richesse de son décor polychrome restauré et protégé depuis le 17e s.

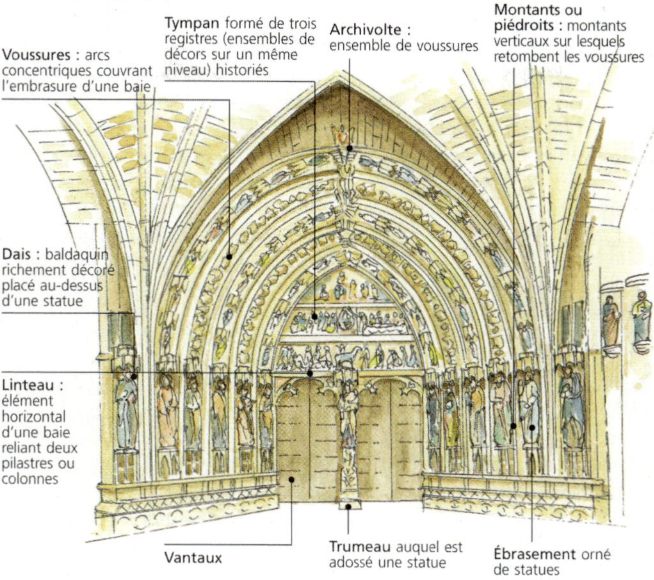


### ST-JEAN-DE-LUZ – Intérieur de l'église St-Jean-Baptiste (17e s.)

Transformées pour la plupart au 17e s., les églises basques se distinguent par leur nef unique sur les murs latéraux de laquelle sont posées des galeries. Un retable monumental occupe le chœur.

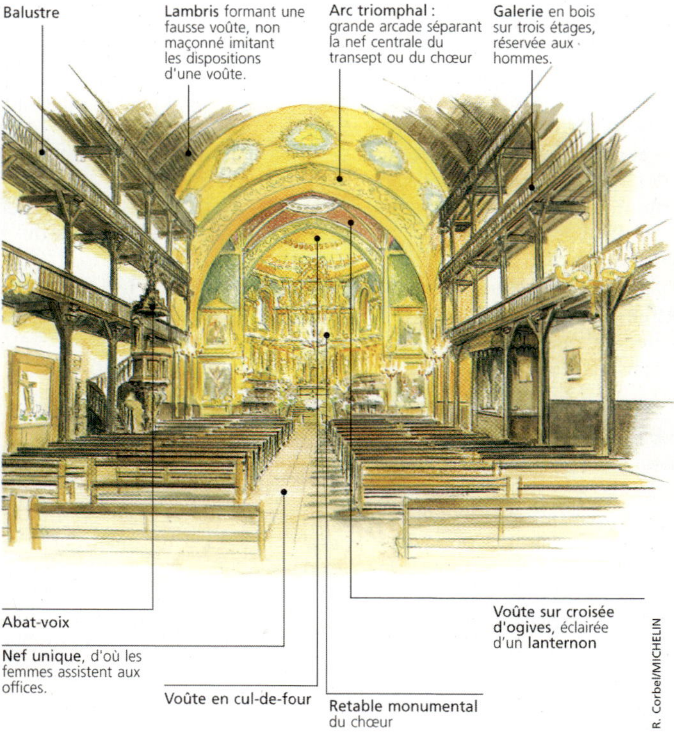

les églises rebâties des chefs-lieux de canton : Ustaritz, St-Palais, Hasparren, Bidache, etc. En Guipúzcoa, la ville de St-Sébastien, très marquée par l'influence française, se dote d'une nouvelle cathédrale de ce style.

# Architecture traditionnelle

Une ferme aux murs blancs et aux boiseries rouges trônant dans un écrin de verdure… Dès le 19e s., la maison basque *(etxea)* est victime de ce cliché réducteur qui ne concerne que la maison rurale de la façade océanique, et qui ne résume pas la diversité de formes, de plans et de matériaux observable aujourd'hui. Voici quelques clés pour apprécier, loin des idées préconçues, cet art de bâtir.

## LA MAISON RURALE

### Inventaire rapide

Vers 1930, le géographe Théodore Lefèbvre, parcourant l'ensemble des provinces, établit plusieurs catégories de maisons rurales en fonction de leur site d'implantation et des activités humaines qu'elles abritent. Ce travail permet encore aujourd'hui de distinguer les principaux types.

– Dans le **Pays basque « atlantique »**, l'habitat rural est généralement dispersé et les maisons blocs abritent à la fois les hommes, les animaux et les récoltes. Les constructions, blanchies à la chaux, font appel à des matériaux légers, permettant les encorbellements.

– Les **régions riveraines de l'Èbre** sont vouées au vin, au blé et à l'horticulture. Dans les « pays à vin », les maisons bâties au-dessus des caves se groupent sur des buttes ou des terrasses pour laisser les terres alluviales aux cultures ; dans les « pays à blé », l'habitat est plus dispersé et les maisons se développent en largeur pour abriter une étable et les récoltes ; une cour permet le battage.
On trouve peu de bois dans ces constructions qui font largement appel à l'argile.

– Les **maisons de Haute-Navarre** sont regroupées sur les hauteurs. Le climat rude impose des constructions massives faisant appel au bois et à la pierre. Dans certaines vallées, on peut encore découvrir des greniers sur piliers *(hórreos)*.

– En **Basse-Navarre**, l'habitat est dispersé mais les maisons souvent rassemblées en quartiers d'importance variable. Les constructions munies parfois de balcons possèdent souvent de beaux encadrements de portes et de fenêtres en grès, la pierre du pays.

– Dans la **vallée de la Soule**, les maisons réunies le long d'une route ou près d'un pont sont petites et peu profondes. Les murs en galets,

**LES LINTEAUX DES MAISONS NAVARRAISES**

Beaucoup de maisons rurales, en particulier dans les provinces de Navarre et de Basse-Navarre, portent des linteaux au-dessus de leurs portes d'entrée et parfois de leurs fenêtres. Ces pierres sculptées présentent des symboles solaires tels que rosaces, croix basques, ostensoirs… mais on peut y lire surtout le nom de la maison, suivi des prénoms et des noms du maître et de la maîtresse de maison, de la date de construction ou de reconstruction et, parfois, du nom du « maître maçon ». Ces inscriptions témoignent de l'importance de la maison dans la société traditionnelle : « l'*etxe* » donnait son nom à ses habitants.

la charpente dont la forte pente se termine par un ressaut *(coyau)*, la toiture couverte d'ardoises et percée de lucarnes sont les caractéristiques de ces maisons montagnardes qui peuvent posséder plusieurs dépendances encadrant une cour.

### Les plus anciennes maisons

Des recherches récentes ont permis de retrouver quelques maisons très anciennes qui, bien qu'ayant subi de nombreuses modifications au cours des siècles, témoignent d'un art de bâtir exceptionnel.

Certaines de ces maisons semblent remonter au 14e s. Elles sont constituées d'une ossature de bois dont les pièces principales sont des portiques assemblés par des queues d'aronde. La pierre ne s'est imposée qu'à partir des 16e-17e s. dans ces constructions dont les murs étaient eux aussi garnis de planches. Il s'agit là d'un type d'habitat vascon dont on trouve des traces jusque vers la Garonne.

### L'évolution des maisons rurales

Les constructions rurales n'ont jamais été des modèles figés, mais elles se sont continuellement adaptées aux modes de vie. C'est ainsi qu'en Pays basque français, l'introduction du maïs au 16e s. a nécessité plus de place pour entreposer le matériel agricole et les récoltes, mais aussi pour accueillir l'augmentation de la population résultant de ce contexte économique favorable. Les agrandissements en largeur et en hauteur, tout en s'intégrant dans la volumétrie traditionnelle, ont fait davantage appel à la pierre.

On peut encore lire ces évolutions sur les façades des maisons rurales en observant les murs pignons dont l'allure plus ou moins symétrique est soulignée par les jeux de lignes des pans de bois.

### Les maisons fortes

L'architecture régionale comprend encore de nombreux types de constructions. Parmi les plus typiques citons les **maisons-tours** ou maisons fortes, connues principalement en Pays basque espagnol. Ce sont des constructions fortifiées et imposantes, généralement « posées comme des sentinelles au centre des vallées », tel que l'affirmait l'architecte suisse Alfredo Baeschlin.

Si l'épaisseur des murs et l'étroitesse des ouvertures indiquent leur destination défensive, il s'agit aussi d'exploitations agricoles. Elles datent de l'époque où les habitants des vallées se livraient des luttes fratricides (entre le 13e et le 15e s.). Elles servaient de refuge quand un raid était annoncé. Beaucoup portent un **blason** sur leur façade.

### Les « palacios »

Connus seulement dans les provinces du sud, les palacios ont été construits entre le 15e et le 18e s., souvent sur d'anciennes maisons-tours, progressivement transformées en agréables résidences donnant plus d'importance à la décoration extérieure. C'est ainsi que les tours défensives placées aux angles des constructions militaires sont devenues des pinacles d'ornement.

## LA MAISON ET LA SÉPULTURE

Dans la société traditionnelle, il existait un lien très étroit entre le monde des vivants et celui des morts. La maison était reliée à la sépulture par un chemin particulier *(hil bide)* que tout cortège funèbre devait emprunter. On ne pouvait vendre la maison sans vendre la tombe s'y rapportant. Avant l'aménagement des cimetières, chaque maison possédait sa sépulture dans la nef de l'église. Lors des offices, les femmes de la maison prenaient place sur une dalle appelée *jarleku* pour accomplir les rites funéraires tandis que les hommes étaient relégués au fond puis, plus tard, dans des galeries. Ceci probablement pour des raisons pratiques : les nécessités des travaux des champs les contraignaient à un va-et-vient peu propice au déroulement serein du culte. Au cimetière, la sépulture familiale, orientée vers le soleil levant, était généralement signalée par une **stèle discoïdale** sur laquelle étaient sculptés le nom de la maison et différents signes dont certains renvoient à des conceptions très anciennes du monde et de la vie. C'est le cas notamment de la fameuse **croix basque**, symbole solaire, souvent composée de trois éléments : le disque, représentant le ciel, le carré, la terre, et les quatre têtes, ou *lauburu*, orientées vers la droite, illustrant le mouvement, le passage.

### LES MAISONS URBAINES

L'architecture basque traditionnelle ne se limite pas à la maison rurale. Il existe de nombreux types de maisons urbaines, mais, à l'origine, beaucoup étaient construites selon les principes des maisons rurales : mêmes matériaux, mêmes techniques. Ces maisons, destinées aux activités des négociants, des artisans et des bourgeois, s'adaptaient au parcellaire urbain. Citons par exemple les deux types de maisons existant à **Bayonne** dès le Moyen Âge : dans la haute ville, près de la cathédrale, les maisons possédaient de belles caves voûtées pour abriter les marchandises, tandis que, dans les quartiers gagnés sur les barthes (marécages), elles étaient construites sur pilotis avec un rez-de-chaussée muni d'arceaux donnant sur un canal. À l'origine, ces édifices ne possédaient que deux étages avant d'être rehaussés d'un ou deux niveaux lorsque les faubourgs furent rasés sur ordre de Vauban au 17e s.

# Architecture urbaine

### LES GRANDES ÉVOLUTIONS DU 19e S.

#### Urbanisme dans des villes en pleine croissance

À partir du début du 19e s., l'architecture urbaine se démarque complètement de l'architecture rurale. Destinée à des édifices municipaux de prestige, elle emprunte le style officiel à la mode dans les années 1800-1840, le **néoclassicisme**. Portiques et frontons, alignements de colonnades ou d'arcades, tous ces éléments se retrouvent dans les grandes villes. En Biscaye, la Casa de Juntas de Guernica, les mairies de Bilbao et d'Orduña, à Vitoria le palais de la Diputación et à Bayonne, alors seule ville importante du Nord, un vaste édifice un peu fourre-tout construit en 1842. Mairie, théâtre, douanes et même musée et bibliothèque sont logés dans un bâtiment inspiré du grand théâtre de Bordeaux élevé au siècle précédent.

#### Aménagements de places

À Vitoria et Bilbao, les « **plazas nuevas** » sont de majestueux quadrilatères très centrés, quasiment fermés et souvent entourés d'arcades. À St-Sébastien, la place de la Constitution est enserrée dans un réseau de rues quadrillées à angles droits car la ville se rebâtit après les destructions du début du 19e s. Ce même plan régulier caractérise les nouveaux quartiers, les « **ensanches** » (extensions) de Pampelune, Vitoria et St-Sébastien. **Bayonne** est alors coincée dans ses fortifications de place forte. Elle ne

# ART ET ARCHITECTURE

**ZARAUTZ – Tour Luzea (15e s.)**

Ce superbe palais-tour, sans doute le plus beau de la province, allie la solidité de sa construction et la beauté de son décor gothique.

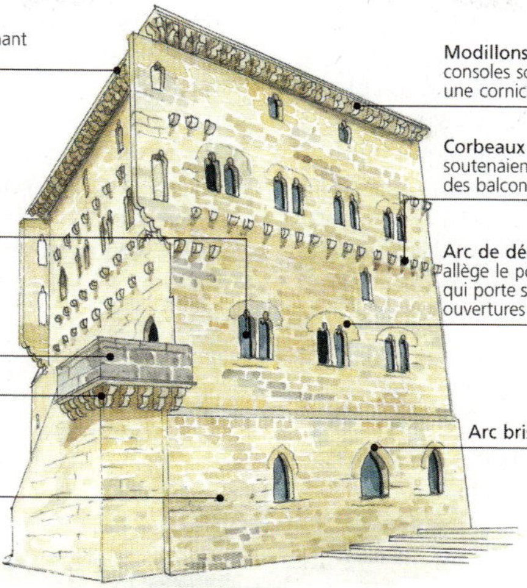


**OÑATI – Université du Saint-Esprit (16e s.)**

Dans cette université représentative de l'architecture Renaissance en Pays basque, la simplicité de l'appareil contraste avec la richesse décorative de son portail et des pilastres d'angle.

peut qu'élever d'un ou plusieurs étages ses vieilles maisons, utiliser les arrière-cours et remblayer les quais sur la Nive pour loger le théâtre-mairie entre deux places anciennes agrandies. La ville s'ouvre sur les Allées Marines, qui étaient à l'époque une large promenade ombragée de quatre rangées d'arbres majestueux. Ce nouvel ensemble urbain déplace le centre-ville des abords de la cathédrale vers le confluent Nive-Adour.

### L'explosion industrielle en Espagne

Le triomphe de l'industrie sidérurgique, la présence de très nombreuses manufactures au Sud entraînent la transformation des vallées du Guipúzcoa et de la Biscaye en « rues d'usines » et de lourds changements urbains, surtout à Bilbao qui se dote néanmoins d'un théâtre, d'un musée des Beaux-Arts, d'une université, Deusto, dirigée par les jésuites… tout cela dans un style éclectique assez pompeux comme dans les villas cossues des beaux quartiers.

### Une architecture balnéaire

Dès 1830, les **« bains » de Biarritz** sont à la mode et attirent des Basques venus affronter l'Océan à la fin de l'été, des Bayonnais tout proches et quelques étrangers, Espagnols ou Anglais. On se loge alors dans ces « maisons rustiques à contrevents verts et toits roux, posées sur la bruyère » (Victor Hugo, 1843). En 1855, la villa Eugénie de style Louis XIII, destinée au couple impérial, s'élève au-dessus de la Grande Plage et du premier pavillon de bains « à la mauresque ». Le seul témoignage encore existant, bien que remanié, de ce style balnéaire oriental est le **casino d'Hendaye**.

Avec l'arrivée spectaculaire de la haute aristocratie européenne naît une architecture balnéaire sophistiquée et variée, d'inspiration très « éclectique ». C'est le règne de tous les « néos » qu'ils soient historiques (néo-Louis XIII et XIV ; néogothique ou néo-Renaissance) ou géographiques : andalou, irlandais, anglo-normand.

On retrouve aussi ces belles demeures à St-Sébastien devenu résidence royale d'été (palais Miramar).

### Le style néobasque

L'architecture néobasque s'élabore à l'extrême fin du 19e s. avec deux villas à **Biarritz**, Toki Eder et Haïtzura, et surtout la superbe demeure d'Edmond Rostand à Cambo, la **villa Arnaga** (œuvre d'Albert Tournaire) voulue expressément par l'écrivain en style basque pour mieux s'intégrer « entre montagnes mauves et Nive bleue ». Au 20e s., les maisons blanches, aux boiseries rouges ou vertes, toits dissymétriques à deux versants et vastes porches d'entrée, se multiplient. D'abord dans les somptueuses villas début de siècle, dont Hendaye possède de beaux exemples, puis schématisées, réduites à un catalogue assez directif d'éléments identifiants du régionalisme basque dans la seconde moitié du siècle lorsque le tourisme de masse s'amplifie.

## ARCHITECTURES MODERNE ET CONTEMPORAINE

### En France

Pour les bâtiments collectifs, certains architectes n'hésitent pas à agrandir démesurément le volume de la maison labourdine, pour édifier d'énormes hôtels-résidences, quand d'autres préfèrent résolument le style Art déco : à **Bayonne**, les douanes (Benjamin Gomez, 1938), à **Biarritz**, le casino municipal (Alfred Laulhé, 1929) et le musée de la Mer (Joseph

**CAMBO-LES-BAINS – Villa Arnaga (début 20e s.)**

Cette imposante maison à pans de bois, construite par Tournaire pour Edmond Rostand, est un des plus célèbres exemples de style néobasque.

**BILBAO – Musée Guggenheim (fin 20e s.)**

La spectaculaire «fleur de titane», que l'on doit à Franck O. Gehry, séduit par sa silhouette sculpturale aux formes audacieuses.

Hiriart, 1932, également auteur de la superbe villa Leïhorra de Ciboure), et à **St-Jean-de-Luz**, le casino de Robert Mallet-Stevens. Ce dernier bâtiment a été défiguré depuis. Des villas particulières sont aussi de véritables manifestes des qualités décoratives et stylistiques de l'Art déco. Après la Deuxième Guerre mondiale, ces recherches régionalistes, ou modernistes, se sont appauvries. À côté d'une véritable mise en valeur du patrimoine architectural, commencent à apparaître quelques réhabilitations et créations dignes d'intérêt : Foyer des jeunes travailleurs à Bayonne, VVF d'Anglet, *ikastolas* (écoles associatives créées à partir des années 1960), médiathèque de Biarritz, etc.

### En Espagne

On peut noter, avant la guerre civile, quelques réussites modernistes : club nautique de St-Sébastien (Aizpurua, 1929), constructions de Victor Eusa à Pampelune. Dans les années 1950, la **basilique d'Arantzazu**, s'inscrivant dans le renouveau de l'architecture religieuse, relance la collaboration entre artistes de renom, principalement basques. Depuis les années 1980, le gouvernement basque d'**Euskadi** développe une politique ambitieuse en matière d'urbanisme et de création architecturale. **Vitoria-Gasteiz**, devenue capitale politique, a été dotée d'un palais de justice, d'un palais du Gouvernement et d'un musée d'art moderne, l'Artium. À **St-Sébastien**, l'apparition des deux cubes de verre translucide du centre culturel du Kursaal (Rafael Moneo, architecte navarrais né à Tudela en 1937) sur une nouvelle plage-promenade a transformé l'ancien *ensanche* de Gros. Symbole le plus célèbre du pari culturel de rénovation d'une ville administrative et industrielle, la « Flor de Titanio » (« fleur de titane ») de **Bilbao**, le musée Guggenheim. Depuis 1997, l'œuvre de Frank O. Gehry, véritable fleur futuriste sur les rives du fleuve, a fait entrer Bilbao dans les grands circuits touristiques internationaux. À signaler également, toujours à Bilbao, le métro de sir Norman Foster, l'aéroport de Sondika par Santiago Calatrava, le nouveau palais des congrès et de la musique Euskalduna, de Federico Soriano et Dolores Palacios, évoquant les anciens chantiers navals...

La **Navarre** à son tour, grâce notamment au statut d'autonomie, se lance dans des constructions ou rénovations audacieuses : université Opus Dei, musée de Navarre, fondation Oteiza, sièges d'entreprises industrielles...

Des aménagements urbains ont été réalisés en commun par le sculpteur **Eduardo Chillida** et l'architecte Luis Peña Ganchegui (Peigne des Vents à St-Sébastien, plaza de los Fueros à Vitoria). Des chais et boutiques vinicoles sont édifiés dans la prestigieuse **Rioja alavesa** par Gehry, Calatrava et Philippe Mazières. En dehors des villes, on note la renaissance de villages et de bourgs adroitement aménagés, équipés de mobilier urbain contemporain.

## La peinture moderne et contemporaine

La peinture a longtemps été influencée, tant au nord qu'au sud des Pyrénées, par la volonté de décrire le charme des paysages et des maisons, « l'exotisme » des manifestations ludiques, sportives et religieuses, la beauté des rivages et des montagnes. Des « vues » quasiment cartographiques du 18e s., on passe au « pittoresque » des lithographies et tableautins romantiques. À partir de la fin du 19e s., l'évolution picturale diverge entre les peintres français qui se fixent sur la côte et ceux des provinces du Sud où naît une véritable école basque, centrée sur Bilbao, « nouvelle Athènes ».

### MULTIPLES TENDANCES DE L'ART MODERNE JUSQU'EN 1950

#### Le dynamisme espagnol

La **Navarre**, malgré son brillant passé artistique, reste très proche de l'enseignement académique madrilène.

Dans la riche **Biscaye**, les commandes affluent : décoration du palais foral de Biscaye à Bilbao ou de la Casa de Juntas à Guernica. Le musée des « Bellas Artes », fondé en 1914, s'ouvre largement aux artistes locaux. Dans les associations et cénacles divers, les discussions artistiques sont nombreuses. Faut-il suivre les directives nationalistes de Sabino Arana, au risque de tomber dans la très académique peinture d'histoire ? Faut-il revenir aux valeurs fortes de la peinture espagnole, aux couleurs austères à la force expressive du dessin comme le voulaient les intellectuels de « la génération de 98 » ? C'est le chemin que choisit le meilleur représentant de cette génération, **Ignacio Zuloaga** (1870-1945), également le plus connu en France, car une partie de sa carrière s'est déroulée à Paris où il fréquente Toulouse-Lautrec et Gauguin.

Il représente avec un réalisme parfois assez cru et un grand sens dramatique, annonçant déjà l'expressionnisme, les personnages et les lieux typiques de la Castille. Un musée lui est consacré dans sa maison de Zumaia.

D'autres préfèrent suivre la voie de l'impressionnisme. C'est le cas d'**Aurelio Arteta** (1879-1940) qui s'attache à capter la lumière sur les rives du Nervión industrialisé dans des toiles empreintes de mélancolie ou du paysagiste **Dario de Regoyos** (1857-1913), formé à Bruxelles. **Francisco Iturriño** (1864-1924) est un adepte du fauvisme. **Nicolás de Lekuona** (1913-1937), également auteur de photo-montages, adhère aux idées des constructivistes avant d'évoluer vers le surréalisme. Il faut également citer le peintre, dessinateur et céramiste **Ramiro Arrue** (1892-1971), l'un des fondateurs du Musée basque de Bayonne. De tous ces artistes (bien représentés dans les musées des Beaux-Arts de Bilbao et de Vitoria) émerge la force d'une humanité solide, burinée par les travaux de l'usine et des champs, campée fièrement sur sa terre.

Cette voie est poursuivie (et renouvelée grâce aux apports du cubisme) par **Menchu Gal** (1918-2008), première femme peintre reconnue en Espagne.

#### Le néobasque en France

Les peintres, souvent originaires d'autres régions de France, soulignent aussi la vigueur et la dignité du peuple basque tout en accentuant le côté intemporel, sinon archaïque, des paysages et des travaux agricoles. Une vision idyllique des paysages, des maisons, des activités sportives et religieuses. Une facture très classique à peine tintée parfois d'impressionnisme ou de cubisme. Au Musée basque de Bayonne figurent des œuvres célèbres de **Gustave Colin** (1828-1910), **Marie Garay** (1861-1953) et **Henri Zo** (1873-1933).

L'école bayonnaise, formée autour du peintre plus parisien que basque, **Léon Bonnat** (1833-1922), reste très académique : portraits et scènes de genre constituent leurs sources d'inspiration.

### LES CRÉATIONS CONTEMPORAINES

La peinture se modifie profondément et suit les courants internationaux. La rupture avec le traditionalisme basque se fait dans la décennie 1960-1970. Elle est marquée en Espagne par l'apparition des peintres du groupe Gaur tournés vers l'abstraction : **Rafael Ruiz Balerdi** (1934-1992), **Juan Antonio Sistiaga** (1932) ou le muraliste **José Luis Zumeta** (1939). En France, il n'y a pas de véritable école. Aujourd'hui, les jeunes artistes s'orientent vers une expression beaucoup plus technologique en utilisant tous les médias possibles. Mais d'autres restent fidèles à la peinture, figurative ou abstraite : notamment **Lydie Arickx**, née en Flandres en 1954.

Actuellement, les liens nord-sud se développent grâce au rôle de « passeurs » de certains musées (Bonnat à Bayonne, San Telmo à St-Sébastien, Artium à Vitoria). Grâce aussi aux centres culturels comme Arteleku en Guipúzcoa, la Tabakalera de St-Sébastien, les biennales d'art contemporain, etc.

## La sculpture de l'art moderne à aujourd'hui

Le **groupe Gaur** renouvelle la sculpture au Pays basque espagnol. Profondément nationaliste, ce groupe, fondé en 1964 par le sculpteur charismatique **Jorge Oteiza** (1908-2003), veut mettre les nouvelles expressions de la sculpture et de la peinture à la recherche des racines profondes de l'identité basque. Les artistes les plus célèbres y adhèrent mais chacun poursuit sa propre quête. Sculpteur sur bois, **Remigio Mendiburu** (1931-1990) s'inspire de formes organiques ; **Néstor Basterretxea** (né en 1924), sculpteur, peintre mais aussi cinéaste, réfléchit sur la mythologie basque.

L'évolution sculpturale de **Jorge Oteiza**, auteur de la très discutée frise des 14 apôtres d'Arantzazu *(voir p. 310)*, est bien représentée à la fondation Alsasua de Pampelune. Il est passé de formes figuratives primitivistes à une recherche approfondie sur le vide.

### EDUARDO CHILLIDA

Edouardo Chillida (1924-2002) est le sculpteur le plus reconnu internationalement, le plus honoré aussi au Pays basque, que ce soit dans sa ville natale de St-Sébastien ou avec ses nombreuses œuvres en places publiques en collaboration avec l'architecte Ganchegui, ou encore dans les divers musées. Non figuratifs, monumentaux ou réduits, les volumes de ses œuvres sont tantôt denses, refermés sur eux-mêmes, tantôt déchiquetés, tantôt inscrits dans l'espace en puissantes courbes.

En 2000, l'artiste ouvre à Hernani, à proximité de St-Sébastien, une fondation qui porte son nom (fondation Chillida-Leku), décrivant ainsi son projet : « Un jour, j'ai rêvé d'une utopie : trouver un espace où les sculptures pourraient reposer et où les gens pourraient se promener au milieu d'elles comme dans un bois ». Las, faute de moyens, la fondation a fermé ses portes début 2011... en attendant de retrouver des subventions ?

Bilbao, sculpture de Jorge Oteiza
*J. Aparicio / Age fotostock/ADAGP, Paris 2012*

Un peu écrasés par ces rénovateurs, les artistes d'aujourd'hui peinent parfois à trouver leur voie et les nombreuses sculptures abstraites en acier qui décorent les places ne révèlent parfois guère de personnalité. Certaines individualités émergent cependant. La diversité de leurs œuvres marque les places publiques de St-Sébastien : **Andrés Nagel** (né en 1947), la plaza de Europa, **Ricardo Ugarte** (1942), le bâtiment de la Kutxa (mais aussi sa ville natale de Pasaia), **Aïtor Mendizabal** (1949), la plaza de Irún. Dans un autre genre, **Agustín Ibarrola** a transformé la forêt d'Oma, près de Guernica, en sculpture vivante.
En France, il faut citer une grande figure : **Jesús Echevarria** (1916-2009), né en Álava dans une famille de tailleurs de pierre mais fixé à Cambo-les-Bains à partir de 1944, célèbre pour ses séries narratives et symboliques. De nombreux autres artistes s'expriment de manières diverses : figurative (**Christiane Giraud**), abstraite (**Claude Viseux**, 1927-2008, **Jean Escaffre**), avec des matériaux et des techniques fort variés (**Killy Beall**, **Benoît et Jacques Lasserre**).
Comme partout ailleurs, d'autres jeunes artistes discutent le concept de sculpture, et adoptent les installations multimédias et les créations éphémères : **Cristina Iglesias**, **Txomin Badiola**...

# Langue, littérature et mythologie

**La langue basque est l'une des plus vieilles langues d'Europe. Elle compte aussi aujourd'hui parmi les plus vivantes, de par la richesse de sa production. Si les concours de *bertsu* célèbrent avec succès l'oralité de l'euskara, la langue des Basques a gagné très tôt ses lettres de noblesse grâce à une littérature poétique originale. Comme toute langue régionale, elle aura servi des causes identitaires et politiques mais, depuis quarante ans, elle est surtout le vecteur d'une littérature reconnue internationalement, avec ses grands écrivains et poètes.**

## Une langue isolée au cœur de l'Europe

Objet de fascination pour les linguistes du monde entier, la langue basque fait partie, avec la famille des langues finno-ougriennes (le finnois, l'estonien et le hongrois), des seules langues non indo-européennes du Vieux Continent et l'on a coutume de la considérer comme la plus ancienne d'Europe. Elle possède, en outre, la particularité de n'être apparentée à aucune autre langue répertoriée, ce qui en fait une langue isolée. Son enracinement géographique actuel date de plusieurs millénaires bien que la première mention écrite de son existence ne remonte qu'à la *Guerre des Gaules* de César.

### DES ORIGINES MYSTÉRIEUSES

Les hypothèses concernant l'origine de la langue basque **(euskara)** sont nombreuses. Pour la communauté scientifique internationale, cinq théories méritent le respect, bien qu'aucune n'ait établi de certitude. Le **basco-ibérisme** a voulu relier l'euskara à la langue des Ibères. Le **basco-chamito-sémitisme**, dans le prolongement de cette hypothèse, fait provenir la langue basque d'Afrique du Nord. Une troisième voie explorée au milieu du 20e s. est le **basco-caucasique** qui entend relier la langue basque aux langues non apparentées du Caucase.
Selon la **théorie des substrats**, l'ancêtre de la langue basque aurait été parlé dans toute l'Europe occidentale avant la venue par vagues successives des peuplades indo-européennes. Cette hypothèse a été plus récemment élaborée à partir des données tirées de l'étude génétique des populations européennes actuelles. On y observe une concentration décroissante et régulière à partir du Pays basque vers le reste de l'Europe occidentale d'un certain type d'ADN, qui découlerait du repeuplement du continent à partir du Bassin aquitain et des Pyrénées après la dernière glaciation.
Enfin, la thèse de l'**apparentement na-déné-caucasique** soutient que le basque ferait partie d'une plus vaste famille de langues qui

aurait occupé le continent eurasien avant la venue des populations parlant l'eurasiatique (dont l'indo-européen).

### SPÉCIFICITÉS DU BASQUE

L'originalité de la langue ne réside pas tant dans son **vocabulaire**, dont on estime qu'il provient à 75 % de langues géographiquement voisines, que dans sa grammaire. La langue basque (qui ne compte pas moins de 22 cas de **déclinaison** !) est agglutinante, c'est-à-dire que les mots sont formés en « collant » au radical des préfixes, suffixes, voire des infixes. Si l'on ajoute à cela un système de **conjugaison** fort complexe, cela explique la fréquence de mots relativement longs. Ainsi, *daramakizudalako* signifie « parce que je te l'apporte ». Le basque suit généralement une **syntaxe** sujet-objet-verbe. Le **genre** (féminin/masculin) n'existe pas, sauf attaché au verbe pour le tutoiement.

L'euskara se sert de l'alphabet latin et possède une gamme phonétique proche de celle du latin classique. Toutes les lettres se prononcent, l'écriture est donc **phonétique**. Ce qui donne à la lecture pour un mot comme *euskalduna* (le basque, littéralement, celui qui possède la langue basque) : *éouchcaldouna*. Vous voyez que c'est simple, finalement !

### UNIFICATION DE LA LANGUE

Le 5 octobre 1968, l'**Académie de la langue basque** jette les bases de cette unification. L'abandon des diversités provinciales – le Pays basque compte **quatre dialectes** dotés d'une tradition littéraire écrite – est soutenu voire précédé par les écrivains eux-mêmes. Ceux-ci contribueront par leurs œuvres à promouvoir l'**euskara batua** (le basque unifié), qui a aujourd'hui un rôle important dans l'enseignement et dans la vie culturelle.

### UNE LANGUE MINORITAIRE MAIS DYNAMIQUE

#### Une présence contrastée

La langue basque est aujourd'hui parlée, écrite, audiovisuellement diffusée et enseignée aux enfants comme aux adultes. On dénombre 700 000 bascophones sur une population totale de 3 millions d'habitants.

Son assise est fragile **côté français** où la langue est en perte de vitesse et ne bénéficie d'aucune officialité, la France n'ayant pas ratifié la Charte européenne des langues minoritaires ; mais depuis quelques années on observe une nouvelle dynamique car les jeunes de 16 à 24 ans comptent de plus en plus de bascophones bilingues.

En Espagne, on doit distinguer la **Communauté autonome basque** dans laquelle elle jouit de la co-officialité totale avec le castillan depuis 1979 et la **Communauté forale de Navarre** dans laquelle cette co-officialité (1982) se limite à certaines zones, d'autres parties de la province étant pour des raisons historiques uniquement hispanophones.

Grâce à l'officialisation, l'euskara s'est hissé depuis un quart de siècle au rang de langue moderne et ouverte sur le monde (de la science, de l'administration, des médias, du droit, etc.). Sévèrement pénalisée sous le régime franquiste en Espagne ainsi que sous la IVe République française, la langue basque rattrape aujourd'hui son retard. *Office public de la langue basque - www.mintzaira.fr*

#### L'enseignement

L'enseignement bilingue n'est plus le fait exclusif des **ikastolas** (écoles associatives créées à partir des années 1960).

Côté espagnol, depuis 1983, l'enseignement bilingue s'est rapidement développé dans le système d'éducation public de la Communauté autonome basque où l'on trouve trois modèles d'enseignement concurrents, selon le degré de bilinguisme proposé. Il s'est également développé, à moindre échelle, du côté français. Le **public** (depuis 1983), le **privé** et les *ikastolas* désormais sous contrat avec l'État proposent l'euskara tantôt comme matière, tantôt comme langue d'enseignement. Plusieurs réseaux d'enseignement de l'euskara pour les adultes se sont mis en place, notamment pour répondre aux besoins d'un public qui – au Pays basque espagnol – a besoin de bien maîtriser la langue pour postuler à des emplois publics.

### Les médias

Le Pays basque espagnol est actuellement doté d'un **quotidien** *(Berria)* entièrement rédigé en basque, d'une **chaîne de télévision publique**, ETB, qui émet exclusivement en euskara, de nombreuses **radios bascophones**, d'une presse locale variée et vivante, ainsi que d'une industrie culturelle (**édition** de livres, de musique) capable, par exemple, de produire 1 200 ouvrages par an. La Foire du livre et du disque de Durango, qui a lieu tous les ans au début du mois de décembre et réunit des dizaines de milliers de visiteurs et de professionnels autour de la production bascophone, constitue un des moments forts de la vie culturelle du Pays basque.

## Littérature d'hier et d'aujourd'hui

### LES PREMIERS ÉCRITS EN BASQUE

En 1545 paraît à Bordeaux le premier livre jamais imprimé en langue basque, le *Linguae vasconum primitiæ* de **Bernat Etchepare**. Il s'agit d'un recueil de poèmes dans lequel l'auteur, conscient d'être le fondateur de la littérature basque, revendique la valeur littéraire et universelle de l'euskara et invite l'élite sociale de son temps à en prendre acte.
**Jeanne d'Albret**, reine protestante du royaume de Navarre, décide de financer la traduction du Nouveau Testament en langue basque en 1563. Il s'agit pour la reine esseulée et menacée autant par la Castille que par la France, toutes deux catholiques, de rallier par ce geste le peuple à sa cause politique. Cette tâche sera accomplie par le pasteur **Joannes Leizarraga**. L'œuvre aurait pu jouer le rôle qu'a joué la Bible protestante de Luther pour la constitution de l'allemand littéraire mais l'Histoire en a décidé autrement.

### DES LETTRES SANS LITTÉRATURE

Le démantèlement de la Navarre marque le début d'une longue ère de disette littéraire au cours de laquelle l'euskara sera au mieux asservi à des fins utilitaires (religieuses), au pire défendu… en français ou en espagnol.
Ainsi le jésuite **Manuel Larramendi** (1690-1766) publie en 1729 une *Grammaire de l'euskara*, puis en 1745 un *Dictionnaire basque-castillan-*

Berria, un quotidien en langue basque.
*Gonzalo Azumendi / Age fotostock*

*latin* (1745). Cette période verra toutefois l'éclosion du premier génie littéraire basque, **Pedro Aguerre,** dit **Axular** (1556-1644), auteur de l'ouvrage d'ascèse *Guero* (1643), sommet de la prose classique.

## LITTÉRATURE IDENTITAIRE

Le 19e s. marque le retour à une inspiration profane sous l'impulsion des Lumières allemandes. Exhortés par le théoricien de l'« esprit de la nation », **Herder**, à puiser dans le trésor de la tradition orale l'essence de l'âme basque, les auteurs basques vont créer une tradition littéraire romantique et identitaire en accord avec l'esprit du temps.
La disparition des **fors** ou coutumes écrites au Pays basque espagnol suite à la deuxième guerre carliste, en 1876, va donner à cette célébration identitaire une tonalité sombre. C'est dans ce contexte que le premier romancier basque, le Biscayen d'Ondarroa **Txomin Agirre** (1864-1920), va décrire sous un jour idyllique le monde rural traditionnel dans *Kresala (Eau de mer* - 1906*)* et *Garoa (Fougère* - 1912*)*, ouvrant la voie, avec de vraies qualités d'écrivain, au roman basque. Le point de vue de **Pío Baroja** (1872-1956) qui s'exprime, lui, en castillan, est bien différent : confronté à la misère, il se dresse avec vigueur contre toutes les règles religieuses et sociales. Ses héros sont volontiers révolutionnaires et aventuriers (*Mémoire d'un homme d'action* - 1918-1935).
Le changement de nature du projet littéraire des écrivains des années 1927-1937 accompagne l'avènement de la IIe République espagnole (1931), qui accorde son premier statut d'autonomie au Pays basque, ainsi que la montée en puissance du nationalisme basque. Une nouvelle génération de poètes entend mettre en avant sa connaissance de la littérature mondiale pour rompre avec le passé. Ils s'attachent essentiellement à recréer les principaux thèmes et motifs du symbolisme en les conformant à la pensée catholique et bien-

pensante du nationalisme. **Esteban Urkiaga « Lauaxeta »** (1905-1937), fusillé par les franquistes, est le théoricien de cette modernité, tandis que **José María Agirre « Lizardi »** (1896-1933) accouche de son chef-d'œuvre lyrique *Biotz begietan (Dans le cœur et dans les yeux)* en 1932.

### LANGUE BASQUE ET MODERNITÉ

L'unification de la langue par l'**Académie de la langue basque** à partir de 1968 marque un tournant majeur soutenu par des écrivains comme le Souletin **Jon Mirande** (1925-1972), le Guipúzcoan José Luis Álvarez Enparantza, dit **« Txillardegi »**(né en 1929), ou le Biscayen **Gabriel Aresti** (1933-1975). En outre, ces auteurs « hétérodoxes », qui rejettent le catholicisme du Parti nationaliste basque et son réformisme politique, libèrent la littérature basque de ses principaux tabous – sexuels, politiques ou langagiers – et la mettent au diapason des courants littéraires en vogue en Europe. Existentialisme, poésie sociale, néopaganisme, érotisme et humour noir constituent les principales nouveautés introduites par ces auteurs. D'autres écrivains, plus jeunes, continueront d'élargir l'horizon de la littérature de langue basque. **Ramon Saizarbitoria** (né en 1944) introduit les formes du nouveau roman tandis que la romancière **Arantxa Urretabizkaia** (née en 1947) explore les voies du monologue intérieur (*Zergatik Panpox*, 1979).

## L'autonomie du fait littéraire

Dans le contexte de la « Transición » démocratique espagnole, un groupe de jeunes écrivains revendique l'autonomie du fait littéraire et le « désengagement » politique de l'écrivain. **Le groupe littéraire Pott (Désastre)**, constitué dès 1978 à Bilbao, comporte quelques-unes des figures les plus marquantes de la vie littéraire basque des années 1980 et 1990, dont le poète et nouvelliste **Joseba Sarrionaindia** (né en 1958), auteur d'une œuvre poétique raffinée et de quelques recueils de nouvelles, ainsi que **Bernardo Atxaga** (né en 1951). Ce dernier obtient le prix national de littérature d'Espagne et une reconnaissance de la critique internationale inédite pour un auteur de langue basque avec le recueil de nouvelles *Obabakoak* (1988), traduite en 20 langues. Il y propose une relecture tragique du ruralisme littéraire de l'époque romantique.

Les années 1990 sont marquées par l'arrivée à maturité du genre romanesque qui ose enfin le réalisme urbain et contemporain. Le génie ironique de **Ramon Saizarbitoria** éclôt en une série de romans où l'inconscient collectif basque contemporain est analysé avec autant de profondeur que d'humour : *Hamaika pauso (Les Pas incomptables,* 1995*)* ; *Gorde nazazu lurpean (Garde-moi sous terre,* 2000*)*. Régulièrement traduite, légitimée par la critique universitaire et constituant désormais un véritable marché, la littérature basque vit sa période la plus faste. En témoignent des romans comme ceux d'Iban Zaldua *(Mentiras, mentiras, mentiras,* 2006*)* ou l'accueil fait à la compilation de contes : *Mende berrirako ipuinak (Pintxos. Nuevos cuentos vascos,* 2005*)*.

### LA LITTÉRATURE POPULAIRE

La littérature de langue basque comporte un riche versant populaire, constitué de l'art des improvisateurs-poètes ou *bertsolari* et des diverses formes du théâtre souletin *(voir p. 54)*.

# Mythes et légendes

Les légendes basques constituent un patrimoine singulier qui, étant donné la facilité de passage qu'offre le territoire, s'est continuellement enrichi d'apports étrangers.

### LE CIEL BASQUE

Dans le ciel des Basques, ou plus exactement dans le firmament, on ne rencontre guère que le **Soleil (Eguzki)** et la **Lune (Hilargi)** qui sont deux sœurs, filles de la Terre. Jadis, les bergers adressaient une invocation au soleil couchant : « Soleil saint et béni, va rejoindre ta mère ! ». Cette absence de divinités au-dessus des hommes est en opposition avec les mythes indo-européens pour lesquels les dieux commandent aux hommes depuis leur demeure céleste inaccessible.

### LE MONDE SOUTERRAIN

Les légendes basques constituent un ensemble de récits fortement liés au paysage et mettant en scène des personnages qui vivent dans les profondeurs de la terre.

#### Mari, la Dame des grottes

Mari est le personnage central de cette mythologie. D'après les éléments recueillis, cet être féminin est considéré comme la personnification des forces de la nature et, si son nom a été probablement influencé par celui de la Vierge chrétienne, on suppose qu'elle doit beaucoup aux déesses antiques : Cybèle, Isis, Mithra… Mari traverse l'espace sous la forme d'une tourmente, d'une faucille de feu ou d'un vautour. Elle habite les cavités souterraines dans lesquelles elle enferme les filles des hommes. Étrangement, ces rapts ont pour but d'apprendre aux jeunes captives certains travaux domestiques, mais Mari les libère toujours, non sans leur offrir des présents. Souvent Mari est appelée « la Dame » et on connaît dans toute la chaîne pyrénéenne de nombreuses grottes censées abriter une « Dame Blanche ».

#### Des animaux… rouges

Dans ce monde souterrain vivent des animaux surprenants : **Zezengorri (le taureau rouge)**, **Behigorri (la vache rouge)**… Peu de récits sont parvenus à leur sujet, mais on reste surpris de la coïncidence entre ce bestiaire légendaire et les figures peintes dans les grottes ornées entre Lascaux, Niaux et Altamira (zone par ailleurs riche en toponymes basques).

### DANS LA MONTAGNE

#### Des hommes forts

La mythologie basque nous présente les **Gentils** (les païens) comme le peuple des origines qui vit dans la montagne et possède le secret de l'agriculture et de la technologie. Les **humains** (que les légendes appellent « chrétiens ») s'emparent de ces secrets par ruse afin de les faire connaître dans les vallées. Plusieurs récits racontent que la race des Gentils s'est autodétruite après la chute de la première neige, signe qui annonçait l'arrivée d'une ère nouvelle, en l'occurrence le christianisme.
Dans la profondeur des forêts vivent les **Basajaun** et les **Basaandere** (seigneurs de la forêt) qui effraient les humains par leur aspect monstrueux : certains sont couverts de poils, d'autres n'ont qu'un pied, l'un d'entre eux est un cyclope. Cependant, les bergers respectent ces créatures frustes qui protègent les troupeaux en signalant l'arrivée des orages.

#### Les Laminak

La nuit, le long des ruisseaux, les femelles Laminak (ou Lamiñak) coiffent leur longue chevelure

## LES GROTTES, LIEUX MAGIQUES

Les légendes basques présentent les gouffres et les grottes comme les lieux de rencontre entre les êtres mythiques et les humains, ces derniers cherchant à dérober les immenses richesses de ces cavités.
À **St-Martin-d'Arberoue**, on racontait de génération en génération que la colline de Gaztelu abritait le trésor des **Laminak**. C'est précisément sous ce sommet que l'on a découvert les fameuses grottes d'Isturitz et d'Oxocelhaya !
Dans une falaise de **Bidarray**, une petite grotte abrite une stalagmite ressemblant à un tronc humain. La tradition veut que ce soit là le corps d'une jeune bergère pétrifiée, mais elle est devenue la grotte du saint qui « sue », dont les eaux sont réputées guérir les maladies de peau.

avec des peignes en or. Ces êtres de petite taille sont pourvus de pattes de canard ou de chèvre, c'est selon, et elles sont généralement bienveillantes avec les humains. Leurs époux sont nettement plus inquiétants. Si ces travailleurs infatigables peuvent construire un pont ou une maison en une nuit (leur entreprise est toujours interrompue par le chant du coq, car les Laminak ne peuvent vivre au soleil), ils ont une fâcheuse tendance à capturer d'innocentes jouvencelles.
On dit que les Laminak ont disparu lorsque le pays s'est couvert d'églises.

### SUR LA CÔTE

Peu de légendes ont été recueillies sur les côtes du Pays basque, sans doute parce que les influences extérieures y ont été plus précoces. Cependant, on y retrouve les mêmes personnages à quelques variantes près : les Laminak ont l'apparence de sirènes.

#### L'influence du christianisme

La mythologie basque a progressivement assimilé des personnages fameux : on peut citer le **roi Salomon** qui parcourt le ciel à la poursuite d'un gibier ou encore **Roland**, le neveu de Charlemagne, qui marque son passage en lançant çà et là des rochers qui portent toujours le nom de « pierres de Roland ». Le « pas de Roland », lui, se trouve près d'Itxassou.

#### Olentzero

Ce charbonnier, solitaire et ivrogne, travaille dans la montagne mais, lorsqu'il apprend la naissance du Christ, il descend dans la vallée porter la nouvelle. Chaque année, au moment du solstice d'hiver, il réapparaît, noir de charbon, dans les villes et les villages où sa venue annonce le retour des beaux jours. Cette fête populaire rend manifeste le métissage entre le vieux mythe des Gentils et les traditions chrétiennes de Noël.

#### Les sorcières

Ici, comme ailleurs en Europe, on craint les sorcières. À l'origine, le terme de **sorgin (sorciers)** nomme les acolytes de Mari, mais ensuite, il a désigné les personnes accusées de jeter des sortilèges, mais qui ne faisaient rien d'autre que de mélanger culte catholique et croyances païennes ancestrales…
La chose fut à une certaine époque prise très au sérieux en Navarre par l'Inquisition, ainsi qu'au Labourd au début du $17^{e}$ s. : nombre de malheureuses, accusées de sorcellerie, furent condamnées à monter au bûcher.

Vue sur le Mont Mugarra.
*Juan Carlos Cantero / Age fotostock*

# Histoire

**Il est difficile de retracer l'histoire des territoires basques et navarrais. Ils ont connu des évolutions politiques propres qui les ont parfois rapprochés, mais parfois aussi éloignés. Séparés par des frontières nationales ou régionales, ils ont surtout en commun la fameuse langue basque, plus ou moins présente selon les régions, et l'expérience des fors, une organisation politico-juridique originale qui a marqué profondément la société jusqu'au 19e s., avant de disparaître.**

## Préhistoire

L'Ouest pyrénéen conserve le témoignage d'un peuplement humain ancien. Entre 300 000 et 40 000 av. J.-C., une quarantaine de sites attestent la présence de l'homme de Neandertal.

Les scientifiques sont mieux renseignés sur le **paléolithique supérieur** : les grottes d'Isturitz (Basse-Navarre), de Santimamiñe (Biscaye) et d'Ekain (Guipúzcoa) sont des gisements importants de l'art pariétal. Les fouilles ont fait apparaître qu'à la fin de cette période et au Néolithique, la région était peuplée par un homme à la morphologie différente des autres types européens, que certains ont nommé le « type pyrénéen occidental », car on en a retrouvé la trace de Burgos à la Garonne. D'où venait-il et comment expliquer ses particularités ? Les chercheurs en biologie, sérologie ou linguistique proposent différentes réponses mais, à ce jour, aucune ne s'impose. Par la suite, les vagues successives de peuplement ont métissé ce type, tout en lui conservant des originalités que l'on retrouve aujourd'hui dans la région.

La **révolution néolithique** parvient jusqu'à l'homme pyrénéen puisque entre 4 000 et 3 000 av. J.-C., des signes de domestication sont repérés et que faucilles ou meules attestent les débuts de l'agriculture. À cette période, les dolmens, premiers monuments funéraires, apparaissent le long des voies pastorales. Des noyaux urbains (La Hoya en Álava) s'organisent aussi, signes de sédentarisation. L'ère du métal débute : on travaille le cuivre, puis le fer au 1er millénaire.

Au 6e s. av. J.-C., **Celtes** et **Ibères** arrivent en Europe occidentale, apportant des innovations techniques. Les esprits et les pratiques évoluent, le rituel de l'incinération s'impose : on dépose les cendres du défunt au cœur d'un cercle de pierre nommé *baratz* ou *cromlech*.

Ces nouveaux peuplements permettent un brassage des populations ; l'actuelle Navarre est alors le territoire des Vascons.

## À l'époque romaine

### Romanisation, christianisation

La Rome conquérante, qui a déjà envahi la péninsule Ibérique, fait irruption dans la région : la **vallée de l'Èbre** tombe entre ses mains au 2e s. av. J.-C. Prétextant une révolte en Hispanie, Pompée affermit son emprise sur le Nord : il fonde **Pompaelo** (Pampelune) en 75 av. J.- C. sur le site vascon de Iruña. Puis, l'**Aquitaine** est conquise par César en 56 av. J.-C. Entre ces deux zones romaines, les Vascons tentent de résister. Il faut attendre l'avènement d'Auguste pour qu'ils intègrent l'Empire.

**Provinces de l'Empire** – Au 1er s. de notre ère, l'ensemble des territoires basques et navarrais actuels sont sous autorité romaine : le Sud relève de la province de Tarraconaise et le Nord d'une province d'Aquitaine qui s'étend jusqu'à la Loire. Une inscription découverte à Hasparren (Labourd) mentionne la création, au 3e s., de la province de **Novempopulanie** entre Pyrénées et Garonne.

**Romanisation** – Tous les peuples de l'Empire, notamment celui des Vascons qui est le plus important, subissent un processus de romanisation : les nouveaux maîtres tracent de grandes routes et réaménagent les voies pastorales. Même si les Vascons y sont toujours chez eux, Rome pénètre jusqu'au plus profond de la montagne : le trophée d'Urkulu, érigé non loin de la voie qui traverse les Pyrénées dans le pays de Cize, témoigne de la présence romaine.

## QUELQUES DATES-CLÉS

- **Ier s. av. J.-C- 4e s. apr. J.-C.** – Présence romaine en Pays basque
- **778** – Défaite de Charlemagne à Roncevaux
- **824** – Eneko Arista, premier roi de Pampelune, futur royaume de Navarre
- **1004** – Avènement de Sanche le Grand, apogée politique du royaume de Navarre
- **1152** – Mariage d'Aliénor d'Aquitaine avec Henri Plantagenêt. Le Labourd et la Soule passent sous suzeraineté anglaise
- **1212** – Victoire de Las Navas de Tolosa
- **1234** – Mort de Sanche le Fort, fin de la dynastie navarraise
- **1451** – Prise de Bayonne par les armées françaises
- **1522** – Défaite d'Amaiur (vallée du Baztan). La Navarre est totalement conquise par la Castille
- **1589** – Henri III de Navarre devient Henri IV de France
- **1620** – Édit d'union de la Basse-Navarre au royaume de France
- **1659** – Traité des Pyrénées, qui fixe les limites des royaumes de France et d'Espagne
- **1789** – Début de la Révolution française et abolition des fors, institutions populaires basques au nord des Pyrénées
- **1876** – Fin de la seconde guerre carliste et abolition définitive des fors au sud des Pyrénées
- **1895** – Création du Parti nationaliste basque
- **1936** – Premier gouvernement autonome basque et début de la guerre
- **1937** – Bombardement de Guernica et conquête franquiste du Pays basque
- **1959** – Création de l'ETA
- **1975** – Mort de Franco
- **1979** – Promulgation du statut d'autonomie d'Euskadi
- **1982** – Promulgation du régime foral de la Navarre

Le castrum de Lapurdum (Bayonne), le port d'Oiasso (Irún), le camp d'Imus Pyraeneus (St-Jean-le-Vieux), la grande villa de Comunión (Álava), le trésor monétaire de Barcus (Soule) ainsi que l'exploitation des mines de fer et de cuivre dans les montagnes navarraises et bas-navarraises sont autant de preuves de la romanisation du peuple vascon.

**Christianisation** – Par ailleurs, le christianisme se diffuse dans la région dès les premiers siècles de notre ère. Le processus est long (des zones païennes existent toujours au 10e s.), mais il ne semble pas marqué par des luttes religieuses.

### Fin de l'Empire, arrivée des Barbares

La crise qui frappe l'Empire au 5e s. a ici de graves répercussions : en 407, les **Barbares** entrent en Novempopulanie. Ils franchissent les Pyrénées en 409. Entre 451 et 454, de graves troubles se répandent dans la région de Pampelune : soulèvement des Vascons ou révolte des paysans appauvris ? Les rebelles sont néanmoins écrasés par une **armée wisigothe** au service de Rome. Alors que l'Empire disparaît, la puissance wisigothe tente de s'imposer en Tarraconaise et en Aquitaine. Repoussés par les Francs, les Wisigoths se replient sur la péninsule Ibérique, où ils fondent leur royaume. De nombreuses rivalités opposent les Francs, au nord, les Wisigoths, au sud, et les Vascons qui se replient entre les deux. Tout au long du 6e s., les **rois wisigoths de Tolède** interviennent en territoire vascon pour mettre fin aux troubles qui agitent la région. Les chroniques franques relatent des entreprises similaires au nord des Pyrénées. Le mythe des féroces **Vascons** descendant des montagnes et semant la terreur est en train de se forger.

Au 7e s., les Francs créent un duché de Vasconie pour surveiller ce peuple turbulent. Au sud, des expéditions militaires très dures sont lancées contre les Vascons qui s'allient maintenant à l'aristocratie régionale. En 710, une guerre civile éclate entre les partisans du roi de Tolède et son rival soutenu par les Vascons. C'est dans ce contexte difficile que les musulmans débarquent dans la péninsule.

## Un royaume à Pampelune

Le royaume de Tolède, affaibli, s'effondre sous les coups des armées musulmanes. Pampelune tombe en 714, les Pyrénées sont franchies en 720. Les Francs stoppent leur avancée à Poitiers, en 732, et reprennent peu à peu le contrôle du territoire vascon.
En 778, Charlemagne assiège sans succès les musulmans à Saragosse. Il ne peut se permettre un long siège et décide de regagner son royaume. Sur le chemin du retour, il fait raser les murailles de Pampelune, principale cité des Vascons dont la fidélité est incertaine. Lorsque l'arrière-garde de l'armée de Charlemagne, conduite par son neveu Roland, passe les Pyrénées près de **Roncevaux**, les Vascons lui tendent une embuscade, vengeant ainsi l'attaque contre Pampelune.
Charlemagne charge alors son fils d'un royaume d'Aquitaine pour maîtriser la **Vasconie**. Ce terme, que l'on retrouve dans les textes médiévaux sous le nom de *Wasconia,* désigne le territoire dominé par les Vascons ; établis à l'origine dans l'actuelle Navarre, ils ont été repoussés, à partir du 6e s., au nord des Pyrénées (future Gascogne). Le terme « Navarros » apparaît, lui, dans les écrits des chroniqueurs carolingiens à la fin

Sanche III le Grand.
*D.R.*

du 8e s. pour désigner les Vascons demeurant en dehors du royaume des Francs.

### Naissance des principautés vasconnes

Les Vascons trouvent un allié de taille avec les Banu Qasi, une famille wisigothe convertie à l'islam. Ainsi, en 824, le Vascon **Eneko Arista**, soutenu par ce clan, s'empare de la vieille Pompaelo : le royaume de Pampelune est né.

Outre-Pyrénées, une dynastie locale prend le titre de **ducs des Vascons** au 9e s., car le pouvoir carolingien déclinant ne protège plus la région agressée par les incursions normandes (Bayonne est pillée vers 840). Les ducs se lient à la famille royale de Pampelune.

En 905, **Sanche Ier de Pampelune** amorce la **Reconquista** (c'est ainsi que l'on nomme la campagne de reconquête des territoires pris par les musulmans) en récupérant la vallée de l'Èbre. Ses efforts sont ruinés par le calife de Cordoue qui attaque le petit royaume et brûle la cathédrale en 924. Une alliance entre chrétiens (Castille, León et Pampelune) permet de repousser le calife. Les attaques ne cessent pas pour autant : en 997, al Mansūr, nouvel homme fort de Cordoue, écrase les Navarrais et entre dans Pampelune, dont le roi se soumet.

### L'apogée du royaume de Pampelune

La situation bascule au tournant de l'an mil : al Mansūr meurt, le califat plonge dans l'anarchie. En 1004, **Sanche III** (surnommé « le Grand ») devient roi de Pampelune. Se gardant d'intervenir dans les affaires musulmanes, il renforce son patrimoine en réoccupant la Côte atlantique, l'Álava et la Rioja. Son entreprise majeure consiste à réunir les principautés chrétiennes sous un seul sceptre. Maître des comtés pyrénéens, il hérite de la Castille, pèse sur la destinée du royaume de León et s'allie aux Catalans. Sanche est proche de son cousin le duc de Vasconie (ou Gascogne) dont il revendique l'héritage dès 1022. Il offre la charge de vicomte de Labourd (Bayonne) à un parent et reçoit l'hommage du seigneur de

Soule. À sa mort en 1035, Sanche III, maître de l'Espagne chrétienne, est appelé « el Mayor ».

## Le Moyen Âge (11e-14e s.)

### Les vicissitudes du royaume de Pampelune

Le patrimoine de Sanche le Grand est partagé entre ses fils : Garcia hérite du royaume de Pampelune, Ramiro reçoit l'Aragon et Fernando, qui obtient le comté de Castille, devient, par mariage, roi de León. Mais les ambitions de Fernando poussent les frères à la guerre. **Garcia III** est tué en 1054; son fils Sanche tombe à son tour, victime d'un complot familial. Les cousins se partagent son royaume. Rioja, Álava, Biscaye et Guipúzcoa vont à la Castille. Le roi d'Aragon s'attribue le Centre, autour de Pampelune. Désormais, le destin des Navarrais est lié à celui des rois d'Aragon qui se lancent dans la Reconquista : Saragosse tombe en 1118, puis Tudela en 1119. Mais à la mort d'**Alfonso Ier d'Aragon**, les Navarrais reprennent leur indépendance et désignent leur nouveau roi : le comte Garcia, qui devient ainsi **Garcia IV le Restaurateur**.

### Affirmation de la Navarre

**Sanche VI**, qui succède à Garcia IV en 1150, récupère temporairement l'Álava, le Guipúzcoa et la Biscaye. Mais ces territoires convoités ont maintenant leur personnalité propre. Le comté de Biscaye est favorable à la Castille. La seigneurie de Guipúzcoa suit peu à peu la voie biscayenne. Le comté d'Álava, terre stratégique, reste en bons termes avec Pampelune. Sanche VI développe les trois seigneuries, faisant de St-Sébastien et Vitoria de véritables noyaux urbains. Il est le premier monarque à abandonner le nom de « roi de Pampelune » pour prendre celui de **« roi de Navarre »** à partir de 1178. Il s'allie au roi d'Angleterre, devenu duc d'Aquitaine, se rapprochant ainsi des vicomtes de Labourd et de Soule qui sont sous domination anglaise.

Son fils, **Sanche VII**, dit « le Fort », perd définitivement Durango, le Guipúzcoa et l'Álava en 1200. Allié à la Castille lors de la croisade de 1212 contre les musulmans, il s'illustre toutefois à la bataille de **Las Navas de Tolosa**.

**Des princes français en Navarre** – Sanche VII s'éteint en 1234 sans héritier. C'est à son neveu, **Thibaud de Champagne**, que revient la couronne. Ce grand prince de France réorganise le royaume :

**LES CAGOTS**

Durant tout le Moyen Âge, on recense au Pays basque français une population marginale dont on sait encore aujourd'hui peu de choses, les cagots. Ils font l'objet de discriminations terribles : accès séparés à l'église et au cimetière, mariage interdit avec les autres citoyens, impossibilité d'exercer certains métiers ou toute charge publique, obligation de porter une marque distinctive…

Les historiens sont partagés sur les raisons de cet ostracisme, certains y voyant le signe d'un handicap ou de la lèpre, d'autres évoquant leurs origines arabes ou wisigothes.

le **fuero** de Navarre est mis par écrit et les *merindades* (circonscriptions), instituées. Son fils **Thibaud II** emmène les Navarrais en croisade à Tunis. En 1274, le trône passe à **Jeanne Ire**, épouse du roi de France Philippe le Bel, qui considère alors la Navarre comme l'annexe de son royaume. Refusant ce second rôle, les Navarrais se choisissent une nouvelle reine. En 1329, ils proclament reine Jeanne, petite-fille de Philippe le Bel : avec son mari le comte d'Évreux, **Jeanne II** poursuit la modernisation du royaume.

## Les autres provinces

**Basse-Navarre, Labourd et Soule** – Les territoires voisins de la Navarre connaissent des évolutions différentes : autour de St-Jean-Pied-de-Port, la future Basse-Navarre relève directement du royaume de Navarre. Elle s'est organisée en vallées.

En conflit permanent avec le duc d'Aquitaine, le vicomte de Soule perd sa seigneurie en 1307. En 1193, le vicomte de Labourd est chassé de Bayonne par les Anglais et le siège de l'administration est déplacé à Ustaritz. Au siècle suivant, c'est ce village qui accueille le Bilçar (assemblée régionale populaire).

**Álava, Biscaye et Guipúzcoa** – Malgré une résistance farouche, l'Álava est annexée, puis intégrée au royaume de Castille en 1332. Les comtes de Biscaye fondent Bilbao en 1300. La Biscaye est incorporée à la Castille en 1379. Les **rois de Castille** doivent jurer de respecter les *fueros* sous l'**arbre de Guernica**. Le Guipúzcoa est une « Merindad Mayor » du royaume de Castille en 1335.
La Junte (assemblée) se réunit pour la première fois en 1397.

# La crise de la fin du Moyen Âge

### Les conséquences de la guerre de Cent Ans

**Charles II de Navarre**, qui est aussi comte d'Évreux, s'engage contre le roi de France lorsque débute la guerre de Cent Ans. Prétendant au trône de France, il devient un allié des Anglais. Labourdins et Souletins, vassaux du duc d'Aquitaine, se retrouvent aussi dans le camp anglo-navarrais. Il n'est pas rare de trouver dans les Grandes Compagnies (troupes de soldats pillards) des hommes surnommés « le Bascot ».

À partir de 1387, **Charles III de Navarre** inaugure quarante ans de paix pour son royaume : il se réconcilie avec le roi de France. À sa mort, son gendre, le roi d'Aragon, usurpe le pouvoir à Pampelune. Alors que la France reconquiert l'Aquitaine sur les Anglais (la Soule est prise en 1449, le Labourd en 1451), la Navarre sombre dans la guerre civile.

### Fin du royaume de Navarre

Deux grandes familles navarraises, les **Gramont** et les **Beaumont**, se livrent une lutte acharnée, ruinant le royaume et entraînant dans leur sillage toute la noblesse navarraise. Les appétits français et castillan se réveillent : la Navarre, exsangue, est devenue une proie facile. En 1479, la couronne passe aux Foix-Béarn. Catherine de Foix-Béarn a épousé Jean d'Albret, héritier d'une riche famille d'Aquitaine. Jean et Catherine tentent de redresser leur royaume mais ils ne peuvent éviter le pire : en 1512, le roi Ferdinand d'Aragon envahit la Navarre. Les Albret s'enfuient.

Malgré une résistance parfois héroïque (bataille d'Amaiur en 1522), la Navarre perd définitivement son indépendance pour devenir une vice-royauté dans la Couronne de Castille. Seul subsiste le petit territoire du nord des Pyrénées dans lequel les Albret règnent toujours : c'est le royaume de « **basse** » **Navarre**, dont le centre administratif se trouve à St-Palais. **Jeanne III d'Albret** devient reine en 1555. Elle essaie d'implanter la Réforme protestante dans son royaume et ravive ainsi les démons de la guerre civile. Henri III, son fils, est un temps chef du Parti protestant.

En 1589, **Henri III de Navarre** devient Henri IV de France par le jeu des héritages dynastiques. L'indépendance de la Basse-Navarre est désormais en sursis.

# L'époque moderne (1589-1789)

### Le morcellement du royaume de Navarre

Avec le choix d'Henri IV de porter le titre de roi de France et de Navarre, le vieux royaume abattu au sud ne subsiste désormais que comme annexe du royaume de France. Il n'en conserve pas moins un statut à part, celui de royaume et non de province, distinction qu'il conservera jalousement jusqu'à la Révolution. Cette nuance étant acquise, le rattachement de la Basse-Navarre à la France est officialisé par l'**édit d'union**, signé par Louis XIII, en 1620.

Les rois de France deviennent automatiquement rois de Navarre. Enfin, en 1659, le **traité des Pyrénées** confirme le partage de la Navarre entre les royaumes de France et d'Espagne, fixant peu ou prou les limites actuelles entre les deux États. C'est à l'occasion du **mariage de Louis XIV** avec l'infante Marie-Thérèse d'Espagne, mariage hautement politique puisqu'il scelle une alliance entre deux ennemis traditionnels, que ce traité est signé sur l'île des Faisans, en plein milieu de la Bidassoa, fleuve désormais frontière.

### Sous le régime des fors

À partir du moment où la Basse-Navarre est intégrée au royaume de France, l'État central en pleine puissance sous Louis XIV impose son organisation administrative, ses impôts et ses lois. Mais, comme cela avait été le cas durant l'occupation anglaise, la société parvient à maintenir ses modes ancestraux d'organisation communautaire. Ainsi, durant cette période, les territoires basques et navarrais vivent sous le **régime des fors**, c'est-à-dire qu'ils bénéficient d'institutions spécifiques et d'un système politique original où la gestion des affaires est assurée par des assemblées de pays. Ces institutions donnent aux provinces des autonomies particulières, assurant aux petits propriétaires des droits qui n'existent pas dans d'autres pays, ou qui y sont le monopole de la noblesse ou de l'Église. Les droits de chasse et de port d'arme, par exemple, sont généralisés à toute la société.

**Les assemblées populaires** – Au-delà de particularismes sociaux forts, la population dispose également d'une organisation politique propre, qu'elle arrive à conserver sous différents règnes, même en plein absolutisme. Héritées des périodes antérieures, des institutions populaires régissent la société. Ainsi, la vie publique est-elle régie de manière communautaire à plusieurs niveaux. Dans chaque **paroisse**, l'assemblée des maîtres de maison se réunit tous les dimanches sous le porche de l'église, et débat à égalité de voix de la vie du village. Dans la province de Labourd, nobles et clercs en sont même exclus!

Tous les ans, chaque paroisse élit un représentant pour siéger à l'assemblée de pays, appelée selon les provinces *biltzar* (Labourd), *silviet* (Soule), états (Navarre) ou *juntas* (provinces du sud). Cette assemblée débat de la loi régissant le pays de manière très autonome, puisque ni représentants du roi, ni noblesse, ni clergé ne sont admis. Les privilèges de l'assemblée varient selon les provinces mais ils peuvent être très étendus : levée et gestion de l'impôt (un forfait négocié avec le pouvoir lui est versé), privilèges judiciaires, militaires (propre police), autorité sur la coutume et ses modifications.

Ces institutions, relativement démocratiques pour l'époque, garantissent le respect des particularismes locaux à tous les niveaux, et même au niveau du droit. La législation française en matière de succession ou de mariage ne s'est véritablement imposée en Pays basque qu'à partir du milieu du 20e s. Au fur et à mesure que le pouvoir royal tente de mettre ces particularismes au pas, en particulier au 17e s., des révoltes s'ébauchent et se développent. C'est le cas de la **révolte de Matalas** (1661), en Soule, simple soulèvement antifiscal.

**Des particularismes forts** – Enfin, de part et d'autre de la frontière, le Pays basque se caractérise aussi par la permanence de traits culturels et religieux propres, que l'État ou l'Église ont tolérés jusqu'au 20e s. Alors que le concile de Trente réglemente de manière précise le rôle des prêtres, leur formation et la doctrine religieuse, la société basque conserve une foi mêlée de paganisme, rendue encore plus suspecte par l'omniprésence de la langue basque. Au fil des siècles, cela motive des tentatives de répression sans pitié. Ainsi, par exemple, en 1609, une campagne d'Inquisition est menée au Pays basque français par **Pierre de Lancre** pour éradiquer la « sorcellerie ». Le procès qui s'ensuit marque une réelle reprise en main par l'Église qui se solde par de nombreuses condamnations au bûcher. À la même époque, des procès similaires se tiennent à Logroño, du côté espagnol.

# La Révolution française

À la fin du 18ᵉ s., la révolution de 1789 entraîne la chute de la monarchie française et la fin des particularismes basques.
Les députés de l'Assemblée nationale constituante votent l'abolition des privilèges le 4 août 1789. Mais cela ne suffit pas à calmer les révolutionnaires.
Leur principe est qu'aucune partie du territoire français ne doit connaître de régime de faveur ou de statut particulier. L'Assemblée constituante crée donc 83 départements pour remplacer les 34 anciennes provinces. Tout l'édifice politique de la société basque vole alors en éclats. Le Pays basque français est intégré au département des Basses-Pyrénées, futures Pyrénées-Atlantiques. « Ma province proteste » : c'est par ces mots que le député labourdin Dominique Joseph Garat fait part à l'Assemblée nationale nouvellement créée de son désaccord vis-à-vis de la création du département des Basses-Pyrénées.
Le 8 février 1790, l'Assemblée nationale approuve la subdivision du département en 6 districts ainsi que la désignation de Pau comme chef-lieu.
Alors que la Révolution, puis l'Empire imposent un modèle politique et social à l'ensemble des régions françaises, balayant les derniers vestiges de l'organisation sociale et politique du Pays basque français, les institutions perdurent côté espagnol jusqu'au milieu du 19ᵉ s.
C'est par deux **guerres dites « carlistes »** que les *fueros* disparaissent, faisant les frais de querelles dynastiques madrilènes (sur les trois guerres carlistes, deux seulement ont touché le Pays basque et la Navarre).
En effet, lorsque le roi Ferdinand VII meurt sans fils, sa succession est convoitée par deux camps opposés : celui, libéral, de sa fille Isabelle et celui, conservateur, de son frère Carlos. Ce dernier obtient le soutien des campagnes basques et de la Navarre en se posant comme farouche défenseur de la foi catholique et des *fueros*. Une première guerre éclate en 1833, qui aboutit à la défaite des partisans de Carlos (les « carlistes »).
Les Basques voient leurs autonomies provinciales considérablement réduites lors de la convention de Vergara en 1839. Une seconde guerre éclate en 1873, qui voit à nouveau les troupes carlistes défaites. La loi du 21 juillet 1876 supprime cette fois totalement les fors, mais les Basques et les Navarrais obtiendront deux ans plus tard des avantages fiscaux (accords économiques).

# Le 19ᵉ s., période charnière

## La révolution industrielle

Entre-temps, le contexte européen a considérablement changé. Nous sommes désormais en plein 19ᵉ s., siècle de l'industrialisation.

Des soldats républicains capturés par des troupes nationalistes près de Bilbao pendant la Guerre civile.
*Tramonto/Age fotostock*

Celle-ci profite à l'économie du Pays basque espagnol, où la construction navale et la production minière, en plein essor, dopent l'activité. Cela favorise le développement urbain, en particulier dans la région de Bilbao qui est propulsée au rang de grand centre industriel. Cet envol économique provoque une création massive d'emplois et l'arrivée de nombreux immigrants d'autres provinces espagnoles. La révolution industrielle s'accompagne également de progrès techniques, en particulier dans le domaine des transports. Cela va d'ailleurs faciliter la traversée de l'Atlantique, à une époque où se développe l'émigration.
Côté français, l'industrialisation est quasiment absente. La véritable nouveauté se trouve plutôt dans l'apparition et le développement du tourisme balnéaire, promu à Biarritz par l'impératrice Eugénie, épouse de Napoléon III. Cette éclosion, qui se confirme tout au long du 20e s., va marquer l'ensemble du littoral de manière presque continue jusqu'à nos jours.

## L'ère des nationalismes

### En France

C'est dans ce contexte que le Pays basque est confronté à l'autre grand phénomène marquant du 19e s., l'apparition des nationalismes. En France, la République est proclamée après la chute du Second Empire. Mais le nationalisme français reste un phénomène intellectuel, limité à la classe politique, car le peuple lui-même ne semble pas éprouver le sentiment d'appartenance nationale. La IIIe République attribue cette carence de l'identité nationale à la méconnaissance généralisée du français. Elle met en place deux principaux moyens pour y remédier : l'école et l'armée. Tandis que le nouveau système éducatif, gratuit et obligatoire, répand la langue française et diffuse une histoire et une géographie nationales aux enfants, le service militaire se charge de transformer les jeunes adultes en citoyens-soldats. Au lendemain des deux guerres mondiales, les Basques se sentent largement français.

### EN ESPAGNE

De l'autre côté des Pyrénées, les choses sont radicalement différentes, car l'Espagne n'a pas une tradition d'État-nation comme la France. Affaiblie par des problèmes sociaux liés à son industrialisation rapide, en Biscaye notamment, l'Espagne doit faire face au développement des régionalismes. En 1895, le Biscayen Sabino Arana Goiri fonde le **Parti nationaliste basque (PNV)**, et entraîne une partie de la population dans un nationalisme radical.

En 1923, une crise politique majeure contraint le roi Alphonse XIII à nommer **Primo de Rivera** « président du directoire militaire chargé du gouvernement », sorte de dictature qui va durer sept ans, de 1923 à 1930. Ce dernier remet en cause le statut particulier d'autonomie de la Catalogne. Il doit démissionner en 1930 ; sa chute entraîne l'exil du roi et la naissance de la IIe République, le 14 avril 1931. Deux mois plus tard, comme les Catalans, les Basques proposent un projet d'autonomie incluant les trois provinces basques et la Navarre.

**La guerre de 1936** – En juillet 1936, le **général Franco** entreprend de renverser le régime avec le soutien d'une partie de l'armée en Afrique du Nord et dans la péninsule même. La guerre civile éclate. La République a besoin du soutien des nationalistes basques et leur reconnaît un statut d'autonomie très étendu. C'est le **statut d'Estella**, plusieurs fois renégocié avec la jeune République espagnole avant qu'elle ne l'accepte, poussée par les circonstances. Si les premières négociations prévoyaient un statut intégrant la Navarre, celle-ci reste finalement à part après un vote très tendu des maires de la province.

Ce nouveau statut donne au gouvernement basque dirigé par **José Antonio Aguirre** les droits de frapper monnaie, de posséder des ambassades et de lever une armée. En février 1937, l'offensive franquiste s'accentue sur le Pays basque.

Le 26 avril, Franco fait envoyer l'aviation de son allié Hitler, qui teste ses nouveaux bombardiers sur la ville de **Guernica**, symbole des anciennes institutions populaires biscayennes. Le premier bombardement de populations civiles de l'histoire cause l'indignation internationale, mais l'armée basque capitule le 26 août à Santona. La guerre d'Espagne s'achève en 1939, mettant en place une dictature qui durera 40 ans.

**L'apparition de l'ETA** – La dictature s'attaque résolument au nationalisme basque, et le gouvernement basque est contraint à l'exil. Le président Aguirre meurt en 1960, laissant des cadres du PNV épuisés et impuissants.

C'est une nouvelle génération de militants qui opère la mutation du nationalisme basque durant les années 1960.

Voulant rompre avec les schémas traditionnels du nationalisme basque hérités de la fin du 19e s., une nouvelle mouvance apparaît, qui devient en 1959 **ETA** (*Euskadi Ta Askatasuna*, « Pays basque et liberté ». D'abord symbolique, l'action clandestine franchit un pas en 1968 avec l'assassinat du chef de la police de St-Sébastien, Melitón Manzanas.

Le Pays basque connaît alors plusieurs états de siège et des pics de tension, notamment le **procès de Burgos** en 1970. Pour servir d'exemple, le tribunal militaire y condamne six nationalistes basques à mort. Mais une campagne de soutien se crée et prend une ampleur internationale, contraignant Franco à commuer leur peine en réclusion à perpétuité.

L'escalade terroriste d'ETA atteint un sommet avec le spectaculaire attentat contre le Premier ministre espagnol Carrero Blanco, dauphin probable du dictateur, le 20 décembre 1973. Lorsque Franco meurt le 20 novembre 1975, c'est la dictature qui s'achève.

Juan Carlos Ier, petit-fils d'Alphonse XIII et chef d'État intérimaire depuis quelques mois, est proclamé roi d'Espagne dès le 22 novembre. Il prend très vite le contre-pied de la politique de Franco et choisit la mise en place d'une **monarchie parlementaire** et donc d'élections libres.

Si rien ne change en France, d'importantes évolutions ont lieu côté espagnol, avec les statuts particuliers de l'**Euskadi** (Communauté autonome basque) et de la **Communauté forale de Navarre**.

Cela ne suffit pas pour une partie des Basques dont certains veulent aller jusqu'à l'indépendance, ou au moins à l'autodétermination.

*Pour en savoir plus sur l'histoire récente de la région, voir le chapitre « Le Pays basque et la Navarre aujourd'hui » p. 40.*

# Quelques personnalités à travers les siècles

Voici, parmi beaucoup d'autres, quelques personnages qui ont eu une influence ou un rôle majeur dans le monde de la politique, des arts, des idées ou de la culture, bref, des hommes qui ont activement participé à la construction de la région telle que nous la connaissons aujourd'hui.

## HOMMES POLITIQUES ET MILITAIRES

**Sanche III le Grand** – Roi de Pampelune entre 1003 et 1035, il est l'un des souverains occidentaux les plus puissants de son époque. Dominant la majorité des terres chrétiennes de la péninsule Ibérique, il ouvre les cols pyrénéens aux pèlerins de St-Jacques, permet la diffusion de la réforme monastique bénédictine et encourage le développement de l'art roman dans ses possessions.

**Juan Sebastián de Elkano** – Marin du village guipúzcoan de Getaria, il est le second de Magellan lorsque celui-ci entreprend son voyage. C'est lui qui accomplit le premier tour du monde en achevant l'expédition en 1522, après que le grand navigateur eut été tué.

**Henri IV de France ou Henri III de Navarre** – Roi de Navarre par sa mère Jeanne d'Albret et prince de France par son père Antoine de Bourbon, Henri est le plus proche cousin du dernier Valois (Henri III, petit-fils de François Ier et fils d'Henri II). À la mort de ce dernier en 1589, il hérite du royaume de France, l'enrichissant de son patrimoine du Sud-Ouest, notamment la Basse-Navarre.

**Les frères Garat** – Dominique et Dominique Joseph Garat, avocats, sont originaires d'Ustaritz. Ils sont délégués par la province de Labourd à l'Assemblée nationale nouvellement créée en 1789. Dans l'enthousiasme de la nuit du 4 Août, ils votent l'abolition des privilèges, mais s'opposent à l'intégration des provinces basques au nouveau département des Basses-Pyrénées. Dominique Joseph continuera sa carrière politique : ministre de la Justice en 1792, de l'Intérieur en 1793, il sera sénateur sous l'Empire.

**Maréchal Jean Isidore Harispe** – Originaire de St-Étienne-de-Baïgorry, il s'engage dès la Convention (1793-1795) aux côtés des révolutionnaires. Organisateur d'un corps d'armée appelé « chasseurs basques », il participe aux guerres napoléoniennes et est nommé maréchal sous le Second Empire.

**Sabino Arana Goiri** – Né en 1865 à Abando, près de Bilbao, il est le fondateur en 1895 du Parti nationaliste basque, dont il est l'idéologue, formulant une pensée qui imprégnera le premier nationalisme basque. Son idéologie est religieuse, très conservatrice, voire xénophobe, et il réclame la restauration des anciens fors. Il crée le néologisme Euskadi, « patrie des Basques », ainsi que *l'ikurriña*, le drapeau basque, qui apparaît pour la première fois publiquement un 14 juillet ! Il meurt en 1903.

**José Antonio Aguirre** – Alors qu'il n'est qu'un avocat biscayen d'à peine plus de 30 ans, il devient successivement maire de Guetxo en 1931 puis député et enfin, en 1936, premier président d'Euskadi. Contraint à la fuite après la victoire franquiste, il dirige le gouvernement basque en exil jusqu'à sa mort en 1960.

### HOMMES D'ÉGLISE… ET DE LETTRES

**Ignace de Loyola –** Ce noble guipúzcoan défend la cité conquise de Pampelune pour le roi de Castille lorsqu'un boulet navarrais le blesse gravement. Contraint à rester alité des mois entiers, il renie son passé militaire et fonde en 1537, avec son ami navarrais **François Xavier**, la Compagnie de Jésus (ou jésuites). Ignace se consacre à la consolidation de son ordre religieux à Rome tandis que François Xavier évangélise l'Asie (Inde et Japon). Saint Ignace devient le patron du Guipúzcoa et de la Biscaye, François Xavier celui de la Navarre.

**Bernat Dechepare** – Curé du village de St-Michel au 16e s., il est l'auteur du premier texte entièrement écrit en basque : *Contrapas*. Ce chant qui promet un bel avenir à l'euskara (langue basque) est aujourd'hui encore très populaire.

**Bernard de Goyhenetche, dit Matalas** – Curé du village souletin de Moncayolle, il prend en 1661 la tête d'une révolte antifiscale. Sa fin tragique (il est trahi, arrêté puis décapité) en a abusivement fait un mythe pour les nationalistes basques.

**Louis Lucien Bonaparte** – Petit-neveu de Napoléon Ier, il fait partie du courant européen éclairé du 19e s. qui s'intéresse aux peuples primitifs de l'Europe, et notamment aux Basques. Il est l'un des piliers de ce que l'on appellera la « bascologie », ou études basques, et l'auteur notamment de la première carte des dialectes de la langue basque en 1863.

**José Miguel de Barandiarán** – Préhistorien, ethnologue et anthropologue guipúzcoan, prêtre de son état, il est l'auteur d'une œuvre scientifique colossale. Son attention principale est portée à l'approfondissement de l'étude des origines des Basques ainsi qu'au recueil des légendes et récits de la mythologie. Refondateur de la Société d'études basques Eusko Ikaskuntza, il n'en oublie pas pour autant son sacerdoce, enseignant l'histoire des religions au séminaire.

**Jose Maria Iparraguirre** – Considéré comme un véritable barde, poète et voyageur, au début du 19e s., c'est l'auteur de l'hymne basque, *Gernikako Arbola*, chant universaliste teinté d'idéologie carliste.

**Miguel de Unamuno** – Né à Bilbao en 1864, ce philosophe, mais aussi poète et écrivain, a compté parmi les hommes les plus influents dans la vie politique basque et espagnole au début du 20e s. Ses prises de position contre le pouvoir lui ont valu plusieurs destitutions de ses fonctions universitaires, et même un exil aux Canaries par Primo de Rivera. Socialiste, voire même marxiste et internationaliste à ses débuts, il fut un polémiste talentueux qui, face aux dures réalités sociales de l'époque, a évolué vers un certain pragmatisme avant sa mort en 1936.

# Paysages et biodiversité

**Cette terre entre montagnes et Océan fut un refuge pour les espèces aux temps des grands changements climatiques. Il en résulte un patrimoine végétal original, qui s'ajoute à la richesse de la faune. Lieu de passage des oiseaux migrateurs qui s'engouffrent dans ses vallées pour rejoindre d'autres latitudes, littoral d'un océan profond où passent les cétacés, elle accueille aussi mammifères et rapaces d'une beauté rare qui cohabitent avec les animaux domestiques peuplant les alpages. Mais la pression des activités humaines fragilise la pérennité de ce monde animal et végétal, et la cohabitation n'est pas toujours aisée. Si la chasse à la palombe, la disparition de l'ours des Pyrénées ou le déclin des ressources halieutiques ont des répercussions médiatiques, les pollutions et transformations agricoles questionnent aussi la préservation de ce patrimoine.**

## Le versant atlantique

Toute la partie nord de la région, du fond de la Biscaye aux confins souletins en passant par le Guipúzcoa et le nord des provinces d'Álava et de Navarre, constitue ce versant vert, humide, tempéré, océanique. Ici, les écarts de température sont faibles et les précipitations abondantes, allant de 1 200 mm à plus de 3 000 mm en haute montagne.

### UN RÉSEAU DE MONTAGNES INEXTRICABLE

Les montagnes proches de la côte n'atteignent pas les 1 000 m, mais la plupart des massifs montagneux, souvent calcaires (du Crétacé, voire du Jurassique), mais également schisteux ou granitiques, culminent vers les 1 000-1 500 m. Leurs pentes abruptes sont souvent recouvertes de **forêts** naturelles (chênes pédonculés, châtaigniers) ou artificielles (pins de Monterey ou eucalyptus en Guipúzcoa et Biscaye, plantations qui appauvrissent considérablement la biodiversité).
Dans les zones plus accessibles, les forêts laissent la place aux prairies ou aux landes à fougères ou à ajoncs, qui servent également de pacages aux troupeaux de brebis, vaches et **pottoks**. Ces reliefs peu élevés sont utilisés comme zones d'hivernage des troupeaux qui passent la belle saison sur les estives des montagnes.
C'est en s'éloignant encore de la côte à travers des **vallées étroites**, complètement occupées par les routes, agglomérations et zones industrielles, que les montagnes prennent plus d'importance et que les paysages ruraux caractéristiques dominent.
Différents trajets, comme ceux de Tolosa à Azpeitia par Errezil (en Guipúzcoa) et de Markina à Guernica par Aulesti (en Biscaye), permettent d'apprécier la diversité

La Côte basque près de Saint-Jean-de-Luz.
*B. Gardel / hemis.fr*

et la complexité des paysages traditionnels de ce versant.
La traversée du **col d'Osquich** permet d'avoir une vue remarquable sur la Soule, province très agricole, dominée au loin par les Pyrénées. Prairies de fauche, prairies pâturées et maïs dominent ces espaces cultivés. Plus haut, d'énormes entailles faites par les eaux dans les épaisses couches calcaires du Crétacé sont visibles : ce sont les **gorges d'Ujarre**, **Kakuetta**, **Holçarté**…
L'altitude de 2000 m est dépassée vers l'est dès le massif du Pic-d'Anie, près duquel se trouvent les exceptionnels paysages de la forêt subalpine de pins à crochets dans le **karst de Larra** (Navarre).
Le Guipúzcoa et la Biscaye sont dans une grande mesure industrialisés, mais curieusement, les marges occidentales de la Biscaye, à peu de kilomètres des mines de fer de Somorrostro qui marquèrent l'essor industriel du Pays basque aux 18e et 19e s., sont restées très agricoles. Mais partout, l'horizon est réduit, parfois écrasé par les pentes.
Lorsque les montagnes ne retiennent pas les nuages chargés de pluie venant de la mer, elles apparaissent comme des sentinelles qui dominent les villages et les vallées : Txindoki, Anboto, Ernio, Béhorléguy, etc.
La douceur du climat est telle que la végétation reste verte toute l'année. De rares fougères subtropicales subsistent même dans quelques ravins encaissés, témoins de la flore d'avant la formation des Pyrénées.

## UNE CÔTE SAUVAGE ET ABRUPTE…

Cette côte est extrêmement découpée, très sauvage et abrupte par endroits, comme on peut l'observer sur la corniche de Socoa ou autour d'Elantxobe en Biscaye. Les chaînes de montagne viennent se heurter directement à l'Océan. Ce sont essentiellement des falaises de **flysch** (formations géologiques prenant l'allure d'un empilement de couches de roches dures et tendres) qui plongent brutalement dans la mer, témoignant de la violence des éléments lors de l'émergence des montagnes.

Le haut des falaises est occupé par une végétation caractéristique de landes, parfaitement adaptée aux bourrasques et à l'excès de salinité. Les arbres n'arrivent pas à se développer ici et seuls des **arbustes**, sculptés par le vent, parviennent à s'élever un peu au-dessus du niveau de la lande à bruyère vagabonde ou de la pelouse littorale.
Curieusement, c'est proche de ces grandes falaises, en Biscaye près de Bakio ou en Guipúzcoa près de Getaria, que subsiste depuis le 13e s. un vignoble original donnant un vin blanc vif et pétillant, le **txakoli** (AOC).

### Peu de plages...

Pour une distance à vol d'oiseau de 130 km, l'Océan longe le Pays basque sur plus de 200 km, dont moins de 30 km de plages ! Les rares plages, au sable généralement fin, se répartissent sur toute la côte (Laida, Arrigorri en Biscaye, Ondarreta, Fontarabie en Guipúzcoa, Hendaye, Bidart, Biarritz ou Anglet en Labourd) mais n'ont rien à voir avec l'étendue des plages landaises. Elles sont souvent surmontées par d'imposantes falaises de plus de 40 m comme Ogoño ou la Pointe-Ste-Anne à Hendaye.

### ...mais des vagues réputées

Mise au goût du tourisme grâce aux villes de Biarritz, St-Sébastien ou Lekeitio, la Côte basque est le berceau européen du surf. La qualité de ses tubes est mondialement reconnue et s'explique par une succession de coïncidences géographiques : d'une part, le **golfe de Gascogne** forme une espèce d'entonnoir, où viennent s'écraser les vagues formées par les tempêtes et dépressions de l'Atlantique Nord ; d'autre part, le plateau continental est ici très court et les fonds marins plongent de manière très abrupte, ce qui permet d'obtenir ces **vagues puissantes et rondes** que recherchent les amateurs de sensations fortes. Les vagues les plus spectaculaires sont situées au large, entre Hendaye et Ciboure, sur un site appelé **Belharra**, où le fond rocheux fait que des vagues démesurées s'écrasent en pleine mer !

## ... ET DES ZONES HUMIDES AUTOUR DES ESTUAIRES

L'**Adour**, qui prend sa source dans les Pyrénées centrales, est le seul « grand fleuve », avec un cours de plus de 300 km qui se jette dans l'Océan, à Bayonne.
Cette embouchure est récente, puisqu'elle fut définitivement stabilisée au 16e s., grâce à un canal creusé par Louis de Foix, à travers les dunes. Des **barthes**, prairies humides inondables abritant des tortues d'eau douce comme la cistude d'Europe, longent encore l'Adour ou la Nive en Labourd.
D'autres fleuves, aux cours plus rapides, se jettent dans le golfe de Biscaye par le biais d'estuaires, ici appelés *rías*.

La **zone d'Urdaibai**, estuaire du fleuve Oka près de Guernica, constitue un bel exemple d'harmonie entre l'homme et la nature et est, à ce titre, classée Réserve de la biosphère par l'Unesco depuis 1984.
Dans ses eaux saumâtres, ses vasières et ses prés salés se reproduisent bon nombre de poissons et d'invertébrés jouant un rôle essentiel dans les chaînes alimentaires et les écosystèmes marins. Urdaibai est également un lieu de halte pour bon nombre d'oiseaux migrateurs.

### LA CHASSE À LA PALOMBE : UN DÉBAT RÉCURRENT

Les fameuses palombes monopolisent les esprits de beaucoup de chasseurs pendant un mois, de mi-octobre à mi-novembre. Les forêts, les cols et les montagnes sont alors pris d'assaut par des milliers de fusils et une pétarade incessante retentit dans tous les coins… Le **pigeon ramier**, également appelé **palombe**, est chassé depuis très longtemps. Une des méthodes traditionnelles consiste à rabattre le vol de palombes vers des filets à l'aide d'appelants, pigeons dressés à imiter les oiseaux sauvages, ou de raquettes lancées selon des trajectoires similaires aux vols de prédateurs. Mais la pression de chasse à laquelle doit faire face cette espèce, et notamment sa population migratrice, a beaucoup augmenté au cours des dernières décennies. Des voix s'élèvent depuis plus de 30 ans pour la diminuer, en laissant par exemple des « couloirs » de migration que les oiseaux pourraient traverser sans risques…
Les comptages effectués depuis la fin des années 1970 par l'association Organbidexka Col Libre sur une série de cols tels Organbidexka, Lindux et Lizarrieta confirment que cette population de palombes transpyrénéennes, se reproduisant en Europe du Nord et du Nord-Est et hivernant dans les *dehesas* (forêts ouvertes) ibériques, est en déclin.

# Le versant méridional

Très différent du nord, ce versant est une région sèche qui, avant les phénomènes d'exploitation des mines puis d'industrialisation de la zone atlantique, constituait un véritable grenier pour les régions voisines.

### LES COLS, LIMITES CLIMATIQUES

Il est très fréquent, notamment en été, lorsque l'on traverse les cols de Barazar, Urkiola, Etxegarate, Azpirotz, Belate, Izpegi ou Ibañeta, d'émerger soudain d'un brouillard dense enveloppant le versant atlantique et de découvrir un ciel bleu, le soleil et une visibilité extraordinaire, portant la vue à des dizaines de kilomètres. Sous nos pieds et au-delà s'étend le versant méridional, qui fut très tôt voué à l'agriculture, aux céréales, à la vigne et à l'olivier. L'Èbre, qui prend sa source plus à l'ouest, au sud des monts Cantabriques, atteint ici son statut de grand fleuve et continue sa route vers la Méditerranée, après avoir reçu, au cours de son passage, les eaux des rivières descendant des principaux massifs : Zadorra, Ega, Arga, Aragon etc.

### MONTAGNES SAUVAGES ET BOISÉES

Les massifs montagneux, orientés principalement est-ouest, donnent un caractère très marqué au paysage. Ils reçoivent plus de précipitations et abritent l'essentiel des **forêts**. Hêtres, pins sylvestres et chênaies méditerranéennes (chênes verts, chênes kermès et pubescents) se partagent les pentes plus ou moins abruptes. Les plateaux et les sommets sont ici aussi devenus d'immenses **pâturages**.
Ces forêts et ces zones plus ouvertes abritent des milieux très différents, remarquables tant par leur faune que par leur flore.

Les montagnes, atteignant les 1 000-1 500 m d'altitude, étaient autrefois bien peuplées, mais de nombreux villages des austères vallées navarraises (Aezkoa, Urraul, etc.) se sont vidés à partir des années 1950, et les forêts ont doucement reconquis une partie des territoires jadis défrichés par les habitants.

D'immenses **canyons** balafrent les montagnes qui barraient le passage aux puissantes rivières montagnardes, ce qui donne des paysages tout à fait extraordinaires, comme dans les **hoces** (de *hoz*, défilé) de Burgi, Arbayún, Lumbier et Irunberri.

L'une des originalités de ces montagnes est qu'elles sont, pour une large part, calcaires, certaines ayant des réseaux karstiques importants. Une multitude de gouffres, grottes et rivières souterraines minent ces massifs.

### DES VALLÉES PRÉSERVÉES

Les vallées sont plus larges, plus fertiles, mais toujours sous le regard des montagnes. Sakana, large trouée reliant Irurtzun en Navarre à Vitoria-Gasteiz en Álava, est ainsi dominée par les massifs d'Aralar, Urbasa et Andia, mais aussi par le Beriaín, dont la silhouette évoque la formidable étrave d'un bateau perdu au milieu de la vallée.

Ici, il tombe entre 500 et 1 000 mm de pluie par an, souvent de manière brutale au printemps ou à l'automne. L'été y est chaud, l'hiver froid, donnant une touche continentale à ce climat méditerranéen. Les zones non cultivées sont recouvertes d'une végétation de type **garrigue**, avec des arbustes épineux, ou de pelouses desséchées en été, mais vertes et riches en fleurs et en odeurs au printemps. Les cigognes blanches font partie du paysage et établissent leurs nids imposants sur les églises, châteaux ou autres édifices.

Le long des cours d'eau, ce sont des **forêts « couloirs »** qui prédominent, extrêmement importantes puisqu'elles permettent de relier, par des biotopes adéquats, des lieux très éloignés les uns des autres.

Les ormes, peupliers et saules peuvent y atteindre des tailles considérables et les oiseaux en sont les rois.

Les rivières aux eaux froides et oxygénées des montagnes conviennent aux poissons nobles tels que les truites ; ces dernières laissent leur place dans les eaux plus chaudes et plus calmes à des espèces comme les barbeaux et les gardons.

### DES PLAINES FERTILES

Les plaines de cette région méditerranéenne sont sèches, voire terriblement sèches en été. Mais elles sont également fertiles. La plaine d'Álava et la région entre Estella et Olite en Navarre, constituent le domaine des cultures de blé, d'orge ainsi que de la pomme de terre ou de la betterave.

### TAUREAUX DE NAVARRE

Étaient-ils apparentés aux *betizu* ? C'est une hypothèse. Toujours est-il que les taureaux de combat navarrais, souvent roux et de petite taille, étaient fort appréciés des *aficionados* d'antan. On parle encore du combat légendaire d'un certain Llaverito (taureau) dans les arènes de Saragosse en 1866 qui a inspiré Goya pour la réalisation de sa série d'estampes *Tauromaquia*. Mais la mode est passée et la race s'est diluée, sauf chez une poignée d'éleveurs locaux qui maintiennent vaille que vaille la tradition.

## LES PLANTES DU NOUVEAU MONDE

Les ports basques furent des entrées importantes de la plupart des plantes venant du Nouveau Monde. Maïs, pommes de terre, haricots, tomates, courges, potirons et piments sont cultivés depuis très longtemps au Pays basque et en Navarre, assez pour que les paysans aient, là aussi, utilisé leur savoir-faire pour sélectionner ces végétaux et produire des variétés adaptées aux conditions locales. Aujourd'hui, plusieurs variétés sont réputées, comme les **piments** d'Espelette, de Lodosa ou de Guernica, les **haricots** de Tolosa, ainsi que le grand roux basque, maïs remis au goût du jour ces dernières années. Plus de 600 espèces actuellement présentes dans la région proviennent de pays lointains. Si certaines ont été introduites volontairement à des fins alimentaires ou ornementales, d'autres sont rentrées « clandestinement » et se sont développées au point de devenir envahissantes et problématiques : **l'herbe des pampas** forme des fourrés impénétrables, empêche la végétation autochtone de pousser et rend stériles certaines zones humides…

L'olivier et l'amandier trouvent ici des conditions méditerranéennes et les huiles d'olive de Navarre et d'Álava sont réputées pour leur qualité. La **vigne** trouve ici des terroirs nobles (Rioja, vins de Navarre) et le vignoble de la Rioja alavesa, installé au pied du massif de Toloño, prend une coloration extraordinaire chaque automne.
L'un des plus curieux paysages de ces plaines se trouve à **Añana** au sud-ouest de l'Álava, où depuis le Moyen Âge et jusqu'à une époque récente, des sources salées étaient exploitées sur des terrasses exposées au soleil. Le sel était récolté après évaporation de l'eau.
Plus au sud, l'irrigation à partir de l'Èbre permet une production importante de **légumes**. Dans ce jardin sont cultivés des artichauts, piments, tomates, haricots ainsi que les asperges de Navarre. On produit même du riz à l'extrémité méridionale de la Navarre !

### UN DÉSERT PLEIN DE VIE AU SUD DE LA NAVARRE

**Les Bárdenas**, à l'extrême sud de la Navarre, sont en fait une steppe, ou plutôt un paysage steppisé. Très peu de zones boisées subsistent ; il s'agit alors de pins d'Alep et de chênes verts. Les plantes sont ici particulièrement adaptées au climat méditerranéen : elles économisent l'eau grâce à leurs feuilles petites, charnues, parfois recouvertes d'une épaisse cuticule, souvent avec une pilosité blanche permettant de refléter le soleil et d'éviter la transpiration… Elles ont aussi une singulière capacité à profiter des rares pluies pour fleurir et se reproduire. Ainsi, les cycles biologiques peuvent-ils être très courts, avec des périodes de plusieurs années à l'état de graine, dans l'attente de conditions pour pouvoir germer… Mais ce paysage de steppe aride est également lié à l'activité humaine, puisque depuis des temps très anciens, les troupeaux de la vallée de Roncal viennent y hiverner…
Les Bárdenas abritent une avifaune de steppe très particulière *(voir p. 460)*.
Proches ou au cœur de ce désert, les zones d'eau sont de véritables oasis. C'est ici que viennent s'abreuver tous les oiseaux et les mammifères, et que vivent les amphibiens, grenouilles et autres reptiles. Les bosquets aussi forment des oasis et permettent aux oiseaux arboricoles de s'y reproduire.

**Eguaras**, en plein milieu de la Bárdena Blanca (sud de Murillo), est un véritable havre de paix, où la complexité et la diversité des milieux et des espèces atteignent leur apogée.

# Une biodiversité extraordinaire

Avec ces climats, reliefs et paysages différents, le Pays basque et la Navarre sont d'une richesse extraordinaire au niveau des espèces animales ou végétales. Ici sont recensés des milliers de plantes, des centaines d'espèces d'oiseaux, des dizaines de mammifères, batraciens, reptiles et poissons, des dizaines de milliers d'insectes ou autres invertébrés…

## QUELQUES ESPÈCES RARES

La nature réserve parfois des surprises, même pour les spécialistes qui observent attentivement les nombreux écosystèmes régionaux. Certaines espèces comme le **lagopède alpin**, la **dryade octopétale** ou le **pic à dos blanc** vivent ici en haute montagne ainsi que dans les Pyrénées, les Alpes et la taïga ou la toundra arctique. Cela s'explique par le retrait des glaciers vers le nord et en altitude, à la fin de la dernière glaciation, qui a permis à des espèces adaptées à ces rudes milieux de vivre sous nos latitudes, en se réfugiant dans les montagnes.
D'autres espèces ne se retrouvent nulle part ailleurs ; il s'agit essentiellement de plantes et d'insectes. Une sorte de triton, l'**euprocte des Pyrénées**, que l'on retrouve dans les torrents des Pyrénées basques, en est un exemple.
En montagne, de curieuses et rares zones humides, les tourbières, abritent une plante carnivore se nourrissant d'insectes : la **drosera**.

## UNE RICHE AVIFAUNE

La zone méridionale abrite des **oiseaux** hauts en couleur : huppe fasciée, guêpiers multicolores qui chassent les hyménoptères en vol, rollier au plumage d'un bleu intense. La garrigue sert d'habitation à plusieurs espèces de **fauvettes** : orphée, passerinette, mélanocéphale, des jardins, à tête noire, grisette, pitchou… Une diversité impressionnante de petits oiseaux ! Tous ces insectivores migrent vers le sud du Sahara pendant la saison hivernale.
Les bordures de **rivières** hébergent les rossignols, les loriots d'un jaune intense ou les discrètes mésanges rémiz qui y suspendent leurs nids délicats.

### Les grandes zones humides

Les grandes zones humides, outre leur rôle essentiel pour le repos et l'alimentation des oiseaux migrateurs, hébergent aussi des oiseaux fort rares.
Ainsi le beuglement sourd du **butor étoilé** hante-t-il les nuits de printemps de la lagune de Pitillas. Spatules, avocettes, limicoles en tout genre utilisent les marais et vasières des estuaires de la Bidassoa à Txingudi, Urola à Zumaia et Urdaibai vers Guernica. Les lagunes endoréiques, vestiges d'une mer qui exista et qui se « vida » dans la Méditerranée lorsque l'Èbre réussit au Miocène à percer la barrière catalane qui se trouve au sud de l'Álava et de la Navarre, abritent également canards et limicoles. Toutes ces zones humides forment des écosystèmes originaux et très riches, ce qui explique que plusieurs soient classées dans la liste des zones humides d'importance internationale (sites Ramsar).

La forêt d'Iraty dans la Haute-Soule.
*A. Felix / hemis.fr*

## Les oiseaux des steppes

Tout à fait au sud de la Navarre, dans ses zones les plus sèches, ce sont des espèces africaines d'oiseaux qui sont les plus remarquables : dans les Bárdenas, le **sirli de Dupont**, petite alouette au bec légèrement recourbé caractéristique des steppes des bordures nord du Sahara, s'observe entre les touffes de graminées. Les gangas, oedicnèmes et autres oiseaux des steppes et déserts sont ici dans leur milieu de prédilection. C'est dans les plaines céréalières navarraises, près de Lerín, où se reproduisent les **perdrix rouges** et les **outardes canepetières**, que disparaissent les dernières grandes outardes, victimes de la chasse et de l'agriculture intensive.

## Les grandes migrations

C'est une énorme proportion du patrimoine ornithologique européen qui se concentre sur l'ouest des Pyrénées, lors de sa migration d'automne. Ces barrières naturelles y sont plus faciles à traverser puisqu'elles perdent de l'altitude…

**Nord-sud** – Le spectacle commence dès le mois de **juillet** : les milans noirs et les martinets commencent leur voyage vers l'Afrique subsaharienne, à plus de 5 000 km ! **Août** est le mois des bondrées apivores, rapaces forestiers se nourrissant de nids de guêpes. **Septembre** est le mois de la plus grande diversité : aigles bottés, balbuzards pêcheurs, hirondelles, alouettes, bergeronnettes, pipits, verdiers, pinsons, cigognes blanches, cigognes noires… **Octobre** : avec les pigeons ramiers passent aussi les pigeons colombins, les hirondelles, les milans royaux et des multitudes de petits passereaux. **Novembre** et **décembre** : les vagues de migrateurs en route vers le sud s'achèvent avec les grues.

**Sud-nord** – La région est à nouveau survolée par les migrateurs qui, cette fois-ci, vont retrouver, au nord, leurs sites de reproduction. Les grues remontent dès **février**, les hirondelles et les palombes en **mars**… Cette migration prénuptiale, plus étalée dans le temps, l'est également dans l'espace. Moins spectaculaire, elle n'en reste pas moins indispensable pour la reproduction de ces espèces.

### DES MAMMIFÈRES DISCRETS

Souvent difficiles à observer, ils laissent en revanche nombre de traces et d'indices pour les yeux avertis. On les trouve en grand nombre, de la minuscule musaraigne pygmée à l'ours, en passant par les chauves-souris, le cerf, le chevreuil ou l'isard et le rare **vison d'Europe**. Ce dernier fréquente les zones humides et les abords de ruisseaux ; il risque de disparaître à cause de la pollution de ses milieux de prédilection et de la concurrence des visons d'Amérique, échappés d'élevages…

En septembre, le majestueux et impressionnant brame du **cerf** s'entend aussi bien dans les hêtraies des Arbailles que dans la forêt d'Iraty ou dans le massif de Gorbea. Le chevreuil voit ses populations croître et se développer vers l'ouest. Le sanglier, quant à lui, règne sur les forêts difficiles à pénétrer… Fouines et renards peuvent vivre très près des habitations.

La **genette**, que les Égyptiens apprivoisaient comme animal de compagnie, est présente partout en zone méridionale, alors que le chat sauvage hante les forêts montagnardes.

Le **loup** est présent à l'extrémité occidentale de la Biscaye et il pourrait remonter vers l'est, dans les Pyrénées occidentales, à partir des proches sierras de la *meseta* (plateau) de Castille. L'**ours**, réintroduit, suit une tendance similaire. Il semble mieux coexister avec les paysans du sud de la frontière qu'avec ceux du nord. Selon la discrétion de ces deux prédateurs, qui sera liée aux ressources qu'ils trouveront (animaux sauvages ou domestiques), leur cohabitation avec les éleveurs sera facile ou pas… L'avenir nous le dira.

### LA RICHESSE DES RIVIÈRES

Les rivières, dont la qualité est inégale, recèlent encore bien des trésors comme le saumon, qui remonte toujours vers ses

### DE LA BALEINE À LA SARDINE : HISTOIRE D'UNE SURPÊCHE

La baleine de Biscaye (également appelée « baleine des Basques ») fit l'objet d'une chasse attestée depuis le 12e s. Bon nombre de ports et de villes côtières arborent son image dans leurs armoiries. D'une taille voisine des 15 m, elle s'identifie par l'absence d'aileron sur le dos et par la présence d'une excroissance sur la mâchoire supérieure, souvent infestée de parasites. Elle migrait à l'automne vers les eaux tempérées entre la péninsule Ibérique et les Açores pour s'y reproduire pendant l'hiver et était donc proche des côtes basques pendant toute cette saison. Les techniques de chasse et surtout de navigation ayant évolué, la pression de chasse augmenta jusqu'au déclin irrémédiable des populations dès le 16e s. Les pêcheurs basques se retournèrent alors vers une espèce voisine dans les mers polaires avant d'abandonner également, faute de baleines !

Les efforts de pêche hauturière s'orientèrent vers la pêche à la **morue** dans les eaux de Terre-Neuve, d'Islande ou du Spitzberg dès le 15e s. Plus récemment, dans les années 1950 et 1960, les thoniers, notamment des ports de St-Jean-de-Luz et Ciboure, allèrent pêcher le **thon** au large des côtes africaines au niveau du Sénégal et de la Côte d'Ivoire. Vint ensuite la pêche à la **sardine**, à l'**anchois**, au chinchard… Éternel recommencement où s'affrontent nécessités économiques et biologie des populations de poissons.

frayères de la Bidassoa ou de la Nivelle, mais également la truite, omniprésente dès que la qualité de l'eau le permet. Le **desman**, curieux mammifère endémique des Pyrénées, ressemblant à une souris palmée avec une petite trompe en guise de museau, peuple également les rivières basques.
La **loutre** est présente dans la Bidassoa et surtout les affluents de l'Èbre comme l'Irati ou l'Arga.
Le **castor,** illégalement introduit, est présent sur l'Aragon avant sa jonction avec l'Èbre. Les tortues d'eau douce, cistude d'Europe et émyde lépreuse, barbotent dans les bras les plus calmes de ces rivières.

### LE RETOUR DES CHAROGNARDS

C'est dans les montagnes que l'on trouve les plus grandes colonies mondiales de **vautours fauves**, avec plus de 300 couples qui se reproduisent dans le défilé *(hoz)* d'Arbayún. Menacés de disparition il y a trente ans, ils ont su profiter de la protection légale dont ils font l'objet, ainsi que de l'augmentation conséquente des cheptels. Ils sont même visibles du centre de certaines grandes villes !
D'autres charognards comme le vautour percnoptère (qui hiverne en Afrique et vient se reproduire ici chaque année) ou le rare **gypaète barbu** (connu pour casser les os en les lançant sur des rochers afin de pouvoir les ingurgiter plus facilement) profitent de cette manne. L'aigle royal, chasseur de rongeurs et d'oiseaux, et charognard à ses heures, est également présent, mais de manière plus discrète.

## Un littoral sauvage

Le golfe de Gascogne – ou de Biscaye – est remarquable pour la variété de ses ressources sous-marines et ses écosystèmes côtiers. Ces richesses qui ne sont pas inépuisables ont toujours été largement exploitées, et même parfois surexploitées.

### LE BORD DE MER ET SES ESPÈCES

#### Sur les rochers et les plages

La zone battue par les vagues, notamment les rochers, abrite une vie intense de **crustacés** (crevettes, crabes, etc.) ou d'invertébrés (patelles, oursins, moules, étoiles de mer, etc.) et constitue un écosystème important. Les plages sableuses ou les vasières situées dans les estuaires abritent, quant à elles, des espèces fouisseuses comme des **annélides** (appelés communément « vers de vase ») et des **coquillages** comme les coques ou les tellines. Les prélèvements au cours de pêches à pied de nombre de ces animaux côtiers (oursins, moules, huîtres, crabes, etc.) sont tellement intenses qu'une réglementation a dû être mise en place sur les côtes du Guipúzcoa et de Biscaye.
La zone des marées est aussi le lieu de vie des **algues**, notamment algues rouges ou brunes, dont certaines espèces sont ramassées en période hivernale après les grandes tempêtes, pour fabriquer de l'agar-agar, un gélifiant alimentaire.
La Côte basque, riche en falaises, est assez pauvre en colonies **d'oiseaux marins** qui y trouvent en revanche la tranquillité nécessaire à leur reproduction.
Le **cormoran huppé** y niche en petits effectifs et les **goélands argentés** se reproduisent en nombre dans l'île inhabitée d'Izaro, en Biscaye. Un curieux petit oiseau ne se posant sur terre que pour se reproduire, le **pétrel tempête**, niche dans des rochers face à la Grande Plage de Biarritz ainsi que dans une grotte dans la falaise d'Ogoño en Biscaye.

### Sur les falaises

Hors d'atteinte des vagues, c'est le domaine des **pelouses** ou de la **lande à bruyère**, où des arbustes arrivent à pousser, comme l'arbousier, le tamaris ou le baccharis, espèce venant de régions tropicales. La flore locale compte de nombreuses raretés dont des espèces endémiques de **séneçon** et d'**armérie**. Les **dunes** ont quasiment disparu suite aux aménagements et implantations d'habitations… Seuls des vestiges subsistent, notamment du côté d'Anglet, où l'on peut observer le **lis des sables**. Très fréquentes sur la zone méridionale, les quelques **chênaies vertes**, forêts impénétrables, sont reléguées ici sur des pentes raides comme à Urdaibai, proche de Guernica, ou Deba en Guipúzcoa. De même, si les forêts de **chênes-lièges** ont disparu, la race atlantique de cet arbre essentiellement méditerranéen existe toujours, surtout sur la côte, à la limite des Landes.

## UN MILIEU OCÉANIQUE RICHE

### Une grande variété de poissons

Le golfe de Gascogne est une sorte de « cul-de-sac » de l'océan Atlantique. L'effet du **Gulf Stream**, courant marin chaud, s'y fait sentir et explique la présence de poissons habituellement rencontrés dans des eaux subtropicales, comme les **murènes** ou des **balistidés**.

Le réchauffement climatique a entraîné l'apparition de **poissons des eaux chaudes**, au détriment des espèces boréales comme le cabillaud, le lieu jaune ou le merlan. Ce sont les grandes profondeurs qui se trouvent à peu de kilomètres des côtes qui expliquent la présence de **poissons abyssaux**.

Dans les eaux douces soumises aux marées (pouvant atteindre quelques kilomètres en amont des embouchures) vivent des espèces adaptées à des niveaux de salinité assez faibles. L'**alose** fréquente ces milieux de même que d'autres espèces migratrices, comme l'anguille ou le saumon. En mer, les espèces pélagiques prennent le dessus.

### Les cétacés

Des marsouins, des dauphins et, plus rarement, des **phoques gris** sont parfois visibles de la côte. Mais le golfe de Biscaye est l'un des meilleurs sites au monde pour l'observation de **cétacés** : rorquals, orques, globicéphales, cachalots, curieuses baleines à bec et dauphins s'y rencontrent. À peu de kilomètres de la côte, les fonds sous-marins passent brutalement de -200 à -4 000 m. Ces reliefs impressionnants sont à l'origine de courants marins remontants, propices à la prolifération du plancton dont ces grands mammifères marins se repaissent. En revanche, il est devenu quasiment impossible d'y observer la **baleine de Biscaye**, celle-ci étant proche de l'extinction.

### Des poissons migrateurs

L'**anguille** a un comportement migratoire extraordinaire. Elle naît dans la mer des Sargasses (entre les Antilles et la Floride), puis traverse l'Atlantique au cours d'un long périple pour s'engouffrer dans les fleuves et rivières basques. C'est alors, en plein hiver, que les pêcheurs essaient, avec de plus en plus de difficultés, de capturer ces **civelles**, les fameuses pibales se vendant à prix d'or. Après quelques années passées à grandir en eau douce, les anguilles, terribles carnassières, repartent pour se reproduire dans la mer des Sargasses.

Les **saumons** aussi remontent les quelques rivières basques non polluées et vont frayer en hiver dans la Bidassoa, et dans l'Adour. Après 3 ans de vie locale, les jeunes saumons, suite à des modifications physiologiques importantes, migrent vers les mers lointaines et froides du Groenland, d'où ils reviennent au bout de quelques années, pour se reproduire et souvent mourir dans les rivières qui les ont vus naître.

# La protection de la biodiversité en question

### INDUSTRIALISATION ET POLLUTION

Certaines régions comme la Biscaye et le Guipúzcoa ont été longtemps montrées du doigt comme ayant les rivières les plus polluées d'Europe. Une absence d'intérêt pour l'environnement pendant des décennies explique que des **rivières** comme le Nervión, l'Urola et l'Oria, étaient il y a encore peu de temps des cours d'eau sans vie, gravement pollués par des métaux lourds. Si, depuis quelques années, de sérieux efforts ont été réalisés afin de réduire les émissions et les rejets, certains niveaux de polluants restent toujours préoccupants.
La **mer** a reçu pendant des décennies des tonnes de déchets industriels et elle est parfois souillée volontairement (dégazages) ou accidentellement (naufrages des pétroliers *Erika* et *Prestige*) par des hydrocarbures. Loin de ces pollutions, certains sites miniers abandonnés, comme les fameuses salines d'Añana, sont en train de réussir leur reconversion.
En outre, passerelle entre l'Europe continentale et la péninsule Ibérique, le Pays basque est devenu une voie de passage pour laquelle d'immenses **infrastructures** ont été réalisées ou sont en projet (autoroute de Salies-de-Béarn à Pampelune, voies ferrées, zones portuaires, etc.) au détriment de paysages et de milieux naturels fragiles.

### UN RÉSEAU D'ESPACES PROTÉGÉS

Comme dans nombre de pays industrialisés, la demande sociale de protection des espaces et des espèces fragiles a entraîné la création de réserves naturelles, parcs naturels ou réserves intégrales. Les contextes administratifs et les niveaux de protection sont très différents. Ainsi, les protections côté français ne sont en aucune manière comparables à celles en vigueur dans les provinces espagnoles. Là, pas de réserves naturelles, juste un arrêté de biotope sur ce qui reste des marais de Txingudi à Hendaye et quelques sites classés.
En revanche, en Biscaye, près de 23 000 ha constituent la Réserve de la biosphère de l'Unesco à Urdaibai près de Guernica, protégeant ainsi un écosystème et un patrimoine exceptionnels. De grands **parcs naturels**, plus récents, existent à **Valderejo** (environ 3 500 ha à l'extrémité occidentale de l'Álava), **Urkiola** (5 000 ha) et **Gorbea** (20 000 ha) en Biscaye, et à **Aralar** (11 000 ha) en Guipúzcoa. Ces quatre parcs naturels concernent des massifs montagneux abritant une flore et une faune caractéristiques.
Enfin, un très important réseau de **réserves naturelles**, parcs recouvrant plusieurs dizaines de milliers d'hectares, protège légalement en Navarre des milieux aussi divers que des bordures de rivières, des fragments de forêts primitives de haute montagne, des zones humides, des montagnes pastorales ou des steppes arides.
42 espaces de diversité biologique (soit 24 % du territoire de la communauté) ont ainsi été intégrés dans le réseau **Natura 2000**.

# 3/ DÉCOUVRIR LE PAYS BASQUE ET LA NAVARRE

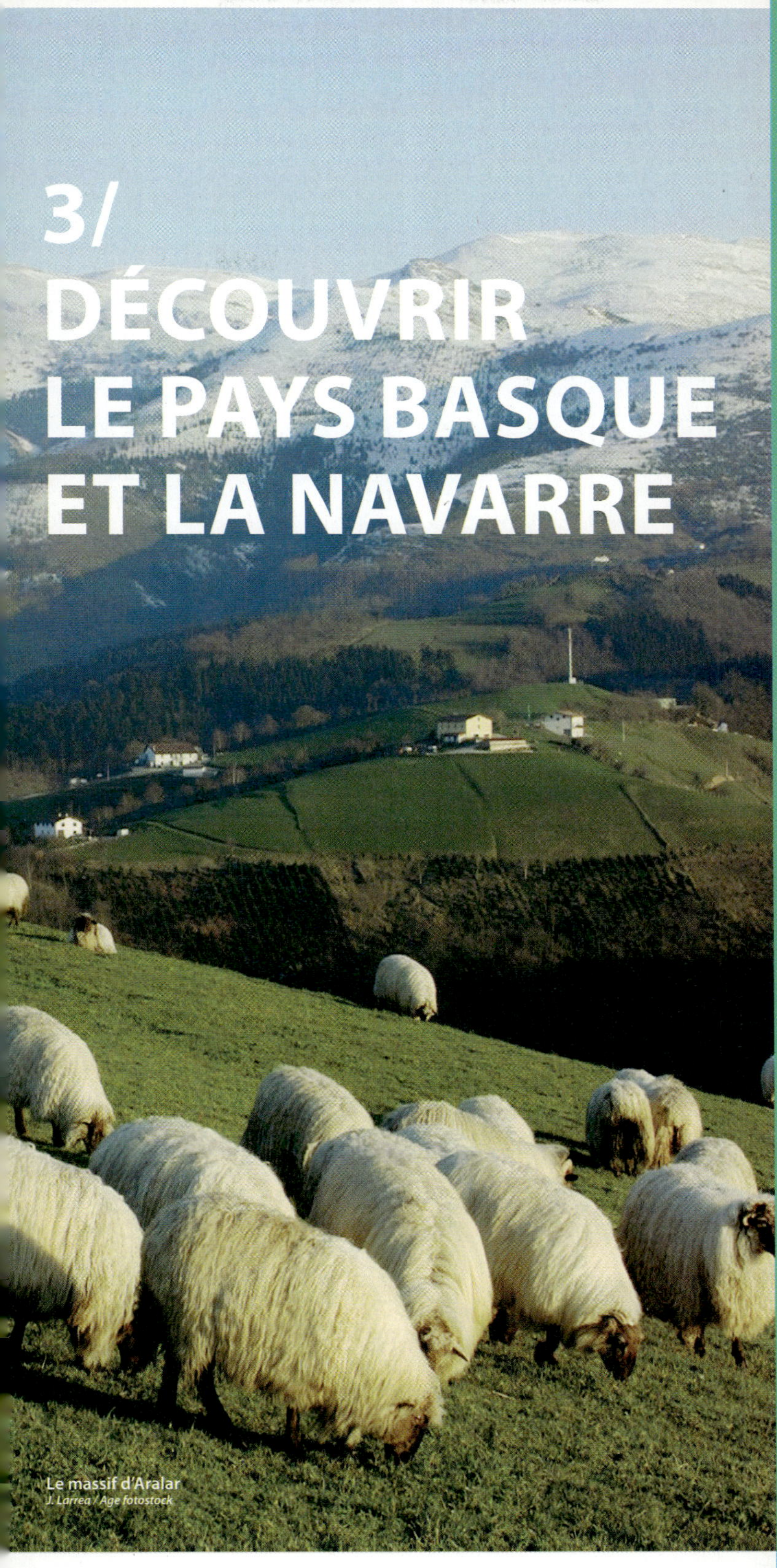

Le massif d'Aralar
*J. Larrea / Age fotostock*

# La Côte basque et le Labourd 1

Carte générale C1 - Carte Michelin n° 524 ABC 14/15 - Pyrénées-Atlantiques (64)



La Grande Plage de Biarritz

*CDT64*

LA CÔTE BASQUE ET LE LABOURD
0
3 km
A
B
1
2
3
GOLFE DE GASCOGNE
CÔTE BASQUE
Pointe St-Martin
Grande Plage
Rocher de la Vierge
Port-Vieux
Côte-des-Basques
Biarritz
Bidart
Guéthary
Arbonne
Ahetze
Ouhabia
Socoa
Corniche Basque
St-Jean-de-Luz
Abbadie
Ciboure
Hendaye
Urtubie
Urrugne
Écoparc
PYRÉNÉES
St-Pée-sur-Nivelle
Vallée de la Nivelle
Ascain
Maison Ortillopitz
169
Biriatou
IRÚN
DONOSTIA SAN SEBASTIÁN / ST-SÉBASTIEN
3
GUIPÚZCOA
Bidassoa
Col d'Ibardin
317
900
LA RHUNE
Sare
Musée du Gâteau basque
NAVARRA
Ferme Etxola
250
Col de Lizuniaga
Col de Lizarrieta
441
Zugarramurdi
Grotte de Sare
Cueva de las Bruja
6
N
D 911
D 810
D 255
A 63
D 655
D 912
D 918
D 4
A 8
D 3
D 406
D 306
N 121A
Ville de départ du circuit
Route impériale des cimes
La Rhune et la vallée de la Nivelle
La Route des monts
Les villages de l'arrière-pays biarrot

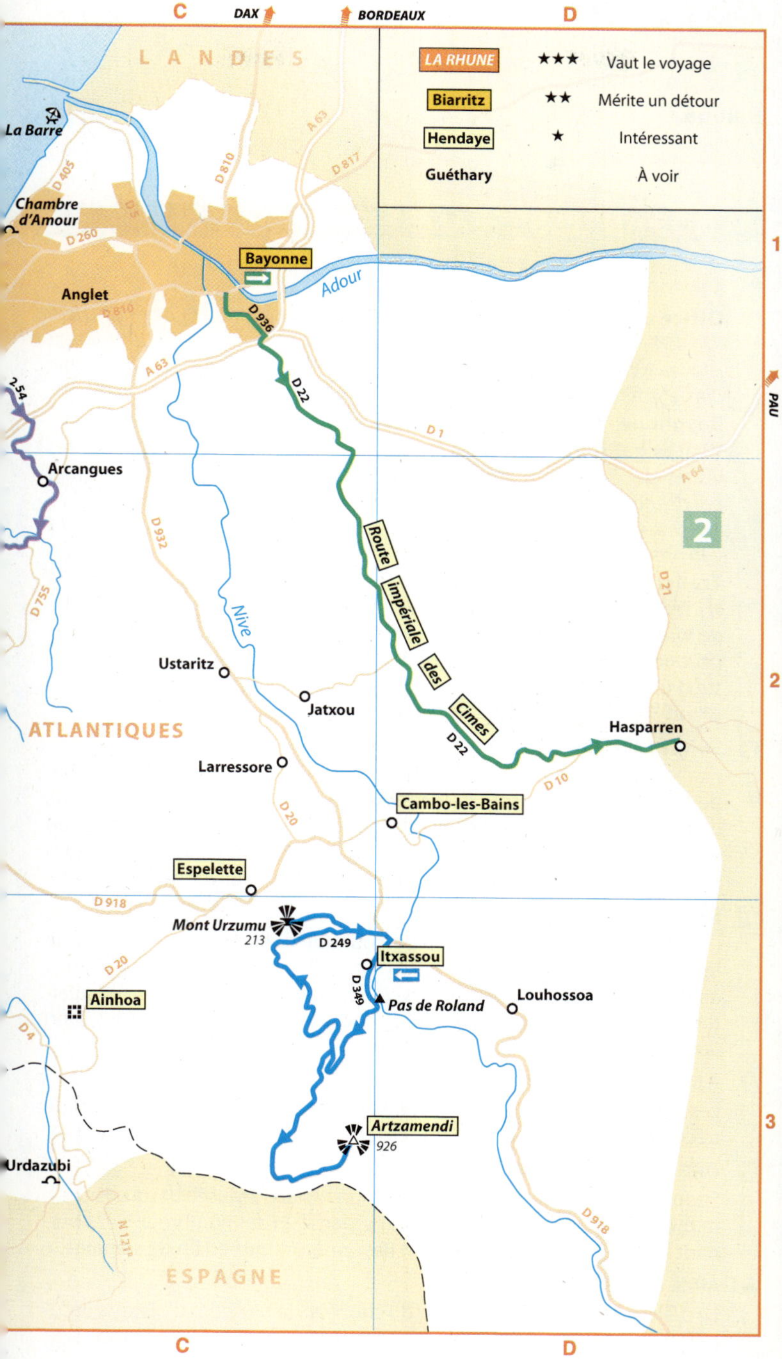
C
DAX
BORDEAUX
D
LANDES
LA RHUNE ★★★ Vaut le voyage
Biarritz ★★ Mérite un détour
Hendaye ★ Intéressant
Guéthary À voir
La Barre
Chambre d'Amour
Bayonne
Adour
Anglet
D 936
D 22
A 63
D 1
A 64
PAU
Arcangues
2
Route impériale des Cimes
Nive
Ustaritz
Jatxou
Hasparren
ATLANTIQUES
Larressore
Cambo-les-Bains
D 10
D 20
Espelette
D 918
Mont Urzumu
213
D 249
Itxassou
D 349
Pas de Roland
Louhossoa
Ainhoa
Artzamendi
926
Urdazubi
ESPAGNE
1
2
3

# Bayonne

★★

**Baiona**

44 506 Bayonnais - Pyrénées-Atlantiques (64)

## NOS ADRESSES PAGE 133

### S'INFORMER

**Office de tourisme** – *Pl. des Basques - 64108 Bayonne Cedex - ✆ 0 820 426 464 - www.bayonne-tourisme.com - juil.-août : lun.-sam. 9h-19h, dim. et j. fériés 10h-13h ; reste de l'année : lun.-vend. 9h-18h30, sam. 10h-18h, fermé dim. et j. fériés.*

**Bayphone** - Application pour téléphone portable : www.bayphone.fr

**Visites guidées** – Bayonne, qui porte le label Ville d'art, organise des visites-découvertes thématiques de la ville - *juil.-août : visites thématiques par des guides-conférenciers - 6 € (-12 ans gratuit)* - visites gourmandes - *10 € (-12 ans 4 €)* - visite guidée comprenant la visite du Musée basque - *10 € (-26 ans gratuit) - renseignements à l'office de tourisme.*

**Transports** – Navettes gratuites - *3 parcours, lun.-sam. 7h30-19h30 sf j. fériés ; rens. ✆ 05 59 46 60 41.* Vélos gratuits - *Renseignements à l'office de tourisme - prêt d'une journée - plusieurs stations réparties dans la ville - caution de 150 € par vélo ou d'un papier d'identité.* Bayonne est au centre d'un vaste réseau de bus qui dessert toute l'agglomération - *rens. : ✆ 05 59 52 59 52 - www.chronoplus.eu*

### SE REPÉRER

Plan de région C1 (p. 122-123) – carte Michelin n° 573 B 25. Les trois quartiers de la vieille ville sont délimités par la confluence de ses deux cours d'eau : l'Adour et la Nive. Le Grand et le Petit Bayonne se trouvent au sud et le quartier St-Esprit au nord. Le Nouveau Bayonne, où se situent les arènes de Lachepaillet, jouxte quant à lui le Grand Bayonne.

### SE GARER

Le centre-ville est piétonnier ou parcouru de ruelles qui rendent difficile le stationnement. Garez-vous plutôt dans l'un des nombreux parkings aménagés au bord des deux cours d'eau ou en périphérie des vieux quartiers : des navettes électriques vous conduisent au centre toutes les 6 mn *(lun.-sam. 7h30-19h30 sf j. fériés, gratuit).*

### À NE PAS MANQUER

Les impressionnantes collections du Musée basque vous permettront de découvrir et de comprendre toutes les spécificités de la culture basque.

### ORGANISER SON TEMPS

Shopping dans le Grand Bayonne le matin, visite du Musée basque l'après-midi et petit verre bien mérité en soirée, dans l'un des nombreux cafés bordant la Nive ou les ruelles du Petit Bayonne, animés en fin de semaine.

### AVEC LES ENFANTS

Le délicieux parcours de l'Atelier du chocolat, le Muséum d'histoire naturelle, l'observation des oiseaux en plaine d'Ansot et le Musée basque.

# BAYONNE

**Bayonne, « la bonne rivière », c'est d'abord une ambiance... Celle, estivale, des innombrables bars et bodegas du Petit Bayonne où, devant quelques « pintxos » arrosés de « sagardoa » (cidre), vous commencerez à apprécier la convivialité basque. Celle-ci culmine bien évidemment lors des célébrissimes fêtes de Bayonne qui se déroulent début août, lorsque « garçons et filles gambillent pendant six jours de la Nive à l'Adour », comme le clame la chanson basque. Rien de tel pour se mettre en condition avant de partir à la découverte d'une cité historique dont les hautes maisons aux colombages sang de bœuf raviront aussi bien les amateurs d'art que ceux d'histoire, sans oublier les gourmands qui y découvriront le berceau du chocolat en France.**

SE LOGER

- Arceaux (Hôtel des)........ 2
- Côte Basque (Hôtel)........ 1
- Linague (Chambre d'hôte)........ 3
- M. et Mme Ladeuix (Chambre d'hôte)........ 5
- Poteau rose (Chambre d'hôte Le)........ 4

SE RESTAURER

- Au Cœur des Hommes........ 1
- Bodega Chez Gilles........ 3
- Chez Fanfan........ 5
- Chistera (Le)........ 2
- Grange (La)........ 9
- Chez Laurent........ 12
- Péniche Talaia........ 4
- Ttipia (Cidrerie)........ 15

INDEX DES RUES

## Se promener Plan p. 125

*Comptez 2h30. Partez de la place de la Liberté, sur la rive gauche de la Nive, à hauteur de son confluent avec l'Adour.*

### Place de la Liberté AB1

Située au débouché du pont Mayou, qui traverse la Nive à l'entrée de la vieille ville, elle est bordée par l'hôtel de ville et le théâtre. Les armoiries et la devise de la ville sont dessinées sur le pavage de marbre : *nunquam polluta*, « jamais souillée ».
*Depuis la place, engagez-vous dans la rue du Port-Neuf.*

### Rue du Port-Neuf A1-2

Le nom de cette charmante artère piétonne, bordée de maisons des 18e et 19e s., s'explique par le fait qu'elle occupe, comme beaucoup d'autres ruelles du quartier, l'emplacement d'un canal qui servait autrefois de port. Elle abrite sous ses arcades les meilleurs chocolatiers de la ville et mène à un lacis de petites rues commerçantes qui constituent le cœur du Grand Bayonne. Notez la belle maison à colombages, à l'angle de la rue de la Monnaie et de la rue Orbe.
*La rue de la Monnaie, dans le prolongement, conduit à la cathédrale.*

### ★ Cathédrale Ste-Marie A2

*Lun.-sam. 10h-11h45, 15h-17h45, dim. et j. fériés 15h-17h45 - possibilité de visite guidée de la cathédrale et de la tour : se renseigner à l'office de tourisme.* Elle a été bâtie du 13e au 16e s., dans le style un peu sévère des églises du Nord. Au 19e s., on ajouta la tour nord et les deux flèches.
À l'intérieur, remarquez les vitraux Renaissance, en particulier la *Prière de la Chananéenne* qui date de 1531 *(2e chapelle à droite en entrant par la porte de gauche).* Dans la 6e chapelle, une plaque commémorative de 1926 rappelle le miracle de Bayonne *(voir ci-contre, siège de 1451).* De l'axe central de la nef, on peut juger des belles proportions et de l'harmonie de l'édifice avec son élévation à trois niveaux. *Gagnez le déambulatoire.* Adoptant le parti architectural champenois, les voûtes en ogive rejoignent celles des cinq chapelles absidiales rayonnantes, décorées à la fin du 19e s.
Ne manquez pas, dans le bras gauche du transept, sur la porte, le heurtoir ciselé (13e s.), appelé « anneau d'asile » ; on raconte que le criminel pourchassé qui y posait les doigts était en sécurité.

### ★ Cloître A2

*Accès par la place Louis-Pasteur. ✆ 05 59 46 11 43 - ♿ - de mi-mai à mi-sept. : 9h-12h30, 14h-18h ; reste de l'année : 9h-12h30, 14h-17h - fermé certains dim., 1er janv., 1er Mai, 1er nov., 25 déc. - gratuit.* Il n'en subsiste que trois côtés formant un bel ensemble gothique (14e s.), avec ses baies jumelées. De la galerie sud, vue sur la cathédrale.
*Revenez au portail de la cathédrale et, par la rue des Gouverneurs, gagnez le Château-Vieux et les remparts.*

### Château-Vieux A1-2

L'office de tourisme organise parfois des visites guidées. Construit au 12e s., puis retouché par Vauban au 17e s., le Château-Vieux témoigne

**LA BAÏONNETTE**

Certains ferronniers et armuriers de la ville se sont rendus tristement célèbres en inventant la **baïonnette**, utilisée par l'infanterie française à partir de 1703.

# Longtemps anglaise, presque espagnole

## DOT DE PRINCESSE

Au 12e s., Bayonne fait partie du duché quasiment indépendant d'Aliénor d'Aquitaine, épouse quelque peu volage du triste roi de France, Louis VII. Lorsqu'elle se remarie avec Henri II Plantagenêt (1152), héritier du trône d'Angleterre, la ville devient donc anglaise et le restera trois siècles. Durant la guerre de Cent Ans, les flottes bayonnaise et anglaise courent bord à bord, le port regorge de marchandises et la ville est florissante.

Lorsque, le 20 août 1451, les troupes françaises cernent la ville, les habitants voient une croix blanche dans le ciel. Un tel signe divin en faveur de la reddition anglaise ne peut qu'être un bon présage. L'avenir ne sera malheureusement pas à la hauteur de leurs espérances. L'intégration de Bayonne au domaine royal français, après 1451, ne va pas sans grincements de dents : non seulement il faut payer une indemnité de guerre, mais en plus, les rois de France empiètent plus largement sur les libertés locales que ne le faisaient les lointains souverains britanniques. C'est ainsi que les actes et lois ne doivent plus être rédigés en gascon, mais en français. Les Bayonnais en garderont du ressentiment. Fort heureusement pour la prospérité de la ville, Charles IX décidera de rendre vie au port ensablé (l'embouchure de l'Adour s'étant déplacée 30 km au nord) : un chenal direct vers la mer est ouvert en 1578.

## COURSES LOINTAINES

Au 18e s., l'activité de Bayonne atteint son apogée. Les échanges avec l'Espagne, la Hollande et les Antilles, la pêche à la morue sur les bancs de Terre-Neuve et les chantiers de construction entretiennent une grande activité dans le port. Bayonne est déclarée port franc en 1784, ce qui triple son trafic. Les prises de guerre sont fabuleuses et les bourgeois arment maints bateaux corsaires. Les ministres de Louis XIV fixent par ordonnance le mode de partage du butin : un dixième à l'amiral de France, les deux tiers aux armateurs, le reliquat à l'équipage. Une somme est retenue pour les veuves, les orphelins et le rachat des prisonniers aux Barbaresques.

## DÉCLIN ET RENOUVEAU

Après la Révolution et les guerres napoléoniennes, Bayonne sombre dans une douce léthargie. Par chance, sous le Second Empire, l'attachement de l'impératrice Eugénie de Montijo à la Côte basque allait faire bénéficier la ville de quelques travaux. L'impératrice fait notamment aménager une gare dans le quartier St-Esprit, dès lors rattaché officiellement à la ville : les premiers « touristes » font leur apparition. Il faut attendre 1899 pour que les remparts soient démantelés. Jusque là, les Bayonnais n'avaient d'autres ressources que de surélever les maisons, mais avec l'aménagement de nouveaux quartiers, Bayonne peut respirer davantage. Dès lors, malgré quelques aléas économiques, la cité se développe, entretient son patrimoine et se tourne avec dynamisme vers des activités de service où le tourisme se taille la part du lion.

encore de l'architecture militaire médiévale. Il se visite rarement (domaine militaire oblige), mais si la porte est ouverte, vous pourrez au moins en apercevoir la cour intérieure.

### Jardin botanique A1

En surplomb des remparts, le jardin botanique prend des accents japonais dans l'allée des Tarides *(près du monument aux morts)*, regroupant quelque 1 000 espèces de plantes. *Allée Tarides - ✆ 05 59 46 60 93 - de mi-avr. à mi-oct. : 9h30-12h, 14h-18h - fermé dim., j. fériés et lun. - gratuit.*

*Revenez au rempart Lachepaillet et engagez-vous dans la rue des Faures depuis la rue des Prébendés, afin de rejoindre la place Montaut.*

### Place Montaut A2

Cette place jouxte un quartier un peu endormi et pourtant typique du Grand Bayonne, avec ses habitations anciennes (maison du 18e s. au nº 51 de la rue des Faures, ou du 17e s. aux nos 14-16, 21 et 23 de la rue Douer). Les noms de ses rues (Faures, Douer pour « tonnelier », Vieille Boucherie) indiquent une activité artisanale ancienne, qui se maintient vaille que vaille.

*Prenez la rue de Luc et la rue de la Poissonnerie pour rejoindre le pont Pannecau.*

Autres temps, autres mœurs : les femmes infidèles ou de mauvaise vie étaient jetées du **pont Pannecau**, dans une cage en fer *(copie au Musée basque)*. Aujourd'hui, vous le traverserez paisiblement pour rejoindre le Petit Bayonne, qui, face au Grand Bayonne de tradition marchande, conserve son atmosphère populaire et une ambiance festive le soir, avec l'ouverture de ses petits bars « branchés » (de jeudi à samedi hors saison, tous les soirs en été). Admirez au passage l'harmonie des façades 18e et 19e s. des maisons quai Galuperie (à gauche) et quai Chaho (à droite).

*Par la rue Pannecau, ralliez la place Paul-Bert.*

### Place Paul-Bert B2

Deux édifices notables occupent cette place, dont le Château-Neuf. Élevé après la prise de Bayonne par les Français et remodelé au 19e s., il abrite aujourd'hui des administrations et une annexe du Musée basque (*prendre à gauche après l'entrée et passer sous le porche*), toutefois son esplanade arrière est accessible et permet de découvrir un très beau point de vue sur l'Adour et la ville.

À deux pas de lui se dresse l'**église St-André**, édifiée de 1856 à 1862 dans un style néogothique. Tableaux de Léon Bonnat et Eugène Pascau à l'intérieur.

*Dirigez-vous vers la rue du Trinquet, face à l'église.*

### Trinquet St-André B2

Ce trinquet des 17e et 18e s. témoigne de l'évolution du jeu de paume. On y joue encore des parties de *pala*, et chaque jeudi à 16h, d'octobre à juin, des parties à main nue *(voir p. 58)* y sont aussi organisées. Admirez la vieille charpente.

*Rejoignez le Musée basque par la rue Pontrique et la rue Marengo.*

### ★★★ Musée basque et de l'Histoire de Bayonne B2

*Maison Dagourette, 37 quai des Corsaires - ✆ 05 59 59 08 98 - www.musee-basque.com - ♿ - juil.-août : tlj 10h-18h30 (jeu. 20h30) ; reste de l'année : tlj sf lun. et j. fériés 10h-18h30 - visite guidée chaque 1er dim. du mois à 11h et 15h - 5,50 € (-26 ans gratuit), gratuit Journées du patrimoine, Nuit des musées et 1er dim. du mois.*

Ce musée a investi en 1922 la belle **maison Dagourette**, construite à la fin du 16e s., qui illustre bien l'opulence des marchands bayonnais de l'époque.

Le quai Galuperie à Bayonne.
*L. Maisant / hemis.fr*



Elle abrita des religieuses de 1640 à 1680, puis devint hôpital civil jusqu'au Second Empire avant de redevenir un lieu de négoce. La « tour d'abandon », rue Marengo, témoigne de l'époque où la maison servait d'hôpital.

Les collections d'origine, rassemblées par William Boissel dans le souci de conserver la tradition basque, ont été enrichies et sont présentées de façon dynamique avec une scénographie très actuelle. À l'entrée, l'exposition de **stèles discoïdales** est placée sous un puits de lumière moderne, percé à l'intersection des trois bâtiments qui composent le musée. Dans l'espace suivant, des images animées sont projetées sur un mur dans une **ambiance sonore** (mots, chants, bruits) signée Beñat Achiary. Des salles aux couleurs claires et acidulées accueillent ensuite les 15 sections thématiques qui visent à faire comprendre la société basque d'aujourd'hui avec les objets et les rites d'hier.

Le rez-de-chaussée présente l'**agropastoralisme** : de grosses charrues sont encadrées par des vitrines renseignant sur les bergers ou l'alimentation (insolites fours à chocolat et touchantes poupées de maïs). Avant de monter au 1er étage, arrêtez-vous dans l'auditorium où sont projetés des films ethnographiques.

Au 1er étage, on pénètre dans une **maison basque**, avec son mobilier et sa vaisselle traditionnelle (repérer le *zuzulu* – banc à haut dossier qui protégeait des courants d'air, réservé aux maîtres de maison), puis on découvre l'artisanat (espadrilles de taille !) et le costume traditionnel. Les salles suivantes s'ouvrent sur l'activité maritime et fluviale (spectaculaire **plan-relief** de la ville en 1805), et le commerce.

Le 2e étage, consacré aux pratiques sociales et religieuses, débute par une présentation de la vie sociale, abordée à travers les jeux et sports (collection impressionnante de **pelotes**), la musique et les danses. La visite se poursuit avec la vie religieuse, ses processions et les rites qui entourent le deuil (découvrez le rôle qu'y jouent les abeilles), et s'achève par une partie dédiée à l'histoire et la redécouverte du Pays basque, s'intéressant notamment au **style néobasque** *(voir p. 76)*.

*Les rues Marsan et Jacques-Laffitte vous mèneront ensuite au musée Bonnat.*

### ★★ Musée Bonnat B1

*5 r. Jacques-Laffitte - ✆ 05 59 59 08 52 - www.museebonnat.bayonne.fr -* **Le musée est fermé pour travaux jusqu'en 2014.**

Richement décoré dans un style éclectique, ce bâtiment a été spécifiquement conçu en 1897 par l'architecte Charles Planckaert pour recevoir les collections et les œuvres de l'artiste bayonnais **Léon Bonnat** (1833-1922) qui fit fortune en portraiturant la grande bourgeoisie de son temps. Grand esthète, il mit son argent au service de l'art. Ses collections (13e-19e s.), patiemment assemblées et enrichies depuis, font aujourd'hui les beaux jours du musée qui porte son nom.

Les œuvres principales sont le grand tryptique *Bonnat et ses élèves basques et béarnais;* les dessins de **Paul Helleu**, un artiste de la Belle Époque qui sut charmer la haute société par l'élégance de ses portraits (il inspira à Proust le personnage d'Elstir et découvrit, selon Mallarmé, « une couleur inconnue entre le délice et le bleu ») ; les esquisses de **Rubens** et les sculptures en terre cuite de la collection Cailleux, ainsi que les sujets religieux chrétiens, l'histoire du Christ, de la Vierge, des saints (le *Christ bénissant* et une *Sainte Vierge*, Toulouse vers 1330, ou encore une *Tête de Christ*, de l'école vénitienne, et une *Vierge et l'Enfant à la grenade* de l'école de Botticelli).

Parmi les **portraits** de Bonnat, se trouvent aussi des tableaux d'Ingres, Degas, Delacroix, Flandrin, Géricault, Hoppner, Puvis de Chavannes, Rembrandt, Rubens, Tiepolo, etc. La collection de **peinture espagnole** comprend des œuvres de Murillo, comme *San Salvador de Horta et l'inquisiteur d'Aragon*, de Goya avec *Portrait de don Francisco de Borja,* ou du Greco, auxquelles s'ajoutent des tableaux de l'école aragonaise *(Saint Martin)* et des scènes bibliques ou inspirées par la mythologie antique (*Le Serment des Horaces*, de l'école de David).

Le musée possède enfin une collection d'archéologie antique, des céramiques et de l'orfèvrerie provenant de la collection Petithory, ainsi que des dessins originaux de grands maîtres français et étrangers.

*Revenez place de la Liberté par les allées Boufflers (le long de l'Adour) et le pont Mayou.*

Les plus courageux peuvent continuer la promenade en franchissant l'Adour par le pont St-Esprit qui conduit au quartier du même nom.

## À voir aussi Plan p. 125

### La Nive B2

Promenade incontournable pour tout Bayonnais qui se respecte, le bord de la Nive se rallie au niveau du ponton du club d'aviron (pont du Génie, AB2). Suivant le tracé d'une ancienne voie de halage, le chemin peut conduire les plus motivés jusqu'à **Ustaritz**, à environ 11 km de là.

### Plaine d'Ansot

*L'accès se fait par le pont Blanc (piétons et cyclistes uniquement). Laissez votre voiture au parking*

**LE ROI LÉON**

C'est en 1949 que Léon Dacharry, figure locale, interprète de répertoire lyrique et commis-vendeur d'imperméables, fut proclamé « roi de Bayonne » par la banda des Batsarous lassée de la reine des fêtes ! Maintes chansons s'appliquent à réveiller chaque jour des fêtes ce « roi Léon, roi de Bayonne et des couillons » !

# Faire la fête à Bayonne

Les fêtes de Bayonne ont lieu du mercredi au dimanche, aux dates les plus proches du 1er août. Des animations précèdent l'ouverture officielle : braderies, concerts, Foulée du Festayre (course à pied de 12 km de Biarritz à Bayonne - *www.fouleedufestayre.com*), championnat du monde d'omelette aux piments, régates d'aviron, etc. : de quoi se mettre en jambe avant cinq jours de fête !

## INFORMATIONS PRATIQUES

Code vestimentaire : tenue blanche, foulard et ceinture rouges !
Pour venir aux fêtes, privilégiez les transports en commun mis en place pour l'occasion : le train des fêtes depuis Dax ou Hendaye, les bus des fêtes jour et nuit depuis les communes avoisinantes. Le centre-ville étant fermé aux piétons, il sera très difficile, voire impossible, de circuler dans Bayonne. Un parking dans chaque quartier est néanmoins accessible 24h/24 mais coûteux. En matière d'hébergement, il faudra bien sûr avoir réservé très en avance, mais pour les *festayres* de dernière minute, un camping sans réservation accueille les tentes *(1 500 emplacements - 60 €/2 pers.)* à l'aire d'accueil de Mousserolles (Petit Bayonne).
Depuis quelques années, pour éviter les débordements, la fête se termine à 3h pour reprendre à 9h et les *festayres* récalcitrants pourront se faire sortir de la ville de manière musclée. Soyez vigilant pour passer des fêtes en toute sécurité : restez en groupe, évitez les ruelles isolées de l'animation ; le vendredi soir où les hommes et les femmes s'amusent chacun de leur côté peut amener quelques bagarres. *Procurez-vous dès votre arrivée la brochure « L'Indispensable des Fêtes » à l'office de tourisme ou au Point Infos en face de la mairie - ✆ 0820 42 64 64 (0,12 €/mn) - www.fetes.bayonne.fr*

## DÉROULEMENT DES FESTIVITÉS

Les fêtes sont inaugurées le mercredi à 22h par le maire et des personnalités qui confient aux habitants les trois **clés de la ville**, une clé par quartier. C'est le début des fêtes ponctué par un feu d'artifice. Tous les matins se promène la cour des Géants et, à midi, on célèbre le lever du **roi Léon**, le roi des fêtes de Bayonne *(voir ci-contre)*, appelé à grand renfort de chansons. Les journées sont bien remplies par les fanfares, concerts, danses, concours de pétanque et surtout de **pelote,** car les fêtes de Bayonne sont l'occasion d'exaltantes compétitions. Le soir, les danseurs des bals s'approprient les places. Le jeudi est la journée des enfants.
Les **courses de vaches** constituent une attraction à ne pas manquer. Elles ont lieu place Paul-Bert tous les après-midi. Ici, contrairement à Pampelune, on peut toucher et taquiner les bestiaux ; on se mesure aux vachettes en contrant leurs charges à plusieurs, on bâtit des pyramides humaines dont elles testent l'équilibre, on les fait passer sous de longs ponts de bras, et on les attire même dans les bars ! Vendredi et samedi soir à minuit, le **Toro de Fuego** reproduit en un spectacle pyrotechnique une corrida. Mais l'événement important du samedi est le **corso**, défilé sur les berges à 22h de chars illuminés préparés par les *peñas*. Enfin, le dimanche, plusieurs messes sont célébrées ; les fêtes se clôturent officiellement à minuit par un grand feu d'artifice et le départ du roi Léon.

*Floride au bout de l'av. Raoul-Follereau. Navette gratuite depuis le parking jusqu'au site les merc. et sam. de 14h30 à 16h30 (17h30 en été) - ✆05 59 42 22 61 - www.ansot.bayonne.fr - 15 oct.-14 avr. : 10h30-17h30 ; 15 avr.-14 oct. : 9h30-19h - fermé lun., 1er Mai, 3 sem. pour les fêtes de Bayonne, Noël et le Nouvel An - entrée libre.*
*2h30.* Depuis le pont Blanc, un premier sentier (1 km), agrémenté de panneaux sur l'écologie, vous mène à la **Maison des barthes**, ancienne ferme du 18e s. devenue centre d'accueil du public (*15 oct.-14 avr. : mar.-vend. 13h30-17h, w.-end 11h-17h ; 15 avr.-14 oct. : 10h30-18h - fermé lun.*). Trois autres sentiers thématiques (2,5 à 3 km) vous permettent de découvrir, par d'agréables promenades, la faune et la flore de ces barthes, zones humides où s'épanchent les crues de la Nive et qui protègent ainsi le Petit Bayonne des inondations. Le site est équipé d'un sémaphore d'observation des oiseaux.
**Muséum d'histoire naturelle** - *15 oct.-14 avr. : 13h30-17h, w.-end 11h-17h ; 15 avr.-14 oct. : 10h30-18h - fermé lun. et jeu. - entrée libre.* Au rdc sont présentés les spécificités des barthes de la Nive et leur fonctionnement. Une maquette en 3D du bassin versant de la Nive illustre simplement l'effet des pluies et des marées, tandis qu'un accès au site Vigicrues ancre ces informations dans l'actualité. Très bonne animation interactive du fonctionnement hydraulique de la zone humide. À l'étage et de l'autre côté de la passerelle, les mammifères, poissons et insectes naturalisés vous montrent le type de faune qui peuple la plaine et les Pyrénées, et la nécessité de protéger cette biodiversité. Les enfants pourront caresser la peau d'un renard avant de se retrouver nez à nez avec un impressionnant ours brun, un silure glane carnivore ou un imposant gypaète barbu.

## Quartier St-Esprit AB1

Annexé à Bayonne en 1857 et déployé au pied de la citadelle *(ne se visite pas)*, il mêle toutes les époques architecturales, du 18e s. jusqu'à nos jours.
Sa **collégiale**, à l'origine romane du 11e s., concentre différents styles architecturaux. Le porche actuel date de 1891, les auvents côté gare ont été élevés en 1950 mais, à l'intérieur, le chœur est de style gothique flamboyant et l'on peut y admirer un bois sculpté polychrome du 15e s. représentant la Fuite en Égypte.
Autre monument incontournable de cette rive : la **synagogue** néoclassique *(35 rue Maubec)*, construite en 1837, qui conserve sa vocation cultuelle. Sa présence rappelle que la communauté juive a été une composante sociale locale importante après l'arrivée de marchands juifs chassés de la péninsule Ibérique en 1492. Interdits de séjour dans la ville, ils s'installent à St-Esprit où ils implantent bientôt les premières fabriques de chocolat.

## ★ L'Atelier du chocolat Hors plan

*7 allée de Gibéléou. ZA Ste-Croix, dans le quartier St-Esprit. Fléchage depuis la place de la République. Suivez le bd d'Alsace-Lorraine, passez sous la voie ferrée et, au rond-point, prenez à gauche puis tout de suite à droite - ✆ 05 59 55 70 23 - www.atelierduchocolat.fr - ♿ - juil.-août : 9h30-18h30 ; reste de l'année : 9h30-12h30, 14h-18h - fermé dim. et j. fériés - 5,80 € (-12 ans 2,90 €) avec dégustation, gratuit Journées du chocolat de Bayonne.*
Le chocolatier Andrieu a élaboré un parcours didactique allant des origines géographique et historique du chocolat jusqu'au produit fini, en passant par toutes les étapes de sa fabrication : composition, enrobage, moulage, tablage, décoration et emballage. Agréablement éclairé et très olfactif, le circuit alterne astucieusement panneaux explicatifs, découverte des ateliers, exposition de machines anciennes et film pédagogique afin d'illustrer au mieux cette filière gourmande. Des écrans-quizz et une dégustation clôturent la visite.

Les artisans chocolatiers ne travaillant pas l'après-midi (des vidéos montrent alors l'activité de chaque atelier), prévoyez de préférence une visite en matinée.

**L'ESPRIT DU CHOCOLAT**

Découvert par les *conquistadores*, le « xocoatl » des Aztèques n'aurait sans doute jamais conquis autant de gourmands si les Espagnols n'avaient eu l'idée de lui adjoindre du sucre, de la vanille et de la cannelle pour l'adapter au goût européen. Depuis 1585, les Sévillans détenaient le monopole de sa fabrication. C'est, logiquement, une Espagnole, la reine Anne d'Autriche, qui le fit connaître et apprécier en France. Les premiers chocolatiers de Bayonne, des Juifs espagnols et portugais, apparaissent au début du 17e s. dans le quartier du St-Esprit. Mais, sous la pression des corporations, peu soucieuses de la concurrence, on leur interdit bientôt cette activité qui ne faisait pas partie des métiers leur étant autorisés.
En 1854, on ne comptait pas moins de 31 fabricants de chocolats à Bayonne.

1

## Circuit conseillé Carte p. 122-123

### ★ ROUTE IMPÉRIALE DES CIMES C1-D2

*Comptez env. 1h30. Sortir de Bayonne par la D 936 ; la quitter aux dernières propriétés de St-Pierre-d'Irube pour la D 22, à droite.*
Napoléon Ier fit aménager cette route sinueuse comme tronçon d'une liaison stratégique de Bayonne à St-Jean-Pied-de-Port par les hauteurs. La **vue★** se dégage sur la Côte basque et les sommets des Pyrénées proches de l'Océan : la Rhune, les Trois Couronnes et le Jaizkibel qui, de cette distance, donne l'illusion d'une île escarpée.
Aux approches d'Hasparren *(voir « La Basse-Navarre et la Soule », p. 215)*, les Pyrénées basques s'étendent au loin.

## NOS ADRESSES À BAYONNE

### HÉBERGEMENT

Attention, durant les fêtes de Bayonne, inutile de chercher un hébergement : tout est complet longtemps à l'avance.

**PREMIER PRIX**

**Hôtel Côte Basque** – *Pl. de la République, 2 r. Maubec - ✆ 05 59 55 10 21 - www.hotel-cotebasque.fr - 40 ch. 53/63 € - ☕ 7 €.* Juste à côté de la gare, cet élégant hôtel est très pratique pour qui veut visiter la ville. Il propose, sur 4 étages organisés autour d'un grand escalier de bois, des chambres entièrement refaites, spacieuses, calmes et confortables. Certaines sont climatisées. L'accueil est agréable. Ascenseur.

**Relais Linague** – *Chemin Linague - 64990 Urcuit - ✆ 05 59 42 97 97 - www.relaislinague.com - P - ⊭ - 4 ch. 56/64 €* ☕ Implantée au cœur d'un domaine de 12 ha où gambadent des chevaux, cette jolie ferme du 17e s. conserve pieusement ses vieilles pierres et poutres. Trois chambres allient tissus aux tons pastel et meubles anciens chinés ici ou là, à une literie de qualité. Au rez-de-chaussée, Églantine, plus petite, est également agréable. Table d'hôte sur réservation, sauf en juillet-août. Mise à disposition d'un coin cuisine.

**Chambre d'hôte M. et Mme Ladeuix** – *26 av. Salvador-Allende - 40220 Tarnos - ✆ 05 59 64 13 95 - www.enaquitaine.com* - P - ⌀ - *4 ch. 65/80 €* ☕ Voilà qui séduira les accros du silence. Un parc de chênes, châtaigniers, mimosas, bananiers et autres poiriers et érables, une vaste pelouse avec piscine, un enclos où paissent les brebis près des cages à lapins et des poules… Les chambres sont simples mais confortables. Produits de la ferme au petit-déjeuner. Un gîte pour quatre personnes.

### BUDGET MOYEN

**Hôtel des Arceaux** – *26 r. Port-Neuf - ✆ 05 59 59 15 53 - www.hotel-arceaux.com - 11 ch. 65/80 € -* ☕ *7 €.* Ce petit hôtel, situé dans une rue piétonne du centre-ville, constitue un point de départ idéal pour visiter le Vieux Bayonne et les rives de l'Adour. Choisissez de préférence les chambres rénovées, peintes chacune dans une couleur différente. L'accueil vraiment sympathique vous assure un séjour attrayant. Wifi gratuit.

**Chambres d'hôte et Ateliers d'artistes Le Poteau Rose** – *51 av. Louis-de-Foix - ✆ 05 59 55 36 01 - www.lepoteaurose.com - 4 ch. 70/90 €* ☕ *(suppl. de 10 € pour une seule nuit).* Dans cette grande maison, construite autour d'un patio et agrémentée de belles terrasses sur jardin, vous séjournerez dans une autre dimension : celle de l'art ! Les grandes chambres, en duplex, lumineuses et colorées, sont décorées d'œuvres d'art et de meubles design. Celle de la Réserve se trouve dans le dépôt du Couvent des Méduses, espace d'exposition du lieu (*www.lecouventdesmeduses.com*), et vous dormirez au milieu des œuvres bientôt ou déjà exposées ! Un lieu atypique à l'ambiance cosy et surprenante. Si l'avenue semble bruyante, les chambres et la maison sont calmes.

## RESTAURATION

### PREMIER PRIX

**Chez Laurent** – *24 quai Augustin-Chaho - ✆ 05 59 59 31 35 - 14,50/26 € - fermé dim. et lun.* La devanture annonce toujours le Café du Midi, ouvrant sur une belle pièce de pierres apparentes, mais c'est désormais Laurent Costuas qui est aux fourneaux, proposant une cuisine du pays délicieuse et tout en finesse. Chipirons, serrano, merlu de ligne à l'espagnole, magret de canard… et desserts copieux : des plats pour tous les budgets, à déguster à table, au bar ou en terrasse.

**Chez Fanfan** – *14 quai Augustin-Chaho - ✆ 05 59 59 56 60 - formule 12/16 € - 15/33 € - fermé merc. et dim. soir.* Dans cette toute petite salle sur les bords de la Nive ou sur les deux ou trois tables en terrasse, on sert une cuisine classique, changeante selon la saison. Des toiles d'artistes locaux sont exposées à l'intérieur.

**Au Cœur des Hommes** – *62 quai des Corsaires - ✆ 05 59 59 51 17 - 12,50/35 € - fermé dim. (et lun. en hiver).* Attention, vous entrez chez un artisan restaurateur ! Dans ce joli décor chocolat-café crème, Jean-Pierre et son équipe vous invitent à redécouvrir, dans une ambiance décontractée, de vrais plats de bistrot : pieds de porc, chipirons, morue pil-pil (spécialités locales) et, en dessert : crêpes au sucre, pain perdu, riz au lait. À midi en semaine, un beau menu du marché. Jolie terrasse au bord de la Nive.

**Le Chistera** – *42 r. Port-Neuf - ✆ 05 59 59 25 93 - www.lechistera.com - fermé sf l'été lun. et mar.-merc. soir -14,80 €.* Restaurant familial sans prétention dans une maison du 17e s. en plein cœur du Vieux Bayonne. La décoration, à l'honneur de la pelote, est un peu vieillie mais cette adresse reste d'un bon rapport qualité-prix pour déguster des spécialités basques.

## BUDGET MOYEN

**La Grange** – *28 quai Galuperie - ✆ 05 59 46 17 84 - fermé dim. sf fêtes - ♿ - 15/29 €.* Le « plus » de ce restaurant est sa grande terrasse bordant la Nive. La salle à manger offre une ambiance résolument campagnarde, avec une fresque représentant une grange et une collection d'outils agricoles. Cuisine simple et copieuse, riche de toutes les saveurs du terroir basque.

**Bodega Chez Gilles** – *23 quai de l'Amiral-Jauréguiberry - ✆ 05 59 25 40 13 - www.bodegachezgilles.com - 15/32 € - midi et soir.* Un endroit qui ne manque pas d'ambiance, un joli bar, une équipe sympa, des pierres apparentes et une belle terrasse confèrent à la bodega son caractère bayonnais. Dans l'assiette, de belles spécialités locales : anchois, *rabas*, jambon de Bayonne, *lomo*, *piquillos*, merlu, morue, côtes de bœuf et d'agneau.

## POUR SE FAIRE PLAISIR

**Cidrerie Ttipia** – *27 r. des Cordeliers - ✆ 05 59 46 13 31 - http://ttipia.364.fr/- 29 € (enf. 7 €) - été : soir seult ; reste de l'année : midi et soir sf dim. soir et lun. midi.* C'est un voyage au cœur des cidreries espagnoles : grandes commensales, poutres et pierres apparentes, vieux objets et surtout tonneaux desquels coule à flots le *sagardoa* (cidre). C'est un lieu unique où l'on vient pour l'ambiance et la cuisine simple de qualité. Le menu traditionnel comprend : omelette à la morue, merlu à l'espagnole, côte de bœuf, fromage de brebis, noix et cidre à volonté dont on se sert soi-même au tonneau. Plaisirs garantis.

**Péniche Talaia** – *Quai Pedros, devant la mairie de Bayonne - ✆ 05 59 44 08 84 - www.peniche-bayonne.com - mar. midi-sam. soir - menu déj. 18 €, soir carte (plats : 16/20 €).*
Vous pourrez déguster une cuisine traditionnelle du Sud-Ouest tout en profitant, le soir, de la superbe vue sur les monuments illuminés de la ville.

## PETITE PAUSE

**Salon de thé L. Raux** – *7 r. Bernadou - ✆ 05 59 59 34 61 - www.patisserieraux.fr - lun.-vend. 9h-19h30, sam. 8h-19h30, dim. 8h-13h - fermé apr.-midi des j. fériés et du dim.* Pâtissier, chocolatier, traiteur et salon de thé sont réunis sous cette enseigne proche des halles. Vous aurez le choix entre sandwichs, tartes salées, viennoiseries, macarons, gâteaux basques et la spécialité maison, le Daudet (ganache chocolat noir et crème brûlée à l'orange parfumée au Cointreau).

**Salon de thé Chocolat Cazenave** – *19 r. du Port-Neuf - ✆ 05 59 59 03 16 - www.chocolat-*

*cazenave.fr - mar.-sam. 9h15-12h, 14h-19h - fermé dim. et le lun. hors vac. scol., 3 sem. en oct. et j. fériés.* Attenant à la boutique *(voir achats)*, l'ancien atelier de chocolaterie a été transformé au début du 20e s. en élégant salon de thé. On y déguste le fameux chocolat chaud moussé à la main dans de la porcelaine de Limoges.

**EN SOIRÉE**

Situé à l'angle formé par la Nive et l'Adour, **le Petit Bayonne** est le quartier jeune de la ville, le creuset de l'animation nocturne les fins de semaine. Aux premières chaleurs estivales, l'ambiance tourne irrésistiblement à la fête grâce aux bars et restaurants qui pullulent alentour. Entre la rue des Cordeliers, la rue Pannecau et celle des Tonneliers, on ne compte pas moins d'une trentaine d'établissements. Parmi eux, signalons la Txalupa *(au n° 26 de la rue des Cordeliers)* et le Killarney Pub *(au n° 35)*.

## Bars

**Chai Ramina** – *11 r. Poissonnerie - 05 59 59 33 01 - mar.-jeu. 9h30-20h, vend.-sam. jusqu'à 2h.* Ramina, un ancien champion de rugby, s'est reconverti depuis vingt-cinq ans en pilier de comptoir de son propre pub, un bar de vieux copains où des Bayonnais de souche chahutent comme des enfants. Si l'on y boit surtout du whisky, la faute en revient à une carte qui n'en propose pas moins de 300 !

## Spectacles

**La Luna Negra** – *7 r. des Augustins - 05 59 25 78 05 - www.lunanegra.fr - merc.-sam. – fermé août sf pendant les fêtes - 8/14 €.* L'art sous toutes ses facettes est à l'honneur dans ce café-théâtre dynamique qui propose chaque soir un divertissement : pièce de théâtre, spectacle de chansons, cabaret, one-man show, concert de jazz, de blues, de rock ou de musique de chambre.

**Théâtre de Bayonne - scène nationale** – *Pl. de la Liberté - 05 59 59 07 27 - scenenationale@snbsa.fr - renseignements et réservations : mar.-vend. 10h-14h, 14h45-17h30, sam. 10h-13h - fermé 2 sem. en août et j. fériés - de 7 à 30 € selon les spectacles.* C'est la scène nationale Bayonne Sud Aquitain qui gère ce théâtre (580 places). On y donne toutes sortes de spectacles : théâtre, danse, musique, humour, jeune public, etc.

**ACHATS**

**Marché** – *05 59 59 21 81.* Autour des halles de type Baltard, construites sur le quai du Cdt-Roquebert, et sur le pont Marengo, un marché alimentaire a lieu le samedi (7h-12h30). D'autres marchés ont lieu place de la République (vend.), place des Gascons (quartier des Hauts de Ste-Croix - merc. et sam.), rue Ste-Catherine (dim.), place du Marquisar (vend.) et au Polo Beyris (vend.). Au Carreau des Halles : marché à la brocante vend. (7h-13h) et marché équitable le 2e sam. du mois.

**Les Halles** – *Quai du Cdt-Roquebert - lun.-vend. 7h-13h30, sam. 6h-13h30 (14h en été), dim. 8h-13h30 ; 7h-19h les veilles de fêtes de fin d'année - fermé 24 déc., 31 déc. et 1er Mai.* Ces halles de type Baltard bordent le cours de la Nive. Primeurs, boulangers, pâtissiers et poissonniers y côtoient les charcutiers-traiteurs venus proposer leurs produits à base de porc noir basque. Quelques petits producteurs des environs s'installent aussi à l'extérieur du bâtiment le samedi matin.

**Maison Montauzer** – *17 r. de la Salie - ✆ 05 59 59 07 68 - www.montauzer.fr - tlj sf dim. 7h-12h30, 15h30-19h30, fermé lun. sauf été 7h30-12h30 - fermé j. fériés.* Parmi les spécialités de cette charcuterie, boudin, tripes et jambon ibaïona proviennent de porcs élevés exclusivement au Pays basque et nourris aux céréales. Conformément à la tradition, ce jambon est séché de 15 à 18 mois à l'air vivifiant du pays et des quatre saisons dans un séchoir à Guiche.

**Pierre-Ibaïalde** – *41 r. des Cordeliers - ✆ 05 59 25 65 30 - pierre-ibaialde.com - été : tlj sf dim. 10h-13h30, 14h30-18h30 ; reste de l'année : tlj sf dim. 9h-12h30, 14h-18h - fermé j. fériés.* Après la visite de cette conserverie artisanale (30mn), vous saurez tout sur le jambon de Bayonne. Pierre Ibaïalde vous expliquera les étapes de la fabrication du jambon et vous fera déguster ses produits : jambon et foie gras.

**Chocolat Cazenave** – *19 r. du Port-Neuf - ✆ 05 59 59 03 16 - www.chocolat-cazenave.fr - 9h15-12h, 14h-19h ; ouvert le lun. pdt les vac. scol. : mar.-sam. - fermé 3 sem. en oct. et j. fériés.* Au 17e s., Bayonne fut la première ville en France à fabriquer du chocolat. Les chocolatiers s'installèrent alors en grand nombre dans la rue du Port-Neuf. Il n'en reste aujourd'hui que deux : Cazenave (depuis 1854) et Daranatz (depuis 1930).

**Loreztia Boutik'Expo** – *52 quai des Corsaires - ✆ 05 59 59 55 37 - www.loreztia-miel.com - mar.-sam. 10h30-13h, 15h-18h - entrée libre, visite guidée sur rdv, visite guidée pour les enfants 2 €.* Décorée en 2007 du Trophée du Développement durable et du Coq d'or pour ses produits, la maison Loreztia a acquis ses lettres de noblesse. Miel, gelée royale et autres produits de la ruche, confitures, dont les fameuses aux cerises noires, vous feront succomber. Expo historico-ethnographique sur l'homme et l'abeille en Pays basque. Dégustations gratuites.

**M. Leoncini** – *37 r. Vieille-Boucherie - ✆ 05 59 59 18 20 - lun.-vend. 16h-18h30, sam. 10h-12h.* C'est l'un des derniers artisans à perpétuer la tradition du makhila qui est une canne basque en bois de néflier (sculpté à vif) renfermant une lame effilée. On l'utilise pour la marche et pour la défense.

**Elkar** – *Pl. de l'Arsenal - ✆ 05 59 59 35 14 - www.elkar.com - tlj sf dim. 9h30-19h.* Cette grande librairie vous permettra de faire le stock de guides rando et VTT, ouvrages sur la faune et la flore des Pyrénées, recueils d'itinéraires de balades, cartes, etc. Vous trouverez aussi nombre de livres sur le Pays basque et des romans en langue basque ou traduits.

### SPORTS ET LOISIRS

**Trinquet moderne** – *60 av. Dubrocq - ✆ 05 59 59 05 22 - www.trinquet-moderne.com - à partir de 9h - fermé le soir dim., lun. et mar. - 8/24 €.* De nombreuses parties de main nue – l'une des 22 disciplines de la pelote basque, entre autres avec, la *pala*, à laquelle les Français excellent lors des compétitions de niveau mondial), se déroulent entre les parois de verre de ce trinquet couvert.

**Trinquet St-André** – *1 r. du Jeu-de-Paume - ✆ 05 59 25 76 81 - www.brasserie-saint-andre.fr 9h-22h - fermé 3-9 août - 13/22 €.* Ce trinquet du 17e s. est l'un des plus vieux de France. Les Basques viennent y faire leur partie de *pala* avant de se retrouver au bar. Des compétitions de main nue ont lieu du premier jeudi d'octobre au dernier jeudi de juin (16h30). Les palettes en bois sont louées à l'heure. Le trinquet fait restaurant et bar à vins. Appétissantes assiettes de produits régionaux.

**Le Coursic** – *Adour Loisirs, allée Boufflers - ✆ 05 59 25 68 89/06 32 64 11 42 - http://adour.loisirs.free.fr - 3 sorties de 2h : 10h, 15h, 17h20 ; tte l'année sur RV : croisières de 1h, 2h, 3h ou à la journée - 2h : 16 € ; 23/35 € la journée.* Ce bateau-mouche de 72 places assises vous emmène à la découverte de l'Adour et de ses affluents. Les croisières empruntent différents parcours. Elles durent de 1h à une journée et sont toujours commentées. Parmi les escales sur les rives de l'Adour : Urcuit, Urt et Peyrehorade.

**Tennis - L'Aviron Bayonnais** – *Av. André-Grimard - ✆ 05 59 63 33 13 - www.tennisavironbayonnais.com - 10h-12h, 16h-19h, merc. et sam. 9h-19h - fermé j. fériés.* Le cadre dans lequel se situe ce club de tennis, les anciennes fortifications de Vauban, est suffisamment insolite pour ne pas manquer la visite, à défaut d'aller y jouer. Le club existe depuis 1922. Il est doté de 11 courts (9 en terre battue et 2 en *GreenSet*). Deux grands tournois y sont organisés : l'un à Pâques et l'autre durant la 2e quinz. de juillet.

**Rugby** – Depuis son premier titre de Champion de France remporté en 1913, l'Aviron Bayonnais (célèbre pour sa mascotte Pottoka) se distingue par son jeu élégant, qualifié par les spécialistes de « manière bayonnaise ». Inutile de dire qu'avec le Biarritz Olympique les derbys sont hauts en couleur ! *Billetterie en ligne sur le site du club : www.abrugby.fr*

**Arènes** – *✆ 0 820 466 464 ; rens. visites au 05 59 25 48 19 - mi-sept.-juin : visites lun.-vend. 9h-12h, 14h-18h sf les jours de spectacles ou de corridas.* Avenue des Fleurs (accès par l'av. Mal-Foch, à l'ouest du centre-ville). Inaugurées en 1893 et construites en style hispano-mauresque, ces arènes de 10 000 places accueillent corridas et *novilladas* pour les fêtes de Bayonne (1er w.-end d'août), autour du 15 août (feria de l'Assomption) et le 1er w.-end de septembre (feria de l'Atlantique). Des concerts et spectacles y sont aussi organisés (Les Arènes en fête, juil.-août). *Programme et réservations pour les corridas : www.corridas.bayonne.fr*

## AGENDA

**Fêtes de Bayonne** – Pendant cinq jours, début août, le cœur des Bayonnais bat au rythme des musiques traditionnelles basques lors des fêtes. Après les courses de vaches landaises à St-André, les corridas et le *corso* lumineux, on danse sur les grandes places au son des *txirula* (flûtes) et des *ttun-ttun* (tambours). *Voir aussi Comprendre la région, p. 55.*

**Foire au jambon de Bayonne** – *4 jours mi-avril.* La foire réunit, depuis 1426, à Pâques, les fermiers qui vendent leur production sur les quais de la Nive.

**Journées du chocolat** – *✆ 0 820 426 464.* Chaque printemps, durant deux jours, le chocolat est à l'honneur à Bayonne, la cité qui accueillit la première, il y a quatre siècles, les Juifs portugais « faiseurs de chocolat », chassés de leur pays par l'Inquisition.

# Anglet

**Angelu**

37 897 Angloys - Pyrénées-Atlantiques (64)

## NOS ADRESSES PAGE 143

### S'INFORMER

**Office de tourisme** – *1 av. de la Chambre-d'Amour - 64600 Anglet - ✆ 05 59 03 77 01 ou 05 59 03 55 91 - www.anglet-tourisme.com - juil.-août : lun.-sam. 9h-19h ; reste de l'année : lun.-vend. 9h-12h30, 14h-18h, sam. 9h-12h30.*

*Av. des Dauphins - ✆ 05 59 03 93 43 - juil.-août 10h-19h ; avr.-juin et sept.-oct. : tlj sf sam. mat. 10h-12h30, 14h30-18h ; nov.-mars : merc. et sam. 14h-17h (tlj vac. scol. Noël et fév.).*

**Aéroport Biarritz-Anglet-Bayonne** – *7 espl. de l'Europe - 64600 Anglet - ✆ 05 59 43 83 83 - www.biarritz.aeroport.fr*

### SE REPÉRER

Plan de région C1 (p. 123) – carte Michelin n° 573 B 25. Anglet assure la jonction entre Bayonne, à l'est, et Biarritz au sud-ouest. Selon votre point de départ, vous y accéderez par l'avenue de Bayonne et la N 10, ou l'avenue de Biarritz et la D 910. Pour rejoindre les plages, visez les quartiers de la Chambre d'Amour, de Chiberta ou de La Barre. En suivant les panneaux Montbrun ou Chiberta, vous trouverez la forêt du Pignada. Quant à celle du Lazaret et au port de plaisance, vous les dénicherez au Blancpignon.

### À NE PAS MANQUER

Les vagues de la plage des Cavaliers, pour leur rondeur et leur taille, particulièrement impressionnantes en automne.

### ORGANISER SON TEMPS

Une petite promenade dans le quartier de la Chambre d'Amour permet un premier contact animé avec Anglet. Vous pouvez ensuite vous diriger vers les plages pour prendre un bon bain de mer ou choisir de découvrir la forêt du Pignada et ses sentiers. Les activités sportives ne manquent pas : natation, surf, golf, équitation, VTT ou marche.

### AVEC LES ENFANTS

Le parcours aventure dans la forêt du Pignada.

**Qu'est-ce qui fait le charme d'Anglet ? Son littoral, unique au pays basque, offre 4,5 km de plages de sable fin ! Mais aussi sa belle pinède, pour le plus grand bonheur des marcheurs. Venir à Anglet c'est comme prendre un grand bol d'air pur ! Avec ces deux principaux atouts, la petite station balnéaire fait figure de poumon vert pour la communauté d'agglomération de Biarritz-Anglet-Bayonne (BAB), d'où son surnom de « paradis vert ». Les sportifs, qu'ils soient golfeurs ou surfeurs, ne savent pas où donner de la tête, tandis que toutes sortes d'animations égaient ses rues ainsi que son bord de mer à la fin du printemps et en été. À vous les vagues, les balades sous les pins et les soirées festives !**

## Se promener Plan ci-dessous

Le site d'Anglet présente les mêmes caractéristiques que les stations de la Côte d'Argent landaise du nord de l'Adour *(voir « Le Guide Vert Aquitaine »)* : un terrain plat, une côte basse bordée de dunes et un arrière-pays planté de pins.

### LES PLAGES A1

Onze plages de sable fin, pour certaines de renommée internationale, se succèdent le long des 4,5 km du littoral angloys. Une **promenade** les longe, permettant de profiter tout à la fois de la côte et de la ville. Elle relie le quartier de la Chambre d'Amour à celui de La Barre (au nord).

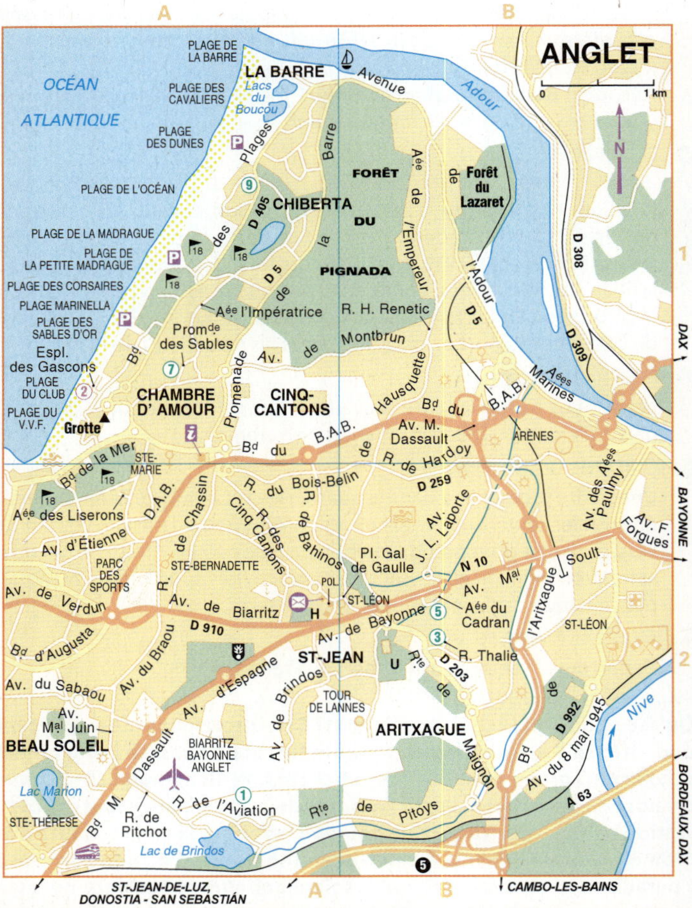


**SE LOGER**

- Camping Le Parme ........................ ①
- Chambre d'hôte La Musica .. ③
- Hôtel Altica ........................ ⑤
- Hôtel Azureva ........................ ⑦
- Hôtel Les Terrasses d'Atlanthal .... ⑨

**SE RESTAURER**

- Les Sables d'Or ........................ ②

Surfeur dans la vague
*E. Larribère / MICHELIN*

1

### Plages du VVF et du Club

La première de ces plages doit son nom à la présence d'un village-vacances, construit en 1970 selon les plans des architectes Hebrard, Gresy et Percillier. La silhouette et les détails du bâtiment principal évoquent un paquebot.

La seconde accueille le très réputé Anglet Surf Club. Ses locaux ont trouvé place dans l'ancien **établissement des bains**, bâtiment emblématique des années 1930, réhabilité en 2007 pour accueillir une salle des congrès. Entre les deux, la **grotte de la Chambre d'Amour** attire les romantiques de tous les horizons.

La plage **Marinella** est fréquentée par les familles et un public cosmopolite.

### LA TRAGÉDIE DE LA CHAMBRE D'AMOUR

Selon la légende, Saubade et Laorens s'aimaient, mais leurs familles étaient rivales. Les deux jeunes gens avaient donc pris l'habitude de se retrouver en cachette dans la grotte. Mais suite à un orage, la marée monta plus vite que de coutume et les noya.

### Plages des Sables d'Or et des Corsaires

Ces deux plages sont le terrain de prédilection des familles angloyses. Sur celle des Sables d'Or, des terrains de beach-volley attirent les meilleurs joueurs. En août, elle accueille le Surf de Nuit (Quiksilver Air Show).

### Plages de la Petite Madrague, de la Madrague, de l'Océan et des Dunes

Ces étendues de sable fin sont les plus tranquilles du littoral angloys en raison de l'environnement, plus sauvage, et de la proximité du golf de Chiberta, voulu par le duc de Windsor et conçu par Tom Simpson en 1927. Un blockhaus, vestige du mur de l'Atlantique érigé à partir de 1942, veille encore sur les flots. La plage de la Petite Madrague a la réputation d'être la plus branchée d'Anglet, tandis que celle des Dunes, moins accessible, est surtout fréquentée par les surfeurs *(plages non surveillées)*.

### Plage des Cavaliers

La plus réputée des onze plages d'Anglet accueille chaque année d'importantes compétitions internationales de surf. Attention, les vagues de *shore break* peuvent être très dangereuses.

### Plage de La Barre

Située à l'embouchure de l'Adour, c'est la plage la plus septentrionale d'Anglet. Elle doit son nom à une vague mythique, cassée aujourd'hui par la digue construite dans les années 1970. Côté terre, deux lacs marquent l'emplacement de l'ancien hippodrome inauguré en 1870. Un skate park a été aménagé.

Le **parc écologique Izadia** (14 ha), doté d'une Maison de l'environnement et du développement durable, permet de découvrir le fragile écosystème des zones humides littorales. *297 av. de l'Adour - ✆ 05 59 57 17 48 - www.izadia.fr - juil.-sept. : 10h-12h30, 14h-18h (20h le jeu.), visite guidée familles à 10h30 (1h30), tt public à 15h (2h) ; avr.-juin et oct. : merc.-dim. 10h-12h30, 14h-18h, visites guidées le w.-end - fermé nov.-mars - accès libre, visite guidée 5 € (-16 ans 3 €), audioguide 4 €.*

### LA RÉVOLUTION DU 19e s.

La canalisation de l'Adour, décidée en 1578, ne bouleversa pas sa vocation nourricière (sous domination anglaise, dès le 12e s., Anglet fournissait Bayonne en produits de bouche) en dépit de la submersion de terres arables. Ce n'est qu'au 19e s. qu'Anglet se réorganisa grâce à l'intérêt porté à la côte par Napoléon III et l'impératrice Eugénie. Grâce à eux, la forêt du Pignada et de nouvelles infrastructures voient le jour : un hippodrome sur le site de La Barre, puis un établissement de bains (1884) et des villas qui se déploient sur le littoral pour former le quartier de la Chambre d'Amour.

**L'essor du 20e s.** – Le tout est de mieux en mieux desservi : par la route, par le chemin de fer (1877), puis par l'avion dans les années 1930. Aujourd'hui, Anglet fait partie avec Bayonne, Biarritz, Bidart et Boucau de l'agglomération Côte basque-Adour qui compte 126 000 habitants.

## LES FORÊTS

Autre atout d'Anglet : ses 250 ha de pinède plantés sous le Second Empire. Ils se répartissent entre les forêts du Pignada au nord, la plus grande, du Lazaret à l'est et de Chiberta le long de la côte.

### ★ Forêt du Pignada AB1

Son nom lui vient des pommes de pin, les « pignes ». Elle s'étale sur 220 ha et comprend des aires de pique-nique, des sentiers goudronnés et des sentes que l'on peut arpenter à pied, à cheval ou à VTT. Un parcours vitalité de 2,5 km a été aménagé en son centre et, à l'angle de la promenade de La Barre et de l'avenue de l'Adour, dans la forêt de Chiberta, le **parcours aventure** propose, dans les arbres, des itinéraires adaptés à chacun. Adultes et enfants pourront choisir, selon leur niveau, entre les promenades acrobatiques Castors, Crockett ou Indiana. *Évolution 2 Territoires d'Aventures - ✆ 05 59 42 03 06 - www.evolution2-paysbasque.com - juil.-août : 10h-18h ; vac. de printemps : apr.-midi ; mai-fin juin et de déb. sept. à vac. de Toussaint : w.-end et j. fériés apr.-midi - 10 à 25 € selon le parcours et l'âge.*

**Forêt du Lazaret** B1
L'allée de l'Empereur, l'avenue du Prince-Impérial… autant de dénominations qui rappellent que Napoléon III est à l'origine de la pinède d'Anglet. Aujourd'hui, cette partie de la forêt est circonscrite à 20 ha, mais reste toujours aussi agréable à parcourir.

## NOS ADRESSES À ANGLET

### HÉBERGEMENT

#### PREMIER PRIX

**Hôtel Altica** – *10 allée du Cadran - 05 59 52 11 22 - www.altica.fr - - - 50 ch. 45/59 € - 5,50 €.* Cette construction récente qui borde la route nationale conviendra pour l'étape. Prix attractifs et chambres fonctionnelles : l'hôtel affiche souvent complet grâce à ces deux principaux atouts, aussi pensez à réserver.

**Camping Le Parme** – *2 allée Etchecopar, quartier Brindos, près de l'aéroport - 05 59 23 03 00 - www.campingdeparme.com - de déb. avr. à déb. nov. - - réserv. conseillée - 185 empl. 17,50/31 € - 85 - 14 - 30 bungalows toilés : nuitée 85 à 168 € - Sem. 240 à 1 015 €.* C'est le seul camping-hôtellerie de plein air d'Anglet où l'on puisse réserver pour une nuit ou une semaine. Nombreux services : épicerie, snack, restaurant, loisirs, piscine chauffée, club enfants et animations en soirée.

#### POUR SE FAIRE PLAISIR

**Chambre d'hôte La Musica** – *4 r. Thalie - 06 13 67 16 87 - www.maisonlamusica.fr - fermé janv.-fév. - - - 3 ch. 65/75 € - rest. sur réserv. 25 €.* La propriétaire de cette charmante villa basque vous accueille comme si vous étiez des amis. Elle propose trois chambres, pas très grandes mais totalement indépendantes. La plage, le golf et le centre-ville sont à deux pas. Partenariat avec la thalasso Atlanthal et le golf Makila (remise de 10 %).

**Hôtel Azureva** – *48 prom. des Sables - 05 59 58 04 70 - www.azureva-vacances.com - fermé 20 nov.-6 fév., 13-27 mars - - 135 ch. 55,20/70,20 €* Ce centre de vacances propose des nuitées en plus de ses locations à la semaine. Vous apprécierez les prix ultra-compétitifs et pourrez également profiter des nombreuses animations du lieu.

#### UNE FOLIE

**Hôtel Les Terrasses d'Atlanthal** – *153 bd des Plages - 05 59 52 58 58 - www.biarritz-thalasso.com - - 48 ch. 144/264 € - rest. 19 €.* Un accueil souriant vous attend dans cet hôtel fonctionnel situé au bord de l'Océan. Bon à savoir : directement relié au centre Atlanthal (thalassothérapie et remise en forme), il fournit les peignoirs.

### RESTAURATION

**Bon à savoir** – Situé face à l'Océan, ce quartier d'Anglet joliment baptisé « **Chambre d'Amour** » est un lieu incontournable. Il concentre de nombreux points de restauration (brasseries, snacks, sandwicheries et un restaurant asiatique). L'endroit regroupe également les boutiques de surf.

#### PREMIER PRIX

**Les Sables d'Or** – *7 esplanade des Gascons - 05 59 03 68 53 - fermé de mi-nov. à mi-déc. et le lundi de fév. à mars - - formule déj. 10,50 € - 9,50/19 €.* Ce restaurant jouit déjà d'une solide réputation.

1

Les fidèles ont même poussé le patron à ouvrir 7j/7. Côté décor : joli panorama sur l'Océan. Côté cuisine : produits de qualité et formules intéressantes proposées sur l'ardoise. Au n° 5, **l'Indigo** offre une ambiance plus feutrée.

## ACHATS

**Mandion** – *3 av. de Bayonne - ✆ 05 59 63 86 16 - www.mandion.com - 8h-19h, vend. et sam. 8h-20h.* La belle vitrine de chez Mandion avec ses inscriptions « Glacier, pain bio au levain, pâtisserie » en gros caractères vaut le coup d'œil. Son décor fait de panières et coffrets en tout genre met en valeur les spécialités : gâteaux basques, tourons et chocolats.

**Fabrique de chisteras Gonzalez** – *6 allée des Liserons - ✆ 05 59 03 85 04 - visite (1h30) : 17h lun., merc. et vend. - fermé sam. apr.-midi, dim. et j. fériés - 4 €.* Depuis 1887, la fabrique Gonzalez confectionne manuellement des chisteras. Ici, vous apprendrez tout sur l'histoire et la fabrication de la pelote et du chistera.

**Lames de Sames** – *1 av. de l'Adour - ✆ 06 08 28 50 83 - www.couteau-basque.com - merc.-sam. 9h-12h, 14h-18h.* Christophe Laduique fabrique des couteaux basques pliants selon un système à deux clous. Ces couteaux traditionnels des Pyrénées sont en corne ou en bois, souvent gravés ; le couteau Marraza est la pièce maîtresse de l'atelier. Petite exposition.

## SPORTS ET LOISIRS

**Plages** – Les plages surveillées de mi-juin à mi-sept. sont celles de La Barre, des Cavaliers, de l'Océan (juil.-août seulement), de la Madrague, des Corsaires, Marinella, des Sables d'Or et du VVF. Les plages du Club, de la Petite Madrague et des Dunes ne sont pas surveillées.

**Atlanthal** – *153 bd des Plages - ✆ 05 59 52 75 75 - www.biarritz-thalasso.com - 9h-21h.* Centre de thalassothérapie et espace de remise en forme (piscine, gym, musculation). Soins préventifs ou curatifs et séjours à thème.

**Le Club de la Glisse (École française de surf)** – *Av. des Goëlands - Plage Marinella - ✆ 06 12 81 55 95 - www.leclubdelaglisse.com.* Ce club labellisé par la Fédération française de surf est une des rares écoles ouvertes toute l'année. Pour glisseurs débutants et confirmés.

**Yacht-Club Adour Atlantique d'Anglet** – *118 av. de l'Adour - pêche : ✆ 05 59 63 60 31/51 91 ; voile : ✆ 05 59 52 36 04 - www.ycaa-voile.fr - ouvert vend. 18h-20h - 25 à 60 €.* Initiation ou perfectionnement à la pêche sportive à moins de 5 km des côtes. Initiation à la voile le w.-end, stages en juil.-août.

**Golf de Chiberta** – *102 bd des Plages - ✆ 05 59 52 51 10 - www.golfchiberta.com - fermé jeu. hors vac. scol.* Adossé aux dunes, ce golf bénéficie d'un bel environnement. La partie la plus intéressante borde le lac de Chiberta. Complexe hôtelier.

**Patinoire** – *299 av. de l'Adour - La Barre - ✆ 05 59 57 17 30 - ouv. sept.-fév.* Lorsqu'il fait trop froid pour surfer, vous pourrez y expérimenter d'autres sensations de glisse !

## AGENDA

**Quiksilver Air Show (Surf de Nuit)** – *14 août.* Chaque année, démonstration de surf de nuit.

**International Surf Film Festival** – *Mi-juillet.* 4 jours de compétition entre des films de glisse internationaux.

# Biarritz

★★

26 273 Biarrots - Pyrénées-Atlantiques (64)

NOS ADRESSES PAGE 156

### S'INFORMER

**Office de tourisme** – *Square d'Ixelles - 64200 Biarritz - ✆ 05 59 22 37 10 - www.biarritz.fr - 15 juin-sept. : 9h-19h ; reste de l'année : 9h-18h, w.-end 10h-17h - fermé 1er janv. et 25 déc.*

**Transports** – *Deux circuits de navettes gratuites : Port-Vieux - Côte des Basques et centre-ville - renseignements ✆ 05 59 41 59 41.*

**Petit train touristique** – Depuis le casino, sur la Grande Plage, ou depuis le rocher de la Vierge, prenez le petit train pour un tour de Biarritz commenté (30mn) - *✆ 06 07 97 16 35 - www.petit-train-biarritz.fr - avr.-oct.- juil. - août : 9h30-23h ; juin et sept. : 10h-19h ; 14h30-18h - départ ttes les 30mn env. - 5,50 € (-12 ans 4 €).*

### SE REPÉRER

Plan de région B1 (p. 122-123) – carte Michelin n° 573 B 25. Station balnéaire située à 8 km de Bayonne, par la D 810 et la D 910, Biarritz forme aujourd'hui avec Anglet, Bayonne, Bidart et Boucau une même et grande agglomération : l'agglomération Côte basque - Adour.

### SE GARER

Circuler dans Biarritz demande beaucoup de patience, quelle que soit la saison. Malgré la présence de quelques parkings en centre-ville, mieux vaut donc laisser sa voiture aux abords immédiats (par exemple, près du phare) et marcher : c'est encore le meilleur moyen de découvrir la ville.

### À NE PAS MANQUER

Le rocher de la Vierge, le musée de la Mer.

### AVEC LES ENFANTS

Le musée de la Mer, avec en particulier le repas des phoques, est toujours apprécié des plus jeunes qui ne se feront pas prier pour faire également un tour au musée du Chocolat : difficile alors d'attendre la dégustation !

**Plage des Fous et des Années folles, « reine des plages et plage des rois »… Biarritz est-elle plus que le décor extravagant né de l'imagination débridée de la haute société fin de siècle ? Lieu de villégiature du beau monde, on y découvre villas princières, salles de casino, bâtiments Art déco. Toute cette architecture paillette témoigne de l'euphorie d'un passé glorieux et mondain où artistes et têtes couronnées se mêlaient dans des fêtes somptueuses… Mais l'ancienne cité baleinière n'est pas restée figée dans la nostalgie d'une époque révolue : en témoignent notamment les aménagements urbains confiés à Jean-Michel Wilmotte et des bâtiments contemporains parfois audacieux (la médiathèque, le Centre de musiques actuelles, ou la Cité de l'Océan), une vie culturelle intense où la danse se taille la part du lion, une vie sportive, enfin, marquée par les surfeurs défiant les rouleaux et les exploits du Biarritz Olympique… La ville brigue désormais le titre de capitale de l'Océan, grâce à sa nouvelle Cité et son extension du musée de la Mer.**

1

# Se promener Plans p. 148 et 150

## LES PLAGES Plan de ville II

« Quand on se prend à hésiter entre deux plages, l'une d'elles est toujours Biarritz », disait Sacha Guitry. Fleurie d'hortensias, la station doit une partie de son charme à ses **jardins-promenades** aménagés à flanc de falaise, sur les rochers et le long des trois principales plages, rendez-vous internationaux des surfeurs et hauts lieux de l'animation biarrote, de jour comme de nuit.
*Rens. sur l'état quotidien des plages de Biarritz : de mi-juin à mi-sept. ✆ 0 805 2000 64. Les plages sont surveillées de mai ou juin à sept.*

### Grande Plage D3

Dominée par le **casino municipal**, c'est la plus mondaine. Au 18e s., on y emmenait se baigner les aliénés (les bains de mer, c'est bien connu, peuvent tout guérir !). Elle en a gardé son nom de « Côte des Fous ».
Autre relique des années passées : les fameuses cabines en toile, que l'on peut louer même si beaucoup sont réservées d'une année sur l'autre. *✆ 06 03 75 62 96 - location de mi-juin à mi-sept., sur la Grande Plage.*
Elle est prolongée, au nord, par la **plage Miramar**. Cette plage est assez dangeureuse pour la baignade ; le surf y est interdit.

### Plage du Port-Vieux C3

C'est ici que l'on amenait les baleines pour les dépecer. Abritée au fond d'une baie protégée par des rochers, cette petite plage garde un intérêt local et familial. Les enfants peuvent s'initier au surf en toute sécurité. C'est aussi le repère des « Ours Blancs », un club devenu mythique de nageurs courageux et passionnés qui se baignent par tous les temps, toute l'année.

### Plage de la Côte-des-Basques C4

La plus sportive et la plus exposée des plages de Biarritz, au pied d'une falaise périodiquement protégée contre les éboulements, doit son nom à un « pèlerinage à l'Océan » qui, le dimanche suivant le 15 août ou le 2e dimanche de septembre, rassemblait jadis pour un bain collectif les Basques de l'intérieur des terres. Aujourd'hui, on y voit surtout des surfeurs (ce fut le premier spot en Europe).
À marée haute, baignade impossible !
Plus au sud, on rencontre les **plages de Marbella** (accès par un long escalier) et de la **Milady** (appréciée des bodyboarders, aire de jeux pour les enfants, promenade aménagée).

Cabines de plage sur la Grande Plage de Biarritz.
*Laplace / CDT64*

## ENTRE TERRE ET MER

*Pour visualiser cette promenade, reportez-vous au plan I puis II de la ville (p. 148 et 150) – comptez env. une demi-journée - départ de l'office de tourisme.*

À Biarritz, tout est récifs écumants, tourelles, arcades, donjons, escaliers, tours et détours. Un éclectisme baroque, au charme délicieusement désuet, témoignant de l'euphorie architecturale de la grande époque des « bains de mer », où se balader est un plaisir enchanteur.

1

### Château Javalquinto D3

*Square d'Ixelles.* Haut lieu mondain depuis le Second Empire, Biarritz s'est couvert de villas et de résidences somptueuses, dont celle-ci, de style néogothique, dessinée par son propriétaire, le duc d'Osuna. Elle abrite aujourd'hui l'office de tourisme.

Avant de rejoindre la rue Pellot, passez par celle des Cent-Gardes pour voir la **Tête de Régina**, du sculpteur espagnol Manolo Valdés.

### LE CHÂTEAU DU BARON : ENTRE EXTRAVAGANCE ET FOLIE

À Ilbarritz, se trouve un étonnant château perché face à la mer *(ne se visite pas)*. Aussi étonnant que le baron de l'Espée qui le fit construire en 1890 ! Misanthrope, obsédé par l'hygiène et immensément riche, cet organiste passionné conçut son château autour d'une pièce centrale qui accueillit le plus grand orgue jamais construit par la maison Cavaillé-Coll. La propriété, vaste de 60 ha, était à l'image de son extravagant propriétaire : des souterrains reliaient le château à un établissement de bains et à sept cuisines disséminées pour pouvoir se restaurer à tout endroit ; des viviers de poissons permettaient au baron d'être sûr de la fraîcheur de sa nourriture ; deux chenils accueillaient sa meute, l'un d'eux servant à isoler les animaux malades ; un petit château moyenâgeux, un pavillon chinois, une grotte servaient à sa fantaisie ; des galeries couvertes protégeaient les promeneurs des intempéries ; une usine hydro-électrique alimentait le château… La demeure ne fut pourtant pas destinée à recevoir quelque invité ; le baron y vécut de 1890 à 1898 avec sa maîtresse Biana Duhamel, à qui il fit construire la villa des Sables. Il entretenait avec elle une relation exclusive et possessive, enfermant la belle comédienne dans sa prison dorée. Quand elle le quitta, il vendit orgue et château.

## Chapelle impériale A1

*Rue Pellot.* Édifiée au 19e s. à la demande de l'impératrice Eugénie et vouée à la célèbre Vierge mexicaine de Guadalupe, elle mêle styles roman-byzantin et hispano-mauresque. *✆ 05 59 22 37 10 - juin-sept. : jeu. et sam. 14h-18h ; mars et nov.-déc. : sam. 14h-17h ; avr.-mai et oct. : sam. 14h30-18h - fermé janv.-fév. - 3 € (gratuit Journées du patrimoine).*

## Avenue de l'Impératrice A1

**Église orthodoxe russe** – *8 av. de l'Impératrice.* Construite en 1892, année de l'alliance entre la France et la Russie, elle accueillit des personnalités parmi les nombreux Russes qui venaient en vacances à Biarritz. De style byzantin, elle vaut surtout pour son intérieur : icônes provenant de St-Pétersbourg. *✆ 05 59 24 16 74 - mar., jeu. et dim. 16h-19h, sam. 15h-18h.*

**Villa La Roche Ronde** – De 1884, elle se reconnaît à son pur style néogothique avec ses toits crénelés et son échauguette en proue.

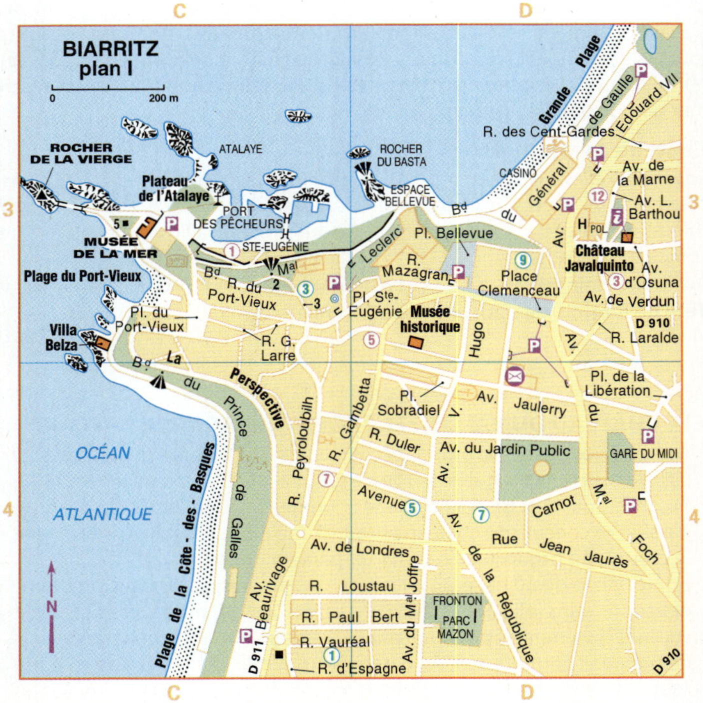


**SE LOGER**

- Chambre d'hôte Villa Vauréal ........ (1)
- Hôtel Atalaye ........ (3)
- Hôtel Gardenia ........ (5)
- Hôtel Maïtagaria ........ (7)
- Le Petit Hôtel ........ (9)

**SE RESTAURER**

- Azoka Café ........ (5)
- Cachaou ........ (12)
- Chez Albert ........ (1)
- Clos Basque ........ (3)
- Il Giardino ........ (7)

**INDEX DES RUES**

- Atalaye (Pl.) ........ 2
- Goélands (Rue des) ........ 3
- Rocher-de-la-Vierge (Espl. du) ........ 5

## « Reine des plages… »

Au début du 19$^{e}$ s., Biarritz n'est qu'un petit port baleinier perdu dans la lande. Lorsque les Bayonnais prennent l'habitude de venir s'y baigner, le trajet se fait à dos d'âne ou de mulet…

### LA SOUDAINE FORTUNE D'UN PORT BALEINIER

Mais voilà que la fille d'un grand d'Espagne, contrainte à l'exil pour ses sympathies françaises, y séjourne durant son enfance : la chose serait anecdotique si cette Eugenia de Guzmán (1826-1920), alias Eugénie de Montijo, n'était devenue en 1853 impératrice des Français. **Eugénie** décide **Napoléon III** à l'accompagner en 1854 sur la Côte basque. L'empereur est séduit et fait construire la villa Eugénie (détruite par un incendie en 1903, elle est remplacée par l'Hôtel du Palais), qui devient la résidence estivale du couple impérial.

Biarritz est alors lancée. Charme, luxe, casino attirent maintes têtes couronnées : peu de stations balnéaires offrent un livre d'or aussi riche que Biarritz, qui entre même dans l'histoire de la diplomatie lorsque Bismarck vient y rencontrer l'empereur, en 1865. Attirés par le climat, des Anglais fortunés, puis des aristocrates russes y séjournent. Les palaces se multiplient tandis que les villas, rivalisant de luxe et d'originalité, surplombent la mer et témoignent de cet engouement de la « jet-set » pour la ville, qui ne se démentira ni à la Belle Époque ni durant les Années folles. On y joue au golf et au tennis – **Jean Borotra** (1898-1994), dit le « Basque bondissant », l'un des fameux « Mousquetaires » qui remportèrent six fois la coupe Davis entre 1927 et 1932, était biarrot – et on assiste aux courses hippiques. Biarritz attire aussi les artistes. Sarah Bernhardt et Lucien Guitry s'y produisent, Rostand, Ravel, Stravinski, Loti, Cocteau ou Hemingway y séjournent, de même que Charlie Chaplin.

### UNE VILLE CINÉGÉNIQUE

Depuis les années 1980, les cinéastes l'ont choisie comme lieu de tournage : André Téchiné pour son *Hôtel des Amériques* (1981) ou Éric Rohmer, en 1986, pour *Le Rayon vert*. La station sert de décor pour certaines scènes de films tels que *Mes nuits sont plus belles que vos jours* (1989) de Andrzej Zulawski, la comédie de Jean Dujardin, *Brice de Nice* (2005), *Les Derniers Jours du monde* des frères Larrieu (2009) ou encore le dernier Patrice Lecomte, *Voir la mer* (2011).

### NOUVELLE VAGUE

En 1956, le scénariste américain Peter Viertel tourne dans la région *Le soleil se lève aussi*, sous la direction d'Henry King, d'après le roman d'Hemingway. Il se fait envoyer de Californie une curieuse planche qui nargue les rouleaux. La mode du surf déferle bientôt sur Biarritz comme une vague de fond…

50 ans plus tard, ce sport est une option du baccalauréat en Aquitaine, et la station porte désormais le surnom de « capitale européenne du surf ». Un titre qui lui va bien car les compétitions de surf qui se déroulent sur ses vagues ne se comptent plus. Son établissement des bains Art déco, lieu de naissance du premier club de surf de France en 1959, le Waikiki Surf Club, a été reconstruit à l'identique et accueille (entre autres) plusieurs écoles de surf. Paradoxalement, du projet originel de Cité du surf et de l'Océan, la municipalité n'a finalement gardé que la partie Océan, soulignant sa volonté de donner à Biarritz un rayonnement qui s'étende au-delà des vagues de la côte.

SE LOGER

- Hôtel Brikéténia .................... (1)
- Chambre d'hôte La Ferme de Biarritz .......... (3)
- Chambre d'hôte Irigoian.......... (5)
- Chambre d'hôte Itsas Mendi.. (7)
- Chambre d'hôte Mme Urtizberea-Arbieu...... (9)
- Chambre d'hôte Nere-Chocoa .................. (13)
- Camping Oyam..................... (15)
- Yelloh ! Village Ibarritz.......... (17)

SE RESTAURER

- L'Atelier................................... (1)
- Chez Auguste.......................... (3)
- Chez Benat............................. (5)
- Au Bois du Moulin................... (7)
- Le Moulin d'Alotz.................... (9)
- Philippe.................................. (11)
- Les Rosiers ............................ (13)
- La Table d'Aranda................... (15)
- Le Trinquet............................ (17)

INDEX DES RUES

- Haget (Av. Henri)......................... 5
- Mac-Croskey (Av. Gén.)............... 9
- Reine-Nathalie (Av.)...................10
- Reine-Victoria (Av.).....................12

## Pointe St-Martin A1

Son **phare**, à 73 m au-dessus du niveau de la mer, offre une belle **vue**★ sur la ville et les Pyrénées basques. Vous ne regretterez pas d'avoir monté les 248 marches ! *✆ 05 59 22 37 00 - juil.-août : 10h-13h30, 14h-19h ; mai-juin, sept. : 14h-18h ; vac. scol. : 14h-17h (18h après le passage à l'heure d'été) ; janv.-avr., oct.-déc. : w.-end 14h-17h (18h heure d'été), fermé 1er janv. et 25 déc. - 2,50 € (-12 ans gratuit).*

Juste à côté, la **villa Etchepherdia** adopte le modèle des fermes basques.

*Revenez vers le centre-ville par la plage et l'allée Winston-Churchill.*

Dans le jardin de la Grande Plage se dresse l'**Arbre-Main**, sculpture en bronze haute de 4,50 m réalisée par l'artiste polonaise Magdalena Abakanowicz. Au bout de la plage, après le casino, le boulevard du Général-de-Gaulle passe en contrebas de la place Bellevue, réaménagée par le designer **Jean-Michel Wilmotte**. Elle est ornée d'une sculpture géométrique de **Jorge Oteiza** : la **Ferme basque**.

Musée de la Mer.
G. Jioux / hemis.fr



**Bon à savoir** – Un musée, près de Pampelune, est consacré à ce sculpteur basque *(voir « La Navarre », p. 404)*.

*Continuez en direction du rocher de la Vierge.* Vous passez devant l'église Sainte-Eugénie de style néogothique (fin 19e-déb. 20e s.).

## Plateau de l'Atalaye C3

*Atalaya* signifie « promontoire » en espagnol : ici s'élevait une tourelle d'où l'on guettait l'arrivée des baleines ; des feux y étaient allumés pour donner l'alerte aux pêcheurs. Vue sur le minuscule abri du **port des Pêcheurs**, coincé entre le rocher du Basta et le promontoire où se dressait une *atalaye*. En bas, le petit port est charmant avec ses maisons de pêcheurs aux couleurs vives.

## ★ Rocher de la Vierge C3

Napoléon III eut l'idée de faire creuser ce rocher, entouré d'écueils, et de le relier à la falaise par un pont de bois. Aujourd'hui, il est rattaché à la côte par une passerelle métallique sortie des ateliers d'Eiffel qui, par gros temps, est inaccessible, les paquets de mer embarquant par-dessus la chaussée. Surmonté par une statue immaculée de la Vierge, le rocher est devenu le symbole de Biarritz.

## ★ Musée de la Mer C3

*Espl. du Rocher-de-la-Vierge - ✆ 05 59 22 75 40 - www.museedelamer.com - ♿ - juil.-août : 9h30-0h ; juin et sept. : 9h30-19h ; janv.-mai et oct.-déc. : 9h30-12h30, 14h-18h, vac. scol. 9h30-18h ou 19h - 13 € (4-16 ans 9,50 €).*

Ce musée, né dans les années 1930, se devait alors de répondre non seulement à des critères de fonctionnalité mais aussi au raffinement esthétique recherché par la riche clientèle de la ville. D'où la subtile et fraîche décoration intérieure : mosaïques, fresques murales, fontaine. Son propos : présenter une approche diversifiée du biotope marin, des activités humaines qui y sont rattachées et, d'une façon générale, des liens privilégiés qui unissent Biarritz et l'Océan depuis des siècles.

En sous-sol, une série d'**aquariums** présente la faune particulièrement riche du golfe de Gascogne. Au niveau 1, la salle de Folin évoque le pionnier de l'océanographie dans le golfe et l'historique du musée de la Mer inauguré en 1935. La **galerie des Cétacés**, étayée par une présentation sur la pêche à la baleine, expose des moulages ou des squelettes d'animaux échoués ou capturés sur la Côte basque (rorquals, orques, dauphins). Maquettes d'embarcations et instruments de navigation complètent la section consacrée aux techniques de pêche. Au niveau 2, présentation subaquatique de phoques et squales. Le ballet aquatique des phoques invite à monter jusqu'au dernier niveau, où l'on ne manquera pas le repas des phoques, sur la plage, en terrasse (10h30 et 17h). Juste à côté, la **galerie d'ornithologie** fait connaître l'ensemble des oiseaux de la côte et des Pyrénées, sédentaires comme migrateurs : un système interactif, dans une rotonde, permet d'entendre les chants et cris d'une quarantaine d'entre eux. Mais la **terrasse** est également une belle occasion de profiter d'une splendide vue plongeante sur le rocher de la Vierge et d'un vaste panorama embrassant la côte depuis sa partie landaise jusqu'au cap Machichaco.

### Villa Belza C3

Perchée sur un piton rocheux à la pointe de la Côte des Basques, cette villa de style éclectique, à qui une tourelle circulaire (un ajout ultérieur) donne sa silhouette caractéristique, a été bâtie en 1880 par l'architecte Alphonse Bertrand. Son nom (*belza* signifie « noir » en basque) et son allure en firent le lieu de tous les fantasmes des amateurs d'ésotérisme et de sorcellerie, avant que, louée en 1923 par le beau-frère d'Igor Stravinski, elle ne devienne sous le nom de « Château basque » un cabaret russe, réputé dans les Années folles.

### La Perspective C4

Promenade tracée au-dessus de la plage de la Côte-des-Basques où se trouve l'**établissement des bains**, un bâtiment Art déco récemment rénové (bar en terrasse à la belle saison). **Vue**★★ dégagée jusqu'aux trois sommets basques : la Rhune, les Trois Couronnes et le Jaizkibel. *Toute l'année, le littoral s'illumine de la tombée de la nuit à 1h du matin en hiver et à 3h en été.*

*Retournez vers le centre par la rue Gambetta.*

### Musée historique D3

*Église St Andrew's - r. Broquedis - ✆ 05 59 24 86 28 - http://musee-histo-biarritz.monsite.wanadoo.fr - juil.-août : 10h-13h, 14h30-18h30 ; reste de l'année : 10h-12h30, 14h-18h30 - fermé lun., dim. et j. fériés - 4 € (-10 ans gratuit).*

Dans une ancienne église anglicane, ce musée regroupe différents objets évoquant le passé de Biarritz, en particulier la glorieuse période du Second Empire, lorsque Napoléon III et l'impératrice Eugénie établirent là leur résidence d'été. Quelques objets leur ayant appartenu sont ainsi exposés.

*Reprenez la rue Gambetta jusqu'à la place Clemenceau, elle aussi réaménagée par Jean-Michel Wilmotte.*

## À voir aussi Plan de la ville I, p. 148

### Planète Chocolat (musée du Chocolat) A1

*14 av. Beaurivage - ✆ 05 59 23 27 72 - www.planetemuseeduchocolat.com - ♿ - vac. scol. : 10h-18h30 ; reste de l'année : tlj sf dim. 10h-12h30, 14h-18h30 - fermé janv. et 25 déc. - 6 € (-12 ans 4 €).*

Voilà un musée pour les gourmands. On y entre, alléché par l'odeur, et on se retrouve plongé dans le chocolat jusqu'au cou : outils anciens, affiches de réclame, moules, sculptures, etc. Dégustation en fin de visite.

**Asiatica - Musée d'Art oriental** A1

*1 r. Guy-Petit - ✆ 05 59 22 78 78 - www.museeasiatica.com - ♿ - vac. scol. : lun.-vend. 10h30-18h30, w.-end 14h-19h, j. fériés 14h-18h ; reste de l'année : lun.-vend. 14h-18h30, w.-end 14h-19h, j. fériés 14h-18h - possibilité de visite guidée sur demande (2 sem. av.) - 7 € (-25 ans 5 €, -8 ans gratuit) - audioguide 5 €.*
Cette collection d'art asiatique axée sur la vie de Bouddha vous propose un voyage insolite, documenté et coloré dans les provinces de l'Inde *(sous-sol)*, en Chine, au Népal et au Tibet *(rez-de-chaussée)*.

**Cité de l'Océan**

*À Ilbarritz, au sud de Biarritz.* Ouvert en juin 2011, ce bâtiment signé Steven Holl abrite une exposition spectaculaire sur l'Océan ; ludique, scientifique et interactive, elle est surtout destinée au jeune public.

# À proximité Carte p. 122-123



**BIDART** B1-2

*Bidart se situe à 6 km au sud-ouest de Biarritz par la D 911.*
*R. Errétégia, résidence Gidalekua - 64210 Bidart - ✆ 05 59 54 93 85 - www.bidart-tourisme.com - ♿ - juil.-sept. : 9h-19h, dim. et j. fériés 9h-12h30 ; reste de l'année : tlj sf sam. apr.-midi, dim. et j. fériés 9h-12h30, 14h-17h.* Cette petite commune côtière aurait pu se faire dévorer par sa célèbre voisine Biarritz, mais rien de tel n'est arrivé : Bidart a préservé son identité et son authenticité. Il suffit de s'attabler à l'une des terrasses de sa place centrale, face à l'église et à la mairie, pour s'en convaincre.
Station la plus haut postée de la Côte basque, Bidart est nichée au bord de la falaise. De la chapelle Ste-Madeleine, située sur la corniche *(accès par la rue de la Madeleine, au centre du village)*, le **panorama★** englobe le Jaizkibel (promontoire fermant la rade de Fontarabie), les Trois Couronnes et la Rhune.
La **place centrale**, avec sa trilogie église-mairie-fronton, est quelque peu encombrée par les terrasses de café. Des compétitions et parties de pelote très suivies ont lieu au fronton principal.
L'**église** au clocher-porche est caractéristique du pays : beau plafond en bois et galeries superposées. Immense retable rutilant de dorures, du 17e s. ; fonts baptismaux en marqueterie et bel orgue.
La rue de la Grande-Plage et la promenade de la Mer, rampe en forte descente, mènent à la **plage du Centre**. Le sentier du littoral *(p. 21)* qui permet de rejoindre Hendaye, démarre de la plage d'Erretegia *(accès en voiture)*.

**GUÉTHARY** B2

*74 r. du Comte-de-Swiecinski - 64210 Guéthary - ✆ 05 59 26 56 60 - www.guethary-tourisme.com - été : lun.-sam. 9h-12h30, 14h-18h30 ; reste de l'année : lun.-vend. 9h-12h30, 14h-17h30, sam. 9h-12h30 - fermé dim. et j. fériés.- de mi-juin à mi-sept. : visite guidée gratuite le mar. à 15h. Il propose un plan comprenant 2 promenades qui permettent de découvrir le village.*
La plus petite commune de la Côte basque ne s'en laisse pas conter et dispose d'atouts de poids pour contrebalancer l'attrait de ses voisines plus importan-

tes : la tranquillité et les plages. Le « joyau de la Côte basque » préserve en effet son calme tout en accueillant l'année durant les surfeurs, attirés par ses spots réputés. La station se concentre entre la D 810 et la mer, descendant en pente plus ou moins douce vers les plages et son petit port.

### Musée de Guéthary

*Parc municipal André-Narbaïts - 117 av. du Gén.-de-Gaulle - ☎ 05 59 54 86 37 - www.musee-de-guethary.fr - ♿ - juil.-août : 15h-19h ; mai-juin et sept.-oct. : 14h30-18h30 - fermé dim. et mar. - 2 € (-26 ans gratuit).* La villa Saraleguinea, belle maison de style néobasque (1900), édifiée pour un Basque ayant fait fortune en Amérique, accueille le musée. Celui-ci présente les œuvres du sculpteur d'origine polonaise **Georges Clément de Swiecinski** (1878-1958). Arrivé en France en 1902, ce chirurgien s'est installé en 1919 à Guéthary pour s'adonner à sa véritable vocation : la sculpture. Les collections regroupent aussi des livres et lettres du poète Paul-Jean Toulet, ainsi que l'épitaphe funéraire romaine attestant de l'origine ancienne du bourg. La visite se poursuit dans le parc qui est parsemé de Laminak *(voir « La mythologie basque », p. 90 et 267)*, réalisés par le mosaïste local Michel Duboscq *(son atelier se visite)* ou le sculpteur Claude Viseux.

### Église St-Nicolas

Au-delà de la D 810, sur la hauteur d'Elizaldia, l'**église** renferme un Christ en croix et une Pietà du 17e s., ainsi que le monument de Mgr **Pierre Mugabure** (1850-1910), enfant du pays parti comme missionnaire au Japon où il deviendra le premier archevêque de Tokyo.

### DU PORT DE PÊCHE À LA STATION BALNÉAIRE

Les premières traces d'activités humaines à Guéthary remontent à l'époque romaine, avec la présence de saloirs attestée par une épitaphe du 1er s. Mais sa principale source de richesse a toujours été la mer. Jusqu'au 19e s., on y chassait notamment la baleine franche noire, qui évoluait dans le golfe de Gascogne. L'animal était ramené au port où on le dépeçait sur le plan très incliné, encore visible aujourd'hui. Les pêcheurs pistaient aussi les bancs de thons et de sardines, mais leur port ne bénéficiant pas de mouillage, l'activité a progressivement disparu au 20e s. Aujourd'hui, les villas de style labourdin ont remplacé le quartier des pêcheurs et les surfeurs ont investi ses eaux. Guéthary a réussi sa reconversion !

## Circuit conseillé

### LES VILLAGES DE L'ARRIÈRE-PAYS B1-2, C1-2 p. 122-123

▶ *Pour visualiser cet itinéraire de 21 km (28 km avec le détour), reportez-vous au plan de la région (p. 122-123) - Comptez 1h30. Depuis Biarritz, prenez la D 254 puis la direction d'Arcangues (8 km).*

### Arcangues

Ce village, avec son église, son fronton et son auberge, compose un décor pittoresque. L'église fut édifiée à la fin du 12e s. puis remaniée au début du

16e s. À l'intérieur, galeries sculptées (déb. 18e s.), grand lustre Empire et bas-relief illustrant la décollation de saint Jean-Baptiste, patron de la paroisse. Le cimetière paysager aux nombreuses stèles discoïdales offre un **panorama★** sur les Pyrénées basques. Voir, à l'extrême gauche de la première terrasse en descendant, la tombe (toujours abondamment fleurie) de Mariano Eusebio González Garcia, plus connu sous le nom de **Luis Mariano**, prince de l'opérette décédé le 14 juillet 1970.

**Château d'Arcangues** – *✆ 05 59 43 04 88 - www.chateaudarcangues.com - de mi oct. à mi déc. : tlj sf lun. et j. fériés 10h-12h, 14h-18h - 6 € (-12 ans gratuit).* Construit en 1900. Seules les salles du rez-de-chaussée se visitent. Elles révèlent d'intéressantes pièces de mobilier du 18e s., des tapisseries d'Aubusson et des Gobelins, une collection d'autographes (Paul Valéry, Malraux, Anna de Noailles, de Gaulle), dont le plus ancien est une lettre patente de Louis XIII reconnaissant la validité du titre de marquis d'Arcangues. La chambre de Wellington conserve la même disposition qu'à l'époque où le duc y dormit (1813).

*Prenez la route secondaire à droite après Alotz.*

## Arbonne

Ce joli bourg était au Moyen Âge la résidence d'été des évêques de Bayonne. Aujourd'hui, son charme rural et sa proximité avec l'agglomération en font un bourg vivant et attractif.

La grande **église Saint-Laurent** a été construite au 12e s. Sa forme actuelle résulte des agrandissements effectués au fur et à mesure de la croissance de la population locale ; son clocher-pignon à arcades est doté d'un abat-son en bois, identique à celui du 12e s. Deux niveaux de galeries sculptées du 17e s., pietà en bois polychrome du 16e s., retable de 1790. Le bénitier extérieur au sud était réservé aux cagots. Le cimetière comprend une très belle collection de **stèles discoïdales** disséminées dans les allées, les plus anciennes datant du 16e s.

**Benoîterie** – *✆ 05 59 41 99 66 - lun.-sam. 15h-18h30, dim. 10h-12h, 15h-18h30 - fermé sept.* La petite maison de la benoîte, évaluée du 17e s., complète l'ensemble. Elle est inscrite à l'inventaire supplémentaire des Monuments historiques. Elle comporte une petite exposition sur les benoîtes et les vieilles maisons d'Arbonne et accueille des expositions d'artistes locaux dont les œuvres, parfois, auraient choqué les anciennes résidentes !

*Si vous n'êtes pas lassé des églises, faites un détour par Ahetze. Prenez la D 255 vers le sud puis la D 655 à droite.*

Encerclée par les maisons, l'**église Saint-Martin** d'**Ahetze** date du 16e s. Elle comprend une galerie sur trois niveaux. Retable doré baroque du 18e s., originale croix de procession du 15e s.

*Revenez à Arbonne puis poursuivez par la D 255 jusqu'à Biarritz.*

### LA « BENOÎTE »

Le nom de « benoîte » ou *andere serora* désignait la femme qui s'occupait de l'église du village : elle y faisait le ménage, entretenait le linge et les objets liturgiques… mais sa fonction principale était de tirer la cloche (elle était seule autorisée à le faire) et, surtout, d'écarter par ses prières et les sonneries de la cloche l'orage et la grêle. Pour prix de ses services, elle était logée dans un bâtiment situé à proximité de l'église et du cimetière.

## NOS ADRESSES À BIARRITZ

### HÉBERGEMENT

À Biarritz, l'Hôtel du Palais a pris la place de la villa Eugénie, élégante villégiature offerte par Napoléon III à l'impératrice. Cet établissement, le plus luxueux de la ville, propose de superbes chambres et suites ainsi que deux restaurants. À défaut d'y séjourner, vous pouvez y prendre un verre *(voir rubrique « En soirée »)*.

**Bon à savoir** – Il est possible désormais de **réserver en ligne** votre hébergement à Biarritz sur www.biarritz-reservation.com

PREMIER PRIX

**À Bidart**

**Camping Oyam** – *Chemin Oyhamburua - 1 km à l'E. par rte d'Arbonne puis rte à dr. - ✆ 05 59 54 91 61 - www.camping-oyam.com - de déb. avr. à mi-sept. - ♿ - réserv. conseillée - 350 empl. 13/30 € - 20 €/j - 80 - 18 - 14 appartements - 5 bungalows toilés - 10 tentes. Nuitée 39/67 €. Sem. 189/945 €.* Nombreuses possibilités d'hébergement et un tout nouveau concept : des tentes lodges, meublées, plancher au sol et même pour certaines un équipement sanitaire complet. Face au camping, dans une agréable résidence, des appartements avec terrasse au balcon. Et pour tous, un snack-bar, club enfants, piscine et terrain multisports. Terrain également aménagé pour les camping-caristes.

**Yelloh ! Village Ilbarritz** - *Avenue de Biarritz (2 km au nord) - ✆ 05 59 23 00 29 - www.camping-ilbarritz.com - de déb. avr. à fin sept.- 400 empl. 42 € - 100 - 58. Nuitée 39/135 €. Sem. 273/945 €.* Nouvellement inscrit dans le groupe des campings, Yelloh ! Village Ilbarritz propose une multitude de services : bar, snack, piscine couverte ou découverte suivant la météo… Dès le début de la haute saison, possibilité d'hébergement en chalet et en mobil-home en plus des emplacements camping classiques.

**À Guéthary**

**Chambre d'hôte**

**Mme Urtizberea-Arbieu** – *46 r. Assombrénéa - ✆ 05 59 26 54 12 - fermé 15 nov.-déb. fév. - P - - 5 ch. 42/65 €* Dans le bourg mais à l'écart de l'agitation balnéaire, cette grosse maison au milieu d'un jardin abrite trois chambres au 1er étage et deux au rdc. Toutes sont identiques avec un confort modeste mais compensé par une tenue irréprochable et un mobilier récent.

BUDGET MOYEN

**À Biarritz**

**Hôtel Atalaye** – *6 r. des Goélands - ✆ 05 59 24 06 76 - www.hotelatalaye.com - 24 ch. 47/92 € - 6,50 €.* Cette imposante villa 1900 a emprunté son nom au superbe plateau de l'Atalaye qui surplombe l'océan Atlantique. Chambres et salles de bains rénovées, que l'on choisira de préférence côté mer. Garage fermé (pour les deux-roues et matériel de surf, golf, etc.). Parking (gratuit hors saison) à proximité.

**Hôtel Gardenia** – *19 av. Carnot - ✆ 05 59 24 10 46 - www.hotel-gardenia.com - fermé mi-nov.-mars - 19 ch. 51/95 € - 7 €.* Cet établissement central à la façade rose a le charme d'une maison particulière. Ses chambres, coquettement décorées, sont calmes et régulièrement rafraîchies. Sa réception et son salon viennent tout juste d'être refaits. Hôtel non-fumeurs. Prix doux vu la situation.

**Chambre d'hôte La Ferme de Biarritz** – *15 r. Harcet - ✆ 05 59 23 40 27 - www.fermedebiarritz.com - P - ⊘ - 5 ch. 55/90 € - ☕ 8,50 €.* Près de la plage, ferme basque du 17e s. bien restaurée. Coquettes chambres (non-fumeurs) mansardées, aux meubles anciens. Petit-déjeuner dans le jardin ou devant la cheminée. Une chambre est équipée d'une kitchenette (suppl. 15 €).

**Le Petit Hôtel** – *11 r. Gardères - ✆ 05 59 24 87 00 - www.petithotel-biarritz.com - 12 ch. 67/95 € - ☕ 6 € - -26 ans 62/72 € ☕* Coquet petit hôtel situé dans une rue tranquille non loin de la Grande Plage. Il abrite des chambres très bien insonorisées, décorées dans des tons bleus ou jaunes ; toutes disposent d'un accès Internet (câble non fourni). Tarifs spéciaux pour les jeunes : avis aux surfeurs et golfeurs !

## À Bidart

**Chambre d'hôte Itsas Mendi** – *1507 av. de Biarritz - ✆ 05 59 23 36 54 - http://itsas.mendi.free.fr - P - ⊘ - 5 ch. 45/85 € - ☕ 7 €.* Cette belle maison basque, un peu proche de la route, se trouve à 500 mètres du golf et des plages. Ses chambres, toutes installées au premier étage, ne sont pas très grandes ; leur décoration reste sobre. L'été, vous prendrez votre petit-déjeuner sur la terrasse surplombant la piscine.

## À Guéthary

**Hôtel Brikéténia** – *R. de l'Église - ✆ 05 59 26 51 34 - www.briketenia.com - P ♿ - 16 ch. 70/160 € - ☕ 10 € - rest. 33/87 €.* Deux belles maisons du 17e s. à l'architecture typique. Celle aux volets rouges abrite des chambres en partie dotées de mobilier ancien. Salon convivial. Confortable restaurant à l'atmosphère bourgeoise et cossue dans la seconde maison, refaite à neuf.

### POUR SE FAIRE PLAISIR

## À Biarritz

**Hôtel Maïtagaria** – *34 av. Carnot - ✆ 05 59 24 26 65 - www.hotel-maitagaria.com - fermé 23 nov.-15 déc. - 15 ch. 62/100 € - ☕ 9 €.* Accueil sympathique dans cette demeure de style régional qui a revu son aménagement. Le mobilier chiné des chambres est largement Art déco.

**Chambre d'hôte Nere-Chocoa** – *28 r. Larreguy - ✆ 06 08 33 84 35 - www.nerechocoa.com - ⊘ - 5 ch. 75/115 € - ☕ 9 €.* Cette maison entourée de chênes a hébergé des hôtes illustres dont l'impératrice Eugénie. Vastes chambres soignées, galerie d'art exposant sculptures et peintures, salon convivial pour soirées musicales.

**Chambre d'hôte Villa Vauréal** – *114 r. Vauréal - ✆ 06 10 11 64 21 - www.villavaureal.com - P - 5 ch. 110/195 € - ☕ 9,50 €.* Confortable villa dans un grand jardin aux arbres magnifiques, à deux pas de la plage des Basques. Chambres personnalisées (nom et couleur d'un fruit). Confiture maison. Parking payant.

### UNE FOLIE

## À Bidart

**Chambre d'hôte Irigoian** – *1215 av. de Biarritz - ✆ 05 59 43 83 00 - www.irigoian.com - P ♿ - 5 ch. 95/125 € - ☕ 9 €.* Cette ancienne ferme du 17e s. se trouve à proximité de l'Océan, en lisière d'un golf. Chambres du meilleur goût et spacieuses salles de bains. Piscine intérieure chauffée, hammam, salle de gym et massage à la demande.

### RESTAURATION

**Bon à savoir** – L'Office du tourisme de Guéthary voisine avec plusieurs petites adresses proposant des casse-croûte, assiettes et salades tout à fait honorables, souvent servis en terrasse.

#### PREMIER PRIX

#### À Biarritz

**Il Giardino** – *5 r. du Centre – ✆ 05 59 22 16 41 - www.ilgiardino-biarritz.com - 10/20 € - fermé lun. et dim. midi; ouv. midi mar.-sam. et soir mar.-dim.* Petit restaurant italien aux couleurs acidulées. Les plats, composés selon les saisons, sont authentiques, généreux et à prix doux. Un *spinaci ripieni* (petites bouchées d'épinards et sauce menthe), suivi de pâtes maison, d'un risotto ou d'un *spiedini sfiziosi* (brochettes de veau agrémentées de raisins et pignons), accompagnés d'un bon vin sicilien. Un tiramisu et un *ristretto* plus tard, on repart avec le sourire.

**Azoka Caffé** – *15 r. Gambetta - ✆ 05 59 22 50 88 - 7,70 € déj. - 13/33 €.* Ce vrai bar à tapas/*pintxos* proche des halles, ouvert par les anciens animateurs du bar Jean, est décoré des toiles d'Aski, fameux peintre biarrot. L'ambiance est populaire et très animée. La salle dispose d'un original toit ouvrant. Au menu, pizza, spécialités basques et espagnoles... et tapas (succulentes), bien sûr.

#### À Bidart

**Au Bois du Moulin** – *ZA Bassilour - 64210 Bidart - ✆ 05 59 41 94 01 - www.auboisdumoulin.com - fermé nov.-fév. - 10/25 €.* Scrutez le ciel pour savoir si ce petit restaurant pourra vous accueillir aujourd'hui : en effet, comme dans les guinguettes d'antan, les tables sont dressées à l'extérieur, à l'ombre de grands arbres, d'une pergola et de quelques parasols. Une salle à l'intérieur pourra néanmoins vous accueillir en cas de pluie. La carte est très simple : salades, charcuterie et plat du jour.

**Chez Auguste** – *R. de l'Ouhabia, D 810 - 64210 Bidart - ✆ 05 59 54 94 01 - fermé 15 nov.-15 déc. et lun. - ⊠ - 10/18 €.* Cette petite adresse presque de bord de plage est une perle rare : bon choix de plats, assiettes généreuses et prix plus que raisonnables. Aussi, ne vous étonnez pas que la terrasse soit comble. Reste la salle à manger décorée simplement où vous passerez aussi un bon moment.

#### BUDGET MOYEN

#### À Biarritz

**La Table d'Aranda** – *87 av. de la Marne - ✆ 05 59 22 16 04 - www.tabledaranda.fr - fermé 3-18 janv., lundi sauf le soir en juil.-août et dim. - formule déj. 15 € - 20 €.* Le bouche-à-oreille ne fait pas défaut à cette table au cadre rustique et basque, située dans les murs d'une ex-rôtisserie. Cuisine personnelle et inventive, maniant avec brio le sucré-salé.

**Cachaou** – *30 av. Édouard-VII - ✆ 05 59 22 59 55 - 16/38 € - lecachaou@gmail.com - fermé dim.* Une nouvelle adresse qui suscite l'enthousiasme. Le menu change tous les jours, proposant des plats gourmands avec des produits frais. L'accueil est très agréable. Le décor est contemporain avec des expositions de peintures, sur deux étages. En juillet-août, le restaurant propose des « beachbox » à emporter pour pique-niquer sur la plage ; il ouvre aussi tôt le matin pour accueillir avec entrecôtes et huîtres les fêtards affamés en *after*.

**Le Clos Basque** – *12 r. Louis-Barthou - ✆ 05 59 24 24 96 - leclosbasque@gmail.com - fermé 23 juin-3 juil., 27 oct.-17 nov., 23 fév.-12 mars, dim. soir sf juil.-août et lun. - 24 €.* Pierres apparentes et azulejos donnent un air ibérique à la petite salle à manger où règne une ambiance conviviale. Terrasse d'été très courue. Spécialités régionales.

**Chez Benat** – *22 r. Harispe - ✆ 05 59 41 01 41 - formule déj. 18 € - 29 €.* Dans un décor simple mais chaleureux, vous dégusterez des huîtres et une cuisine à base de poissons *a la plancha*, sans oublier les fameux jambons espagnols. En outre, l'accueil est des plus sympathiques, ce qui ne gâte rien !

### POUR SE FAIRE PLAISIR

#### À Biarritz

**Chez Albert** – *Allée Port-des-Pêcheurs - ✆ 05 59 24 43 84 - www.chezalbert.fr - fermé 22 nov.-16 déc., 4 janv.-10 fév. et merc. - 40 €.* Les produits de la mer sont à l'honneur dans cette adresse animée et décontractée d'où l'on aperçoit le petit port de pêche. Terrasse très prisée en été.

#### À Arcangues

**Le Trinquet** – *✆ 05 59 43 09 64 - 29,50 €.* C'est une copieuse cuisine traditionnelle qui est servie dans la salle de ce restaurant ouverte sur la *cancha* où se disputent les parties de pelote – souvent des défis organisés par le patron des lieux. Chants basques en sus pour accentuer la couleur locale.

### UNE FOLIE

#### À Biarritz

**Philippe** – *30 av. du Lac-Marion - ✆ 05 59 23 13 12 - www.restaurant-biarritz.com - tlj en août ; reste de l'année : merc.-dim. - fermé 2 sem. en mars, 2 sem. en nov., 1 sem. en juin - 35/100 €.* Cuisines ouvertes où l'on prépare agneau et cochon de lait, plats inventifs, décor avant-gardiste, terrasse et jardin aromatique : ce restaurant surprend et séduit. Dépôt-vente d'art contemporain.

**L'Atelier** – *18 r. de la Bergerie - ✆ 05 59 22 09 37 - www.latelierbiarritz.com - fermé 2 sem. en janv. et en oct., 1 sem. en juin, sam. midi, dim. soir et lun. sf juil.-août - 48/70 €.* Cet atelier culinaire vous réserve la surprise de préparations actuelles relevées d'un trait de créativité et de bons vins. Côté décor, il mise sur l'élégance d'un espace feutré.

**Les Rosiers** – *32 av. Beausoleil - ✆ 05 59 23 13 68 - www.restaurant-lesrosiers.fr - sept.-juin ouv. merc.-dim, juil.-août ouv. tlj sf à midi lun.-merc. - 36/72 €.* Accueillante maison tenue par un couple (dont la femme est la première « Meilleur Ouvrier de France »de l'histoire) qui réalise à 4 mains une cuisine « vérité » séduisante et raffinée. La carte change tous les deux mois. Décor sobre et élégant.

#### À Arcangues

**Le Moulin d'Alotz** – *Chemin Alotz-Errota - depuis la D 755 à Alotz, prendre la rte secondaire à droite - ✆ 05 59 43 04 54 - fermé mar. et merc., janv., 1 sem. fin juin - 56 €.* Dans un ancien moulin du 17e s., entouré de verdure, le jeune chef Benoît Sarthou propose une cuisine haute gamme où foie gras, homards, poulpes et pigeonneaux vous réservent de belles surprises. Le gâteau frangipane à la pistache et la crème glacée à la verveine sont déjà fameux !

### EN SOIRÉE

**Bon à savoir** – À Biarritz, le port des Pêcheurs accueille bars et brasseries, pour prendre un verre près des bateaux de pêche. Située plus à l'intérieur de la ville, la place **Georges-Clemenceau** est bordée de brasseries et bodegas. Enfin, la **Grande Plage** est fréquentée aussi bien en journée qu'en soirée grâce à la proximité de la mer du **Café de la Grande Plage** (idéal pour prendre un verre après un bain de mer) et du casino.

**Casino Barrière de Biarritz** – *1 av. Édouard-VII - ✆ 05 59 22 77 77 - www.lucienbarriere.com.* Situé sur la Grande Plage, cet immense casino de style Art déco rénové vous ouvre ses portes tout au long de l'année. Vous y trouverez une salle de jeux de table, une salle de poker, des machines à sous, un restaurant, un élégant snack-bar et le Café de la Grande Plage.

**Bar Impérial (Hôtel du Palais)** – *1 av. de l'Impératrice - ✆ 05 59 41 64 00 - www.hotel-du-palais.com - P - 9h-0h.* La villa Eugénie fut témoin des amours de Napoléon III et de l'impératrice Eugénie. Depuis 1893, cet édifice (reconstruit en 1903) est devenu le majestueux Hôtel du Palais, doté d'un bar de standing, l'Impérial. Face à l'Océan, vous pourrez tremper vos lèvres dans une coupe de champagne *(16/35 €)* tout en rêvant aux fastes d'antan. Pour parfaire le charme du lieu, un pianiste joue chaque soir entre 20h et 23h.

**Arena Café** – *Espl. du Port-Vieux - ✆ 05 59 24 88 98 - fermé mar. soir et merc. hors sais.* Un café-restaurant « les pieds dans l'eau » (superbe terrasse dominant la mer) devenu un incontournable des soirées biarrotes. Ambiance *hype* au bar. En saison, le Kokoma Café en terrasse propose cocktails, sushis et tapas.

**Le Caveau** – *4 r. Gambetta - ✆ 05 59 24 16 17 - 22h30-5h.* Bar-discothèque le plus branché de la région où vous croiserez les inévitables stars en vacances. Tout ce petit monde vient ici pour faire la fête autant que pour se montrer, bien évidemment.

**Ibiza Discothèque** – *Grande Plage - ✆ 06 62 44 09 24 - www.ibiza-biarritz.com - mar.-sam. 0h-5h.* Discothèque face à la mer, elle attire les jeunes clubbeurs. Vous pouvez commencer votre soirée au **Cubana Café** voisin (22h-2h), où les danses et l'ambiance latinos sont à l'honneur.

**Gare du Midi** – *23 av. du Mar.-Foch - ✆ 05 59 22 44 66 - www.biarritz.fr - ouv. les soirs de spect. ; billetterie gérée par l'office de tourisme : tlj 10h-13h, 13h30-18h.* C'est la principale salle de spectacles de la ville : elle possède 1 400 places. Toutes sortes de représentations y ont lieu : pièces de théâtre, concerts de variétés, ballets… La Gare du Midi abrite également les studios du Centre chorégraphique national Ballet Biarritz.

**Loggia Sarl** – *11 r. Gardères - ✆ 05 59 24 14 85 - www.restaurant-laloggia-biarritz.fr.* La Loggia a accentué son côté restaurant, mais on peut encore y siroter en soirée cocktails et bon choix de vins, accompagnés de tapas.

## À Bidart

**Cargo Blue** – *Av. Ibaritz - 64210 Bidard - ✆ 05 59 23 54 87 - www.bluecargo.fr - P - avr.-sept. ouv. tlj. à partir de 12h.* De jour, une plage agréable pour déjeuner léger et siroter des cocktails. La nuit, un spot très à la mode, qui plaira à ceux qui aiment faire la fête entre amis, jusqu'au petit matin.

### ACHATS

## À Biarritz

**Maison Pariès** – *1 pl. Bellevue - ✆ 05 59 22 07 52 - www.paries.fr - P - en saison : 8h30-19h30 ; hors* *saison : 9h-13h, 14h30-19h*. Fidèle à plus d'un siècle de tradition familiale, la maison Pariès élabore de nombreuses spécialités telles que le mouchous, sorte de macarons à base d'amandes fraîches, le kanouga, caramel tendre au chocolat, les célèbres gâteaux basques et les tourons. Le rayon chocolat n'est pas en reste avec une cinquantaine de variétés exquises.

**Maison Arostéguy** – *14 bis av. Victor-Hugo - ✆ 05 59 24 00 52 - www.arosteguy.com - tlj sf lun. mat. et dim. 9h30-13h, 15h15-19h30 (ouv. dim. mat. Pâques et juil.-août) - fermé 25 déc.* Fondée en 1875, cette célèbre épicerie de Biarritz (anciennement « Épicerie du Progrès ») a conservé ses murs, ses étagères et sa façade d'époque. On y déniche de nombreuses spécialités et produits difficiles à trouver ailleurs : millésimes rares du Bordelais, armagnacs prestigieux, thés parfumés, épices et produits basques.

**Chocolats Henriet** – *Pl. Clemenceau - ✆ 05 59 24 24 15 - chocolat.henriet@wanadoo.fr - 9h-19h.* Fondée après la Seconde Guerre mondiale, la boutique Henriet est une référence en matière de chocolat et de spécialités gourmandes : calichous (caramels au beurre d'Échiré et à la crème fraîche), rochers de Biarritz (chocolat amer, écorces d'oranges, amandes).

**Galerie Cazaux Biarritz, céramiste depuis 1750** – *10 r. Broquedis - ✆ 05 59 22 36 03 - www.cazauxbiarritz.com - tlj sf dim. 10h-12h30, 15h-19h, j. fériés sur demande préalable.* La Maison Cazaux se voue à l'artisanat d'art poterie-céramique depuis le 18e s. Jean-Marie Cazaux et son fils Joël parlent volontiers de leur métier qu'ils qualifient d'« austère » et de « solitaire ». Cette boutique se consacre également à la création personnalisée : les céramiques y sont réalisées à la demande, depuis l'extraction de la terre jusqu'à la vente du produit fini. Travail sur mesure, dessin fait à la main.

**Maison Charles Larre** – *1 r. des Halles - ✆ 05 59 24 92 02 - www.maisoncharleslarre.com - de juil. à mi-sept. : 9h30-13h, 14h30-19h ; reste de l'année : 10h-12h30, 14h30-19h - fermé 1er janv. et 25 déc.* Cette adresse incontournable crée de la toile basque depuis 1925 ; elle a récemment fermé sa boutique de St-Jean-de-Luz alors ne manquez pas celle de Biarritz ! Vous y trouverez le tissu aux motifs rayés traditionnel vendu au mètre, mais aussi la toile épaisse d'origine baptisée « la mante à bœuf », du linge d'office, des nappes, mais aussi des créations originales, ainsi que de la vaisselle.

### À Bidart

**Moulin de Bassilour** – *Quartier de Bassilour - ✆ 05 59 41 94 49 - P - 8h-13h, 14h30-19h - fermé 2e et 3e sem. de janv. et d'oct.* Dans ce moulin en activité depuis 1741, on fabrique artisanalement des gâteaux basques fourrés à la crème ou à la cerise noire, mais également des sablés, des pains et des gâteaux de maïs à l'anis.

## SPORTS & LOISIRS

### À Biarritz

**Biarritz Olympique** – *Stade Aguilera - ✆ 05 59 01 64 64 - www.bo-pb.com - lun.-vend. 9h-12h30, 14h-18h - fermé 1er janv. 1er Mai et 25 déc.* Ce complexe regroupe le stade de rugby du Biarritz Olympique, cinq fois vainqueur du Bouclier de Brennus depuis le début du siècle, deux fois vice-champion d'Europe et qui tient toujours les premiers rôles dans

1

le Top 14, des courts de tennis, une piste d'athlétisme, des salles de musculation, de fitness, de danse…

**Euskal Jaï Fernand Pujol** – *R. Cino-del-Duca - Parc des sports Aguilera - ☎ 05 59 23 91 09 -* P Cette école de pelote basque organise des compétitions de *cesta punta* de juin à septembre, presque chaque mercredi et samedi ; gala de pelote basque les lundi et mercredi, hors saison le jeudi.

**Plaza Berri (fronton mur à gauche)** – *42 av. du Mar.-Foch - ☎ 05 59 22 15 72 - 8h-22h sf dim. - 20 € (4 pers. mini).* En juillet et août, des galas de pelote basque (main nue, *paleta* cuir et petit chistera) sont organisés chaque mardi soir à partir de 21h (billetterie dès 20h30). En dehors des périodes de compétitions, vous pourrez vous essayer à la *pala* (raquette en bois).

**Sobilo** – *24 r. Peyroloubilh - ☎ 05 59 24 94 47 - www.cycle-ocean.com - 9h30-18h - juil. août : 9h-19h.* Location de VTT, scooters, motos et voiturettes pour égayer vos balades dans le Pays basque.

**Thalassa Sea & SPA Biarritz** – *13 r. Louison-Bobet - ☎ 05 59 41 30 01 - www.thalassa.com - 8h30-12h30, 14h30-18h30 - fermé 1er janv. et 25 déc. - se renseigner auprès de la réservation centrale ☎ 05 59 41 30 01.* Emplacement idéal face à l'Océan pour ce centre de thalassothérapie composé de quatre pavillons. L'un des nombreux programmes de soins vous conviendra sûrement : harmonie, remise en forme, rééducation, « maman et bébé », minceur, détente et golf, sublim'éclat, anti-stress, etc. Espace beauté dernier cri.

**Thalmar** – *80 r. de Madrid - ☎ 05 59 23 01 22 - www.biarritz-thalasso.com - lun.-sam. 9h-12h30, 14h30-18h, dim. 9h-13h.* Centre de thalassothérapie doté d'une piscine de détente et d'un jacuzzi où vous pourrez bénéficier de nombreux soins : douche à fusion, douche sous-marine, bain aéro-marin, massages, application d'algues… Espace fitness.

**Lagoondy École de surf** – *Établissement des bains - plage de la Côte-des-Basques à Biarritz ; 7 r. de l'Étape à Bidart - ☎ 05 59 24 62 86 - www.lagoondy.com - école de surf : 10h-19h, inscription au Rip Curl Surf Shop à Biarritz - fermé janv. et lun. hors saison - cours de surf 1h30 35 €, 3 cours 95 €, 5 cours 160 € - stages avec hébergement : 430 à 595 €.* École de surf labellisée par la Fédération française de surf. Location de planches à la plage du Pavillon Royal à Bidart.

**Golf Le Phare** – *2 av. Édith-Cavell - ☎ 05 59 03 71 80 - www.golfbiarritz.com - merc.-lun. : hte saison 7h30-20h ; moyenne saison 8h-19h30 ; basse saison 8h-19h - fermé mar. sf vac. de Pâques, en été et vac. de Noël - 72 € (- 18 ans 36 €).*

**Piscine municipale** – *Bd du Gén.-de-Gaulle - ☎ 05 59 22 52 52 - www.biarritz.fr - horaires variables selon calendrier scolaire - fermé 1re sem. de janv., fin mai et 3 sem. en sept.* Située au bord de l'Océan, cette piscine est équipée de bassins d'eau de mer chauffée, ainsi que d'un jacuzzi, d'un hammam et d'un sauna.

## À Bidart

**Bon à savoir** – Bidart ne compte pas moins de six plages, cependant, seules deux d'entre elles sont accessibles en voiture. Il s'agit des plages d'Ilbarritz et de l'Uhabia. De nombreux restaurants et boutiques de loisirs longent cette dernière. On peut, entre autres, y louer un scooter des mers ou une planche à voile. Les amateurs de golf ont l'embarras du choix : les magasins de matériel de surf sont nombreux sur la D810 entre Bidart et Guéthary.

**Golf d'Ilbarritz** – *Av. du Château - ✆ 05 59 43 81 30 - www.golfilbarritz.com - hte saison 8h-20h ; moyenne saison 8h-19h30 ; basse saison 8h-18h30 - fermé lun. hors saison - 36 € green fee 9 trous (-18 ans 18 €).* Ce golf 9 trous bénéficie d'une superbe vue sur la mer et d'un concept original permettant de recréer autour d'un espace circulaire toutes les situations qu'un joueur pourrait rencontrer sur un parcours traditionnel. Stages, leçons individuelles, conseils et location de matériel.

**Golf d'Arcangues** – *✆ 05 59 43 10 56 - www.golfdarcangues.com - P - fermé lun. de nov. à mars – hte saison 8h30-19h - 70 € ; moyenne saison 8h30-18h30 - 57 € ; basse saison 8h30-18h30 - 47 €.*

**École de surf Taïba** – *Camping de la plage - av. d'Espagne - plage de l'Uhabia - ✆ 06 14 01 13 11 - www.surf-taiba.com - juil.-août et vac. scol. : 9h-18h30 et dim. hors sais. - 28 €.* École de surf labellisée par la Fédération française de surf.

## À Guéthary

**Bon à savoir** – La grande plage de Parlementia, que se partagent Guéthary et Bidart, est sans aucun doute la plus agréable du coin. Surveillée en juillet et en août, sa côte est longée par un sympathique chemin piétonnier. Les plages de Cenitz et de Harotz Costa (sentier près du port) ne sont pas surveillées.

**École de surf de Guéthary** – *582 av. du Gén.-de-Gaulle - 64210 Guéthary - ✆ 06 08 68 88 54 - http://surf.guethary.free.fr - ouv. tte l'année - 44 € cours découverte 2 h ; 160 € pour 1h30/j pdt 5 j. ; 180 € pour 2h/j pdt 5 j.* École de surf et de bodyboard depuis 1996. On y enseigne désormais aussi le *stand up paddle*. Cours et stages (dont le « Surf Camp » : stage avec hébergement) assurés par des moniteurs brevetés d'État. Également, location de matériel (surf, bodyboard, combinaison, palmes) et vente d'accessoires.

### AGENDA

Festival **Cinémas et Cultures d'Amérique latine** – *Sept.-oct.*

Festival **Le Temps d'aimer la danse** – *1 sem. en sept.*

Parmi les nombreuses compétitions de surf de Biarritz :

**Biarritz Surf Trophée** – *oct.*

**Biarritz Surf Festival** – *juil.*

**Biarritz Quiksilver Maïder Arosteguy** – *w.-end de Pâques*

**Championnat de France de surf** – *fin oct.-déb. nov.*

# St-Jean-de-Luz

★★

**Donibane Lohitzun**

13 579 Luziens - Pyrénées-Atlantiques (64)

NOS ADRESSES PAGE 171

### S'INFORMER

**Office de tourisme** – *20 bd Victor-Hugo - 05 59 26 03 16 - www.saint-jean-de-luz.com - avr.-sept. : lun.-sam. 9h-12h30, 14h-19h, dim. et j. fériés 10h-13h ; reste de l'année : lun.-sam. 9h-12h30, 14h-18h - fermé dim., 1er janv., 1er Mai et 25 déc.*

**Visite guidée** – *Juil.-août : mar. et jeu. 10h ; reste de l'année : mar. 10h - s'adresser à l'office de tourisme.*

**Train touristique** – Visite commentée en petit train de la vieille ville - *05 59 41 96 94 / 06 85 70 72 85 - http://petit-train-saint-jean-de-luz.com/ - juil.-août : 10h30-19h30 ; avr.-juin, sept.-oct. : 10h30-12h30, 14h30-18h30 ; circuit de 30 mn - départ du rond-point du port de pêche - 5,50 € (-12 ans 3 €).*

**Navette maritime** – Une navette permet de traverser la baie, elle relie St-Jean-de-Luz (port et digue aux Chevaux), Ciboure et Socoa - *mai-sept. - se rens. pour les horaires - 06 11 69 56 93 - www.ciboure-paysbasque.com - 2,50 € (-5 ans 1,50 €).*

### SE REPÉRER

Carte de région B2 (p. 122-123) – carte Michelin n° 573 B 24-25. La vie de St-Jean-de-Luz se concentre entre la Nivelle au sud-ouest et les plages au nord, c'est-à-dire entre le port et la mer.

### SE GARER

Choisissez la place du Mar.-Foch, à deux pas de la place Louis-XIV et du port, pour laisser votre voiture. En été, des navettes gratuites vous emmènent depuis les Parkings Relais, à l'entrée de la ville, jusqu'au centre-ville.

### À NE PAS MANQUER

La splendide église St-Jean-Baptiste et son retable.

### ORGANISER SON TEMPS

Visite du centre-ville le matin, avec son église, ses maisons basques et ses musées ; farniente sur la plage l'après-midi ; sentier botanique depuis la pointe de Ste-Barbe en fin de journée ; petit verre en terrasse sur le port le soir : voilà le planning idéal d'une journée à St-Jean-de-Luz.

### AVEC LES ENFANTS

Un tour de la ville en petit train et une visite de l'écomusée de la Tradition basque.

**Cité d'armateurs fortunés, elle fut aussi celle de corsaires émérites presque aussi célèbres que leurs voisins malouins ! Face à l'Océan, la ville dotée d'une baie superbe était prédestinée à être gagnée par le tourbillon mondain né à Biarritz dans les années 1850. Les villas balnéaires poussèrent aux côtés des maisons basques aux bois peints, des grosses demeures d'armateurs et des palais du 17e s. Il se dégage aujourd'hui de**

Le port de St-Jean-de-Luz.
*VH/Oriental Touch/Age fotostock*



**cet heureux mélange de styles une exquise douceur de vivre que l'on savoure en farniente sur la Grande Plage ou en balades dans le petit port de pêche.**

## Se promener Plan p. 167

### ★ Le port A2

Le temps des baleines est fini, mais le port reste important pour la sardine, le thon et l'anchois. C'est un vrai port de carte postale avec ses bateaux peints de couleurs très vives et ses pêcheurs œuvrant sur le quai auprès des filets amoncelés. Avec, en plus, une odeur de saumure et un délicieux concert cristallin joué par le ponton sur pilotis, qui roule avec la marée.

De l'autre côté du port se dressent l'église St-Vincent et les maisons de **Ciboure** *(voir « À proximité » p. 168)*.

La majestueuse **maison de l'Infante**, dite **Joanoenia** (A2), semble veiller sur les bateaux. Cette riche demeure en brique et pierre avec des galeries à l'italienne accueillit l'infante et la reine mère. Dans la grande salle 17e s., cheminée monumentale sculptée et peinte ainsi que des poutres décorées de peintures de l'école de Fontainebleau. *1 quai de l'Infante - ✆ 05 59 26 36 82 - juin-oct. et vac. de la Toussaint : 11h-12h30, 14h30-18h30, dim. et lun. 14h30-18h30 ; 12 nov. -31 mai : sur réserv. uniquement - 2,50 € (-18 ans 2 €) commentaire audio (15mn).*

### Rue Mazarin A2

Domaine des armateurs au 17e s., la langue de terre isolant la rade du port fut réduite des deux tiers par le raz de marée qui, en 1749, anéantit 200 maisons de la ville. Elle conserve quelques nobles demeures, comme la **maison St-Martin** (A2), au n° 13.

*Sur la droite de la rue s'ouvre la place Louis-XIV.*

### ★ Maison Louis XIV A2

*✆ 05 59 26 01 56 ou 05 59 26 27 58 - juil.-août : 10h30-12h30, 14h30-18h30 ; fermé mar., 14 Juil. et 15 août et de nov. aux vac. de Pâques - de déb. juin à mi-oct. : visites guidées (35mn) à 11h, 15h, 16h (et 17h en juin et sept.) - 5,50 € (-12 ans gratuit).*

Cette noble demeure fut construite pour l'armateur Lohobiague en 1643. À l'intérieur, le caractère « vieux basque » est donné surtout par l'**escalier** à volées droites, travail robuste de charpentier de marine : comme pour tous les planchers anciens des pièces d'habitation, les lattes sont fixées par de gros clous apparents, qui interdisent le rabotage et le ponçage.

Du palier du 2e étage, une passerelle intérieure conduit aux appartements où la veuve de Lohobiague reçut Louis XIV en 1660. En passant dans la **galerie à arcades**, prenez le temps de savourer le panorama des Pyrénées basques.

Dans la salle à manger aux lambris verts, table de marbre Directoire et cadeau de l'hôte royal à la maîtresse de maison : un service de trois pièces en vermeil décoré d'émaux niellés.

### Centre-ville

Avec ses rues piétonnes (rue de la République, rue Gambetta, *dans le prolongement de la rue Mazarin*), il a beaucoup de caractère. Au n° 17 de la rue de la République se trouve la plus vieille maison de la ville ; en pierre de taille, elle contraste avec les maisons basques voisines.

### ★★ Église St-Jean-Baptiste A2

*✆ 05 59 26 08 81 - visite guidée gratuite en juil.-août (lun.-vend. à 17h).*

Extérieurement, elle est d'une architecture très sobre, presque sévère avec ses hautes murailles percées de maigres ouvertures, sa tour massive sous laquelle se glisse un passage voûté. Un bel escalier à rampe en fer forgé donne accès aux galeries.

L'intérieur, somptueux, date pour l'essentiel de son agrandissement de 1649, effectué par l'architecte bayonnais Louis de Milhet. Trois étages de galeries de chêne (cinq au mur du fond) encadrent la nef unique que couvre une

#### LE MARIAGE DU ROI-SOLEIL

Prévu par le **traité des Pyrénées** *(voir « Hendaye », p. 181)*, le mariage de Louis XIV avec l'infante d'Espagne Marie-Thérèse a lieu à St-Jean-de-Luz. Accompagné de sa suite, le roi arrive le 8 mai 1660 et loge à la maison Lohabiague. Le 9 juin, entre les Suisses qui font la haie, le cortège royal s'ébranle en direction de l'église. Derrière deux compagnies de gentilshommes, le cardinal Mazarin, en costume somptueux, ouvre la marche, suivi par Louis XIV en habit noir orné de dentelles. À quelques pas derrière, Marie-Thérèse, en robe tissée d'argent et manteau de velours violet, la couronne d'or sur la tête, précède Monsieur, frère du roi, et l'imposante Anne d'Autriche. Toute la cour suit.

Le service, célébré par Mgr d'Olce, évêque de Bayonne, dure trois heures dans une église en construction. La porte par laquelle sort le couple royal sera murée quelques années après la cérémonie, le portail principal ayant été ouvert. Le cortège regagne la maison de l'infante. Puis les jeunes époux soupent à la maison Lohobiague en présence de la cour. Une étiquette rigoureuse les conduit jusqu'au lit nuptial dont la reine mère ferme les rideaux en donnant la bénédiction traditionnelle. Marie-Thérèse sera, pour Louis XIV, une épouse douce et digne. Quand elle mourra, le roi dira : « C'est le premier chagrin qu'elle me cause ».

| SE LOGER | | SE RESTAURER | |
|---|---|---|---|
| Hôtel Agur Denerri | 2 | Chez Théo | 1 |
| Hôtel La Caravelle | 4 | Ibaïa | 3 |
| Chambre d'hôte Nun Obeki | 5 | Olatua | 5 |
| Chambre d'hôte Villa Argi-Eder | 6 | Petit Grill Basque "Chez Maya" | 7 |
| Château d'Urtubie | 7 | Piper Beltz | 9 |
| Hôtel Le Petit Trianon | 9 | La Table de l'Auberge | 11 |
| Hôtel Ohartzia | 13 | Tarterie Muscade | 12 |
| | | Zoko Moko | 14 |

remarquable voûte en carène lambrissée. Le chœur très surélevé, clos par une belle grille de fer forgé, porte un **retable★** (vers 1670, restauré en 1987) resplendissant d'or. Entre les colonnes et les entablements qui l'ordonnent en trois registres, des niches abritent une foule de statues : saints populaires locaux, apôtres, saint Laurent et son gril. Remarquez en outre la chaire (17e s.) supportée par des sphinges (sphinx femelles) menaçantes ; dans l'embrasure de la porte murée, statue parée de **N.-D.-des-Douleurs** et, à côté, petite Vierge de rosaire en tenue de cérémonie.

# À voir aussi Plan ci-dessus

## Sentier du littoral Hors plan

St-Jean-de-Luz donne accès à deux portions du sentier du littoral *(voir « Organiser son voyage », p. 21)*, totalement différentes : vers Hendaye, la promenade dévoile les montagnes et surtout la **corniche basque★★** *(voir p. 169)*, mais elle longe la route, tandis que vers Bidart, elle traverse des espaces naturels, urbains ou semi-urbains. On part alors du jardin de la pointe de Ste-Barbe, au bout de la promenade des Rochers.

### Jardin botanique littoral Paul Jovet

*31 av. Gaëtan-Bernoville - ☏ 05 59 26 34 59 - www.jardinbotaniquelittoral-saintjeandeluz.org - ouv. de mi-mars à oct. - mars-avr. : merc. et w-end. 11h-17h ; mai-sept. : merc.-dim. 11h-18h ; oct. : merc. et dim. 14h-17h - 4 € (12-16 ans 2 € ; -12 ans gratuit) - visite avec audioguide 6 € - visite guidée thématique le dim. à 15h 6 € (12-16 ans 3 € ; -12 ans gratuit).*

Sur la falaise d'Archilua, dans ce jardin de 2,5 ha, on découvre au gré d'une promenade les plantes des différents écosystèmes de la Côte basque : chênaie, lande littorale, dunes colonisées par la végétation, zones humides, mais aussi des spécimens du monde entier. Petit labyrinthe botanique et jardin des simples.

### Écomusée de la Tradition basque B1

*Au nord de St-Jean-de-Luz, par la D 810. ☏ 05 59 51 06 06 - www.ecomusee-basque.com - visite audioguidée d'1h, départ ttes les 15mn - juil.-août : 10h-18h30 ; avr.-juin et sept.-oct. : lun.-sam. : 10h-11h15, 14h30-17h15 - 6,50 € (-12 ans 2,90 €).*

Un parcours scénographique, tourné vers le passé, évoque les différents savoir-faire et activités traditionnels : fabrication de l'*izarra* (avec une dégustation), histoire du linge basque, pelote, danses, artisanat (bérets, espadrilles, gourdes), etc. Une véritable ode à la culture basque et à l'amour des Basques pour leur pays !

## À proximité Carte p. 122

### ★ Ciboure/Ziburu A2

*27 quai Maurice-Ravel - ☏ 05 59 47 64 56 - www.ciboure.fr - juil.-août : 9h-12h30, 15h-19h, sam. 10h-12h30, 15h-19h, dim. 10h-13h ; sept. : tlj sf dim. 10h-12h30, 15h-18h ; reste de l'année : tlj sf w.-end et j. fériés 10h-12h30, 15h-18h. En saison 4 visites guidées (6,50/8 € - enf. 4,50 €/5 €), dont une en voiture à cheval (12 € ; -12 ans 7 €).*

Petite sœur de St-Jean-de-Luz, la charmante Ciboure gravit, entre ciel et mer, une colline sur la rive sud du port.

L'office de tourisme occupe la **maison natale de Ravel**, compositeur du fameux *Boléro*, au n° 27 du quai portant son nom.

Au bout du port, le phare de Ciboure fait face à son jumeau de St-Jean-de-Luz. Tous deux ont été conçus par Pavlovsky en 1936 dans un style néo-basque. Les marins se servent de leur alignement pour s'orienter vers le port. De l'autre côté de celui-ci se dresse la silhouette de l'ancien couvent des Récollets, construit en 1610, dont la chapelle a été rénovée *(des expos et manifestations y sont occasionnellement organisées - rens. à l'office de tourisme)*. Des habitations et les Affaires maritimes ont investi son cloître, qui conserve une fontaine, offerte par Mazarin en 1660.

La **rue Pocalette** mêle les maisons labourdines à pans de bois (maison de 1589 à encorbellement au coin de la rue Agorette) et de hautes demeures de pierre plus nobles, comme le n° 12, au chevet de l'église.

**Église St-Vincent** – 16e s. Vous apercevez de loin son original clocher de charpente à deux étages. Elle est accessible latéralement par un beau parvis dallé, porteur d'une croix de pierre de 1760. L'intérieur abrite un joli retable aux tons bleus, ainsi qu'une triple galerie qui avance sur la nef.

**Villa Leïhorra** – *1 imp. Muskoa - pour les visites, se rens. à l'office de tourisme.* Construite en 1926-1929 par l'architecte **Joseph Hiriart**, cette villa est de style **Art déco**, tant dans son architecture que dans sa décoration intérieure.

**Tour Bordagain** – *Prenez la route de Socoa et tournez à gauche au panneau indiquant la tour. Au rond-point, prenez à gauche et encore à gauche au carrefour suivant (en direction de l'hôtel) - se visite dans le cadre des visites commentées de l'office de tourisme - sur réserv. uniquement.* Sur la colline de Bordagain domine une tour octogonale adossée à une ancienne chapelle du 12e s. D'abord clocher, ensuite tour de guet, elle a probablement aussi servi d'*atalaye* pour prévenir les pêcheurs de la présence de baleines près des côtes. Lors des visites, on peut apprécier la **vue à 360°** du sommet de la tour.

## Socoa A2

*3 km à l'ouest, par la D 912. Laissez la voiture sur le port et poursuivez (45mn à pied AR) vers la jetée.* L'entrée de la baie de St-Jean-de-Luz était défendue autrefois par le fort de Socoa, construit sous Henri IV et remanié par Vauban.

La tombe de l'auteur de *L'Atlantide*, **Pierre Benoit**, se trouve dans le cimetière de l'Untxin à Socoa.

★★ **La corniche basque** – *Depuis le parking du port de Socoa, prenez la voie de sortie puis tournez immédiatement à droite dans la rue du Phare, très pentue, puis à gauche dans la rue du Sémaphore. Garez-vous au sémaphore et poursuivez à pied.* **Vue**★★ au sud-ouest sur la Côte basque, du cap du Figuier (cabo Higuer) en Espagne jusqu'à Biarritz. Au premier plan, les falaises plongent en oblique leurs roches feuilletées vigoureusement attaquées par les flots. Le site est particulièrement beau les jours de tempête.

*Prenez la D 912 qui longe le littoral jusqu'à Hendaye.* La route sinueuse, bordée d'ajoncs, se rapproche des falaises de Socoa. Au gré des échappées s'ouvrent de jolies **vues**★★ sur l'Océan qui vient battre les rochers. Le point de vue face au camping Juantcho est le lieu idéal pour observer aux jumelles la vague **Belharra** quand elle se forme.

## ★ Château d'Urtubie A2

*3 km au sud-ouest par D 810. ✆ 05 59 54 31 15 - www.chateaudurtubie.net - avr.-oct. (et vac. de la Toussaint) : 10h30-12h30, 14h-18h30, de mi-juil. à fin août : 10h30-18h30 - 6 € (-16 ans 3 €).*

Du simple donjon construit par autorisation du roi Édouard III d'Angleterre en 1341, ce château est devenu au fil des âges une élégante demeure classique avec ses **toits à l'impériale** coiffant les deux tours qui, au 14e s., encadraient le pont-levis. Dans la tour centrale, remarquable **escalier à vis suspendu** datant du 16e s. Dans la chapelle édifiée au 17e s., au chœur redoré au 19e s., une salle de bains fut aménagée derrière la sacristie en 1830.

L'intérieur du château est décoré de grandes **tapisseries** de Bruxelles du 16e s. (grand salon), d'un ensemble de chaises et de fauteuils espagnols de l'époque Louis XIV (salle à manger) ainsi que de divers meubles et bibelots ayant appartenu depuis des générations aux châtelains d'Urtubie. Dans la **salle de chasse**, au rez-de-chaussée, plusieurs pièces (coffre, armoire) évoquent le mobilier basque traditionnel.

Le château (en partie reconverti en hôtel, *voir « Nos adresses », p. 172*) s'inscrit aujourd'hui au cœur d'un agréable parc à l'anglaise. L'**orangerie** accueille des expositions et un salon de thé accessible aux visiteurs *(goûter + visite : 10 €).*

## Urrugne/Urruña A2

*5 km au sud-ouest par la D 810.*

*Maison Posta - Pl. René-Soubelet - 64122 Urrugne - ✆ 05 59 54 60 80 - www.urrugne.com - juil.-août : lun.-vend. 9h-19h, sam. 9h-12h30, 14h-19h, dim. 10h-13h ; juin et sept. : lun.-vend. 9h-12h30, 14h-18h, sam. 9h-12h30, dim. 10h-13h ; oct.-mai : lun.-jeu. 9h-12h30, 14h-18h (vend. 17h30).*

La commune d'Urrugne est très vaste : elle relie Ciboure et Hendaye et s'étend de la côte à la frontière espagnole. Socoa en fait partie. Son petit centre-ville a pourtant une atmosphère de village.

L'**église St-Vincent**, de style Renaissance, garde à l'extérieur une allure militaire. Elle s'adosse à un clocher-porche du 16e s., qu'orne un cadran solaire affichant la devise *Vulnerant omnes, ultima necat* (« Toutes les heures blessent, la dernière tue »). Son vaisseau peu ajouré et joliment peint affiche une hauteur de 22 m, mise en valeur par des galeries en bois sculpté.

**Notre-Dame-de-Socorri** – *Sur la grand-place d'Urrugne, prendre le chemin en montée vers N.-D.-de-Socorri.* Joli **site★** de chapelle de pèlerinage, dans l'enclos d'un ancien cimetière. Vue sur un paysage mamelonné dominé par l'éperon de la Rhune et, à l'horizon, sur le Jaizkibel et les Trois Couronnes.

**Écoparc** – *Voir « Hendaye », p. 182.*

### LA DIVA DES VAGUES

Surfée pour la première fois en 2002, Belharra est la plus grosse vague de la Côte basque et... d'Europe ! Une vague qui sait se faire désirer puisqu'elle ne se forme que tous les 2-3 ans, au large de la **corniche d'Urrugne**. Elle peut atteindre plus de 10 m de haut. Autant dire que seuls les *big wave riders* chevronnés dévalent cette montagne au-devant d'un gigantesque déferlement de mousse !

## Col d'Ibardin A3

*12 km au sud d'Urrugne par la D 4 puis une route secondaire.*

Le col d'Ibardin est un endroit insolite pour qui n'est pas habitué au mode de vie frontalier. La route qui y mène depuis Herboure est étroite et sinueuse. et surchargée le week-end ! Depuis la route, jolie **vue** sur le territoire d'Urrugne. Au col, une étrange araignée métallique semble posée sur le versant et vous invite à d'autres réjouissances que d'admirer la vue : c'est un centre commercial, avec sa station essence, jouxtant d'autres boutiques où affluent les acheteurs, attirés par les différences de prix entre France et Espagne. Le col est aussi un départ de randonnées et de parcours VTT.

## NOS ADRESSES À ST-JEAN-DE-LUZ

### HÉBERGEMENT

#### PREMIER PRIX

**À St-Jean-de-Luz**

**Camping Les Tamaris-Plage** – *Quartier Acotz - 720 rte des Plages (5 km au nord-est, à 80 m de la plage ) - ✆ 05 59 26 55 90 - www.tamaris-plage.com - ouvert toute l'année - ♿ - 79 empl. 27 € - 14 € - 35 - 4 studios - 10 bungalows toilés. Nuitée 30/111 €. Sem. 210/777 €.* Idéalement situé à 2 pas de la plage, ce camping à l'ambiance familiale propose, en plus des emplacements pour tentes ou caravanes, un grand choix de formules à la nuitée ou à la semaine. Mobile-homes, bungalows toilés, mais aussi 4 studios et un appartement. Pour les loisirs : club enfants, sauna, hammam, jacuzzi, et même une petite piscine qui fera le bonheur des petits comme des grands !

#### BUDGET MOYEN

**À St-Jean-de-Luz**

**Hôtel Le Petit Trianon** – *56 bd Victor-Hugo - ✆ 05 59 26 11 90 - www.hotel-lepetittrianon.com - fermé janv. - P - 26 ch. 68/88 € - ☕ 8 €.* Une adresse sans prétention à l'accueil un peu froid, mais bien tenue. La plupart des chambres (1er et 2e étages) ont été rénovées ; celles du 3e bénéficient de la climatisation. Deux suites familiales. En saison, vous prendrez votre petit-déjeuner dans la cour intérieure décorée d'une fresque basque.

**Hôtel Ohartzia** – *28 r. Garat - ✆ 05 59 26 00 06 - www.hotel-ohartzia.com - 17 ch. 60/90 € - ☕ 7 €.* Bien que située en plein centre-ville, cette demeure aux volets bleus, longuement restaurée, dégage un réel charme bucolique. Une partie des chambres donnent sur le jardin orné de platanes, de bosquets et de fleurs. De l'autre côté de la rue, la brasserie et sa belle terrasse proposent des spécialités locales.

**Chambre d'hôte Villa Argi-Eder** – *58 av. Napoléon-III - 3 km par D 810 et rte secondaire - ✆ 05 59 54 81 65 - www.chambresdhotes-argi-eder.com - - 4 ch. 55 € - ☕ 5,50 €.* Une adresse conviviale, à deux pas de la plage, loin de la foule. Vastes et paisibles, les chambres de plain-pied ouvrent sur des terrasses privées très agréables pour le petit-déjeuner.

**À Ciboure**

**Hôtel La Caravelle** – *1 bd Pierre-Benoît - ✆ 05 59 47 18 05 - www.hotellacaravelle-stjeandeluz.com - 18 ch. 60/110 € - ☕ 8 €.*
De l'extérieur, cette petite maison blanche aux volets bleus ne se remarque pas. Mais à l'intérieur, vous serez charmé par l'élégance des pierres taillées et par le goût de la décoration des chambres. Vue sur la mer (depuis la loggia, le lit ou même la douche !), balcon sur le jardin, terrasse intérieure, jacuzzi. Les chambres sont toutes différentes, à vous de choisir la vôtre selon vos envies ! Accueil chaleureux. Wifi dans certaines chambres et au rez-de-chaussée.

**Hôtel Agur Deneri** – *M. et Mme Berton, 14 chemin de Muskoa - ✆ 05 59 47 02 83 - www.hotel-agur-deneri.com - P - 17 ch. : vue sur le port 67/81 €, vue sur l'Océan 110/117 € - ☕ 9 €.* À deux pas de la villa Leïhorra, cet hôtel qui surplombe Ciboure a un air de vacances. Transats sur les terrasses privées, décoration colorée et superbe vue. Les chambres sur l'Océan ou avec terrasse sont équipées de bains balnéo ou de douches hydro-massantes. Certaines chambres ont un balcon, elles sont toutes non-fumeurs. Buffet copieux au petit-déjeuner. Clientèle d'habitués ; séjour minimum de 3 nuits en été.

POUR SE FAIRE PLAISIR

### À St-Jean-de-Luz

**Chambre d'hôte Nun Obeki** – *6 r. Élie-de-Sèze - ✆ 05 59 26 30 71 - www.nunobeki.com* - P - - *5 ch. 75 € - 7 €.* Cette grande maison basque peut s'adapter à maintes demandes d'hébergement. Chambres simples, petit appartement ou villa : les possibilités de séparer ou regrouper les différentes pièces sont nombreuses. Autres atouts : le décor ultra « cosy », la proximité de la plage et du centre-ville, et surtout la quiétude du jardin. Chambres non-fumeurs.

### À Urrugne

**Château d'Urtubie** – *64122 Urrugne - ✆ 05 59 54 31 15 - www.chateaudurtubie.net - avr.-oct.* - P *- 10 ch. 80/160 € - 1/2 P 58 € - 11 €.* Sur la route de l'Espagne, château fort du 14e s. remanié au fil du temps. Aujourd'hui musée et hostellerie, il abrite des chambres de caractère garnies de meubles de style. La ferme Lizarraga, dépendance du château, fait demi-pension.

**RESTAURATION**

PREMIER PRIX

### À St-Jean-de-Luz

**Piper Beltz** – *29 r. Garat - ✆ 05 59 26 14 81 - 10/25 € - midi et soir sf mar. et merc.* Les jeunes propriétaires concoctent une cuisine variée, copieuse et inventive avec un seul mot d'ordre : vous faire plaisir. La jolie petite salle avec cuisine ouverte rend le lieu convivial. Régalez-vous de belles spécialités basques agrémentées d'épices et de plantes du monde entier telles que les *kokotxa* (joues) de merlu, un pesto basilic-noisette et *risotto* au soja ou des salades généreuses à midi. Une adresse qui a rapidement séduit les Luziens. À noter : la terrasse pour les beaux jours.

**Tarterie Muscade** – *20 r. Garat - ✆ 05 59 26 96 73 - tlj sf lun. 12h-16h, 18h-22h ; service continu en juil.-août - 11/17 €.* Une très bonne adresse pour déguster toutes sortes de tartes salées et sucrées à petit prix. Vous pourrez savourer les parts copieuses, attablé aux comptoirs ou à de petites tables. Vente à emporter.

**La Table de l'Auberge** – *Écomusée Jean-Vier - RN 10 - ✆ 05 59 22 36 83 - fermé de nov. à janv. ou fév., dim. et lun. - - formule 16 € (13 € avec l'entrée du musée) ; 23/25 €.* Dans les jardins de l'écomusée, ce sympathique restaurant propose une cuisine basque simple et efficace. On se sent bien dans cette ancienne étable ou sur la pelouse du jardin au soleil, une musique joyeuse couvrant les bruits de la route.

BUDGET MOYEN

### À St-Jean-de-Luz

**Chez Théo** – *25 r. de l'Abbé-Onaindia - ✆ 05 59 26 81 30 - fermé de mi-nov. à mi-déc., janv., dim. soir* *et lun. hors vac. scol. - 18/32 €.* Une auberge dévolue au Pays basque espagnol : *azulejos*, affiches de *ferias*, murs de torchis, mobilier massif en bois, grand choix de tapas et plats plus solides concoctés avec passion et servis dans une ambiance conviviale.

**Petit Grill Basque "Chez Maya"** – *2 r. St-Jacques - ✆ 05 59 26 80 76 - fermé 20 déc.-25 janv., jeu. midi, lun. midi et merc. - 21/30 €.* Incontournable, cette auberge authentiquement basque ! Fresques et assiettes de Louis Floutier, cuivres et amusant système de ventilation manuelle. Cuisine régionale immuable.

**Ibaïa** – *39 r. Tourasse - ✆ 05 59 51 12 21 - fermé lun. - 19/29 €.* Copieux menus de spécialités basques et impressionnants plateaux de fruits de mer font la réputation de cet établissement. L'accueil est sympathique et la salle agréable, avec sa décoration ocre et verte et ses peintures colorées. Petite terrasse.

### POUR SE FAIRE PLAISIR

### À St-Jean-de-Luz

**Zoko Moko** – *6 r. Mazarin – ✆ 05 59 08 01 23 - www.zoko-moko.com- 19/50 € - midi et soir - fermé lun.* Si l'on vient dans le « Coin Tranquille » de Charles Olascuaga, en couple ou entre amis, c'est pour se délecter d'une cuisine basque gastronomique et raffinée, s'accorder des heures de plaisir dans cette maison du 18e s. où les pierres apparentes et la cheminée contrastent avec le mobilier design mais confortable. L'équipe dynamique et discrète saura vous conseiller de jolis vins à prix doux pour accompagner tartare de thon de ligne et sa fine ratatouille glacée, carré d'agneau, filet de pigeon poêlé ou pêche rôtie au miel et glace verveine. Menus de saison.

**Olatua** – *30 bd Thiers - ✆ 05 59 51 05 22 - www.olatua.fr - formule déj. 14 € - 28/35 €.* Institution locale revisitant le répertoire culinaire basque dans un cadre frais et coloré. Intérieur aux tons jaunes et chocolat ; terrasse d'été protégée en bois exotique et jardin couvert.

## BOIRE UN VERRE

### À St-Jean-de-Luz

**Salon de thé L'Acanthe** – *31 r. Garat - ✆ 05 59 26 85 59 - www.lacanthe.com - juil.-août : 9h-19h ; hors sais. : tlj sf lun. 9h-19h - fermé 15-30 janv. et lun. hors sais.* Voici une adresse toute simple et surtout très pratique, à 50 m de la plage. Vous pourrez y prendre une collation à toute heure (salades, quiches, plats du moment), un thé (grand choix de thés en feuilles, cafés, chocolats et desserts) ou goûter au superbe jambon exposé dans la salle.

## EN SOIRÉE

**Bon à savoir** – Autour de la **place Louis-XIV** s'étalent les terrasses de nombreux bars, brasseries et autres restaurants. Lieu de rendez-vous de nombreux Luziens et Luziennes, cette place vit en été au rythme des manifestations et concerts qui y sont organisés.

**Le Brouillarta** – *48 prom. Jacques-Thibaud - ✆ 05 59 51 29 51 - été : 9h-2h ; hors sais. : tlj sf jeu. 9h- 0h, dim. 9h-18h.* Grâce à sa vue imprenable sur l'Océan et la digue centenaire de l'Artha, ce bar-restaurant est idéalement situé pour voir s'approcher la masse noire et inquiétante du *brouillarta*, cette tempête qui survient subitement en mer. Décor marine récemment rénové à l'occasion d'un changement de propriétaire.

Plats à choisir sur l'ardoise.
**Le Duke** – *Pl. Maurice-Ravel - ✆ 05 59 51 12 96 - été : jusqu'à 3h ; hors sais. : 8h-2h.* Ce bar d'ambiance est tenu par Michel Chardié, un ancien champion de surf qui a baptisé l'endroit du nom de son idole, le Duke, une star hawaïenne du surf qui se jouait des vagues dans les années 1950. Musique et clientèle branchées.
**SAS Casino de St-Jean-de-Luz** – *Pl. Maurice-Ravel - ✆ 05 59 51 58 58* - www.joa-casino.com - *10h-2h, w.-end 10h-3h.* Ce casino est doté d'une salle de jeux traditionnels, d'un espace pour machines à sous et d'un restaurant. Animations musicales un samedi sur deux au restaurant.

## ACHATS

### À St-Jean-de-Luz

**Place des Halles** – *✆ 05 59 26 38 38 - www.halles-saintjeandeluz.com - halles ouv. ts les matins ; marché alimentaire autour des halles les mar. et vend. matin, le sam. matin en juil.-août.* Ces halles de type Baltard fraîchement rénovées réunissent des « indépendants » de la région venus vendre leur production. Pas de grands étals donc, mais une multitude de petits producteurs qui misent sur la proximité et la qualité : charcutiers, fromagers, épiciers, boulangers-pâtissiers et une dizaine de poissonniers.
**Les macarons Adam** –*6 r. de la République - ✆ 05 59 26 03 54 - www.maisonadam.fr - de mi-juin à fin sept. : 8h-20h (de mi-juil. à la 3e sem. d'août : 8h-23h sf lun. et mar.)* ; reste de l'année : *8h-12h30, 14h-19h30, dim. 8h-13h, 14h-19h30 - fermé de déb. janv. à mi-fév. et 1 sem. en nov.* La famille Telleria-Adam tient cette pâtisserie depuis le 17e s., soit 12 générations. C'est dire si elle a vu défiler les gourmands ! Les macarons Adam auraient même été servis lors du mariage de Louis XIV avec l'infante Marie-Thérèse en 1660. Gâteaux basques, tourons et chocolats mettent également l'eau à la bouche. Au n°4, boulangerie et **épicerie basque** : pains maison, produits de la mer, salaisons, fromages de brebis, confitures, cave à vin.
**Maison Thurin** – *32 r. Gambetta - ✆ 05 59 26 05 07 - lun. 10h-13h, 14h30-19h30, mar., jeu., vend. et sam. 8h30-13h, 14h30-19h30, merc. 9h-13h, 14h30-19h30, dim. 10h-13h, 15h30-19h30.* Cette boutique de poche renferme des produits du terroir dénichés de part et d'autre de la frontière franco-espagnole : excellent jambon de Bayonne, goûteux fromages de brebis, piments d'Espelette bien rouges, bon foie gras et magnifiques pièces de volaille sur commande. Minicave de vins basques.
**Maison Pariès** – *9 r. Gambetta - ✆ 05 59 26 01 46 - www.paries.fr - 8h30-13h30, 14h30-19h30 ; en saison : 8h30-20h, jusqu'à 23h30 en été.* Créé en 1910 par Robert Pariès, maître chocolatier, l'établissement figure parmi les « références gourmandes » de la ville. Le mouchou basque (macaron à base d'amandes) est très apprécié, mais « la » spécialité maison reste le caramel tendre kanouga. Près de 50 sortes de chocolats aux saveurs exotiques (piment, café, vanille, etc.) rappellent également que c'est par l'intermédiaire du Pays basque que le cacao est arrivé en Europe au 17e s. L'atelier de production situé à **Socoa** se visite - *rens. au 05 59 26 29 75.*
**Bipia** – *Rte d'Halsou - 64480 Larressore - ✆ 05 59 93 21 86 - www.bipia.com - tlj sf w.-end 9h-12h, 14h-18h - fermé apr.-*

*midi 24, 31 déc. et j. fériés.* Le piment d'Espelette, acheté aux petits producteurs locaux puis transformé artisanalement, est la spécialité de la maison : vous le trouverez présenté sous forme de poudre, en gelée, en purée, en sauce (basquaise, ketchupade, bayonnaise), en moutarde ou dans du vinaigre de cidre. Exposition sur son histoire et dégustation ; en juil.-août visite guidée du laboratoire mar. et jeu. à 10h30 *(gratuit).*

### À Ciboure

**Marché** – *Pl. Camille-Jullian, face à la mairie - dim. matin.* Marché aux produits régionaux.

**Vente à la table** – *Aile des Récollets, en face de la criée.* Vente directe de poissons non préparés par les pêcheurs du port le matin.

**Le Comptoir Cibourien** – *19 quai Maurice-Ravel - ✆ 05 59 22 58 40 - lecomptoircibourien@orange.fr - ouv. tlj sf lun. matin et dim. après-midi (ouv. pendant les vac. scol. de la Toussaint et de Noël) 10h-12h30, 15h30-19h (19h30 l'été).* Cette boutique propose des productions locales. On y trouve, entre autres, du linge basque et des liqueurs, mais l'adresse vaut surtout pour le large choix de produits de la mer luziens (bocaux, conserves).

## SPORTS ET LOISIRS

### À St-Jean-de-Luz

**Fun Bike 64** – *Gare SNCF - ✆ 05 59 26 75 76/06 27 26 83 01 - sur réserv. : 10h-19h .* Traduction de l'enseigne pour les non-anglophones : cette boutique loue VTT, vélos, scooters et motos pour découvrir la région en toute liberté.

**Hélianthal** – *Pl. Maurice-Ravel - ✆ 05 59 51 51 51 - www.helianthal.fr - 9h-13h, 14h15-19h45 - fermé de fin nov. à mi-déc. - 20 € - accès fin de journée au spa bio marin, sauna, hammam, espace forme.* Week-end découverte thalasso *(vend.-dim. ou sam.-lun.)* comprenant l'hébergement et 3 soins quotidiens durant 2 jours. Journées thalasso ou soins à la carte. Parcours bio-marin, plusieurs forfaits au choix : semaine bien-être et santé, dos, jambes légères, antistress, minceur tonique, anti-âge… il y en a pour tous les maux !

**Jaï-Alaï** – *Av. André-Ithurralde - ✆ 05 59 51 65 36 - www.cestapunta.com - tlj sf w.-end 9h-12h30, 14h-19h - fermé oct.-mars - 12 € (-10 ans 6 €).* La *cesta punta* est le sport emblématique du Pays basque : elle se joue sur un fronton espagnol couvert (*jaï alaï*) à trois murs (devant, derrière et à gauche). De fin juin à fin août, des matchs professionnels de *cesta punta* ont lieu à cette adresse les mardi et jeudi.

**Trinquet Maïtena** – *42 r. du Midi - ✆ 05 59 26 05 13 - 9h-22h.* Même si les Basques pratiquent volontiers d'autres sports, ils en reviennent tous à la *pala*, qu'ils pratiquent dans un trinquet (petite salle couverte). Après une partie, c'est à cette adresse qu'ils se retrouvent pour se rafraîchir.

**Luzaz Gazte** – *1 av. André-Ithurralde - ✆ 05 59 26 13 93 - http://perso.wanadoo.fr/luzazgazte/ - juil.-sept. : lun., vend. 21h15-23h15 - 8 € pour les ateliers de pratique (-12 ans 5 €).* De juillet à septembre, vous pourrez assister à des parties de chistera le lundi et de grand chistera le vendredi (à 21h15), souvent accompagnées de chants et de danses. Ouvert à tous en dehors des compétitions, le fronton est souvent occupé par des ateliers de pratique encadrés pour enfants et adultes.

**Le Billabong** – *16 r. Gambetta - ✆ 05 59 26 07 93 - www.newschoolsurf.com - juil.-août : lun.-dim. 10h-23h ;* reste de l'année : *lun.-sam. 10h-12h30, 14h30-19h - 2h 40 €.* Cette boutique de sport organise des cours de surf et de bodyboard. Deux autres boutiques situées dans la même rue proposent les mêmes services : il s'agit de Bakea (au nº 37) et du H2O (au nº 72).

**Nivelle V** – *Départs de l'embarcadère du port de pêche de St-Jean-de-Luz - ✆ 06 09 73 61 81 - d'avr. à mi-oct., réserv. obligatoire en juil.-août - croisière 45mn : départ 16h (et 17h en juil.-août), 9 € (-10 ans 7 €) ; croisière 1h45 : départ 14h, 15 € (-10 ans 10 €).* Le Nivelle V vous fera prendre la mer pour une croisière au large de la corniche d'Urrugne (45mn) ou plus loin, jusqu'à Hendaye et l'Espagne (1h45). Organisation de matinées de pêche en mer - *cannes et appâts fournis - 35 € (-10 ans 25 €).*

**Parc ELAventure** – *Rte d'Ascain - ✆ 06 70 80 55 73 - www.parcelaventure.com - ouv. tte l'année sur réserv. ; juil.-août : 10h-18h - 20 € (-16 ans 18 € ; -1,25 m 14 €) - parcours Sarbacane 7 €.* Deux parcours aventure dans les arbres pour les adultes avec ponts de singe, saut de Tarzan, tyrolienne, etc. Un parcours pour les petits. Le parcours Sarbacane est une balade avec des pas de tir où il faut exceller à la sarbacane. On peut aussi faire de l'escalarbre sur un chêne de 13 m !

**Golf de Chantaco** – *Rte d'Ascain - ✆ 05 59 26 14 22 ou 26 19 22 - www.golfdechantaco.com - fermé le mar. de nov. à mars - sais. : 8h-19h ; hors sais. : 9h-18h - de 58 à 77 €.* Parcours renommé de 18 trous dont les 9 premiers sont tracés en forêt.

### À Ciboure et Socoa

**École de voile internationale** – *Parking de Socoa - 64500 Ciboure - ✆ 05 59 47 06 32 - www.ecoledevoileinternationale.fr - www.lemaria.net - 9h-19h - 160 € stage de voile (-10 ans 120/140 €).* Cette école propose des stages de voile, des tours de ski nautique, bouée tractée ou wake board, la location de bateaux à voile et des stages et croisières sur monocoque habitable.

**Sports Mer** – *Secrétariat : 7 bd Thiers - Base nautique : digue aux Chevaux, face au 58 bd Thiers - ✆ 06 80 64 39 11 - www.sportsmer.fr- juil.-août : 10h-20h - fermé j. fériés sf été - à partir de 12 €.* Parachute ascensionnel en solo ou en tandem, bouée tractée, *flyfish* et scooter des mers : poussée d'adrénaline assurée ! On accueille ici enfants et adultes et on organise des randonnées en pleine mer en jet-ski qui, si elles ne nécessitent pas de permis, sont tout de même encadrées par un moniteur diplômé…

**Atlantic Pirogue** – *Port de Socoa - ✆ 05 59 47 21 67 - www.atlantic-pirogue.com - ouv. tte l'année sur rdv ; juil.-août : 4 départs* *par jour - 2h de pirogue ou kayak 27 € (-12 ans 22 €).* Balades de 2h organisées en pirogue hawaïenne, kayak de mer ou tawati. Pour les fans de glisse, session vagues en pirogue, kayak surf, wave ski, kayak de mer ou stand up. Initiations au stand up.

**Yacht-Club Basque** – *Parking dériveurs Socoa - 64500 Ciboure - 05 59 47 18 31 - www.ycbasque.org - juil.-août : 9h-19h30 ; hors sais. : 9h-17h - 120 à 230 €.* Ce club ouvert toute l'année organise des stages de voile durant les vacances scolaires à bord de Hobie Cat 16, d'Open 5.70 et sur des planches à voile. Les enfants pourront se former sur le traditionnel Optimist ou à bord d'un petit catamaran nommé Colibri. Sorties découverte en Open 5.70. Bon vent !

**École de plongée Odyssée Bleue** – *Hangar 4 chemin des Blocs - 64500 Socoa - 06 63 54 13 63 - www.odyssee-bleue.com - baptême 50 € ; 3 séances 170 € (enf. 150 €) ; balade palmée 25 €.* La côte basque regorge de surprises aquatiques avec ses grottes, ses failles et ses épaves. Le pack découverte de 3 séances de plongée bouteille vous donnera un aperçu de ces merveilles. L'école organise aussi des balades palmées commentées, avec tuba et masque, dans la baie (2h). **Tech-Océan** propose les mêmes services incluant en plus la plongée de nuit pour les initiés - *45 r. du Commandant-Passicot - 05 59 47 96 75 - www.tech-ocean.fr*

**Golf de la Nivelle** – *Pl. William-Sharp - 64500 Ciboure - 05 59 47 18 99 - www.golfnivelle.com - été : 7h-20h30 ; hors sais. : tlj 9h-18h.* Ce sport a toujours compté parmi les plus populaires au Pays basque. Le lieu, avec son parcours de 18 trous, ne verse donc guère dans le snobisme.

## AGENDA

*Rens. à l'Office de tourisme de Saint-Jean-de-Luz - 05 59 26 03 16 - www.saint-jean-de-luz.com*

**Fête de la St-Jean** – *W.-end de la St-Jean.* Grand-messe, concerts, chistera, force basque, feux de la St-Jean, bal, *toro de fuego*, etc.

**Fête du thon** – *1er sam. de juil.* Défilé, animations et jeux, dégustations de thon-piperade, *bandas* et bals.

**Internationaux professionnels de cesta punta** – *Juin-août.*

**Musique en Côte basque** – *Fin août-déb. sept.*

**Festiorgues** – *Avr.-août - rens. dans les offices de tourisme ou au 05 59 26 92 71 - www.terreetcotebasques.com - www.orgues-urrugne.org/festiorgues - 12 € (-18 ans gratuit).* Concerts d'orgue sur les différents instruments de la région, particulièrement ceux de St-Jean, Urrugne et Hendaye.

1

# Hendaye

★

**Hendaia**

14 041 Hendayais - Pyrénées-Atlantiques (64)

## NOS ADRESSES PAGE 183

### S'INFORMER

**Office de tourisme** – *67 bd de la Mer - 64700 Hendaye - 05 59 20 00 34 - www.hendaye-tourisme.fr - juil.-août : lun.-sam. 9h-19h, dim. et j. fériés 10h-12h30, 15h30-18h ; juin et sept. 9h30-12h30, 14h-18h30 (18h le sam.), dim. 10h-12h ; nov.-mars : tlj sf dim. 9h-12h30, 14h-18h (17h30 le sam.) ; avr.-mai et oct. : lun.-vend. 9h-12h30, 14h-18h30, sam. 9h-12h30, 14h-18h - fermé 1er janv., 1er Mai et 25 déc.*

**Visites guidées** – L'office de tourisme propose deux visites guidées : l'une autour du bourg historique, et l'autre côté plage - *mar. et jeu. à 10h30 - sur inscription - 4 € (famille 10 €) - chasse au trésor 7 € (7 à 12 ans).*

**Train** – *0 800 872 872 - www.ter-sncf.com/aquitaine.* Le forfait Passbask, utilisable tlj en juil.-août (reste de l'année : w.-end), permet de voyager librement entre Bayonne et San Sebastián : trajets illimités (arrêts possibles dans les gares intermédiaires), valable du jour du compostage au lendemain minuit en été, de samedi à dimanche minuit le reste de l'année. *En vente dans toutes les gares SNCF d'Aquitaine et celles d'Euskotren - 11 € (-12 ans 7 €).*

**Navette ferroviaire** – Le *topo*, petit métro aérien, relie Hendaye à San Sebastián en 35mn - *départs tlj du parking de la gare SNCF, ttes les 3' et 33' de chaque heure : 7h03, 7h33… 22h33 - (+34) 902 543 210 - www.euskotren.es - env. 2,70 € AR.*

**Navette maritime** – Une navette maritime relie le port d'Hendaye à Fontarabie (Hondarribia) en 5mn - *dép. ttes les 30mn de 10h à 18h (1h en juil.-août) - 1,60 €.*

**Aéroports** – Voir Bayonne-Anglet-Biarritz (à 25mn) et St-Sébastien-Fontarabie (à 10mn).

### SE REPÉRER

Carte de région A2 (p. 122-123) – carte Michelin n° 573 B 24. Sur la rive droite de la Bidassoa qui vient se jeter dans l'Océan, Hendaye est formée de trois quartiers : Hendaye-Gare, Hendaye-Ville et Hendaye-Plage.

### SE GARER

Les places de parking de la plage et des rues voisines sont pratiques mais payantes ; le stationnement est gratuit quand on s'éloigne de la plage.

### À NE PAS MANQUER

Le château d'Antoine Abbadie.

### AVEC LES ENFANTS

La longue plage en pente douce et le centre nautique restent des valeurs sûres pour les jeunes.

Le château d'Abbadie réalisé par Viollet-le-Duc.
*N. Thibaud / Photononstop*

1

**Posée entre mer et montagne, Hendaye est connue pour son immense plage abondamment fleurie ponctuée par la silhouette emblématique des Deux-Jumeaux, idéale pour la baignade, la planche à voile et, bien sûr, le surf ! Mais les abords de son port de plaisance, son joli bord de baie faisant face à l'Espagne, son centre-ville discret sont autant de lieux agréables pour un moment de détente, ponctué par le survol des avions. La ville n'est séparée de l'Espagne que par la Bidassoa. Autant dire alors que les soirées estivales, partagées entre la station française et ses voisines Irún et Fontarabie, aux multiples bars à *pintxos*, sont animées !**

## Se promener Carte p. 122-123

### Hendaye-Plage

Si une chose ne manque pas à Hendaye-Plage, c'est bien le vert : dans les jardins ou sur les avenues, magnolias, palmiers, tamaris, eucalyptus, mimosas et lauriers foisonnent. Dans l'ancien casino de style mauresque (1884), vous flânez entre boutiques, cafés et restaurants. Il est le point de départ du GR 10 traversant les Pyrénées d'ouest en est.

Au nord-est de la plage, vous pouvez voir les rochers des Deux-Jumeaux, au large de la pointe de Ste-Anne ; à l'opposé, le **cap du Figuier★** (Cabo Higuer), déjà en Espagne, marque l'embouchure de la Bidassoa.

N'hésitez pas à marcher jusqu'au bout de la digue d'où vous aurez une belle vue sur le littoral hendayais.

Entre le boulevard du Gén.-Leclerc et la rue des Oliviers, en arrière de la plage, vous pourrez admirer la majorité des maisons de **style néobasque** qui caractérise le patrimoine architectural d'Hendaye (déb. 20e s.). Le quartier Sokoburu, entre la plage et le port de plaisance, regroupe salle des congrès, espace culturel, centre de thalasso, casino et restaurants avec terrasses ; il accueille également marchés et foires, dont les Nuits du port en été *(voir agenda p. 186)*.

## Baie de Chingoudy

L'estuaire de la Bidassoa forme à marée haute un lac tranquille : la baie de Chingoudy, où l'on peut pratiquer toutes sortes d'activités nautiques. Port de plaisance avec navettes pour le petit port de pêche espagnol de **Fontarabie★ (Hondarribia/Fuenterrabía)** – *(voir p. 294)*. Jolie vue sur le port et la baie depuis le quai de la Floride.

## Chemin de la Baie

Du port de plaisance à l'île de la Conférence, cette promenade de 15 km autour de la baie de Txingudi offre une belle vue sur les villes d'Irún et Fontarabie.

## Port de Caneta

*Depuis le bd du Gén.-de-Gaulle, tournez dans la rue de la Liberté ; parking en contrebas.* Joli petit port de pêcheurs surplombé par une fortification Vauban, détruite dès le premier assaut espagnol en 1793. Pierre Loti habitait là, dans la maison de style mauresque.

### ILLUSTRES HENDAYAIS

L'écrivain **Pierre Loti** est mort à Hendaye le 10 juin 1923, dans une modeste maison basque *(r. des Pêcheurs)*. La station est aussi la ville natale de **Bixente Lizarazu**, un des joueurs de l'équipe de France de football qui a remporté la Coupe du monde en 1998.

En 2010, la jeune hendayaise **Pauline Ado** est devenue championne d'Europe junior de surf.

## Église St-Vincent

Grande église de type basque. La présentation actuelle – fragments de retable détachés de leur meuble, statues en bois polychrome – permet de détailler chaque œuvre. À droite, un baptistère a été installé dans une niche à fronton du 17e s. ; un bénitier roman décoré de la croix basque sert de cuve. La première galerie des tribunes supporte un petit orgue dont le buffet doré est décoré d'une Annonciation. Remarquez dans la chapelle du St-Sacrement, un grand **crucifix★**, œuvre sereine du 13e s.

### UNE VILLE-FRONTIÈRE

De par sa situation stratégique en bord de fleuve, Hendaye a toujours fait office de frontière et en a subi les inconvénients. Jusqu'au 18e s., la cité se trouve en effet régulièrement en conflit avec ses voisines Irún et Fontarabie, notamment à propos des droits de pêche sur le fleuve et dans le golfe. Cela lui vaut même d'être détruite en 1793.

La prospérité ne revient qu'à partir de 1864, avec l'arrivée du chemin de fer. Hendaye voit alors se construire le château d'Abbadie (1864), le casino de style mauresque (1884), un golf et l'hôtel Eskualduna (1911), ainsi que de nombreuses villas d'inspiration basque témoignant de son attrait balnéaire. Mais son atout économique est avant tout lié au train, puisque la ville devient un nœud ferroviaire incontournable entre l'Espagne et la France (notamment en raison de la différence d'écartement des rails entre les deux pays, ce qui nécessitait des arrêts).

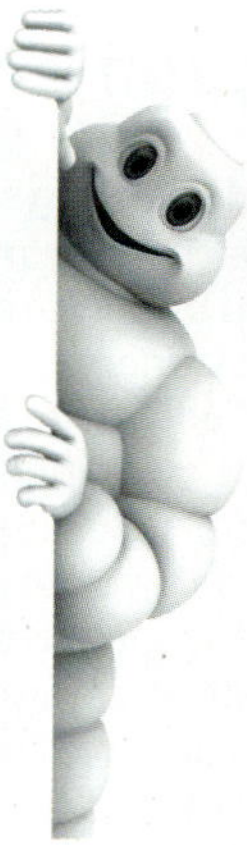

**UN LIEU D'ÉCHANGES ET DE NÉGOCIATIONS**
Le 7 novembre 1659, **Mazarin** et son homologue espagnol, **Luis de Haro**, signent à Hendaye le **traité des Pyrénées**, mettant officiellement fin à la guerre de Trente Ans. Symboliquement, la cérémonie se déroule sur l'île des Faisans posée au milieu de la Bidassoa entre Hendaye et Fontarabie. Grâce au traité, le royaume de France s'empare du Roussillon, du Vallespir, du Conflent, du Capcir, de la Cerdagne, de l'Artois ainsi que de quelques places fortes de Flandres et de Lorraine. De plus, une frontière est délimitée entre les deux territoires. Clause annexe : le jeune roi de France, **Louis XIV**, épousera l'infante d'Espagne, Marie-Thérèse l'année suivante à St-Jean-de-Luz… et s'engage à renoncer à ce que ses héritiers briguent le trône espagnol. La dot de Marie-Thérèse ne sera jamais versée, permettant à Louis XIV de revendiquer, plus tard, la couronne d'Espagne, ravivant, de ce fait, les guerres entre les deux peuples…
Depuis le traité des Pyrénées, l'île des Faisans (ou île de la Conférence) est toujours un condominium, soit une copropriété divisée, dont la gestion est assurée à intervalle de six mois par chacun des pays.

# À voir aussi

1

### Sentier du littoral

*Voir St-Jean-de-Luz p. 168 et p. 21.* Sur 25 km, parcourez le sentier en découvrant la faune et la flore *(location d'audioguide à l'office de tourisme - 3 €/j).*

### Domaine d'Abbadia A2

*Éloignez-vous de la plage par la route de la Corniche et au rond-point, tournez à gauche en suivant le fléchage « Domaine d'Abbadia ».*

*Ferme Larretxea - 05 59 20 37 20 - www.abbadia.fr - juil.-août : 9h30-12h30, 14h30-18h30 ; reste de l'année : tlj sf dim. et lun. 10h-12h, 14h30-18h30 (17h30 de mi-oct. à fin mars) - fermé vac. de Noël - plusieurs formules de visites commentées sont proposées de mi-juin à mi-septembre, voir sur le site. Chiens, VTT et cueillette sont interdits. Prévoir des jumelles pour observer les oiseaux.*

À la pointe Ste-Anne, le domaine d'Abbadia est un site naturel protégé aux caractéristiques de la Côte basque : prairies couvertes de landes à ajoncs et à bruyères s'arrêtant en falaises abruptes sur la mer. Vous pouvez voir les rochers des Deux-Jumeaux et, à l'aide de jumelles, observer les oiseaux migrateurs, tels le pluvier argenté, le busard cendré, l'outarde canepetière et le milan royal.

### ★★ Château-Observatoire Abaddia A2

*Suivez la D 912 que l'on quitte à gauche pour entrer dans le parc du château.*

*05 59 20 04 51 - www.chateau-abbadia.fr - juil.-août : visites guidées 10h-12h, 14h-18h, visites libres 12h-14h et 18h-20h , ven. 10h30 visite guidée des façades ; mai-juin et sept. : visites guidées lun.-vend. 10h-12h, 14h-18h, visites libres et guidées w.-end 14h-18h ; fin janv.-avr. et oct.-déc. : visites guidées lun.-sam. 14h-18h, visites libres et guidées w-end 14h-18h - dernière visite 1h av. la fermeture - fermé 24 et 25 déc., 1er mai et 3 premières sem. de janv. - visite guidée 7,90 € (4 €), visite libre 6,30 € (3,20 €), visite guidée en extérieur 4 €.*

Étonnant bâtiment néogothique, ce château fut la demeure de l'explorateur et astronome **Antoine Abbadie** (1810-1897). Ce savant, après dix ans passés à cartographier l'Éthiopie, choisit la pointe Ste-Anne pour faire bâtir un château digne de ses rêves africains, mais servant son goût pour le Moyen Âge et pour la science. Pour ce faire, il fit appel à **Viollet-le-Duc** et à son élève Edmond Duthoit. Le mélange ne manque pas de piquant : tours crénelées à la médiévale et toits en poivrière dominent le parc planté d'essences et de plantes exotiques. Dans toutes les pièces – peintes, ornées de fresques, tendues de cuir de buffle… –, on peut lire des vers, des devises en anglais, en basque et en amharique (langue éthiopienne). Dans le grand **salon★**, peint en bleu foncé, brillent les monogrammes d'Antoine et de son épouse Virginie. Une façon de s'élever au rang d'étoile… L'observatoire conserve une lunette méridienne, utilisée par des prêtres astronomes jusqu'en 1975 ; elle servait principalement à déterminer le positionnement des étoiles dans le ciel. Des événements autour de la science sont désormais organisés dans ce cadre idéal.

# À proximité

### Écoparc d'Urrugne A2

*Depuis le carrefour au bout de la route de la Corniche, prenez à droite la rue de la Glacière. L'écoparc, assez mal indiqué, se trouve à côté du parcours aventure Oihana. ✆05 59 54 84 95 - www.ecoparc-urrugne.com - 1er avr.-1er nov. : 10h-19h - fermé le lun. sf juil.-août - 3 € (-12 ans gratuit).*

Ce parc paysager vous propose une belle balade (2h) dans des sous-bois odorants, sur des terrasses aux allures méditerranéennes, dans des jardins de plantes aromatiques, autour de lacs où abondent les truites. Au milieu des chants d'oiseaux et des parfums des fleurs, c'est là une apaisante promenade à la découverte de plantes régionales ou exotiques.

### **Biriatou**/Biriatu A2

*5 km au sud-est. Quittez Hendaye par la route de Béhobie.*

Une placette à fronton avec son auberge attenante, quelques marches et une église, voilà une image de carte postale. Du village, la vue s'étend sur les montagnes boisées, la rivière-frontière en contrebas et l'Espagne de l'autre côté. Jadis, l'activité de ce lieu était en grande partie consacrée à la contrebande et d'anciennes traditions se perpétuent encore. Le **jeu de l'oie** en est un exemple : des jeunes gens à cheval doivent trancher ou arracher le cou d'un de ces malheureux volatiles, rite initiatique nécessaire pour devenir un homme. Ce jeu se déroule durant les fêtes du village *(autour du 11 Novembre)*.

## NOS ADRESSES À HENDAYE

### HÉBERGEMENT

#### PREMIER PRIX

**Camping Dorrondeguy** – *R. de la Glacière - 5 km au nord-est par D 912 et D 658 à dr., rte de la Glacière - ✆ 05 59 20 26 16 - www.camping-dorrondeguy.com - de déb. avr. à fin oct.* - ♿ - 🅿 - réserv. conseillée - *120 empl. 25 € - 27* 🚐 *- 9* 🏠 *- 4 bungalows toilés - sem. 200/650€.* Le propriétaire de ce camping très agréable a repris l'affaire fondée par sa grand-mère en 1950. Il propose des emplacements bien ombragés et séparés par des haies, des mobil-homes tout neufs et un charmant petit village d'une dizaine de chalets. Parmi les activités : un fronton de pelote basque et une piscine chauffée.

**Camping Ametza** – *Chem. de l'Empereur - ✆ 05 59 20 07 05 - ametza@neuf.fr - de déb. mai à fin sept. -* ♿ *- réserv. conseillée - 280 empl. 26 € - 30* 🚐*. Nuitée 65/85 € - sem. 300/800 €.* Le camping Ametza reste une valeur classique et sûre. Parmi ses principaux atouts : l'accueil souriant, le cadre boisé et ombragé, le bon entretien des lieux, le bar-snack-épicerie et la piscine. Si vous ne voulez pas dormir sous la tente, optez pour les mobil-homes. Le camping dispose aussi d'une aire pour camping-cars.

#### BUDGET MOYEN

**Hôtel Valencia** – *29 bd de la Mer - ✆ 05 59 20 01 62 - www.hotelvalencia.fr - fermé 20 déc.-31 janv. -* ♿ *-* 🅿 *- 21 ch. 55/85 € -* ☕ *7 €.* Seule la route sépare cet hôtel de la Grande Plage d'Hendaye. La salle des petits-déjeuners, située au 1er étage, et quatre chambres bénéficient de la vue sur l'Océan et les côtes espagnoles. Décor et mobilier sobrement fonctionnels, confort modeste. Bar et salon de thé au rez-de-chaussée. Hébergement possible dans des studios et appartements très bien aménagés.

**Les Jardins de Bakéa** – *R. Herri-Alde - 64700 Biriatou - ✆ 05 59 20 02 01 - www.bakea.fr - fermé 10 nov.-6 déc. et 16 janv.-2 déc. -* ♿ *-* 🅿 *- 25 ch. 58/127 € -* ☕ *10 € - rest. 23,80/68 € - 1/2 P 150/285 € pour 2 pers.* Cette maison régionale du début du 20e s. a fait en partie peau neuve et propose huit chambres « prestige », dont quatre mansardées, et dix-sept traditionnelles avec mobilier basque. Nouveau restaurant (poutres apparentes) et agréable terrasse d'été sous les platanes.

**Hôtel Uhainak** – *3 bd de la Mer - ✆ 05 59 20 33 63 - www.hotel-uhainak.com - fermé de fin nov. à janv. -* ♿ *-* 🅿 *- 14 ch. 58/84 € -* ☕ *6,30 €.* Cet hôtel donne sur la Grande Plage d'Hendaye. Les chambres et les salles de bains possèdent de beaux volumes. Celles du premier étage ont un balcon (à choisir de préférence côté Océan) et sont meublées dans le style basque. Accueil simple et convivial.

#### POUR SE FAIRE PLAISIR

**Villa Goxoa** – *32 av. des Magnolias - ✆ 05 59 20 32 43 - www.villa-goxoa.com -* ♿ *- 7 ch. 80/120 € -* ☕ *10/12,50 €.* Une villa traditionnelle abrite cet hôtel de charme. Parking couvert payant à proximité *(10 €/j)*. Wifi gratuit.

**Hôtel Lafon** – *99 bd de la Mer - ✆ 05 59 20 04 67 - www.hotel-lafon.com -* ♿ *- 14 ch. 75/100 € -* ☕ *7 €.* Face à la mer, cet hôtel entièrement rénové propose de jolies chambres aux salles de bains spacieuses. Préférez celles face à la mer ou celles qui, côté rue, ont un balcon. L'accueil est amical et le petit-déjeuner est servi dans une agréable salle donnant sur la mer. Terrasse-bar en été.

#### UNE FOLIE

**Hôtel Serge Blanco Ibaia** – *127 bd de la Mer - 05 59 51 35 35 - www.hotelibaia.com - fermé en déc. - ♿ - P - 90 ch. 132/342 € - ☕ 14 €.* À la tête de cet hôtel et de son centre de thalassothérapie, bâtis entre plage et marina, le célèbre rugbyman. Chambres de style contemporain, spacieuses et entièrement rénovées. Trois formules de restauration au choix : diététique, gastronomique et grill en été.

### RESTAURATION

#### PREMIER PRIX

**La Cidrerie** – *D 810 - 64700 Biriatou - 05 59 20 66 25 - fermé 2 sem. fin oct., 2 sem. fin déc.-déb. janv., 1 sem. en juin, dim. soir et mar. soir sf juil.-août et lun. - ♿ - P - 12/24,50 €.* À La Cidrerie, vous boirez bien sûr le cidre de la propriété, que vous accompagnerez d'une copieuse côte de bœuf ou d'une daurade grillés, spécialités de la maison. Le décor est simple – murs blancs, bois et petites fenêtres – et le service sans chichis.

#### BUDGET MOYEN

**Marco Polo** – *2 bd de la Mer - 05 59 20 64 82 - polom@wanadoo.fr - fermé 7 janv.-7 fév., le soir de nov. à mars sf w.-end et vac. d'hiver - ♿ - formule 15 € - 23/33 €.* On pourrait se croire en croisière sur un bateau dans ce restaurant avec ses boiseries claires, ses rampes et objets en cuivre. Et par ses larges baies vitrées, la baie d'Hendaye, l'estuaire de la Bidassoa, la mer et… l'Espagne. Dans l'assiette, les poissons tiennent la vedette.

**La Cabane du Pêcheur** – *Quai de la Floride, port de pêche - 05 59 20 38 09 - http://lacabanedupecheur64.free.fr/ - fermé dim. soir et lun., et le mar. en hiver - 22,50/37,50 €.* Au bord du port de pêche, cette maison blanche et bleue au décor marine accueille une adresse récente, tenue par deux jeunes biarrots. De la terrasse couverte, vous n'aurez d'autre vue que les vagues de la baie, le passage des bateaux et de quelques avions, la vieille ville d'Hendaye et la Côte espagnole. Dans les assiettes, une agréable cuisine de fruits de mer et de poissons, changeante avec les saisons, accompagnée d'un choix de vins originaux. Plats adaptés à différents budgets (le plat copieux de moules marinières n'est qu'à 10 €) ; service élégant et rapide.

#### POUR SE FAIRE PLAISIR

**Enbata** – *76 av. des Mimosas - 05 59 48 88 88 - www.hotelibaia.com - fermé 4-26 déc. - ♿ - P - 61 ch. 80/184 € - rest. formule déj. 28 € - 28/35 €.* L'hôtel d'Ibaia abrite plusieurs formules de restauration, dont l'Enbata. On dresse ses tables sur les terrasses de l'établissement – côté marina et côté piscine –, ainsi que dans des salles modulables. Le décor est contemporain et la cuisine, au goût du jour, emprunte son vocabulaire aux saveurs du terroir.

### EN SOIRÉE

**Bon à savoir** – Les noctambules français prolongent souvent leurs sorties festives à **Irún**, de l'autre côté de la frontière. La vie nocturne s'y concentre autour de la place San Juan et la rue de Karrika Nagusia. Là, des dizaines de bars à tapas restent ouverts jusqu'à des heures indues.

**Casino de Sokoburu** – *121 bd de la Mer - ✆ 05 59 48 02 48 - www.casino-hendaye.com - 10h-4h.* Ce casino situé face à la plage et à proximité du centre de thalassothérapie vous permet de tenter fortune aux 52 machines à sous tous les jours dès 10h du matin… Black-jack et roulette fonctionnent en soirée. Animations le sam. soir en saison.

## SPORTS ET LOISIRS

**Complexe hôtelier et thalassothérapie** – *125 bd de la Mer - ✆ 05 59 51 35 35 - hôtel : 24h/24 ; thalasso : 9h-18h - fermé 3 sem. en déc. - ♿ - P.* Week-end initiation thalasso comprenant une nuit en pension complète, 3 soins d'hydrothérapie (sam.) et l'accès libre à l'espace de remise en forme (dim.).

**L'Hendayais II** – *Port de plaisance de Sokoburu - ✆ 05 59 47 87 68 - www.hendayais.com - fermé nov.-fév. - 6/11 € selon la croisière (enf. 3/6 €).* La découverte de la Côte basque à bord de L'Hendayais II montre tour à tour les falaises de schiste, la petite baie de Loya au pied du château d'Abbadie et les contreforts des Pyrénées. Les sorties durent de 45 minutes à deux heures. Si vous le souhaitez, vous pouvez aussi participer à une pêche en mer.

**Bidassoa Surf Club** – *1 rte de la Corniche - ✆ 05 59 48 32 80 - www.hendayebidassoasurfclub.com.* École de surf labellisée par la Fédération française de surf.

**Centre nautique** – *Bd de la Baie-de-Txingudi - ✆ 05 59 48 06 07 - www.centrenautique.hendaye.com - été : 10h-18h30 ; reste de l'année : tlj sf w.-end 9h-12h, 14h-18h .* Stages et cours particuliers de voile (Optimist, Topaz, Déclic, New Cat F2), d'aviron et de planche à voile. Location de kayaks, planches à voile et petits voiliers.

**Memphis Jet** – *Port de pêche, chai n° 19, r. des Orangers - ✆ 06 21 06 40 28 - www.memphis-jet.com - rando de 90 € (45mn) à 190 € (2h) par jet-ski - location de 90 € (1h) à 350 € (1j.) - à partir de 15 € par pers. pour les engins tractés.* En compagnie d'un moniteur, vous longerez en jet-ski, sans permis, les côtes d'Hendaye, St-Jean-de-Luz, St-Sébastien et Biarritz. Sensations inoubliables en perspective. Sessions de *fly fish*, banane ou bouée tractée.

**Onaka** – *12 r. des Mimosas - ✆ 05 59 20 85 88 - www.onaka.fr - cours 1h30 35 €.* École de surf proposant des cours collectifs ou particuliers. Location de surfs et combinaisons à l'heure, à la journée ou à la semaine.

**Yakanoë** – *Plage de Sokoburu pour le wave ski, plage des Deux-Jumeaux pour le kayak de mer - ✆ 06 74 97 49 36 - www.yakanoe.com.* Découverte du littoral et de la baie de Txingudi en pirogue hawaïenne ou en kayak de mer ; wave ski pour profiter des vagues de Sokoburu. Initiation ou stages plus sportifs. Aux même lieux, **Kalapo Kayak** propose des prestations similaires - *✆ 06 11 66 50 02 - www.kalapo-kayak.fr.*

**Planet Océan** – *Locaux de Tribord, port de pêche de la Floride - ✆ 06 62 63 66 27 - www.planetocean.fr - baptême de plongée 60 € (-13 ans 50 €) - randonnée palmée 20 € - baptême et rando 65 €.* École de plongée proposant des baptêmes, des stages, des sorties exploration et des randonnées palmées à la découverte de la côte et

1

de ses merveilles aquatiques : criques, grottes, ancienne voie de pèlerinage engloutie, failles, épaves et vestiges des activités humaines, canyons, etc. Tout un monde aquatique à découvrir !

**Oihana** – *Rte de la Glacière - 64122 Urrugne - ✆ 06 03 40 52 31 - www.oihana-64.com - ⊭ - juil.-août : tlj 9h-20h ; avr.-juin et sept.-oct. : hors vac. scol. merc. 13h-18h, w.-end et j. fériés 10h-18h - 22 € (enf. 15 €) - réserv. obligatoire - parcours en nocturne en juil.-août 28 €, sur réserv.* 7 parcours pour plus de 2h30 d'aventures dans les arbres ! Tyroliennes géantes, saut de Tarzan, surf des cimes et base jump, un saut de plus de 15 m ! Activité de paintball également proposée.

**AGENDA**

**Fêtes de la Bixintxo** – *Autour du 22 janv.* Fêtes patronales de la ville avec tambourades et animations.

**Festival international du film de la mer Filmar** – *Salle Antoine-Abbadie - déb. avr. - ✆ 05 59 20 00 34 - http://filmar.hendaye.com - gratuit.*

**Les Nuits du port** – *Pl. Sokoburu - juil.-août - lun. soir - 19h30-23h30.* marché nocturne d'art et d'artisanat.

**Fête du chipiron** – *Grande-Plage - 13 juil.*

**Fête basque** – *2e w.-end d'août.*

**Semaine des enfants** – *✆ 05 59 20 00 34 - vac. de Pâques et de la Toussaint - gratuit sur inscription.* Animations et ateliers pour les enfants de 7 à 12 ans.

**Fêtes de la Saint-Martin** – *Biriatou - autour du 11 Nov.* Fêtes du village durant une dizaine de jours.

Le petit train de la Rhune.
*J. Baker / International Photobank / Age fotostock*

1

# La Rhune

★★★

**Larrun**
Pyrénées-Atlantiques (64)

## NOS ADRESSES PAGE 191

### S'INFORMER

**Office de tourisme d'Ascain** – *Rte de Saint-Ignace - 64310 Ascain - ✆ 05 59 54 00 84 - www.ascain-tourisme.fr - juil.-août : lun.-vend. 9h-12h30, 14h-18h30, sam. 9h30-12h30, 14h-18h30, dim. et j. fériés 10h-13h ; reste de l'année : lun.-vend. 9h-12h30, 14h-17h30, sam. 9h30-12h30.*

**Office de tourisme de St-Pée-sur-Nivelle** – *Pl. du Fronton - 64310 St-Pée-sur-Nivelle - ✆ 05 59 54 11 69 - juil.-août : lun.-sam. 9h30-12h30, 14h-19h, dim. et j. fériés 9h30-12h30 ; reste de l'année : lun.-vend. 9h30-12h30, 14h-18h, sam. 9h30-12h30.*

### SE REPÉRER

Carte de région B2 (p. 122-123) – carte Michelin n° 573 B 24-25.

Pour accéder au sommet, rejoignez le col de St-Ignace sur la D 4 entre Ascain et Sare.

### SE GARER

Parkings gratuits au col de St-Ignace, près de la gare.

**Navettes gratuites** – Des bus font la liaison en juil.-août entre la gare routière de St-Jean-de-Luz ou la place de Sare et le col de St-Ignace ; arrêts à Chantaco et Ascain - *juil.-août : ttes les 30mn - départs de St-Jean ou Sare de*

*10h à 17h, retours depuis le col de 10h30 à 20h - gratuit, possibilité d'acheter son billet de train pour la Rhune à bord de la navette.*

### ORGANISER SON TEMPS

Il vaut mieux faire l'ascension de la Rhune tôt le matin quand il y a moins de monde. Enchaînez avec la maison Ortillopitz et le circuit de la Nivelle.

### AVEC LES ENFANTS

L'ascension de la Rhune en petit train, mais en évitant si possible les périodes trop chargées. La base de loisirs du lac de St-Pée-sur-Nivelle.

**La Rhune, montagne emblématique du Pays basque, domine le paysage, identifiable entre toutes à la pointe qui occupe son sommet. On l'admire au rythme du train à crémaillère ou on la mérite en gravissant son versant à pied. Elle offrira une vue embrassant toute la région, un aperçu de la beauté des villages qu'elle surplombe, à la fois liés à l'Océan et à la montagne, promesse d'une riche découverte !**

# Se promener

### ★★★ La Rhune B3

*Renseignez-vous au préalable sur la visibilité au sommet (s'il y a des nuages, vous ne verrez rien !) et prévoyez un vêtement chaud.*

*Pour vous rendre au sommet de La Rhune, vous avez le choix entre 2 options :*

**Le petit train à crémaillère de la Rhune** *– Col de Saint-Ignace - 64310 Sare - 05 59 54 20 26 ou 0892 39 14 25 (0,337 €/mn) - www.rhune.com - juil.-août: 8h30-18h30, dép. toutes les 35mn - de mi-fév. à mi-nov. - basse sais. : 9h30-11h30, 14h-16h30 - 17 € AR (4-12 ans 10 € AR).*

*Sentier balisé en vert. 2h30 pour la montée, 2h pour la descente. Munissez-vous de bonnes chaussures.*

La Rhune (en basque, *larrun* : « bon pâturage ») est la montagne-emblème du Pays basque français. De son sommet-frontière où trône un émetteur de télévision, le **panorama★★★** porte jusqu'à l'Océan, la forêt des Landes, les Pyrénées basques et, au sud, la vallée de la Bidassoa. Un obélisque rappelle que l'impératrice Eugénie en fit l'ascension à dos de mulet en 1859.

En haute saison, la route qui y mène est littéralement prise d'assaut. Si vous partez assez tôt, peut-être pourrez-vous profiter tranquillement de la route qui s'élève au-dessus d'un gracieux vallon jusqu'au col de St-Ignace (alt. 169 m). Là, le petit chemin de fer à crémaillère de 1924 mène en 35mn au sommet. Son allure (8 km/h) laisse tout le loisir d'admirer les vautours fauves, les **pottoks** et les **manechs** (brebis locales à tête noire) qui paissent tranquillement.

Pendant les vacances scolaires et les week-ends de mai-juin, des animations sont organisées au sommet : promenades commentées, jeux de force basque, contes et légendes, démonstration de *txalaparta* (instrument de musique), etc. - *se rens. sur le programme.* Quelques *ventas* occupent aussi le sommet.

*Depuis le col, une petite route vous mène à la proche Maison Ortillopitz (1 km).*

# Visiter

### ★ Maison Ortillopitz B2

*05 59 85 91 92 - www.ortillopitz.com - visite guidée uniquement (1h) - de mi-juil. à mi-août : tlj sf sam. et dim. matin 10h45, 12h, 14h15, 15h30, 16h45, 18h ; avr.-déb. juil., mi-août-fin oct. : tlj sf sam. 14h15, 15h30, 16h45 - fermé sam., fin oct. à fin mars - 8 € (-14 ans 4 €).*

C'est une belle et grande ferme (600 m² sur trois étages) labourdine du 17e s. que fit construire un armateur, d'où le confort des lieux. Sa visite vous permettra d'entrer dans la vie quotidienne d'une famille basque. À noter : l'escalier droit en bois sur le modèle d'un bateau, la cuisine avec son four à pain, la belle charpente du grenier (qui nécessita 600 arbres !) ; à l'extérieur : le pressoir avec son impressionnante poutre maîtresse et le lavoir.
Ortillopitz possédait 18 ha de terres alentour qui assuraient une vie en autarcie. Vous découvrirez à votre gré le potager, le verger, les vignes, les parcelles de maïs, de chanvre et de piments. Vente des légumes du potager en été.

# Circuit conseillé Carte p. 122-123

### ★ LA VALLÉE DE LA NIVELLE B2-3

*Pour visualiser cet itinéraire de 23,5 km, reportez-vous à la carte de la région (p. 122-123) - comptez 3h. Depuis le col de St-Ignace, Ascain est à 3,5 km sur la D 4.*

### ★ Ascain/Azkaine B2

Construit au bord de la Nivelle, le bourg est dominé par trois sommets : la Rhune, l'Esnaur et le Bizkarzun.
Le sommet de la Rhune à un jet de pierre, une place de village on ne peut plus basque, des maisons labourdines où le bleu, le vert ou le rouge tranchent sur les crépis blancs, et l'inévitable fronton de pelote où jouent les enfants : voilà Ascain en toutes saisons, un lieu propice à la flânerie !
**N.-D.-de-l'Assomption** – Un massif clocher-porche dresse sa silhouette au bord de la place. Il marque l'entrée de l'église, inaugurée par Louis XIII en 1626.

**ASCAIN, ENTRE TERRE ET MER**

Proche de l'Océan, Ascain a fourni de nombreux marins aux flottilles régionales. Le village disposait d'un port sur la Nivelle et constituait un important centre de construction navale qui faisait venir le chanvre du Nord et le bois des Landes ou des Pyrénées. Mais son économie était également pastorale du fait de son implantation au pied des sommets pyrénéens. Les Azkaindars ont longtemps vécu de cette double richesse.
**Une tradition d'accueil** – La frontière espagnole étant toute proche, Ascain s'est trouvé lié aux Basques de Guipúzcoa aussi bien par le commerce que par l'histoire. Pour preuve l'accueil prodigué aux exilés ibériques lors des guerres carlistes du 19e s. et pendant la guerre civile de 1936-1939. À l'inverse, les sentiers de contrebande servirent de points de passage pour ceux qui fuyaient la France entre 1940 et 1945. Actuellement, c'est aux visiteurs curieux de découvrir une authentique communauté labourdine qu'Ascain offre l'hospitalité.

Admirez les trois étages de galeries, la voûte peinte, les pierres funéraires en granit de la Rhune et le retable du 18e s. Dans le cimetière, ne manquez pas la stèle discoïdale de 1657 (à droite, entourée de végétation) - *visite audioguidée (15 mn) : tlj sf dim. 10h, 11h, 15h, 16h, 17h, 18h - gratuit.*

Derrière l'église, les parkings marquent le départ de plusieurs chemins de randonnée : celui des Bergeries, celui de St-Ignace et celui des Sommets.

*Pour rejoindre les autres sites, prenez votre voiture. Derrière l'église, empruntez le chemin des Carrières et suivez-le jusqu'au parking du sentier de la Rhune, où vous laissez votre voiture. Prenez la route qui monte avant le parking ; plus loin, vous aurez une vue sur le manoir. Attention aux chiens sur le chemin.*

**Manoir Azkubea** – *Propriété privée.* Cette demeure du 16e s., située à 500 m du village sur la route des Carrières, se reconnaît à son portique à boules et à son donjon.

*Redescendez le chemin des Carrières et continuez tout droit.*

**Pont romain** – Cet ouvrage de 40 m a été édifié au 17e s. mais en suivant la méthode romaine, reconnaissable aux arches inégales et à la chaussée à deux pentes. Une pierre sculptée en tête de personnage, surnommée « César » (visible à marée basse), sert d'indicateur pour le niveau de l'eau.

Sur la rive opposée, vous ne pourrez manquer une étrange villa rose, semblant importée directement de Santa Fé. Vue d'avion, cette « maison du fou » a une forme de revolver. Elle est en fait la réplique d'une villa de Malibu et appartenait à l'original Ferdinand Pinney Earle, célèbre décorateur du cinéma hollywoodien, qui vécut là de 1930 à 1940.

*Revenez vers le centre-ville et prenez la 1re à droite, puis la rue Ernest-Fourneau à droite, puis tout droit au rond-point.*

**Portua** – Ancien port local ancré sur la Nivelle, au nord du bourg. Les canoës ont remplacé les gabares, autrefois chargées de pierres ou de produits manufacturés et agricoles.

*Reprenez la D 4 puis empruntez la D 918 en direction de St-Pée.*

### **St-Pée-sur-Nivelle**/Senpere B2

Il suffit de se promener dans les rues de St-Pée bordées de maisons traditionnelles aux volets peints pour se rappeler que l'on est bien en terre basque ! Les plus vieilles demeures entourent l'église, dressée en bordure de Nivelle.

**Église des saints Pierre et Paul** – Admirez la voûte en cul-de-four dont la forme rappelle au choix un soleil levant ou une coquille. Elle domine un très beau **retable** aux tons dorés et bleu pâle du 17e s., réalisé en l'honneur de saint Pierre, patron de la paroisse. Le panneau de gauche montre la scène du

### PIERRE DE LANCRE, L'INQUISITEUR

Pierre de Rosteguy, seigneur de Lancre (1553-1631), fut l'instigateur d'une terrible chasse aux sorcières dans le Labourd. Formé en droit et théologie et conseiller au parlement de Bordeaux, il fut chargé par Henri IV en 1609 de lutter contre les pratiques de sorcellerie et les mauvaises mœurs dans la région (les femmes de marins, seules une partie de l'année, semblaient bien trop libres !). Depuis le château de St-Pée, il organisa de nombreux procès, avec interrogatoires et torture, et 60 à 80 personnes, dont des prêtres, furent brûlées sur le bûcher ! Mais quand les hommes rentrèrent de Terre-Neuve en septembre et découvrirent les exécutions, de violentes émeutes éclatèrent. La mission de Pierre de Lancre prit fin le 1er novembre. En 1612, il publia un ouvrage s'appuyant sur son expérience : *Tableau de l'inconstance des mauvais anges et démons.*

reniement au chant du coq et celui de droite, sa libération d'une prison par un ange. Les portes du tabernacle mettent en scène saint Antoine de Padoue. Notez la nef plate et peinte en bleu, ainsi que la beauté des galeries.

**Moulin** – *Près de l'église.* Moulin à eau du 15e s. ; il fonctionne avec deux roues horizontales en fonte actionnant deux paires de meule - *visite guidée sur rdv - Louise Daguerre - Plazako Errota - ✆ 05 59 54 19 49.*

**Écomusée de la Pelote et du Xistera** – *Pl. du Fronton - ✆ 05 59 54 11 69 - www. saint-pee-sur-nivelle.com - visite audioguidée (45 mn) - juil.-août : lun.-sam. 9h30-12h30, 14h-18h30, dim. et j. fériés 9h30-12h ; sept.-juin : lun.-vend. 9h-12h30, 15h-17h30, sam. 9h30-12h - 5 € (enf. 2,50 €, -12 ans accompagnés gratuit).* La visite de ce petit musée s'avère dense en informations et incontournable pour comprendre et apprécier l'art de la pelote ! On y fait connaissance avec Guantxiki, ce Senpertar qui, à 13 ans, inventa le chistera en utilisant un panier d'osier pour recevoir la pelote. Les méthodes de fabrication du chistera ou des pelotes, les différents trinquets et murs, les divers jeux (*pala*, *xare*, *pasaka*, chistera, grand chistera), leurs règles, le nom des champions et les défis relevés par les premières équipes féminines n'auront plus de secret pour vous ! *Ne manquez pas en juillet-août les parties de grand chistera à 17h au fronton, ou le vendredi soir la présentation des cinq spécialités au fronton couvert à 21h.*

**Château** – *En direction de Cambo, ne se visite pas.* Appartenant jadis aux seigneurs de St-Pée, l'une des plus puissantes familles de la région, il fut le théâtre de procès en sorcellerie menés par Pierre de Lancre. Incendié en 1793, il n'en reste qu'une massive tour carrée des 15e et 17e s., ainsi que des bâtiments du 18e s.

*La D 918 vous emmène à St-Jean-de-Luz en longeant la Nivelle.*

1

## NOS ADRESSES LE LONG DE LA NIVELLE

### HÉBERGEMENT

#### PREMIER PRIX

#### À St-Pée-sur-Nivelle

**Camping Goyetchea** – *Quartier Ibarron - 3,8 km à l'ouest de St-Pée-sur-Nivelle par D 918 et D 855, rte d'Ahetze à Ibarron - ✆ 05 59 54 19 59 - www. camping-goyetchea.com - déb. juin à mi-sept. - réserv. conseillée - 140 empl. 25 € - 30 . Nuitée 46/83 €. Sem. 250/580 €.* Terrain très apprécié des amateurs de silence. Vraiment isolé au milieu des champs, il offre des emplacements ombragés et quelques mobil-homes de bon confort à louer à la nuitée ou à la semaine. Salle TV, snack, jeux pour enfants et piscine sont là pour agrémenter le séjour.

#### BUDGET MOYEN

#### À Ascain

**Hôtel Axafla-Baïta** – *Rte d'Olhette - ✆ 05 59 54 00 30 - www. hotel-achafla-baita.com - fermé du 12 nov. à déb. déc. - ♿ - P - 11 ch. 57/62 € - rest. 17 €.* La famille Inda tient cet établissement depuis trois générations. Onze chambres sobrement et confortablement aménagées ; certaines ont vue sur la montagne. À table, recettes basques servies, selon la saison, sur la belle terrasse ou devant la cheminée.

**Chambre d'hôte Arrayoa** – *64310 Ascain - ✆ 05 59 54 06 18 - www. arrayoa.com - - 4 ch. 45/60 € .* Ferme d'élevage de brebis et canards située à l'écart du village. Calme, accueil charmant, grande salle commune dotée d'un coin cuisine et d'une bibliothèque, chambres au mobilier campagnard, fronton privé et prix raisonnables en font une adresse très courue. Vous pourrez repartir avec quelques conserves maison (confits ou foie gras).

**Chambre d'hôte Haranederrea** – *Accès par le chemin des Carrières - ✆ 05 59 54 00 23 - fermé déc.-janv. - 4 ch. 58 € ☕.* Paysage champêtre, canards et poules qui se promènent, brebis qui paissent dans les champs. Dans ce cadre enchanteur, vous séjournerez à la ferme, imposante maison aux multiples pièces, aux meubles anciens et au plancher patiné par les pas de générations de paysans. Chambres spacieuses et très calmes. Au petit-déjeuner, délicieuses confitures maison.

### À St-Pée-sur-Nivelle

**Hôtel Bonnet** – *Quartier Ibarron - ✆ 05 59 54 10 26 - www.hotel-bonnet-paysbasque.com - 70 ch. 51/70 € - ☕ 7 € - rest. midi 12 €, soir 15/30 €.* Un hôtel sans prétention aux chambres simples et confortables. 20 chambres ont été rénovées (wifi gratuit), les autres, propres, ont un air plus vieillot. L'hôtel dispose d'une piscine, d'un court de tennis et d'une salle de sport. On déjeune dans la salle du devant aux nappes colorées, on dîne dans une salle plus traditionnelle aux poutres apparentes et lustre en fer forgé. Cuisine simple, portions généreuses, pour un prix léger !

## RESTAURATION

#### PREMIER PRIX

### À Ascain

**Etorri** – *Bidehandia - r. Ernest-Fourneau - ✆ 05 59 54 02 78 - oct.-mars : ouv. tlj à midi sf merc., ouv. le soir le w.-end ; avr.-sept. : tlj sf mar. soir et merc. - 13,40/16,40 € - menu labellisé Assiette de pays 17,40 €.* Un petit resto qui ne paye pas de mine mais qui propose de bons plats régionaux, copieux, à prix sympas ! La salle, très simple, se trouve à l'arrière. Service agréable.

**Cidrerie artisanale Txopinondo** – *D 918, rte de St-Jean-de-Luz - ZA Lan Zelai - ✆ 05 59 54 62 34 - www.txopinondo.com - ♿ - fermé 5-21 janv. - vac. scol. des 3 zones : tlj midi et soir ; reste de l'année : à midi jeu.-dim. et lun. soir, ouv. le dim. soir si lun. férié - visites (voir Achats) - forfait 9 tapas, boisson à volonté et dégustation commentée 11 €, rest. 27/29 €.* Au milieu des chais, de longues tables vous accueillent pour un festin basque ! *« Txotx ! »* C'est le signal : le *sagardoa* jaillit d'une barrique. *Pintxos*, cassolette de thon ou *txuleta* (côte de bœuf) grillée au charbon de bois dans la salle, à dévorer debout ou attablé. *« Txotx ! » Sagardao* à volonté !

#### POUR SE FAIRE PLAISIR

### À St-Pée-sur-Nivelle

**Le Fronton** – *Quartier Ibarron - rte de St-Jean-de-Luz - ✆ 05 59 54 10 12 - jeanbaptiste.daguerre@wanadoo.fr - fermé de mi-fév. à mi mars - ouv. vend. et sam. midi et soir et dim. midi. - 37/43 €.* Ici, cuisine rime avec tradition : produits du marché et nombreux poissons frais vous mettront en appétit. Décor confortable, façon jardin d'hiver ; terrasse, porte en fer forgé.

## ACHATS

### À Ascain

**Cidrerie artisanale Txopinondo** – *D 918, rte de St-Jean-de-Luz - ZA Lan Zelai - 64310 Ascain - ✆ 05 59 54 62 34 - www.txopinondo.com - fermé 5-21 janv. - avr.-oct. : mar.-sam. 10h-12h, 15h-19h ; nov.-mars : jeu.-sam. 15h-19h.* Monsieur Lagadec, seul artisan cidrier du Pays basque côté français, fabrique de goûteuses spécialités : *sagardoa* (boisson fermentée à base de pomme), *muztioa* (jus), *dultzea* (pâte de fruits accompagnant le fromage de brebis) et *patxaka* (liqueur anisée aux pommes sauvages). Visitez aussi son petit musée-atelier du goût : documentaire sur la fabrication du *sagardoa* et dégustations.

**L'Art Dit Vin** – *R. Ernest-Fourneau, sous les arcades - 64310 Ascain - ✆ 05 59 54 84 52 - lartditvin@hotmail.fr - 10h-13h, 16h-19h30 - fermé dim. après-midi et lun.* Sympathique caviste proposant vins de pays et de région. Le bar à vins voisin, avec ses jolis tonneaux colorés, accueille des dégustations le vendredi soir et des cours d'œnologie le jeudi.

### À St-Pée-sur-Nivelle

**La ferme Machalenea** – *64310 St-Pée-sur-Nivelle - ✆ 05 59 54 16 37 - 9h-21h.* Dans cette ferme familiale typique, les hommes cultivent la terre et élèvent les bêtes pendant que les femmes assurent la fabrication du fromage : de brebis, de Noël à fin mai, et de vache (lait cru et pâte cuite) toute l'année. Vente sur place.

**Maison Pereuil** – *Chemin Karrika, en face du fronton - 64310 St-Pée-sur-Nivelle - ✆ 05 59 54 10 05 - 8h-13h, 15h-19h - fermé merc. sf juil.-août.* Une toute petite boutique spécialisée dans le gâteau basque et les sablés, avec un peu de pain. Seulement deux parfums de gâteau basque dans cette maison créée en 1876 : cerise noire ou crème. La recette est transmise de mère en fille et sa réputation sans doute aussi !

## SPORTS ET LOISIRS

### À St-Pée-sur-Nivelle

**Le Lac** – *Base de loisirs - 64310 St-Pée-sur-Nivelle - ✆ 05 59 54 18 48 - base de loisirs ouv. uniquement en juil.-août.* Ce lac de 12 ha, que l'on nomme ici « la petite mer intérieure », est alimenté par quatre sources. Il regroupe maints activités et services : plage surveillée, pédalos, canoës, toboggan aquatique, jeux pour les enfants, tennis, minigolf, pêche, parcours de santé (tour du lac, 3 km), promenades en poney, aires de pique-nique et divers points de restauration.

**Cocktail Aventure** – *Résidence Laminak - 64310 St-Pée-sur-Nivelle - ✆ 05 59 54 18 69 - www.cocktail-aventure.com - juil.-août : tlj sf dim. 10h-13h, 15h-19h (bureau) ; base eaux vives : 9h15-18h - fermé oct.-nov.* Cet organisme, spécialisé dans les loisirs de plein air, dispose de plusieurs antennes dans le Pays basque. Le bureau d'accueil de St-Pée en est un. Parmi les activités proposées : le kayak, l'hydrospeed, la randonnée, le canyoning, les descentes en rafting… À savoir : la plupart des parcours partent de Bidarray.

**La Nivelle Verte** – *Départs d'Ascain ou de St-Jean-de-Luz - ✆ 06 01 71 92 75 - www.lanivelleverte.com - 12 places - sur réserv. - 15 €.* Balade d'1h45 en zodiac sur la Nivelle.

**Aquabalade** – *D 918 au km 5 - ✆ 06 62 58 09 97 - www.aquabalade.com - juil.-août : 10h-18h ; reste de l'année sur rdv - 15 à 30 € pour 1h30 selon le canoë.* Location de canoës insubmersibles de 1 à 4 places. Dépaysement, silence, découverte de la faune et de la flore font le charme d'une balade sur la Nivelle.

**Base Aventures & Sensations** – *Pont d'Amotz - 2,9 km sur la D 3 vers Sare - ✆ 06 11 15 02 40 - 24 € (-12 ans 18 €) pou 1h30 à 2h.* Balade accompagnée en canoë ou en kayak. Descente de la Nivelle.

# Sare

★

**Sara**

2 271 Sarois - Pyrénées-Atlantiques (64)

NOS ADRESSES PAGE 197

### S'INFORMER

**Office de tourisme** – *Herriko etxea - 64310 Sare - ✆ 05 59 54 20 14 - www.sare.fr - juil.août : lun.-vend. 9h30-12h30,14h-18h30, sam. 9h30-12h30, dim. 10h-12h30 ; avr.-oct. : lun.-vend. 9h30-12h30,14h-18h, sam. 9h30-12h30 (sf oct.) ; nov.-mars : lun.-vend. 9h30-12h30, 13h30-17h30 - ferm. j. fériés sf 14 Juil*;

### SE REPÉRER

Carte de région B3 (p. 122-123) – carte Michelin n° 573 C 25. À 3 km de la frontière espagnole et à 14 km au sud-est de St-Jean-de-Luz via Ascain, par la D 918 puis la D 4.

### SE GARER

Parking devant la mairie ou à l'entrée de la ville.

### AVEC LES ENFANTS

La grotte, le musée du Gâteau basque pour les plus gourmands, et la ferme Etxola pour ceux qui aiment les animaux, même en cage.

**Posé au pied de la Rhune, Sare, haut lieu de la préhistoire, a soigneusement préservé toute son authenticité basque avec son grand fronton, ses rues ombragées et sa belle église aux galeries de bois. Connue pour ses festivités, l'attachement de ses habitants à leurs traditions et pour sa gastronomie, Sare est aussi l'une des cités les plus vivantes du Pays basque.**

## Se promener

### Église St-Martin

Elle abrite trois étages de galeries et de riches retables. La chaire peinte surplombant l'assemblée est du 18e s. Remarquez à gauche de la nef la plaque en l'honneur de **Pedro Axular**, auteur de *Guero*, un classique de la littérature basque paru en 1643.

À l'extérieur, notez les fenêtres découpées dans l'épaisseur du mur, ainsi que l'escalier donnant accès aux galeries.

### Quartier Ihalar

*Depuis la place du fronton, remontez la rue qui passe devant l'hôtel Arraya.* Depuis le haut de

**RAMUNTCHO**

Écrit en 1897, ce roman de **Pierre Loti** qui (il faut bien le reconnaître) date quelque peu, est censé se dérouler à Sare, décrite sous le nom d'Etchézar. Il présente un Pays basque de pacotille où, si l'on n'est contrebandier, c'est que l'on joue à la pelote…

la côte, vous avez une belle vue sur la campagne environnante. *Au rond-point, poursuivez tout droit (D 4) et tout de suite à gauche.* Cet ensemble de maisons à flanc de colline forme le plus vieux quartier de Sare ; ses fermes labourdines avec leurs toits à deux versants et leurs arrangements de pierres et de bois datent des 16e et 17e s.

# Visiter

### Musée du Gâteau basque

*Sur la D 406 - Maison Haranea, quartier Lehenbiscay - ✆ 05 59 54 22 09 - www.legateaubasque.com - ♿ - vacances de printemps et juil-août : visites lun.-vend. à 11h, 15h15, 16h30 (et 17h30 en été) ; déb. avr., mai-juin et sept. : lun.-vend. 11h, 15h15 - vac. de Pâques et été : ateliers mar., merc. et jeu. à 15h ; sept. : jeu. à 15h - visite (45mn) 7 € (enf. 5, 50 €) ; atelier (1h30) 14 €.*

La *sukalde* (cuisine), garnie de meubles et objets d'époque, vaut déjà le détour et la suite vous réserve bien des surprises… Vous aurez le choix entre deux visites : dans la « visite classique », le chef pâtissier vous donnera quelques conseils avisés en réalisant devant vous ce gâteau traditionnel *(45mn - 7 €)*. L'atelier-visite *(1h30 - 14 €)* vous permet de préparer vous-même le dessert et de l'emporter à la fin du cours. Pour les randonneurs *(sur réserv.)* et les gourmands, un goûter est proposé par le musée.

1

### ★ Maison Ortillopitz

*Voir p. 189.*

*Le chemin indiqué en contrebas de Sare pour aller à cette maison vous ramène du côté du col de Saint-Ignace.*

# À proximité Carte p. 122-123

### Parc animalier Etxola B3

*3 km au sud-ouest par la D 306. Peu après l'intersection menant à la grotte de Sare, sur la gauche. Rte des grottes de Sare et col de Lizarrieta - www.parc-animalier-etxola.com - ✆ 06 15 06 89 51 - juil.-août : 10h-19h ; avr.-juin : 10h-18h ; sept.-oct : 10h-17h ; reste de l'année : se renseigner - 5 € (-12 ans 4 €).*

Les clapiers à lapins côtoient les enclos à poules, les cages des calopsytes (perruches) jouxtent celles des dindons et des poules huppées, et les pigeons frisés de Hongrie avoisinent les sabelpoots (poules naines). Quant au cochon vietnamien, il dort non loin du parc à chèvres tandis que le mouton de Valachie partage son pré avec celui de Jacob. Yack et highland paissent sous le regard

**L'« ENFER DES PALOMBES »**

C'est ainsi que les connaisseurs appellent Sare. Mais leur enfer s'étend en fait à tout le Sud-Ouest, où la chasse au pigeon ramier prend des allures de sport national. Elle a lieu en automne, quand les palombes venues des pays nordiques descendent vers des horizons plus cléments. Les volatiles font halte dans les forêts landaises ou pyrénéennes. Depuis les palombières (tours-cabanes placées sur les lieux de passage des oiseaux), on les rabat en effet à grands renforts d'appelants (pigeons ou palombes dressées) et de raquettes (imitant le vol des prédateurs) vers les filets tendus ou, usage de plus en plus fréquent, vers les canons des fusils *(Voir aussi p. 109)*.

dédaigneux des lamas et dromadaires. Bref, c'est une véritable arche de Noé que vous découvrirez, sans doute tout aussi rustique que l'originale. Possibilité d'acheter du pain à l'entrée pour les animaux *(0,50 €).*

### Lezea (Grottes de Sare) B3

*05 59 54 21 88 - http://lezea.sare.fr - visites guidées d'1h - juil.-août : 10h-19h ; avr.-juin et sept. : 10h-18h (oct. 17h) ; fév.-mars 14h-17h ; nov.-déc. : 14h-17h - fermé janv. - 7 € (-13 ans 4 €).*

Partie d'un vaste réseau de galeries creusées dans du calcaire dur, une des cinq grottes préhistoriques de Sare, **Lezea** (« grotte » en basque) est ouverte à la visite : le travail de corrosion et d'abrasion a fait apparaître toutes sortes de cavités karstiques, dont une monumentale spirale creusée par l'eau dans la roche. Les outils de silex (grattoirs, haches, pointes de sagaie, etc.) et débris d'os découverts témoignent d'une occupation humaine, dont la phase la plus dense a été située au Périgordien supérieur (20 000 av. J.-C.). Passé le vaste porche, on suit un parcours de 900 m mis en valeur par des éclairages et un montage audiovisuel sur fond de *txalaparta* (instrument à percussions qui évoque le son d'un galop) : cette ambiance sonore contribue au projet d'ensemble qui est de retracer (assez grossièrement) l'histoire du peuplement basque. La visite s'achève sur la découverte d'un **musée** évoquant notamment les travaux de l'ethnologue basque José Miguel de Barandiarán (1889-1991) et d'un **parc mégalithique** attenant à la grotte présentant des reconstitutions de sites funéraires, dolmens et cromlechs.

*2h AR.* Le sentier des Contrebandiers mène aux grottes de Zugarramurdi en Navarre *(voir « Ainhoa » p. 199).*

### Col de Lizarrieta B3

*9 km au sud-ouest par la D 406, sur la frontière espagnole, vers d'Etxalar.*

Alt. 441 m. La route qui y mène est étroite ; au col, pas de centre commercial *(voir p. 174)* mais une seule *venta* et une vue apaisante sur les collines en contrebas. Le col est très animé à l'époque de la chasse à la palombe (postes de guet et de tir le long du chemin de crête).

### ★★★ La Rhune B3

*3 km au nord-est sur la route d'Ascain (D 4) jusqu'au col de St-Ignace.*
*Voir p. 187.*

### LE PATRIARCHE DE LA CULTURE BASQUE

Entré au séminaire de Vitoria en 1906, le jeune **José Miguel de Barandiarán** se passionne pour la culture mégalithique après avoir découvert des dolmens près de sa ville natale. Voyageant en Allemagne en 1913, il suit à Leipzig un enseignement sur la psychologie des peuples, ce qui l'incite à entreprendre à la Sorbonne des études d'ethnologie, d'anthropologie et de paléontologie. Ordonné prêtre à son retour en Espagne, il enseigne à Vitoria et Salamanque, multiplie les recherches et les publications scientifiques et crée la Société d'études basques. Mais survient la Guerre civile : contraint de s'expatrier, il se fixe à **Sare** où il poursuit ses travaux avant d'être assigné à résidence en Normandie. De retour en Espagne en 1953, il poursuit son activité inlassable… au point de mettre la dernière main à un atlas ethnographique alors qu'il avait atteint l'âge canonique de cent ans. Le musée des **Grottes de Sare** lui est aujourd'hui dédié, tout comme le récent musée Barandiarán à Ataun *(voir p. 302).*

## NOS ADRESSES À SARE

### HÉBERGEMENT

#### BUDGET MOYEN

**Hôtel-restaurant Baratxartea** – *Quartier Ihalar - ✆ 05 59 54 20 48 - www.hotel-baratxartea.com - P - fermé 15 nov.-15 mars - 22 ch. 50/68 €, 1/2 P 45/53 € ; en haute saison 1/2 P seulement 49/55 € - rest. 15/25 €.* Dans ce havre de paix qu'est le quartier Ihalar, entouré de prairies et collines, le mot « apaisant » vient immédiatement aux lèvres. Vous serez accueilli ici avec chaleur et bienveillance. Les chambres, bien qu'un peu anciennes, sont agréables et calmes ; certaines ont un balcon. Le restaurant, avec ses nappes rouges et ses serviettes à carreaux, propose de bonnes spécialités locales dans des menus équilibrés et variés. Excellent rapport qualité-prix.

**Chambre d'hôte Ttakoinenborda** – *Sur la D 306 av. l'embranchement vers les grottes de Sare - ✆ 05 59 47 51 42 - www.chambredhotebasque.fr - 4 ch. 57 €.* La partie la plus ancienne (1680) de cette jolie ferme en bord de ruisseau a été aménagée en chambres d'hôte. Colorées, élégantes et spacieuses, elles disposent d'une entrée indépendante. Le petit-déjeuner, composé de pain et confitures faites maison, vous sera servi dehors si le temps le permet. Une maisonnette accueille le salon-TV. Panier pique-nique à 5 €. Cet endroit bucolique est très demandé, pensez à réserver tôt !

#### POUR SE FAIRE PLAISIR

**Hôtel Lastiry** – *Pl. du Village - ✆ 05 59 54 20 07 - www.hotel-lastiry.com - ♿ - fermé nov.-fév. - 11 ch. 80/140 € - 11 €.* Cette demeure historique du 18e s., avec poutres et pierres apparentes, abrite 11 chambres de charme, spacieuses, calmes, disposant d'une belle vue sur les montagnes environnantes. Vous pourrez aussi goûter à la cuisine gastronomique élaborée à partir de produits régionaux. Wifi gratuit.

### RESTAURATION

#### POUR SE FAIRE PLAISIR

**Maison Olhabidea** – *✆ 05 59 54 21 85 - www.olhabidea.com - fermé déc.-janv. - ♿ - P - 5 ch. - 80 € rest. 39 €.* Au bord de la rivière, dans cette ferme posée au milieu de la montagne, vous dégusterez le menu surprise de Guillaume, concocté avec les produits de saison du potager comme le risotto aux cèpes et fois gras à l'automne ou la meringue au mascarpone et fraises gariguette en été. Service en terrasse aux beaux jours.

### ACHAT

**Boutique du musée du Gâteau basque de Sare** – *Voir les coordonnées p. 195 - ✆ 05 59 54 22 09 - 9h-18h en période d'ouv. du musée.* Après la visite du musée, les réalisations culinaires de la journée sont proposées à la vente, ainsi que des produits maison.

### SPORTS ET LOISIRS

**Centre équestre Olhaldea** – *Zalditokia - ✆ 05 59 54 28 94 - www.olhaldea.com - ouv. w.-ends et vac. scol.* Centre spécialisé dans le tourisme équestre à travers le Pays basque, il organise des promenades d'1h à une journée et, pour les passionnés de grands espaces, des randonnées itinérantes de 2 à 7 jours avec un guide.

### AGENDA

**Fêtes de Sare** – *2e dim. de sept. pendant 4 j.*

# Ainhoa

★

648 Ainhoars - Pyrénées-Atlantiques (64)

## NOS ADRESSES PAGE 200

**S'INFORMER**

**Maison du patrimoine** – *Face à l'église, derrière la mairie - 64250 Ainhoa - ✆ 05 59 29 93 99 - www.ainhoa.fr - juil.-août : lun.-sam. 10h30-12h30, 14h-18h ; avr.-juin et sept.-oct. : horaires variables - fermé dim. et j. fériés.* Projection d'un film de 25mn sur l'histoire d'Ainhoa et du territoire de Xareta.

**SE REPÉRER**

Carte de région C3 (p. 122-123) – carte Michelin n° 573 C 25. 8 km au sud-ouest de Cambo-les-Bains, dans le Labourd. La petite D 20 mène au centre de ce village-rue.

**À NE PAS MANQUER**

Le site de la grotte des Sorcières, à Zugarramurdi.

**ORGANISER SON TEMPS**

Le village constituant un point départ de randonnées ou d'excursions vers la vallée du Baztan *(voir p. 408)*, on pourra le visiter avant de partir en promenade ou en fin d'après-midi, lorsque la lumière le rase et l'enflamme.

**AVEC LES ENFANTS**

Découvrez les nombreuses grottes des environs.

**Il suffit de parcourir les rues d'Ainhoa pour reconnaître qu'il s'agit d'une ancienne bastide comme en témoigne son plan rationnel. Mais c'est aussi et surtout LE village basque par excellence. Tout y est : maisons rouges et blanches, fronton de pelote qui fait presque corps avec l'église, cimetière hérissé de stèles discoïdales. Au coucher du soleil, la montagne elle-même prend une teinte « rouge basque ». Charme assuré !**

## Se promener

### ★ Rue principale

Cette ancienne bastide est un véritable lotissement ! Une haie de maisons des 17e et 18e s. aux toits débordants, aux façades de guingois sous une chaux datant de la dernière St-Jean, aux volets et aux colombages colorés,

**LE PAYS DE XARETA**

En 2004, Sare, Ainhoa, Zugarramurdi et Urdazubi-Urdax se sont regroupés dans l'association Xareta, « vallée boisée », selon le nom donné à la région par J.-M. de Barandiarán *(voir p. 196)*. Ces quatre villages, entre lesquels a été tracée la frontière franco-espagnole, sont liés par leur histoire, leur culture et leurs rapports familiaux. Le réseau des routes faisait d'ailleurs fi des postes-frontières et l'activité de contrebande était prospère. Depuis les années 1990, ils développent ensemble leurs activités touristiques.

aux poutres ornées de frises et d'inscriptions : on ne sait où poser son regard ! Les vastes *lorios* (porches) des maisons conservent des anneaux d'attache pour les mules, souvenirs du temps où Ainhoa était, outre une halte pour les pèlerins, un relais pour les marchands transitant par la frontière espagnole.

**Église** – Précédée d'un clocher-porche, elle est dédiée à N.-D.-de-l'Assomption. Son agencement et sa décoration sont typiquement basques : boiseries dorées du chœur (17e s.), nef à double galerie et plafond à caissons.

### N.-D.-d'Aranzazu (N.-D.-de-l'Aubépine)

*Prenez la rue à gauche de la mairie et suivez le balisage du GR. Comptez 2h AR. Pèlerinage lun. de Pentecôte avec messe en basque à 10h30 - ✆ 05 59 29 92 60.*

Sur le tracé du GR 10, ce chemin vous mène à la chapelle, construite sur les lieux où la Vierge serait apparue dans un buisson d'aubépine. Ce lieu de pèlerinage est l'occasion d'une belle promenade. En haut, vue sur Ainhoa et panorama sur la rade de St-Jean-de-Luz et Socoa. Plus loin apparaissent les premiers villages espagnols au pied des hautes montagnes navarraises.

## À proximité Carte p. 122-123

### Zugarramurdi B3

*7 km au sud-ouest par la D 20, puis la NA 4 401 après la frontière.*

Difficile d'imaginer, en parcourant ce charmant village, que son nom est associé depuis des siècles à la sorcellerie. Pourtant, en 1610, plus de 300 personnes y furent arrêtées par l'Inquisition de Logroño et une quarantaine condamnées pour avoir organisé des messes noires dans la grotte. Un petit **musée des Sorcières** (Museo de las Brujas) retrace ces événements – *✆ 948 599 004 - de mi-juil. à mi-sept. : mar. 16h-19h30, merc.-dim. 11h-19h30 ; de déb. avr. à mi-juil. : merc.-vend. 11h-18h30, w.-end et j. fériés 11h-19h ; reste de l'année : merc.-vend. 11h-18h - 4,50 €.*

★ **Cueva de las Brujas (Akelarrenlezea**/Grotte des Sorcières) B3 – *Panneau directionnel sur la place de l'église. ✆ 948 599 305 - 10h30-20h - 3,50 €.*

Un parcours balisé mène au canyon creusé par le ruisseau de l'Enfer, lieu de réunion des sorcières. Tout autour, plusieurs sentiers empruntent d'anciens chemins de contrebande. Une très belle vue sur le village et ses alentours attend les plus motivés depuis le mirador aménagé en haut de la colline.

### Urdazubi/Urdax C3

*5,5 km au sud-ouest par la D 20 puis, en Espagne, par la N 121B et la NA 4 402.*

De petits canaux et une rivière sillonnent ce village dont le nom signifie « eau et pont ». Il conserve quelques maisons anciennes, signalées par la massive silhouette de l'église San Salvador, dernier vestige d'un monastère prémontré, autrefois hôpital pour les pèlerins en route vers Compostelle.

**Cuevas (grottes) de Urdazubi o Gruta de Ikaburu** C3 – *Tournez à droite avant d'arriver au village. Prenez à nouveau à droite à l'embranchement et comptez 500 m. ✆ 948 599 241 - visite guidée mars-déc. 11h-18h, se renseigner pour les horaires des visites - fermé lun. (sf mars-oct.), 1er janv. et 25 déc. - 4,50 € (enf. 2,50 €).*

Patiemment sculptée par l'Urtxurme (« ruisseau humble ») dans lequel évoluent toujours truites et anguilles, cette grotte déploie de fascinants tableaux de silex, de marbre, de colonnes de calcite (dont la crèche) et de racines d'arbres prises dans des gangues de calcaire.

## NOS ADRESSES À AINHOA

### HÉBERGEMENT

#### POUR SE FAIRE PLAISIR

**La Maison Oppoca** – *Au bourg - 05 59 29 90 72 - www.oppoca.com - fermé de la mi janv à déb. fév. et de fin nov. à la mi-déc. - ♿ - P - 10 ch. 85/150 € - ☕ 9 € - rest. 28/65 € - mars-fin oct. : bistrot ouv. à midi 15/25 €.* Les murs de cette demeure basque datent de 1663. Ils accueillent des chambres confortables où règne une ambiance d'autrefois. Dès l'arrivée des beaux jours, le jardin offre un cadre parfait pour les petits-déjeuners. Wifi gratuit. Au restaurant, cuisine gastronomique. L'établissement dispose aussi d'un salon de thé et d'un espace sauna et jacuzzi pour une détente parfaite.

### RESTAURATION

#### BUDGET MOYEN

**Hôtel-restaurant Etchartenea** – *Dancharia - 05 59 29 90 26 - fermé merc. - P - 6 ch. 50 € - rest. 18 € - 1/2 P 85 €.* Une halte originale que ce restaurant situé à même la frontière. La terrasse, sous les arbres et au bord de l'eau, est fort sympathique mais attention, si vous empruntez le petit pont enjambant le ruisseau, vous vous retrouverez en Espagne ! Cuisine familiale.

### ACHATS

**Pierre Oteiza** – *R. Principale - 05 59 29 30 43 - www.pierreoteiza.com - 10h-12h30, 14h-19h - fermé janv., 25 déc. et lun.-mar. sf juil.-août.* Fabrication artisanale de succulents jambons de porc pie noir de la vallée des Aldudes et de plats cuisinés basques.

**Pains d'épice d'Ainhoa** – *Grande-Rue - 05 59 29 34 17 - www.pain-epice.net - 9h-19h (18h30 le merc.), dim. 9h-13h ; juil.-août : tlj 9h-20h - fermé vend. sf en juil.-août, janv. et nov.*
Seul un chevalet portant la mention « Pains d'épice d'Ainhoa » indique l'existence de ce fabriquant.
À peine entré, on est enivré par l'odeur du miel à laquelle se mêlent, selon la saison, sept autres parfums : pain d'épice nature, orange, thé bergamote, pruneaux-noix-armagnac, gingembre confit toute l'année, chocolat et orange à Noël, et figue en été.

### EN SOIRÉE

**Bon à savoir** – Dancharia/Dantxarinea est le lieu de la fête les soirs de fin de semaine ! Les habitants de la région s'y retrouvent dans les restaurants, bodegas, bars, salles de jeux, bowlings et dans la grande discothèque La Nuba.

### AGENDA

**Fête des sorcières** – *21 juin.*
**Zikiro-jate** – *Zugarramurdi - 18 août.* Repas populaire autour d'un agneau rôti à la broche, en commémoration des anciens sabbats.

Piments d'Espelette séchant au soleil.
*CDT64*

1

# Espelette

★

**Ezpeleta**

1 936 Espelettars - Pyrénées-Atlantiques (64)

## NOS ADRESSES PAGE 203

### S'INFORMER

**Office de tourisme –Office de tourisme** – *Au château des barons d'Ezpeleta, 145 rte Karrika-Nagusia - 64250 Espelette - ☎ 05 59 93 95 02 - www.espelette.fr - juil.-août : lun.-sam. 9h-12h30, 14h-18h30, sam. 9h30-12h30 ; reste de l'année : lun.-vend. 9h-12h30, 14h-18h (juin et sept. : sam. 9h30-12h30) - fermé dim. et j. fériés.*

**Randonnées au clair de lune** – *Mar.-merc. 19h-23h. Inscription à l'office de tourisme - 26 € (enf. 18 €).* Promenades en soirée en montagne pour découvrir le pastoralisme, la contrebande, la Côte basque de nuit…

### SE REPÉRER

Carte de région C2 (p. 122-123) – carte Michelin n° 573 B 25. À 6,5 km à l'ouest de Cambo-les-Bains.

### SE GARER

Se garer en haut du village et le parcourir à pied.

### ORGANISER SON TEMPS

Espelette est un village où il fait bon flâner, notamment pendant les jours de marché *(voir « Nos adresses » p. 203)*.

**Espelette fait partie de ces lieux dont le nom fait frétiller les papilles des gourmets : c'est bien entendu le piment qui lui vaut cette réputation quasi universelle, et les images des guirlandes rouge foncé des piments mis à sécher en automne sur les façades ont fait le tour du monde. Cela mis à part, vous ne regretterez pas une flânerie dans les rues tortueuses et pentues de ce charmant village plein de vie…**

## Se promener

Village du piment, Espelette est aussi celui du pottok (prononcez *pottiok*). Ce petit cheval docile, trapu et pansu, habitué à une vie semi-sauvage sur les versants inhabités des montagnes, était jadis utilisé comme auxiliaire dans les mines. Il s'est aujourd'hui reconverti dans le tourisme puisqu'il accompagne les randonneurs dans leurs excursions en qualité de porteur de bagages (mais attention : on ne monte jamais un pottok !).
La balade dans le village vaut à elle seule le détour, mais consacrez une attention particulière à l'église du 17e s. et à l'ancien château.

### Église

*En bas d'Espelette.* Fortifiée et dotée d'un massif clocher-porche depuis 1627, elle présente les galeries traditionnelles des églises basques. Dans la chapelle des Ezpeleta, beau retable du 16e s. À voir également, les stèles discoïdales des 17e et 18e s. dans le cimetière attenant.

### Château des barons d'Ezpeleta

Mairie et office de tourisme sont installés dans ce château, élevé au 11e s., mais plusieurs fois détruit et reconstruit. **Exposition** permanente sur le « piment dans le monde ». *✆ 05 59 93 95 02 - 14 juil.-15 août : 8h30-12h30 ; reste de l'année : 8h30-12h30, 14h-18h, dim. 9h30-12h30 - fermé dim. apr. midi et j. fériés - gratuit.*

### LE PIMENT

Introduit au Pays basque en provenance d'Amérique via l'Espagne au 17e s., le piment devient très vite le condiment favori de ses habitants : séché au soleil avant d'être réduit en poudre, on le mit d'abord dans le chocolat et il remplaça le poivre dans la cuisine locale (poulet basquaise, *tripotxa* – boudins de veau –, *axoa* – émincé de veau –, etc.). Mais, outre le terroir, tout est dans les semis : certains se fient à la Lune ; pour d'autres, c'est le jour de la St-Joseph qu'il faut pratiquer cette délicate opération…
Le piment d'Espelette a gagné ses lettres de noblesse en décrochant l'AOC en 2000 et l'AOP en 2002 (ces appellations concernent dix villages). Cette reconnaissance a relancé son exploitation, le nombre de producteurs passant d'une trentaine en 1997 à 128 en 2009 ! Cette épice est devenue la plante à tout faire des Espelettars : en bain de pieds, ce fruit soigne même les grippes et les bronchites ! *www.pimentdespelette.com.*

**DEUX HOMMES D'ÉGLISE QUI ONT FAIT PARLER D'EUX**

Espelette a donné le jour à deux ecclésiastiques à la personnalité sortant de l'ordinaire. Le premier se nommait **Armand David** (1826-1900) et fut surnommé le « Livingstone français » pour avoir réalisé des explorations en Chine entre 1866 et 1874. Naturaliste tout autant que missionnaire, collaborateur du Muséum, il est le premier Occidental à rencontrer en 1869 un panda géant… charmant animal qui fut longtemps appelé « l'ours du père David ».

Tout aussi peu conventionnel, le second est le cardinal **Roger Etchegaray**, né en 1922, proche collaborateur du pape Jean-Paul II.

## NOS ADRESSES À ESPELETTE



### HÉBERGEMENT

**BUDGET MOYEN**

**Hôtel Euzkadi** – *285 Karrika-Nagusia - ✆ 05 59 93 91 88 - www.hotel-restaurant-euzkadi.com - fermé mar. hors sais. et lun. - ♿ - P - 27 ch.67/78 € - ☕ 8 € - rest. 18/34 €.* On ne peut rater cette adresse typiquement basque tant le rouge de sa façade se voit de loin. Chambres entièrement rénovées dans le bâtiment principal, climatisées, d'un réel confort. Piscine et tennis. Vous dégusterez une cuisine régionale dans un cadre rustique agrémenté de guirlandes de piments d'Espelette.

### RESTAURATION

**PREMIER PRIX**

**Pottoka** – *Pl. du Jeu-de-Paume - ✆ 05 59 93 90 92 - francoiseaguerre953@orange.fr - fermé lun. hors sais. - 15/30 €.* De magnifiques piments d'Espelette décorent ce restaurant typiquement basque. La cuisine accorde une large place aux produits du terroir. Goûtez donc l'*axoa* (épaule de veau hachée, assaisonnée du piment local), le gâteau basque ou le gratin de fraises. C'est un régal. L'été, profitez de la terrasse couverte.

### ACHATS

**Marché** – Mercredi matin (et samedi matin en juillet et août).

**Maison Bipertegia** – *Pl. du Jeu-de-Paume - ✆ 05 59 93 83 76 - tlj sf dim. mat. 10h-13h, 14h-19h.* Cette maison organise des dégustations de piment d'Espelette. Sitôt en bouche, qu'il soit en poudre, séché, en purée ou en gelée, son goût se diffuse en même temps qu'une douce chaleur. À découvrir aussi : le *gotoxi*, une sauce à grillades, l'huile d'olive pimentée, la confiture de piment doux et la piperade maison.

**Ttipia** – *Pl. du Marché - ✆ 05 59 93 97 82 - www.ttipia.fr - 10h-18h30 ; été : 10h-19h - fermé en janv.* Cette boutique propose évidemment la spécialité locale, mais aussi une belle sélection d'autres savoureux produits régionaux : foie gras, conserves de canard, vin d'Irouléguy, confiture de cerise noire, fromages, jambons, etc. Vous y trouverez également du linge basque.

**Ferme Kukulu** – *Rte d'Itxassou - ✆ 05 59 93 92 20 - www.fromagekukulu.com*. Le fromage de brebis fabriqué par les bergers de la ferme Kukulu a déjà obtenu maintes récompenses. La grande qualité du lait et de l'affinage (de 4 à 16 mois selon les goûts) y est bien sûr pour beaucoup. La maison vend également des spécialités basques et le *mamia* (caillé de brebis).

**L'Atelier du piment** – *Elizaldeko Bidea - ✆ 05 59 93 90 21 - www.atelierdupiment.com - en saison : 9h-19h ; hors saison : 10h-18h - visite gratuite.* Cette exploitation de piments vous ouvre ses portes : vous pourrez vous promener dans les champs, pénétrer dans l'atelier de transformation et déguster toutes sortes de produits à base de piment ! Vente de ces produits et de spécialités régionales.

## AGENDA

**La Foire au pottok** – *✆ 05 59 93 95 02 - derniers mar. et merc. de janv. sur le fronton.* Ambiance de foire agricole très authentique.

**La Fête du piment d'Espelette** – *✆ 05 59 93 95 02 - dernier dim. d'oct.* Au programme : bénédiction du piment, défilé des confréries et nomination des Chevaliers du piment d'Espelette.

# Cambo-les-Bains

★

**Kanbo**

5 671 Camboars (Kanboars) - Pyrénées-Atlantiques (64)

NOS ADRESSES PAGE 210

### S'INFORMER

**Office de tourisme** – *Av. de la Mairie - 64250 Cambo-les-Bains - ✆ 05 59 29 70 25 - www.cambolesbains.com - juil.-août. : lun.-sam. 9h-18h30, dim. et j. fériés sf 1er et 8 mai 9h-12h30 ; sept. : lun.-sam. 9h-12h30, 14h-18h30, dim. 9h-12h30 ; mars-juin et oct. : lun.-sam. 9h-12h30, 14h-18h ; nov.-fév. : lun.-sam. 9h-12h30, 14h-17h30.*

**Visites guidées de Cambo** – Au départ de l'office de tourisme, 1h30 de visite commentée dans la ville - *ts les mar. de fin juin à déb. oct. - réserv. obligatoire - 3 €.*

**Randonnées** – L'office de tourisme organise en saison 3 randonnées d'1/2 journée par semaine : le merc. randonnée nature pour les familles - *13h45-17h30 - 16 € (-16 ans 11 €)* ; le vend. randonnée du berger dans la montagne - *13h45-17h - 16 € (-16 ans 13 €)* ; le mar. randonnée au clair de lune sur les crêtes - *18h30-23h - 26 € (-16 ans 19 €) - réserv. obligatoire.*

### SE REPÉRER

Carte de région D 2 (p. 122-123) – carte Michelin n° 573 B 25. À 30 km à l'est de St-Jean-de-Luz par la D 918. Le Haut-Cambo, quartier administratif, commerçant et résidentiel, groupe ses propriétés et ses hôtels sur le rebord d'un plateau qui domine la Nive ; le Bas-Cambo, vieux village basque, est situé près de la rivière. En amont se trouve le quartier thermal (direction Hasparren).

### À NE PAS MANQUER

La villa Arnaga.

### ORGANISER SON TEMPS

Une fois la maison d'Edmond Rostand et l'église visitées, Cambo peut servir de point de départ pour rayonner à la journée ou la demi-journée à l'intérieur du Pays basque.

### AVEC LES ENFANTS

Contemplez les petits pensionnaires de la forêt des Lapins à Louhossoa et visitez la Maison labourdine à Ustaritz.

**Dans un superbe cadre naturel, Cambo-les-Bains, connue pour ses eaux curatives et la douceur de son climat, dévoile le charme un peu nostalgique des stations thermales du début du 20e s. Mais si de prestigieuses ombres du passé (Sarah Bernhardt, Anna de Noailles, Isaac Albéniz, etc.) la hantent encore, c'est bien sûr à Edmond Rostand que l'on pense tout d'abord, tant l'auteur de Cyrano est lié à la cité où il avait choisi de s'installer.**

1

# Se promener

### Thermes

Dans un parc planté de palmiers *(ouvert au public)*, l'établissement thermal est un petit bijou de style néoclassique (1927) paré de mosaïques Art déco et de ferronneries. Les deux sources thermales sourdent aux abords du parc.

### Église St-Laurent

Une magnifique galerie sculptée et un retable baroque en bois doré du 17e s., niché dans un chœur chaudement coloré, caractérisent cette église dominant la Nive.

### Colline de la Bergerie

*Depuis l'avenue d'Espagne, prendre la rue de la Bergerie jusqu'au parking.* *20mn AR.* Depuis le sommet, vous pourrez admirer un beau panorama à 360° sur la ville et les sommets alentour.

# Visiter

### ★★ Villa Arnaga

*Voir « ABC d'architecture » p. 79.*

*Av. du Dr Alexandre-Camino - ✆ 05 59 29 83 92 ou 94 97 - www.arnaga.com - juil.-août : 10h-19h ; avr.-juin, sept. et 1re quinz. d'oct. : 10h-12h30, 14h30-19h ; 2e quinz. d'oct. 14h30-18h ; mars : w.-end 14h30-18h - fermé nov.-fév. - 6,50 € (12-18 ans 3,30 €) - mi juil.-fin août : balade théâtralisée le vend. à 11h, visite commentée des jardins par le jardinier lun. 16h30 et jeu. 11h.*

« Toi qui viens partager notre lumière blonde… n'entre qu'avec ton cœur, n'apporte rien du monde », écrit Edmond Rostand sur le seuil de sa villa d'Arnaga. « Je ne mesure que les beaux jours », lui répond un cadran solaire, de l'autre côté de la maison. Lumineuse, elle l'est en effet, cette belle demeure. Clarté et chaleur des lambris boisés, fraîcheur des peintures décoratives et des frises de carreaux, raffinement des faux marbres et des trompe-l'œil, éclat des vitraux de couleur… Nombreux documents aussi sur la famille Rostand et la carrière du dramaturge : dessins originaux des costumes de *Chantecler*, épées d'académicien d'Edmond et de Jean Rostand, lettres de Léon Blum, Jules Renard, Cocteau… On y voit même le César obtenu par Gérard Depardieu pour *Cyrano de Bergerac*. Conçue par Rostand lui-même grâce aux droits de son *Cyrano*, l'immense villa de style basque-labourdin s'élève sur un promontoire aménagé en jardins à la française. La perspective vers les montagnes d'Itxassou s'achève sur un pavillon à pergola évoquant la gloriette du château de Schönbrunn à Vienne.

### Musée de la Chocolaterie Puyodebat

*Av. de Navarre (direction Itxassou) - ✆ 05 59 59 48 42 - www.chocolats-puyodebat.com - tlj sf dim. 9h30-12h, 14h-18h - 5 € (enf. 2,50 €).*

À l'aide d'un film et de multiples objets (machines anciennes, affiches publicitaires, moules, chocolatières, etc.), ce petit musée retrace l'histoire de la production du chocolat au Pays basque et décrit les étapes de la fabrication des chocolats. Dégustation des spécialités de la maison en fin de visite, dans la boutique.

**UN DRAMATURGE ET UN « PELOTARI »**
Venu à Cambo soigner une pleurésie à l'automne 1900, **Edmond Rostand** tombe sous le charme et décide de s'y installer à demeure. Son œuvre théâtrale *Chantecler*, née de ses promenades à travers la campagne basque, et la villa Arnaga suffiront, jusqu'en 1910, à matérialiser ses rêves. Peut-être a-t-il eu l'occasion de vibrer aux exploits de **Joseph Apesteguy** (1881-1950) ? Surnommé « Chiquito de Cambo », ce célèbre *pelotari* mit à l'honneur le jeu de pelote basque dit « au grand chistera ». Il était très en vogue, à l'époque, de venir y assister... d'autant que l'on risquait d'y croiser Édouard VII, roi d'Angleterre.

# À proximité Carte p. 122-123

**Larressore**/Larresoro C2
*3,5 km au nord-ouest par la D 932 en direction de Bayonne, puis, au rond-point, la D 650 à gauche.* À côté du fronton, l'atelier **Ainciart-Bergara★**, fondé avant la Révolution, est animé par des artisans de cette même famille qui, selon des méthodes d'antan, fabriquent des **makhilas**. Il s'agit de cannes en bois de néflier, finement ouvragées, symboles de liberté pour le peuple basque. C'est à la fois un bâton de marche et une arme de défense (une pointe d'acier acéré est dissimulée dans le manche). Que son pommeau soit d'or, d'argent ou de maillechort, le « makhila cuir » est gainé dans sa partie supérieure de cuir tressé; le « makhila d'honneur », quant à lui, a un manche de métal. Tressage du cuir, coloration naturelle des bois et montage des pièces restent des secrets de famille bien gardés. En face de l'**atelier**, ne manquez pas l'espace d'exposition, la **Maison du makhila**, avec un documentaire sur les étapes de la fabrication (30mn). *✆ 05 59 93 03 05 - www.makhila.com - ♿ - tlj sf dim. et j. fériés 9h-12h, 14h-18h (17h le sam.) ; Maison ouv. juil.-sept., reste de l'année sur rdv. - fermé fin août (se renseigner) - atelier : gratuit, Maison du makhila : 3 €*

**Jatxou**/Jatsu C2
*6 km au nord-ouest par la D 932 dir. Bayonne, puis, au rond-point, la D 650 à droite.*
**Église St-Sébastien** – Construite au 13e s., cette église a été agrandie en 1782 et son porche comprend une salle capitulaire où se réunissait l'assemblée paroissiale. À l'intérieur, admirez le beau plafond de bois peint, au centre duquel se détachent la mitre papale et les évangélistes. Le retable du 18e s. est dédié à saint Sébastien.

**Ustaritz**/Ustaritze C2
*6,5 km au nord-ouest par la D 932 en direction de Bayonne.*
Après que Richard Cœur de Lion décida de séparer Bayonne du Labourd à la fin du 12e s., le village resta capitale de la province jusqu'en 1790. À partir de 1451, il accueillit le **biltzar**, une assemblée locale qui avait pour charge d'administrer les biens collectifs, de répartir les impôts et de gérer les rapports entre communautés.
Quelques belles maisons traditionnelles à colombages avec leurs volets rouges ou verts subsistent dans le centre du bourg. Si vous flânez dans les alentours immédiats, vous verrez également certaines des villas construites à la

fin du 19e s. par les « Américains », ces Basques revenus des Amériques après y avoir fait fortune.

**La Maison labourdine (Elizalderena)** – *Quartier Arrauntz - www.lamaison-labourdine.com - ✆ 05 59 70 35 41 ou 06 62 07 35 41 - juil.-sept. : 11h-13h, 14h-18h ; avr.-juin et oct. : tlj sf lun. 14h-18h - possibilité de visite guidée sur demande préalable - 5 € (-18 ans 3 €).*

Cette ancienne auberge (17e s.) restaurée rassemble objets et documents évoquant les campagnes labourdines d'autrefois. Un coin école, une épicerie (début 19e s.) et une bergerie ont été reconstitués. Dégustation et vente de produits régionaux à la boutique.

### ★ **Itxassou**/Itsasu D3

*À 4 km au sud de Cambo-les-Bains par la D 918 et la D 932, ou à 6 km au sud-est d'Espelette par la D 249.*

Itxassou baigne dans une lumière douce où ciel et pentes verdoyantes se mêlent pour donner un paysage immuable et mystérieux. Admirez…

Les hameaux du village sont dispersés parmi des centaines de cerisiers *(Fête des cerises, voir « Agenda » p. 213)*. Le quartier de la Place, qui comprend le fronton et la mairie, est en surplomb, tandis que celui de l'Église s'est développé près de la Nive, dans un bassin verdoyant entouré d'une couronne de monts.

★ **Église St-Fructueux** – Très bel édifice du 17e s., doté de trois étages de galeries, d'une chaire aux beaux réchampis (ornement ressortant du fond) dorés et d'un **retable★★** en bois doré sculpté à la mode espagnole du 18e s. Tous ces éléments, ainsi que les confessionnaux et les bancs du fond, sont classés. Notez la statue de la Vierge, polychrome et dorée (17e s.), à gauche dans la nef, et les stèles discoïdales et tabulaires le long de l'église, à l'extérieur.

**La forêt des Lapins** – *Fléchage en forme de lapin, au niveau de l'entreprise de carrosserie (à droite sur la D 918 dir. Louhossoa, avant le pont routier). ✆ 05 59 93 30 09 - www.laforetdeslapins.com - fermé 1er Janv. et 25 déc. - juin-sept. : 10h15-18h30 avec visite guidée à 15h ; oct.-juin : 14h-17h30 - 6,10 € (5-10 ans 3,90 €).*

Point de sophistication ici, mais beaucoup de soins apportés aux 60 variétés de lapins et 30 races de cochons d'Inde qui peuplent les clapiers et les cages accrochés à flanc de colline. Ravissement assuré pour les enfants, les portées ayant lieu toute l'année. Les plus grands profiteront de l'agréable panorama sur les collines environnantes.

### **Louhossoa**/Luhuso D3

*4 km au sud-est d'Itxassou par la D 918.*

Fondé en 1684, ce village labourdin conserve un remarquable **retable** polychrome dans l'église de **N.-D.-de-l'Assomption** (17e s.). Admirez ses couleurs et, dans sa partie supérieure, la belle statue en bois polychrome représentant la Vierge portée par les anges. Des scènes de la Passion encadrent le tabernacle et des panneaux sculptés représentent les quatre évangélistes dans le chœur. Ce dernier déploie une jolie décoration de lierre et de tiercerons.

## Circuit conseillé Carte p. 122-123

### LA ROUTE DES MONTS C2

*Comptez env. 2h. Depuis l'église d'Itxassou, descendez vers la Nive en passant à côté de l'hôtel du Chêne. Parvenu sur la route principale, prenez à droite et suivez le panneau « Pas de Roland ». La D 349 mène au site.*

La villa Arnaga où vécut Edmond Rostand.
R. Cintract / hemis.fr



## Pas de Roland D3

Faites un arrêt sur l'élargissement peu après une petite croix sur le parapet, pour regarder en contrebas. Juste en dessous de la route, le rocher percé fut, selon la légende, ouvert par Roland poursuivi par les Vascons : un coup de sa fameuse épée, Durandal, suffit à ouvrir la brèche dans la pierre. Évitez les marches, assez dangereuses, et faites le petit détour par le sentier.

*Poursuivez jusqu'à Laxia. Là, ne franchissez pas la rivière et tournez à droite pour monter jusqu'à Artzamendi.* La route, très étroite, à fortes rampes et virages serrés *(comptez 40mn de montée)*, traverse une forêt aux arbres et aux pierres couverts de mousse et de fougères. Prenez votre mal en patience si vous vous trouvez derrière un troupeau montant à l'estive. Le paysage récompensera largement votre attente !

## ★ Artzamendi C3

*La route qui mène au sommet est en très mauvais état et il vous faudra laisser votre voiture en bas pour monter à pied. Comptez 1h AR.* Des abords de la station de télécommunications, le **panorama★** s'étend au nord sur la basse vallée de la Nive, le bassin de la Nivelle et ses hauts pâturages, et, au-delà de la frontière, sur les hauteurs de la vallée de la Bidassoa. Rapaces et vautours survolent souvent le sommet, occupé par les pottoks.

*Redescendez vers Laxia et, à l'intersection qui précède le lieu-dit Fagola, tournez à gauche en direction d'Itxassou.*

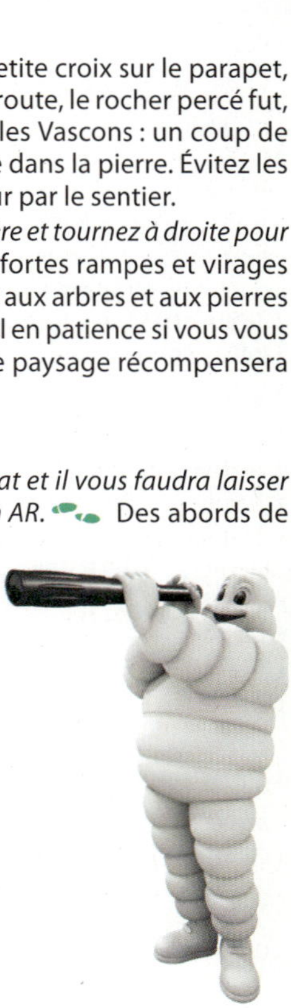

## Mont Urzumu C3

De la table d'orientation, près d'une statue de la Vierge, panorama sur les Pyrénées basques et sur la côte, de la pointe Ste-Barbe à Bayonne.

*Revenez à Itxassou par la même route.*

## NOS ADRESSES À CAMBO-LES-BAINS

### HÉBERGEMENT

#### PREMIER PRIX

**À Cambo-les-Bains**

**Le Trinquet** – *r. du Trinquet - 05 59 29 73 38 - fermé 2 nov.-8 déc. et mar. sf 1er juil.-14 sept. - 13 ch. 31/55 € - 7 €.* Cette grande maison a pris le nom d'une variante de la pelote basque. Les chambres, simples et bien tenues, sont pour quatre d'entre elles, aménagées au-dessus d'un café. Ambiance familiale. Wifi gratuit.

**Auberge Chez Tante Ursule** – *Quartier Bas-Cambo, 2 km au nord de Cambo - 05 59 29 78 23 - contact@auberge-tante-ursule.com - fermé mar. - 7 ch. 31/55 € - 7 € - rest. 16/35 €.* Cet établissement est idéalement situé en bordure du fronton de Bas-Cambo, où vous aurez peut-être l'occasion d'assister à une partie de pelote. Chambres rustiques soignées (mobilier ancien), wifi gratuit. Cuisine régionale servie dans une pimpante salle à manger à l'âme basque, agrémentée d'un joli vaisselier.

**À Itxassou**

**Camping Hiriberria** –*1 km au nord-ouest par D 918, rte de Cambo-les-Bains et chemin à dr. - 05 59 29 98 09 - www.hiriberria.com - - P - réserv. conseillée - 228 empl. 22 € avec électricité - 13 - 17 - Nuitée 100 €. Sem. 625 €.* Arbres, haies parfaitement taillées et fleurs délimitent agréablement les emplacements de ce camping. Côté location : mobil-homes et jolis chalets aux couleurs basques, blanc et rouge. Enfin pour agrémenter votre séjour, un petit snack et une piscine chauffée, couverte ou découverte en fonction de la météo.

**À Ustaritz**

**Chambre d'hôte Maison Bereterraenea** – *469 Elizako Bidea - quartier Arrauntz - 64480 Ustaritz - 05 59 93 05 13 - www.chambres-cote-basque.com - fermé nov.-avr. - P - - 4 ch. 60/75 €* . Tournée vers un verger de pommiers à cidre (vente à emporter), cette maison basque du 17e s. domine la vallée de la Nive. Simple et bien rénovée avec ses murs blancs et ses pierres de montagne, elle a retrouvé sa noblesse d'antan. Chambres sobres avec poutres et portes anciennes.

#### BUDGET MOYEN

**À Cambo-les-Bains**

**Hôtel Ursula** – *Quartier Bas-Cambo, 2 km au nord - 05 59 29 88 88 - www.hotel-ursula.fr - fermé 20 déc.-10 janv. - - P - 15 ch. 56/62 € - 9 €.* Ce petit hôtel familial et convivial, situé dans le pittoresque quartier du Bas-Cambo, met à votre disposition de grandes chambres personnalisées et bien tenues. Wifi gratuit.

**À Itxassou**

**Chambre d'hôte Soubeleta** – *64250 Itxassou - 05 59 29 22 34 - www.gite64.com/chambre-soubeleta - P - - 5 ch. 58/63 €* . Sur les hauteurs, imposante demeure du 17e s. dont la tourelle et la façade agrémentée d'un bel encadrement en granit sculpté sont restées intactes. Deux chambres volumineuses sont nanties de meubles de famille et possèdent une cheminée en marbre. Les deux autres sont plus petites mais toutes bénéficient d'une bonne tenue et du wifi.

### POUR SE FAIRE PLAISIR

#### À Cambo-les-Bains

**Chambre d'hôte Domaine Xixtaberri** – *✆ 05 59 29 22 66 ou 06 85 54 26 27 - www.xixtaberri.com - P - 5 ch. 76/106 € - ☕ 8,50 € - table d'hôte bio 24,50 €.* La route est escarpée jusqu'à cette maison mais vous serez récompensé par la vue sur les Pyrénées et la Côte basque. Spécialités régionales à déguster sous la tonnelle ou dans la coquette salle à manger. Cueillette de myrtilles et vente de produits du domaine. Chambres de charme personnalisées, avec une connexion wifi.

#### À Louhossoa

**Chambre d'hôte Domaine de Silencenia** – *64250 Louhossoa - ✆ 05 59 93 35 60 ou 06 72 63 81 66 - www.domaine-silencenia.com - P - 🚭 - 5 ch. 90 € ☕ - rest. 30 € bc.* Une douce quiétude règne en cette maison de maître du 18e s. où tout est synonyme d'un véritable art de vivre. Chaque chambre raconte une des passions du propriétaire : rugby, pêche au gros, vin et bonne chère… La cuisine exalte les produits du terroir et s'accompagne de bons crus sélectionnés par Philippe.

#### À Itxassou

**Chambre d'hôte Legordia Borda** – *Rte de l'Artzamendi - ✆ 05 59 29 87 83 - www.legordia.fr - 🚭 - 3 ch. 120/145 € - ☕ 8 € - rest. 20 €.* Hors du commun que ces trois cabanes perchées dans les arbres à côté de l'ancienne bergerie. Elles abritent les chambres d'hôte, un peu exiguës mais confortables, idéal pour un retour au calme, en pleine forêt. Petits-déjeuners et repas bio livrés dans un panier tissé à l'aide d'une corde.

## RESTAURATION

### PREMIER PRIX

#### À Itxassou

**Restaurant du Pas de Roland** – *64250 Itxassou - ✆ 05 59 29 75 23 - fermé le merc., en hiver ouv. sur réserv. - 12,50/23 €.* Dans ce restaurant juste à côté des gorges du Pas-de-Roland, vous pourrez déguster des truites bien fraîches, car certaines viennent du torrent voisin !

### BUDGET MOYEN

#### À Cambo-les-Bains

**Le Pavillon Bleu** – *Thermes de Cambo - ✆ 05 59 29 38 38 - fermé de mi-déc. à mi-fév. et dim. - ♿ - P - 27/38 €.* Belle architecture, décor intérieur en boiseries claires, terrasse tournée sur un jardin planté de palmiers, accueil agréable, service efficace, cuisine associant recettes d'aujourd'hui et produits du terroir : ce restaurant a tout pour séduire.

#### À Itxassou

**Venta Burkaitz** – *Sur la route d'Artzamendi - 64250 Itxassou - ✆ 05 59 29 82 55 - ♿ - P - 🚭 - 20/22 €.* Sur le versant espagnol, *venta* composée de deux salles : la plus authentique conserve son traditionnel comptoir où l'on peut prendre l'apéritif ou acheter alcools et conserves ; la seconde, en véranda, offre une jolie vue sur la vallée. Copieuse cuisine locale.

### POUR SE FAIRE PLAISIR

#### À Cambo-les-Bains

**Le Bellevue** – *29 r. des Terrasses (restaurant), 30 allée Rostand (hôtel) - ✆ 05 59 93 75 75 - www.hotel-bellevue64.fr - fermé 8 janv.-12 fév. - P - formule déj. 12,50 € - 20/40 € - 6 appt. et 1 studio 70/110 € - ☕ 7 €.* Tableaux modernes sur murs immaculés et mobilier actuel créent le décor soigné de ce restaurant qui sert une cuisine dans l'air du temps. Deux terrasses sont ouvertes aux beaux jours : la première donne sur le jardin, la seconde offre une jolie vue sur la campagne environnante. L'autre charme de cette maison du 19e s., bien rénovée : ses suites familiales d'esprit contemporain, sans oublier la piscine chauffée.

### ACHATS

## À Cambo-les-Bains

**La Maison du miel et de l'abeille** – *Ferme Harizkazuia, dans le Bas-Cambo par la rte des Sept-Chênes - ✆ 06 63 79 43 54 - www.harizkazuia.fr - avr.-nov. : visites mar. à 9h30 et vend. à 14h30 - fermé déc.-mars.* La production de miel n'aura plus de secret pour vous après la visite de cette exploitation apicole biologique ! La visite guidée (1h) est suivie par une dégustation. Vente de miel (acacia, châtaignier, bruyère) et de pollen.

**Domaine Xixtaberri** – *Rte d'Hasparren - ✆ 06 85 54 26 27 - www.xixtaberri.com - ouv. tte l'année ; cueillette des myrtilles de juin à déb. août.* En saison, vous pourrez profiter de la belle vue depuis les côteaux de ce verger biologique planté en myrtilles et cerises, tout en cueillant vos baies. L'exploitation produit confitures de cerises et myrtilles, coulis, jus et vinaigres.

## À Itxassou

**Bon à savoir** – À Itxassou, on cueille trois variétés de cerises : la *peloa*, cerise noire sucrée qui mûrit fin mai ; la *xapata* acidulée de couleur rose qui mûrit déb. juin ; la *beltxa* très foncée qu'on cueille à la mi-juin.

**Jenofa** – *✆ 05 59 29 33 20 - tlj sf dim. et merc. mat. 9h-12h30, 13h30-18h30 (hiver : 18h)*. La renommée de cette belle maison blanche décorée d'une corde de piments dépasse largement les frontières d'Itxassou. Jenofa, la propriétaire, fabrique ici une inégalable confiture de cerise noire, qu'elle vend dans sa petite boutique ou sur les marchés locaux. Autre spécialité : le piment d'Espelette AOC vendu en poudre, en purée, en gelée ou en corde.

## À Lohossoa

**La Biscuiterie Basque** – *64250 Louhossoa - ✆ 05 59 70 50 63 - www.labiscuiteriebasque.com - 10h-12h, 14h-18h.* C'est un festival de couleurs qui vous attend dans cette biscuiterie : les Diablotins à tous les parfums portent bien leur nom tant ils suscitent la gourmandise ! Sablés de maïs, croustillants aux amandes, macarons à la noisette, gâteau à la broche et gâteau basque, côté biscuits ; pralines et berlingots côté confiseries. Un paradis pour les gourmands !

### SPORTS ET LOISIRS

**Établissement thermal** – *5 av. des Thermes - ✆ 0 820 003 535 - www.chainethermale.fr - 8h-17h (sf sam. 8h-12h) - fermé 12 déc.-2 mars et dim. - 55 € forfait Aqua Découverte : une demi-journée de 4 soins.* Cet établissement thermal construit dans les années 1930 a bénéficié d'une cure de jouvence qui n'a pas dénaturé son joli cadre d'esprit Art déco. Il est spécialisé en rhumatologie, affections des voies respiratoires et aide au sevrage tabagique. Forfaits à la demi-journée ou séjours thématiques plus longs : mal de dos, gestion du stress, souffle, etc. Institut de beauté sur place.

**Évasion** – *Maison Errola - Quartier Errobi - 64250 Itxassou - ✆05 59 29 31 69 - www.evasion64.fr - ouv. tte* *l'année - sports d'eaux vives 28/47 € (enf. 20/38 €) ; sports de montagne 25/35 €.* Cette base de loisirs organise des sessions de rafting, airyak, hydrospeed, canoraft, canyoning et aqua rando le long de la Nive. On peut aussi y pratiquer l'escalade.

**Base de loisirs du Baigura** – *voir p. 230.*

**AGENDA**

**Fête des cerises d'Itxassou** – *1er dim. de juin*. Kermesse, messe, partie de pelote, repas, vente de cerises, etc. La cerise noire d'Itxassou sert à préparer la fameuse confiture dont on fourre souvent les gâteaux basques ou que l'on mange avec le fromage de brebis.

# La Basse-Navarre et la Soule 2

Carte générale D2 - Carte Michelin n° 573 B 26 – Pyrénées-Atlantiques (64)



La vallée verdoyante de Larceveau

*Club photo Begi Rada/Office de tourisme de Basse-Navarre*

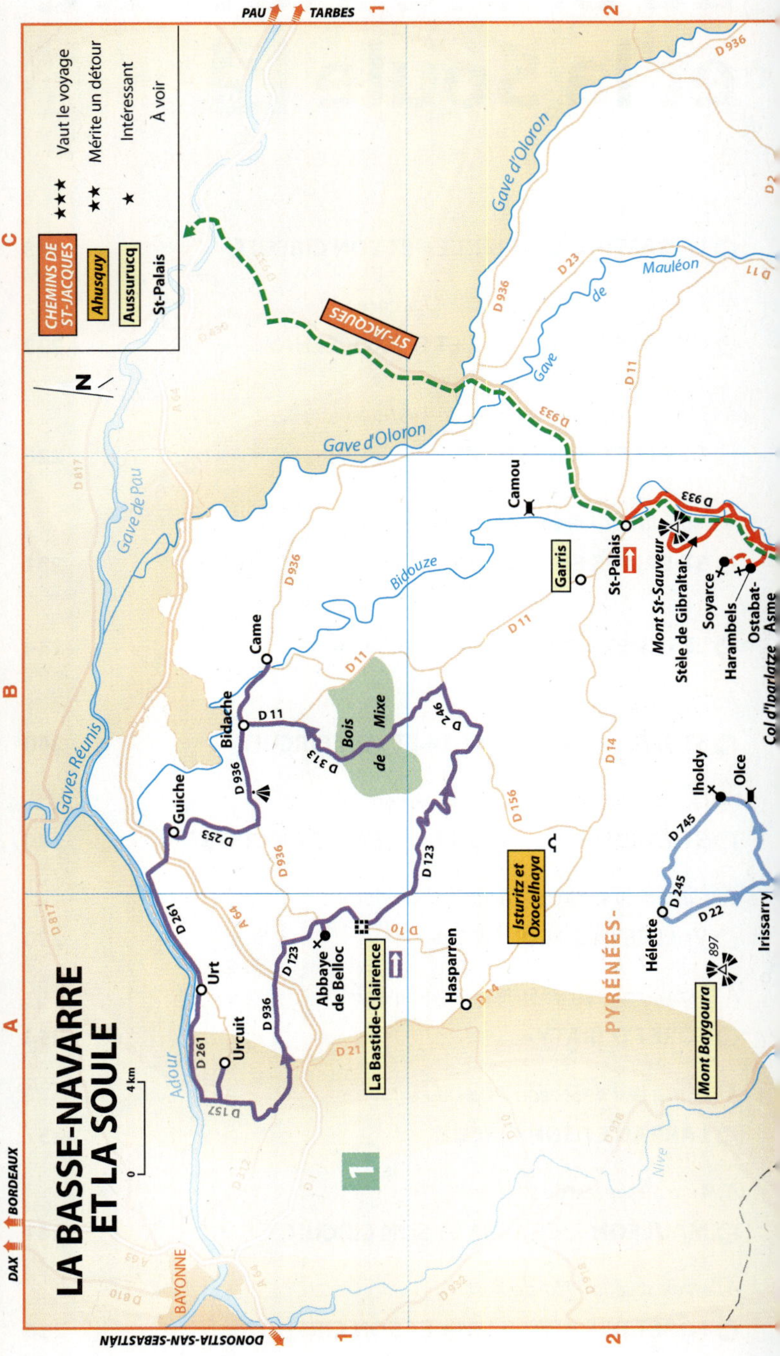
LA BASSE-NAVARRE
ET LA SOULE
0
4 km
DAX
BORDEAUX
PAU
TARBES
DONOSTIA-SAN-SEBASTIÁN
CHEMINS DE ST-JACQUES
Ahusquy
Aussurucq
St-Palais
★★★ Vaut le voyage
★★ Mérite un détour
★ Intéressant
À voir
ST-JACQUES
BAYONNE
Adour
Urcuit
Urt
Guiche
Bidache
Came
Gaves Réunis
Gave de Pau
Gave d'Oloron
Gave de Mauléon
Bidouze
Bois de Mixe
Abbaye de Belloc
La Bastide-Clairence
Hasparren
Isturitz et Oxocelhaya
Garris
Camou
St-Palais
Mont St-Sauveur
Stèle de Gibraltar
Soyarce
Harambels
Ostabat-Asme
Col d'Iparlatze
Iholdy
Olce
Hélette
Irissarry
Mont Baygoura
897
PYRÉNÉES-
Nive
D 261
D 157
D 936
D 123
D 253
D 11
D 313
D 246
D 10
D 14
D 21
D 156
D 745
D 245
D 22
D 933
D 23
A 64
D 817
1
2
A
B
C

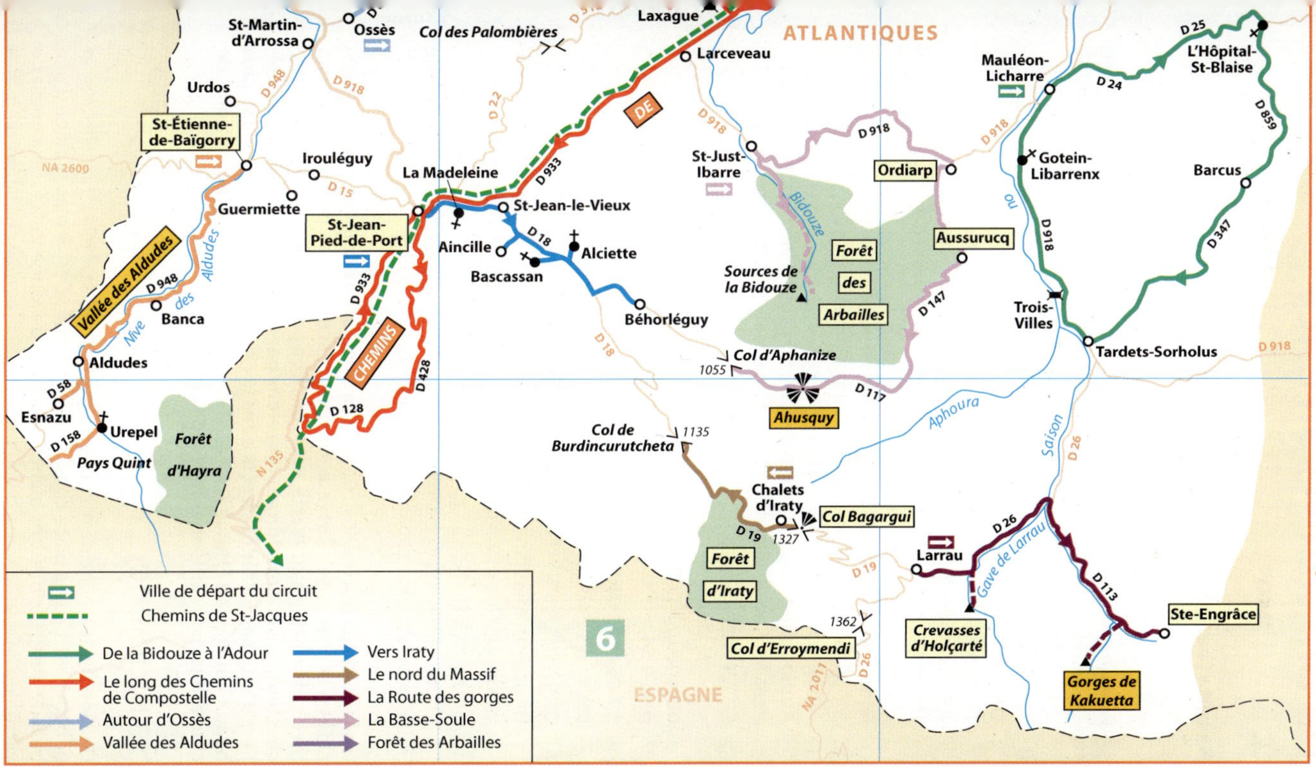
ATLANTIQUES
ESPAGNE
6
St-Martin-d'Arrossa
Ossès
Col des Palombières
Laxague
Larceveau
Urdos
St-Étienne-de-Baïgorry
Irouléguy
La Madeleine
Guermiette
St-Jean-Pied-de-Port
St-Jean-le-Vieux
Aincille
Bascassan
Alciette
Béhorléguy
Vallée des Aldudes
Nive des Aldudes
Banca
Aldudes
Esnazu
Urepel
Pays Quint
Forêt d'Hayra
DE
CHEMINS
St-Just-Ibarre
Sources de la Bidouze
Bidouze
Forêt des Arbailles
Ordiarp
Aussurucq
Col d'Aphanize
1055
Ahusquy
Col de Burdincurutcheta
1135
Chalets d'Iraty
Col Bagargui
1327
Forêt d'Iraty
1362
Col d'Erroymendi
Mauléon-Licharre
L'Hôpital-St-Blaise
Gotein-Libarrenx
Barcus
Trois-Villes
Tardets-Sorholus
Aphoura
Saison
Larrau
Gave de Larrau
Crevasses d'Holçarté
Ste-Engrâce
Gorges de Kakuetta
D 948
D 918
D 22
D 15
D 933
D 18
D 428
D 128
D 58
D 158
N 135
NA 2600
D 147
D 117
D 19
D 26
D 113
NA 2011
D 24
D 25
D 859
D 347
3
4
A
B
C
Ville de départ du circuit
Chemins de St-Jacques
De la Bidouze à l'Adour
Le long des Chemins de Compostelle
Autour d'Ossès
Vallée des Aldudes
Vers Iraty
Le nord du Massif
La Route des gorges
La Basse-Soule
Forêt des Arbailles

# La Bastide-Clairence

★

**Bastida (basque)/La Bastida Clarenza (gascon)**

990 Bastidots - Pyrénées-Atlantiques (64)

NOS ADRESSES PAGE 221

### S'INFORMER

**Office de tourisme** – *Maison Darrieux, pl. des Arceaux - 64240 La Bastide-Clairence - ✆ 05 50 29 65 05 - www.labastideclairence.com - juil.-août : tlj 10h-13h, 15h-19h ; reste de l'année : lun.-mar. et jeu.-vend. 9h30-12h30, 14h-18h, merc. 10h-12h, fermé 1er janv., dim. et lun. de Pâques, 1er et 11 Nov. et 25 déc.*

**Office de tourisme du Pays de Bidache** – *2 pl. du Foirail - 64520 Bidache - ✆ 05 59 56 03 49 - www.tourisme-pays-de-bidache.com - 9h-12h30, 15h-18h30 - fermé dim. et lun. hors juil.-août.*

**Audioguides** – Voir les offices de tourisme : possibilité d'emprûnter des lecteurs MP3 ou de télécharger directement les fichiers sur les sites Internet.

### SE REPÉRER

Plan de région A1 (p. 216-217) – carte Michelin n° 573 B 26. Le village occupe une colline à une quinzaine de kilomètres à l'est de Bayonne par l'A 64.

### À NE PAS MANQUER

Les stèles sous abri de l'église.

### ORGANISER SON TEMPS

Un après-midi suffira pour flâner dans la bastide, avant de partir de village en village à la découverte du Labourd et des berges de l'Adour.

### AVEC LES ENFANTS

Prendre le temps d'observer les artisans à l'œuvre et découvrir le bois de Mixe ainsi que sa cabane à pique-nique.

**Nous voici aux portes de la Gascogne ! Avec ses adorables maisons blanchies à la chaux, ses linteaux colorés et sculptés, sa petite église, son lavoir et sa place à couverts, cette bastide paraît comme figée dans l'ancien temps. L'impression est renforcée par la présence de plusieurs ateliers d'artisans installés çà et là dans la cité. Répertoriée parmi les « plus beaux villages de France », La Bastide-Clairence constitue un point de chute idéal pour sillonner la région.**

## Se promener

Une longue rue principale, coupée à angle droit de ruelles transversales, et débouchant sur une place consacrée au marché : c'est le plan typique d'une bastide. Avec ses maisons blanches barrées de rouge, cette rue a un air de village du Labourd. Amusez-vous à distinguer les maisons labourdines des maisons navarraises… Une quinzaine d'artisans d'art (potier, tisserand, ébéniste, photographe, etc.) y ont installé leurs ateliers, ouverts à la visite.

**TERRE D'ACCUEIL**

Cette bastide fut fondée en 1312 dans la vallée de la Joyeuse par Louis Ier, roi de Navarre (qui devint ensuite roi de France sous le nom de **Louis X le Hutin**). Il désirait assurer à la région un débouché sur la mer. Attirée par les privilèges de ce nouveau village, une population composite s'y implanta : Basques, Gascons, mais aussi pèlerins de St-Jacques-de-Compostelle, que l'on appelait les « francos ». Chacun reçut un bout de terrain *(plaza)* sur lequel il devait implanter sa maison et son jardin, le *cazalot*. Le 17e s. vit l'arrivée d'une colonie juive, fuyant l'Espagne et le Portugal. Aujourd'hui encore, à La Bastide-Clairence, on parle aussi bien français que basque ou gascon. Cela tient au brassage de population. Il semblerait toutefois que l'on emploie, *intra-muros*, plus souvent le gascon que le basque.

### Église N.-D.-de-l'Assomption

Typiquement basque avec ses étages de galeries, elle est flanquée de deux allées couvertes et pavées de dalles funéraires des plus vieilles familles de La Bastide. On parle ici du « cimetière préau ».

## Circuit conseillé Carte p. 216-217

**DE LA BIDOUZE À L'ADOUR :
UNE ENCLAVE GASCONNE EN TERRE BASQUE** A1 B1-2

*Comptez environ 1h30. Quittez La Bastide-Clairence par la D 123 en direction de St-Palais. À La Haranne, prenez à gauche la D 246 vers Orègue, puis la première à gauche (D 313) en direction de Bidache et roulez tout droit pendant environ 10mn. Parking aménagé en bordure de route, à gauche.*

### Bois de Mixe B1

Cette petite forêt de 800 ha permet de découvrir, en plus des essences endémiques (noisetiers, chênes, hêtres), des arbres importés tels que le chêne rouge d'Amérique ou le tulipier de Virginie. Un **sentier★** jalonné de panneaux permet de les repérer et de traverser la Patarena sur des plots ou des ponts suspendus *(1h - départ à droite de la cabane à pique-nique).*

*Poursuivez la D 313 et prenez la D 11, à gauche, en direction de Bidache.*

### Bidache/Bidàishen/Bidaxun B1

L'unique rue aux maisons claires et percées de portes cintrées donne au bourg un aspect navarrais.

Les seigneurs de Gramont établis là depuis le 14e s. tirèrent parti de la situation féodale de leurs terres à la limite de la Navarre, du Béarn et du royaume de France pour s'ériger en princes souverains de Bidache, indépendance qui dura jusqu'à la Révolution. À l'époque de la paix des Pyrénées (1659), Antoine III, seigneur de Gramont et maréchal de France (le fameux De Guiche brocardé par Cyrano chez Rostand), y reçut Mazarin et se rendit en Espagne afin de demander la main de l'infante Marie-Thérèse pour Louis XIV. De cette époque restent les belles ruines du **château-forteresse** des ducs de Gramont *(pour les visites, renseignement au 05 59 56 03 49)* détruit dans un terrible incendie en 1796. Le donjon du 13e s. est un vestige du château médiéval.

Le tombeau des ducs se trouve dans l'**église**, construite au 19e s. Remarquez à l'intérieur le Chemin de croix réalisé par **René-Marie Castaing** (1896-1943), Grand Prix de Rome en 1924.

*Quittez Bidache par la D 936 vers Came, à 3 km.*

**Came**/Càmer/Akamarre B1

Traversé par la Bidouze dont les berges sont aménagées en promenades, Came se consacre, depuis le 19e s., à la confection artisanale de **chaises**, utilisant des bois comme le hêtre, le merisier, le chêne, le noyer et, pour le paillage, le jonc des marais de l'Adour. Plusieurs ateliers sont encore installés dans le village et un petit **musée**, tenu par un artisan, retrace l'histoire des chaisiers de Came et présente l'outillage traditionnel - *La Chaumière, RD 936 - ✆ 05 59 56 05 12 - www.museedelachaise.fr - sur rdv.*

*Reprenez la D 936 en direction de Bayonne.*

Après Bidache, la route monte parmi les premières collines basques. En vue de Bardos, faites halte sur un terre-plein. À gauche, **vue★★** sur les Pyrénées jusqu'au pic d'Anie, premier sommet (alt. 2 504 m) de la haute chaîne.

*Dans Bardos, prenez la direction de Guiche par la D 253.*

**Guiche**/Guíshen/Gixune B1

Le parvis de l'**église de St-Jean-Baptiste** offre un joli panorama sur les méandres de la Bidouze et le paysage moutonnant caractéristique de ce coin du Labourd. Au-dessus de l'entrée du cimetière, une amusante construction sur piles, dite « **maison du Fauconnier** » (ancienne mairie). À l'intérieur de l'église, des vitraux modernes aux couleurs vives égayent la nef menant au retable des 17e et 18e s.

Plus bas, à Guiche-Bourgade, se dressent les ruines du **château de Gramont** avec son donjon carré. L'édifice appartient à l'illustre famille depuis 1534, après avoir fait partie du système défensif anglais pendant la guerre de Cent Ans. Il domine le minuscule port de Guiche, à la confluence de l'Adour.

*Suivez la Bidouze pour longer ensuite l'Adour sur la D 261.*

La route passe à côté de vergers de kiwis, reconnaissables à leur culture en treilles.

**Urt**/Ahurti A1

*Office de tourisme - pl. du Marché - 64240 Urt - ✆ 05 59 56 24 65 - hors saison : merc. 8h-12h ; de mi-juin à mi-sept. : 9h-12h30, 15h-18h30 - fermé lun. matin, jeu. apr.-midi et dim.* Village typiquement basque avec son église blanche, au sobre intérieur rehaussé de galeries et d'orgues. On peut marcher le long de l'Adour en suivant la petite route asphaltée qui part de son port.

*Rejoignez Urcuit par la D 261, puis la D 257.*

**Urcuit**/Urketa A1

Comme sa voisine **Urt**, cette petite ville s'est mise à l'ambiance basque, avec sa charmante **église** à galerie extérieure. Stèles discoïdales dans le cimetière attenant.

*Ralliez Briscous, puis prenez la D 936 et la D 123 en direction de La Bastide-Clairence.*

**Abbaye de Belloc** A1

*0,5 km au nord-ouest par la D 111. En activité, ne se visite pas - www.belloc-urt.org.* Monastère fondé en 1875 dans une ancienne métairie du nom de Bel-Locq par trois missionnaires diocésains d'Hasparren, dont Jean-Léon Bastres (1832-1904). Florissante à la fin du 19e s., sa communauté fut obligée de quitter les lieux une première fois en 1880, puis au moment de la séparation de l'Église et de l'État en 1905. Elle trouva alors refuge dans le Guipúzcoa, à Lazkao *(voir p. 302)*, avant de revenir définitivement en 1926. Son église inspirée de l'art brut a été élevée après Vatican II.

*Rejoignez La Bastide-Clairence par la D 123.*

## NOS ADRESSES À LA BASTIDE-CLAIRENCE

### HÉBERGEMENT ET RESTAURATION

#### PREMIER PRIX

**Résidences de tourisme Les Collines Iduki** – *Au bourg - 64240 La Bastide-Clairence - ✆ 05 59 70 20 81 - www.iduki.net - ♿ - Location : 36 appart. Nuitée 76/143 €. Sem. 280/990 €.* À la sortie du village, les Collines Iduki séduisent par leurs couleurs et leur architecture typiquement basque. Les intérieurs, souvent spacieux, sont décorés avec goût. À l'entrée, excellent restaurant avec terrasse et piscine.

**Hôtel Odile** – *Au bourg - 64520 Bardos - ✆ 05 59 56 82 65 - fermé 1 sem. fin août, 1 sem. vac. de Toussaint et vac. de Noël - ♿ - 7 ch. 40/51 € - ☕ 5,50 € - rest. formule déj. 12 € bc (avec buffet entrées et desserts à volonté) - 18/25 €.* Nombreux sont les habitués à se régaler des petits plats basques mitonnés par Odile. Sa cuisine simple est servie sans chichis et surtout à des prix très intéressants. Préférez la petite salle à manger du fond, plus calme, ou la terrasse en été. Quelques chambres soigneusement tenues.

#### BUDGET MOYEN

**Chambre d'hôte La Croisade** – *Rte de St-Palais - 64240 La Bastide-Clairence - ✆ 05 59 29 68 22 - www.la-croisade.com - 🅿 - 🚭 - 4 ch. 57/65 € ☕ - rest. 23 €.* Les pèlerins de St-Jacques faisaient jadis halte dans cette imposante maison basque. Les chambres, d'un goût exquis, et le salon (murs cirés, tapis et grande cheminée) donnent envie de rester. Table d'hôte 2 à 3 fois/sem. Possibilité d'utiliser une cuisine bien équipée.

#### POUR SE FAIRE PLAISIR

**Chambre d'hôte Maison Maxana** – *R. Notre-Dame - 64240 La Bastide-Clairence - ✆ 05 59 70 10 10 - www.maison-maxana.com - 5 ch. 100/120 € ☕ - rest. 35 € bc.* Rêveries, Romances, Voyages… Les noms des chambres donnent le ton : mariage réussi de meubles anciens et d'art contemporain. La maison abrite d'ailleurs une galerie d'art *(visite sur rdv)*. Plats régionaux et recettes exotiques sont servis à la table d'hôte sur réservation.

### ACHATS

**La Ferme Bethanoun** – *GAEC du Lucq - 64240 La Bastide-Clairence - ✆ 06 12 40 72 00 - www.lafermebethanoun.com - tlj sf dim. 10h-12h, 14h-19h.* Vente des produits de l'élevage de brebis et de blondes d'Aquitaine. Tomme d'Ossau-Iraty et, spécialité de la ferme, le Bethia (fromage de brebis persillé) ainsi que des produits à base de viande. Visite de la ferme sur rdv.

### SPORTS ET LOISIRS

**Domaine du Lac de Sames** – *Base de loisirs - 64520 Sames - ✆ 05 59 56 46 43 - http://domainedulac.tectobois.com - juil.-août : 11h-19h ; juin et sept. : w.-end - entrée 3 € (-12 ans 2 €).* Bel endroit que cette base de loisirs aménagée autour d'un lac de 18 ha. Plage de sable agrémentée de palmiers, cascades et bassins (baignade surveillée). Les activités ne manquent pas : toboggans, pédalos, minigolf, tennis et ping-pong, bar, glacier et restaurant.

### AGENDA

**Fête du bourg** – *Fin juil.* Pendant 4 jours et 4nuits, La Bastide-Clairence se pare de rouge et blanc. *Bandas, encierros*, courses de vaches et méchoui, tous les ingrédients sont réunis pour de grandes fêtes à la basquaise !

2

# Grottes d'Isturitz et d'Oxocelhaya

★★

Pyrénées-Atlantiques (64)

NOS ADRESSES PAGE 225

**S'INFORMER**

**Office du tourisme d'Hasparren** – *2 pl. St-Jean - 64240 Hasparren - 05 59 29 62 02 - www.hasparren-tourisme.fr - lun.-vend. 9h-12h, 14h-18h, sam. 9h-12h.*

**SE REPÉRER**

Carte de région B2 (p. 216-217) – carte Michelin n° 573 B 26. Les grottes se trouvent à 14 km à l'est d'Hasparren et à 21 km à l'ouest de St-Palais. Accès par le village de St-Martin-d'Arberoue.

**SE GARER**

Se garer dans le parking aménagé à l'orée du site (aire de pique-nique).

**ORGANISER SON TEMPS**

Entre la visite des grottes et celle d'Hasparren, comptez une demi-journée.

**Littéralement « le champ du loup » et « le lieu de la fontaine », ces grottes constituent l'un des plus riches sites préhistoriques d'Europe. De véritables cathédrales de calcaire aux colonnes monumentales et aux draperies majestueuses. Qui est à l'origine de ces merveilles ? Des artisans que l'on nomme l'eau, le calcaire… et le temps. Ces grottes plurent tout d'abord à l'homme de Neandertal venu s'y installer puis au Cro-Magnon, laissant tour à tour derrière eux de vrais trésors. C'est donc un étonnant voyage au centre de la Terre, au cœur de la colline de Gaztelu, qui vous attend.**

Grottes d'Isturitz
*Grottes Isturitz et Oxocelhaya*

**PASSIONNANTES DÉCOUVERTES**

En 1895, les ouvriers qui travaillent dans l'exploitation de phosphate de la **grotte d'Isturitz** trouvent des pierres taillées. En les examinant, le pionnier de la préhistoire, Édouard Piette, pressent l'importance de cette mise au jour. Une première campagne de fouilles (1912-1922) révèle une série de couches stratigraphiques. Elle est suivie d'une seconde qui atteste de 80 000 ans de présence humaine.

Les collections exceptionnelles d'objets sont exposées au musée de St-Germain-en-Laye *(voir* Le Guide Vert Île-de-France*)* et une série aurignacienne a rejoint le Musée national des Eyzies *(voir* Le Guide Vert Périgord-Quercy*)*.

En 1929, la **grotte d'Oxocelhaya** est découverte par hasard. Devant la magnificence des lieux, le propriétaire des grottes, André Darricau, décide de l'ouvrir au public, faisant percer en 1953 un tunnel entre les deux grottes. Les représentations pariétales seront ensuite découvertes au fil des ans.

Une troisième grotte, **Erberua**, est découverte en 1973, mais elle reste encore aujourd'hui fermée au public.

Alors que s'achève la campagne de fouilles qui visait à mieux cerner l'évolution culturelle des premiers Homo sapiens, une nouvelle recherche débute (2011-2016) avec, pour objectif, l'analyse approfondie de l'art pariétal.

Depuis les premières découvertes, la volonté du propriétaire (prolongée par ses descendants qui ont pris la relève) est de faire partager ces richesses qui renseignent sur l'histoire de l'homme. Le **musée** didactique en est la preuve, tandis que, depuis 2007, un **espace culturel** permet à des artistes (musiciens, conteurs, plasticiens ou danseurs) de réaliser des performances *in situ* (*www.grottes-isturitz-espaceculturel.com*). Ceci s'accompagne d'un engagement fort de la famille Darricau en faveur d'un tourisme responsable, respectueux tant de l'environnement que des cultures humaines présentes ou passées.

# Visiter les grottes Carte p. 216-217

*Depuis le parking, les grottes sont à 10mn à pied. ☎ 05 59 29 64 72 - www.grottes-isturitz.com - visite guidée (45mn) juil.-août : 10h-13h, 14h-18h ; juin et sept. : 11h, 12h et 14h-17h ; mars-mai et oct.-nov. : 14h-17h, dim., j. fériés et vac. scol. visite 11h et 14h-17h -fermé de mi-nov. à mi-mars - 9 € (-14 ans 3,80 €). Visite limitée à 900 pers/j en juil.-août - température constante à 14 °C à l'intérieur des grottes (prévoir un pull) - Visites thématiques : ☎ 05 59 29 41 83 - Art & Préhistoire dim. 11h-13h (adultes uniquement - 13 €) ; ☎ 05 59 42 65 96 - www.pierres-paysbasque.364.fr - visite-conférence géologique merc. 17h-19h - sur rdv. En saison (juil.-août), possibilité de se restaurer à la Bodega ( petite restauration et terrasse ouvrant sur les vallons).*

Les grottes, superposées, correspondent à deux niveaux, abandonnés, du cours souterrain de l'Arberoue (qui coule à présent au troisième niveau). Elles constituent une même visite.

### Grotte d'Isturitz

Vous pénétrez dans la montagne par cette grotte dont l'intérêt est avant tout scientifique. Sur un **pilier** ont été gravés trois rennes superposés épousant le relief de la pierre, ainsi qu'un cheval. Les fouilles, achevées en 2010, ont mis au jour des objets quotidiens mais aussi 22 fragments de flûtes, taillées dans des os de rapaces, de gypaètes et de vautours, ainsi que des objets d'art, notamment des baguettes demi-rondes sculptées et des gravures, dont vous pourrez admirer les copies dans l'espace-musée des grottes.

### Grotte d'Oxocelhaya/Otsozelaia

Quinze mètres plus bas se trouvent des salles décorées de **concrétions** dont les formes étranges et variées sollicitent l'imagination : stalactites, stalagmites, colonnes, draperies translucides, cascade pétrifiée scintillante.

En outre, deux reproductions illustrent la trentaine de **dessins** (contours au charbon de bois, raclage ou tracé au doigt sur argile) découverts sur les parois qui ne sont pas montrés au public par mesure de préservation.

# À proximité Carte p. 216-217

### Isturitz/Isturits B2

*1 km des grottes par la D 251.*

**Musée ethnographique Xanxotea** – *Le Bourg - 64640 Isturitz - ☎ 05 59 29 14 43 - www.xanxotea.com - été : 10h-20h ; hors sais. sur rdv - tarif à l'appréciation du visiteur.* Intéressant complément de la visite des grottes, cette maison-musée privée regroupe 5 000 objets datant de l'époque de Neandertal au 20e s. Ces outils, objets du quotidien, pièces de mobilier ou éléments archéologiques illustrent l'héritage culturel et l'histoire du peuple basque ; ils sont organisés par activité, travail de la matière et usage.

### Hasparren/Hazparne A2

*10 km au nord-ouest par la D 251, puis la D 10.*

La « cité des chênes » est un village labourdin autrefois dédié à la tannerie. **Francis Jammes** (1868-1938) s'y installa en 1921 et vécut jusqu'à sa mort dans la maison Eyhartzea. Poète célèbre admiré de Gide, Claudel, Rilke ou Kafka mais néanmoins père de neuf enfants et sans le sou, il parcourut le Béarn et le Pays basque à la recherche d'un toit qu'il finit par trouver à Hasparren, avec l'aide d'un père bénédictin *(fermé pour travaux - ☎ 05 59 29 60 22)*.

**Chapelle du Sacré-Cœur** – Édifice de 1933 construit pour la Maison des frères missionnaires. À l'intérieur, grande fresque murale dans la nef et Christ Pantocrator néobyzantin en mosaïque dans le chœur.

## NOS ADRESSES PRÈS DES GROTTES

### HÉBERGEMENT ET RESTAURATION

#### PREMIER PRIX

**Gîte d'étape ferme d'Urkodéa** – *Quartier Zelaï - 64240 Hasparren - ✆ 05 59 29 15 76 - www.urkodea.ffe.com - ♿ - P - 🚫💳 - 6 ch. 32 € - ☕ 8 €.* Cette ferme labourdine, réhabilitée en gîte, est un centre de randonnées équestres qui organise des sorties à travers la lande d'Hasparren et la vallée de la Joyeuse. Elle propose aussi des chambres à plusieurs lits, remarquables par leur propreté et leur calme.

#### BUDGET MOYEN

**Hôtel Les Tilleuls** – *64240 Hasparren - ✆ 05 59 29 62 20 - hotel.lestilleuls@wanadoo.fr - fermé 1re sem. de nov., 2 sem. aux vac. scol. de fév., dim. soir et sam. de fin sept. à déb. juil. sf j. fériés - 25 ch. 58/63 € - ☕ 7,50 € - rest. 15/30 €.* La maison qu'habita l'écrivain Francis Jammes est à deux pas de cette construction de style basque disposant de chambres bien rénovées (wifi gratuit). Sympathique salle de restaurant rustique où l'on vous proposera de goûter aux recettes régionales.

### ACHATS

**Ferme Agerria** – *Quartier Corlorotz (D 4) - 64640 St-Martin-d'Arberoue - ✆ 05 59 29 45 39 - www.agerria.fr - visites tlj sf dim. 10h-11h30, 15h-18h30 - gratuit - ferme pédagogique : de déc. à juin sur réserv., 7 €/enf.* Cette ferme d'élevage vous fera rencontrer les brebis manech tête rousse (agnelages de nov. à mars, traite de déc. à juil.) dont le lait est l'élément de base du fromage Ossau-Iraty. Des porcs basques se promènent dans les prairies. À la fin de la visite, vous pourrez déguster les produits de la ferme : fromage de brebis, charcuteries, confits, jambons… Si les vacances à la ferme vous tentent, des emplacements pour camping-cars et un gîte pour 5 pers. (location à la semaine) sont disponibles sur le site.

# Ossès

**Ortzaize**

845 Ossessois– Pyrénées-Atlantiques (64)

NOS ADRESSES PAGE 229

**S'INFORMER**

**Office de tourisme communautaire St-Jean-Pied-de-Port-Baïgorri** – *Elizondonea, pl. de l'Église - 64430 St-Étienne-de-Baïgorry - 05 59 37 47 28 - www.pyrenees-basques.com - juil.-août. : lun.-sam 9h-12h, 14h-18h, dim. 10h-13h ; reste de l'année : lun.-sam. 9h-12h, 14h-18h - fermé dim. et j. fériés.*

**Office du tourisme d'Hasparren** – *2 pl. St-Jean - 64240 Hasparren - 05 59 29 62 02 - www.hasparren-tourisme.fr - lun.-vend. 9h-12h, 14h-18h, sam. 9h-12h.*

**SE REPÉRER**

Carte de région A3 (p. 216-217) – carte Michelin n° 573 C 25. Ce village est posté au rebord du bassin dessiné par le confluent de la Nive des Aldudes et de la Grande Nive. On y accède par la D 918 depuis Cambo-les-Bains (22 km) ou St-Jean-Pied-de-Port (13 km). St-Étienne-de-Baïgorry n'est qu'à 10 km (D 948).

**À NE PAS MANQUER**

La randonnée des crêtes d'Iparla.

**AVEC LES ENFANTS**

Le parcours aventure de St-Martin-d'Arrossa, la base de loisirs de Baigura.

**À quelques tours de roue des sommets pyrénéens, ce village éclaté en différents quartiers sert de porte d'entrée aux collines verdoyantes de Basse-Navarre. Vous y découvrirez des maisons nobles à l'architecture typique et des paysages de prairies baignés d'une lumière éthérée.**

## Se promener

Ossès se partage en sept quartiers différents *(voir les principaux ci-après)*. La plupart des maisons anciennes témoignent d'une double influence : labourdine par la présence de pans de bois et basse-navarraise par les murs latéraux en avancée, les auvents et les parements de pierre. Vous pourrez voir de très belles demeures nobles telles que l'imposante et opulente **maison Harizmendi**, reconnaissable à ses pans de bois et ses fenêtres à meneaux.

### Église St-Julien

Le clocher de ce bâtiment du 16ᵉ s., orné d'une superposition de pierres blanches et rosées, comporte sept côtés (sans doute en référence au nombre de quartiers de la vallée). Elle abrite un retable baroque du 17ᵉ s. et un bel escalier à vis. Notez son portail, baroque lui aussi, construit en 1668 à la demande de l'évêque d'Olce, qui présida la cérémonie de mariage de Louis XIV.

Sur la **place** bordée de vieilles maisons à l'architecture navarro-labourdine, un puits jouxte un petit bâtiment longé par une espèce de balustrade : cette dernière signale la présence d'une ancienne balance à peser les animaux ou les chargements.

### Vers Irissarry

*Prenez la route à gauche de l'église.* Il faut dépasser les maisons anciennes qui entourent l'église (1673, 1783) et se diriger vers la sortie du village pour voir la **maison Sastriarena**, autrefois résidence secondaire des évêques de Bayonne. Admirez sa façade en encorbellement et ses colombages ouvragés (1628 indique la date de réfection de la maison). Mgr d'Olce, évêque de Bayonne qui bénit le mariage de Louis XIV et de l'infante d'Espagne, Marie-Thérèse, le 9 juin 1660 *(voir « St-Jean-de-Luz », p. 166)*, y aurait fini ses jours.

### Quartier de Gahardou

*En direction de St-Martin-d'Arrossa.* Vous verrez en bord de route quelques belles demeures traditionnelles dont les linteaux affichent souvent les noms et les dates de construction, qui remontent pour la plupart aux 17e et 18e s. Ne manquez pas la **maison Apalatzia** (1635) avec ses encadrements de grès rouge, au croisement des deux départementales (D 8 et D 948).

### Quartier d'Eyharce

*Au carrefour des D 948 et D 918.* Voyez la **maison Arrosagaray** du 16e s., repérable à ses fenêtres à meneaux, et la **maison Arrossa** (linteau de 1613).

### Village d'artisans

*Sur la D 918, en direction de St-Jean-Pied-de-Port.* Un potier, un ferronnier, un sandalier, des ébénistes, des producteurs de pays qui proposent directement le fruit de leur travail : fromages, miel, mais aussi foie gras… Ce regroupement d'artisans a pris possession de la D 918, afin d'offrir le panel le plus large possible du savoir-faire basque. Certains ont aménagé leur espace de façon à laisser voir leur atelier : n'hésitez pas à pousser les portes.



## À proximité

### St-Martin-d'Arrossa/Arrosa A3

*Sur la D 608 depuis le quartier Eyharce.* Cet ancien quartier d'Ossès conserve quelques belles fermes anciennes et une église dont l'autel est en bois doré.

Deux randonnées possibles à partir du village : l'une part en direction du mont Jarra (812 m) depuis la voie de chemin de fer qui franchit la Nive, à l'entrée du village ; l'autre part de l'église (à droite) et, après 1,5 km, fait le tour du mont Larla (700 m).

### Bidarray/Bidarrai A2

*À 8 km d'Ossès par la D 918 en direction de Cambo ou par la D 608 dans le prolongement de St-Martin.* En contrebas des crêtes d'Iparla, accroché au bord du plateau, le petit village de Bidarray, quartier d'Ossès jusqu'en 1791, surplombe la confluence de trois rivières, le Baztan et le Begieder se jetant dans la Nive. Depuis l'église et la place du fronton, vous aurez de belles vues★ sur les vallées.

La silhouette imposante de l'**église romane** du 12e s. domine le paysage, avec ses hauts murs de grès rose et son clocher-mur du 17e s. Cette chapelle appartenait à un prieuré sur la route de St-Jacques-de-Compostelle et jouxtait un hôpital dépendant de Roncevaux. Observez les figures des chapiteaux supportant le porche. Le cimetière abrite de belles stèles discoïdales.

La route qui descend de l'église mène au **pont Noblia** (14e s.). L'arche principale forme avec son reflet dans l'eau un cercle parfait ; à n'en pas douter, c'est là l'œuvre des Laminak *(voir p. 90 et 267)* !

Le village était aussi réputé pour sa **source miraculeuse** du « Saint qui Sue », dont on dit qu'elle guérit les maladies de peau (*voir p. 90; on l'atteint par le GR 10).*

*4h AR (7h jusqu'à St-Étienne-de-Baïgorry).* Le GR 10 vous emmène depuis Bidarray vers le pic d'Iparla. Vous marcherez sur la ligne de crête pour une superbe randonnée au plus près du ciel. Le site est propice à l'observation des rapaces et des vautours, parfois très proches.

# Circuit conseillé Carte p. 216-217

## AUTOUR D'OSSÈS A2-3 B2

*Comptez 1h. Quittez Ossès par la D 8.*

### **Irissary**/Irisarri AB2

Le village a conservé la **commanderie** des chevaliers de St-Jean-de-Jérusalem édifiée au 12e s. et reconstruite pour l'ordre de Malte au 17e s. Cet ordre assurait la sécurité et l'hébergement des pèlerins en route pour Compostelle, mais le bâtiment lui-même ne constitua jamais une étape du pèlerinage. Il représentait plutôt le siège de la puissance seigneuriale et fut saisi à ce titre sous la Révolution. Restauré, il accueille aujourd'hui **Ospitalea**, un centre d'exposition et d'éducation au patrimoine (*05 59 37 97 20 - www.ospitalea.cg64.fr - lun.-sam. 10h-12h30, 13h30-17h - fermé dim. et j. fériés - gratuit).* Remarquez les bretèches qui s'accrochent aux angles du bâtiment. Il s'agit d'éléments défensifs.

**Église** – Le plafond en berceau avec effet de caissons modernes abrite un orgue classique et un retable baroque représentant le baptême du Christ.

*Poursuivez en direction d'Iholdy.*

La D 8 se déploie dans un paysage de douces collines dont le vert est parfois ponctué de bosquets, plus sombres.

### Château d'Olce B2

*Dans le bourg d'Iholdy, un panneau vous indique le château à droite; au carrefour suivant, continuez tout droit. 05 59 37 51 07 - visite guidée (45mn) de déb. avr. à fin sept. : 14h-18h sf jeu. - fermé le merc., 1er et 8 mai - 6 € (-16 ans 3 €).*

Cette demeure mérite une visite autant pour Mgr d'Olce qui la fit rebâtir en 1664 sur un château de famille (14e s.) que pour ses actuels propriétaires qui ont sauvé de la ruine un bâtiment longtemps laissé à l'abandon; vous pourrez apprécier le beau travail de restauration des plafonds à la française et surtout de récupération des stucs en relief (en vogue sous Louis XIV). À commencer par la chapelle avec son retable cannelé et le blason d'Olce qui orne le plafond. Puis l'escalier monumental, à vide central (15 m de haut), avec sa coupole baroque. Dans chaque pièce, une cheminée au décor plus ou moins chargé. L'ensemble est meublé 17e-18e s.

### **Iholdy**/Iholdi B2

*500 m plus loin.* L'église, avec sa grande galerie extérieure en bois, et le fronton accolé forment un bel ensemble.

*Quittez Iholdy par la D 745, en direction d'Hélette (à 7,5 km).*

### **Hélette**/Heleta A2

**Agour - Musée basque du pastoralisme et du fromage** – *Sur la D 119, en direction de Louhossoa. 05 59 37 63 86 - www.agour.com - juil.-août : lun.-vend.*

*9h-11h, 14h-17h ; reste de l'année, visites à 10h et 15h - 5 €.* Quel meilleur moyen de mettre en valeur ses produits que d'organiser un musée pour en expliquer la fabrication ? C'est ce qu'a fait cette fromagerie sur son site de production. On peut donc y écouter la voix du berger Joanes expliquer la tradition basque du pastoralisme et observer la reconstitution d'une *etxe* et d'une bergerie. La visite s'achève par un film sur les procédés actuels de fabrication et une dégustation, accompagnée au choix d'un verre d'Irouléguy ou de cidre. On peut voir les salles d'affinage à travers les vitres.

*Prenez la direction d'Herauritz puis la D 119 jusqu'à la base de loisirs du Baigura.*

### Mont Baygoura/Baigura A2

**Petit train** – *Au départ de la base de loisirs - rens. et réserv. ✆ 05 59 37 69 05 - juin-sept. : 10h, 11h30 et ttes les heures de 14h à 18h ; hors sais. : 13h30-17h30 - 7 € (enf. 4 €), 4,50 € jusqu'à mi-pente.* Pour monter au Baygoura, rien de plus simple que ce petit train ! VTT et parapentes sont embarqués à l'arrière. L'arrêt à mi-pente se fait à l'entrée d'un **sentier de découverte** jalonné de panneaux d'interprétation, bon compromis pour ceux qui veulent découvrir la nature sans marcher depuis la base de loisirs. Du sommet, vous profiterez par beau temps d'une **superbe vue** ★ sur les villages de Basse-Navarre, la Côte basque et les montagnes pyrénéennes *(table d'orientation).*

*Revenez à Herauritz. La D 22 vous ramène à Irissary d'où vous pouvez rejoindre Ossès par la D 8.*

2

## NOS ADRESSES À OSSÈS

### HÉBERGEMENT

**Bon à savoir** – À Hélette, la place du fronton regroupe plusieurs restaurants dont l'auberge Aguerria.

#### BUDGET MOYEN

**Hôtel-restaurant Mendi-Alde** – *Pl. de l'Église - 64780 Ossès - ✆ 05 59 37 71 78 - www.hotel-mendi-alde.fr - fermé 7 déc.-15 janv. - ♿ - P - 15/33 € - 15 ch. 52/69 € - ☕ 7 €.* Ce bel hôtel typique – le seul du village – vous réserve un accueil sympathique. Les chambres offrent un calme olympien et la cuisine regorge de saveurs. Goûtez donc la piperade et le gâteau basque… ce n'est pas pour rien que tout le monde connaît l'adresse dans la région !

### SPORTS ET LOISIRS

**Parcours Aventure** – *Mendi Gaiak - 64780 St-Martin-d'Arrossa - ✆ 05 59 49 17 64 - www.mendi-gaiak.fr - adultes 19 € (-25 ans 16 €, -9 ans 11 €) - réserv. conseillée - capacité d'accueil jusqu'à 50 pers. - les accompagnateurs fournissent l'équipement et les casques. Comptez 2h15 depuis l'initiation au sol jusqu'à la fin du parcours dans les arbres.* Une trentaine d'ateliers, depuis la tyrolienne jusqu'au pont de singe, ponctuent ce parcours aménagé dans les arbres bordant la Nive des Aldudes.

**Ur Bizia Rafting** – *Erramondeguya - 64780 Bidarray - ✆ 05 59 37 72 37 - www.ur-bizia.com - 9h-18h30 - 27 € 1h30 de descente en eaux vives de la*

*Nive, au choix : rafting, canoraft, hydrospeed, kayak (-12 ans 14 € : descente en rafting accompagné d'un parent).* Sports d'eaux vives et d'aventure, toute l'année.

**Cocktail Aventure** – *64780 Bidarray - ✆ 05 59 37 76 24 - www.cocktail-aventure.com - juil.-août : départs pour les activités d'1h30 (sur réserv.) à 9h30, 13h30 et 16h30 - 25/27 € ; canyoning à la 1/2 j. à 8h30 et 14h - 36 €.* 7 km de descente sur la Nive d'Ossès à Bidarray propices à la pratique des sports d'eaux vives : rafting, miniraft, hot-dog, hydrospeed et canyoning.

**Ferme équestre Les Collines** – *Chemin derrière l'église - 64780 Ossès - ✆ 05 59 37 75 08 - www.fermelescollines.com - sur réserv.* Si vous avez plus de 10 ans, la ferme équestre Les Collines vous propose de belles randonnées à cheval à travers le Pays basque. Les promenades durent deux heures, une demi-journée ou une journée, les randonnées de 3 à 7 jours.

**Base de loisirs du Baigura** – *D 117 - 64240 Mendionde - ✆ 05 59 37 69 05 - www.baigura.fr - ouv. de fév. à oct. - initiation au vol en parapente biplace avec moniteur : env. 15mn - 65 € - réserv. 3 j. avt ; VTT : circuit en boucle 26 €, descente 30 € ; « Arapaho » : descente initiation 45mn 25 €, descente sportive 1h30 30 €.* La base de loisirs propose plusieurs activités de plein air, profitant de sa situation idéale au pied du Baygoura. Un petit train *(voir p. 229)* emmène au sommet les stagiaires de l'école de parapente ainsi que les descendeurs en VTT et « Arapaho », trottinette tout terrain qui vous procurera de nouvelles sensations ! Sur la base, aérotrampoline *(5 € pour env. 10mn)*. 45 km de sentiers sont balisés aux alentours, dont un sentier éducatif aménagé sur le massif.

## AGENDA

**Fête-Dieu** – *Juin - 64640 Iholdy ou Hélette.* Messe et processions costumées.

# St-Palais

**Donapaleu**

1 874 Saint-Palaisins – Pyrénées-Atlantiques (64)

NOS ADRESSES PAGE 233

**S'INFORMER**

**Office de tourisme** – *14 pl. Charles-de-Gaulle - 64120 St-Palais - ℘ 05 59 65 71 78 - www.tourisme-saintpalais-tourisme.com - déb. juil.-fin août : lun.-sam. 9h30-12h30, 14h-18h30, dim. et j. fériés 10h-12h30 ; reste de l'année : tlj sf dim., lun. et j. fériés 9h30-12h30, 14h-18h - fermé j. fériés sf 1er et 8 mai, 14 Juil. et 15 août.*

**SE REPÉRER**

Carte de région B2 (p. 216-217) – carte Michelin n° 573 C 26. En lisière de Soule, cette cité de Basse-Navarre se rallie par la D 933 depuis St-Jean-Pied-de-Port (31 km au sud-ouest) ou par la D 11 depuis Bidache (23 km au nord-ouest) qui se trouve à 33 km à l'est de Bayonne par la D 1.

**ORGANISER SON TEMPS**

Prévoyez une demi-journée pour découvrir St-Palais et ses environs.

**AVEC LES ENFANTS**

La visite du château de Camou.

**Vous voici dans un haut lieu du pèlerinage de Compostelle, l'ancienne capitale du royaume de Basse-Navarre. Sur cette terre paisiblement vallonnée, cette bastide du 13e s. vibre toute l'année au rythme de ses traditions : galas de pelote, festival de force basque, courses en sac… sans oublier sa vocation commerciale qui fait d'elle un gros centre agricole de la région. Il s'y tient, tous les vendredis matin sur la place du Foirail, un important marché qu'il serait dommage de rater.**

## Se promener

*Départ devant la mairie, rue Gambetta. Partez à gauche vers l'église et prenez la première venelle qui s'ouvre à gauche.*

### Rue de la Monnaie

Adorable ruelle bordée de murs où serpente la glycine. Face aux volets blancs et à la façade d'ardoise de la maison du fond, le temps s'arrête.

*Tournez à droite dans la rue du Palais-de-Justice.*

### Palais de justice

Après avoir servi de siège aux États de Navarre aux 16e et 17e s. ainsi que d'église réformée sous Jeanne d'Albret et Henri IV, l'ancienne église St-Paul est devenue édifice civil sous la Révolution.

### Maison des Têtes

*Face au tribunal.* Ancienne maison noble Derdoy-Oyhenart (16e s.), elle se reconnaît aux cinq médaillons sculptés qui ornent sa façade. Ils caricaturent

**UNE ANCIENNE CAPITALE**
Le nom de St-Palais viendrait du culte d'un jeune Navarrais, Pelayo (Pélage), martyrisé à Cordoue en 925. Fondée au 13e s., comme ville neuve, la cité a été, à partir de 1512 (et jusqu'en 1620 lorsque Louis XIII intègre le royaume de Navarre à la France), capitale de la Basse-Navarre après que la partie espagnole du royaume eut été rattachée à la Castille. Elle a battu monnaie de 1351 à 1672. Vers elle convergeaient les pèlerins de St-Jacques en provenance du Puy, de Paris, de Tours et de Vézelay. C'est pourquoi la ville s'est développée autour de sa rue principale d'alors, autrefois bordée de remparts et fermée par les péages : l'actuelle rue du Palais-de-Justice.

entre autres les rois de Navarre : Henri II, sa fille Jeanne d'Albret et le fils de celle-ci, le futur Henri IV de France. Ceux du diable et de la femme au bandeau ont été rajoutés au 17e s.
Plus loin dans la rue, remarquez la maison en renfoncement, à gauche, dont le linteau affiche la date de 1660. Il s'agit de l'ancienne prison. Elle abrita la sénéchaussée de Navarre entre 1639 et 1790.
*Revenez sur vos pas et dirigez-vous vers l'église.*

### Église
Édifice néogothique du 19e s. au tympan Art nouveau. À l'intérieur, bel orgue de Cavaillé-Coll.
*La rue Gambetta vous ramène à la mairie.*

## À proximité Carte p. 216-217

### ★ Garris B2
*3 km au nord-ouest par la D 11.* Fondée sur la voie romaine de Bordeaux à Astorga, cette très ancienne petite cité est antérieure à St-Palais. Elle a forgé sa réputation au Moyen Âge grâce à ses foires, mais a toujours été moins importante que sa voisine sauf pendant les cinq années durant lesquelles elle a organisé les états généraux de Basse-Navarre (18e s.). Demeurent aujourd'hui de sa prospérité la tradition de ses foires aux bestiaux et surtout un village au charme indéniable.
Arpenter la rue principale de cet adorable village admirablement entretenu revient à faire une promenade dans le temps. Ce n'est qu'une succession de maisons traditionnelles des 17e et 18e s. ! Certaines sont à pans de bois, d'autres en briques ou à encorbellement, la plupart donnant sur des bas-côtés pavés de galets. Les plus anciennes se trouvent à l'opposé de l'église. Remarquez les chevrons en têtes sculptées qui décorent la façade de la maison Sehabla (1641).

### Château de Camou B2
*5 km au nord par la D 29. ✆ 05 59 65 84 03 - juil.-août : 14h30-18h - 3 € (-12 ans gratuit).*
Sur une motte médiévale du 11e s., cette maison forte classée du 16e s. présente par le biais de petites mises en scène réalisées avec des outils, les travaux et les jeux agricoles d'autrefois. À l'étage, le guide explique, démonstration à l'appui, le mécanisme des inventions de Léonard de Vinci et de Francesco di Giorgio.

## NOS ADRESSES À SAINT-PALAIS

### HÉBERGEMENT

#### BUDGET MOYEN

**Hôtel de la Paix** – *33 r. du Jeu-de-Paume - ✆ 05 59 65 73 15 - fermé 1er-11 juil., 16 déc.-25 janv., dim. soir et sam. sf du 11 juil. au 31 août - 27 ch. 56/61 € - ☕ 7 € - rest. 13/32 €.* Cette jolie façade ornée de briques rouges et de loggias en bois est située sur la place du marché. Les chambres, parfois dotées d'un balcon, ont toutes bénéficié d'une cure de jouvence réussie. Salle à manger rustique prolongée d'une terrasse ombragée. Cuisine traditionnelle.

**Chambre d'hôte La Maison d'Arthezenea** – *42 r. du Palais-de-Justice - ✆ 05 59 65 85 96 - www.gites64.com/maison-darthezenea - francois.darthezena@wanadoo.fr - avr.-déc. - P - 4 ch.70/75 € ☕ - rest. 25 € bc.* Dans un joli jardin, demeure en pierre où l'on se sent comme chez soi. Les chambres, aux meubles anciens ou de style, se distinguent par leur couleur et leur nom. À la table d'hôte, belles spécialités (foie gras maison, ris d'agneau et palombe flambée en saison).

### RESTAURATION

#### PREMIER PRIX

**Hôtel-restaurant du Midi** – *Pl. du Foirail - ✆ 05 59 65 70 64 - www.hotel-restaurant-dumidi.fr - fermé vend. soir et sam., vac. de Toussaint - 12/30 € - 12 ch. 50/54 € - ☕ 7 €.* Une adresse toute simple, fréquentée par les gens du coin et les pèlerins. Selon la saison, vous attendent palombes flambées au Capucin *(de mi-oct. à mi-nov.)*, ris d'agneau aux cèpes, anguilles persillade ou assiettes du terroir. Aux beaux jours, vous apprécierez la jolie terrasse couverte. Marché sur la place le vend. matin.

#### BUDGET MOYEN

**Le Trinquet** – *31 r. du Jeu-de-Paume - ✆ 05 59 65 73 13 - www.le-trinquet-saint-palais.com - fermé 13 avr.-4 mai et 18 sept.-6 oct., dim. soir d'oct. à avr. et lun. - formule déj. 12,50 € - 21/42 € - 9 ch. 58/77 € - ☕ 7 €.* Sur la place centrale, cette maison qui sort d'une cure de jouvence est dotée d'un authentique trinquet (salle de pelote basque) de 1891. Carte régionale servie dans un décor actuel. Chambres refaites au goût du jour.

### ACHATS

**Ona Tiss** – *23 r. de la Bidouze - ✆ 05 59 65 71 84 - onatiss@wanadoo.fr - lun.-jeu. 9h-12h, 14h-17h, vend.-sam. en sais.* Attention, vous pénétrez ici dans le dernier atelier de tissage traditionnel et artisanal du Pays basque. Créé en 1948, il fabriquait à l'origine la toile des espadrilles. La visite, gratuite, raconte l'histoire du linge basque. On y apprend que chaque rayure représente une des sept provinces de l'Euskadi.

### SPORTS ET LOISIRS

**Sentier des contrebandiers** – *www.rando64.fr.* Ce parcours équestre et VTT relie St-Palais à Hendaye par St-Jean-Pied-de-Port, Sare et les crêtes. Itinéraire sportif que les cavaliers mettront 10 jours à parcourir ; les VTTistes le couvriront en 6 jours.

### AGENDA

**Fêtes de la Madeleine** – *Juil.* Code de couleurs : bleu et blanc !

**Festival de force basque** – *3e dim. d'août - ✆ 05 59 65 95 77.*

**Foire de Garris** – *31 juil.-1er août - 64120 Garris.* Foire agricole.

# Les chemins de St-Jacques

★★★

Pyrénées-Atlantiques (64)

### S'INFORMER

**Office de tourisme de St-Jean-Pied-de-Port** – *14 pl. Charles-de-Gaulle - 64220 St-Jean-Pied-de-Port - 05 59 37 03 57 - www.pyrenees-basques.com - juil.-août : lun.-sam. 9h-19h, dim. 10h-13h, 14h-17h ; reste de l'année : lun.-sam. 9h-12h, 14h-18h - fermé j. fériés.*

**Accueil St Jacques** – *39 r. de la Citadelle - 64220 St-Jean-Pied-de-Port - 05 59 37 05 09 - www.aucoeurduchemin.org - mars-nov. : 7h30-22h30.*

### SE REPÉRER

Carte de région A3 (p. 216-217) – carte Michelin n° 573 C 25. L'itinéraire relie St-Palais à St-Jean-Pied-de-Port par la D 933 (chemin de Vézelay). Une boucle qui emprunte cette même départementale est effectuée sur les hauteurs de St-Jean.

### À NE PAS MANQUER

La chapelle d'Harambels et la route des Ports de Cize.

**Avancer sur les traces de ces milliers de pèlerins qui, depuis le 12e s., poussés par la foi ou le désir d'aventure, gravissent les Pyrénées pour rejoindre Saint-Jacques-de-Compostelle est un voyage qui ne peut laisser indifférent. Chapelles perdues au milieu des champs, villages fortifiés et paysages à couper le souffle vous attendent le long des chemins. Que vous soyez croyant ou non, laissez-vous porter par la dimension mystique qui, de villages en montagnes, enveloppe chacune des étapes.**

## Circuit conseillé Carte p. 216-217

### ★★★ LE LONG DES CHEMINS DE COMPOSTELLE A4 C1

*Comptez une journée - circuit de 65 km.*

#### Saint-Palais B2

*Voir p. 231.*

*Quitter St-Palais par la D 933 en direction de St-Jean-Pied-de-Port.*

#### Stèle de Gibraltar B2

*À l'entrée d'Uhart-Mixe, prenez à droite la D 302 qui marque un angle aigu. Laissez la voiture à un carrefour de chemins pour prendre le premier à droite.*
À flanc du mont St-Sauveur, ce monument (1964), surmonté d'une stèle discoïdale, marque le point de convergence de trois des principaux chemins de Compostelle.

La stèle se trouve sur une petite boucle de randonnée dont le départ se prend à Uhart-Mixe, après le « château » qui longe la rivière, au-delà du petit pont de l'église, à gauche *(10 km - 3h30).*

*Poursuivez en voiture le chemin qui monte depuis la stèle et tournez à droite vers le mont St-Sauveur. Laissez votre voiture à la statue de la Vierge et poursuivez*

Route du col de Bentarte sur le chemin de Saint-Jacques
*M. Dozier / hemis.fr*

*à pied sur le chemin.* Vous avez alors une belle vue sur les monts blancs des Pyrénées au sud (massif du Pic-d'Anie et pic du Midi d'Ossau) et la campagne de la vallée de la Bidouze au nord.

*Revenez à Uhart-Mixe et suivez la D 933, puis à droite une petite voie.*

2

**Harambels**/Haranbeltz B2

*Quartier Harambels - ✆ 05 59 37 85 29 ou 06 89 84 93 14 - www.lesamisdharanbeltz.fr - de Pâques à mi-oct. : 14h-18h ; fermé w.-end - 2€.* À partir de la fin du 10e s., le pèlerinage de St-Jacques-de-Compostelle attire de plus en plus de voyageurs. Ils demandent asile dans les villages traversés. Les hôpitaux, financés par les seigneurs locaux, se multiplient le long du chemin. À Harambels, les paysans s'organisent en communauté de donats, se consacrant à l'accueil des pèlerins et des pauvres, et la réputation du village va grandissante.

La voie empruntée par les pèlerins passe alors sous le porche de la **chapelle St-Nicolas★** (fin 12e s.-déb. 13e s.). Sous celui-ci (pavage et arche du 17e s.), la porte à droite, très ancienne avec ses serrures et clous forgés, menait à l'hôpital aujourd'hui disparu. Arrêtez-vous un instant à l'entrée de la chapelle. Le tympan porte un **chrisme** de l'époque de construction de l'église ; vous y verrez les lettres grecques du nom du Christ, ainsi que l'alpha et l'oméga, symboles d'éternité. Il fait partie des chrismes très anciens les mieux conservés ; saluons le travail des artisans qui ont dû le recomposer car, fragilisé par le poids du clocher, il est tombé en 17 morceaux au moment des travaux de rénovation de la chapelle ! Au-dessus est sculptée une croix de Malte. Notez le visage taillé dans la pierre du montant latéral gauche : il s'agit sans doute d'un bloc provenant d'un temple païen réutilisé pour la chapelle.

L'intérieur de l'édifice est fascinant par ses **peintures en trompe-l'œil** (briques de la voûte, faux marbre) et par son **retable★★** aux colonnes torsadées (1736). Saint Nicolas y est représenté sur le bas-relief principal, dans son habit d'évêque, devant le saloir d'où s'échappent les trois enfants sauvés. Il est surmonté d'une colombe et d'un Christ en croix. La Trinité est complétée par Dieu le Père peint au plafond, encadré par la Lune et le Soleil. Parmi les saints représentés sur les **fresques sur bois**, remarquez saint Roch, pèlerin du 13e s. Le bas-relief de la Vierge date du début du 18e s. mais a été réalisé à la manière du 12e s.

Au-dessus du hameau, le sentier (GR 65) mène à la **chapelle de Soyarce** (19e s.) *(3 km AR - 45 mn)*. Table d'orientation et jolie vue sur les Pyrénées.

*Retournez sur la D 933 et prenez la direction d'Ostabat.*

### **Ostabat-Asme**/Oztibarre B2

Ostabat était autrefois une importante étape sur la route de St-Jacques : porte d'entrée de la Navarre, trois voies y convergeaient, venant de Tours, de Vézelay et du Puy-en-Velay. Au 12e s., on érige là une bastide ; la partie basse accueillait les pèlerins pauvres et les malades, la partie haute, du fait de son droit d'entrée, était réservée aux marchands et pèlerins aisés. Prospère, la ville obtient en 1381 le droit d'organiser un marché ; des notaires s'installent et les hôtels se multiplient dans la ville haute. Son déclin commença lorsque les itinéraires des pèlerins se décalèrent vers la côte. Aujourd'hui, le village ne conserve de ses auberges et de ses deux hôpitaux que le souvenir. Quelques vestiges des remparts détruits en 1228 sont visibles près de la maison « Portalia ».

Un sentier de randonnée (GR 65) part de l'église, descend la rue principale (escalier à droite de la maison) et tourne ensuite à gauche, hors du village. Il mène à la chapelle d'Harambels à travers la forêt communale *(6 km - 1h AR - le chemin peut se révéler boueux après la pluie)*.

*Longez le versant par la D 508 qui monte vers le col d'Iparlatze (325 m).*

# Le renouveau des chemins de St-Jacques

## UN NOUVEL ENGOUEMENT

Au 21e s., les nouveaux pèlerins de Compostelle prennent la route pour toutes sortes de raisons : démarche mystique, besoin de faire le point, simple désir de randonnée. Leurs motivations pour ce voyage sont diverses, mais toutes constituent une expérience personnelle forte. Ce n'est pas un hasard si depuis 1998, les tronçons français figurent au Patrimoine mondial de l'humanité et que le Comité régional de tourisme d'Aquitaine estime le nombre de personnes ayant marché sur ces chemins en 2003 entre 32 000 et 37 000. Autre signe qui ne trompe pas : de nouveaux gîtes ouvrent chaque année le long du chemin français, rendant vie à des villages navarrais autrefois désertés.

## PÈLERINAGE PRATIQUE

Préparez-vous physiquement et pensez à voyager léger. Limitez votre bagage au strict nécessaire : affaires de toilette, pharmacie, habillement adapté à la saison, poncho imperméable, chaussettes, chaussures de marche, gamelle et gobelet, duvet, carte internationale de téléphone. Soyez prévoyant et renseignez-vous auprès de votre assurance. Demandez aussi la carte européenne d'assurance maladie pour d'éventuels frais médicaux en Espagne. Outre sa carte d'identité (s'il est ressortissant de l'espace Schengen), le vrai pèlerin doit aussi se munir d'un carnet appelé « créanciale » lorsqu'il est délivré par l'évêché (le sien ou celui du lieu de départ), ou « credencial » lorsqu'il est émis par une association laïque. Ce carnet fait office de passeport (sauf pour la frontière !), chaque étape du chemin étant tamponnée par une instance civile ou religieuse. Il permet parfois d'avoir des réductions sur l'entrée de certains musées ou monuments, mais il est surtout indispensable, côté espagnol, pour accéder aux gîtes. Enfin, c'est sur sa présentation que sera délivrée la **compostela** à St-Jacques.

## ITINÉRAIRES CÔTÉ FRANÇAIS

Autrefois, un réseau très complet d'**hospices** gérés par des **donats** facilitait le voyage et assurait l'hébergement et le bien-être spirituel des pèlerins. Plutôt laïcs (même s'ils avaient prononcé des vœux) et dirigés par un prieur, les donats assuraient la logistique du pèlerinage auprès des marcheurs en faisant fonctionner les hôpitaux, sortes de chambres d'hôte qui assuraient aux marcheurs le gîte et le couvert.

Actuellement, il s'agit de gîtes d'étape. Moins nombreux, ils jalonnent les itinéraires qui convergent en Basse-Navarre, à Ostabat, avant d'atteindre St-Jean-Pied-de-Port. Aujourd'hui encore, les pèlerins gagnent Roncevaux par la route des hauteurs. Auparavant, chacun portait une croix de feuillage pour la planter près de la « Croix de Charles », au col d'Ibañeta. Certains le font toujours. Mais la cloche de l'ermitage voisin ne sonne plus par temps de brouillard ni la nuit afin de rallier les égarés…

*Voir aussi les chapitres « Organiser son voyage » (p. 21) et, pour la partie espagnole, dans le chapitre « Navarre » (p. 431).*

À votre gauche en contrebas, vous pouvez admirer le **château Laxague**, château fort avec ses hautes murailles et son imposante tour d'entrée à la porte en arc brisé. L'ancienne demeure de Pees de Latsaga, chambellan du roi de Navarre mort en 1394, est aujourd'hui une ferme en activité *(ne se visite pas)*.
Depuis le haut du village, un sentier balisé en jaune vous permet de faire une agréable promenade pour découvrir de près le château *(circuit d'1h)*.
L'arrivée au col d'Iparlatze dévoile une belle vue sur les collines et la vallée de la Joyeuse. *Faites demi-tour au col pour revenir sur la D 933.*
*Si vous souhaitez vous éloigner des chemins de St-Jacques, la route qui continue depuis le col pour aller à St-Jean-Pied-de-Port par le col des Palombières (D 518) et Jaxu (D 22) est un itinéraire agréable avec de beaux paysages.*

## **Larceveau**/Larzabale B3

**Centre d'interprétation des stèles discoïdales et de l'art funéraire basques** – *05 59 37 81 92 - 9h-19h - gratuit - il faut demander la carte magnétique permettant l'accès aux commerces et restaurants voisins.* L'association Lauburu qui travaille depuis 1972 à sauver le patrimoine lapidaire basque expose ici, dans une ambiance de jardin zen, une belle collection de stèles, la plupart du 17e s. L'exposition et les 12 vidéos très pédagogiques proposées visent à expliquer la symbolique des stèles, l'organisation des rites funéraires et la place de la mort dans la société basque ; un pan de la culture basque à la fois intime et très présent dans le paysage, dont on peut ainsi mieux comprendre la dimension spirituelle.
*Reprenez la D 933 vers St-Jean-Pied-de-Port.* À la croix de Galtzetaburu (18e s.) (à 4 km), vous croisez le chemin des pèlerins. *Poursuivez sur 9 km, un panneau à gauche vous indique La Madeleine.*

## **La Madeleine** B3

L'église Ste-Madeleine-de-Beigbeder (Betbeder), joli bâtiment à vaisseau unique en pierres roses, fut construite au début du 13e s. et relevait de l'abbaye de Lahonce. Croix navarraise près du parking. De l'autre côté du ruisseau Laurhibar, le moulin Peko Eihera, du 13e s. aussi (1249), a été entièrement rénové - *visite sur rdv - M. Lacroix - 05 59 37 06 72.*
*Par la D 933, vous arrivez à St-Jean, étape importante avant l'ascension des Pyrénées.*

### ★ St-Jean-Pied-de-Port A3
*Voir p. 240.*

### La route des Ports de Cize
*Itinéraire à n'emprunter que par beau temps : mieux vaut renoncer à faire l'ascension s'il y a du brouillard. Comme les pèlerins, quittez St-Jean-Pied-de-Port par la porte d'Espagne et empruntez la route de Napoléon (D 428).* La route doit son nom aux vestiges de redoutes qu'elle longe. Elle monte raide dans sa première partie et découvre rapidement les superbes **paysages** de la vallée de la Nive de Béhérobie. Après le deuxième virage en épingle à cheveux, là où le sentier rejoint de nouveau la route, une table d'orientation sur la gauche permet de se repérer. *Attention ! Abasourdis par le vent et concentrés sur leur marche, les pèlerins n'entendent pas les voitures arriver ; roulez prudemment et respectez leur effort.*

La route passe à droite du pic d'Orisson (1 064 m) et de l'Itchachéguy (1 161 m). Vous atteignez alors la **Vierge de Biakorri** (dite d'Orisson), surplombant le versant. *Revenez sur vos pas et prenez la route qui se détache vers l'ouest.* À gauche, sur le mont, la redoute de **Château-Pignon** n'est plus que ruines. Construite en 1512 par Ferdinand d'Aragon, elle servit à de nombreuses batailles (1521, 1793, 1813). Peu après, vous laissez les pèlerins traverser la frontière au col (port) dit « passage de Cize » et prenez à droite (D 128).

*Au col d'Héganzo, si vous prenez à droite puis à gauche, vous pouvez redescendre par une route d'estive jusqu'à Arnéguy, avec une belle vue sur la vallée. Tout droit, la D 128 permet de suivre au plus près la voie du Valcarlos ; elle est plus longue et comporte de nombreux virages, mais elle passe à travers de beaux paysages.*

### La voie du Valcarlos
*Continuez sur la D 128.* À Ondarolle, vous avez rejoint l'itinéraire de pèlerinage du Valcarlos, obligatoire par mauvais temps. Le chemin suit la D 128 jusqu'à Arnéguy. *De là, la D 933 vous ramène à St-Jean-Pied-de-Port en longeant la Nive d'Arnéguy.*

2

# St-Jean-Pied-de-Port

★

**Donibane-Garazi**

1 513 Saint-Jeannais - Pyrénées-Atlantiques (64)

NOS ADRESSES PAGE 244

### S'INFORMER

**Office de tourisme communautaire St-Jean-Pied-de-Port-Baïgorri** – *14 pl. Charles-de-Gaulle - 64220 St-Jean-Pied-de-Port - ℘ 05 59 37 03 57 - www.pyrenees-basques.com - juil.-août : lun.-sam. 9h-19h, dim. 10h-13h, 14h-17h ; reste de l'année : lun.-sam. 9h-12h, 14h-18h - fermé j. fériés.*

**Visite guidée de la ville** – S'adresser à l'office de tourisme - découverte de la citadelle, des monuments et des rues de la vieille ville - *juil.-août - 4,50 € (-12 ans 1,50 €) ; visite nocturne le merc. - 7 € (enf. 2,50 €).*

**Train touristique** – *℘ 05 59 37 00 92 - fermé du 1er nov. à Pâques - 5 € (-12 ans 2,50 €, -7 ans gratuit) - départ toutes les heures face à l'hôtel de ville.* Le petit train touristique de St-Jean-Pied-de-Port est un bon moyen de découvrir la maison dite « Mansart », la Nive, les murailles, le pont romain, les rues anciennes et la citadelle.

### SE REPÉRER

Carte de région A3 (p. 216-217) – carte Michelin n° 524 C 26. St-Jean-Pied-de-Port se trouve à 34 km au sud-est de Cambo, soit à 53 km de Bayonne et 61 km de St-Jean-de-Luz. Elle se situe également à 31 km au sud-ouest de St-Palais et à 8 km de la frontière espagnole.

### SE GARER

Laisser la voiture près de la porte de France ; suivre les remparts et prendre l'escalier pour gagner la porte St-Jacques par laquelle les pèlerins pénétraient dans la ville.

### À NE PAS MANQUER

La vieille ville, les chapelles d'Alciette et Bascassan. Une promenade à la nuit tombée dans la rue de la Citadelle, quand tout est calme.

### ORGANISER SON TEMPS

La découverte de la ville en elle-même ne prend qu'une demi-journée, mais les possibilités d'excursions aux alentours sont quasiment illimitées.

**Dans un superbe cadre de montagnes, posée comme son nom l'indique au pied du port de Roncevaux, voici la dernière étape française des pèlerins de Compostelle. Modelée par une histoire militaire agitée dont témoignent ses remparts et sa citadelle, l'ancienne capitale de Basse-Navarre est aujourd'hui une cité aussi agréable que tranquille. Les maisons de grès rose se dorent paresseusement au soleil et seules viennent les envahir, aux beaux jours, des armées pacifiques de touristes… et, toujours, de pèlerins.**

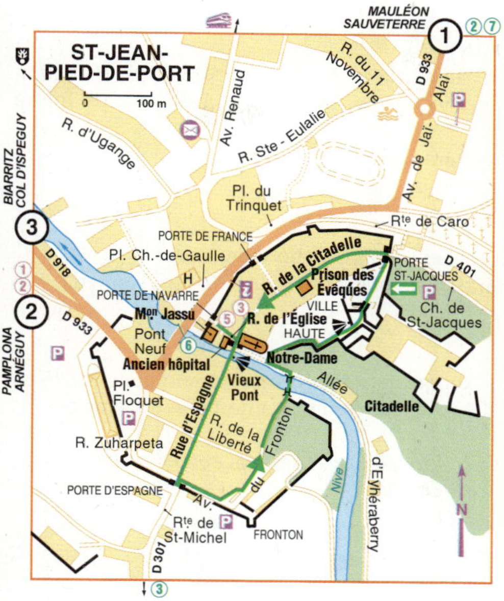


SE LOGER

Camping Narbaïtz............ (7)

Chambre d'hôte Ferme Etxeberria..................... (2)

Chambre d'hôte Maison Donamaria......... (3)

Hôtel Central..................... (6)

SE RESTAURER

Auberge Lafitte................. (1)

Cidrerie Aldakurria........... (2)

Hurrup Eta Klik................ (3)

Paxkal Oillarburu............. (5)

# Se promener Plan ci-dessus

## ★ SUR LES PAS DES JACQUETS

*Accès par la porte St-Jacques.*

### Porte St-Jacques

Inscrite au Patrimoine de l'Unesco, cette porte du rempart médiéval était celle par laquelle les pèlerins entraient dans la ville. Elle était alors dotée d'un péage…

Récemment aménagé, le chemin de ronde relie la porte St-Jacques et la porte de Navarre pour une agréable balade sur les remparts.

### ★ Rue de la Citadelle

*Dans le prolongement.* En descente vers la Nive, elle est très fréquentée tant par les touristes que par les pèlerins ; elle est bordée de maisons des 16e (remarquez au no 32 la maison Arcanzola de 1510) et 17e s. avec de beaux portails arrondis et linteaux droits sculptés. Au no 41, la « **prison des Évêques** » (sans doute un ancien entrepôt, utilisé comme prison du 18e au 19e s., où jamais nul évêque ne fut enfermé) abrite une exposition évoquant les chemins de St-Jacques au Moyen Âge. *41 r. de la Citadelle - ✆ 05 59 37 00 92 - juil.-août : tlj 11h-13h, 14h30-19h30 ; 1er avril-30 juin et sept.-oct. : tlj sf mar. 11h-12h30, 14h30-18h30 - 3 € (-10 ans gratuit).*

### Rue de l'Église

Elle mène à la porte de Navarre. Vous y verrez l'**ancien hôpital** transformé en librairie et la **maison Jassu**, qui fut celle des ancêtres paternels de saint François Xavier (1506-1552).

### Église N.-D.-du-Bout-du-Pont

Gothique, elle présente de beaux piliers de grès rouge (18e s.). Sa fondation remonterait à Sanche le Fort, victorieux des Maures à Las Navas de Tolosa (1212).

Passez sous la **porte Notre-Dame** ouverte sous le clocher.

*Franchissez la Nive.*

### Vieux Pont

Belle vue sur l'église et les vieilles maisons au bord de l'eau.

Le chemin qui remonte la Nive, sur la rive droite, mène au pont d'Eyheraberry *(10mn AR).*

### Rue d'Espagne

Elle monte vers la porte d'Espagne par où les pèlerins quittaient la ville en direction de Roncevaux : elle est restée commerçante, fidèle au temps où les **jacquets** l'empruntaient.

*Prenez à gauche l'avenue du Fronton. Retraversez la Nive et prenez les escaliers derrière l'église pour monter à la citadelle.*

### Citadelle

Bâtie en 1627, puis consolidée par Vauban. Du bastion formant un belvédère face à l'entrée du fort, vous pouvez voir tout le bassin de St-Jean et ses agréables villages *(table d'orientation).*

### SUR LE CHEMIN DE ST-JACQUES

Au Moyen Âge, St-Jean-Pied-de-Port, dernière étape avant l'Espagne, est un grand centre de regroupement de jacquets venus de tous les coins d'Europe. Dès qu'un cortège est signalé, la ville est en émoi : les cloches sonnent, les prêtres récitent des prières ; les enfants escortent les pèlerins vêtus du manteau gris, le bourdon à la main ; les habitants, sur le pas de leur porte, tendent des provisions. Le cortège s'éloigne en chantant des répons. Ceux qui sont trop las font halte rue de la Citadelle où le monastère de Roncevaux leur a ménagé un abri.

### UNE CITÉ DISPUTÉE

Ville neuve créée au 12e s. au confluent des trois Nive (la Nive d'Arnéguy, de Béhorléguy et le Laurhibar), St-Jean entre dans l'histoire en 1512 lorsque Ferdinand le Catholique, roi de Castille et d'Aragon, chasse le roi de Navarre, Jean d'Albret, au-delà des Pyrénées. Poursuivant leur avantage, les troupes espagnoles s'emparent de la ville en août 1512. Dès lors la place forte sera l'objet de sièges perpétuels, Navarrais et Espagnols s'y succédant jusqu'en 1530. À cette date, Charles Quint, devenu roi de Castille et de León, l'estimant trop difficile à défendre, l'abandonne aux Albret, reconnaissant du même coup l'indépendance de la Basse-Navarre.

# Circuit conseillé Carte p. 216-217

## VERS IRATY B3

*Comptez 1h30. Quittez St-Jean-Pied-de-Port par la D 933 en direction de St-Palais puis obliquez à droite sur la D 18.*

### St-Jean-le-Vieux/Donazaharre

Jusqu'à la fondation de St-Jean-Pied-de-Port qui entraîna son déclin, ce fut le principal centre urbain de la région et une halte importante pour les pèlerins qui y trouvaient six églises ou chapelles. Aux alentours du village ont été retrouvées des traces de l'occupation romaine : le site d'un oppidum près de la rivière, dont les résultats des fouilles sont exposés au petit **Musée archéologique**. *Faites 50 m dans le village en venant de St-Jean et tournez à droite. 05 59 37 91 08 (visite sans animation) ou 05 59 37 39 98 (visite avec animation) - www.placesfortes.64.fr- ♿ - déb. juillet-fin août, visite commentée sans animation (1h30), lun.-vend. 16h - 2 € (-7 ans gratuit) ; de mi-juillet à mi-août, visite commentée avec animation (2h), mar. et jeu. 10h et 16h - 3,50 € (-16 ans 2,50 €).*

*Quittez le village par la D 18 en direction de Mendive. Après 1,5 km, tournez à droite et prenez la D 118.*

### Aincille/Ahintzila

L'église, d'extérieur sobre, conserve un chœur de style baroque (18e s.) ainsi qu'une jolie Vierge ancienne du 14e s.

*Revenez sur la D 18 et, après environ 2 km, prenez à droite vers Bascassan.*

### Bascassan/Bazkazane

La petite **église St-André**, romane, en haut du hameau, présente des fresques naïves qui ont été récemment restaurées. Plafond étoilé, retable du 16e ou 17e s. et baptistère peint : ses thèmes se retrouvent dans sa chapelle jumelle à Alciette.

*Revenez sur la D 18 et roulez en direction de Mendive. Dépassez l'intersection menant à gauche sur Ahaxe, et prenez la suivante sur la gauche (ne manquez pas le panneau !).*

### Alciette/Alzieta

**Église St-Sauveur** – Cette chapelle de campagne recèle de surprenantes **fresques★** touchantes de naïveté et peintes à même le bois, qui demanderaient à leur tour une restauration. Notez le baptistère caché derrière des panneaux de bois dont les vantaux du haut représentent le baptême du Christ. *Demandez la clé de la chapelle à la ferme Bidart, dans le hameau en contrebas. Pour y accéder : au carrefour central du hameau, prenez la voie de droite qui fait une courbe.*

*Retournez sur la D 18 et roulez vers Mendive. Dans le village, prenez à gauche de l'église pour suivre la D 117.*

### Béhorléguy/Behorlegi

Pittoresque petit village accroché à flanc de colline, gardé par son église qu'entoure le cimetière (alignement de croix basques).

*Vous pouvez poursuivre au-delà de Mendive : en continuant le long de la D 18, vous gagnerez la forêt d'Iraty (voir p. 254). En empruntant la D 417 à gauche, vous pourrez partir à la découverte de la forêt des Arbailles (voir p. 266).*

## NOS ADRESSES À ST-JEAN-PIED-DE-PORT

### HÉBERGEMENT

#### PREMIER PRIX

**Camping Narbaïtz** – *Quartier l'Ascarat - 64220 Ascarat - 2,5 km au nord-ouest par D 918 et chemin à gauche, à 50 m de la Nive et au bord d'un ruisseau - ✆ 05 59 37 10 13 - www.camping-narbaïtz.com - de déb. mai à mi-sept. - ♿ - P - réserv. conseillée - 133 empl. 30 € - 12 [mobil-homes] - 3 [chalets] - sem. 290/1 050 €.* Face au vignoble d'Irouléguy, ce camping se tourne résolument vers la nature avec, pour la location, des gîtes de construction écologique, ouverts toute l'année, décorés soigneusement et offrant un réel confort. À cela s'ajoutent tentes ou caravanes ainsi que des mobil-homes pour une nuit ou une semaine. Enfin, pour les plus jeunes, un club enfants et, pour la détente, une agréable piscine.

#### BUDGET MOYEN

**Chambre d'hôte Ferme Etxeberria** – *Domaine Mourguy - 64220 Ispoure - ✆ 05 59 37 06 23 - www.domainemourguy.com - fermé déc.-janv. - P - [cartes de crédit non acceptées] - 4 ch. 53/55 € [petit-déjeuner compris].* Dormez dans l'ancienne grange de cette ferme face à la campagne, à deux pas de St-Jean-Pied-de-Port. Chambres sobres, pas très grandes mais avec une mezzanine, idéale pour les enfants. Belle véranda pour un petit-déjeuner face aux vignobles d'Irouléguy. Balades en famille inoubliables à dos d'âne et prêt de vélos. Visite du chai, dégustation et vente du vin de la propriété.

**Hôtel Central** – *Pl. Ch.-de-Gaulle - ✆ 05 59 37 00 22 - fermé déc.-fév. et mar. de mars à juin - 12 ch. 62/73 € - [petit-déjeuner] 9 € - rest. 21/46 €.* Enseigne-vérité pour cet hôtel situé à deux pas de la citadelle. Escalier bicentenaire en bois ciré desservant de grandes chambres ancrées dans la tradition. Préférez celles donnant sur la rivière, très agréables. Plats régionaux servis dans la salle à manger-véranda ou sur la miniterrasse au bord de la Nive.

**Chambre d'hôte Maison Donamaria** – *1 chemin d'Olhonce - ✆ 05 59 37 02 32 - http://www.donamaria.fr/ - [cartes de crédit non acceptées] - 5 ch. 65 € [petit-déjeuner compris]* Le temps semble s'être arrêté dans cette grande demeure du 18ᵉ s. Ses chambres, véritablement coquettes, ouvrent leurs fenêtres sur la Nive, la petite cascade, le pont romain et le parc boisé. Le petit-déjeuner se prend sur la terrasse en surplomb de la rivière ou dans le salon près de la cheminée. Un pur bonheur !

### RESTAURATION

#### PREMIER PRIX

**Paxkal Oillarburu** – *8 r. de l'Église - ✆ 05 59 37 06 44 - fermé 1 sem. en janv. et mar. sf juil.-août - réserv. conseillée - 14/23 €.* Posé contre les remparts, ce restaurant joue le répertoire régional : garbure, ris d'agneau au chorizo et poivrons, truitelles d'Iraty au beurre aillé, anguilles en persillade et bien d'autres spécialités du terroir tout au long de l'année.

**Hurrup Eta Klik** – *3 bis r. de la Citadelle - ✆ 05 59 37 09 18 - fermé merc. sf juin-oct. - 13/26 €.* Cidrerie moderne sans tonneaux, ce restaurant propose une cuisine locale simple mais bien menée. Vous pourrez choisir entre la salle aux murs de pierre et décoration en bois foncé et la petite terrasse dans la cour, surplombée par le chemin de ronde des remparts.

## BUDGET MOYEN

**Auberge Lafitte** – *Au bourg - 64430 Urepel - ✆ 05 59 37 58 58 - fermé 20 nov.-15 mars et le lun. - ouv. uniquement à midi - ♿ - 🅿 - 18 € - réserv. conseillée.* Cette auberge sans prétention, dotée d'une terrasse bordant la source Itarri-Aundi et réputée pour ses préparations de truites, conjugue avec brio simplicité, convivialité et goûteuse cuisine « de grand-mère ». Dans l'assiette, produits frais locaux accommodés sans façon (truitelles meunières, cuisse de canard confite).

**Cidrerie Aldakurria** – *64220 Lasse - ✆ 05 59 37 13 13 - www.cidrerie-aldakurria.com - fermé 15 déc.-20 janv., dim. soir et lun. sf juil.-août - ♿ - 🅿 - 20/30 € bc - 5 ch. 45/50 € - ☕ 6 €.* À la mode espagnole, cette cidrerie propose omelette de morue, côte de bœuf ou gigot d'agneau *a la plancha* avec cidre à volonté. Le cadre est soigné dans cette maison au milieu des champs : poutres et murs crépis, grandes tables et bancs de bois. Chambres d'hôte confortables (avec terrasse).

## ACHATS

**Marché** – *Pl. Ch.-De-Gaulle - lun. ou mar. si lundi est férié.*

**Étienne Brana** – *Distillerie : 3 bis av. du Jaï-Alaï; cave : 6 r. de l'Église - ✆ 05 59 37 00 44 - www.brana.fr - tlj sf w.-end 8h30-12h, 14h-18h - fermé 2e quinz. de janv. - visite de la distillerie : juil.-août : lun. et vend. à 14h30 et 16h - visite du vignoble et du chai à Ispoure : de juil. à mi-sept. : 10h-12h, 14h30-18h30 - 9 €.* Au fil de la visite des chais, l'étendue de la gamme d'eaux-de-vie produites par ce domaine au charme indéniable se dévoile : connus et réputés sur tout le territoire français, le marc d'Irouléguy, l'eau-de-vie de poire williams et le *txapa* à base de vin blanc, cerises et épices n'ont plus besoin de faire leurs preuves.

**Poterie navarraise** – *36 r. d'Espagne - ✆ 05 59 37 34 46 - tlj hors sais. 9h-19h - fermé 1 sem. en fév. et 5 déc.-2 janv.* Sitôt franchi le seuil, des rayonnages remplis d'objets, plats et autres ustensiles en terre cuite s'offrent à votre regard. L'atelier de poterie se trouve dans l'arrière-boutique. Olivier Carriquiry y façonne devant le public et cuit à 1 300 °C ses pièces selon les gestes transmis par son père; les objets sont émaillés à la cendre de bois.

**Séchoirs Mayté** – *Le Bourg - 64220 St-Jean-le-Vieux - ✆ 05 59 37 10 02 - www.charcuterie-mayte.fr - visite des séchoirs à jambon : juil.-août : tlj sf dim. 10h-11h30, 14h15-17h45 (17h le sam.) ; avr.-juin et sept.-oct. : lun.-vend. 10h-11h30, 14h-17h ; boutique : lun.-vend. 8h-12h30, 14h-19h15, sam. 8h-12h30, 14h10-19h - fermé le dim.* Depuis 1884, la famille Mayté excelle dans l'art de la salaison et des cochonnailles. Vous pourrez visiter les séchoirs et remplir votre panier de charcuteries (jambons, saucissons, pâtés, terrines, etc.).

## SPORTS ET LOISIRS

**Syndicat Mendi Gaiak - bureau des accompagnateurs du Pays basque** – *Errobi Baztera - 64780 St-Martin-d'Arrossa - ✆ 05 59 49 17 64 - www.mendi-gaiak.fr - juil.-août : 10h-18h ; tte l'année pour les groupes (min. 12 pers.) sur rdv - tarif à définir selon l'activité choisie : 11 à 55 €.* Organisation et accompagnement, par des guides diplômés, de randonnées pédestres, escalade, canyoning, activités sportives de montagne, VTT, etc.

**Cycles de Navarre** – *Pl. des Remparts - ✆ 05 47 86 90 13 - fermé sam. après-midi et dim. - 7 € la demi-journée et 15 € la journée.* Location de vélos.

# St-Étienne-de-Baïgorry

★

**Baigorri**

1 602 Baigorriars – Pyrénées-Atlantiques (64)

NOS ADRESSES PAGE 248

**S'INFORMER**

**Office de tourisme communautaire St-Jean-Pied-de-Port-Baïgorri** – *Elizondonea, pl. de l'Église - 64430 St-Étienne-de-Baïgorry - 05 59 37 47 28 - www.pyrenees.basques.com - juil.-août : lun.-sam. 9h-19h, dim. 10h-13h, 14h-17h ; reste de l'année : lun.-sam. 9h-12h, 14h-18h - fermé j. fériés.*

**SE REPÉRER**

Carte de région A3 (p. 216-217) – carte Michelin n° 573 C 25. À 11 km à l'ouest de St-Jean-Pied-de-Port par la D 15.

**À NE PAS MANQUER**

La belle église St-Jean-Baptiste et son retable.

**AVEC LES ENFANTS**

Les balades avec un âne.

**C'est un lieu où il fait bon vivre, ne serait-ce que pour ses célèbres vins d'Irouléguy dont il partage la vedette avec Ispoure ! Des maisons typiquement basques, une belle place ombragée de platanes, un vieux pont romain : tous les ingrédients du pittoresque sont réunis dans ce village paisible. Avec, en plus, l'originalité de ses quartiers répartis de part et d'autre de la Nive des Aldudes. Autrefois secoués par des rivalités, ils perpétuent ensemble aujourd'hui traditions et particularismes d'une terre montagnarde, posée entre France et Espagne.**

## Se promener

### ★ Église

Reconstruite au 18e s. sur une base romane, elle est intéressante pour ses galeries, son chœur surélevé dont les trois autels sont ornés de retables de bois doré, son orgue (contemporain) de style baroque et son arc triomphal peint. Notez, à droite de l'entrée principale, la porte des cagots avec le bénitier qui leur était réservé.

*Passez sur l'autre rive.* Sur la rive gauche se dresse l'ancien **château d'Etchauz/Etxauz** *(hébergement, voir « Nos adresses », p. 248)* au corps de logis rectangulaire flanqué d'échauguettes et de tours (11e et 14e s.). Après la Révolution, il passa à la famille Harispe, puis fut racheté par la famille d'Abbadie d'Arrast. La salle d'armes et l'escalier médiéval sont remarquables, ainsi que la charpente du 16e s. - *05 59 37 48 58 - juin-sept. : visite guidée (1h) mar. et jeu. à 14h30 - 7 € (enf. 3 €).*

**Pont romain**
Il date en fait de 1661 mais porte ce nom en raison de son arche unique, inspirée de l'architecture romaine. Notez l'empreinte des charrois dans les galets qui recouvrent son tablier. Très beau point de vue sur le château.

## À proximité Carte p. 216-217

**Guermiette**/Germieta A3
*En direction de St-Jean-Pied-de-Port. Après le restaurant L'Étape Gourmande, prenez à la fourche la direction de Germieta.* Fermes à l'abandon et maisons habitées se partagent ce hameau plein de charme où subsistent quelques demeures du 17e s. Elles se repèrent à leur linteau, souvent daté et parfois sculpté. Celui de la **chapelle** affiche 1668. Vous la dénicherez en prenant à droite du vieux lavoir.

**Irouléguy** A3
*5 km à l'est par la D 15.* Petit village typiquement basque avec des fermes et des maisons crépies de blanc aux volets rouges. Connu pour ses vins, classés AOC depuis 1970 *(voir p. 64)*, il n'est cependant pas noyé dans les **vignes** (environ 200 ha) qui s'étagent plutôt à flanc de colline.
Un panneau devant l'église indique des itinéraires de randonnée *(entre 1h et 5h30 de marche)*.

**Urdos** A3
*En direction de Bayonne. Après Eyrehalde, prenez la première à gauche après avoir dépassé de quelques centaines de mètres un hameau doté d'un restaurant.* Le hameau situé au pied d'Iparla comprend une petite chapelle du 17e s. dotée d'une voûte en trois plans, d'une double galerie et d'un retable de style classique. À deux pas se dresse la massive demeure des Ahaxe, autrefois propriété des seigneurs d'Urdos et aujourd'hui chambre d'hôte.

**UN PEU D'HISTOIRE**
Le bourg et son territoire ont été rattachés à Pampelune et à la Navarre jusqu'au couronnement d'Henri IV, après lequel ils tombèrent dans l'escarcelle du royaume de France. Cela n'a pas empêché la famille d'Etxauz de régner en maître sur le village et la vallée des Aldudes pendant des siècles. Certains de ses membres se distinguèrent par de prestigieuses carrières, comme Bertrand d'Etxauz qui fut nommé évêque de Bayonne en 1599 et conseilla Louis XIII.

**SITUATION**
La commune de St-Étienne-de-Baïgorry compte 17 quartiers dispersés le long de la vallée. Les plus notables sont celui de Mitchelene, en amont du pont romain sur la rive gauche, autrefois quartier des cagots *(voir p. 96)*; le quartier Urdos-Bastide, vers Bayonne; et enfin Guermiette, vers St-Jean-Pied-de-Port.

## NOS ADRESSES À ST-ÉTIENNE

### HÉBERGEMENT

#### PREMIER PRIX

**Chambre d'hôte La Maison Inda** – *Quartier Occos - 05 59 37 43 16 - fermé Noël - P - 2 ch. 46/48 € - rest. 15 €.* Voici une vraie chambre d'hôte, comme on les aime. La ferme est toujours en activité. On peut y visiter le potager, l'étable où voisinent vaches et volailles et bien sûr dormir dans l'une des chambres meublées d'ancien. À table, les repas 100 % maison utilisent les succulents produits du terroir.

#### BUDGET MOYEN

**À St-Étienne-de-Baïgorry**

**Chambre d'hôte Jauregia** – *Hameau d'Urdos - 05 59 37 49 72 - www.vacances-au-pays-basque.com - P - 3 ch. 55 €* Cette imposante demeure du 16e s., jadis halte sur le chemin de Compostelle et ancienne propriété de Jeanne d'Albret, est aussi une ferme laitière. Ses vastes chambres, où se mêlent meubles anciens et modernes, sont desservies par un magistral escalier en chêne. Le patron, guide, organise des randonnées.

**Hôtel Juantorena** – *Rte de Banca - 05 59 37 40 78 - www.hotelrestaurantjuantorena.fr - P - fermé de mi-janv. à fin fév. - 16 ch. 55/65 - 7 € - rest. 12/20 €.* Joli hôtel non loin de l'église. Les chambres sont calmes avec une agréable vue sur les montagnes environnantes. Le restaurant propose des plats régionaux à prix raisonnable dans un cadre frais. Vous apprécierez particulièrement la terrasse ombragée aux beaux jours.

#### UNE FOLIE

**Château d'Etchauz** – *05 59 37 48 58 - plazainn@aol.com - P - ouv. juin-sept. - 169/250 €.* Ce petit château, magnifiquement restauré, vaut le coup d'œil. La salle d'armes et l'extraordinaire charpente du 16e s. de la salle de réception se visitent. Les chambres, immenses et nanties de meubles d'époque, possèdent parfois un salon. Une petite folie !

### RESTAURATION

**Bon à savoir** – La place de la mairie accueille quelques commerces, une boulangerie-pâtisserie et le bar du Fronton. Ce dernier est l'endroit idéal pour une pause revigorante autour de ses belles salades et omelettes, à base de produits frais. Si le temps le permet, vous vous régalerez sur la terrasse ombragée d'énormes platanes.

#### BUDGET MOYEN

**Le Manechenea** – *Quartier Urdos - 05 59 37 41 68 - fermé déc.-janv. - P - 17/31 €.* Ce petit restaurant, protégé par les crêtes d'Iparla, et sa terrasse, ombragée de platanes et surplombant un ruisseau, offrent un cadre bucolique à souhait. Sa cuisine du terroir, à prix tout doux, ravira les papilles les plus difficiles.

### ACHATS

**Laurent Petricorena** – *Rte de St-Jean-Pied-de-Port - 05 59 37 41 36 - www.petricorena.com - tlj sf dim. 8h30-12h30, 13h30-18h30 - fermé janv.* Ce magasin fabrique maintes spécialités gastronomiques locales. On trouve d'un côté les produits traditionnels à base de canard ou de brebis, de l'autre les créations maison : sauce sakari (huile, vinaigre, piment et aromates) et confiture de piments doux.

**Chocolaterie Laia** – *R. de l'Église - ✆ 05 59 37 51 43 - www.laia.fr - Pâques-fin sept. : 9h-19h ; reste de l'année : tlj sf dim. et lun. 9h-19h - visites à 11h et 14h30 ou sur rdv.* Cette petite chocolaterie à côté de l'église fait salon de thé. Sur sa petite terrasse, c'est dans une ambiance de bistrot que vous dégusterez les chocolats chauds à l'ancienne et les ballotins de chocolats fins ! Vous êtes convié aussi à découvrir les différentes étapes de la fabrication du bonbon au chocolat : torréfaction, broyage et conchage.

**GAEC Tambourin - Maison Enautenea** – *Enautenea - ✆ 05 59 37 40 64 - tambourin3@wanadoo.fr - 9h-13h, 14h-20h.* M. et Mme Tambourin, avec leur fils Michel, entretiennent l'exploitation familiale fondée en 1718. Dans leur laboratoire, et grâce à leur élevage de brebis manex tête rousse, ils fabriquent leur propre fromage fermier, onctueux et affiné comme il se doit : l'AOC Ossau-Iraty. Le sésame de la maison ? Dites « ardi gasna », autrement dit « fromage de brebis », et les portes s'ouvriront…

**Domaine Ameztia** – *À Germieta - ✆ 05 59 37 93 68 - ametzia@orange.fr - tlj sf dim. 10h30-12h30, 16h-19h.* Héritier de la vigne parentale plantée dans les années 1960, Jean-Louis Costera a commercialisé sa première cuvée en 2001. Ses 7 ha donnent des vins rouges, blancs et rosés puissants. Le Domaine Ameztia 2002 plaît à ceux qui aiment les vins toniques. Le rosé de la Réserve du Domaine égaiera vos repas d'été.

**Cave d'Irouléguy** – *Rte de St-Jean-Pied-de-Port - ✆ 05 59 37 41 33 - www.cave-irouleguy.com - mai-sept. : 9h-12h, 14h-18h30 - nov.-fév. : 9h-12h, 14h-18h - fermé dim. et j. fériés de déb. oct. à déb. avril - visites libres et gratuites.* La réputation de cette cave qui, depuis une cinquantaine d'années, vinifie et commercialise l'essentiel des vins d'AOC Irouléguy blancs, rouges et rosés n'est plus à faire. Elle propose de nombreuses cuvées de qualité.

## SPORTS ET LOISIRS

**Escap'Ânes** – *Au bourg - 64220 Irouléguy - ✆ 06 86 81 87 23 - http://escapanes.skyblog.com - 8h-18h30, sur réserv. - 27 € forfait randonnée en demi-journée : 9h-12h30, 13h30-17h30 ; 40 € la journée : 9h-17h30 ; 45 € la soirée de mai à sept. : 18h30-22h.* Depuis 18 ans, Charlotte et la Compagnie aux longues Z'Oreilles emmènent petits et grands à la découverte de l'environnement rural et montagnard du Pays basque. Vous partirez à pied, à dos d'âne, seul, en groupe, en famille, libre, accompagné d'un guide, pour deux heures, une journée, un stage… À vous de voir.

# Vallée des Aldudes

★★

**Aldude**

1 602 habitants – Pyrénées-Atlantiques (64)

NOS ADRESSES PAGE 253

**S'INFORMER**

**Office de tourisme communautaire St-Jean-Pied-de-Port-Baïgorri** – *Elizondonea, pl. de l'Église - 64430 St-Étienne-de-Baïgorry - ✆ 05 59 37 47 28 - www.pyrenees.basques.com - juil.-août. : mat. et apr.-midi ; reste de l'année : tlj sf sam. mat. et apr.-midi - fermé dim. et j. fériés.*

**SE REPÉRER**

Carte de région A3 (p. 216-217) – carte Michelin n° 573 C 25. La vallée des Aldudes est contournée par la frontière. La D 948 suit la vallée de la Nive des Aldudes depuis St-Étienne-de-Baïgorry jusqu'à l'Espagne.

**À NE PAS MANQUER**

Une dégustation de jambon « Kintao ».

**AVEC LES ENFANTS**

La ferme aquacole de Banca et le sentier pédagogique de Pierre Oteiza.

**Occupée depuis l'Antiquité, comme en témoignent les cromlechs du site d'Argibel, la vallée des Aldudes est une terre riche. D'abord indivis puis coupé par une frontière, le Pays Quint dont elle faisait partie fut le lieu de conflits d'intérêts locaux et internationaux. Aujourd'hui, elle est le berceau d'un renouveau de la race porcine basque, porté par la forte volonté des habitants des Aldudes. Quand la lumière rasante illumine les verts pâturages, vous apprécierez les randonnées en compagnie des brebis, des blondes d'Aquitaine et de ces cochons aux grandes oreilles noires.**

## Circuit conseillé Carte p. 216-217

### ★★ VALLÉE DES ALDUDES A3-4

*Comptez 1h30. Sortir de St-Étienne-de-Baïgorry par la D 948 en direction de Banca.*

**Banca**/Banka A3

Le village qui s'étage à flanc de montagne s'est développé au 18e s. grâce à la fonderie située sur la rive gauche de la rivière, à l'entrée du village (aujourd'hui en ruines).

La **ferme aquacole** de Banca occupe le site d'un ancien moulin du 19e s.

*Après le village de Banca, prenez la deuxième à gauche ; la route s'enfonce dans la forêt d'Hayra jusqu'au mont Lindus.* La forêt de hêtres d'Hayra est un des joyaux de la vallée ; en arrivant au Lindus, vous serez surpris d'y trouver un paysage vallonné, propice à de belles randonnées.

Vallée des Aldudes
*I. Caperochipi / Age fotostock*

**Aldudes**/Aldude A3

Grand centre de la chasse à la palombe *(voir p. 109)*. Sur la placette, église à la belle voûte de bois en berceau et aux galeries originales. Une grille fixée au sol précède l'auvent pour empêcher les animaux d'accéder à l'édifice. À voir, dans le cimetière, les stèles basques du 19e s., entreposées contre le mur.

2

### LA RENAISSANCE DU PORC BASQUE

Le porc de race basque (Euskal Xerria) est intimement lié à l'histoire de la vallée et son élevage favorisa l'installation de communautés de paysans. Au début du 19e s., cet élevage décline pourtant au profit des troupeaux de brebis dont les pâturages remplacent les hêtraies, chênaies et châtaigneraies, parcourues par les porcs. Des races plus productives sont utilisées dans des élevages intensifs dans les plaines. En 1981, la race pie noir du Pays basque est finalement déclarée en voie de disparition et ne compte plus que 25 femelles.

C'est en 1988 que Pierre Oteiza, éleveur et boucher des Aldudes, découvre la race au Salon de l'agriculture de Paris et décide d'en ramener dans la vallée. Une dizaine d'éleveurs s'associent au projet et fondent en 1990 une association qui a pris, depuis, le nom de Filière Porc Basque. En 2000, le séchoir collectif de la vallée des Aldudes est créé et ne cessera d'augmenter sa capacité. Aujourd'hui, 70 éleveurs participent au développement de l'activité et près de 350 truies vivent dans le périmètre fixé par le cahier des charges visant l'obtention de l'appellation d'origine contrôlée. Les porcs sont élevés en plein air, nourris de glands, châtaignes, herbes, racines et céréales et abattus à un âge avancé, ce qui donne à la viande sa couleur foncée et son goût particulier. Preuve du succès de la réhabilitation, les jambons « Kintoa » s'exportent en Angleterre, Irlande, Norvège, Canada, et même à Hong Kong et au Japon.

★ **Randonnée du col de Lepeder** – *4 km - 2h - balisage jaune - départ avant la station-service (dir. Urepel), l'escalier en retrait sur la gauche.* Une sente pierreuse et pentue marque le début de cette promenade qui dévoile de beaux **panoramas** sur la vallée verdoyante et la frontière espagnole, plus découpée. La fin du circuit passe devant des élevages de cochons pie noir.

Vous ne pourrez manquer dans les champs ces étranges huttes de bois qui servent d'abri aux cochons.

L'entreprise Pierre Oteiza propose un **parcours-découverte du porc basque** qui forme une boucle sur le versant - *2,5 km, 1h.* Accompagné d'un âne, vous passerez près des parcs d'élevage, de la « maternité » aux parcs en montagne. Le sentier vous offrira aussi un joli point de vue sur Roncevaux et le quartier pastoral d'Eznazu. Au Balcon de la vallée, **belle vue** sur la vallée avec table d'orientation et espace pique-nique.

En prenant la première à droite en sortant du village, vous arriverez à **Esnazu**, dont la petite église renferme un retable en bois doré du 17e s. provenant de l'ancienne église de Larressore *(demandez la clé à la famille Arambel, sur la place).*

Possibilité de faire le tour du bourg et de ses fermes en suivant le balisage jaune qui commence à gauche de l'église. Après environ 20mn de marche, parvenu au bout du chemin de terre, tournez à droite, quoi qu'en dise le marquage. Jolies vues sur les hauteurs des Aldudes. *2 km - 40mn.*

*Revenez sur vos pas et reprenez la D 948 à droite.*

## **Urepel**/Urepele A4

À l'entrée du village, une stèle commémore un enfant du pays, Fernando Aire Etxart, dit **Xalbador** (1920-1976), berger et agriculteur qui fut un *bertsolari* réputé *(voir p. 55)*. Église intéressante avec sa voûte de bois et sa coupole.

### LE PAYS QUINT, HISTOIRE D'UNE FRONTIÈRE

Le Pays Quint, composé des vallées des Aldudes, du Baztan et de l'Erro, doit son nom à l'impôt ordonné en 1237 par la couronne de Navarre. Cette région de pâturages indivis accueillait les troupeaux de porcs en transhumance ; un porc sur cinq était alors prélevé au titre de l'**impôt du « Quint »**, « Kinto Real » en espagnol, « Kintoa » en basque.

À la fin du 16e s., la pression démographique poussa les cadets de St-Étienne-de-Baïgorry vers les hauteurs du Kintoa, créant les bourgs de Banca, Les Aldudes et Urepel. La tension entre France et Espagne sur l'occupation de la vallée augmenta alors, jusqu'à un accord en 1615 qui fixa l'utilisation des pâturages au profit de l'élevage bovin et porcin et supprima l'impôt féodal du Quint. Consensus bientôt remis en question avec la croissance du marché de la laine.

Un nouvel accord franco-espagnol en 1785 traça une frontière au milieu du Pays Quint, coupant les zones d'estive et suscitant la grogne. Mais la Révolution et la guerre d'Espagne le laissèrent sans effet. C'est le **traité de Bayonne** du 2 décembre 1856 signé entre Napoléon III et Isabelle II qui scella l'avenir de la région. Il confirma la fin de l'indivision des pâturages et la frontière de 1785, la France conserva la vallée des Aldudes et les habitants obtinrent un droit de jouissance des pâturages du Pays Quint côté espagnol, moyennant une redevance annuelle et un fermage pour la partie sud, encore versés aujourd'hui par la France à l'Espagne.

★ **Randonnée Elizamendi** – Depuis l'église, partez en direction de Bordaluzea. La route longe la rivière canalisée. Au premier hameau, un sentier, très raide, part sur la gauche. Prenez-le : l'effort est récompensé par une belle vue sur la vallée suivante, moutonnante et verdoyante. Le **panorama★★** se dévoile pleinement depuis la petite éminence qui se dresse à gauche. Le sentier descend ensuite dans un vallon boisé, traversé par un torrent, avant de remonter vers une route goudronnée qui ramène à l'église d'Urepel. *2 km - 1h30 - balisage jaune.*
*Prenez la D 158 (6 km AR) qui s'amorce à hauteur de l'église d'Urepel.*

**Pays Quint**/Quinto Real/Kintoa A4
Autrefois indivis entre les vallées française et espagnole, ce territoire présente, depuis le traité de Bayonne signé en 1856, la particularité d'être reconnu à l'Espagne mais donné en bail perpétuel aux habitants de la vallée des Aldudes, les Quintoars (au nombre de sept familles), qui jouissent des pâturages en territoire espagnol et ont le statut de ressortissants français à l'étranger.

## NOS ADRESSES AUX ALDUDES

### HÉBERGEMENT

#### PREMIER PRIX

**Hôtel-restaurant St-Sylvestre** – *Esnazu - 64430 Les Aldudes - ✆ 05 59 37 58 13 - stsylvestre.hotel@neuf.fr - P - 10 ch. 42 € - ☕ 6 € - 1/2 P (à partir de 2 jours) 35 €/pers. en couple - rest. 15 €.* En bord de route en direction de l'Espagne (D 58), cette grande maison est un pied-à-terre pratique pour randonner dans la vallée. Les chambres sont modestes mais confortables. En demi-pension, vous goûterez aux spécialités régionales.

### ACHATS

**Pierre Oteiza** – *Rte d'Urepel - 64430 Les Aldudes - ✆ 05 59 37 56 11 - www.pierreoteiza.com - 9h30-19h - fermé 1er janv., 25 déc. et dim. en janv.* C'est ici que sont élevés en liberté les porcs pie noir du Pays basque avec lesquels sont fabriquées les fameuses charcuteries. Le sentier de découverte permet de découvrir librement les élevages de la vallée des Aldudes (possibilité de faire la promenade en compagnie d'un âne). Une dégustation clôt la visite.

**La ferme aquacole de Banca** – *Rte des Aldudes - 64430 Banca - ✆ 05 59 37 45 97 - tlj sf dim. 10h-12h, 15h-18h - fermé j. fériés - visite libre ou guidée (45mn) sur rdv : 2 € (enf. 1,50 €).* La truite de Banca, issue d'une pisciculture pyrénéenne réputée, est élevée au plus proche de la nature. Évoluant dans une eau de qualité exceptionnelle, elle bénéficie d'une nourriture saine et ne reçoit aucun antibiotique. Vous pourrez longer les bassins par un petit sentier. La boutique vend des produits transformés (terrines, caviar), mais, à cause de l'importance de la demande extérieure, plus de truites fraîches.

### SPORTS ET LOISIRS

**Jean-Luc Durgueil** – *Le bourg - 64430 Banca - ✆ 05 59 37 49 00 ou 06 - jean-luc.durgueil@wanadoo.fr - 26 € - (-16 ans 18 €).* Cet accompagnateur en montagne organise des balades pédestres nocturnes dans les Aldudes.

2

# Forêt d'Iraty

★

**Bosque del Irati**

Pyrénées-Atlantiques (64) et Navarre

NOS ADRESSES PAGE 256

### S'INFORMER

**Office de tourisme et centre d'interprétation de la nature** (Centro de Interpretación de la Naturaleza) **à Ochagavía** – *Ctra Izalzu s/n - 31680 Ochagavía - ✆ 948 890 641 - www.ochagavia.com - www.irati.org - de mi-juin à mi-sept. : lun.-sam. 10h-14h, 16h-20h, dim. 10h-14h ; reste de l'année : vend.-sam. 10h-14h, 16h-19h, dim.-jeu. 10h-14h.*

### SE REPÉRER

Carte de région B4 (p. 216-217) – carte Michelin n° 573 C-D 26. On atteint le nord de la forêt d'Iraty par la D 18 en provenance de St-Jean-Pied-de-Port (32 km à l'ouest). Côté espagnol, le massif forestier se rejoint par la NA 140 qui relie les trois vallées à l'est de Roncevaux. On parvient alors à la forêt depuis Orbaiceta ou, plus à l'est, depuis Ochagavía.

### SE GARER

Versant français, laissez votre voiture aux Chalets d'Iraty ou un peu plus haut que le chalet de Cize, à proximité de l'embranchement avec la D 301 sur le parking herbeux à gauche de la route. Pour le massif sud, garez-vous à la Fábrica de Orbaiceta pour rejoindre le GR 11. Depuis Ochagavía, montez jusqu'à N. S. de las Nieves et vous retrouverez le GR 11. Mais vous pouvez déjà partir à pied de la ville.

### ORGANISER SON TEMPS

Les randonnées dans le massif s'échelonnent de une à plusieurs heures, avec des degrés de difficulté différents. Le choix est donc très large.

**À cheval sur la frontière, la hêtraie d'Iraty constitue l'un des plus vastes massifs de feuillus d'Europe. Dès le 18e s., elle fournissait des mâts de navire aux marines de France et d'Espagne. Tendez l'oreille, vous entendrez peut-être le souffle des grandes batailles navales… La forêt est traversée par deux sentiers pédestres, les GR 10 et 11, qui enchanteront les amoureux de nature.**

## Se promener Carte p. 216-217

### LE NORD DU MASSIF

#### Chalets d'Iraty B4

Le petit village de loisirs des Chalets d'Iraty fut construit dans les années 1960 au cœur de la forêt d'Iraty. Entre 1 200 et 1 500 m d'altitude, les 45 km de pistes de ski de fond et les nombreux sentiers pédestres offrent une vue unique sur la montagne.

Plusieurs sentiers de randonnée partent du village mais deux pénètrent plus avant dans la forêt : celui de la **crête d'Orgambideska**, qui amène à une altitude de 1 420 m *(1h, facile)* et, dans son prolongement, celui du **pic d'Orhy** *(5h AR, relativement difficile, à n'entreprendre que bien équipé et par beau temps)* qui rejoint le sommet *(départ sur le chemin asphalté face à la réception)*. Les randonnées les plus faciles commencent quant à elles derrière le chalet d'accueil, en descendant vers le centre hippique.

### ★ Col Bagargui B4

*Sur la D 19 entre le chalet et Larrau.* **Vue★** à l'est sur les montagnes de haute Soule et les hautes Pyrénées d'Aspe et d'Ossau. Proche sur la droite, la masse du pic d'Orhy où convergent les transhumances ; plus loin, les sommets calcaires du massif du Pic-d'Anie derrière lesquels se profile le pic du Midi d'Ossau. Sous les couverts de la forêt s'échelonnent les différents centres du village touristique d'Iraty.

### Col de Burdincurutcheta B4

*À 9 km à l'ouest des Chalets d'Iraty, sur la route de St-Jean-Pied-de-Port, par la D 19 puis la D18. Faites halte 1 km en contrebas au nord du col, à l'endroit où la route se rapproche d'une crête rocailleuse.*

Vue sur les contreforts, tout lacérés, du massif-frontière, séparés par des vallons ; au loin s'épanouit le bassin de St-Jean-Pied-de-Port, centre du pays de Cize. Non loin de là, le **plateau d'Iraty** sert d'estive aux chevaux et têtes de bétail.



### UN POUMON VERT TRANSFRONTALIER

La plus grande hêtraie d'Europe couvre 17 195 ha de plateaux, de montagnes et de vallées comme celles d'Aezkoa et de Salazar, en Navarre. Ses sommets pointent en moyenne à 1 300-1 400 m, mais le plus haut, le **pic d'Orhy**, qui est aussi le plus oriental, culmine sur la frontière à 2 021 m.

La forêt et le massif tirent leur nom de l'Irati, une rivière qui naît de la convergence des torrents Urtxuria et Urbeltza, au niveau de N. S. de las Nieves. De là, elle file se jeter dans le lac d'Irabia pour ensuite couler vers Orbaiceta/Orbaitzeta, puis vers le sud. À la même latitude que Pampelune, elle bifurque vers le sud-est en direction de Sangüesa, pour rencontrer l'Aragón.

Deux zones sont particulièrement préservées : la **Reserva Integral de Lizardoia**, au nord du lac d'Irabia, et la **Reserva Natural de Mendilatz**, au nord-ouest du même lac, vaste hêtraie-sapinière occupant un plateau karstique.

Ces zones sont plantées de hêtres, de sapins, de houx ou de sorbiers, et constituent un habitat naturel idéal pour une foule d'animaux sauvages : oiseaux (roitelet triple-bandeau, rouge-gorge, pic noir et pic à dos blanc), petits mammifères (musaraigne, rat musqué, loir), petits carnassiers (chat sauvage, putois, belette, marte, renard, blaireau) ou seigneurs des forêts (cerf, sanglier, chevreuil).

Au cours des siècles, les hommes ont trouvé matière à exploiter le massif. Charbonniers, forestiers, forgerons, mineurs et bergers ont occupé ses pentes jusqu'au 20e s. Aujourd'hui, Iraty est surtout parcouru par les troupeaux et les randonneurs.

## LE VERSANT NAVARRAIS

**Orbaiceta**/Orbaitzeta
*Voir p. 416.*

**Ochagavía**/Otsagabia
*Voir p. 420.*

## NOS ADRESSES DANS LA FORÊT D'IRATY

### HÉBERGEMENT

#### BUDGET MOYEN

**Village Vacances Les Chalets d'Iraty** – *64560 Larrau - 14 km à l'ouest par D 19, rte de St-Jean-Pied-de-Port - ✆ 05 59 28 51 29 - 70 empl. - empl. 2,60 € par nuit (+2, 60 € par ad. et 1,80 € par enf.) - 4 [chalets] - sem. 275/325 €.* Les amateurs d'espace, de grand air et de calme trouveront leur bonheur en louant un de ces chalets disséminés dans la forêt d'Iraty. Certains se trouvent tout près de l'accueil, du restaurant et de l'épicerie. D'autres sont totalement isolés. Les jours de neige, une chenillette est même nécessaire pour les rejoindre.

### RESTAURATION

#### PREMIER PRIX

**Restaurant d'Iraty** – *Au col de Bagargui sur D 19 - 64560 Larrau - ✆05 59 28 55 86 - www.restaurantdiraty.com - ♿ - fermé 3 sem. en nov. - formule déj. 11,50 € - 13/19 €.* Ce restaurant jouit d'une situation exceptionnelle à 1 327 mètres d'altitude et en pleine forêt. L'hiver, les tables sont dressées autour de la cheminée centrale. L'été, la terrasse vous accueille pour profiter pleinement de la magnifique vue sur les Pyrénées. Dans l'assiette (fort bien garnie), goûteux plats régionaux.

#### BUDGET MOYEN

**Le Chalet Pedro** – *Dans la forêt d'Iraty - 64220 Mendive - ✆05 59 28 55 98 - www.chaletpedro.com - ouv. 10 avr.-13 nov., vac. scol. et dim. en hiver - fermé merc. en avr.-juin et déb. sept. à déb. oct. - ♿ - P - [cartes non acceptées] - 23,50/30 €.* À deux pas de la frontière espagnole, ce charmant chalet est niché dans un petit vallon au milieu de la forêt. Décor simple style bistrot familial avec ses tables en chêne. Au menu : truites de la rivière (en saison), anguilles, côte de bœuf au *piquillos*, etc. Location d'appartements dans la maison d'en face.

### SPORTS ET LOISIRS

**Ski de fond - Iraty** – *Au col de Bagargui - 64560 Larrau - ✆05 59 28 51 29 - www.chalets-pays-basque.com - 8h-12h, 13h30-19h - 6,50 € (-16 ans 4 €).* La station de ski de fond de Larrau offre l'hiver quelque 40 kilomètres de pistes damées. Elle loue tout le matériel de ski et des raquettes à la demi-journée, à la journée ou à la semaine. Ceux qui sont déjà équipés se procurent ici les forfaits (à la journée ou à la semaine).

# Larrau

**Larraine**

209 habitants - Pyrénées-Atlantiques (64)

NOS ADRESSES PAGE 260

### S'INFORMER

**Mairie de Larrau** – *64560 Larrau - ✆ 05 59 28 62 80 - lun.-vend. 9h-12h, 14h-18h.*

**Mairie de Ste-Engrâce** – *64560 Ste-Engrâce - ✆ 05 59 28 60 83 - www.sainte-engrace.com - lun.-vend. 9h-12h, 14h-18h.*

### SE REPÉRER

Carte de région C4 (p. 216-217) – carte Michelin n° 573 C 27. On rallie Larrau via St-Jean-Pied-de-Port (43 km à l'ouest, par la D 18 puis la D 19) ou par Mauléon-Licharre (31 km au nord en suivant la D 918 puis la D 26).

### SE GARER

Près du fronton couvert.

### À NE PAS MANQUER

Les gorges de Kakuetta et la salle de La Verna.

**Ancienne étape de la route de Compostelle, Larrau a tout du village typique de la Haute-Soule : des toits pentus en ardoise, des maisons regroupées autour d'une église et un paysage grandiose. Niché au pied du pic d'Orhi, et face aux falaises noires du massif de Mendibelza, c'est un excellent point de départ pour de belles randonnées, notamment pour découvrir les gorges d'Holçarté.**

## Se promener

### Église

*Minuterie derrière l'harmonium.* Retouchée en 1655, elle conserve une abside romane où est exposée une belle **Vierge à l'Enfant** en bois polychrome. La tribune occupe presque toute la nef. Du temps des pèlerins de Compostelle, l'église a fait office de prieuré puis d'hôpital.

*Demandez le dépliant des randonnées à la mairie.*

On peut marcher sur les traces des pèlerins en suivant le chemin qui monte à l'ermitage St-Joseph, à 1 300 m *(départ derrière le fronton. Comptez env. 2h).*

## À proximité Carte p. 216-217

### ★ Col d'Erroymendi B4

(Alt. 1 362 m). Vaste **panorama★** de montagne, illustrant la vocation pastorale et forestière du haut pays de Soule. Quelques pas vers l'est vous feront découvrir les vallées du haut Saison et, à l'horizon, le massif rocheux du Pic-d'Anie.

# Circuit conseillé Carte p. 216-217

## LA ROUTE DES GORGES C4

*Pour visualiser ce circuit de 37 km, reportez-vous à la carte de la région (p. 216) – comptez 2h. Quittez Larrau en direction de Mauléon.*

### ★ Crevasses d'Holçarté/Holzarte

*1h30 à pied AR par le GR 10 qui s'amorce aussitôt après le café et le pont de Laugibar.* Le site a été exploré en 1908 par le spéléologue **Edouard-Alfred Martel**. Après une montée rude, vous apercevez l'entrée des « crevasses », gorges taillées dans le calcaire sur près de 200 m de hauteur. Le sentier passe au-dessus de la gorge affluente d'Olhadubi, qu'il franchit sur une passerelle lancée, en 1920, à 171 m de hauteur!

*Poursuivez vers Mauléon.*

La route suit le **gave** (torrent des Pyrénées) de Larrau, encaissé et verdoyant.

*À l'intersection avec la D 113, tournez à droite et roulez vers Ste-Engrâce. Ce village est dispersé en divers hameaux. Continuez vers Ste-Engrâce-Bourg.*

La D 113 monte en surplomb des gorges, inondées par un barrage.

### ★★ Gorges de Kakuetta

*Parking aménagé le long de la D 113, route de Ste-Engrâce. Passerelles aménagées sur les 2 km du parcours (à reprendre au retour, comptez 2h). 05 59 28 73 44 (bar La Cascade qui délivre les billets) ou 05 59 28 60 83 (mairie) - www.sainte-engrace.com - de mi-mars à mi-nov. : de 8h à la tombée de la nuit - 4,50 € (enf. 3,50 €, -6 ans gratuit).*

Taillées à pic dans le calcaire, ces gorges sont très belles. L'entrée du « Grand Étroit » est le passage le plus grandiose : ce splendide canyon verdoyant, large de 3 à 10 m et profond de plus de 200 m, mène à une cascade haute de 20 m formée par une résurgence. On franchit le torrent sur des passerelles. Ce superbe parcours s'achève par une grotte ornée de stalactites et de stalagmites géantes.

*Reprenez votre voiture en direction de Ste-Engrâce.*

Des niches, sur le côté de la route, permettent d'admirer les gorges.

### ★ Ste-Engrâce/Santa Grazi

Ce village de bergers est entouré de montagnes boisées. Son église romane, une ancienne abbatiale du 11e s., dresse son toit asymétrique dans le **site★** pastoral de la combe supérieure de l'Uhaïtxa ; elle jalonnait autrefois un itinéraire vers St-Jacques. Le chœur montre des **chapiteaux★** richement ornés. À gauche : scènes de bateleurs ; au centre : scènes de chasse et une Résurrection ; à droite : Salomon et la reine de Saba.

Devant l'église, un panneau marque le point de départ d'une randonnée pour les gorges Ujarre. Larges et grandioses avec leur profil en auge, elles ont la réputation d'être plus belles que celles de Kakuetta, mais ne sont pas aménagées.

Passerelle au-dessus de la crevasse d'Holçarté.
J. Fco. Sobrino / Age fotostock

## La salle de La Verna

*Espace d'accueil Arrakotchepia à Ste-Engrâce - ✆ 09 75 17 75 66 / 06 37 88 29 05 - www.laverna.fr - accueil de mi-avr. à mi-nov. 9h-12h30, 13h30-17h.*

*Deux modes d'accès à La Verna : par le GR 10 depuis Ste-Engrâce et le ravin d'Arphidia - 8 km, 2h30 ; ou par la navette 4x4 depuis l'espace d'accueil - 30mn - billets AR uniquement : 6 € (enf. 4,50 €). Visite guidée de la salle (1h) de mi-avr. à mi-nov., sur réserv. uniquement - ♿ - 9h-18h - possibilité d'acheter ses billets en ligne - 8,50 € (enf. 5,50 €). Prévoir des chaussures fermées et des vêtements chauds car la température ambiante dans la salle est de 6 °C - visite déconseillée aux enfants de moins de 5 ans. Des formules de visites plus longues sont possibles en fonction du niveau physique du visiteur et de sa familiarité avec la spéléologie, se rens. Visites aussi en hiver à partir de la station de La Pierre-St-Martin.*

C'est en 1953 qu'une expédition de spéléologues pénétra dans La Verna, gigantesque grotte de 194 m de haut et 245 m de diamètre. À travers la découverte de cette salle extraordinaire, dans laquelle disparaît une rivière souterraine, vous apprendrez l'histoire de ces pionniers qui dès 1950 commencèrent l'exploration du karst de La Pierre-St-Martin, parfois en y laissant la vie comme Marcel Loubens en 1952. Aujourd'hui, 380 km de réseaux souterrains et 2000 gouffres, creusés par 13 grandes rivières, ont été explorés. Ouverte au public en juillet 2010, La Verna vous invite à une exploration formidable du monde souterrain ; vous n'y serez d'ailleurs pas seul puisqu'on y compte une vingtaine d'espèces animales.

## NOS ADRESSES À LARRAU

### HÉBERGEMENT

#### BUDGET MOYEN

**Village Vacances Les Chalets de Soule** – *Quartier Cazenave - 64470 Montory - 15 km au sud-est par la D 26, rte de Tardets et la D 918, rte d'Oloron-Ste-Marie - ✆ 05 59 28 53 28 - www.leschaletsdesoule.com. - 11 ⌂ - nuitée 48/68 € - sem. 295/480 €.* Niché dans un domaine particulièrement verdoyant, ce parc résidentiel comprend 11 mobil-homes ultra-confortables et bien isolés grâce à des haies d'arbustes. Chaque logement possède sa terrasse, son salon de jardin et son barbecue. L'intérieur est également bien équipé : micro-ondes, télévision et clé Internet sur demande.

**Hôtel-restaurant des Touristes** – *Au bourg - 64560 Licq-Athérey - ✆ 05 59 28 61 01 - www.hotel-des-touristes.fr - fermé de déb. nov. à déb. mars - P - 12 ch. 45/60 € - ☕ 8 € - rest. formule déj. 10 € - 15/35 €.* Le plus ancien hôtel de la Soule, tenu par la même famille depuis cinq générations, propose des chambres meublées à l'ancienne. Celles côté jardin disposent d'une terrasse privative. À table, copieuse cuisine régionale. Pour le shopping, boutique de produits du terroir attenante à l'hôtel.

### ACHATS

**Ferme Elixabe** – *Rte d'Iraty - ✆ 05 59 28 58 23 - m.bengochea@wanadoo.fr - fermé dim. apr.-midi du 1er oct. au 15 mars.* Cette ferme isolée mérite le détour. Plantée sur un piton, elle offre une vue impressionnante sur les Pyrénées. Elle produit par ailleurs un excellent fromage de brebis d'AOC Ossau-Iraty. Ce dernier est mis à la vente à partir du 15 mars et jusqu'à rupture du stock (en général fin septembre).

### SPORTS ET LOISIRS

**Canyoning Eau Sud** – *Lot Croix-du-Berger - 64570 Arette - ✆ 06 03 42 98 71 - www.eau-sud.com - à la demi-journée, la journée ou au w.-end, se rens. pour les tarifs. Point d'accueil des activités : Bar le Goïz Eder - rte de Tardets 64470 Sauguis.* Rien de tel pour découvrir les environs des gorges d'Holçarté et Kakuetta que de parcourir les torrents avec un guide. Eau Sud propose aussi de vous accompagner pour des randonnées dans le massif de La Pierre-Saint-Martin et de la spéléologie en Haute-Soule.

**Station de montagne** – *La Pierre-Saint-Martin, 1 650/2 200 m d'alt. - rens. à l'office de tourisme - Maison de la Pierre - 64570 Arette - ✆ 05 59 66 20 09 - www.lapierrestmartin.com.* Station de ski familiale pour la pratique du ski alpin et, surtout, du ski de fond. En été, site idéal pour les randonnées à pied ou en VTT.

# Mauléon-Licharre

**Maule-Letxarre**

3 255 Mauléonnais – Pyrénées-Atlantiques (64)

NOS ADRESSES PAGE 265

### S'INFORMER

**Office de tourisme de Soule** – *10 r. J.-B.-Heugas - 64130 Mauléon - 05 59 28 02 37 - www.valleedesoule.com - juil.-août : lun.-sam. 9h-13h, 14h-19h, dim. 10h-12h30 ; reste de l'année : lun.-sam. 9h-12h30, 14h-18h.*

**Visites guidées** – Des visites guidées de la ville et du château sont proposées par l'office de tourisme le mardi à 10h en juil.-août - *5 €.*

### SE REPÉRER

Carte de région C3 (p. 216-217) – carte Michelin n° 573 C 27. À 24 km au sud-est de St-Palais par la D 11. Le quartier de Licharre, siège des États de Soule, s'étend sur la rive gauche autour de la place des Allées, bordée par quelques édifices dont le château d'Andurain. La ville neuve se blottit vers l'aval tandis que le château fort domine toujours la rive droite.

### SE GARER

Sur la place de la mairie.

### À NE PAS MANQUER

L'adorable église de L'Hôpital-St-Blaise.



**Au pied d'une colline où s'élèvent les ruines d'un château fort coule le Saison. Joli nom pour un gave. Sur ses rives, Mauléon-Licharre est la capitale de la plus petite des sept provinces basques : le rude pays de Soule. C'est dans cette bastide du 13e s. que vous trouverez chaussure à votre pied, l'ancienne place forte étant aussi la patrie de l'espadrille. Vous savez alors ce que vous pourrez remporter dans vos bagages...**

## Se promener

### Château d'Andurain

*05 59 28 04 18 - visite guidée (50mn) de déb. juil. à mi-sept. : tlj sf jeu. 11h, 15h, 16h15 et 17h, dim. 15h, 16h15 et 17h - 5 € (enf. 2,50 €).*

Cet édifice à décor Renaissance fut construit vers 1600 par un membre d'une illustre famille souletine, Arnaud Ier de Maytie, évêque d'Oloron. Belles cheminées sculptées, mobilier 17e-18e s. et exposition d'in-folio restaurés des 16e et 17e s. Les combles sont couverts de bardeaux de châtaignier avec une belle charpente de chêne.

### Château fort de Mauléon

*Montée un peu raide à pied. Possibilité d'accès pour les voitures uniquement. 05 59 28 02 37 - www.valleedesoule.com - de mi-juin à fin sept. et vac. de printemps : 11h-13h30, 15h-19h ; de déb. mai à mi-juin : w.-end et j. fériés 11h-13h30, 15h-19h - 2,50 € (-7 ans gratuit).*

Élevé au 12e s. sur une colline surplombant la vallée du Saison, il aurait dû être démoli au 17e s. sur ordre royal. Dans la cour restent le puits et les bases

## Une histoire tumultueuse

Mauléon, c'est le « mauvais lion ». Une façon affectueuse de rappeler la fonction défensive de la cité, ses résistances et ses coups de sang ? À l'origine, Mauléon est une bastide fondée en 1280 et dominée par son château fort, et c'est autour des murs de ce dernier que la capitale de la Soule vécut ses heures les plus mouvementées. La place forte résista en effet pendant cinquante ans avant de se rendre aux Anglais en 1307. Ces derniers y installèrent une capitainerie jusqu'à ce qu'ils la cèdent à la maison de Foix en 1449. C'est après que se focalisa sur Mauléon le mécontentement des croquants. En 1662, écrasés par les charges fiscales qu'impliquaient entre autres la démolition et la reconstruction de l'édifice, ces derniers suivirent Bernard de Goyhenetche, dit **Matalas**, curé de Moncayolles, et refusèrent de payer leur dû. Ils furent écrasés par les troupes royales et seigneuriales, et leur meneur, décapité à Licharre. Licharre était à l'époque une commune indépendante. Elle ne devint que récemment un quartier industriel de Mauléon, celui où sont concentrées les fabriques d'espadrilles. La mairie y est installée, dans l'ancien **hôtel de Montréal** (17e s.) qui servait de résidence au gouverneur de la Soule.

### LA CAPITALE DE L'ESPADRILLE

*Espartina* en basque, cette chaussure de toile à la semelle de chanvre a été utilisée dès le 18e s. Elle fait vivre Mauléon depuis cent-cinquante ans. D'abord fabriquée à domicile par les paysans en appoint de leurs travaux agricoles, elle est produite à échelle industrielle à la fin du 19e s. lorsque les premières usines ouvrent leurs portes vers 1880. On appelait *hirondelles* les jeunes Espagnoles qui venaient travailler dans ces usines pour la saison, de mai à septembre. Aujourd'hui, 70 % de la production française sort des manufactures mauléonnaises, qui souffrent de la concurrence internationale. Elles privilégient désormais des motifs originaux et des formes renouvelées pour transformer l'espadrille en un objet de mode, et la demande augmente !

### CÉLÉBRITÉS LOCALES

Pierre Bordaçarré (1908-1979), natif quant à lui de Trois-Villes, adopta le nom de plume d'**Etxahun Iruri**. Poète et musicien autodidacte, il a laissé une centaine de chansons. Un monument à son effigie se dresse devant le fronton de sa ville natale.

Enfin, qui l'eût cru ? Les **Mousquetaires** d'Alexandre Dumas ne sont pas qu'une invention. Certains d'entre eux étaient originaires de la Soule, cette terre située à la frontière entre le Pays basque et le Béarn, d'autres y ont passé une partie de leur vie. Ainsi, M. de **Tréville**, capitaine des mousquetaires dans le roman de Dumas, se nommait-il en réalité Arnaud-Jean du Peyrer, comte de Trois-Villes. Il fut nommé par le roi Louis XIII capitaine-lieutenant des mousquetaires en 1625. Isaac de Porthau, né à Pau en 1617 et devenu mousquetaire en 1643 après avoir été garde du roi, inspira le personnage de **Porthos**. Il avait une résidence à Lanne (sur la D 918 à l'est de Tardets). Quant à **Aramis**, c'est Henri d'Aramits, écuyer et abbé laïque d'Aramits (à 2 km de Lanne), entré chez les mousquetaires la même année que son acolyte.

Les espadrilles de Mauléon
*CDT64*

de murs de bâtiments, mais on peut également voir le cachot et une salle de réserve. Sur le chemin de ronde, trois canons datant de 1685.
*Le document de la visite décrit la bastide que vous pourrez aller voir ensuite (escaliers sur la droite en descendant du château).*

2

## Circuit conseillé Carte p. 216-217

### LA BASSE-SOULE C3

*Pour visualiser ce circuit de 50 km, reportez-vous au plan de la région (p. 216) – comptez 1h30. Quittez Mauléon par la D 24, puis la D 25.*

**L'Hôpital-St-Blaise**/Ospitalepea
Ce minuscule village du pays de Soule se distingue par son **église★★** du 12e s., classée Monument historique depuis 1888 et aujourd'hui inscrite au Patrimoine mondial de l'Unesco. *05 59 66 11 12 ou 19 20 - visite audioguidée - 10h-19h - tarif à l'appréciation des visiteurs. De juin à sept., mar. et vend. à 18h30 : spectacle son et lumière (15mn, minimum 10 pers.) - 5 € (enf. 2,50 €).*
Construite par les chanoines augustins de l'abbaye Ste-Christine-du-Somport, elle est l'ultime vestige de l'ensemble édifié à l'époque pour accueillir les pèlerins en route pour Compostelle.
De construction romane très ramassée, c'est un précieux témoin de l'art hispano-mauresque au nord des Pyrénées. Les quatre corps de son plan en croix grecque contrebutent la tour centrale. La croisée est couverte d'une **coupole** à huit pans bandés de nervures en étoile *(voir plan p. 69)*. Admirez les bagues sculptées de façon naïve. Les grilles de pierre aux fenêtres sont d'inspiration espagnole.
Prenez le temps, en sortant de l'église, de flâner dans les rues du village. Vous verrez quelques belles demeures des 17e et 18e s.
*Sortez du village en direction d'Oloron-Ste-Marie et prenez à droite la D 859.*

**Barcus**/Barkoxe
L'intérieur de son **église** surprend par la richesse de sa décoration baroque et de son agencement : galeries de bois, murs peints et retable baroque doré figurant l'Ascension.
La D 347 qui vous mène à Tardets passe à travers les collines couvertes d'un patchwork de bocages dont les vaches n'ont cure, préférant paître en bord de route.

**Tardets**/Atharratz
**Office de tourisme** – *Pl. Centrale - 64470 Tardets - ☏ 05 59 28 51 28 - www.valleedesoule.com - juil.-août : lun.-sam. et j. fériés 9h-13h, 14h-19h, dim. 10h-12h30 ; reste de l'année : lun.-sam. 9h-12h30, 14h-18h - fermé dim. et j. fériés (sf juil.-août).*
Ancienne bastide pourvue d'une place centrale entourée de maisons à arcades du 17e s. Le village sert de point de départ pour différentes randonnées ou excursions *(se renseigner à l'office de tourisme).*
*Reprenez la route en direction de Mauléon.*

**Trois-Villes**/Iruri
Le nom, plus que le château construit par Mansart entre 1660 et 1663, rappelle la carrière militaire et le personnage littéraire de M. de Tréville. La demeure affiche deux avant-corps et des fenêtres à meneaux. Elle profite également de jardins à la française.
*Continuez vers Mauléon.*

**Gotaine Irabarne**/Gotein-Libarrenx
Arrêtez-vous pour admirer le **clocher-mur** à trois pointes de cette église du 16e s. Elle est typique de ce que l'on appelait auparavant les clochers trinitaires, formés d'un solide mur de pierre percé d'alvéoles pour les cloches et surmonté de trois frontons triangulaires, comme les clochers-calvaires *(voir p. 69)*.
À l'intérieur, remarquez le beau retable en bois doré du 18e s., une jolie Vierge et un bénitier Louis XIII.
*Le circuit s'achève à Mauléon.*

## NOS ADRESSES À MAULÈON-LICHARRE

### HÉBERGEMENT

#### BUDGET MOYEN

**À Mauléon-Licharre**

**Hostellerie du Château** – *R. de la Navarre - ✆ 05 59 28 19 06 - fermé 3 sem. en fév. - P - 47/49 € - ☕ 6,50 € - rest. 12 €.* Cette immense bâtisse est un vrai labyrinthe. Reprise en 2002, elle a été progressivement restaurée et les chambres ont été rénovées. Situées côté jardin, elles respirent le calme. À table, goûteuse cuisine régionale et un menu très attractif à midi.

### RESTAURATION

#### PREMIER PRIX

**À L'Hôpital-St-Blaise**

Le petit village de L'Hôpital-St-Blaise abrite deux restaurants situés face à l'église romane : l'auberge du Lausset et le restaurant St-Blaise. Les prix y sont similaires *(12/31 €)*.

### ACHATS

**Espadrille** – *Pl. Centrale - ✆ 05 59 28 28 48 - www.espadrilles-mauleon.fr - été : tlj sf j. fériés 9h30-12h15, 14h15-19h15, dim. 10h-12h30, hors sais. : tlj sf dim. et j. fériés 9h30-12h, 14h30-19h.* Visite sur vidéo *(30mn)* de l'atelier situé dans la zone artisanale de Mauléon (prendre la rue de Navarre, puis à gauche au rond-point).

### SPORTS ET LOISIRS

**Cycles Poppe** – *Zone industrielle de la gare - ✆ 05 59 28 13 62 - www.velo-oxygen.fr - tlj sf dim. et lun. - fermé 2 sem. en août.* Si vous souhaitez découvrir Mauléon à bicyclette, adressez-vous à ce magasin de cycles. Il loue des vélos et VTT à l'heure, à la demi-journée ou à la journée.

**Rafting Eaux Vives** – *Le Pont - 64190 Navarrenx - ✆ 05 59 66 04 05 - http://rafting-eaux-vives.com - 9h-18h, uniquement sur réserv. - 32 € formule découverte 13 km (-15 ans 25 €) - pique-nique 10 € (-15 ans 8 €).* Descente du gave d'Oloron, entre Navarrenx et Sauveterre-de-Béarn (20 km), dans un raft pneumatique ou, pour des sensations plus fortes, à bord d'un miniraft de 2 ou 3 personnes. Si vous optez pour la sortie d'une journée complète, vous profiterez d'une pause-repas (grillades) sur une plage sauvage.

### AGENDA

**Fête de l'espadrille** – *15 août.*

**La Mascarade** – *Itinérant dans les villages - mi-janv. à fin avr.* Défilés costumés codifiés opposant les rouges, nobles et élégants, et les noirs, sales et vulgaires ; barricades, danses et mort et résurrection du « pitxu ». On mange, on boit et on colporte les nouvelles !

# Forêt des Arbailles

★

**Arballa**

Pyrénées-Atlantiques (64)

## NOS ADRESSES PAGE 269

**S'INFORMER**

**Office du tourisme de Tardets** – *Pl. Centrale - 64470 Tardets - ✆ 05 59 28 51 28 - www.valleedesoule.com - juil.-août : lun.-sam. et j. fériés 9h-13h, 14h-19h, dim. 10h-12h30 ; reste de l'année : lun.-sam. 9h-12h30, 14h-18h.*

**Randonnées** – Pour préserver la forêt des Arbailles, les randonnées balisées restent limitées aux territoires de bordure (souces de la Bidouze ou d'Ahusquy). Si vous souhaitez vous enfoncer davantage, mieux vous adresser à un guide. La liste des guides est disponible à l'office de tourisme *(voir ci-dessus).*

**SE REPÉRER**

Carte de région B3 C3 (p. 216-217) – carte Michelin n° 573 C 26-27. Au sud de la route reliant St-Jean-Pied-de-Port à Mauléon-Licharre, la forêt s'étend sur les hautes surfaces (1 265 m au pic de Béhorléguy) d'un bastion calcaire bien détaché entre les sillons du Saison, du Laurhibar et de la Bidouze, à l'est de St-Jean-Pied-de-Port. À cette hêtraie, criblée de gouffres, succède, au sud, une zone pastorale s'achevant à pic face à la frontière.

**À NE PAS MANQUER**

Le panorama depuis Ahusquy.

**ORGANISER SON TEMPS**

On peut, au choix, faire le tour du massif forestier en moins d'une journée, ou bien entreprendre une randonnée d'une ou plusieurs heures.

**Aucune route ne pénètre au cœur de ce massif que l'on découvre uniquement par les pistes pastorales. Mais qui s'en plaindrait ? C'est le meilleur moyen de capter la lumière mystérieuse de ses hêtraies, les effluves de mousse et de champignons et le son du vent malmenant les branches ou caressant l'herbe des clairières. C'est aussi la seule façon de rencontrer les Laminak, du moins s'ils le veulent bien…**

## Circuit conseillé Carte p. 216-217

### ★ LA FORÊT DES ARBAILLES B3-4-C3-4

*Pour visualiser ce circuit de 36 km, reportez-vous à la carte de la région (p. 216) – comptez env. 2h.*

**St-Just-Ibarre**/Donaitxi-Ibarre B3

Ce village bas-navarrais posté en lisière de Soule compte sept quartiers, symbolisés par les sept bassins de la fontaine moderne dressée à côté de la mairie.

# Un haut lieu de la mythologie basque

## DES PAYSAGES VARIÉS

Les 4 535 ha des Arbailles s'étendent sur un grand massif calcaire parsemé d'énormes dolines (dépressions circulaires tapissées d'argile), de crevasses inattendues et de gouffres où l'eau circule, discrète. Cette diversité de reliefs explique la grande variété de paysages : hêtraies, pâturages, reliefs doux et crêtes ravinées.
Le secteur compte aussi de nombreuses grottes et autres abris rocheux qui servaient déjà de protection aux hommes préhistoriques avant d'être utilisés comme bergeries ou caches de contrebande. Depuis bien longtemps, l'homme a su tirer parti de ce milieu naturel qui offrait eau, bois de hêtre, gibier et champignons (cèpes ou girolles).

## LE ROYAUME DES LAMINAK

Sans doute impressionné par le brouillard fréquent qui confère aux lieux une atmosphère d'étrangeté, l'homme a également fait du massif le lieu de toutes les légendes. Selon la tradition, on y croiserait des **Laminak**, ces petits êtres malicieux au talent de bâtisseurs reconnu, qui habitent les grottes et les sources. Mais si les dames Laminak sont inoffensives et se contentent de peigner leurs longs cheveux à proximité des sources, il n'en va pas de même de leurs époux qui ont la regrettable habitude de s'attaquer à la vertu des innocentes bergères et sont capables de se transformer en araignée ou en serpent…

## LES SEIGNEURS DE LA FORÊT

On dit aussi qu'on y croise parfois un **Basajaun** (ou **Baxajaun**, le terme signifiant « seigneur des forêts »), sorte de *yeti* local. Ce géant qui atteindrait une taille de 3 m et porterait une chevelure rouge lui descendant jusqu'aux genoux a de quoi impressionner ! Ce n'est pourtant pas un mauvais bougre puisqu'il protège les troupeaux en criant lorsque les loups s'en approchent. Il a aussi transmis aux hommes l'agriculture. Si d'aventure vous en rencontrez un, posez-lui une devinette : il a la réputation d'avoir l'esprit si lent que vous aurez tout le temps de vous enfuir pendant qu'il réfléchit à la solution ! Peut-être mettrez-vous la main sur ses richesses qu'il dissimule dans une des cavités de la forêt…

## FATALE GOINFRERIE

Non loin de la source d'Ahusquy vivait un redoutable serpent à sept têtes du nom d'**Herensuge**. Il habitait la grotte d'Azalegi et se nourrissait des bergers et des troupeaux qui passaient à proximité de son antre. Lassé de voir régner la terreur sur les estives, le fils du comte Zaro imagina une ruse pour se débarrasser du monstre. Il emplit la peau d'une vache de poudre et d'allumettes, et l'incorpora à un troupeau destiné au festin de l'immonde bête. Celle-ci, comme à son habitude, aspira le tout et prit feu tout en s'envolant vers Itxasgorrieta, la mer rouge du couchant. Cet être maléfique aurait occupé d'autres lieux mythiques, comme le gouffre d'Aralar en Navarre.

**Maison de saint Michel Garicoïts** – *Depuis l'église, descendez vers la rivière en passant derrière la mairie. Franchissez le pont. À la fourche, prenez à droite, puis à gauche sur la départementale. Au hameau, suivez à droite la direction « Ibarre ». À l'entrée du village, un panneau à droite indique la maison. Entrée gratuite. Pas de parking.*
Les herbes folles envahissent le chemin menant à la maison natale de **saint Michel Garicoïts (1797-1875)**, parfois appelé le « dernier saint du Pays basque » et fondateur des pères de Bétharram. La confiance est ici totale puisque la clé se trouve sur la porte ! Un autel est aménagé au centre de la pièce principale, sur laquelle donnent différentes portes de bois *(pour les ouvrir, passez le doigt dans l'orifice et soulevez le loquet)* : celle du débarras, celle de la chapelle et celle de la cuisine, avec son âtre, sa pierre à évier, sa table et son vaisselier. La visite donne une très bonne idée de l'architecture intérieure d'une humble ferme d'époque.

### Sources de la Bidouze B3

*À la sortie de St-Just en direction du col d'Osquich et de Mauléon, prenez le premier embranchement qui descend vers la vallée et la rivière. Suivez les panneaux. Le départ, bien fléché, se fait à la hauteur du parking. 9 km - 3h AR - 350 m de dénivelé.*
Après avoir longé quelques prairies, le sentier s'enfonce dans les sous-bois et grimpe alors jusqu'à la grotte d'où jaillit la rivière dans un paysage bucolique. Prenez garde de bien suivre le balisage, car l'endroit peut se révéler escarpé. *Balisage jaune.*
*Revenez à St-Just jusqu'à la D 918 et prenez, à droite, la direction de Mauléon. Après 9 km, prenez à droite la D 348 en direction d'Ordiarp et d'Aussurucq.*

### ★ Ordiarp/Urdiñarbe C3

Charmant village traversé par une rafraîchissante rivière où caquettent les canards. Le cours d'eau est bordé d'un seul côté par les traditionnelles maisons souletines aux toits d'ardoise. Un pont romain l'enjambe.
★ **Église** – 12e s. Cette jolie église romane en surplomb de l'Arangorena arbore un original **clocher-mur** au clocheton carré. Elle est le seul vestige du relais hospitalier et de la commanderie des Augustins de Roncevaux, qui étaient installés dans ce village-étape du pèlerinage de Compostelle.
**Centre d'évocation du patrimoine souletin** – *✆ 05 59 28 07 63 - juil.-août : lun.-vend. 9h-12h, 14h-17h - fermé merc. apr.midi, w.-end et jours fériés - sur demande un mois avant la visite - 4 € (-18 ans 2 €).* Culture basque, mythologie, art roman et témoignages de pèlerins de Compostelle se mêlent dans cet espace d'exposition. Des visites guidées *(1h30)* du village par un Raconteur de Pays sont organisées par l'Office de tourisme de Soule - *14 juil.-15 août : merc. à 20h - sur inscription auprès de l'office de tourisme.*

### ★ Aussurucq/Altzürükü C3

Pittoresque village composé de fermes anciennes, du château de Ruthie (tours du 15e s.) et d'une église entourée de son cimetière. Notez le clocher-calvaire, typique de la Soule.
*Suivez la D 147 vers Ahusquy.*

### ★★ Ahusquy B4

De ce lieu de rassemblement de bergers, établi dans un site panoramique, subsiste une auberge (rénovée). En montant par la piste, sur 1 km, vous pouvez aller vous rafraîchir à l'excellente source d'Ahusquy (derrière un abreuvoir nettement visible sur la pente) qui, jusqu'à la Deuxième Guerre mondiale, justifiait des cures très courues (affections des reins et de la vessie).

Une randonnée d'une demi-journée permet de rejoindre le plateau d'Elzarreko depuis la fontaine - *10 km - env. 5h30 AR - 420 m de dénivelé - balisage jaune.*

*Continuez sur la D 117.*

### Col d'Aphanize B3

Dans les pacages autour du col évoluent librement les chevaux. Les pâturages servent de lieux d'estive pour de nombreux troupeaux. À un kilomètre à l'est du col, la **vue★★** devient immense, embrassant le pic des Escaliers, immédiatement au sud, le pic de Ger, à l'horizon au sud-est, en passant par le pic d'Orhy, le pic d'Anie et le massif de Sesques (entre Aspe et Ossau).

## NOS ADRESSES À LA FORÊT DES ARBAILLES

### HÉBERGEMENT

#### BUDGET MOYEN

**Chambre d'hôte Maison Elixondoa** – *64120 Pagolle - ✆ 05 59 65 65 34 - www.elixondoa.com - fermé 15 nov.-15 fév. - P - ⊭ - 4 ch. 64 € ☕ - rest. 23 € bc lun., merc. et vend. seult.* Dans un petit village basque, cette ferme du 17ᵉ s. bien restaurée sera parfaite pour méditer au calme en pleine nature. Campagne et collines pour décor extérieur, vieilles poutres, pierres apparentes et couleurs gaies à l'intérieur : un charme pastoral rare. Petite cuisine à disposition des hôtes près de la piscine.

**Chambre d'hôte Biscayburu** – *64470 Sauguis-St-Étienne - ✆ 05 59 28 73 19 - www.chambres-hotes-pays-basque.com - fermé vac. de Noël - P - ⊭ - 4 ch. 55 € ☕.* Cette ancienne ferme restaurée dont le nom signifie « la maison en haut de la colline » offre un magnifique panorama sur la vallée et les Pyrénées. Ses chambres, décorées avec goût, bénéficient d'une grande tranquillité. Le matin, l'odeur du petit-déjeuner, préparé par le patron, ex-boulanger, aide au réveil.

### RESTAURATION

#### PREMIER PRIX

**Hôtel-restaurant Eppherre** – *64130 Aussurucq - ✆ 05 59 28 00 02 - fermé fév. et lun. hors sais. - P - 12,50/28 € - 8 ch. - 40 € - ☕ 6 €.* Cette petite auberge qui se trouve au centre du village propose une cuisine traditionnelle très copieuse, toujours élaborée avec des produits du terroir. La terrasse ombragée est bienvenue en été. Chambres simples et calmes.

#### BUDGET MOYEN

**L'Auberge d'Ahusquy** – *Col de Burdin sur D 117 - 64130 Ahusquy - ✆ 05 59 28 57 27 - 15 juin-11 Nov. : ouv. tlj midi et soir - Mai-juin : ouv. dim. et j. fériés - ⊭ - 20/32 €.* Seul le son des cloches suspendues au cou des vaches pourra éventuellement perturber votre repas. C'est dire si cette auberge isolée, nichée à plus de 1 000 m d'altitude, au col de Burdin, est tranquille. Vous y dégusterez une cuisine familiale, tout en profitant d'une vue imprenable sur les Pyrénées.

# Saint-Sébastien et la province de Guipúzcoa 3

Carte Michelin Région nº 573 – Guipúzcoa



Le parc Alderdi-Ederet devant l'Hôtel de ville de St-Sébastien.

*R. Cintract / hemis.fr*

ST-SÉBASTIEN ET LA PROVINCE DE GUIPÚZCOA
0
10 km
N
OCÉANO ATLÁNTICO
GOLFO DE
Saturrarán
Ondarroa
GI 638
Mutriku
Deba
Itziar
Zumaia
Costa
de
Getaria
N 634
Zarautz
VIZCAYA
A 8
GI 631
Zestoa
Parqu
Aiz
4
Lasao
GI 2634
Azpeitia
Azkoitia
S. Ignacio de Loiola
Errez
GI 2634
GI 2635
Beizama
GI 3720
N 634
A 8
BILBAO
AP 1
R. Deba
GI 627
GI 631
R. Urola
Bergara
GUIPÚZCOA
GI 632
Sta María la Antigua
Elorregi
GI 2635
Ordizia
Beasain
N I
Ormaiztegi
Lazkao
GI 2630
Oñati
GI 2630
AP 1
GI 627
Embalse de Urkulu
Zerain
Idiazabal
Ataun
Segura
GI 3591
Sta Maria de Gurutzeta
Arantzazu
Zegama
GI 2120
VITORIA-GASTEIZ
VITORIA-GASTEIZ
5
GI 2637
N I
ÁLAVA
Embalse de Ullíbarri
Embalse de Urdalur
A 1
VITORIA-GASTEIZ, PAMPLONA
A
B
1
2
3

C
D
VIZCAYA
Guipúzcoa
Donostia/
San Sebastián
Mte Ulía
233
Pasai
Donibane
Route de Jaizkibel
N.-S. de Guadalupe
Fontarabie/
Hondarribia/
Fuenterrabía
Cabo Higuer
FRANCE
HENDAYE
D 810
A 63
GI 3440
N 638
Irún
Lezo
N I
A 8
San Martzial
Errenteria/
Rentería
Txikierdi
N 634
Orio
Astigarraga
Hernani
N 121 A
R. Bidasoa
ST-JEAN-DE-LUZ
BIARRITZ
PAMPLONA
1
Natural
de
Pagoeta
Embalse de
Añarbe
GI 131
Andoain
GI 2631
R. Oria
N I
6
R. Urumea
NAVARRA
2
A 15
Tolosa
GI 2130
GI 2634
A 15
PAMPLONA
Parque Natural
de Aralar
Sierra de Aralar
622
Col de Lizarrusti
NA 120
A 10
3
Donostia/
San Sebastián
★★ Mérite un détour
Mutriku
★ Intéressant
Ondarroa
À voir
Ville de départ du circuit
Route de la corniche
Route des plages
Le Goierri ouest
Vers le Parc naturel d'Aralar
Au centre du Guipúzcoa
Autour d'Oñati
VITORIA-GASTEIZ
C
D

# Saint-Sébastien

**Donostia/San Sebastián**

★★

185 506 habitants

## NOS ADRESSES PAGE 283

### S'INFORMER

**Office de tourisme** – *Boulevard, 8 - ✆ 943 481 166 - www.sansebastianturismo.com - de mi-juin à fin sept. : lun.-sam. 9h-20h, dim. et j. fériés 10h-19h ; de déb. oct. à mi-juin : lun.-jeu. 9h-13h30, 15h30-19h, vend. 10h-19h, sam. 10h30-19h, dim. et j. fériés 10h-14h. Se renseigner pour les horaires pendant la Semaine sainte.*

### SE REPÉRER

Carte de région C1 (p. 272-273) – carte Michelin n° 573 C 23-24.
Stratégiquement situé dans le golfe de Biscaye, St-Sébastien se trouve à 25 km à l'ouest de la frontière avec la France. La ville comporte différents quartiers, dont Gros à l'est, sur la rive droite du río Urumea, la Parte Vieja, el Centro et Amara Viejo sur la rive gauche, en prise directe avec la baie. De l'autre côté s'étend le quartier d'Antiguo, mitoyen d'Ondarreta au pied du mont Igueldo.

### SE GARER

Vous trouverez seulement des parkings souterrains dans le centre-ville. Mieux vaut se garer sur le paseo Nuevo, contre le mont Urgull, ou du côté de l'office de tourisme.

### À NE PAS MANQUER

Le soleil couchant sur la baie de la Concha, les meilleurs points de vue sur la ville *(voir l'encadré p. 276)*.

### ORGANISER SON TEMPS

Plage et farniente le jour, tapas et fête le soir !

### AVEC LES ENFANTS

L'aquarium, le musée de la Science Miramón, le petit parc d'attractions au sommet du mont Igueldo, la Maison du cidre basque à Astigarraga et le petit train Txu-Txu *(voir « Nos adresses », p. 283)*.

**Une baie★★★ en forme de coquille, la « Concha », qui lui a valu le doux surnom de « perle du Cantabrique », des plages de sable à la courbure parfaite, des immeubles cossus de la Belle Époque, d'agréables promenades et des jardins : rien ne manque à St-Sébastien (« Sanse », comme l'appellent affectueusement les Espagnols) pour passer un séjour idyllique. Pas même la gastronomie puisque la réputation de ses « pintxos » et de ses grands chefs a dépassé les frontières. L'art de vivre est ici porté à son zénith : profitez-en !**

Reflets dorés sur la baie de la Concha.
San Sebastian Turismo

## Se promener Plan de ville p. 277

### ★★ LA VIEILLE VILLE (Casco Viejo)

*Circuit 1 tracé en vert sur le plan de ville (p. 277) – Comptez 2h sans monter sur le mont Urgull, 3h en comptant l'ascension.*
La vieille cité a été reconstruite après l'incendie de 1813. Bien que les bâtiments datent du siècle dernier, ses rues étroites contrastent avec les avenues de la ville moderne.
*Partez du Boulevard et prenez la calle San Juan qui longe la halle couverte en direction du mont Urgull.*

#### Plaza de Zuloaga B1

Logée en contrebas du mont Urgull, cette vaste place séduit par le contraste de ses architectures, les immeubles des 19e et 20e s. ainsi que la devanture moderne des cafés faisant face au très hiératique **Museo de San Telmo**, autrefois couvent de dominicains.

#### Museo de San Telmo B1

*Plaza Zuloaga, 1 - ✆ 943 481 580 - www.santelmomuseoa.com - mar.-dim. et j. fériés 10h-20h - entrée 5 €.* Cet ancien monastère, fondé au 16e s. et transformé en musée en 1932, a fait l'objet d'une importante rénovation et extension entre 2007 et 2011, avec la construction d'un édifice moderne dont la façade perforée et couverte de végétation s'intègre dans le panorama rocheux du mont Urgull. La collection permanente du musée est installée principalement dans le monastère. Elle se compose d'une collection de stèles funéraires basques en pierre sculptée, de tradition ibérique, datant pour la plupart du 15e au 17e s.; d'une section ethnographique retraçant l'évolution de la société basque illustrée par de nombreux objets et vidéos; et d'une section dédiée à la peinture du 15e au 19e s., avec notamment un Ribera et un Greco. La partie

moderne du musée accueille principalement des expositions temporaires, des conférences et des activités culturelles.
*Engagez-vous dans la calle 31 de Agosto et tournez presque tout de suite à gauche.*

### Église San Vicente B1
Cette église du 16e s est l'édifice le plus ancien de la ville. De style gothique, il abrite un remarquable **retable**a baroque de Bengoechea et Iriarte.
*Descendez la calle Narica et tournez dans la troisième rue à droite.*

### Plaza de la Constitución B1
Entourée de maisons à hautes arcades, elle fut jadis utilisée comme arènes. Les numéros que portent encore les balcons rappellent qu'ils servaient alors de tribunes.
*Traversez la place droit devant vous et engagez-vous sous le passage qui débouche sur la calle San Jerónimo. Tournez à droite et prenez la première à gauche, la calle Puerto. Elle croise la calle Mayor qui aboutit à droite à l'église de Sta María.*

### Basílica Sta María del Coro B1
*✆ 943 423 124 - lun.-dim. 10h30-13h30, 17h-19h30.*
On est frappé par l'exubérance de son **portail★** (fin 18e s.). La sobriété de l'architecture intérieure rend plus saisissante encore la profusion des autels baroques.
*Derrière l'église, un chemin grimpe au mont Urgull.*

### Monte Urgull B1
Un jardin public couvre cette colline, couronnée par la statue du **Sagrado Corazón**, haute de 30 m. Sur son flanc nord se trouve le **cimetière des Anglais**, établi en hommage aux troupes britanniques pour leur participation aux guerres d'indépendance et de succession du 19e s.
**Paseo Nuevo** B1 – Cette large promenade en corniche autour du mont Urgull offre de belles vues sur la mer Cantabrique et la baie. Elle débouche sur le port, trapu et coloré, où se côtoient bateaux de pêche et voiliers.

### Puerto B1
Le port est séparé de la vieille ville par des restes de remparts. De petites maisons de pêcheurs aux façades carrelées de rouge ou de blanc bordent son quai, où l'on peut encore voir des femmes raccommoder les filets. Le soir, les bateaux y déchargent la pêche du jour devant les badauds.
Notez la vieille maison surplombée par la statue du Christ : il s'agit de la première école de pêche créée par la Société océanographique de Giz (1912).
Le quai mène au **Musée maritime** et aboutit à l'**aquarium**.
*Longez le port vers la ville et dirigez-vous vers la plage.*

### POINTS DE VUE SUR LA VILLE
★★★ **Mont Igueldo** – *Accès par funiculaire - ✆ 943 213 525 - www.monteigueldo.es - août : 10h-22h ; reste de l'année, se rens. sur le site Internet - fermé merc. en basse saison - 2,70 € AR (-7 ans 2 €).* Le sommet est occupé par un parc d'attractions et un hôtel. Splendide panorama sur la mer, la rade avec l'île de Sta Clara et St-Sébastien dans son cirque de montagnes. Le soir, la ville illuminée offre un beau spectacle.
★★ **Mont Urgull** – Il est occupé par un parc municipal et par le fort de Sta Cruz de la Mota. Du sommet, beau panorama sur la Concha et sur les monuments de la vieille ville.

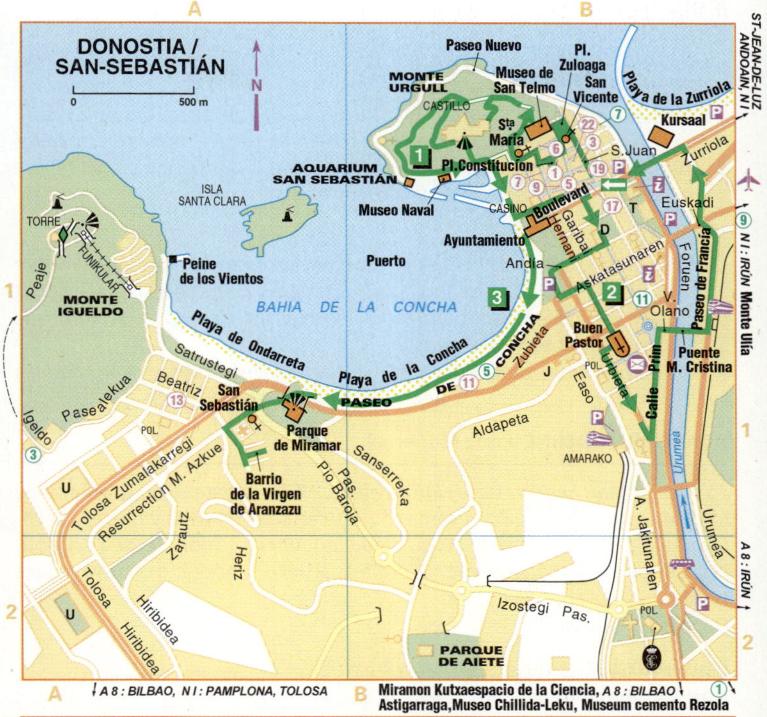


**SE LOGER**

- Anoeta ........ 1
- Avenida ........ 3
- Niza ........ 5
- Parma ........ 7
- Pensíon Aida ........ 9
- Pensión Donostiarra ........ 11

**SE RESTAURER**

- Astelena ........ 1
- Bodegón Alejandro ........ 3
- Borda Berri ........ 5
- La Cuchara de San Telmo ........ 6
- Ganbara ........ 7
- La Muralla ........ 9
- La Perla ........ 11
- Restaurante Chomin ........ 13
- Sidreria Donostiarra ........ 17
- Txondorra ........ 19
- Zeruko ........ 22

## ★ Aquarium San Sebastián B1

*Pl. Carlos Blasco de Imaz, s/n - ✆ 943 440 099 - www.aquariumss.com - ♿ - juil.-août : tlj 10h-21h ; oct.-mai. : lun.-vend. 10h-19h, w.-end et j. fériés 10h-20h ; juin, sept. et Sem. sainte : lun.-vend. 10h-20h, w.-end et j. fériés 10h-21h - fermé 1er et 20 janv., et 25 déc. - 12 € (4-12 ans 6 €).*

Le palais de la Mer abrite un Musée océanographique et un aquarium. Le musée présente une collection de maquettes, mais c'est surtout l'aquarium, réputé pour être l'un des plus beaux d'Europe, qui vous surprendra. Un bassin tactile, où l'on peut toucher les espèces inoffensives, deux bassins des microcosmes, où des caméras permettent d'observer la vie marine dans ses dimensions les plus infinitésimales, et, surtout, l'**Océanorium★**, un bassin traversé par un grand tunnel de 360 m qui vous immerge dans la surprenante diversité de la vie océanique : voilà quelques-unes des installations qui expliquent son succès.

**Museo Naval/** Untzi Museoa B1

*Paseo del Muelle - ☏ 943 430 051 - http://um.gipuzkoakultura.net - ♿ - mar.-sam. 10h-13h30, 16h-19h30, dim. et j. fériés 11h-14h - fermé lun., 1er et 20 janv., 25 déc. - 1,20 € (-10 ans gratuit).*

Il est installé dans un édifice du 18e s. qui abritait autrefois la Bourse du commerce. Sur deux niveaux, le musée accueille des expositions temporaires autour du thème de la mer. Au rez-de-chaussée, il abrite une bibliothèque spécialisée.

**Ayunztamiento** (Hôtel de ville) B1

Ce bâtiment, inauguré en 1897, était à l'origine un casino. Fermé en 1927 suite à l'interdiction des salles de jeux par le dictateur Primo de Rivera, il servit d'hôpital de convalescence pendant la Guerre civile. Ce n'est qu'en 1947 que St-Sébastien en fit son hôtel de ville.

*Terminez votre promenade sur le Boulevard, ou bien poursuivez par une flânerie sur le front de mer.*

**QUARTIER MODERNE** (Parte Moderna)

---

▶ *Circuit 2 tracé en vert sur le plan de ville (p. 277) - Comptez 1h30.* Surnommée le *barrio romántico* (quartier romantique), cette partie de la ville s'est développée à partir de la fin du 19e s., d'où l'influence prononcée de l'Art nouveau, appelé ici « modernisme ». C'est le quartier du shopping et des avenues résidentielles.

*Départ du Boulevard.*

**Boulevard** B1

Trait d'union entre le vieux centre et la partie moderne de St-Sébastien, il occupe l'emplacement des anciens remparts et est en grande partie réservé aux piétons. Son **kiosque** à musique est typique de la Belle Époque.

*La calle Loiola mène directement à la cathédrale.*

**Catedral del Buen Pastor** B1

Sa tour culmine à 75 m de hauteur et sert de point de repère à presque toute la ville. Tout comme l'édifice, elle a été érigée en 1897 dans un style néogothique. Grande sobriété à l'intérieur. Notez les gigantesques coquillages à l'entrée en guise de bénitiers, dignes de *Vingt mille lieues sous les mers*.

*Passez par la calle Urbieta (parallèle droite par rapport à la cathédrale) et descendez-la jusqu'à la plaza Centenario, bordée par un jardin public.*

En vous retournant, vous aurez une belle perspective sur le mont Urgull.

**Calle Prim** B1

*Première à gauche, à angle aigu avec la calle Urbieta.*

Cette artère rassemble tout ce que l'architecture de la Belle Époque et de la première moitié du 20e s. a pu produire. Bow-windows et vitraux ornent certaines façades. On repère sur d'autres des détails cubistes ou Art nouveau (ornements du no 28, poignée de porte du no 23). Il faut s'y promener le nez en l'air.

*Tournez à droite à la calle Valentín Olano.*

**Puente María Cristina** B1

Inauguré en 1905, le pont doit son nom à la reine Marie-Christine qui « lança » St-Sébastien. Ses obélisques portent l'écu de la ville et symbolisent la Paix et le Progrès.

## Une ville d'art

La vocation balnéaire de St-Sébastien s'éveilla à partir de 1865 lorsque Marie-Christine, reine régente d'Espagne et veuve d'Alphonse XII, la choisit comme lieu de villégiature : tout le beau monde madrilène vint dès lors y passer les mois d'été. De cette époque, la ville a notamment conservé le palais Miramar, construit à la demande de la reine.

### OIASSO/EASO

À la recherche de leurs racines, les habitants de St-Sébastien se sont longtemps enorgueillis d'être les héritiers de l'antique Oiasso *(voir p. 287)*, d'où le nom d'Easo dont ils ont un temps baptisé leur ville. On sait aujourd'hui qu'il n'en est rien et que c'est sur le site d'Irún que se dressait la cité romaine. Mais les légendes ont la vie dure et l'abréviation internationale de l'aéroport de St-Sébastien demeure EAS… il est vrai qu'il est implanté à Fontarabie, à quelques lieues de la cité antique.

### DES AMATEURS DE BONNE CHÈRE

Réputée pour sa gastronomie, St-Sébastien ne réunit pas moins de trois chefs triplement étoilés : Juan María Arzak, Pedro Subijana et Martín Berasategui. Bien caractéristique de ce goût des Donostiarras pour la bonne cuisine, une trentaine d'associations réunissent des amis et amateurs de bonne chère. Les associés, uniquement des hommes, se confectionnent d'excellents repas qu'ils arrosent de cidre ou de *txacoli*, un vin basque. Parmi les spécialités du lieu, évoquons les poissons (dorades, merlus, sardines) et les fameux *chipirones* (calamars).

### LA TAMBORRADA

N'espérez pas fermer l'œil si vous vous trouvez à St-Sébastien le 20 janvier, jour de la Tamborrada ! Ce jour-là, aux douze coups de minuit, une centaine de groupes déguisés et munis de tambours se donne rendez-vous sur la plaza de la Constitución avant de parcourir la ville sans discontinuer jusqu'à… minuit (24 heures plus tard !). Les habitants se mettent à l'unisson en frappant sur des tambours de fortune. Bref, un vacarme ahurissant, probable vestige de l'ancien carnaval...

### UN ROMANCIER POPULAIRE

C'est à St-Sébastien qu'a vu le jour **Pío Baroja** (1872-1956), considéré comme le plus grand romancier de l'Espagne du début du 20$^{e}$ s. et dont l'influence fut considérable chez ses jeunes confrères de l'après-guerre. Inspiré par la forme du roman populaire, il a laissé une œuvre importante, évoquant sa terre natale dans une trilogie basque d'où se détache *Zalacain l'aventurier* (1909).

### Paseo de Francia B1

Promenade longeant le fleuve jusqu'au pont Sta Catalina. Ornée d'une pelouse, plantée d'arbres et de palmiers, elle tire son nom des anciens hôtels particuliers « à la française » qui la bordent.

*Traversez la plaza de Euskadi devant le puente Sta Catalina, et engagez-vous dans le paseo Colón, puis la calle Peña y Goñi à gauche, pour rejoindre la plage.*

### Kursaal B1

Symbole du renouveau architectural de la ville, cet édifice moderne composé de deux cubes de verre surveille la plage de Zurriola et l'embouchure du río Urumea. Signé **Rafael Moneo**, il accueille des congrès et des manifestations culturelles.

★ **Playa de la Zurriola** B1 – *À l'embouchure du río Urumea, au-delà du Kursaal et le long du quartier Gros.* La plage préférée des surfeurs. Elle est aussi plus conviviale et plus « intime » que celles de la baie *(voir ci-après)*, car moins étendue. Sa promenade est bordée d'immeubles du 19e s. ou plus modernes.

*Traversez le fleuve pour revenir sur le Boulevard.*

## ★★★ BAIE DE LA CONCHA

*Circuit 3 tracé en vert sur le plan de ville (p. 277) – Comptez 1h.*

### ★★ Paseo de la Concha B1

Commençant à l'hôtel de ville, cette promenade, mondialement réputée pour la vue qu'elle offre sur la baie, se déploie jusqu'au parc de Miramar.

**Parque de Miramar** A1 – Ancienne résidence d'été de la famille royale, il s'élève entre la plage de la Concha et celle d'Ondarreta. Ses jardins ont été dessinés par le jardinier franco-espagnol **Pierre Ducasse** (1836-1892) et la demeure de style anglais, par l'architecte Selden Wornum. Celle-ci accueille les cours d'été de l'Université du Pays basque et un centre de musique, d'où s'échappent parfois gammes et vocalises ! Son esplanade offre un splendide **panorama★★★** sur la baie et l'îlot de Sta Clara.

**Église de San Sebastián** A1 – *Derrière le parc, sur la plaza Alfonso III, elle est accolée à Ondarreta.* Cette église mérite le coup d'œil pour son intérieur très contemporain et la fresque moderne fermant la nef (à gauche, un homme tire ses chaînes ; à droite, saint Sébastien subit son martyre).

**Barrio (quartier) de la Virgen de Aranzazu** A1 – *En bordure d'Ondarreta. Accès par la plaza Alfonso III et la calle Matia. 3e à gauche.* Maisons de pêcheurs crépies à pans de bois, cachées par des immeubles plus modernes.

### Plages de la baie

★★ **Playa de la Concha** B1 – Elle s'étend sur 1 350 m de l'hôtel de ville jusqu'au parc Miramar. Cette magnifique étendue de sable fin, qui s'enflamme au soleil couchant, présente une courbe parfaite. Elle est très appréciée des amateurs de bains de mer et de soleil.

★★ **Playa de Ondarreta** A1 – Dans le prolongement de la précédente *(au-delà du parc)*, elle s'étend jusqu'au pied du mont Igueldo. Seul un rocher la sépare de sa voisine car, pour le sable comme pour l'ensoleillement, cette aristocratique plage reliée au quartier d'Ondarreta n'a rien à envier à sa rivale !

Au pied du mont Igueldo se trouve le *Peine de los Vientos*, œuvre du sculpteur **Eduardo Chillida** *(voir p. 82)*.

## À voir aussi Plan de ville p. 277

★ **Museo Cemento Rezola** (Musée du Ciment Rezola) B2

*Accès par le bus 25 depuis le Boulevard. ✆ 943 364 192 - www.museumcemento.rezola.net - juil.-août : lun.-vend. 10h-14h, 17h-19h, sam. 10h-14h, fermé dim. ; reste de l'année : tlj sf lun. 10h-14h - gratuit.*

Installé sur le site de l'ancienne école des enfants du personnel d'une cimenterie, il présente ce matériau sous un angle original grâce à un film documentaire très bien conçu sur son histoire et des panneaux didactiques très clairs sur la préparation du ciment, les conditions de travail des ouvriers de la cimenterie et l'exemple de la famille Rezola. Son but est de montrer au visiteur tout ce que le ciment (et le béton) a permis de faire, en architecture notamment, les innovations qui ont été nécessaires pour cela, et les incidences qu'elles ont eues sur notre vie et la structure de nos sociétés.

**Miramón Kutxaespacio de la Ciencia** (Musée de la Science) B2

*Accès par le bus 28, direct depuis le centre-ville (comptez 20mn). Comptez 1h30 à 2h de visite. Mikeletegi, 43 - ✆ 943 012 478 - www.kutxaespacio.es - 7 € (-18 ans 5,50 €).*

Les principaux monuments de la province sont représentés en maquette. Ils précèdent le bâtiment qui abrite un planétarium *(mar.-sam. : séance en espagnol à 18h et en basque à 17h30, w.-end et j. fériés à 13h et 18h en esp. et 12h et 17h en basque ; juil.-août : tlj en esp. à 13h et 19h, en basque à 12h et 18h - 3,50 €, enf. 2, 50 €)* et les salles d'exposition.

Dans chaque salle est abordé un thème différent (la lumière, l'énergie, les sens, les effets mécaniques). Des expériences et démonstrations sont proposées pour illustrer chaque phénomène. Les enfants apprécieront la visite de ce lieu, sponsorisé par la Kutxa, caisse d'épargne locale, qui se révèle didactique et amusante.

★★ **Parque Cultural de Aiete** B2

*Accès en bus, lignes 19, 23, 31, 32, 35. Entrée principale : 8h-19h30 en hiver, 8h-21h en été ; entrée nord : lun.-sam. 8h-22h, dim. 19h30 en hiver et 21h en été - entrée libre.* Déployé sur une colline au cœur d'un quartier résidentiel, ce magnifique parc est sans doute le plus attrayant de St-Sébastien. Conçu, lui aussi, par Pierre Ducasse, il entoure un palais néoclassique construit en 1878, ancienne résidence d'été de Franco, qui abrite depuis 2010 la **Maison de la paix et des droits de l'homme** (*lun.-sam. 10h-14h, 16h-19h*). Au pied du palais, de nouveaux espaces bâtis en souterrain accueillent le **Centre culturel d'Aiete** (*✆ 943 481 920 - www.donostiakultura.com/albisteak/aiete - merc.- vend. 16h-20h30 ; sam. 10h-14h, 16h30-20h ; dim. 10h-14h*) qui programme des expositions temporaires, des conférences et des projections de films. Le Parc culturel d'Aiete est complété par un espace culturel dédié aux enfants, **la Tour des contes**, tandis que d'anciennes écuries abritent désormais un espace de réunion pour les personnes âgées, le **Topaleku**. Aires de jeux et bancs pour les lecteurs ou les rêveurs sont aussi au rendez-vous dans le parc et les jardins.

# À proximité Carte de région p. 272-273

## ★ Monte Ulía C1

*7 km à l'est, suivre la N 1 en direction d'Irún.*

Avant d'atteindre le sommet de la montée et de redescendre vers St-Sébastien, prendre la première route à droite. Après plusieurs lacets au cours desquels les vues se développent sur la ville et son site, on atteint le sommet d'où un chemin à droite conduit, à travers un beau parc, au restaurant du mont Ulía.

## Astigarraga C1

*10 km au sud, en direction d'Hernani.*

**Maison du cidre basque** (Sagardoetxea) – *Centre-ville, à flanc de colline, repérable par le tonneau posé sur la rue. ✆ 943 550 575 - www.sagardoetxea.com - mar.-sam. 11h-13h30, 16h-19h ; dim. et j. fériés 11h-13h30 - 3,50 € (-10 ans gratuit).*

Le Pays basque compte 53 variétés de pommes. Pour le cidre, ou *sagardoa,* dont Astigarraga est la capitale basque, il en faut 80 % d'acides et 20 % de douces. Vous apprendrez tout sur l'élaboration de cette boisson très appréciée dans la région en arpentant le verger, où l'on greffe les pommiers, et l'allée du musée où sont expliquées toutes les étapes de la fabrication au travers de schémas, de vidéos et d'objets. N'hésitez pas à demander un guide : votre visite n'en sera que plus vivante ! Dégustation à la fin.

### FAMEUSE BATAILLE...

... que celle d'Hernani qui se déroule à Paris, opposant classiques et modernes. Cette pièce de Victor Hugo, sa première, publiée en 1830, n'a jamais eu le village d'Hernani pour décor. Baigné par les eaux du fleuve Urumea, situé à seulement 9 kilomètres de St-Sébastien, Hernani a pourtant donné le nom du poète à l'une de ses rues.

## Andoain C2

*15 km au sud par la N 1 en direction de Tolosa.*

Destination de promenade idéale pour découvrir un peu l'intérieur des terres, l'espace d'un après-midi. Vous pouvez jeter un œil à l'**église**, dont le retable baroque occupe tout le chœur, mais c'est surtout la voie aménagée dans la vallée du Leitzaran qui mérite de faire une excursion à Andoain.

*Depuis la place de l'église et l'hôtel de ville, prendre la rue en pente qui arrive en perpendiculaire sur l'esplanade. À la 2e intersection, tourner à droite. Le chemin commence au bout d'un parking. Le suivre jusqu'au bout.*

On suit la vallée à flanc de colline, le chemin s'éloignant progressivement de la ville et de ses faubourgs pour laisser place à un environnement champêtre. Le panorama que l'on découvre est celui d'un paysage de montagne. Quelques éléments de « parcours-forme » ponctuent la route que se partagent promeneurs et cyclistes. Passé les deux tunnels, la voie débouche sur une route goudronnée et un panneau indiquant différents GR.

## NOS ADRESSES À ST-SÉBASTIEN

### VISITES

**Visites guidées pédestres** – *Sept.-juin : 11h-16h ; reste de l'année : sam. à 16h30, dim. à 11h30 - 6 € (-12 ans gratuit). Alternatives de visites.*

**Le petit train « txu-txu »** – *943 422 973 - www.txu-txu.com - dép. 25 boulevard de la Plage de la Concha - juil.-sept., Sem. sainte, sem. de Pâques et ponts : ttes les 30mn, 10h30-20h30 ; reste de l'année : ttes les 45mn, 11h-13h30, 15h-19h - 4,50 € (-10 ans 2,50 €).*

**Le bus touristique Donosti Tour** – *696 429 847 - www.busturistikoa.com - juil.-sept. et Sem. sainte : tlj 11h-14h, 16h-19h ; avr.-juin et oct. : tlj sf mar. 11h-13h, 16h-18h (avr.-mai 17h) ; nov.-janv. et mars : 11h-13h - dép. ttes les h en face du théâtre Victoria Eugenia - fermé fév. - 12 € (-12 ans 6 €).*

### HÉBERGEMENT

#### PREMIER PRIX

**Pensión Donostiarra** – *C/San Martín, 6 - 943 426 167 - www.pensiondonostiarra. com - 16 ch. 58/87 €.* Située en plein centre-ville, cette pension classique récemment rénovée occupe le 1er étage d'un bâtiment du 19e s. Les chambres, avec parquet et mobilier simple, sont confortables. Salles de bains modernes.

#### BUDGET MOYEN

**Pensión Aida** – *C/Iztueta, 9-10 - 943 327 800 - www.pensionesconencanto.com - 9 ch. 50/88 € - 4 €.* Vous serez surpris par le confort de cette pension située à quelques pas du centre historique et du Kursaal. Les chambres (7 avec balcon) sont charmantes et bien équipées.

**Hotel Alemana** – *C/San Martin, 53 - 943 462 544 - www.hostalalemana.com - 21 ch. 80/119 € - 7,50 €* La réception, bien accueillante, est au 1er étage de l'hôtel. De la salle des petits-déjeuners, on aperçoit la playa de la Concha. Les chambres sont très tendance. *Possibilité de parking (16 €/j).*

**Hôtel Parma** – *Salamanca pasealekua, 10 - 943 428 893 - www.hotelparma.com - P - 27 ch. 92/114 € - 10 €.* Situé au bord de l'Urumea, en face du centre de congrès Kursaal, cet hôtel familial propose des chambres standard confortables.

**Hôtel Anoeta** – *Anoeta pasealekua, 30 - 943 451 499 - www.hotelanoeta.com - P - 32 ch. 102,60/129,60 € - 7 €.* Cet hôtel familial offre des chambres fonctionnelles, dotées de salles de bains modernes. La salle à manger est décorée dans un style classique soigné proposant un menu à midi et des plats à la carte le soir.

#### POUR SE FAIRE PLAISIR

**Hôtel Avenida** – *Igeldo pasealekua, 55 - 943 212 022 - www.hotelavenida.net - fermé 8 déc.-11 mars - P - 47 ch. 66,78/165,24 €* Sur les hauteurs, cet hôtel, bien géré, offre des chambres bien tenues et progressivement rénovées.

**Hôtel Niza** – *C/Zubieta, 56 - 943 426 663 - www.hotelniza.com - P - 40 ch. 113/133 € - 11 €.* L'entretien parfait et la décoration agréable de cet hôtel créent un cadre d'où émane un certain charme. Chambres aux tons clairs et au mobilier classique ; salles de bains rénovées.

### RESTAURATION

**Bon à savoir** – St-Sébastien offre le meilleur de la cuisine basque. Ici, la tradition des **tapas**

3

ou des **pintxos** (appellation locale de ces amuse-gueules parfois très élaborés) a été élevée au rang de festin gourmand. C'est pourquoi, le soir venu, les bars du vieux quartier ne désemplissent pas. Habitués et touristes s'y régalent de canapés aux anchois, d'assiettes de jambon ibérique, de *chipirones* (calamars), de tortillas ou de *patatas bravas*… Du côté des restaurants, la qualité des menus et des produits est également à la hauteur : pêche du jour, légumes guipúzcoans, fromage de brebis ou **kaiku** (fromage caillé). La plupart des adresses se concentrent dans le quartier historique, mais vous en trouverez également dans le *barrio romántico* et celui de Gros. La cité s'anime tous les soirs à l'heure de l'apéritif, dans les bars et petits restaurants autour de la plaza de la Constitución et le long du port. Mais c'est dans les rues Portu et Fermín Calbetón que l'art des tapas atteint les sommets les plus vertigineux !

### PREMIER PRIX

**Ganbara** – *San Jerónimo, 21 - ✆ 943 422 575 - info@ganbarajatetxea.com - fermé 2e quinz. de juin, 2e quinz. de nov., dim. soir et lun. (lun. et mar. midi en été) - 32 €.* Situé derrière la plaza de la Constitución, ce bar à tapas est très recherché pour ses délicieux *pintxos*. Au sous-sol, restaurant.

### BUDGET MOYEN

**Sidreria Donostiarra** – *C/ Embeltran, 5 - ✆ 943 420 421 - www.sidreriadonostiarra.net - 33/50 € - fermé dim. soir et lun.* C'est un lieu incontournable du vieux St-Sébastien où se mélangent locaux, basques de toutes provinces et touristes de tous pays. Tous viennent pour la même raison : se délecter du menu « sidreria » et boire du cidre au *txotx*. Au menu : omelette à la morue, morue à la donostiarra, *txuleta* de bœuf, fromage, pâte de coing et noix, cidre à volonté ou vin maison. À noter : la viande est excellente !

### POUR SE FAIRE PLAISIR

**La Perla** – *Kontxa pasealekua - ✆ 943 462 484 - www.la-perla.net - fermé dim. soir, lun. et mar. soir sf mars-oct. - 29/40 €.* Magnifique emplacement face à la plage de la Concha. Belle verrière avec vue sur la mer. Salle avec différents paliers et mobilier design.

**Restaurante Chomin** – *Avenida Infanta Beatriz, 16 - ✆ 943 317 312 - www.restaurantechomin.net - fermé dim. soir et lun. et 15 j. en janv.- menu dégustation 42 €.* À quelques enjambées du funiculaire d'Igeldo, du *Peine de los Vientos* et de la plage, ce classique de la gastronomie donostiarre, situé dans une belle demeure bourgeoise, a été repris récemment par Xabi, un jeune chef passionné. La cuisine basque raffinée et généreuse, le superbe patio, les larges tables espacées, attirent politiques, chefs d'entreprises, vedettes de la télé, familles et touristes de passage. Le remarquable menu dégustation inclut 4 plats, une farandole de desserts, café, eau et un excellent vin de la Rioja. Une adresse pour faire plaisir et se faire plaisir.

**Alejandro** – *Fermín Calbetón, 4 - ✆ 943 427 158 - www.bodegonalejandro.com - fermé 23 déc.-17 janv., dim. soir, mar. soir et lun. - 17-39 €.* Cet accueillant restaurant, très central, permet de découvrir une cuisine créative à des prix attractifs. Le menu quotidien est unique, mais les plats sont variés.

**La Muralla** – *Embeltrán, 3 - ✆ 943 433 508 - www.*

*restaurantelamuralla.com - fermé fêtes de Noël, dim. soir - 23/35 €.* Le jeune patron gère avec fierté son affaire. Derrière la discrète façade, on découvre une petite salle au cadre soigné et contemporain.

**Ni Neu** – *Zurriola pasealekula, 1 - ✆ 943 003 162 - www.restaurantenineu.com - ouvert du vend. au sam. soir - 27/35 €.* Situé dans le palais des congrès, il offre une salle à manger avec une verrière dans un cadre moderne et une agréable terrasse au bord de la *ría*. La carte attrayante s'articule autour des produits de saison. Le comptoir, chargé de *pintxos*, offre une alternative informelle.

### En soirée

#### Bars à pintxos

Si vous souhaitez découvrir l'extraordinaire variété et qualité des *pintxos* du vieux St-Sébastien, voilà 5 bars innovants qui permettent un intéressant *txikiteo*, qui est l'art de passer d'un bar à l'autre en consommant des *pintxos* autour d'un ou plusieurs *txiki* (petit verre de vin rouge).

**La Cuchara de San Telmo** - *31 de Agosto, 28 trasera - ✆ 943 435 446 - tapa 3,50 €.* À essayer : le foie à la compote de pomme (*foie con compota de manzana*).

**Txondorra** – *Fermín Calbetón, 7 - ✆ 943 420 782 - tapa 3 €.* À tester : croquette de poireaux et fromage avec une sauce aux figues *(katafi crujiente de puerro).*

**Borda Berri** – *Fermín Calbetón, 12 - ✆ 943 430 342 - 2,50/3,50 €.* Tapas préparées en direct avec des produits de saison.

**Zeruko** – *Pescaderia, 10 - ✆ 943 423 451 - 15/25 €.* À essayer : foie gras mi-cuit entre deux galettes d'oignons caramélisés *(galleta de micuit).*

**Astelena** – *Plaza de la Constitución - ✆ 943 425 245 - tapa 3 €.* À tester : les chipirons *à la plancha.*

**La Cepa** – *C/Agosto, 31 - ✆ 943 426 394 - www.barlacepa.com - fermé mar. - 3/7,50 €.* Les jambons sont pendus au-dessus du bar et les *pintxos* chauds ou froids sont parfaits.

### ACHATS

**Saski-Naski** – *Boulevard, 24 - ✆ 943 422 891 - saskinaski@saskinaski.com - juil.-août : 10h-20h30 ; reste de l'année : tlj sf dim. 10h-13h30, 16h30-20h.* Le lieu ressemble à la caverne d'Ali Baba. On y trouve le meilleur de l'artisanat régional dont des produits originaux comme le *makhila*, bâton de marche richement décoré, et l'*argizaiola*, sorte de bougie réservée aux veillées.

### AGENDA

**Arènes** – (2e sem. d'août). Couvertes et inaugurées en 1998, les arènes ultramodernes d'Illumbe proposent une semaine complète de corridas lors de la Semana Grande - *rens. et réserv. sur www.illumbe.es*

**Festival du film sous-marin** – (Avr.) *✆ 943 465 535.*

**Festival de jazz** – (Fin juil.) *✆ 943 481 900 - www.jazzaldia.com*

**Semana Grande** – (2e sem. d'août) *✆ 943 481 168.*

**Euskal Jaiak ou Fêtes basques** – (1re quinz. de sept.) - *✆ 943 481 168.*

**Festival international du cinéma de San Sebastián** – (Fin sept.)- *Au Kursaal - ✆ 943 481 212 - www.sansebastianfestival.com*

**Festival du film fantastique** – (Oct.-nov.)- *✆ 943 481 157/197 - www.donostiakultura.com/terror*

3

# Côte de Guipúzcoa

**Costa de Guipúzcoa/Guipuzkoa**

★

NOS ADRESSES PAGE 293

**S'INFORMER**

**Office du tourisme d'Irún** – C/Luis Mariano, 3 - 20 305 Irún - ✆ 943 020 732 - *www.irun.org - juil.-sept. : tlj 10h-13h30, 15h-20h ; oct.-juin : mar.-sam. 10h30-13h30, 15h30-19h, dim. 10h-14h.*

**Office du tourisme de la région Bidassoa** – *C/Minatera, 9 - 20280 Hondarribia - ✆ 943 645 458 - www.bidasoaturismo.com - juil.-sept : tlj 10h-13h30, 15h30-20h ; oct.-juin : mar.-sam. 10h-13h30, 15h30-19h, dim. 10h-13h30. Un autre bureau se trouve sur la plaza de Armas (✆ 943 643 677). Pour les autres offices de tourisme, référez-vous aux localités décrites.*

**SE REPÉRER**

Carte de région A1 D 1 (p. 272-273) – carte Michelin n° 573 C 24-23-22.
Le circuit croise et recroise l'A 8, depuis Irún, à la frontière française, jusqu'à Mutriku, à 46 km à l'ouest de St-Sébastien.

**À NE PAS MANQUER**

La corniche basque d'Hondarribia à Pasai.

**ORGANISER SON TEMPS**

Un long week-end peut suffire pour parcourir l'intégralité de cette côte, étape à St-Sébastien comprise.

**AVEC LES ENFANTS**

Le Musée romano à Oiasso, l'ensemble archéologique de Sta María la Real à Zarautz.

**Porte d'entrée de l'Espagne pour les voyageurs transfrontaliers, la côte guipúzcoane doit en partie sa notoriété à la ville de St-Sébastien. Moins préservée et sauvage que la côte de Biscaye, elle n'en demeure pas moins attirante pour ces petits ports authentiques qui restent très attachés à la pêche, ses plages de sable fin et ses grosses villas parsemées le long du littoral. Entre mer et colline, vous découvrirez un pays à l'identité bien marquée. Attention, la langue basque y est très vivace !**

## Se promener

### **IRUN**/IRÚN D1

Au premier abord, la ville frontière d'Irún, cité natale de **Luis Mariano**, ne déborde pas de charme. Il faut dire qu'elle a subi de nombreuses destructions, tant durant les guerres carlistes qu'au cours de la Guerre civile. Ses rues réservent cependant quelques surprises agréables.

### Nuestra Señora del Juncal/Andra Mari del Juncal

Bel exemple d'église gothique basque du 16$^{e}$ s. Notez l'extérieur austère et massif, à l'exception du portail baroque. L'intérieur abrite un orgue Cavaillé-

Les falaises de Zumaia.
*San Sebastian Turismo*

Coll et une statue gothique de la Vierge (la plus ancienne de la province) qui a donné son nom à l'église.

## Plaza de San Juan Harria

Bordée de vieilles demeures et de l'hôtel de ville baroque (18$^{e}$ s.), elle arbore une colonne datant de 1564, symbolisant l'indépendance de la ville (l'histoire dit qu'elle commémorerait la résistance à l'invasion française).

## Museo Romano de Oiasso

*Eskoleta, 1. À deux pas de la plaza de San Juan Harria, à l'opposé de l'hôtel de ville. ✆ 943 639 353 - www.oiasso.com - juin-sept. et Sem. sainte : 10h-14h, 16h-20h ; oct.-mai : 10h-14h, 16h-19h - fermé lun. - 4,50 € (6-16 ans 3,40 €) ; billet combiné avec celui de l'ermitage Sta Elena en visite guidée 8 €.*

Entrepôt puis école, ce vaste bâtiment rénové abrite aujourd'hui un musée consacré aux origines d'Irún. Des panneaux et quelques vestiges archéologiques replacent l'antique **Oiasso** dans le contexte romain et autochtone, avant d'aborder sa vie et son activité. Au premier étage, un film en 3D fait la joie des enfants qui peuvent se déplacer, par exemple, dans les thermes romains. Le deuxième étage s'attache à l'urbanisme et au port, plaque tournante du commerce impérial, à travers un film et la présentation des découvertes archéologiques faites à Irún.

**Salle d'exposition Menchu Gal**

*Plaza Urdanibia. ✆ 943 505 430 - vend.-sam. 18h-21h, dim. 11h30-13h30. Entrée libre.* Installée au rez-de-chaussée de l'ancien hôpital Sancho de Urdanibia, cette salle d'exposition possède une collection d'une quarantaine d'œuvres de l'artiste Menchu Gal, originaire d'Irún. Les œuvres sont exposées au public sous forme d'expositions temporaires, offrant un dialogue renouvelé avec d'autres artistes basques.

**Ermitage Sta Elena** – *En lisière du centre-ville, à proximité du río Estebenea, après le petit pont de pierre sur la droite en direction de l'ermitage San Martial et de la France. Billet combiné avec celui du musée Oiasso 8 €.* Des fouilles entre-

3

prises dans cet ermitage (le bâtiment actuel date du 14e s.) ont permis de mettre au jour les vestiges d'une nécropole romaine. Ceux-ci sont présentés à l'intérieur même de l'ermitage.
Face au pont, remarquez la fontaine Sta Elena, de style baroque.

### Marais du Txingudi

*Entre la voie ferrée et l'aéroport. Visez la gare, passez au-dessus des voies de chemin de fer, poursuivez tout droit jusqu'au rond-point et suivez le fléchage.*
*943 619 389 - www.euskadi.net/txingudi - ♿ - Centre d'interprétation : avr. - oct : 10h-14h, 16h-19h ; nov.-mars : 10h-14h, 15h30-17h30 - fermé 24, 25 et 31 déc., 1er et 6 janv. - gratuit.*
Déployé sur la baie de Txingudi, Fontarabie et Irún, cette réserve de 23,4 ha protège une zone de marécages riche en faune et en flore (jusqu'à 212 espèces d'oiseaux y nichent en période de migration). De la zone d'activité qui en avait pris possession demeure un stade, encadré par des étangs où s'ébattent aigrettes, martins-pêcheurs et canards. Leurs rives sont jalonnées d'observatoires : pensez à prendre vos jumelles ! Un sentier en fait le tour, ponctué de panneaux et de belles vues sur la baie… comme sur la piste de l'aéroport située sur la rive opposée de la Bidassoa. Le centre d'interprétation présente toute la biodiversité et l'histoire du site. Possibilité d'emprunter des jumelles contre une pièce d'identité.

### Ermita San Marcial (Ermita San Martzial) D1

*À 5 km au sud d'Irún. Prenez la direction Béhobie puis, au rond-point, prenez la 3e sortie et continuez tout droit sur la GI3453.*
Une route étroite conduit au sommet boisé (225 m). De la terrasse près de l'ermitage, **panorama★★** qui s'étend de St-Sébastien à la plage d'Hendaye au loin et, plus près, de Fontarabie, Irún à l'île des Faisans, qui a été le cadre de différents faits historiques – parmi lesquels la signature du traité des Pyrénées en 1659, stipulant le mariage de Louis XIV avec l'infante Marie-Thérèse *(voir p. 166 et 181).*

## Circuits conseillés Carte de région p. 272-273

### ROUTE DE LA CORNICHE C1 D1

*Circuit de 43 km tracé sur la carte de région (p. 272-273) – Comptez env. 1h15.*
*Quittez Irún par la N 638.*
★★ **Fontarabie** (Hondarribia/Fuenterrabía)
*Voir p. 294.*
*Sortez du bourg par la GI 3440.*

### Route de Jaizkibel D1

Le **parcours★★** sur cette route est magnifique, surtout au coucher du soleil. À 5 km, la **vue★**, depuis la chapelle de Nuestra Señora de Guadalupe, dévoile l'embouchure de la **Bidassoa** et la Côte basque française. La route s'élève ensuite dans les pins et les ajoncs, dominant la mer. À l'Hostal du Jaizkibel, situé à proximité du sommet qui domine à 584 m, un belvédère offre une très belle **vue★★** *(table d'orientation).*
La descente sur Pasai Donibane découvre des **aperçus★** magnifiques sur la côte déchiquetée, les monts Cantabriques et les monts Ulía, ainsi que sur Urgull et Igueldo, qui surplombent St-Sébastien.

### ★ Pasai Donibane (Pasaje de San Juan) D1

*Casa de Victor Hugo - Donibane, 63 - 20 110 Pasai Donibane - ✆ 943 341 556 - www.victorhugopasaia.net - 11h-14h, 16h-18h - fermé 1er et 6 janv., 25 déc.* Outre le point d'information touristique, la maison de Victor Hugo abrite un **musée** avec exposition et espace multimédia consacré à l'auteur. Pour plus de renseignements, contactez le musée au numéro ci-dessus.

Entourant l'embouchure de l'Oyarzun/Oiartzun, une baie remarquablement abritée puisqu'elle ne communique avec l'Océan que par un étroit goulet, Pasaia comprend quatre agglomérations de part et d'autre de l'estuaire : **Pasai Antxo** (port de commerce), **Trintxepe** (commerce), **Pasai Donibane★**, au charme intact, et **Pasai San Pedro** (ports de pêche). Réputés autrefois pour leurs nombreux morutiers, les ports de pêche de Pasaia traversent actuellement une crise profonde, comme en témoignent les habitations. Ils se limitent aujourd'hui à des activités côtières dont les infrastructures industrielles abîment la côte.

*Pour accéder à Pasai Donibane, laissez la voiture à l'entrée du village ou prenez, à San Pedro, la vedette qui traverse la ría.*

L'arrivée en vedette ménage une **vue** pittoresque sur les hautes façades aux balcons de bois peints de couleurs vives. De nombreuses célébrités connaissent l'unique rue du village : un certain Francisco Rabaneda, plus connu sous le nom de **Paco Rabanne,** y naquit en 1934. La voie se faufile entre les maisons et sous leurs voûtes, dévoilant au passage l'église San Juan-Bautista (17e s.), de petits embarcadères charmants ainsi que la maison où Victor Hugo passa quelques jours en 1843 et celle où La Fayette logea en 1787 avant d'embarquer pour l'Amérique. On peut longer la rade jusqu'à l'Océan par le chemin du Phare *(45mn)*.

Ne manquez pas, à Pasai San Pedro, Ondartxo, le Centre de la culture maritime qui perpétue les techniques de construction navale du Pays basque et recrée plus de trente embarcations d'une grande valeur ethnographique ainsi que le drague à vapeur, *Jaizkibel*, ayant fonctionné pendant plus de 50 ans jusqu'à la fin des années 1980.

De même, à côté de l'embarcadère, vous trouverez le thonier Mater. À l'aide d'un parcours guidé sur ce bateau, vous pourrez découvrir une partie de l'histoire maritime. Le centre assure aussi des visites guidées du bateau et de la baie.

*En direction de St-Sébastien, traversez Lezo et prenez la sortie « Errenteria ».*

### Lezo D1

*Office du tourisme - Aial, 2 - 20180 Oiartzun - ✆ 943 494 521 - www.oarsoaldea-turismo.net - 11h-14h, 16h-18h ; Pâques, juil. et août : 9h-14h, 16h-19h* - Village où corsaires et constructeurs navals se partageaient la vedette. Sa basilique Santo Cristo du 16e s. abrite l'une des rares représentations en Europe d'un **Christ imberbe** (13e s.), les autres se trouvant à l'ermitage d'Azitain à **Eibar** et à Cracovie (Pologne). Impressionnante de sobriété et de jeunesse, la statue n'en est que plus émouvante.

### Errenteria (Rentería) D1

*Office du tourisme - Espace ludique culturel San Marcos - San Marko bidea, z/g- 20100 Errenteria - ✆ 943 449 638 - www.oarsoaldea-turismo.net - avr.-oct. 11h-14h, 16h-18h.* Classé « ensemble monumental », le centre médiéval de la cité comprend une dizaine de rues et de ruelles alignant quelques manoirs des 16e, 17e et 18e s. Seul le blason les distingue des autres maisons anciennes, plus communes. Voyez l'hôtel de ville du 17e s., Nuestra Señora de la

Asunción qui conserve un retable néoclassique du 18e s. et un autre, l'« autel des âmes », de la fin du 15e s., ainsi que l'ermitage de Santa María Magdalena, un peu excentré.

### ★★ Donostia/San Sebastián (St-Sébastien) C1

*Voir p. 274.*

## ROUTE DES PLAGES A1 B1-2 C1

*Circuit de 58 km tracé sur la carte de région (p. 272-273) – Comptez 1h. Quittez St-Sébastien par l'A 8 vers Bilbao. Au niveau de la sortie 10, prenez la direction de Pampelune et Vitoria et sortez presque immédiatement à Txikierdi. Prenez ensuite la direction d'Usurbil et suivez la N 634.*

### Orio C1

*Palacio Iturriaga - Kale Nagusia, 17 - 943 830 904 - www.oriora.com - 20 juin-20 sept. et Sem. sainte : lun.-sam. 10h-14h, 16h-20h, dim. 10h-14h ; reste de l'année : mar. 16h-19h, merc.-vend. 9h30-13h, 16h-19h, sam. 9h30-14h, 16h-19h, dim. 10h-14h.*

**Iglesia San Nicolás de Bari** – *À l'orée du quartier médiéval ou Goiko Kale.* Cette église reconstruite à la Renaissance conserve tout de même des allures de forteresse, rappelant l'époque où elle servait de tour de guet.

La rue principale, *Kale Nagusia*, qui la longe, est bordée de maisons anciennes des 15e, 16e et 17e s., souvent blasonnées.

### Parque Natural de Aia Pagoeta B-C 1-2

*943 835 389 - www.aiapagoeta.com - ♿ - juil.-sept. : mar.-vend. 10h-14h, 16h30-18h30, w.-end 10h-14h ; oct.-juin : w.-end et j. fériés 10h-14h - gratuit.*

Le parc naturel de Pagoeta est situé tout près de la côte de Guipúzcoa, à 20 kilomètres à peine de Donostia/San Sebastián. La quasi-totalité de sa superficie appartient à la municipalité de Aia, bien qu'il se trouve à proximité d'autres localités telles que Zarautz, Orio, Getaria, Zumaia, Aizarnabal, Errezil et Asteasu, entre autres. Sur la route de Zarautz, n'hésitez pas à faire un détour par la GI 2631 qui monte à **Aia**. Ombragée, la route ménage de beaux points de vue sur la côte et passe devant le jardin botanique d'**Iturraran**, lequel abrite aires de pique-nique, parcours fléché et surtout la Maison du **parc de Aia Pagoeta**. Vous y trouverez toutes les informations nécessaires pour effectuer quelques randonnées.

*Revenez sur la N 634.*

### Zarautz B1

*Nafarroa, 3 - 943 830 990 - www.turismozarautz.com - de mi-juil. à mi-sept. : lun.-sam. 9h-20h30, dim. et j. fériés 10h-20h ; de mi-avr. à mi-juin : lun.-vend. 9h30-13h, 15h30-19h30 ; reste de l'année : lun.-vend. 9h30-13h, 15h30-19h30, sam. 10h-14h, j. fériés 10h-13h30, 16h-19h30, fermé dim.*

Cette station balnéaire, qui est célèbre depuis que la reine Isabelle II en fit au 19e s. sa villégiature, est agencée dans un site agréable où les collines voisinent avec une immense **plage** sur laquelle les surfeurs ont élu domicile.

Le centre piétonnier est agréablement aménagé. Les façades colorées de la plaza Musika encerclent un joli kiosque ovale doté d'une charpente en bois. Dans la calle Mayor, la **tour Luzea**, munie d'élégantes fenêtres, abrite aujourd'hui une banque. Le **marché** couvert *(lun.-vend. 8h15-13h15, 17h-20h15 ; sam. 8h-13h30)* lui fait face et apporte de l'animation à la ville.

Zarautz a également conservé un **palais**, qui domine la plage, celui du marquis de Narros (16e s.), aux angles agrémentés d'échauguettes. À côté, à l'écart de l'église de Sta María, s'élève le clocher.

**Ensemble archéologique et monumental de Sta María la Real** – *☏ 943 835 281 - www.menosca.com - mar.-sam. 11h-14h, 15h30-18h30, dim. et j. fériés 15h30-18h30 - 1,20 €. - La visite de l'église se fait à heures fixes avec un guide.*

Il comprend la tour-clocher et l'église mitoyenne du 15e s., dans lesquelles ont été mis au jour des sépultures (visibles dans la nécropole avec vidéo et éclairages) et des gisements remontant pour certains à l'âge du fer. La tour présente l'histoire de la Côte basque et de Zarautz et des expositions de peinture d'artistes contemporains. On peut voir aussi, à tous les étages, le mécanisme de l'horloge.

**Photomuseum** – *San Ignacio, 11 - ☏ 943 130 906 - www.photomuseum.es - mar.-dim. 10h-14h, 17h-20h - fermé 1er janv., 26 juin, 9 sept., 25 déc. - 6 € (-18 ans 3 €).*
Espace consacré à l'art de la photographie (paysages, portraits, surréalisme) et à l'histoire de ses techniques, depuis la lithographie jusqu'au numérique avec appareils et clichés à l'appui, en passant par ses applications scientifiques en médecine, botanique, etc.

Après Zarautz, la route, taillée en **corniche★★** au bord de l'Océan jusqu'à Zumaia, devient très pittoresque.

Une promenade bien aménagée de 3,5 km longe la côte pour rejoindre Getaria. On arrive bientôt en vue du rocher *(el Ratón*, « la souris », ou île San Antón) de Getaria.

*Avant d'accéder à ce pittoresque port, faites un détour par l'intérieur des terres sur la route d'Azpeitia.*

## Getaria (Guetaría) B1

*Office du tourisme - Parque Aldamar, 2 - ☏ 943 140 957 - www.getaria.net - ouvert tte l'année - 10h-13h30, 14h30-19h30 - fermé dim. et lun. - demandez le plan de la ville pour la description des façades remarquables.*

Près du *ratón*, péninsule à laquelle le relie une digue, Getaria est un joli petit **port de pêche** réputé pour ses *chipirones* et ses poissons grillés. On n'y part plus pour la pêche à la baleine, ni pour les Indes comme **Juan Sebastián de Elkano**, natif du lieu. Celui-ci ramena des Philippines, où Magellan avait été assassiné, l'unique bateau survivant de l'expédition, concluant ainsi le premier tour du monde (1522).

Les rues piétonnes sont étroites et pavées. L'une d'elles mène à l'**église de San Salvador** (14e-15e s.) dont la curiosité est la pente qui monte vers le chœur. Une ruelle passe sous celui-ci. À l'intérieur, belle galerie de style flamboyant. Fief de la production de *txakoli*, célèbre vin blanc local, Getaria réserve aussi de belles balades entre les vignes pour les amoureux d'espaces verts.

**Museo Balenciaga**

*Parque Aldamar, 6 - ☏ 943 004 777 - juin-sept. : mar.-dim. et j. fériés 10h-20h ; reste de l'année : mar.-jeu. 10h-17h, vend.-dim. et j. fériés 10h-19h - 8 € (-18 ans 5 € ; - 9 ans gratuit).* Le nouveau musée dédié au grand couturier Cristóbal Balenciaga (1895-1972), originaire de Getaria, a ouvert ses portes en juin 2011 après un interminable projet de construction qui aura alimenté la controverse pendant plus de dix ans. Le palais Aldamar (19e s.), ancien lieu de villégiature de l'aristocratie locale, s'est doté d'une annexe contemporaine pour accueillir la collection permanente dédiée au célèbre créateur.

Très belle **vue** depuis le sommet de l'escalator sur le musée, les deux plages et le port de pêche de cette petite ville.

3

**Zumaia** B1

*Kantauri plaza, 13 - 943 143 396 - www.zumaia.net/turismoa - de mi-sept. à mi-juin : 10h-14h, 16h-19h ; horaires d'été : 10h-14h, 16h-20h - fermé 1er janv. et 25 déc.*

À l'embouchure de l'Urola, Zumaia possède deux plages.

La première, **Itzurun**, est enclavée, cernée par les falaises. On y accède, depuis le pied de l'**église de San Pedro** (15e s.) à l'impressionnante nef unique (grand retable de Juan de Anchieta, 16e s.), par un passage bordé de très hauts murs. La meilleure vue sur le géoparc de la Côte basque et ses falaises plissées s'obtient depuis la petite église de San Telmo *(depuis le pied de San Pedro, par la rue San Telmo, prenez la 2e à gauche et suivez-la jusqu'au bout).*

La deuxième plage, **Santiago**, se trouve à l'entrée de la localité. C'est à proximité de celle-ci que vécut le peintre **Ignacio Zuloaga** (1870-1945). Sa maison a été convertie en **musée**, où sont exposées ses œuvres, aux couleurs ardentes, aux tracés vigoureux, illustrant des thèmes réalistes et populaires, mais aussi sa collection personnelle (tableaux du Greco, de Goya, de Zurbarán, de Luis Morales, ainsi que des sculptures de Rodin). *Santiago Etxea - 943 143 396 - www.ignaciozuloaga.com - avr.-sept. : merc.-sam. 16h-20h, dim. 11h-14h - fermé lun., mar. et oct.-mars - 6 €.*

*Après Zumaia, faites un détour à l'intérieur des terres par la GI 631 jusqu'à Zestoa.*

**Zestoa** (Cestona) B2

Cette petite station thermale dut sa renommée au 19e s. à l'infant Francisco de Paula Antonio, frère de Ferdinand VII. Très fréquenté jusqu'à la Guerre civile, l'établissement des bains de la ville est encore en activité aujourd'hui.

*Revenez sur vos pas jusqu'à la N 634 et prenez à gauche pour atteindre Itziar.*

**Itziar** (Icíar) B1

Le sanctuaire-forteresse Nuestra Señora renferme, dans un retable en bois, une souriante Vierge romane du 12e s. habillée d'un manteau somptueux.

**Deba** B1

À l'embouchure du Deba, on découvre ce petit port de pêche. L'**église de Santa María** cache, sous le porche de sa façade fortifiée, un beau **portail gothique**a dont la statuaire montre beaucoup de naturel. Son cloître présente des arcades composites.

*À Deba, prenez la GI 638.*

Sur le trajet en **corniche★** de Deba à Lekeitio, du promontoire qui ferme l'estuaire du Deba, **vue★** splendide sur la côte.

★ **Mutriku** (Motrico) A1

*Pl. Txurruka/Churruca - 943 603 378 - www.mutriku.net - juil.-août et Sem. sainte : tlj 10h-14h, 16h-18h ; reste de l'année : mar.-sam. 11h-13h, 16h-18h, dim. et j. fériés 10h-14h - fermé 1er et 6 janv., 24, 25 et 31 déc.*

Mutriku s'honore de posséder l'une des plages les plus enchanteresses de la Côte basque, la **plage de Saturraran**, que l'on rejoint en empruntant la route qui mène à Ondarroa.

Son centre ne manque pas d'attrait non plus, entre ses maisons blasonnées et ses ruelles mystérieuses. Voyez notamment le palais Arrietakua (18e s.) à l'avant-toit joliment sculpté ou le palais Zabiel aux colonnes torsadées. Vous apercevrez aussi le magnifique blason du palais Olazarra-Mizquia (17e s.).

*Poursuivez jusqu'à Ondárroa (voir p. 337).*

## NOS ADRESSES SUR LA CÔTE DE GUIPÚZCOA

### HÉBERGEMENT

#### POUR SE FAIRE PLAISIR

**À Getaria**

**Hôtel Urki** - *Askizu Auzoa - ✆ 943 140 049 - www.urkitxakolina.com - P - 3 ch. 100/140 €.* Au cœur des vignobles, ce domaine producteur de *txakoli* propose trois chambres mansardées, décorées dans un style contemporain et offrant de belles vues sur les vignes.

**À Zumaia**

**Hôtel Zelai** – *Playa de Itzurun - ✆ 943 865 100 - www.talasozelai.com - 26 ch. 97/128 € - ☕ 10,70 € - rest. 18 €.* Dans cet hôtel, qui abrite un centre de thalassothérapie, les chambres fonctionnelles sont lumineuses et la moitié d'entre elles bénéficient de belles vues.

### RESTAURATION

#### BUDGET MOYEN

**À Getaria**

**Mayflower** – *Katrapona, 4 - ✆ 943 140 658 - fermé nov.-déc. - 12/35 €.* La terrasse surplombe le petit port de pêche. Les poissons sont grillés sous vos yeux par un chef affairé ! Et les *calamares a la plancha* sont dignes de leur réputation.

#### POUR SE FAIRE PLAISIR

**À Getaria**

**Iribar** – *Nagusia 34 - ✆ 943 140 406 ou 943 140 451 - fermé 10 j. en avr., juin, oct. et nov. - 25/50 € - 5 ch. 55/65 €.* Situé dans la vieille ville, ce restaurant propose une carte de spécialités basques riche en produits de la mer.

**El Astillero** – *C/Portua, 1 - ✆ 943 140 412 - fermé dim. soir et mar. soir - 40/50 €.* Véritable cantine familiale où l'on se régale de poissons grillés à la braise. Contrairement à ses concurrents sur le port, cet établissement n'a pas de terrasse, mais c'est là qu'on déguste les produits les plus frais.

**À Irún**

**Ibaiondo** – *Joaquín Tadeo Murjía - ✆ 943 632 888 - fermé dim. soir et lun., 15 j. en fév. et 1er-27 août - 20/40 €.* Restaurant bien tenu par son chef propriétaire. Décoration simple et belle carte traditionnelle et internationale.

### SPORTS & LOISIRS

**À Zarautz**

**Alitan-Sub** – *Aritzbatalde, 2 - ✆ 943 132 647 - www.alitan-sub.com.* Pêche sous-marine ou sportive, cours d'apnée, conférences sur l'Océan, promenades en mer... pour débutants et confirmés.

**À Mutriku**

**Buceo Euskadi** – *Iriagirre, 4 - ✆ 943 195 088 ou 617 333 003 - www.buceoeuskadi.com.* Pour ceux qui veulent débuter en plongée, programme « À la découverte de la plongée » très bien pensé. Sorties en mer (tous niveaux).

**Route du Flysch** – *www.flysch.com - rens. à l'office de tourisme.* Randonnées (4h) sur les falaises spectaculaires de la côte ou excursions en bateau (1h15) entre Mutriku, Deba et Zumaia, pour explorer des millions d'années d'histoire géologique.

**À St-Sébastien**

**Begi-Bistan** – *Puio, 2-2B - ✆ 657 794 677 - www.begi-bistan.com.* Parmi les propositions les plus intéressantes de cet organisme de loisirs : visite culturelle de Zumaia, Getaria et Orio, trekking côtier, sorties naturalistes et activités nautiques (kayak, bateau, plongée, etc.).

# Fontarabie

**Fuenterrabía/Hondarribia**

★★

16 458 habitants

## NOS ADRESSES PAGE 297

### S'INFORMER

**Offices de tourisme** – *C/Minatera, 9 - ✆ 943 645 458 - www.bidasoaturismo. com - juil.-sept. : mar.-dim. 10h-13h30, 15h30-20h ; reste de l'année : mar.-sam. 10h30-13h30, 17h-20h, dim. 10h-14h - fermé 1er et 7 janv., 8 sept., 24, 25 et 31 déc.*

Dans l'annexe située à Arma Plaza, 9 (*✆ 943 643 677*), vous trouverez un minimusée ainsi que des livres et des ressources historiques sur la ville.

### SE REPÉRER

Carte de région D1 (p. 272-273) – carte Michelin n° 573 B 24. Fontarabie occupe une position stratégique sur l'embouchure de la ría de la Bidassoa, face au port français d'Hendaye. Son vieux quartier s'accroche à une colline tandis que la marina, quartier animé de pêcheurs, fait face à la mer.

### SE GARER

Au pied des remparts.

### À NE PAS MANQUER

Le vaste panorama depuis l'ermitage de San Marcial.

### ORGANISER SON TEMPS

Flânez dans la vieille ville jusqu'à l'heure des tapas dans le quartier des pêcheurs, plus particulièrement dans la calle San Pedro où l'ambiance est très festive !

### AVEC LES ENFANTS

Une promenade en bateau.

**Séparée d'Hendaye par l'estuaire de la Bidassoa, Fontarabie a choisi l'un des plus beaux paysages côtiers du Guipúzcoa pour s'établir. Le charme de cette station balnéaire ne se limite pas à ses plages. Elle a conservé un vieux quartier fortifié aux ruelles tortueuses qui s'appréhende le nez en l'air, pour ne manquer aucun détail architectural de ses vieilles maisons. Son port, quant à lui, n'a rien perdu de son authenticité et nombreux sont les autochtones ou les Français venus « tapear » dans ses nombreuses tavernes.**

## Se promener

**VIEILLE VILLE** (Ciudad Vieja)

★ **Calle Mayor** (Grand-rue)

Étroite rue très pittoresque, bordée de maisons anciennes aux balcons de fer forgé et corniches en bois sculpté. Voyez plutôt : les galeries des nos 26, 24, 22 ;

Maisons typiques de Fontarabie.
N. Thibaud / Photononstop

les blasons de la casa Consistorial au n° 28 ; les poutres travaillées du palais Zuloaga au n° 8 ; et la très belle porte ouvragée de la maison de Casadevante au n° 5, là où fut négociée la trêve du siège de 1638.



**Iglesia Sta María de la Asunción y del Manzano**
(Église Notre-Dame-de-l'Assomption et du pommier)
Gothique, remaniée au 17e s. (tour baroque), l'église de Sta María est un édifice imposant étayé à l'abside par d'épais contreforts. C'est là que le 3 juin 1660, six jours avant la cérémonie solennelle à St-Jean-de-Luz, don Luis de Haro, ministre espagnol, épousa par procuration, au nom de Louis XIV, l'infante Marie-Thérèse. L'église tient son nom de la vierge sur l'autel qui tient une pomme entre ses mains. On raconte que cette pomme serait le symbole du cidre, boisson qui apportait la force nécessaire aux marins lors de leurs excursions en mer.

**Castillo** (Château)
Le château de Charles Quint fut construit au 10e s. par le roi de Navarre Sanche II Abarca (vers 935-994). Charles Quint le fit restaurer au 16e s. Aménagé en *parador* (hôtel de luxe), il donne sur la place d'armes, qui offre une belle vue sur la mer.

**MARINA**

*Le quartier des pêcheurs et la nouvelle ville qui s'étage derrière lui se déploient le long de la ría.*

**Calle San Pedro**
Bordée de maisons de pêcheurs aux balcons et aux volets de bois rouges, verts ou bleus,

**DES VIKINGS BASQUES ?**
Au cours d'un de leurs raids, des Vikings se seraient installés du côté de Fontarabie et y auraient laissé une descendance… C'est du moins ce que veut une légende locale qui explique ainsi le nombre anormalement élevé de têtes blondes dans la ville… dont les habitants ont pour sobriquet : *los Vikingos*.

**VILLE FRONTALIÈRE ET PORTUAIRE**

Du fait de sa situation stratégique en bord d'estuaire, Fontarabie n'a eu d'autre choix que de se fortifier très rapidement pour protéger sa position. Les plus anciennes traces de fortifications remontent ainsi au 7e s. Les remparts actuels datent quant à eux du règne des Rois Catholiques (fin 15e s.), et ils se révélèrent par la suite fort utiles pour résister aux assauts d'ennemis désireux de posséder ce port florissant qui commerçait avec les Flandres et l'Europe entière.

cette rue dégage une atmosphère de gaieté communicative. C'est ici comme dans les rues adjacentes que se concentrent tavernes et bars à tapas.

Trois rues la séparent du front de mer, caractérisées par des immeubles de taille modeste, dont les boutiques ont parfois deux entrées, l'une sur l'avant, l'autre sur l'arrière.

**Front de ría** (Front de mer)

Sans charme particulier en raison des immeubles en béton qui le ponctuent, le front de mer se déroule jusqu'au port de plaisance en longeant à un moment une sorte de jetée dont les pierres sont couvertes de croquettes pour chats (ces animaux y viennent en nombre).

**Plage** – Depuis la plage, on voit les bateaux de pêche sortir du port. Les jeunes viennent y décortiquer des *pipas* (graines de tournesol) et les retraités y promener leur chien.

**Port de plaisance** (Marina) – Belle **vue**, à travers une forêt de mâts, sur la vieille ville et le clocher de Sta María. À voir en fin de journée avec la chaîne des Pyrénées en toile de fond.

**UNE BATAILLE MÉMORABLE EN 1638**

Pendant la guerre de Trente Ans, la ville subit l'assaut des troupes françaises de Condé deux mois durant. Elle ne dut son salut qu'à l'intercession de Notre-Dame de Guadalupe : ses défenseurs tentèrent une sortie et parvinrent à chasser l'armée française. En souvenir de cet épisode et pour honorer la Vierge, Fontarabie organise chaque année une *alarde* (sorte de parade militaire) le 8 septembre *(voir « Nos Adresses » ci-contre).*

## À proximité Carte de région p. 272-273

### Santuario Nuestra Señora de Guadalupe D1

*4 km à l'ouest par la GI 3440, en direction de Pasai Donibane par le Jaizkibel. Laissez votre voiture au parking de l'église.*

Cette chapelle, que jouxte l'enceinte d'un ancien fort, est le centre de convergence d'un vaste réseau de randonnées, allant du cap Higuer *(voir ci-après)* au mont Jaizkibel *(voir « la Côte de Guipúzcoa »).* La promenade menant à ce dernier commence par une pente très inclinée et emprunte ensuite les crêtes, révélant d'époustouflantes **vues★★** sur le littoral et la mer *(4 km - balisage blanc-rouge).*

**Cabo Higuer** (Cap du Figuier) D1

*4 km au nord. Quittez Fontarabie par la plage. Prenez la route de gauche.* En montant parmi les villas vers le cap, la route offre une belle **vue★** sur la plage, la ville et la jetée. De l'extrémité du cap, on distingue la côte française et Hendaye.

## NOS ADRESSES À FONTARABIE

### VISITES

**Excursions Jolaski** – *Paseo Butrón - ✆ 639 617 898 - www.jolaski.com.* Visite guidée de Fontarabie pour les groupes et promenades en bateau. Trajet en bateau de Fontarabie à Hendaye - *1,60 €.*

### HÉBERGEMENT

#### BUDGET MOYEN

**Chambre d'hôte Maidanea** – *Barrio de Arkoll - Santiago Auzoa - ✆ 943 640 855 -* - P *- 6 ch. 54/65 € - 5,50 €.* Les propriétaires ont insufflé un style particulier à cette maison de campagne, avec un salon-bibliothèque et des chambres modernes.

#### POUR SE FAIRE PLAISIR

**Hôtel Obispo** – *Pl. del Obispo, 1 - ✆ 943 645 400 - www.hotelobispo.com - 16 ch. 105/140 € -* Cet hôtel de charme est installé dans un palais des 14e-15e s. Les chambres combinent avec bonheur le bois des poutres et la pierre des murs pour créer une ambiance très accueillante.

#### UNE FOLIE

**Parador de Hondarribia** - *Plaza de Armas, 14 – ✆ 943 645 500 - www.parador.es - 34 ch. 233 €.* Installé dans un château du 10e s., ce somptueux parador propose des chambres de caractère.

### RESTAURATION

#### PREMIER PRIX

**Gran Sol** – *San-Pedro, 65 - ✆ 943 642 701 - fermé lun. et 1 sem. en sept.- tapa 3 €.* Dans ce restaurant néorustique de tradition, vous pourrez déguster au comptoir de délicieuses brochettes très bien préparées.

#### POUR SE FAIRE PLAISIR

**Restaurante Kaialde** – *Itsasargi, 8 - ✆ 943 644 622 ou 619 960 770 - www.restaurantekaialde.net - 29 € - fermé dim. soir et lun.* Oscar González, le chef, propose une superbe aventure gastronomique. Jeu des saveurs et respect des matières premières sont son *modus vivendi.*

**Sebastián** - *C/Mayor, 11 - ✆ 943 640 167 - www.sebastianhondarribia.com - fermé dim. soir et lun. - 45 €.* Restaurant installé dans une demeure du 16es. Succulents plats élaborés avec des produits de saison et pleins de créativité.

**Ramón Roteta** – *Irún, 1 - ✆ 943 641 693 - www.roteta.com - fermé fév., dim. soir et mar. - 35 €.* Belle villa du début du 20e s. pleine de charme : classicisme raffiné et ambiance élégante.

#### UNE FOLIE

**Alameda** – *Minasoroeta, 1 - ✆ 943 642 789 - www.restalameda.com - fermé 24 déc.-6 janv., dim. soir, mar. soir et lun. – 38/87 €.* Restaurant familial dont la cuisine a su s'adapter aux temps modernes.

### AGENDA

**Fête de la Kutxa** – (25 juil.).
**Alardes d'armes** – (8 sept.).

3

# Tolosa

★

18 888 habitants

NOS ADRESSES PAGE 303

**S'INFORMER**
**Office de tourisme** – *Sta María plaza, 1 - ✆ 943 697 413 - www.tolosaldea.net - lun.-sam. 10h-13h30, 15h30-19h, dim. 10h-14h.*

**SE REPÉRER**
Carte de région C2 (p. 272-273) – carte Michelin n° 573 C 23. Étape incontournable sur la route reliant St-Sébastien à l'intérieur des terres (Vitoria ou Pampelune), Tolosa est accessible depuis la côte par la N 1 (26 km).

**SE GARER**
Le vieux centre étant piétonnier, mieux vaut vous séparer de votre voiture dès que vous le pouvez.

**À NE PAS MANQUER**
Le marché couvert du samedi le long de la rivière.

**ORGANISER SON TEMPS**
Tolosa constitue un point de rayonnement idéal pour découvrir la vallée de l'Oria. Passez-y une matinée avant de partir en excursion.

**Réputée pour être un bastion du séparatisme basque, Tolosa est aussi une ancienne ville industrielle de pâte à papier. Son centre historique abrite demeures anciennes, palais, églises ainsi qu'un moulin récemment restauré. Vous prendrez plaisir à arpenter ses marchés colorés et animés. Ne manquez pas de goûter les haricots qui font sa célébrité !**

## Se promener

### ★ VIEILLE VILLE (Casco Viejo)

Le quartier historique est délimité au sud par la Triangulo plaza, à l'est par le río Oria et à l'ouest par la calle Rondilla, un ancien bras de la rivière. Il demeure le cœur de la cité, là où commerces et marchés entretiennent une animation quotidienne.
*Départ depuis la Triangulo plaza.*

**Triangulo plaza** (Place du Triangle)
Elle est reconnaissable à son plan et surtout à l'œuvre du sculpteur **Jorge Oteiza**, *Atauts*, qui précède la porte de Castille donnant accès au quartier historique.
*Prenez tout droit Zerkausia kalea.*

**Halles**
Érigées au 19e s., elles bordent un alignement de façades colorées ainsi que la rivière voisine. Le marché aux produits locaux s'y tient tous les samedis.
*Au bout de la calle Solana, tournez à gauche.*

### UNE POSITION STRATÉGIQUE

Fondée en 1256 par Alphonse X de Castille, dit « le Sage », et baptisée en hommage à Toulouse, Tolosa fut dès l'origine contrainte de se fortifier du fait de sa situation sur le couloir de passage entre la côte et la Navarre qu'est la vallée de l'Oria. Mais l'avantage qu'elle en tirait compensait les agressions et les invasions puisqu'elle prélevait un droit de péage qui fit sa richesse.

### Plaza Zaharra

Le drapeau basque flotte au balcon de l'*Ayuntamiento* (hôtel de ville) aux briques roses (17e s.), qui partage la place avec de vieilles demeures baroques et blasonnées. Face à elles s'étale la vitrine du chocolatier Xaxu, qui organise les visites au **musée de la Confiserie** (Museo de la Confitería), dans la rue voisine de Letxuga. *✆ 943 697 413 - www.gorrotxategi.com - août, Sem. sainte et j. fériés : tlj 10h-13h30, 15h30-19h30 ; reste de l'année : lun.-sam. 10h-14h, 15h30-19h, dim. 10h-14h - gratuit, visite guidée en français, espagnol, anglais et basque à 12h et 17h30 (sur réserv.), dégustation d'un chocolat chaud à la fin de la visite - 1,50 €.*

*Prenez la rue qui part sur la droite de la mairie pour aboutir à Sta María plaza.*

### Église Sta María

D'extérieur baroque (1761), l'édifice déploie à l'intérieur une architecture gothique basque.

*En sortant de l'église, prenez la rue de droite qui mène à la rivière.*

### Bords d'Oria

Le palacio Idiakez du 17e s. donne la réplique à la façade mi-ancienne, mi-moderne du palacio Aramburu (17e s.), reconverti en centre d'expositions.

*Rejoignez Andre María plaza et engagez-vous dans la kale Emperador. Au bout se trouve la Felipe Gorriti plaza, prenez la kale Nagusia à gauche.*

### Kale Nagusia (rue principale)

Représentative des rues de la vieille ville, cette artère est bordée de façades anciennes dont la plus significative est celle du **palacio Atodo** (16e s.) au n° 33, que vous repérerez à son blason et son double avant-toit.

En remontant la rue, à droite, vous passez devant la torre Andia (15e s.) puis la Berdura plaza.

### ★ Berdura plaza

Une halle couverte d'une **verrière** occupe le centre de la place entourée de maisons à arcades. C'est ici que se tient chaque samedi le marché aux fleurs.

### DU PAPIER AU BÉRET

En partie détruite par les Français en 1794, la ville retrouva une certaine prospérité avec l'industrialisation. La première usine de papier ouvrit en effet ses portes en 1842 et la ville prit le surnom de « cité papetière ». Cette industrie a aujourd'hui presque disparu, ce qui ne signifie pas que toutes ont périclité, car la ville a su se diversifier, avec notamment la création du polygone d'Apattaerreka. Y perdure une activité traditionnelle, dont la popularité ne se dément pas : la fabrication de **bérets**. On continue à dire que ce sont les meilleurs du pays.

3

*Traversez-la et prenez à gauche dans la kale Korreo, puis à droite dans la kale Letxuga. Encore à droite, empruntez la kale Aroztegieta pour arriver enfin sur la plaza Euskal Herria (marché le samedi matin).*

### Euskal Herria plaza

Bordée d'arcades de style néoclassique, cette place accueille un marché chaque samedi matin.

*Reprenez la kale Rondilla pour revenir à la Triangulo plaza.*

Pour prolonger la promenade, n'hésitez pas à flâner dans les autres rues parallèles à la kale Korreo.

TOPIC, le Centre international de la marionnette de Tolosa - *www.topictolosa.com*

## À proximité Carte de région p. 272-273

### ★ Ordizia B3

*14 km au sud par la N 1.*

*Centro d'Elikatuz - Casa Barrenetxe, Sta María, 24 (le point touristique est situé au rdc du Centre de l'alimentation) - 943 882 290 - lun.-vend. 10h-13h, 16h-18h, w.-end. et j. fériés 11h-14h, 16h-19h - fermé 1er et 6 janv., 25 déc.*

Porte de la *comarca* (région) de Goierri, Ordizia renferme un agréable quartier historique en surplomb de la gare. Il compte plusieurs demeures notables, telles que le palais Barrena du 17e s., le palais Zabala reconnaissable à son balcon ouvert sur une double-fenêtre en arcs, ou encore le palais Abaria à l'angle de la plaza Mayor, dont la halle fut inaugurée en 1925. Cette dernière accueille l'un des plus grands marchés du Guipúzcoa.

**Centro de la Alimentación y de la Gastronomía d'Elikatuz** (Centre de l'alimentation et de la gastronomie d'Elikatuz) – *Juste à côté du palais Barrena.* t *943 882 290 - www.delikatuz.com - lun.-vend. 10h-13h, 16h-19h, w.-end 11h-14h, 16h-19h - 3 € (-12 ans 2 €).* Chacun des trois niveaux de ce musée moderne aborde un angle différent de la culture culinaire locale : le premier présente les villages de la *comarca* ; le deuxième, l'histoire de l'alimentation et l'art de bien doser ses repas (amusant plateau-repas à composer soi-même) ; quant au troisième, il recense les spécialités régionales.

### Beasain/Beasáin B3

*18 km au sud-ouest par la N 1.*

Cette importante cité industrielle ne séduit pas au premier abord. Mais, en prenant la direction de Zumarraga dans le centre-ville, vous passerez à proximité de ce qui subsiste du hameau médiéval entouré d'immeubles modernes. Il s'agit, dans le *barrio* (quartier) de Igartza, de quelques **maisons anciennes** (13e-15e s.), dont certaines à pans de bois, qui se répartissent de part et d'autre de la rivière enjambée par un vieux pont. Souvent abandonnées, elles sont parfois hélas assez dégradées, même si les lieux sont en train d'être remis en valeur.

À droite de la route seront fléchés deux sanctuaires : celui de N. S. de Loinaz, sorte de petite chapelle campée à côté d'une maison et, plus loin, la basilique de San Martín.

# Circuits conseillés Carte de région p. 272-273

## LE GOIERRI OUEST B3

*Circuit de 27 km tracé sur la carte de région (p. 272-273) – Comptez 2h. Quittez Beasain par la N 1 en direction d'Altsasu/Alsasua et Vitoria, et sortez à l'échangeur 416 pour suivre la GI 2637 en direction d'Idiazabal.*
*Goitur - Industrial Pab. 18 - 20240 Ordizia - ✆ 943 161 823 - www.goierriturismo.com - lun.-vend. 10h-13h, 16h-19h, w.-end et j. fériés 11h-14h, 16h-19h.*

### Idiazabal

Le nom évoque un célèbre fromage de brebis, mais il correspond d'abord à un petit village tranquille, parsemé de quelques maisons des 13e et 14e s. Sur ses hauteurs se trouve le sanctuaire de **Sta María de Gurutzeta**★ *(fléché à partir de l'église)*. Accolé à une maison *(demandez la clé)*, il séduit par son charme rustique (la charpente est en bois brut, les fenêtres sont fermées par des volets), sa Vierge du 13e s. et son retable du 16e s. Il offre le prétexte de découvrir les pâturages puisque fermes traditionnelles et prés se succèdent dans la montée.

Idiazabal est le berceau du fromage Idiazabal. Vous pouvez visiter le **musée du Fromage** et la **fromagerie Aranburu**.

*Suivez la GI 2637 pour rejoindre Segura.*

### Segura

Charmant bourg perché qui conserve de ses anciens remparts deux portes ouvertes vers les monts alentour. Ses rues sont pavées et bordées de demeures autrefois prospères. La plus intéressante est celle des Guevara, identifiable à ses blasons et ses gargouilles. Elle se situe sur la calle Mayor *(Nagusia Kalea)* à quelques pas de la jolie église fortifiée N. S. de la Asunción (portail Renaissance). Voyez également le palais Ardixarra reconverti en office de tourisme et musée médiéval.

*Poursuivez sur la GI 2637.*

### Zegama

Bâtiments modernes et anciens se partagent le village, au cœur duquel se dressent la mairie à arcades et l'église au portail Renaissance. Ce village vous ouvre les portes du Parc naturel de Aizkorri et du musée lié au parc.

*Revenez sur vos pas et, après environ 3,5 km, prenez à gauche la GI 3520.*

### Zerain

Ce hameau isolé dans la montagne conserve quelques maisons typiques comme le palais Jauregui, caractéristique de l'architecture rurale basque. Il se dresse non loin de la place de l'église (13e s., refaite au 18e s.).

**Musée** – *✆ 943 801 505 - www.zerain.com - lun.-vend. 10h30-13h30, 15h30-18h30, w.-end 11h-14h, 16h-19h - 3 €.* Une vidéo de 14mn présente la démarche des habitants qui ont voulu préserver leur patrimoine et sauvegarder leurs traditions. Le résultat est visible au grenier où panneaux et objets expliquent le travail du bois, de l'élevage, de l'agriculture, du fromage, de la chasse, etc. À visiter : la scierie hydraulique et le complexe minier de Aizpea.

*Reprenez la GI 2637, dépassez Segura et prenez sur votre gauche la GI 3571 menant à Mutiloa puis la GI 3572 vers Ormaiztegi.*

### Ormaiztegi

**Museo Zumalacárregui** – *✆ 943 889 900 - mars-oct. : merc.-dim. 10h-14h, 16h-19h ; nov.-fév. : merc.-vend. 10h-14h, w.-end et j. fériés 10h-14h, 16h-19h - 1,20 €, jeu. gratuit.* Installé dans une maison traditionnelle du 18e s., ce musée retrace l'histoire du Pays basque au moment des guerres carlistes et du mouvement libéral qui s'est développé dans les provinces au 19e s. Une vidéo de 10mn en castillan et des reproductions de gravures ponctuent la visite d'un lieu qui honore un héros de la cause carliste.

*Revenez à Beasain en suivant la GI 632 puis la N 1.*

## VERS LE PARC NATUREL D'ARALAR B3

*Circuit de 15 km tracé sur la carte de région (p. 272-273) – Comptez 1h. Au départ de Beasain, franchissez la N 1 pour rejoindre Lazkao.*

### Lazkao

Ce bourg rassemble quelques beaux monuments *(aucun ne se visite)* autour de l'église San Miguel (16e s.). Au plus près d'elle, le **palacio del Infantado** (**palais de l'Infant**) est entouré d'un beau jardin. Admirez sa façade et son entrée, organisée en trois parties.

*Suivez la GI 2120.*

### Ataun

Le village s'étire en fond de vallée et s'éparpille le long de l'Agauntza en divers quartiers. À l'entrée de celui de San Gregorio, arrêtez-vous à la **maison Sare** (Sara). Contre son mur et devant elle sont disposées des œuvres d'art moderne en métal oxydé qui reprennent la forme des stèles discoïdales traditionnelles, avec des formes découpées à l'intérieur *(voir p. 76)*. Elles sont signées Jon Iturrarte Artola et ont été réalisées en 1990 pour le centenaire de l'anthropologue **Joxemiel (José Miguel) de Barandiarán** (1889-1991), natif du village *(voir sa biographie p. 196)*. Un musée, le **Museo Barandiaran**, se consacre à son œuvre et à la mythologie basque. *✆ 943 180 335 - mar.-sam. 10h-14h, 16h-19h, dim. 10h-14h (horaires provisoires) - 2 € (enf. 1 €).*

*Poursuivez sur la GI 2120 jusqu'au col de Lizarrusti.*

**Centre d'interprétation du Parc de Aralar** – *✆ 953 582 069 - www.lizarrusti.com - ♿ - mar.-dim. 10h-13h, 16h-19h - gratuit.* La flore et la faune y sont présentées, ainsi qu'une maquette du parc où passe la ligne de partage des eaux du Pays basque. Vous pourrez vous y procurer des cartes de randonnées. Certains parcours dédiés à la mythologie partent d'ici. Des excursions à pied dans le parc sont organisées le week-end *(se renseigner)*.

Comptez 2h AR pour aller au **lac de Lareo**.

## NOS ADRESSES À TOLOSA

### HÉBERGEMENT

#### POUR SE FAIRE PLAISIR

**Hôtel Oria** – *Oria, 2 - ✆ 943 654 688 - www.hoteloria.com - 45 ch. 85/90 € - ☕ 8 €.* Hôtel fonctionnel et confortable. Les chambres sont réparties dans deux bâtiments, l'un de construction moderne et l'autre datant du début du 20e s., qui ressemble à un chalet. Vaste restaurant, type rôtisserie, meublé de longues tables et décoré de tonneaux de cidre.

### RESTAURATION

#### PREMIER PRIX

**Botarri** – *Oria, 2 (Bajo) - ✆ 943 654 921 - fermé dim. - 16/27 €.* Ce restaurant se trouve dans l'hôtel Oria mais sa gestion est totalement indépendante. Son décor intérieur, où domine le bois, rappelle celui d'une cidrerie traditionnelle. En cuisine, le chef utilise les produits de saison et élabore des menus équilibrés très bien présentés.

#### POUR SE FAIRE PLAISIR

**Fronton** – *San Francisco, 4 - ✆ 943 652 941 - www.restaurantefronton.com - fermé fêtes de Noël, dim. soir, mar. soir et lun. - 20/55 €.* Cet établissement occupe un édifice de 1930 de style rationaliste, avec accès direct à un fronton. Bar à *pintxos* (tapas basques) au rez-de-chaussée ; restaurant Art déco à l'étage.

**Hernialde** – *Martín José Iraola, 10 - ✆ 943 675 654 - fermé 3 sem. en août, 10 j. en déc., mar. soir et merc. - 29/37 €.* Établissement familial doté d'un petit bar et d'une salle claire au sol en parquet. Cuisine savoureuse aux accents basques et élaborée à base de produits naturels.

### FAIRE UNE PAUSE

**Pastelería Eceiza** – *Pablo Gorosabel, 34 - ✆ 943 655 161 - pastecei2A@euskalnet.net - 8h-20h30.* Ne quittez pas Tolosa sans avoir visité la délicieuse Pastelería Eceiza et goûté ses exquis *tejas y cigarrillos* (tuiles aux amandes et cigarettes russes). La boutique, qui existe depuis 1924, vend également de savoureux tourons, truffes et tartes artisanales. Sur place, vous pourrez déguster un café.

### ACHATS

**Marché** – *sam. matin.*

**Artzai-Gazta (Queso de Pastor)** – *Kale Nagusia, 37 - Idiazabal - ✆ 943 187 129 - www.artzai-gazta.net.* La coopérative Artzai-Gazta regroupe 120 fromagers du Pays basque espagnol et de Navarre. Plus connue sous le nom de Casa del Pastor (Maison du berger), elle est à la fois un centre d'information sur la fabrication du fromage de brebis Idiazabal et un lieu de vente. Profitez de votre passage pour en acheter, car il n'est pas toujours facile d'en trouver en France…

**Boinas Elosegui** – *Avda Iruña Etorbidea (avda de Pamplona), 10 - Tolosa - ✆ 943 670 566 - www.boinaselosegui.com.* Cette illustre maison fabrique depuis 1853 les fameuses **boinas (bérets)** qui coiffent traditionnellement les bergers basques…

### AGENDA

**Carnaval de Tolosa** – (6 jours en février).

**Festival de marionnettes** – (Nov.-déc.).

# Sanctuaire de Saint-Ignace-de-Loyola

**Santuario de San Ignacio de Loiola**

★

NOS ADRESSES PAGE 307

**S'INFORMER**
**Office du tourisme d'Oñati** *(voir p. 308).*

**SE REPÉRER**
Carte de région B2 (p. 272-273) – carte Michelin n° 573 C 23. On accède au sanctuaire, au sud-ouest de St-Sébastien, par la N 1 au sud *via* Tolosa et Azpeita, ou bien par la côte, en prenant à la hauteur de Zumaia, la GI 631.

**SE GARER**
Devant le sanctuaire de St-Ignace-de-Loyola.

**ORGANISER SON TEMPS**
Le sanctuaire et la visite de ses environs peuvent faire l'objet d'une bonne journée d'excursion depuis la côte, avec par exemple la découverte de la ville et de ses musées en matinée, et celle des vallées avoisinantes l'après-midi.

**AVEC LES ENFANTS**
Le passionnant musée du Chemin de fer et le musée de l'Environnement.

**Dans un écrin de verdure entouré du massif d'Izarraitz se dresse le monumental sanctuaire dédié à saint Ignace de Loyola, fondateur de l'ordre des Jésuites. Sa maison natale, un manoir médiéval relativement modeste, est conservée comme une relique au centre du vaste complexe baroque qui l'englobe. Situé en bordure du fleuve Urola, le site attire de nombreux visiteurs venus contempler ce singulier ensemble architectural, ainsi que des catholiques à la recherche d'une retraite spirituelle.**

## Se promener

★ **Santuario San Ignacio de Loiola** (Sanctuaire St-Ignace-de-Loyola) B2
*943 025 000 - www.santuariodeloyola.org - tlj 10h-13h, 15h-19h (visite de la maison natale : mar.-sam. 10h-12h30, 15h-18h15) - 2 €.*
Près d'Azpeitia, à côté de l'ancien manoir de la famille de saint Ignace, les jésuites construisirent à la fin du 17e s., sur les plans de l'architecte romain Carlo Fontana, un **sanctuaire**, devenu un important lieu de pèlerinage.
De grandes solennités s'y déroulent le 31 juillet, jour de la St-Ignace.
★★ **Basilique** – On doit ce splendide exemple d'architecture baroque aux plans de Fontana, retouchés par Martin de Zaldua. Son inauguration eut lieu en 1738. Ne manquez pas d'étudier de près le **maître-autel★**, churrigueresque

Basilique de Saint-Ignace-de-Loyola.
*B. Boensch / Age fotostock*

(ce style, interprétation espagnole du baroque, a pris le nom de la célèbre fratrie d'artistes et d'architectes, réputée pour la profusion de ses torsades et de son ornementation), dessiné par Ignacio de Ibero. La richesse de sa marqueterie de pierre ne cesse d'impressionner le visiteur, quels que soient ses goûts. Une statue en argent de saint Ignace trône en son centre depuis 1758. Circulaire, elle est surmontée d'une vaste coupole (65 m de haut) construite par **Joaquín de Churriguera** (1674-1724).



**Santa Casa** (Palais de saint Ignace) – Accolée à la basilique et enchâssée dans les bâtiments du sanctuaire, se trouve la demeure familiale de saint Ignace (1491-1556). Au premier niveau, on aperçoit les meurtrières de la tour du 15e s. La plupart des pièces ont été transformées en chapelles et surchargées de décorations. On voit ainsi la chambre où Ignace naquit, celle où il passa sa convalescence et où il se convertit. La visite se prolonge par un diorama sur la vie du saint et des panneaux sur la Compagnie de Jésus, qu'il fonda en 1534.

Le complexe abrite également un centre de spiritualité, une auberge de jeunesse, un hôtel, une bibliothèque et une station de radio.

**Museo de Medio Ambiente** (Musée de l'Environnement)

*Depuis le sanctuaire de St-Ignace-de-Loyola, franchissez la rivière et longez-la en direction d'Azpeitia. Loiola-Auzoa, 1 - ✆ 943 812 448 - www.ingurugiroetxea.org - ♿ - lun.-vend. 10h-13h, 15h-17h30, sam. 10h-13h30, 15h30-17h30, dim. 10h-13h30 - fermé j. fériés - gratuit.*

Autrefois musée des Enfants, ce Centre d'interprétation de l'environnement a ouvert ses portes en 1998 dans l'ancienne casa Egibar. Quatre salles sur deux niveaux replacent la Terre dans son contexte écologique, abordant les questions du changement climatique, de la gestion des ressources naturelles (l'eau, notamment), les problèmes de la sauvegarde de la biodiversité, les sources de pollution et les solutions possibles, comme la notion de développement durable, à travers des panneaux explicatifs et des maquettes.

## UN SOLDAT DE DIEU

**Ignace de Loyola** naît au château de Loyola en 1491, dans une famille de petite noblesse. En 1521, il devient officier et se blesse au siège de Pampelune. Pendant sa convalescence, il s'adonne à la lecture d'ouvrages pieux. C'est en « soldat de Dieu », subjugué par sa (re)découverte de la foi, qu'il décide de quitter, en 1522, le manoir familial. Il part en pèlerinage pour Arantzazu, puis Montserrat et enfin se retire dans une grotte à Manresa (Catalogne) où il écrit les *Exercices spirituels*. En 1528, il arrive à Paris. Au collège Ste-Barbe, il regroupe autour de lui le Savoyard Favre ainsi que deux compatriotes, Diego Laínez et le Navarrais Francisco de Javier, aujourd'hui connu sous le nom de François Xavier *(voir chapitre « Navarre », p. 428)*. Dans le contexte de la réforme catholique, réponse de l'Église romaine aux réformes luthérienne et calviniste, ils font ensemble en 1534 le vœu de prêcher l'enseignement du Christ tel qu'il a été transmis par l'Église catholique et de rester unis. En 1537, ils sont ordonnés prêtres. À Rome, il est reçu par le pape qui approuve les statuts de la Compagnie de Jésus en 1540.

Saint Ignace a été canonisé en 1622 en même temps que saint François Xavier, saint Philippe Neri, sainte Thérèse d'Avila et saint Isidore le Laboureur. En 2010, François Sureau, dans son roman *Inigo*, revient sur la première partie de la vie d'Ignace, avant qu'il ne devienne le chef de la Compagnie de Jésus.

# À proximité Carte de région p. 272-273

### **Azkoitia**/Azcoitia B2

*4,5 km à l'ouest par la GI 631.*

Tranquille bourgade dont le quartier ancien borde la rivière, à l'instar de la massive casa Idiakaz Ederra et de la torre Idiaquez qui encadrent le parvis de l'église **Sta María la Real (16e s.)**. Celle-ci s'enorgueillit de receler l'un des derniers orgues construits en 1898 par la firme Cavaillé-Coll. Vous pourrez l'admirer uniquement pendant les offices.

La rue principale relie l'hôtel de ville au vieux centre, où l'on peut encore admirer d'anciennes maisons fortifiées.

La **promenade** plantée menant à St-Ignace-de-Loyola offre une vue magnifique sur le sanctuaire jésuite, dont le dôme contraste avec la rectitude des bâtiments.

### Azpeitia B2

★ **Museo Vasco del Ferrocarril** (Musée basque du Chemin de fer)

*5 km sur la route de Zumaia. ✆ 943 150 677 - www.euskotren.es - ♿ - juil.-août : mar.-sam. 10h30-14h, 16h-19h30, dim. et j. fériés 10h30-14h ; reste de l'année : mar.-sam. 10h-13h30, 15h-18h30 (avr.-juin et sept.-oct. : sam. 10h30-14h, 16h-19h30), dim. 10h30-14h - fermé lun., 19-31 déc. - 3 €. Circulation d'un train à vapeur entre Azpeitia et le musée : avr.-oct. : sam. 12h30 et 18h30, dim. et j. fériés 12h30 (5 km, 35mn AR - 6 € incluant la visite du musée).*

Voilà une reconversion plutôt réussie : au lieu de conserver sa gare désaffectée, Azpeitia l'a reconvertie en musée du Chemin de fer, utilisant pour cela tous les bâtiments libérés, depuis le hall de gare jusqu'aux ateliers d'entretien et aux hangars. On peut, pour une fois, traverser toutes les voies sans risques, et découvrir des espaces jusque-là réservés aux cheminots.

Incontournable, le hangar aux locomotives : petit coup de cœur pour les wagons « salon » en bois de Ashbury (1895) et le monstre rutilant qu'est la Robert Stephenson de 1887. Un tram fait un trajet de quelques mètres sur les rails, pour le plus grand plaisir des tout-petits.
Le reste des bâtiments abrite les machines d'entretien, un musée des Uniformes et des distributeurs de billets.

## Circuit conseillé Carte de région p. 272-273

### AU CENTRE DU GUIPÚZCOA B2

*Circuit de 36 km tracé sur la carte de région (p. 272-273) – Comptez 1h. Quittez le sanctuaire et prendre la direction d'Azpeita. Une fois dans la ville, prenez la GI 2635, puis la GI 3720.*
La route à flanc de montagne révèle un paysage de bois et de prairies. Quelques fermes la bordent, signalées par la présence d'oies, de poules ou d'ânes sur la voie.

#### Beizama

Accroché à la pente, ce petit village qui s'enorgueillit d'être au centre géographique de la province, se concentre autour de sa mairie (17e s.) et de son église Renaissance (16e-17e s.). Joli point de vue sur la vallée depuis le parvis.
*Poursuivez jusqu'à Santutxo et prenez à gauche la vallée d'Errezil par la GI 2634.*

#### Errezil/Régil

L'**église San Martín** (13e-16e s.), qui abrite un joli retable en bois doré, domine les toits de ce village posté au pied du mont Ernio (1 072 m). Ce dernier marque le centre géographique de la région.
*La route continue jusqu'à Azpeitia dans un paysage de collines verdoyantes et de crêtes austères. Empruntez ensuite la GI 631 sur quelques kilomètres pour rejoindre le sanctuaire.*

## NOS ADRESSES PRÈS DU SANCTUAIRE

### HÉBERGEMENT

#### POUR SE FAIRE PLAISIR

#### À Zestoa

**Balneario de Cestona** – *943 147 140 - www.relaistermal.com - P - 130 ch. 114/135 € - + 45 €/pers. en pension complète.* Ce grand hôtel thermal profite d'un environnement boisé de toute beauté. Bâti en 1895, il jouit d'une belle renommée grâce aux nombreux soins thérapeutiques dispensés sur place. Ses chambres, vastes et confortables, sont bien tenues.

### RESTAURATION

#### POUR SE FAIRE PLAISIR

#### À Azpeita

**Kiruri** – *Loiola Hiribidea, 24 - 943 815 608 - www.kiruri.com - fermé 20 déc.-7 janv. et lun. soir - 15/30 €.* Cet établissement familial est surtout destiné à l'accueil de groupes et de réceptions. Son restaurant porte une attention soignée aux clients de passage.

**AGENDA**

**Fiestas de San Ignacio** – Autour du 1er août. Deux ou trois corridas

# Oñati

**Oñate**

★

10 957 habitants

NOS ADRESSES PAGE 312

**S'INFORMER**

**Office de tourisme** – *C/San Juan, 14 - ✆ 943 783 453 - www.oinati.org - avr.-sept. : lun.-vend. 10h-14h, 15h30-19h30, sam. 10h-14h, 16h30-18h30, dim. 10h-14h ; oct.-mars : lun.-vend. 10h-13h et 16h-19h, w.-end 11h-14h - fermé 1er et 6 janv., 29 et 30 sept., 25 déc.*

**Visites guidées** – *4 parcours possibles, certains incluant la visite de monuments - 16-30 € (2,50-4,75 €/pers. à partir d'un groupe de 6 pers.). Se renseigner et s'inscrire à l'office de tourisme.*

**SE REPÉRER**

Carte de région A3 (p. 272-273) – carte Michelin n° 573 C 22. Oñati se trouve au cœur d'une belle vallée, à 71 km à l'est de Bilbao, à 45 km au nord-est de Vitoria-Gasteiz et à 74 km au sud-ouest de St-Sébastien.

**SE GARER**

Dans le centre-ville, à proximité de l'hôtel de ville.

**À NE PAS MANQUER**

Le remarquable bâtiment de l'université du St-Esprit.

**Au creux d'une agreste vallée, Oñati, la « Tolède basque », pour reprendre l'expression du peintre Ignacio Zuloaga, semble assoupie entre ses palais, ses couvents et son ancienne université, ménageant au visiteur une paisible halte avant de partir à la découverte des sanctuaires et des petites cités alentour. L'église moderne d'Arantzazu mérite en effet le détour comme l'antique église de Santa María la Antigua à Zumarraga.**

## Se promener

*Partez de l'office de tourisme qui fait face au Deba et à l'université du St-Esprit.*
Palais baroques et églises jalonnent la découverte du centre historique d'Oñati.

★ **Universidad Sancti Spiritus** (Université du St-Esprit)

*✆ 943 783 453 - visite guidée sur réserv. à l'office de tourisme, combinée avec l'église San Miguel - 10 €/visite (1-5 pers.), 15,50 € (+ de 6 pers.) - avr.-sept : w.-end 10h-14h - oct.-mars : w.-end 11h-14h.*

Elle fut créée en 1545 par un prélat natif d'Oñati, l'évêque Rodrigo Mercado de Zuazola, et demeura en activité jusqu'en 1901. Elle est actuellement occupée par les services administratifs de la province de Guipúzcoa et l'Institut international de sociologie juridique. Unique université du Pays basque lors

### UNE CITÉ PRIVILÉGIÉE

Le bourg s'est développé à la source du Deba, au pied de monts dont le plus élevé, l'Aizkorri, culmine à 1 549 m. Les archives attestent son existence à partir du 14e s. D'abord seigneurie, il fut élevé au rang de comté et vécut sous l'égide de puissantes familles telles que les Vela, puis les Guevara de l'Álava. Les bourgeois essayèrent de se rebeller contre leur autorité. Ils demandèrent en 1540 le rattachement du bourg au Guipúzcoa. Le procès dura plus d'un siècle et le village le perdit en 1653. Ce n'est qu'en 1845, avec la suppression des droits seigneuriaux, qu'il put réaliser son souhait et devenir guipúzcoan.

Pendant la première guerre carliste *(voir p. 100)*, il servit à deux reprises de quartier général à don Carlos, et c'est la prise de la ville par le général Espartero qui obligea les carlistes à signer la convention de Vergara (aujourd'hui Bergara) mettant fin à la guerre. Quant à Espartero, il y gagna le titre de duc de Vergara.

de sa fondation, elle eut un grand prestige culturel. Surmonté de pinacles, son **portail★** de style plateresque *(voir p. 71)*, œuvre du Français Pierre Picart (artiste très actif dans La Rioja et en Navarre), est chargé de statues, parmi lesquelles on reconnaît, en haut, l'évêque fondateur, à droite, saint Grégoire et, à gauche, saint Jérôme. La même décoration exubérante se retrouve aux angles des tours. Dans le même style, le patio est d'une grande élégance.
*Dirigez-vous à droite du bâtiment vers l'église.*

### Église San Miguel

*✆ 943 783 453 - visite guidée sur réserv. à l'office de tourisme, combinée avec l'université - 2 €.*

Cette église d'origine gothique a été transformée à l'époque baroque. Dans le collatéral gauche, une chapelle Renaissance, gardée par de belles grilles, renferme un intéressant retable de bois doré et le mausolée en marbre, parfois attribué à Diego de Siloé, du fondateur de l'université. Avec sa galerie ajourée, ses arcs en accolade, ses niches à statues et la couleur dorée de ses pierres, l'extérieur du cloître se rattache au style gothique flamboyant. Détail inattendu : la rivière traverse son cloître !

### « LA COLÈRE DE DIEU »...

C'est près d'Oñati qu'a vu le jour le redoutable **Lope de Aguirre** (vers 1510-1561). Arrivé au Pérou en 1544, cet hidalgo réputé pour sa violence (et surnommé « el Loco » – le Fou – par ses contemporains), s'enrôle en 1559 dans l'expédition de découverte du mythique El Dorado après avoir pris part aux guerres civiles entre Espagnols. Mais bientôt, il prend la tête d'une mutinerie, assassine Ursúa et entre en rébellion contre le roi Philippe II : il envisage en effet de fonder un royaume indépendant… Chemin faisant, il se débarrasse, sous des prétextes divers, de la plupart de ses compagnons et parvient à rallier au prix de mille épreuves la côte du Venezuela où il succombe à son tour assassiné par l'un de ses derniers partisans. Cet extraordinaire destin lui a valu de devenir le personnage central de nombre de romans, tant en Espagne qu'en Amérique latine, mais c'est sous les traits de **Klaus Kinski** qu'il passe à la postérité grâce au film réalisé par **Werner Herzog**, *Aguirre ou la Colère de Dieu* (1972).

3

Face à elle, de l'autre côté de la rue, se dresse la **casa Hernani** du 16e s. Elle accueillit provisoirement l'université pendant les travaux de construction.
*Contournez l'église. Vous arriverez face à la mairie.*

**Ayuntamiento** (Hôtel de ville)
Dominant la plaza de los Fueros, c'est un bel édifice baroque construit au 18e s. par l'architecte Martín de Carrera. Sur la place ont lieu, le jour de la Fête-Dieu (Corpus Christi), d'étranges danses et des processions dont la tradition remonte au 15e s.
À sa gauche se déploie la plaza Sta Marina, bordée par trois grands palais du 18e s. : les maisons Madinabeitia, Antia et Baruena.
*Prenez la rue qui part à gauche de la mairie.*

**Église San Martín**
Cet édifice du 15e s. porte une armature en bois et abrite un retable central de Pierre Picart.
*La calle Patrue fait l'intersection avec Kalebarria par laquelle vous êtes arrivés. Remontez-la sur votre gauche jusqu'à la plaza Sta Marina.*

**Plaza Sta Marina**
Ce petit espace vert est entouré du monastère de Bidaurreta, fondé en 1510 par Juan López de Lazarraga (haut dignitaire des Rois Catholiques), de la casa Otadui Jausoro, reconnaissable à son balcon en coin (fin 16e-début 17e s.), et de la tour Zubiaur.

## À proximité Carte de région p. 272-273

### ★★ Arantzazu A3

*9 km au sud par la GI 3591.*
*Barrio Arantzazu, Oñati - 943 718 911 - www.turismodebagoiena.com - de déb. juin à mi-oct. et Sem. sainte : tlj 10h-14h, 15h-18h30 ; reste de l'année : 10h-14h.*
Le **parcours★** suit en corniche les gorges du río Arantzazu. Le sanctuaire est perché à 800 m d'altitude dans un **site★** élevé, au-delà du mont Aizkorri, l'un des points culminants de la province (1 549 m).
**Santuario** *(8h-20h) – Garez-vous sur le vaste parking aménagé à cet effet devant l'église. 943 796 463 - entrée libre - visites guidées (possibilité de visite en français ou anglais, sur réserv.) : de déb. juin à mi-oct. 10h30, 11h30, 12h30, 16h et 17h ; reste de l'année : se rens. - 2 €.*
Cet impressionnant **édifice★** moderne a pris la place d'un sanctuaire qui existait depuis le 15e s. C'est en 1950 que la décision fut prise de l'élever. Résultat : deux tours et un immense campanile en pierre calcaire taillée en pointes de diamant dressent leur silhouette dans un site à la fois verdoyant et minéral (selon l'horizon que l'on regarde).
On y accède par un escalier pavé en pente douce, qui conduit aux portes conçues par Eduardo Chillida, creusées dans la terre. Elles sont dominées par une frise comportant 14 silhouettes (les apôtres ?) signée Jorge Oteiza. Notez la façade en pointes de diamant : elles symbolisent les épines du buisson dans lequel la Vierge apparut au berger en 1468. *Arantzazu* signifie d'ailleurs « aubépine » en basque.
À l'intérieur, le regard est irrémédiablement attiré par le puits de lumière qui tombe sur le gigantesque **retable★** de Lucio Muñoz. Ce dernier a travaillé le bois jusqu'à lui donner une apparence de rocher, si bien que sa fresque

ressemble à une falaise, tourmentée à sa base et plus lisse au fur et à mesure que le regard monte vers la lumière. Au centre, une niche abrite la statue de la Vierge, trouvée en 1468.
Notez la forme originale des **vitraux★** à dominante bleue dessinés par Xabier Alvarez de Eulate.
Le hameau sert de point de départ pour des randonnées dans le Parc naturel d'Aizkorri-Aratz. Pour les pâturages d'Urbia, comptez 1h. Pour aller au-delà vers le sommet d'Aketegi (1 549 m), ajoutez 3h *(plaquette au centre d'information d'Arantzazu).*

## Circuit conseillé Carte de région p. 272-273

### AUTOUR D'OÑATI A2 B2-3

*Circuit de 47 km tracé sur la carte de région (p. 272-273) – comptez env. 2h. Quittez Oñati en direction de Zumarraga par la GI 2630. À Zumarraga, suivez les panneaux « Sta María la Antigua ».*

#### ★★ Sta María la Antigua à Zumarraga B2

L'extérieur massif de cet ermitage du 15 s. ne laisse pas soupçonner le côté aérien et chaleureux de sa nef unique. Celle-ci est en effet dominée par une galerie et une magnifique **charpente★★** de bois dont tous les éléments sont visibles. Admirez le soin du détail dans les sculptures des poutres et de la galerie. L'ensemble constitue un exemple éclatant d'architecture religieuse populaire.
Prenez le temps de profiter du paysage (à l'exception de la vue sur Zumarraga l'industrielle). Une aire de pique-nique a été aménagée à l'arrière du sanctuaire, au point de départ de sentiers de randonnée.
*Reprenez la route en direction de Bergara par la GI 632.*

#### **Bergara**/Vergara A2

*Garez-vous sur le parking, face à l'église Sta Marina, car le centre est piétonnier.*
Office de tourisme - *Casa Consistorial, plaza San Martín Agirre - ☏ 943 779 128 - www.bergara.net - juin-sept., Sem. sainte, ponts et j. fériés : lun.-sam. 10h30-14h, 16h-19h (tlj en août) - fermé dim. Visites guidées en français ou en anglais.*
Cette agréable bourgade a su conserver un centre historique cohérent en dépit de son développement industriel du 19e s.
**Sta Marina** – Cette église haute et massive (16e-17e s.) est parfaitement représentative du gothique basque, à l'exception du clocher baroque. Elle renferme un impressionnant **retable★** baroque en bois sculpté, réalisé entre 1739 et 1742 par Martín de Irazusta.
**Plaza de San Martin Agirre** – Elle constitue le centre du quartier historique et du bourg en général, puisque les arcades de la mairie (édifice du 17e s. arborant les écus : de la province à gauche, d'Espagne au centre et de la ville à droite) donnent dessus. Le séminaire royal et la casa Jauregui la bordent aussi.
**Real Seminario de Bergara** – Faisant face à l'hôtel de ville, cet édifice rappelle que Bergara accueillit à la fin du 18e s. un centre d'enseignement et de recherche scientifique comptant parmi les plus importants d'Europe.
**Casa Jauregui** – Sa **façade★** présente sur presque toute sa largeur, au niveau du premier étage, un bas-relief délicatement sculpté, qui daterait du 16e s. Il mêle végétaux, personnages royaux ou galants (troubadour avec sa dame), et animaux fantastiques.

3

**San Pedro de Ariznoa** – Cette église dresse son clocher Renaissance derrière la mairie.
**Calle Barren** – Partant de la place San Martín Agirre, c'est l'une des trois artères délimitant le vieux centre. À l'intersection avec la rue Arrese, à gauche, remarquez l'originale **fenêtre en angle**, décorée d'un blason et d'un balcon. En la suivant jusqu'au bout, vous parviendrez à la place **Egino Mallea** sur laquelle donne le palais du même nom, belle bâtisse de 1585.
*Revenez à Oñati par la GI 632, puis, après Elorregi, la GI 2630.*

## NOS ADRESSES À OÑATI

### HÉBERGEMENT

#### BUDGET MOYEN

**Hôtel Mauleon** – *Nafarroa Kalea, 16 - Legazpi - ☎ 943 730 870 - www.hotelmauleon.com -* **P** *- 9 ch. 57 € - ☕ 4 € - rest. 10/30 €.* Ce magnifique édifice du début du 20e s. propose aujourd'hui des chambres personnalisées, parfois dotées de meubles anciens. Le restaurant, décoré dans le style des années 1920, sert des plats au goût du jour et des pâtisseries maison.

**Hôtel Ormazabal** – *Barrenkale,11 - Bergara - ☎ 943 763 650 - ormazabalreservas@infonegocio.com - 14 ch. 60 € - ☕ 5 €.* Cette maison du 18e s, très calme, donne le sentiment de remonter le temps. Salle pour le petit-déjeuner décorée d'objets anciens, accueillant salon commun et chambres chaleureuses avec mobilier d'époque.

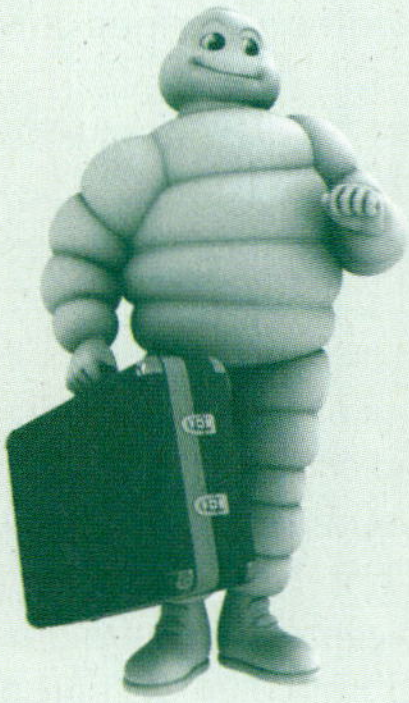

### RESTAURATION

#### POUR SE FAIRE PLAISIR

**Etxe Aundi** – *Torre Auzo, 9 - Oñati - ☎ 943 781 956 - www.etxeaundi.com - fermé août et 22 déc.-1er janv. - 32 € - 12 ch. 45/54 € - ☕ 5 €.* Ancienne maison familiale à l'ambiance accueillante où est servie une cuisine aux accents du pays. L'établissement est complété par une salle de réception plus simple et des chambres confortables.

**Zumelaga** – *San Antonio, 5 - Bergara - ☎ 943 762 021 - restaurantezumelaga@zumelaga.com - fermé en août et dim. - 27/35 €.* Des touches de style rustique médiéval sont visibles dans tous les recoins. Le cadre est agrémenté d'une série d'arcs de pierre, et l'on y propose une carte bien pensée.

### AGENDA

**Corpus Christi y Trinidad** – Mai-juin : fête médiévale comprenant la procession de la confrérie du St-Sacrement, les danses et la musique traditionnelles.

Façade plateresque de l'université d'Oñati.
M. Buselle / Robert Harding Picture Library/Age fotostock

# Bilbao et la Biscaye 4

Carte Michelin Région nº 573 – Biscaya

# BILBAO ET LA BISCAYE

# Bilbao

**Bilbo**

★★

353 187 habitants

## NOS ADRESSES PAGE 333

### S'INFORMER

**Offices de tourisme :**

*Plaza Ensanche, 11 - ✆ 944 795 760 - www.bilbao.net/bilbaoturismo - lun.-vend. 9h-14h, 16h-19h30 - fermé w.-end et j. fériés.*

*Aéroport - ✆ 944 710 301 - lun.-sam. 9h-21h, dim. 9h-15h.*

*Avenida Abandoibarra, 2 (Oficina Guggenheim) - mar.-vend. 11h-18h, sam. 11h-19h, dim. 11h-15h. Juil.-août : lun.-sam. 10h-19h, dim. 10h-18h.*

*Plaza Arriaga (au rdc du théâtre) - lun.-vend. 11h-14h, 17h-19h30, sam. 9h30-14h, 17h-19h30, dim. 9h30-14h. Juil.-août : lun.-dim. 9h30-14h, 16h-19h30.*

**Visites guidées à pied** – L'office de tourisme propose 2 circuits de visite guidée (anglais et espagnol, env. 1h30) : Casco Viejo *(w.-end à 10h, dép. de l'office de tourisme Arriaga)* et Ensanche-Abandoibarra *(w.-end à 12h, dép. de l'office de tourisme Guggenheim) - 4,50 €.*

**Bilbao Card** – *Rens. au 944 254 025 ou www.busturistikoa.com.* Elle donne un accès illimité aux transports en commun, des réductions sur les visites, musées et autres activités. Vous pouvez vous la procurer à l'office de tourisme ou en ligne sur www.bilbao.net/bilbaoturismo. Valable 1 jour (6 €) ou 3 jours (12 €).

### SE REPÉRER

Carte de région B1 (p. 314-315) – carte Michelin n° 573 C 21.

La capitale de la Biscaye est située à 102 km à l'ouest de St-Sébastien, de part et d'autre de la ría de Bilbao, l'embouchure du Nervión. Sa rive droite concentre le quartier historique (Casco Viejo) et étudiant, la gauche, l'ancien quartier des affaires et le nouveau Bilbao. Ceinte par de nombreuses collines, la ville se fait surnommer « el Botxo » (le Trou).

### SE GARER

Se garer en ville est très difficile : il existe des parkings publics mais les temps de stationnement sont limités, les zones tarifaires variables et les policiers très vigilants…

### À NE PAS MANQUER

L'extraordinaire musée Guggenheim.

### ORGANISER SON TEMPS

Comptez deux jours.

### AVEC LES ENFANTS

Prenez le funiculaire d'Artxanda pour voir Bilbao de haut, visitez le musée Guggenheim et le Musée maritime.

Musée Guggenheim de l'architecte Frank O. Gehry.
*AGE/Photononstop*

4

**Prononcez aujourd'hui le nom de Bilbao, on vous répondra : « Guggenheim ! » La « fleur de titane », cet extraordinaire bâtiment imaginé par Frank O. Gehry, est devenue le symbole d'une ville qui est parvenue en quelques années à changer complètement son image et à faire oublier son passé de cité industrielle sans charme. Il faut dire que les Bilbaínos n'ont pas lésiné sur les moyens pour réussir la prodigieuse métamorphose de leur ville : les plus grands architectes contemporains semblent s'y être donné rendez-vous. Ce Bilbao new-look sait aussi mettre en valeur les vestiges de son passé, que ce soit dans la cité médiévale ou dans l'Ensanche où les immeubles Art nouveau et éclectiques témoignent de l'euphorie d'une bourgeoisie plus que prospère à l'ère industrielle. Ajoutez-y un musée des Beaux-Arts qui fait partie des plus riches du pays, un passionnant Musée maritime et vous comprendrez comment Bilbao a réussi l'exploit de dépasser St-Sébastien en termes de fréquentation touristique !**

**Bon à savoir** – Le funiculaire d'Artxanda E1, inauguré en 1915, permet d'atteindre le sommet de cette colline qui domine la ville depuis la rive droite. Vous pourrez y accéder depuis le musée Guggenheim en suivant le Nervión, avant de le franchir sur la passerelle Zubi-Zuri (« le pont Blanc ») dessinée par Santiago Calatrava. **Panorama★** imprenable sur le Nervión, le Guggenheim et toute l'étendue de Bilbao !

*Pl. del Funicular, calle Castaños sur la rive droite de la ría, parallèle au paseo Campo de Volantín - ✆ 944 454 966 - www.bilbao.net/funicularartxanda - lun.-sam. 7h15-22h, dim. et j. fériés 8h15-22h (jusqu'à 23h dim. et j. fériés de juin à sept.) ttes les 15mn - 0,90 € (-12 ans 0,28 €).*

# Découvrir Plan de ville ci-contre

### ★★★ Museo Guggenheim de Bilbao D1

*Abandoibarra, 2 - ✆ 944 359 080 - ♿ - www.guggenheim-bilbao.es - 10h-20h (ferm. à 17h les 24 et 31 déc.), visites guidées gratuites mar.-dim. à 11h, 12h30, 16h30 et 18h30 (réserv. une demi-heure 30 mn av. déb. de la visite, places limitées) - fermé lun. (sf juil.-août), 1er janv. et 25 déc. - 13 € (-12 ans gratuit) - billet combiné avec le musée des Beaux-Arts 13,50 €. Le prix d'entrée comprend l'audio guide. Le programme d'expositions est disponible sur le site Internet.*

Devant le musée, l'œuvre de Koons, *Puppy,* œuvre végétale devenue la mascotte de la ville de Bilbao.

Cette étoile architecturale, financée par le gouvernement basque, s'ajoute à la constellation de musées gérée par la Fondation Solomon R. Guggenheim, qui comprend les deux sièges new-yorkais (le bâtiment emblématique de Frank Lloyd Wright et celui de Soho) et la collection Peggy Guggenheim de Venise.

**L'édifice** – L'architecte canadien Frank O. Gehry (prix Pritzker d'architecture en 1989, prix impérial japonais en 1992 et prix Dorothy et Lillian Gish en 1994) a imaginé dans la zone industrielle au bord du Nervión une colossale sculpture de titane, en calcaire jaune et en verre, mariée au pont de la Salve. Il est parvenu à revaloriser l'environnement immédiat et à intégrer l'édifice dans le paysage, en faisant s'entremêler bassins, estuaire et mur de verre du grand atrium, et en incorporant le pont à la tour-sculpture qui se dresse à l'extrémité de la grande salle.

Principal matériau choisi, le titane recouvre le musée d'écailles où jouent toutes les nuances de la lumière. L'imposante silhouette, composée d'un enchevêtrement de courbes, dégage un extraordinaire dynamisme qui surprend et séduit.

Si l'architecture extérieure est originale, l'intérieur n'en est pas moins fascinant, avec ces courbes qui s'affrontent, se superposent et s'enlacent. Le regard se porte sur les murs, les plafonds, les passerelles, les volumes, tous différents et sans cesse surprenants. Le musée compte 19 galeries distribuées sur trois niveaux autour du monumental atrium central, haut de plus de 50 m. La plus grande galerie, longue de 130 m, se glisse sous le pont jusqu'à la tour-sculpture.

**La collection de la Fondation Solomon R. Guggenheim** – Fondée dans les années 1930 et consacrée à l'art du 20e s., elle est l'une des plus riches au monde et comprend des œuvres significatives de tous les mouvements, depuis les grands maîtres de l'avant-garde classique jusqu'aux représentants des tendances les plus récentes en passant par l'expressionnisme abstrait, le pop art, l'art conceptuel et le minimalisme. Elle inclut également des toiles d'artistes espagnols. Le fonds est présenté par roulement entre les différents musées Guggenheim qui organisent aussi de grandes expositions temporaires d'œuvres étrangères à la fondation.

**Nouveauté!** Depuis juillet 2010, une salle d'orientation, à côté des caisses, propose des activités interactives permettant de mieux appréhender la visite du musée.

# BILBAO

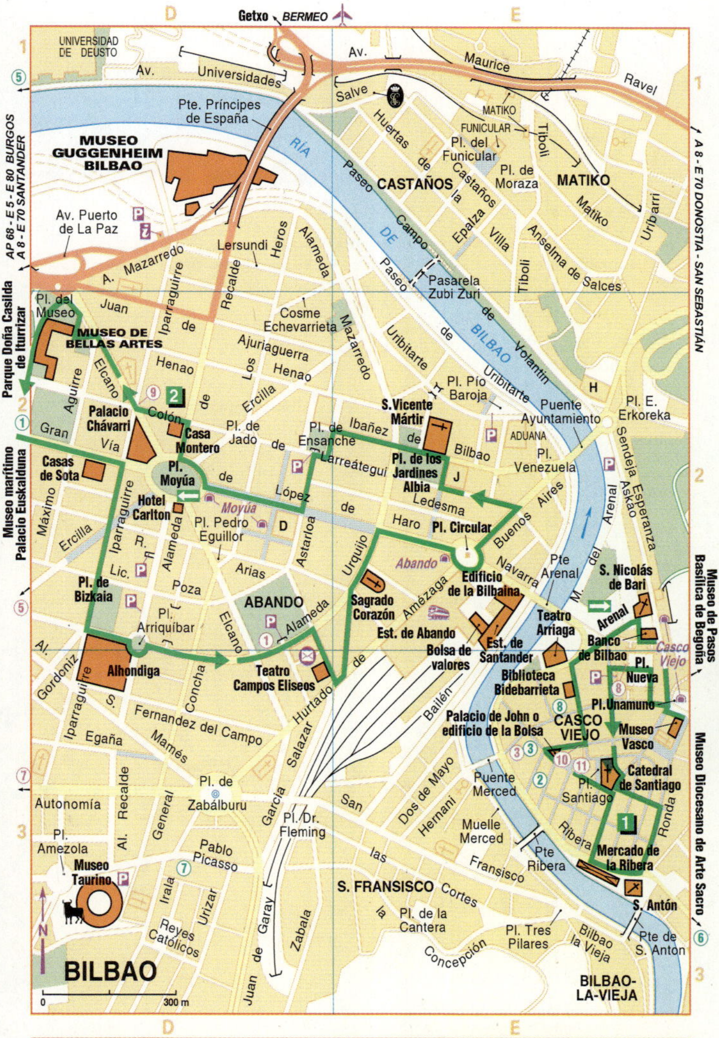


SE LOGER

- Artetxe ........ 1
- Bilbao Jardines ........ 2
- Bilborooms ........ 8
- Iturrienea Ostatua ........ 3
- Plaza San Pedro ........ 5
- Sirimiri ........ 6
- Vista Alegre ........ 7

SE RESTAURER

- Colmado Ibérico ........ 1
- Gatz ........ 3
- Goizeko Kabi ........ 5
- Kikara ........ 9
- Rio-Oja ........ 11
- Rogelio ........ 7
- Victor ........ 8
- Xukela ........ 10

metro bilbao
EuskoTren
feve
renfe Cercanías
EuskoTran
Lotura Correspondencia
L-1 Plentzia - Basauri
L-2 Kabiezes - Basauri
L-3 Etxebarri - Casco Viejo
C-1 Abando - Santurtzi
C-2 Abando - Muskiz
C-3 Abando - Orduña
Bilbao - Lezama
Bilbao - Bermeo/Ermua
PLENTZIA
Plentzia
L-1
Urduliz
Sopelana
SOPELANA
Larrabasterra
Berango
BERANGO
LOIU
Unibertsitatea
LEIOA
Bidezabal
Algorta
Aiboa
GETXO
Neguri
Gobela
ERANDIO
Astrabudua
Erandio
Leioa
Lamiako
Areeta
Lutxana
Barakaldo
Urbinaga
Sestao
La Iberia
C-1
Santurtzi
Peñota
Portugalete
Bagatza
Lutxan
Abatxolo
SESTAO
Barakaldo
SANTURTZI
Galindo
BARAKALDO
PORTUGALETE
Ansio
L-2
Kabiezes
Trapaga
TRAPAGARAN
L-2
C-2
Sda. Familia
Trapagaran
ORTUELLA
Urioste
Gallarta Muskiz
Ortuella

# BILBAO

Bizkaiko Zubia
Puente Bizkaia
Aparkaleku lotua
Aparcamiento disuasorio
Artxandako Funikularra
Funicular de Artxanda
LEZAMA
Lezama
La Cruz-
Kurtzea
Zamudio
ZAMUDIO
DERIO
Derio
Lekunbiz
Elotxelerri
Aireportua
Larrondo
Sondika
SONDIKA
Ola
L-3
Artxanda
Uribarri
Otxarkoaga
Zurbaranbarri
San Antonio
Ariz
Matiko
Txurdinaga
Zumalakarregi
Santutxu
Bermeo
Ermua
Unibertsitatea
Matiko
Basarrate
Etxebarri
Pio
Baroja
Abando
Casco Viejo
Ariz
Deusto
Uribitarte
Moyua
Arriaga
Bolueta
Bidebieta-Basauri
San Inazio
Atxuri
Abaroa-S. Migu
Sarriko
Deusto
Guggenheim
Ribera
Basauri
Basauri
Abandoibarra
Zabalburu
Indautxu
Euskalduna
Ollargan
San
Mamés
Sabino Arana
Autonomia
Miribilla
BASAURI
C-3
Zorrotza
Ametzola
La Peña
Olabeaga
Basurto
Basurto - Hospital
BILBAO
Arrigorriaga
Zorrotza
ARRIGORRIAGA
ctb
bizkaiko garraio partzuergoa
consorcio de transportes de bizkaia
Karrantza
Orduña

# Se promener Plan de ville p. 319

★ **LA VIEILLE VILLE** (Casco Viejo)

*Circuit 1 tracé en vert sur le plan de ville (p. 319) - Comptez 1h30, sans les visites. Départ depuis le pont del Arenal.*

## El Arenal E2

Cette vaste esplanade qui sert aujourd'hui de promenade aux touristes et aux autochtones doit son nom à la zone sableuse qu'elle a remplacée et qui s'étendait jadis jusqu'à la place Unamuno.

**Teatro Arriaga** – Du nom du compositeur Juan Crisóstomo de Arriaga (1806-1826). Il fut construit en 1890 par Joaquín Rucoba dans un style résolument néobaroque, et restauré après les inondations de 1983.

**Église San Nicolás de Bari** – Église baroque (1756) dédiée au saint patron des navigateurs. Elle se reconnaît à son dôme octogonal, précédé par deux tours-clochers. À l'intérieur, les statues du maître-autel baroque (18e s.), représentant saint Nicolas flanqué de saint Laurent et de saint Vincent, ont été réalisées par Juan Pascual de Mena.

**Banco de Bilbao** – Face à l'église, ce bâtiment opulent, signé par le Français Lavalle et inauguré en 1868, sert de centre de conférences et d'expositions.

*Prenez la calle de los Fueros et contournez la plaza Nueva par la gauche afin de rejoindre la plaza Unamuno.*

## Plaza de Miguel de Unamuno E3

Le buste de cet écrivain (1864-1936), dont la maison natale se trouve dans la calle Ronda, trône sur une colonne corinthienne au centre de la place.

**Museo Vasco** (Musée basque) E3 – *Pl. Miguel de Unamuno, 4 - ✆ 944 155 423 - www.euskal-museoa.org - ♿ - mar.-sam. 11h-17h, dim. 11h-14h - fermé lun. et j. fériés - 3 € (-10 ans gratuit).* Le Musée basque est installé dans l'ancien collège San Andrés. Sa vaste collection ethnographique permet de découvrir les activités basques traditionnelles : pêche, tissage du lin, artisanat, forgeage.

Admirez la remarquable croix de procession en bois polychrome (16e s.) dans la vitrine consacrée aux croyances et à la religion des marins. Elle provient de l'île d'Izaro, dans la ría de Guernica, et appartenait à une communauté franciscaine, dispersée au 17e s. Au centre du cloître classique se dresse la mystérieuse *Idole* de Mikeldi.

Au dernier étage, l'accent est mis sur une maquette en relief de la Biscaye. Au même niveau, vous pourrez admirer des armoires à archives de 1761.

Derrière le musée s'élève l'église des Santos Juanes (17e s.).

**Museo de Pasos** Hors plan vers E3 – *Iturribide, 3 - ✆ 944 150 433 - mar.-vend. 11h30-13h30, 17h-19h30, w.-end 11h-14h (sam. 17h-20h) - fermé lun. et j. fériés - 2 €.* Il serait dommage de ne pas pousser jusqu'à cette vieille demeure jouxtant la plaza Unamuno. Elle abrite, dans un cadre soigné, les *pasos* (scènes sculptées représentant la Passion) qui sont portés en procession à l'occasion de la Semaine sainte. Ornements et patrimoine des confréries sont aussi exposés.

Les courageux prendront les escaliers de Mallona qui mènent à la **basilique de Begoña** et au **parc Etxebarria**, poumon vert de la capitale biscayenne.

*Depuis la plaza Unamuno, gagnez la plaza Nueva par la calle Sombrería.*

# Les métamorphoses d'une cité

C'est au pied d'une colline portant le sanctuaire de Begoña sur la rive droite du Nervión, que **Diego López V de Haro**, seigneur de Biscaye, fonda Bilbao le 15 juin 1300. Surnommée *las Siete Calles* (les Sept Rues) en raison de son plan, la cité alors entourée de murailles se serre autour de la future cathédrale de Santiago. Dès sa fondation, Bilbao se lance dans le commerce maritime, qu'elle développe sous l'autorité du consulat instauré au 16e s. (et qui ne sera dissout qu'en 1829). Elle noue des relations avec l'Europe du Nord (France et Flandres, puis Angleterre), mais doit lutter au 17e s. pour son indépendance territoriale et décisionnelle. Au 18e s., sa population atteint les 10 000 habitants.

## LA RÉVOLUTION INDUSTRIELLE

C'est la révolution industrielle qui assura à la cité son essor économique après les guerres carlistes. Elle prit de l'ampleur avec l'exploitation des mines de fer des montagnes environnantes. Les bateaux emportaient ce minerai vers l'Angleterre et revenaient chargés de houille, ce qui permit de mettre en place une importante industrie sidérurgique. Cet essor s'accompagna du développement, de l'autre côté du pont de El Arenal, du quartier moderne El Ensanche, conçu à partir de 1876 sur un plan géométrique. Industriels, banquiers et armateurs y édifièrent des immeubles cossus répondant aux tendances architecturales alors en vogue : éclectisme ou Art nouveau.

## LA RÍA ET LE GRAND BILBAO

La ría est un immense port fluvial, le premier d'Espagne pour le trafic de marchandises. Depuis 1945, ce que l'on nomme « le Grand Bilbao » réunit les communes qui la bordent jusqu'à l'Océan, de Bilbao à Getxo. Les industries se concentrent sur la rive gauche à Baracaldo, Sestao, Portugalete, d'où part le pont transbordeur construit en 1893, et à Muskiz (raffinerie de pétrole). Santurtzi, port de pêche, est connu pour ses sardines. Sur l'autre rive, la ville d'Algorta, plus aérée, présente un caractère plutôt résidentiel, tandis que Deusto est célèbre pour son université.

## L'ART DE RÉPONDRE À LA CRISE

Les années 1970-1980 entraînent un important déclin. Les usines ferment. Bilbao tente alors une reconversion inattendue : le musée Guggenheim en est le premier fleuron. À la suite de Frank O. Gehry, les architectes du monde entier exercent leur talent dans la capitale de la Biscaye : l'Argentin Cesar Pelli édifie une tour, l'Anglais Sir Norman Foster dessine le métro (dont les stations ont reçu le surnom affectueux de « fosteritos »), l'Espagnol Santiago Calatrava conçoit une passerelle et le nouveau terminal de l'aéroport, le Français Philippe Starck rénove un vaste entrepôt pour en faire un centre de loisirs, Soriano et Palacios créent le palacio Euskalduna. Les friches industrielles sont réhabilitées, les espaces verts se multiplient tandis que l'économie évolue vers la haute technologie et les services.

### Plaza Nueva E3

Entourée de portiques néoclassiques et de 64 arcades élevées au 19e s., elle accueille chaque dimanche un marché aux livres et aux oiseaux.

*Quittez la place par la calle Correo et suivez-la en direction des Siete Calles et de la cathédrale.*

### Catedral de Santiago E3

Érigé en cathédrale en 1950, l'édifice gothique date pour sa partie la plus ancienne du 14e s. Les chapelles et le cloître furent construits au siècle suivant dans un style flamboyant, et le grand portail Renaissance fut élevé au 17e s.

*Engagez-vous dans la calle Sota, qui touche au chevet de la cathédrale, pour aboutir calle Ronda qui conduit, par la droite, au Nervión et à San Antón.*

### Église San Antón E3

15e s. Son plan et sa silhouette gothiques sont complétés par une façade Renaissance et une tour baroque. Elle fut édifiée à la place d'une tour défensive. L'intérieur abrite un retable plateresque (Renaissance espagnole) de Guiot de Beaugrant.

### Museo Diocesano de Arte Sacro Hors plan, E3

*Plaza de la Encarnación, 9B - ✆ 944 320 125 - www.eleizmuseoa.com - ♿ - mar.-sam. 10h30-13h30, 16h-19h, dim. et j. fériés 10h30-13h30 - fermé lun., 1er et 6 janv. et 24, 25 et 31 déc. - 2 € (-18 ans 1 €).*

L'intéressant Musée diocésain qu'accueille l'ancien couvent de l'Incarnation (16e s.) est remarquable pour sa collection d'orfèvrerie (admirez le calice en argent doré du 18e s. exposé dans un étui de 20 cm de haut) et pour son ensemble de Vierges à l'Enfant en bois du 12e au 15e s. Parmi toutes ces statues, une se distingue par le sujet inattendu qu'elle aborde : sainte Anne et la Vierge enfant représentées en train de coudre. Le musée présente également des œuvres d'art religieux contemporain, comme le Christ Pantocrator en bronze de Vicente Larrea réalisé en 1973.

*Revenez au marché puis regagnez le quartier ancien par la calle Tendería. Sur la plaza de Santiago, prenez sur la gauche et marchez jusqu'à l'intersection des calles Sta María et Pelota.*

### Mercado de la Ribera E3

Accolé à l'église, le marché de la Ribera occupe l'emplacement de l'ancienne plaza Vieja. Construit en 1929, il compte 11 500 m² répartis sur trois niveaux, chacun dédié à un type de produits : poissons, viandes ou fruits et légumes. Sa surface en fait le marché couvert le plus important d'Espagne.

Nantis de leurs provisions de bouche, les amateurs d'art sacré pourront remonter le Nervión en passant devant le pont de San Antón, où l'on prélevait autrefois le péage, pour rejoindre la plaza de la Encarnación.

### Palacio de John o Edificio de la Bolsa (Palais de John ou Bâtiment de la Bourse) E3

*Pelota, 10 - été : lun.-vend. 8h30-13h30 ; reste de l'année : lun.-vend. 9h-21h30, sam. 9h-13h30.* Aujourd'hui transformée en centre culturel, cette demeure baroque (18e s.) tire son premier nom d'un émigrant est-européen, Leandro Yohn. Son second lui vient de l'enseigne d'une entreprise de ferronnerie et de quincaillerie qui occupa un temps ses murs. Bref, jamais on n'y échangea la moindre valeur… Notez l'image de la Vierge de Begoña ornant la façade.

Sur la droite, la calle del Perro mène à la **fontaine** du même nom construite, dit-on, avec les pierres de l'ancien rempart.

*Parvenu à l'intersection avec la calle Bidebarrieta, tournez à gauche.*

### Biblioteca Bidebarrieta E3

De style éclectique, ce bâtiment accueille aujourd'hui la bibliothèque municipale. Notez dans son hall la phrase interdisant l'entrée aux carlistes (façon de rappeler que Bilbao ne tomba jamais entre leurs mains).
*Marchez jusqu'au bout de la rue pour retrouver le théâtre Arriaga et El Arenal.*

## ★ **L'EXTENSION** (El Ensanche)

*Circuit 2 tracé en vert sur le plan de ville (p. 319) - Comptez 2h30. Départ de la plaza Moyúa.*

### Plaza Moyúa D2

Cette belle place, reconnaissable à son terre-plein fleuri, porte le nom d'un des anciens maires de Bilbao. On la surnomme également « la place elliptique » du fait de sa forme. De cette place on peut apercevoir les monts Artxanda et le Pagasarri qui dominent la ville.
**Casa Montero** – Parfois appelée « casa Gaudí » en raison de sa ressemblance avec certains immeubles conçus par le génial architecte catalan, cette maison fut réalisée en 1904 dans le style moderniste (appellation espagnole de l'Art nouveau) par un architecte très actif à Bilbao, **Luis Aladrén**. Vous ne manquerez pas d'admirer la richesse décorative des balcons.
*Continuez sur la calle Colón de Larreátegui jusqu'à la prochaine intersection et prenez ensuite la calle Elcano en direction du Nervión.*
Admirez au passage la **vue** sur le musée Guggenheim dans la perspective de la calle Iparraguirre.
**Palacio Chávarri** – Dessinée par l'un des maîtres bruxellois de l'Art nouveau, **Paul Hankar** (1859-1901), cette demeure de style éclectique porte le nom de l'industriel pour lequel elle fut construite en 1894.
**Hôtel Carlton** – À défaut de séjourner dans l'hôtel mythique de la ville, jetez un œil à la superbe verrière qui coiffe le hall.
*Prenez la rue qui fait face au Carlton, Alameda de Recalde, et tournez à gauche, à la première intersection, dans la rue Colón de Larreátegui.*

### ★ Museo de Bellas Artes D2

*Pl. del Museo, 2 - ✆ 944 396 060 - www.museobilbao.com - ♿ - tlj sf lun. 10h-20h - fermé lun., 25 déc., 1er et 6 janv. - 6 € (merc. et -12 ans gratuit) - visite le dim. 12h (en anglais), 5 € (prix de l'entrée non inclus.*
Ses deux bâtiments, l'un construit en 1945 et l'autre dans les années 1960, reliés par une nouvelle structure sont situés à l'orée du parc Doña Casilda de Iturrizar. Ils abritent une des principales collections d'œuvres d'art d'Espagne.
Au fil des salles et d'un accrochage qui, bien que chronologique, peut parfois paraître déconcertant, c'est une promenade à travers l'art du 12e s. à nos jours qui est proposée au visiteur. Parmi les points forts de la collection, qui compte nombre de maîtres espagnols, mais aussi flamands et hollandais, sans oublier bien sûr les artistes basques, vous ne manquerez pas d'admirer un Christ en croix (école catalane du 12e s.), des œuvres de José de Ribera *(Saint Sébastien)*, du Greco (Annonciation) ou de Zurbarán (Vierge à l'Enfant), ainsi que *Les Usuriers* de Quentin Metsys ou *La Sainte Famille* de Gossaert. Un portrait, superbe d'acuité, de Goya ouvre la voie aux artistes de la seconde moitié du 19e s. : Ignacio Zuloaga, Darío de Regoyos, Francisco Iturrino ou l'impressionniste Joaquín Sorolla et, surtout, Gauguin représenté par *Les Lavandières d'Arles*. L'art contemporain est particulièrement bien représenté avec des œuvres

d'artistes espagnols (Solana, Vázquez Díaz, Sunyer, Gargallo, María Blanchard, Luis Fernández, Jorge Oteiza, Chillida, Tàpies, Miquel Barcelò) et étrangers (Delaunay, Léger, Kokoschka, Bacon, etc.). Tout ceci fait du museo de Bellas Artes une remarquable collection que l'engouement actuel pour le musée Guggenheim ne doit en aucun cas occulter !

**Parque Doña Casilda de Iturrizar** Hors plan vers D2
Ce parc dessiné entre 1912 et 1920 doit son nom à la veuve d'un banquier, connue pour ses bonnes œuvres. Ombragé et odorant, il ménage d'agréables surprises comme cette pergola où sont organisés des événements culturels en été.

**Palacio Euskalduna de Congresos y de la Música**
(Palais des congrès et de la musique) Hors plan vers D2
*À l'extrémité ouest du parc, au-delà de l'avenue. Avda Abandoibarra, 4 - ✆ 944 035 000 - www.euskalduna.net - visite guidée du bâtiment sam. 12h, sur réservation - 2 € (enf. 1 €).*
Dessiné par les architectes Federico Soriano et Dolores Palacios, et inauguré en 1999, ce bâtiment de verre, de béton et de métal est l'un des fleurons architecturaux du nouveau Bilbao. L'une de ses façades, tapissée de fer rouillé, évoque les constructions navales qui occupaient autrefois le site.
L'édifice peut servir de point de départ pour une promenade sur les berges du Nervión, aménagées en agréables jardins. En remontant en direction du Guggenheim, vous passerez devant des sculptures d'artistes contemporains rendant hommage au passé maritime de la ville. Vous pouvez aussi traverser le fleuve pour découvrir une magnifique **vue★** sur « la fleur de titane ».
*Descendez l'avenue Abandoibarra jusqu'au rond-point (plaza Sagrado Corazón) et prenez vers le pont Euskalduna.*

★★ **Museo Marítimo Ría de Bilbao** Hors plan vers D2
*Muelle Ramón de la Sota, 1 - ✆ 946 085 500 - www.museomaritimobilbao.org - juin-oct. : tlj sf lun. 10h-20h ; nov.-mai : mar.-vend. 10h-18h, w.-end et j. fériés 10h-20h - 5 € (-6 ans gratuit).*
Ses 7 000 m² abordent de façon didactique et parfois ludique ce que fut l'activité maritime, commerciale et industrielle du port de Bilbao, sans oublier celle de ses chantiers navals. Le musée donne d'ailleurs sur les digues des anciens chantiers navals – *astilleros* en espagnol – Euskalduna.
Le rez-de-chaussée se concentre sur le développement de la ría ; une salle est consacrée à Evaristo de Churruca (1841-1917), ingénieur qui aménagea l'estuaire au 19e s. Remarquez les chaloupes de sauvetage, le mur lumineux dédié aux activités humaines et l'**épave d'Urbieta★** (15e s.) mise au jour en 1998 dans l'estuaire de Guernica. Des panneaux expliquent sa restauration.
Le second niveau présente Bilbao dans ses aspects de port de commerce, port industriel et chantier naval. Le marché de San Antón est ainsi reconstitué, tout comme la salle du Consulat qui régentait l'activité marchande. Une grande carte murale interactive permet de suivre les routes commerciales de différentes époques. D'autres espaces traitent de l'industrialisation de la ville, de la cartographie et de la navigation à voile (documentaires, photos et maquettes à l'appui). La visite intérieure s'achève par la construction navale moderne, illustrée par un film, de belles maquettes et des rouleaux de plans.
Quelques bateaux en cale sèche, à l'extérieur du musée, sont à découvrir : le voilier *Euskadi* qui boucla le Vendée Globe en 1993, un bateau de sauvetage de 1980, un bateau de pêche en bois de 1958 *(Nuevo Antxustegui)* et un remorqueur de 1928, ouvert à la visite pour ce dernier.
*Revenez au rond-point et longez le parc par la calle José Anselmo Clavé, avant*

Les balcons en fer forgé de la vieille ville.
A. Forterre / MICHELIN

*de gagner sa parallèle, la Gran Vía Don Diego López de Haro, pour marcher en direction de la plaza Moyúa.*

### Casas de Sota D2

Passé la calle Máximo Aguirre, jetez un œil (sur le trottoir de droite) à cet impressionnant ensemble d'immeubles, identifiables à leur avant-toit très basque et à leur style éclectique. Datant de 1919, ils furent dessinés par Manuel María de Smith.

*Tournez à droite à l'intersection suivante pour vous engager dans la calle Iparraguirre.*

### Plaza de Biscaye (Plaza de Bizkaia) D2

Elle est bordée par le bâtiment de la Alhóndiga (1909) et par des immeubles Art déco.

*Tournez à gauche dans la rue Alameda Urquijo, jusqu'à la plaza Arriquibar où se trouve l'entrée principale de la Alhóndiga.*

### Alhóndiga Bilbao D2

*Plaza Arriquibar, 4 - ✆ 944 014 014 - www.alhondigabilbao.com - tlj 7h-23h. Entrée libre dans le complexe (billet entrée piscine et solarium : 5,80 €, billet combiné avec salle de sport : 8 €), expositions temporaires à partir de 3 €.*

Construits en 1909 par Ricardo Bastida dans un style éclectique, ces anciens chais municipaux aux allures de château ont fait l'objet d'une somptueuse réhabilitation conduite par le designer et architecte français **Philippe Starck**. En sus des activités et expositions proposées, la vue d'ensemble de cette réalisation architecturale novatrice vaut le coup d'œil.

Tout en conservant intacte la façade, l'architecte a intégralement vidé l'intérieur pour l'aménager comme un espace de vie urbain. Éclairé à la fois par la lumière du jour, un soleil sur écran géant et d'intéressants jeux d'illuminations, le grand atrium de l'entrée est entouré de 3 bâtiments indépendants en brique, soutenus par un ensemble de 43 colonnes. Chacune de ces colonnes

minutieusement élaborées représente une civilisation et une époque différente. En levant la tête on peut voir les nageurs évoluer dans la piscine du dernier étage.
Le complexe abrite sur 43 000 m² plusieurs espaces d'expositions temporaires, une salle de sport, une piscine avec solarium, une médiathèque, deux restaurants et une cafétéria, un cinéma, une salle de spectacles, un auditorium, etc. Renseignez-vous sur la programmation en cours (expositions, ateliers pour enfants, concerts) en consultant leur site Internet.
*Continuez sur la calle Alameda Urquijo. Parvenu à l'Instituto Media (à gauche) et au bâtiment en brique (à droite), tournez à droite dans la calle Bertendona.*

### Teatro Campos Eliseos (Théâtre des Champs-Élysées) D3

Appelé aussi « la bonbonnière de la rue Bertendona », ce théâtre, réalisé en 1902, arbore une belle façade Art nouveau aux détails de mosaïque.
*Rejoignez la Alameda Urquijo par la calle Lutxana.*
Vous aboutirez devant l'église néogothique du **Sacré-Cœur** (Iglesia del Sagrado Corazón), de 1891.
*Rejoignez la Gran Vía Don Diego López de Haro.*
Au n° 10 se dresse la façade néoclassique du **Banco de España** (1923), qui fait concurrence aux colonnes corinthiennes et au dieu Mercure du **Banco de Bilbao** (1922) tout proche.
*Prenez la direction du pont de El Arenal, à droite.*

### Plaza Circular E2

Une colonne surmontée d'une statue en hommage à Don Diego López V de Haro, fondateur de la ville, trône en son centre. Dans ses abords immédiats se trouvent quelques bâtiments parmi les plus importants de El Ensanche.
**Estación (gare) de Abando-Indalecio Prieto** – *Calle Hurtado de Amézaga.* Un grand vitrail de 301 pièces illustrant les différentes activités économiques de la Biscaye égaie depuis 1948 le hall de cette gare qui devrait accueillir dans un avenir plus ou moins proche l'AVE (TGV) reliant les trois capitales du Pays basque espagnol, projet qui ne fait pas l'unanimité.
**Bourse** (Bolsa de Valores) – *Calle Olavarri, entre la gare de Abando et celle de Santander, près du Nervión - 10h30-17h.* Bâtiment inauguré en 1905 pour abriter la Bourse de valeurs. Ses sous-sols servirent de prison pendant la guerre civile.
**Estación (gare) de Santander** – *Le long du Nervión.* Œuvre de Severino de Achúcarro (1898), elle témoigne des constructions de la Belle Époque qui incorporaient le fer dans leurs structures.
**Édifice de la Bilbaina** – *Juste avant le pont de El Arenal, sur la droite, contre la gare de Santander.* Cet immeuble d'angle édifié en 1913 d'après les plans d'Emiliano Amann y Amann dans un style inspiré de la Sécession viennoise abrite un club privé très select, organisé sur le modèle anglais.
*Depuis la plaza Circular prenez la calle de Buenos Aires, puis retrouvez la calle Colón de Larreátegui, deuxième à gauche.*

### Plaza de los Jardines Albia E2

Joliment arborée, elle est ornée de la statue de l'écrivain biscayen Antonio de Trueba (1819-1889), auteur de contes populaires et de récits évoquant le monde paysan. Elle est bordée du palais de justice, de l'église de **San Vicente Mártir** (16e s.) où repose l'homme de lettres, et du fameux **café Iruña** à la décoration néomudéjar.
*Revenez à la plaza Moyúa.*

# À voir aussi Plan de ville p. 319

**Museo Taurino** D3
*Plaza de Toros de Vista Alegre, Martín Agüero, 1 - ✆ 944 448 698 - www.plazatorosbilbao.com - horaires d'été : lun.-vend. 10h30-13h30, 16h-18h ; horaires d'hiver : lun.-vend. 10h-14h - 3 €.* La tauromachie est une chose très sérieuse à Bilbao. Ici, on ne plaisante pas avec la présentation des taureaux et la série des « corridas générales » qui s'y donnent lors de la Semana Grande. Elles constituent, avec les ferias de Séville et de Madrid, l'un des trois rendez-vous majeurs de la saison espagnole. Installé dans les dépendances des arènes, ce musée retrace, à l'aide d'affiches et de documents, l'histoire de la tauromachie à Bilbao et, plus généralement, en Biscaye, ainsi que les grands maîtres qui s'y sont distingués.

**Basílica de Begoña** Hors plan vers E3
*On peut s'y rendre en voiture par la route de San Sebastián (avenida de Zumalacárregui) ou en prenant l'ascenseur dans la calle Esperanza Ascao. Du sommet, vue panoramique intéressante de Bilbao. À la sortie du parc de Mallona, suivez la rue principale, à droite, qui mène directement au sanctuaire. ✆ 944 127 091 - se renseigner pour les horaires.*
La statue de Notre-Dame (Andra Mari) de Begoña, patronne de la Biscaye, est conservée dans un *camarín* (niche) en argent, au-dessus du maître-autel de l'église, érigée, pour l'essentiel, au 16e s.

# À proximité Carte de région p. 314-315



**Getxo** B1
*16 km au nord-est le long de l'estuaire. Une fois à proximité ou sur place, repérez-vous aux noms des quartiers (voir ci-après). Attention : la circulation en fin de journée ressemble à celle du périphérique parisien aux heures de pointe.*
*Playa de Ereaga - ✆ 944 910 800 - www.getxo.net - de mi-juin à mi-sept. : tlj 10h-20h ; reste de l'année : lun.-vend. 9h30-14h30, 16h-19h, w.-end et j. fériés 10h30-14h30, 16h-20h.*
Six quartiers composent cette commune accolée à Bilbao, sur la rive droite du Nervión. De son embouchure en direction de l'est et de Gorliz, vous traverserez ou longerez Sta Ana, las Arenas, Romo, Neguri, Algorta et Andra Mari.
**Les plages** – Trois d'entre elles sont presque en ville : celle de las Arenas, à deux pas de l'embouchure, celle d'Ereaga, plus vaste et déjà agréablement isolée du bâti, et celle d'Arrigunaga, entre le vieux port et Andra Mari. Les autres se trouvent toutes au-delà d'Andra Mari, dans un environnement plus sauvage.
**Vieux port** – Autrefois très actif, il attire aujourd'hui les amateurs de *poteo* (tournée des bars à tapas) qui s'assoient à l'occasion sur ses marches pour contempler les avions en approche dans le soleil couchant.
**Paseo** (Promenade) – *Se garer au-delà du vieux port ou au parking de la plage d'Ereaga. 2h AR.*
Ce front de mer, où la foule passe et repasse à l'heure de la balade du soir, donne tout son sens au mot « promenade », en particulier en fin de journée, lorsqu'un flot élégant de promeneurs l'envahit.
Il commence (ou se termine) au vieux port, passe devant la plage d'Ereaga où se trouve l'office de tourisme, puis emprunte le boulevard Arriluze bordé par la

casa de Náufragos (maison des naufragés), avec sa tour-phare (1920), que surplombent des habitations modernes et trois villégiatures de la Belle Époque : le palacio Arriluze, le caserio Aizgoyen et le palacio Lezama Legizamón (1902). Bifurquant ensuite à angle droit, il longe encore l'eau et des maisons au genre un peu hétéroclite, dont la casa Cisco (1909-1911) de style nordique signée Manuel María Smith, le palacio Kai-Alde (1925) du même architecte et le palacio Itxas Begi (1927) aux influences basque et anglaise. Il aboutit enfin à la **plage de las Arenas** et au **monument Churruca**, symbolisant le combat entre la mer et la terre. Réalisé en 1939, il a été érigé en hommage à l'ingénieur qui avait travaillé à l'aménagement du port extérieur.

De là, on peut admirer le pont transbordeur et le dôme de **N. S. de las Mercedes** (1947), qui abrite l'orgue le plus imposant du Pays basque.

**Puente Colgante/Bizkaia** (Pont transbordeur) – *✆ 944 801 012 - www.puente-colgante.com - AS 0,30 €/pers. en journée.* Il s'agit du pont transbordeur le plus ancien au monde. Contemporain de la tour Eiffel, œuvre d'Alberto de Palacio réalisée en collaboration avec Ferdinand Arnodin, il fut inauguré en 1893 et a transporté depuis plus de 650 millions de personnes jusqu'à Portugalete, sur la rive opposée. Il est inscrit au Patrimoine de l'humanité depuis 2006. Enjambant le Nervión, l'ouvrage fait figure de porte d'entrée de la Biscaye. Une **passerelle panoramique** piétonne de 160 m de long *(accessible par ascenseur)* permet de contempler tout l'estuaire d'une hauteur de 50 m.

**Aquarium** – *Muelle de Arriluce, s/n. - ✆ 944 914 661 - www.getxoaquarium.com - tlj sf lun. 10h30-14h, 16h30-20h5h - 3 € (-14 ans 2 €).* Espace dédié à la vie marine (flore, invertébrés et poissons) dans les eaux atlantiques et tropicales.

## El Pobal A1

*▶ 30 km. Quittez Bilbao en suivant la direction de Balmaseda et Santander pour rejoindre l'A 8. Roulez en direction de Santander. Prenez la sortie Muskiz, La Arena, Playa, Hondartza. Traversez Muskiz et prenez la direction de Santelices, puis de Rojadillo. Quelques kilomètres après Santelices, sur la gauche, se trouvera un parking en bord de route (vous devrez faire demi-tour à une petite rocade aménagée une centaine de mètres plus loin).*

**Ferrería de El Pobal/El Pobaleko Burdinola** (Forge d'El Pobal) – *✆ 629 271 516 - www.bizkaia.net/elpobal - de mi-avr. à mi-oct. : mar.-sam. 10h-14h, 16h-19h, dim. et j. fériés 10h-14h ; reste de l'année : tlj sf lun. 10h-14h - fermé 1er et 6 janv., 25 déc. - 3 € (-12 ans gratuit) - visite guidée (1h) ttes les heures, démonstration sam. 12h + visite guidée (1h30 au total), 5 €.* Un vallon verdoyant où coule une rivière, un sentier menant à des maisons de pierre et des salles ensoleillées : voilà le site poétique de l'ancienne forge de Pobal, construite au 16e s. par la puissante famille des Salazar.

Fermée en 1965, elle a rouvert ses portes en 2004 après quatorze ans de travaux, qui ont permis de restaurer le corps de logis, le four à pain, le moulin et l'atelier. Tous ces bâtiments illustrent l'état des lieux à la fin du 19e s. Le barrage, le canal et le tunnel hydraulique datent, quant à eux, du 18e s. La forge produisait socs de charrue, armes, lames, etc. Les stocks de charbon et les outils y sont toujours prêts à l'emploi pour les démonstrations. Si vous les manquez, guides et brochures éclaireront quand même votre visite.

## Gallarta A1

*▶ 20 km. Quittez Bilbao en suivant Balmaseda et Santander pour rejoindre l'A 8. Roulez vers Santander. Sortez à Gallarta, puis suivez la signalisation. Parvenu au village (au stop, prenez à droite), traversez-le. Le musée se trouve presque à sa sortie, dans la descente en virages qui mène à son pôle industriel (dir. Olluerta).*

Salle du musée maritime de la ría de Bilbao.
*Museo marítimo Ría de Bilbao*

**Museo de la Minería del País Vasco/Meatzaritzaren Museoa**
(Musée de la Mine du Pays basque) – *Bº Campodiego, N 3. ✆ 946 363 682 - www.museominero.net - mar.-vend. 9h-14h, 16h-19h (20h en été), sam. et j. fériés 11h-14h, 16h-19h (20h en été), dim. 11h-14h30 - fermé lun. - 2,50 € (-18 ans 1,50 €), visite guidée (1h) sam. 11h30 et dim. 12h30, 3 €.*
Ce musée est établi dans les anciens abattoirs du bourg de Gallarta, attaché à l'ancienne mine à ciel ouvert de Bodovalle (fermée en 1993). Il illustre et explique par des photos, une myriade d'objets et des panneaux, les transformations techniques, environnementales et humaines que l'exploitation minière a opérées dans les communes qui en vivaient en Biscaye. L'activité employait dans la région jusqu'à 13 000 personnes par an. Une extension, actuellement en construction, viendra relier le musée à l'ancienne mine pour former un parcours thématique complet.

4

## Circuit conseillé Carte de région p. 314-315

### VERS LE PARC NATUREL DE GORBEIA, LA VALLÉE D'OROZCO B2

▶ *Circuit de 59 km tracé en vert sur la carte de région (p. 314-315) – Comptez 1h30. Quittez Bilbao par l'AP 68 en direction de Vitoria/Miranda de Ebro, abandonnez après 13 km à la sortie 3 (Areta/Orozko) et poursuivez sur la BI 2522.*

**Orozco**/Orozko
Joli petit village connu pour ses haricots secs, où les maisons de pierre bien entretenues ont un petit air montagnard. Le vieux centre a conservé quelques demeures blasonnées ainsi que son hôtel de ville du 18e s.
**Museo** – *Face à la mairie. ✆ 946 339 823 - www.orozkoudala.com - ♿ - mai-sept. : jeu. 10h-14h, vend., w.-end et j. fériés 10h-14h, 17h-19h - visite libre ou guidée - gratuit.* Maquettes, panneaux, reconstitutions et supports audiovisuels

retracent sur trois niveaux la vie d'autrefois dans la vallée d'Orozko. Habitat, métiers (forge, travaux agricoles, pastoralisme), alimentation, production, environnement : tous les aspects sont abordés.

*Engagez-vous sur la BI 3513.*

La route jusqu'à Ibarra et au-delà dévoile de beaux points de vue sur la verdoyante **sierra de Gorbeia/Gorbea**.

*Après Gallartu, prenez la direction d'Areatza.*

### **Villaro**/Areatza

Classé Monument historique, ce village fondé en 1338 cultive le charme de ses ruelles pavées, bordées de maisons de pierre remontant parfois au Moyen Âge. Certaines affichent un style plus récent mais non moins historique, comme le **palais Gortazar** de style baroque (16e s.), avec ses vestiges de fresque ornant sa façade de brique. Il se trouve sur la place de la *casa consistorial* (mairie), tout comme le **Centre d'interprétation du parc de Gorbeia** où vous pourrez vous documenter sur ce parc naturel de 20 000 ha, à cheval sur la Biscaye et l'Álava, et riche de plus de 167 espèces animales vertébrées. *☎ 946 739 279 - ♿ - tlj 10h-14h, 16h-18h - fermé 1er et 6 janv., 24 août, 25 et 31 déc. - gratuit. Informations pratiques sur les sentiers de randonnée sur www.mendiak.net*

**Église San Bartolomé** – Construite entre la fin du 15e s. et le début du 16e s., cette église présente une façade d'inspiration classique aux statues disproportionnées.

Face à l'église, au niveau du panneau du parc, part une randonnée vers la sierra *(renseignez-vous au Centre d'interprétation du parc).*

*Dirigez-vous vers Artea.*

### Artea

Le village comprend deux musées.

**Musée historique du Nationalisme basque** – *À l'entrée du village en venant d'Orozko. Meñaka Jauregia - Herriko plaza, 39 - 48142 Artea Arratia - ☎ 946 317 286 - www.sabinoarana.org - mar.-vend. 10h-14h, 16h-19h, sam. 11h-14h, 16h-19h, dim. et j. fériés 11h-14h - fermé lun., 1er janv. et 25 déc. - gratuit.* Il porte aussi le nom de Sabino Arana, pionnier de l'indépendance basque au 19e s. On y découvre à travers des archives, photos et objets, les étapes de l'autonomie basque.

**Écomusée de Artea** – *À 100 m derrière l'église et la mairie (première à gauche après la mairie en venant de l'église) - Herriko plaza, 1 - 48142 Artea - ☎ 946 317 086 - www.euskalbaserria.com - lun.-jeu. 10h-16h, w.-end et j. fériés 10h-17h - fermé vend., 23 déc.-23 janv. - 3 €.* Une série de reconstitutions retracent l'habitat et la vie traditionnelle des Basques, de la préhistoire jusqu'au 19e s. Passez très vite sur les premiers millénaires pour privilégier les métiers d'autrefois.

★ **Église de San Miguel** – *Avant l'entrée du village, sur la droite (intersection quasiment en angle aigu) en allant vers Bilbao.* De forme allongée, cette jolie église champêtre présente une belle façade de bois et des galeries extérieures sous auvent pavées de galets.

*Revenez à Bilbao par la N 240.*

## NOS ADRESSES À BILBAO

### TRANSPORTS

**Transports en commun**
*Renseignements au 944 254 025.*
**Carte Creditrans** – *La carte rechargeable Creditrans (www.creditrans.com) à 5, 10 ou 15 € donne accès à des tarifs réduits pour le métro et le tramway de Bilbao, Bilbobus, Biskaia bus, l'ascenseur de la Salve, le funiculaire d'Artxanda et le pont suspendu.*
**Métro** – *Billet simple 1,45 € (1 zone), 1,60 € (2 zones), 1,70 € (3 zones) ; billet AR 2,90 € (1 zone), 3,20 € (2 zones), 3,40 € (3 zones) ; billet 1 j. 4,50 € (1, 2 ou 3 zones) ou billet Creditrans.*
**Bus** – *✆ 902 543 210 - billet occasionnel 1,20 €, billet Creditrans 0,57 € - tramway : billet ordinaire 1,25 €, billet Creditrans 0,64 €.*
**Aéroport** – *48180 Loiu - ✆ 902 404 704.*
**Vélo** – Il existe un service municipal de prêt de vélos, avec des bornes de retrait. Se rens. à l'office du tourisme de Arriaga.
**Bus touristique** – *Juil.-août : tlj 11h-18h ; juin et sept.-oct. : tlj sf dim. apr.-midi et lun. 11h-17h ; ponts, 1er Nov. et 6-8 déc. : tlj 11h-17h5h - dép. ttes les h devant le Guggenheim 11h-19h (sf 14h) - 12 € (billet hop on hop off valable 24h).*
**Visite en bateau** – *Embarcadère au niveau du Puente del Ayuntamiento, côté Ensanche - ✆ 644 442 055 - www.bilboats.com - 10/16 €.* Bilboats propose une croisière d'1h sur le Nervión, et une autre de 2h jusqu'à l'embouchure de l'Abra.

### HÉBERGEMENT

#### PREMIER PRIX

**Pension Plaza San Pedro** – *Luzarra, 7 - ✆ 944 763 126 - www.hotelplazasanpedro.com - 19 ch. 65 € - ☕ 3,50 €.* Cet établissement familial est situé dans le quartier universitaire de Deusto. Les chambres sont agréables pour leur catégorie. La plupart comprennent une salle de bains de type cabine de douche.
**Bilborooms** – *Victor 3, 1er étage - ✆ 944 793 591 - www.bilborooms.com - 7 ch. 50/70 € ☕* Cette petite pension charmante et sobre propose des chambres simples, mais calmes et confortables. Le petit-déjeuner est frugal, mais l'accueil chaleureux.

#### BUDGET MOYEN

**Hôtel Vista Alegre** – *Pablo Picasso, 13 - ✆ 944 431 450 - www.hotelvistaalegre.com - 35 ch. 50/75 € - ☕ 6 €.* Cet établissement propose des chambres fonctionnelles au mobilier standard. Mais vous apprécierez l'accueil familial qui fidélise les clients.
**Pension Iturrienea Ostatua** – *Sta María Kalea, 14 - ✆ 944 161 500 - www.iturrieneaostatua.com - 21 ch. 50/76 € - ☕ 3 €.* Hôtel de charme situé en plein quartier historique, dans une vieille maison à la façade bleue rénovée. Il est décoré avec goût d'une profusion d'antiquités et d'œuvres d'artistes locaux. Les chambres ne sont pas très grandes, mais agréables et dotées de parquets.
**Hôtel Bilbao Jardines** – *Jardines, 9 - ✆ 944 794 210 - www.hotelbilbaojardines.com - P - 32 ch. 55/75 € - ☕ 5,40 €.* À peine ouvert, cet hôtel fait déjà parler de lui grâce à la qualité de son accueil. Les chambres, parquetées et fonctionnelles, sont pourvues de grandes fenêtres.
Les plus tranquilles ouvrent sur le patio et on aperçoit la bibliothèque de Bilbao. Petit-déjeuner continental.

**Hôtel Artetxe** – *Ctra Enékuri-Artxanda, 7 - ✆ 944 747 780 - www.hotelartetxe.com - P - fermé 20-30 déc. - 12 ch. 54/90 € - ☕ 6 €.* Ancienne maison de campagne construite en pierre, occupant un emplacement magnifique avec la ville comme toile de fond. Les chambres sont décorées de meubles de chêne ; la plupart des salles de bains sont équipées de douches.

**Hôtel Sirimiri** – *Pl. de la Encarnación, 3 - ✆ 944 330 759 - www.hotelsirimiri.es - P - 28 ch. 60/80 € - ☕ 4 €.* Situé dans la vieille ville, près du musée d'Art sacré, cet hôtel (dont le nom rappelle le crachin tenace qui exaspère parfois les visiteurs de la ville) dispose d'installations modernes et fonctionnelles. Les chambres de belle ampleur comprennent des salles de bains spacieuses, bien équipées.

## RESTAURATION

### PREMIER PRIX

**Colmado Ibérico** – *Alameda de Urquijo, 20 - ✆ 944 436 001 - www.colmadoiberico.com - fermé dim. - menu 19,90 €.* Grand espace au comptoir bien garni en brochettes et plats rapides. Il comporte une salle de restaurant où l'on sert une carte spécialisée dans les produits ibériques.

**Gatz** – *Sta María, 10 - ✆ 944 154 861 - www.bargatz.com - fermé dim. soir et 2e quinz. de sept. - ⊠ - 10 €.* Situé dans le centre de la vieille ville, c'est le rendez-vous incontournable des amoureux de « cuisine en miniature ». L'endroit a été primé à plusieurs reprises pour la qualité et la créativité de ses *pintxos*.

**Xukela** – *El Perro, 2 - ✆ 944 159 772 - www.xukela.com - tapa 2 €, ración 12 €.* Cet établissement vous fera découvrir en toute simplicité les multiples saveurs du *tapeo*. Ses spécialités sont les fromages et les pâtés.

**Rio-Oja** – *El Perro, 4 - ✆ 944 150 871 - fermé lun. - ración 10 €.* Situé dans le centre historique, ce restaurant propose un bar fourni en tapas et *raciones*, ainsi que des petits plats de différents ragoûts.

### POUR SE FAIRE PLAISIR

**Goizeko Kabi** – *Particular Estraunza, 4 - ✆ 944 421 129 - gkabi.bi@telefonica.net - fermé 1re quinz. d'août et dim. - déj 21 €, dégustation 39 €.* Située près du musée des Beaux-Arts, cette véritable institution gastronomique du Pays basque propose une cuisine de haut niveau, bien équilibrée entre tradition et innovation. Elle doit sa réputation à la qualité de ses poissons.

**Rogelio** – *Ctra de Basurto a Castrejana, 7 - ✆ 944 273 021 - fermé 22 juil.-1er sept. et dim. - 45 €.* Établissement réputé dans la région pour ses plats simples, élaborés à partir de produits de qualité. Bar à l'allure rustique, et salle de même style à l'étage.

**Victor** – *Pl. Nueva, 2 - ✆ 944 151 678 - www.restaurantevictor.com - fermé 1re quinz. de sept., Sem. sainte et dim. - 39/48 €.* Petit local intime et familial situé dans le centre historique. Bar à tapas et salle classique au 1er étage. Cave bien fournie de *riojas*.

**Kikara** – *Iparraguirre, 23 - ✆ 944 235 237 - www.kikara.com - fermé dim. - 19/60 €.* Les salles du sous-sol sont destinées au menu et le rez-de-chaussée, à la carte. Ambiance décontractée.

## BOIRE UN VERRE

**Café Boulevard** – *Arenal, 3 - ✆ 946 791 705.* Il s'agit du plus vieux café de Bilbao, inauguré en 1871 par la famille Pérez Yarza. Vous y trouverez des cafés, des tisanes, des *churros* et quelques menus à prix intéressants, mais il est surtout connu pour la beauté de son cadre (hauts plafonds, stucs, motifs dorés, marbres, miroirs) et les rencontres poétiques qui y ont lieu.

**Café Iruña** – *Jardines de Albia - ✆ 944 237 021 - www.cafesdebilbao.net.* Situé sur une place agréable, ce café fondé en 1903 est devenu l'un des classiques de Bilbao. Sa décoration est surprenante (plafonds et éléments d'inspiration mudéjar). Idéal pour prendre un verre le soir.

**Cotton Club** – *Gregorio de la Reilla, 25 - ✆ 944 104 951 - www.cottonclubbilbao.es - tlj sf dim. 16h30-3h (vend.-sam. 5h).* Lieu branché où l'on peut boire un verre tout en écoutant des chanteurs de la scène espagnole ou des musiques diverses jouées par des groupes. Le décor affiche une multitude de photos de cinéma et d'autographes laissés par des personnalités lors de leur passage. Un bel endroit!

**Victor Montes** – *Plaza Nueva, 8 - ✆ 944 157 067 - www.victormontesbilbao.com - fermé dim. soir.* Surtout connue pour son bar à tapas, cette institution locale vous accueille dans un sympathique décor à base de bouteilles de vin. Ses *pintxos* (tapas basques dont le nom signifie « aliment piqué sur un cure-dent ») ravissent le palais. Parmi les spécialités : les canapés de saumon et le jambon bellota…

## ACHATS

**Alacena de Victor Montes** – *Plaza Nueva, 12 - ✆ 944 154 385.* Ce lieu propice aux plaisirs gourmands vend des spécialités du Pays basque et une belle sélection de produits ibériques tels que jambons, foie gras, charcuteries diverses, fromages, anchois, douceurs… La cave répertorie quelque 700 références de vins espagnols et étrangers.

**Pastelería Gozoteiga** – *À l'angle des rues Aztarloa et Haro - 9h-21h, dim. 9h-15h, 17h-21h.* Fondée en 1852, cette boutique décorée de boiseries propose toutes sortes de sablés et confiseries.

**Sombreros Gorostiaga** – *Victor, 9 (Casco Viejo) - ✆ 944 161 276.* Établissement créé en 1857 par la famille Gorostiaga. Vous pourrez y admirer et acheter les *boinas* basques, ainsi qu'une belle collection de chapeaux de facture artisanale. N'hésitez pas à bavarder avec le propriétaire qui vous renseignera sur les plus belles pages de l'histoire du chapeau et des couvre-chefs basques.

## AGENDA

**Festival du cinéma fantastique** – (1re quinz. de mai).

**Festival Bilbao BBK Live** – Déb. juil. - *www.bilbaobbklive.com*

**Festival international de théâtre de rue** – (1re quinz. juil.).

**Semana Grande/Aste Nagusia** – (3e semaine d'août).

**Festival de théâtre et de danse contemporaine** – (Oct.-nov.) - *www.badbilbao.com*

**Festival international de marionnettes** – (Nov.).

**Concours international de chant** – (Nov. les années paires) - *✆ 944 246 533 - www.concursocantobilbao.com*

**Zinebi, Festival international de cinéma documentaire et de courts-métrages** – (Mi-nov.).

# Côte de Biscaye

## Costa de Vizcaya/Bizkaia

★

NOS ADRESSES PAGE 341

### S'INFORMER

**Office du tourisme d'Ondarroa** – *C/Erribera, 9 - 48700 Ondarroa - 946 831 951 - www.ondarroa.eu - de mi-juin à mi-sept. : tlj 10h-14h, 16h-20h ; reste de l'année : mar.-sam. 10h30-13h, 16h-19h, dim. et j. fériés 10h-14h - fermé lun., 1er janv. et 25 déc. Visites guidées sur réservation.*

**Autres offices de tourisme :** *voir aux noms des localités.*

### SE REPÉRER

Carte de région BC1 (p. 314-315) – carte Michelin n° 573 B 21-22.

La côte de Biscaye relie Ondarroa, à 51 km à l'ouest de St-Sébastien, à l'estuaire du Barbadun/San Juan Muskiz, à 25 km à l'ouest de Bilbao. La ría de Guernica en marque approximativement le milieu.

### À NE PAS MANQUER

L'ermitage de Gaztelugatxe sur son éperon rocheux battu par la mer.

### ORGANISER SON TEMPS

Découvrir l'intégralité de la côte peut faire l'objet d'un long week-end itinérant.

### AVEC LES ENFANTS

Le baleinier de Bermeo.

**Dans le prolongement de la côte de Guipúzcoa, la côte de Biscaye est idéale pour prendre un bol d'air pur. Ici, les plages et les ports s'enchaînent sur fond de collines verdoyantes. Plus sauvage que sa voisine, et mieux préservée des industries et de l'urbanisation excessive, elle a su ménager de véritables petits coins de paradis comme la réserve d'Urdaibai. Parcourir ce littoral, c'est aussi découvrir des villes chargées d'histoire et de symboles comme Guernica ou Bilbao. En clair, la côte comblera tout à la fois les amateurs de grands espaces, les sportifs, les amoureux de farniente et les assoiffés de culture.**

Les passionnés d'activités nautiques se régalent en Biscaye dont le littoral offre un grand choix de sorties en mer (bateau, surf, plongée, canoë-kayak, pêche au thon, voile) par le biais du programme « Côte basque Toutes voiles dehors ». À Sopelana, vous pourrez vous envoler en parapente ou en deltaplane.

**Les plages** – La côte de Biscaye possède de nombreuses plages. Les plus importantes se trouvent entre Abra et Billano. Elles se nomment Areeta, Ereaga, Arrigunaga... Celles dépendant de Sopelana sont sauvages ; celles de **Gorliz**, qui partage avec Plentzia la magnifique baie verte, forment un ensemble unique. Enfin, la plage de Bakio est le rendez-vous des surfeurs.

### LA FAÇADE ATLANTIQUE DE LA BISCAYE

C'est 150 km de côtes découpées en falaises abruptes et vertes, en estuaires paisibles et en plages immenses de sable fin. La variété des sites y est presque infinie, réservant au visiteur des paysages souvent sauvages et sans cesse renouvelés. La **réserve naturelle d'Urdaibai** *(voir p. 349)*, sur la ría de Gernika, en est le meilleur exemple, mais l'on se sent tout aussi proche de la nature lorsque l'on observe le ressac depuis le sanctuaire de Gaztelugatxe ou que l'on admire l'étendue de la baie de Gorliz.

Les hommes ne sont bien sûr pas absents de ces magnifiques paysages, mais, hormis dans la ría de Bilbao, fortement urbanisée, ils s'y intègrent parfaitement. En suivant la côte, vous découvrirez donc plutôt des petits ports sympathiques, comme ceux d'Elantxobe ou de Mundaka, que des grandes stations aux longues barres comme Bakio. Mais même ceux-là ont su conserver un quartier historique ou un port encore actif.

La pêche est en effet un élément essentiel de l'économie et de la culture locales. Que ce soit à Lekeitio, Ea, Elantxobe, Mundaka ou Bermeo, il n'est pas rare de voir les pêcheurs remailler leurs filets à même le quai, ou les gens se presser le soir au retour des bateaux pour profiter de la pêche du jour. Inutile de dire que les poissons que l'on déguste dans les bars à tapas et les restaurants de ces pittoresques ports sont des plus frais!

## Se promener

**Ondárroa**/Ondarroa C1

L'agglomération s'allonge entre la colline et la boucle du río Artibay, sur une langue de terre où sa curieuse église surélevée ressemble à une figure de proue. Cernées par le fleuve, les hautes maisons pavoisées de linge qui sèche, composent un **tableau** pittoresque.

Son histoire officielle débute en 1327, lorsqu'elle reçut les privilèges entérinant l'occupation du site. Presque abandonnée après l'incendie qui la ravagea en 1463, elle poursuivit néanmoins ses activités au travers de la pêche à la baleine, du commerce et de ses chantiers navals. Aujourd'hui, la ville possède encore des conserveries et des usines de salaison de poisson.

L'actuel cœur historique est relativement circonscrit du fait d'un autre incendie, provoqué en 1794 par les troupes françaises.

**Église de Sta María** – Fin 15$^{e}$ s. L'église affiche un style gothique tardif, à la décoration extérieure soignée (plinthes à thèmes floral et animal, rosaces et gargouilles). Notez l'alignement de 12 figures, les **kortxeleko-mamus**, évoquant les personnages d'une cour médiévale : le roi, le fifre, un musicien, le pèlerin, la pèlerine, des arbalétriers, une nourrice, la reine, un moine, un courtisan et un chevalier.

**Cofradía de Pescadores** (Confrérie des pêcheurs) – L'office de tourisme occupe aujourd'hui cette demeure de pierre identifiable à son clocheton. Elle appartenait autrefois à la puissante confrérie des pêcheurs fondée au 14$^{e}$ s., dont le rôle principal consistait à appliquer la réglementation et assurer la vente de la pêche.

**La Antigua** – Ancienne paroisse d'Ondárroa, cette église du 15$^{e}$ s. perchée sur l'une des collines de la ville associe styles gothique (d'origine), néoclassique et baroque.

# Circuits conseillés Carte de région p. 314-315

## D'ONDÁRROA À LA RÍA DE GUERNICA C1

*Circuit de 51 km tracé sur la carte de région (p. 314-315) – Comptez environ 1h. Quittez Ondárroa par la BI 3438, qui offre de superbes dégagements sur la côte.*

### Lekeitio/Lequeitio

*C/Independentziaren Enparantza - 946 844 017 - www.lekeitio.com - 15 juin-15 sept. : tlj 10h-14h, 16h-20h ; reste de l'année : lun.-sam. 10h30-13h30, 16h-19h, dim. et j. fériés 10h-14h - fermé 1er janv. et 25 déc.*

Outre sa superbe plage, Lekeitio comprend un vieux centre où rien ne manque. Arpentez donc les quelques rues de l'ancien quartier des artisans *(on y accède par la Berriotxoa Kalea depuis la mairie)*, à la recherche du **palais Uriarte** ou de la tour Turpin. Vous pourrez aussi prendre Espeleta Kalea pour découvrir le **quartier des pêcheurs★** et rejoindre le port et ses quelques terrasses de café. Dans l'après-midi, les femmes reprisent parfois leurs filets.

**Église de Sta María** – 15e s. L'église, de style gothique tardif, se trouve quasiment sur le port : impossible de la manquer ! Si vous avez la chance d'y entrer, vous pourrez admirer son magnifique **retable** gothico-flamand de 1512, l'un des plus grands d'Espagne avec ceux de Tolède et de Séville.

*La route s'enfonce ensuite à l'intérieur des terres.*

### Ispaster/Ispáster

Cette bourgade conserve quelques bâtiments anciens, comme sa jolie église du 15e s., de style Renaissance, et le palais baroque Arana (1700), reconnaissable à ses deux corps de logis en forme de tour.

**Plage de Ogeia** – *À la sortie du village, juste avant le cimetière, prenez la route à droite. Elle traverse la forêt qui surplombe la plage.* Insoupçonnable, cette plage se déploie dans une baie au sable ocre et aux rochers affleurants.

### Ea

Ce charmant port miniature est enclavé dans le fond d'une calanque. Ses maisons anciennes suivent les berges de la rivière, enjambée par de petits ponts de pierre.

*Départ à gauche de l'église Nuestra Señora de Jesus, à l'entrée du bourg, avant la rivière ; suivez le balisage blanc-jaune. Comptez 1h20 –*
Agréable randonnée, très ombragée. Seul le début se révèle un peu sportif avec deux fortes pentes. La promenade se poursuit à travers bois et prairies. Attention, parvenu aux deux maisons donnant sur la route principale, prenez la voie de garage de la seconde : elle donne accès à la forêt. Revenu sur la route, suivez-la à gauche jusqu'aux maisons, où vous reprendrez le sentier. Il débouche sur la côte et le sanctuaire de Talako Ama, dévoilant une **vue★** magnifique sur la mer.

*Jusqu'à Elantxobe, la route paraît flotter entre terre et mer, réservant de magnifiques points de vue sur le bleu des flots et le vert des collines.*

### ★ Elantxobe/Elanchove

*Obligation de garer sa voiture à l'entrée du village, en hauteur.*

Village tranquille à l'écart des grands axes routiers. Les marins ont profité de l'ébauche naturelle d'une baie pour y construire leur port de pêche et y suspendre leurs maisons à l'abrupt cap Ogoño (300 m). Préparez-vous à descendre et à monter des marches !

Le port de Lekeitio et son quartier des pêcheurs.
J.-E. Sceau / MICHELIN

**Cabo (cap) Ogoño** – *1h AR. Départ depuis le cimetière, accessible à pied par une forte pente, ou en voiture par le hameau qui précède Elantxobe, un panneau avec le symbole d'un appareil photo signalant le cap. Attention, ne prenez pas la voie qui longe le mur du cimetière, très pentue, mais la route qui dessert les quelques maisons à flanc de collines. Le sentier commence après la dernière, à gauche.*

Petits mollets s'abstenir! Cette promenade demande en effet un effort constant, récompensé néanmoins par de très belles vues sur le littoral, notamment une magnifique échappée sur la plage de Laga et sur la côte vers Ea! Le cap, quant à lui, disparaît sous la végétation.

*Reprenez la voiture et poursuivez en direction de Laida.*

**Playa de Laga** – Tournant le dos à Elantxobe, elle déploie 575 m de sable rose jusqu'au pied du cap Ogoño.

**Playa de Laida** – Elle se situe à l'embouchure de la ría de Guernica et jouit d'un cadre incroyable, avec le contraste entre la couleur limpide de l'eau et le vert tendre de la campagne.

En remontant vers Guernica, on découvre sa **ría**★ aux calmes horizons, l'île d'Izaro, la tache blanche de Pedernales/Sukarrieta sur l'autre rive et l'île de Chacharramendi.

**Guernica**/Gernika-Lumo

*Voir ce nom p. 343.*

**DE GUERNICA À BILBAO** BC1

*Circuit de 60 km tracé sur la carte de région (p. 314-315) – Comptez environ 1h30. Quittez Guernica/Gernika-Lumo par la BI 2235 en direction de Mundaka. Au-delà de la réserve naturelle d'Urdaibai (voir Guernica, p. 343), poursuivez vers Mundaka.*

**Mundaka**/Mundaca C1

*C/Kepa Deuna - 946 177 201 - www.mundaka.org - mar.-sam. 10h30-13h30, 16h-19h, dim. et j. fériés 11h-14h - fermé lun., 1er janv., 25 et 31 déc.*

Toute la vie de Mundaka se concentre autour de son petit port naturel, bordé de maisons traditionnelles de pêcheurs. Son principal atout réside néanmoins dans ses superbes plages de sable fin et, pour les surfeurs, dans sa vague, réputée pour être l'une des plus longues au monde.

**D'un ermitage à l'autre** *(1h AR)* – Deux ermitages côtiers encadrent Mundaka. La promenade passe par le port et l'église, offrant de très belles vues sur les plages et la côte.

**Bermeo** C1

*C/Lamera - 946 179 154 - www.bermeo.org - juil.-août. : lun.-sam. 10h-20h, dim. et j. fériés 10h-14h, 16h-19h ; reste de l'année : lun.-vend. 10h-14h, 16h-19h, sam. 10h-13h, 16h-19h, dim. et j. fériés 10h-14h - fermé 1er et 6 janv., 9 et 16 sept., 25 déc.*

**Balades en barque** – *677 256 092 ou 666 791 021 - www.hegaluze.com - 21 juin-21 sept. - promenade en barque à Urdaibai (1h) - 12 € (enf. 7 €).*

Ce port important est spécialisé dans la pêche côtière. Dominant le vieux port (Puerto Menor), le quartier des pêcheurs se tasse sur le promontoire de *l'atalaya*, sorte de tour de guet qui avait pour fonction d'informer le port des avis de tempête, des bateaux à remorquer, de l'arrivée des baleines, etc. Quelques murailles ainsi que la torre Ercilla, maison-tour à la sévère façade de granit (14e s.), témoignent de l'origine ancienne de l'agglomération. Les rois et seigneurs venaient autrefois jurer les privilèges de Biscaye dans l'église gothique de **Sta Eufemia** (15e s.).

**Museo del Pescador** (Musée du Pêcheur) – *Torre Ercilla - 946 881 171 - mar.-sam. 10h-14h, 16h-19h, dim. 10h-14h15 - fermé lun. et j. fériés - 3 € (-26 ans 1,50 €, -12 ans gratuit).* Si la muséographie date un peu, le contenu n'en aborde pas moins tous les aspects de la vie des pêcheurs, depuis les techniques jusqu'à la religion, les fêtes, la construction navale, la confrérie et la vente du poisson.

**Convento (couvent) San Francisco** – Situé à l'opposé du port et du parc Lamera, il s'agit du couvent le plus ancien de Biscaye (1357). On en aperçoit le cloître à travers une épaisse grille.

★ **Baleinier Aita Guria** – *946 179 121 - www.aitaguria.bermeo.org - mar.-sam. : 10h-14h, 16h-19h, dim. 11h-14h - billets en vente à l'office de tourisme - 2 € (4-14 ans 1 €).* Attention, il est préférable d'appeler avant de s'y rendre, l'accès pouvant être compromis en fonction des marées.

Cette reconstitution d'un baleinier du 17e s. transporte le visiteur au temps des grandes campagnes de pêche de Bermeo. Ses trois mâts et le roulis suffisent à mettre dans l'ambiance ! Une voix off présente la cabine du capitaine, les cuisines et la cale, permettant de bien comprendre les conditions de vie à bord.

*Suivez la route de la côte et, après 3 km, tournez à droite.*

**Faro (phare) de Machichaco**/Matxitxako B1

En s'écartant du phare vers la gauche, on bénéficie d'une jolie vue sur la côte très découpée à l'ouest. La route en corniche offre de belles vues sur la mer.

★★ **San Juan de Gaztelugatxe**/Gaztelukatxeko Doniene B1

*Nombre de stationnements réduit. Parking au belvédère, dans la descente, et quelques places supplémentaires devant le pont qui mène à la presqu'île.*

Un **belvédère★** domine la presqu'île de **San Juan de Gaztelugatxe**, creusée d'arches où la mer vient écumer. Un sentier d'environ 200 marches monte à l'ermitage, attesté depuis le 11e s. Chaque année, pour la Saint-Jean, a lieu un pèlerinage.

*Après Bakio, prenez à droite la BI 3101.*

Le parcours en **corniche★**, de Bakio à Armintza, est très dégagé. D'un second belvédère, **vue★** intéressante sur la côte, Bakio, la vallée cultivée et l'arrière-pays boisé.

### Armintza/Arminza B1

Unique havre, bien modeste, sur une partie de côte inhospitalière très abrupte.

*Rejoignez la BI 3151 en direction de Lemoiz et suivez-la jusqu'à Gorliz.*

### Gorliz B1

Séduisante plage, logée dans une baie aux proportions harmonieuses et située à l'embouchure du río Butrón. Au nord se trouve un site de dunes pétrifiées vieilles de 6 000 ans. En poursuivant, vous atteindrez un sentier qui longe la côte. Un autre mène au phare.

### Plencia/Plentzia (anciennement Plasentia de Butrón) B1

Accolé à la plage de Gorliz, ce centre ostréicole, jadis port de pêche et de commerce, s'est converti au tourisme grâce à ses plages.

**Musée municipal Plasentia de Butrón** – *✆ 946 773 725 - www.museoplentzia.org - merc.-jeu. et dim. 11h-14h, vend.-sam. 11h-14h, 17h-20h - gratuit.* Installé dans l'ancien hôtel de ville (16e s.), ce petit musée retrace l'histoire maritime de Plentzia à travers des maquettes, des objets, des peintures et des archives.

*La BI 2122 conduit à Getxo, puis à Bilbao.*

## NOS ADRESSES SUR LA CÔTE DE BISCAYE

### HÉBERGEMENT

#### PREMIER PRIX

**À Murueta**

**Hôtel Ibaigune** – *Barrio Larrabe, 48 - ✆ 946 257 282 - www.ibaigune.com - P - 20 ch. 57/74 € - ☕ - rest. 9,80/30 €.* L'architecture de cet hôtel implanté en pleine campagne s'inspire des constructions traditionnelles basques. Les chambres, parquetées, sont bien équipées. Si possible, demandez celles du dernier étage d'où vous pourrez admirer l'estuaire et la réserve d'Urdaibai. Au restaurant : service impeccable.

#### BUDGET MOYEN

**À Bermeo**

**Hôtel Txakara** – *Almike Bidea, 5 - Bermeo - ✆ 946 885 558 - P - 12 ch. 70 € - ☕ 11 €.* Petit hôtel familial un peu éloigné du centre. Agréable salle à manger avec cheminée. Chambres confortables et bien équipées.

#### POUR SE FAIRE PLAISIR

**À Lekeitio**

**Hôtel Zubieta** – *Portal de Atea - Lekeitio - ✆ 946 843 030 - www.hotelzubieta.com - P - 15 ch. - 84/119 € - ☕ 10 €.* La façade rustique dissimule une petite réception assortie d'un bar et d'un salon avec cheminée. Chambres chaleureuses, certaines sont mansardées.

**Hôtel Aisia Lekeitio** – *Avda Sta Elena - Lekeitio - ✆ 946 842 655 - www.aisiahoteles.com - ⊭ - P - 42 ch. - 83/96 € - ☕ 9,60 €.* Hôtel situé en bord de mer occupant les murs de la villa qui accueillit, entre 1922 et 1931, la dernière impératrice de l'Empire austro-hongrois, Zita. Chambres vastes, confortables et bien décorées. Centre de thalasso.

## RESTAURATION

### BUDGET MOYEN

#### À Bermeo

**Jokin Jatetxea** – *C/Eupeme Deuna, 13 - ✆ 946 884 089 - www.restaurantejokin.com - fermé dim. soir et lun. - 22/33 €.*
Un restaurant traditionnel avec de grandes fenêtres et une agréable terrasse donnant sur le port de Bermeo, où la carte évolue au fil des saisons et de la pêche. On s'y régale de poissons frais dans un décor rustique et chaleureux.

**Beitxi** – *Eskoikiz, 6 - ✆ 946 880 006 ou 946 885 372 - beitxijdatea@euskalnet.net - fermé merc. soir - 10,80 € déj. - 28/38 €.* Ce restaurant, organisé sur deux étages, connaît un franc succès. Les produits utilisés en cuisine sont de belle qualité, le service attentif plaît à la clientèle et les petits plats basques régalent le palais. Le vin est inclus dans le menu.

### POUR SE FAIRE PLAISIR

#### À Ondarroa

**Erretegi Joxe Manuel** – *Arana tar Sabin, 23 - ✆ 946 830 104 - fermé dim. soir et lun. soir - 40/50 €.*
Ce délicieux restaurant se dresse face au fleuve, à deux pas du quartier historique. Sa spécialité : les poissons et les viandes de Cantabrie, cuisinés sur le grill. Les produits sont ultra-frais ; le chef possède même son propre vivier de fruits de mer. Carte écrite en plusieurs langues.

## SPORTS & LOISIRS

**Club Hípico Castillo Butrón** – *Barrio Butrón, Monte Ganzurri, s/n - 48 110 Gatika - ✆ 653 736 383 - iurgibravo@yahoo.es.* Ce centre hippique dispense des cours en équitation. Il organise également de simples promenades à cheval.

**Hípica Goiko Mendi** – *Barrio Andraka, 28 - 48620 Lemoiz - ✆ 946 879 427 ou 649 385 950 - goiko_mendi@yahoo.es.*

**Zugarramurdi Bidaiak** – *Behea, 15 (Nasa Kalea) - Ondarroa - ✆ 946 134 259 ou 659 581 389 - junetorri@euskalnet.net.* Pour apprendre à manier la voile, contactez cet organisme installé sur le port d'Ondarroa. Si vous préférez vous laisser guider, embarquez à bord du *Txo*, un voilier de 13 m bien équipé.

# Guernica

**Gernika-Lumo**

16 295 habitants

NOS ADRESSES PAGE 348

### S'INFORMER

**Office de tourisme** – *C/Artekalea, 8 - 48300 Gernika-Lumo - ✆ 946 255 892 - www.gernika-lumo.net - juil.-août : lun.-sam. 10h-19h, dim. 10h-14h ; reste de l'année : lun.-sam. 10h-14h, 16h-19h, dim. et j. fériés 10h-14h - fermé 1er et 6 janv., 24, 25 et 31 déc.* **Les circuits** proposés dans la ville sont balisés au sol par des carreaux de céramique de différentes couleurs.

**Visites guidées** – *Sur réserv. à l'office de tourisme (mini. 10 pers.) - tlj 10h ou 10h30 - 2,33 €.* Visite générale (1h), visite pour les enfants (1h), maisons du bombardement (1h30), église Sta María (1h30), visite des marchés (seult lun., 45mn).

### SE REPÉRER

Carte de région C1 (p. 314-315) – carte Michelin n° 573 C 21. On trouvera Guernica au fond de l'estuaire du même nom, à 34 km à l'est de Bilbao.

### SE GARER

En lisière de ville, le long de la rivière, ou bien en centre-ville. Attention à respecter les horaires de stationnement, car la police veille !

### À NE PAS MANQUER

Le musée de la Paix.

### ORGANISER SON TEMPS

Une journée peut être consacrée aux douloureux souvenirs de la Guerre civile, sans délaisser pour autant les beautés naturelles de la ría.

### AVEC LES ENFANTS

Le musée de la Paix, la réserve naturelle d'Urdaibai et les œuvres de Agustin Ibarrola à découvrir dans la forêt de Oma.

**Un musée sur la paix, un centre-ville à la fois paisible et animé, et une réserve naturelle riche en biodiversité, Guernica, relevée de ses cendres, semble dédiée à la paix et à l'harmonie. Un équilibre difficile à trouver face au développement économique et urbain, mais qu'elle gère pour l'instant avec brio.**

## Se promener

Le centre-ville de Guernica se concentre autour du musée de la Paix, ouvert sur une place à arcades derrière laquelle se dressent les quelques maisons rescapées du bombardement de 1937.

Jouxtant cet ensemble, le parc des Peuples d'Europe abrite des œuvres de Chillida et de Moore. Elles sont exposées dans le jardin attenant au palais Udetxea *(accès par une passerelle)* qui accueille le siège de la réserve d'Urdaibai et un espace d'information sur sa biosphère et sa faune. De l'autre côté du parc des Peuples, derrière le parlement, se trouve le couvent des clarisses.

## ★★ Museo de la Paz (Musée de la Paix)

*Foru plaza, 1 - 946 270 213 - www.museodelapaz.org - ♿ - juil.-août : mar.-sam. 10h-20h, dim. 10h-15h ; reste de l'année : mar.-sam.10h-14h, 16h-19h, dim. 10h-14h - fermé lun. - 4 € (-12 ans gratuit).*

La visite, très émouvante, se divise en trois espaces : le premier tente de cerner la notion de paix au travers de citations de personnalités célèbres (Martin Luther King, Gandhi, Chateaubriand, etc.) ; le deuxième revient sur l'histoire tragique de Guernica (admirable mise en condition dans une pièce d'habitation reconstituée) ; et le troisième aborde la question de la paix aujourd'hui (conflit basque, politique pénitentiaire, tortures, etc.).

## Casa de Juntas (Parlement)

*C/Allende Salazar Z/G - 946 251 138 - www.jjggbizkaia.net - tlj sf jours d'assemblée, été : 10h-14h, 16h-19h ; hiver : 10h-14h et 16h-18h - gratuit.*

Toujours debout en dépit des bombardements de la Guerre civile, ce bâtiment de 1826 abrite le parlement de Biscaye.

**Salle du Vitrail** – Ainsi nommée pour le gigantesque vitrail posé en 1985 au plafond. Sa bordure présente les monuments les plus significatifs de chacune des villes de Biscaye. Des panneaux et des objets présentent et illustrent l'histoire de la province et de ses représentants.

**Salle du Parlement ou Sta María la Antigua** – Jusqu'au début du 19e s., les Biscayens se réunissaient autour du chêne et ils prêtaient serment dans un sanctuaire : Sta María la Antigua. Devenu trop petit, ce dernier a été remplacé en 1826 par l'actuelle salle qui occupe le centre du Parlement. Notez la disposition en ellipse, tout à fait adaptée pour des célébrations religieuses. Des portraits de différents seigneurs de Biscaye et des tableaux évoquant les serments des *fueros* *(voir p. 100)* ornent ses murs.

**Arból (Arbre) de Guernica** – L'actuel arbre date du 25 février 2005 et occupe l'endroit de l'arbre planté en 1860. Suite à une maladie, celui-ci a été remplacé. Mais son prédécesseur, lui, dont il ne reste que le tronc, est toujours protégé par un petit temple construit en 1929, un peu à l'écart.

## Palacio Alegría – Museo Euskal Herria

*C/Allende Salazar, 5 - 946 255 451 - www.bizkaia.net/euskalherriamuseoa - ♿ - mar.-sam. 10h-14h, 16h-19h, dim. 10h30-14h30, j. fériés 10h30-14h30, 16h-19h30 - 3 € (-26 ans 1,50 €).*

Belle demeure épargnée par le bombardement de 1937. Le musée s'attache à expliquer l'histoire de la maison, puis celle de l'habitat basque (maquette à l'appui) et de la navigation. À l'étage, vous découvrirez les personnalités qui ont contribué à redonner un souffle à la culture basque au 19e s.

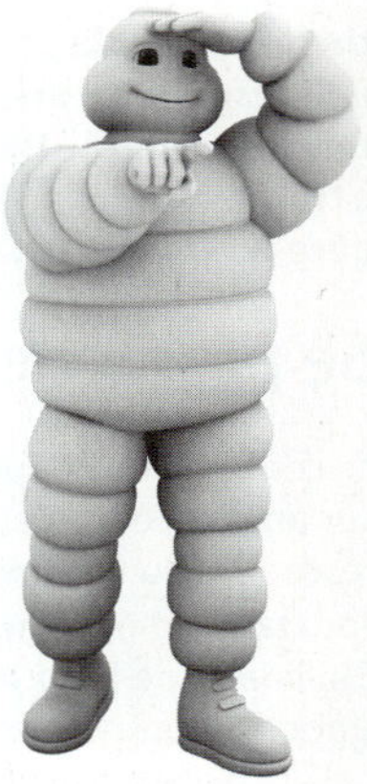

## Du côté de la ría

*Possibilité de garer sa voiture au parking du stade.*

Cette promenade qui longe l'estuaire de Guernica débute au pont menant au centre-ville. Joggeurs, cyclistes et maîtres avec leurs chiens se partagent ce chemin qui devient de plus en plus sauvage au fur et à mesure que Guernica s'éloigne et que se rapproche Urdaibai.

Réserve naturelle d'Urdaibai.
A. Canela / Age fotostock

## À proximité Carte de région p. 314-315

### Cuevas (Grottes) de Santimamiñe C1

Barrio Basondo - Kortezubi - *6 km au nord-est par la BI 2238 en direction de Lekeitio. Après 2,5 km, prenez à droite la BI 4244. ✆ 944 651 657 - santimamine@bizkaia.net - tlj sf lun. 10h-13h30, 15h-19h - visite guidée seult (env. 1h30), réserv. anticipée indispensable, possibilité de visite en français - 5 € (-26 ans 2 €, -6 ans gratuit).*

En 1917, on découvrit dans ces grottes de superbes peintures et gravures rupestres de l'époque magdalénienne. Dans un souci de préservation, les salles ornées de peintures sont aujourd'hui fermées au public, mais on peut désormais les admirer en visite virtuelle. Cette grotte a été déclarée Patrimoine de l'humanité par l'Unesco en 2008.

### Bosque (Forêt) de Oma C1

*8 km au nord-est par la BI 2238 en direction de Lekeitio. Après 2,5 km, prenez à droite la BI 4244.*

*Comptez 45mn depuis le parking des grottes. Le chemin monte, bordé d'épineux puis de pins, et redescend sur 300 m pour mener au bois peint.*

Des formes géométriques capricieuses, des silhouettes humaines qui se cachent derrière les troncs et d'immenses taches de couleur témoignent de l'union entre l'art et la nature qu'a voulu inscrire en ce lieu boisé le peintre Agustín Ibarrola (né en 1930).

### Reserva de la biósfera (Réserve naturelle) de Urdaibai C1

*Sur la rive gauche de l'estuaire en direction de Mundaka.*

*Se rens. au Centre de biodiversité du Pays basque à Busturia - torre Madariaga, barrio San Bartolomé, 35 - ✆ 946 870 402 - www.torremadariaga.org - ♿ - mar.-dim. 10h-19h - tour d'observation, nombreuses activités et expositions, visite guidée dans la réserve tous les sam. à 10h (env. 3h) sur réserv.*

**DOUBLE SYMBOLE**

**Un centre de pouvoir** – Depuis le Moyen Âge, les représentants biscayens se réunissent à Guernica, au pied du chêne tutélaire. Ils y recevaient le serment des seigneurs de Biscaye qui promettaient de respecter les *fueros* (privilèges locaux). Les rois d'Espagne se plièrent jusqu'en 1876 à la coutume… qui fut rétablie en 1936 par José Antonio Aguirre puis supprimée une seconde fois sous Franco. Adaptés et restaurés en 1979 à la fin du règne du dictateur, ils régissent à nouveau l'ensemble du Pays basque espagnol. Quant à l'arbre millénaire, ses restes sont abrités sous un petit temple derrière la Casa de Juntas.

**La ville martyre** – Aujourd'hui au musée Reina Sofía de Madrid, la célèbre toile de Picasso *Guernica* a immortalisé le drame dont a été victime cette petite ville pendant la Guerre civile : le 26 avril 1937, jour de marché, une escadrille allemande a soudain bombardé la localité, faisant quelques centaines de morts. Le drame a d'autant plus marqué les esprits qu'il s'agissait du premier raid aérien massif sur des populations civiles de l'histoire…

Déclarée Réserve de la biosphère par l'Unesco en 1984, elle couvre 220 km², soit près de 10 % de la Biscaye. Elle s'étale sur les deux versants de l'estuaire, englobant aussi bien la côte sableuse que les zones marécageuses et les forêts de résineux et de chênes verts. Vingt-cinq milieux végétaux différents ont été répertoriés entre les forêts, les maquis et les landes, les rochers, l'eau douce et l'eau salée et les sables côtiers. Cette diversité n'est pas pour déplaire aux oiseaux migrateurs, aux mammifères, ni même aux poissons et aux amphibiens qui vivent sur ce territoire.

**Observatoire des oiseaux** – *Dir. Mundaka, par la BI 2235. À Altamira, repérez sur la droite un panneau, tout de suite après le petit pont, indiquant la réserve d'Urdaibai. La route mène à la gare ferroviaire. Garez-vous et traversez la voie, en faisant bien attention. Au bosquet, vous trouverez un panneau explicatif. Suivez le sentier à gauche.* On accède à l'observatoire *(15mn)* par une vaste étendue herbeuse et parfois marécageuse, qui mord sur la ría prise entre les collines. On a ainsi l'impression d'être au cœur de l'estuaire où s'ébattent spatules, hérons, aigrettes, etc.

**Plages** – Signalées par les panneaux « Hondartza », à droite de la BI 2235, elles sont finalement peu nombreuses. À **Sukarrieta**, la plage officielle, toute petite, se trouve face au jardin botanique, planté sur son rocher. La plupart des habitants profitent de la marée basse pour descendre à même le sable de la ría et se baigner éventuellement dans les mares.

## Circuit conseillé Carte de région p. 314-315

### DE GUERNICA À MARQUINA-JEMÉIN C1

*Circuit de 80 km tracé sur la carte de région (p. 314-315) – Comptez environ 2h. Quittez Guernica par la BI 2235 au sud, en direction de l'A 8. À Zugaztieta, prenez à gauche la BI 3231. Traversez Aiuria, puis Urrutxua, et continuez vers Munitibar.*

★ **Balcón de Bizkaia/Vizcaya** (Belvédère de la Biscaye)
Ce belvédère tourné vers les paysages montagneux dévoile, au-delà du faîte des arbres, une mosaïque de prés et de forêts.
*Continuez jusqu'à Munitibar, puis tournez à droite vers Bolibar sur la BI 2224.*
La route en descente vers Bolibar révèle par intermittence de très belles échappées sur le monastère de Cenarruza, isolé sur sa colline.
*Juste avant Bolibar, prenez à droite en direction de Ziortza.*

★ **Monasterio de Cenarruza**/Ziortza
*Sonnez à la boutique pour que le moine convers vienne vous ouvrir.*
Charmant monastère (14e s.) regroupé autour de la collégiale. L'attrait du site tient autant à son environnement champêtre qu'à la sobriété de son architecture. L'histoire raconte que, durant la messe de l'Assomption, célébrée à Sta Lucia de Garay en l'an 968, un aigle survola l'assemblée des fidèles pour s'emparer d'un crâne dépassant des sépultures de l'église. Depuis, les armoiries de Cenarruza figurent la scène. Vous pourrez en voir une représentation sur le mur extérieur de la porte est.
**Collégiale** – Jetez un œil à son petit cloître avant d'entrer dans l'église, d'une simplicité émouvante. Son seul luxe se concentre dans le petit retable polychrome de l'autel qui abrite le tombeau de l'abbé Irusta (1485-1563). En sortant, notez les sculptures réalisées sur les poutres de l'auvent, et tournez-vous vers la porte pour ne pas manquer les figures naïves qui la surmontent.
*Revenez à Bolibar.*

**Bolibar**/Bolívar
L'église forteresse Santo Tómas, fondée au 10e s. et reconstruite aux 17e et 18e s., paraît occuper le village d'où serait originaire **Simón Bolívar**. Un musée, installé dans une maison traditionnelle située derrière l'église, lui est consacré.
**Musée Bolívar** – *Errementarikua Baserria, Beko kale, 4 - ✆ 946 164 114 - www.simonbolivarmuseoa.com - juil.-août : mar.-dim. 10h-13h, 17h-19h, w.-end et j. fériés 12h-14h ; reste de l'année : mar.-vend. 10h-13h, w.-end et j. fériés 12h-14h - fermé lun. - gratuit.* Le premier étage évoque l'histoire du village médiéval, et le deuxième présente la vie et la carrière de ce chef du mouvement indépendantiste latino-américain au travers de panneaux et de documents d'archives.
*Quitter Bolibar en direction de Markina-Xemein par la BI 633.*

**Marquina-Jeméin**/Markina-Xemein
Mentionnée pour la première fois dans les textes en 1355, cette commune jouait un rôle défensif sur la frontière avec le Guipúzcoa.
**Capilla de San Miguel de Arretxinaga** – Chapelle excentrée dans le quartier d'Arretxinaga. À l'intérieur, trois gigantesques rochers se soutiennent mutuellement, formant une sorte de grotte autour de la statue de saint Michel (16e s.).
**Iglesia del Carmen** (Église des Carmélites) – *Dans le village, en direction de Durango.* 18e s. Elle abrite trois magnifiques retables en bois doré.
**Kalea Guen** – Cette rue conserve encore deux maisons-tours aux nos 5 et 7. Voyez à côté l'hôtel de ville (16e s.) aux colonnes baroques de grès rose.
**Place principale** – Bel espace dégagé, sur lequel donnent l'église et des maisons anciennes, comme le palais baroque Solartekua, repérable à ses blasons.
*Revenez à Guernica par la BI 3448 jusqu'à Aulesti, à l'ouest, puis la BI 3242.*

## NOS ADRESSES À GUERNICA

### TRANSPORTS TOURISTIQUES

**Train touristique** – *Euskotren - ✆ 902 543 210 - www.euskotren.es - 1,40 €.*
Le train touristique relie Guernica, Mundaka et Bermeo.

### HÉBERGEMENT

#### PREMIER PRIX

**Pension Akelarre** – *Barrenkale, 5 - ✆ 946 270 197 ou 656 762 217 - akelarre@hotelakelarre.com - 17 ch. 43/55 € - ☕ 6 €.*
Les chambres personnalisées de cette coquette pension allient avec bonheur l'esthétique au confort. Le salon, aménagé au dernier étage, offre un accès gratuit à Internet. Terrasse avec solarium et vue panoramique sur les toits.

#### BUDGET MOYEN

**Hôtel Gernika** – *Carlos Gangoiti, 17 - ✆ 946 250 350 - www.hotel-gernika.com - P - fermé 22 déc.-20 janv. - 40 ch. 90 € - ☕ 6 €.*
Établissement familial disposant d'un bar élégant et d'agréables parties communes. Les chambres les plus modernes possèdent la climatisation et des salles de bains en marbre.

### RESTAURATION

#### PREMIER PRIX

**Gernika** – *Industria, 12 - ✆ 946 250 778 - déj. 11 € - 22/35 €.*
D'entrée, cette petite adresse inspire la sympathie. Le décor - murs en pierres, tables bien dressées et belle collection d'horloges anciennes – est chaleureux. Les spécialités basques sont savoureuses. La musique d'ambiance et l'accueil souriant rendent le lieu agréable.

#### POUR SE FAIRE PLAISIR

**Zallo Barri** – *Juan Kaltzada, 79 - ✆ 946 251 800 - restaurante@zallobarri.com - ouv. seult déj. sf vend. et sam. - déj. 10 € - 26/28 €.*
Établissement moderne de style minimaliste. Bien aménagé, il propose une cuisine moderne intéressante.

### AGENDA

**Dimanche de carnaval** – (Fév.-mars) - *Markina-Xemein - ✆ 946 167 454.*

**Fêtes patronales de Gernika-Lumo** – (14-18 août) - Andra Mari et San Roque.

**Fête de San Miguel** – (29 sept.) - *Markina-Xemein.*

**Grand marché** (dernier lun. d'oct.).

# Durango

28 261 habitants

NOS ADRESSES PAGE 356

### S'INFORMER

**Office de tourisme** – *Lariz Torre, 2 - 48200 Durango - ✆ 946 033 938 - www.durango-udala.net/turismo - tlj 10h-14h30, lun., jeu. et vend. 16h-18h30 - fermé 1er et 6 janv. et 25 déc..*

### SE REPÉRER

Carte de région C2 (p. 314-315) – carte Michelin n° 573 C 22.

Implantée sur l'axe St-Sébastien-Bilbao (A 8), Durango n'est qu'à 30 km à l'est de la capitale biscayenne.

### SE GARER

Le centre étant piétonnier, mieux vaut chercher à vous garer du côté de la gare, qui n'est pas loin du cœur historique.

### À NE PAS MANQUER

Le porche de la basilique Sta María.

### ORGANISER SON TEMPS

Visiter la ville le matin et s'échapper pour une randonnée dans le parc d'Urkiola l'après-midi.

### AVEC LES ENFANTS

Les circuits pédagogiques partant de la Maison du parc d'Urkiola.

4

**Cité industrielle, Durango est bâtie au bord d'une rivière et entourée de montagnes. Elle recèle néanmoins un quartier historique ramassé autour de la magnifique basilique et de son porche. Aux alentours, découvrez les hectares protégés du parc d'Urkiola. Quant aux palais d'Elorrio, ils sont tout proches.**

## LA FONDATION

Le toponyme « Durango » daterait du haut Moyen Âge. Pour certains, il dériverait du vocable Urazango, pour d'autres, il viendrait du nom Padurango ou d'un toponyme romain, Duranicus. Jusqu'à la fin du 11e s., le village dépend de Pampelune et de la Navarre puis, après 1095, passe à la Biscaye avant de devenir castillan à la fin du 12e s. Ce n'est qu'à cette période que le village reçoit ses lettres de fondation.

## TROUBLES

Après avoir été dévastée par la peste en 1517 et 1597, une inondation destructrice (1544) et un incendie ravageur (1554), la ville doit supporter le coût des guerres castillanes contre la France au 17e s., puis l'occupation napoléonienne au siècle suivant. Pendant les guerres carlistes, elle soutient les libéraux. Fortement industrialisée par la suite, elle est le théâtre de batailles et de bombardements lors de la Guerre civile, notamment en mars-avril 1937, pour avoir choisi de demeurer fidèle au camp républicain.

# Se promener

*Franchissez la Mañaria à la calle Andra Mari.*

### ★★ Basílica Sta María de Uribarri

Cette église du 16e s. renferme un superbe **retable★** Renaissance en bois doré du 16e s. dédié à la Vierge (scènes de l'Annonciation, de la Nativité, de l'Assomption, etc.), mais elle mérite surtout le détour pour la magnifique **charpente★★** de son porche. Elle sert de lieu de marché à la population.
*En poursuivant la calle Andra Mari par le chevet, vous atteignez Kurutziaga.*

### ★ Cruz de Kurutziaga

Dressée devant l'église des pères jésuites, cette croix originale évoque un calvaire breton, car elle est sculptée sur ses deux faces (paradis, Adam et Ève, les 12 apôtres). Elle fut dressée comme croix expiatoire en réparation de l'hérésie menée par le franciscain fray Alonso de Mella et propagée à partir de 1442. On ne sait pas grand-chose faute de documents si ce n'est que ce « religieux » critiquait l'église et prônait une société où tout serait partagé, les biens matériels comme les femmes… Ce « hippie » avant l'heure parvint à rallier à ses théories subversives nombre d'habitants de la ville dont une centaine fut brûlée en 1444, sous prétexte de sorcellerie, sur les lieux où avait été élevée la croix.
*Revenez sur vos pas et prenez la calle Kalebarria à gauche.*

### Place Garitaonaindia

Jolies maisons basques, l'une traditionnelle, avec briques et pans de bois, et l'autre à colonnades.

### Église Sta Ana

L'église se dresse sur une **place★** du même nom, au sol pavé de galets et décoré d'une croix tracée à l'aide de pierres. Un petit arc de pierre, aussi baptisé Sta Ana et construit en 1566, complète le tableau. C'est l'unique vestige des anciennes portes de la ville. Il a été retouché en 1744 avec l'adjonction d'éléments classiques.
*Prenez la calle Artekale.*

### Ayuntamiento (Hôtel de ville)

Vous ne pourrez pas manquer ce bâtiment, car il arbore en façade une fresque rococo (refaite après la Guerre civile selon le dessin d'origine réalisé en 1722 par un peintre originaire de Bilbao, Ignacio de Zumárraga).
*Revenez à la calle Andra Mari par la calle Artekale, ou sa parallèle à gauche, Barenkalea.*

# À proximité Carte de région p. 314-315

### Parque natural de Urkiola C2

*11 km au sud par la BI 623 en direction de Vitoria.*

**Maison du parc naturel d'Urkiola Toki Alai** – *Puerto de Urkiola - 946 814 155 - www.urkiola.net - été : tlj 10h-14h, 16h-18h ; hiver : 10h30-14h30, 16h30-18h30 - fermé 1er et 6 janv., 13 juin, 25 déc. - gratuit.* Cartes de randonnées et informations sur la biodiversité et la géologie du parc y sont disponibles.

Itinéraires pédagogiques de 1h au départ de la maison et aboutissant au sanctuaire de San Antonio.

Façade rococo de l'hôtel de ville de Durango.
S. Sauvignier / MICHELIN

Fondé en 1989, le parc couvre près de 6 000 ha du massif montagneux karstique du même nom qui est à cheval entre la Biscaye et l'Álava. Il présente des paysages de prairies et de falaises austères où nichent des vautours fauves. Les forêts (un tiers de la superficie) sont en plein développement grâce à des plantations de pins et de mélèzes qui viennent s'ajouter aux chênaies, hêtraies et pinèdes d'origine.

**Église de San Antonio** – *Au col d'Urkiola.* Construite sur un sanctuaire du 7e s., l'église présente une façade murée, ornée simplement d'une porte et d'un vitrail en hauteur. Les restes d'un cloître lui servent de parvis. À l'intérieur, l'absence de chœur donne une allure très contemporaine à l'ensemble.

4

Beaux **points de vue** sur le parc d'Urkiola depuis le belvédère aménagé dans les bois *(suivez le chemin de croix, sur la gauche).*

Comptez une demi-journée de marche AR depuis le sanctuaire pour atteindre le mont **Anboto** qui culmine à 1 331 m… mais attention, c'est sur l'un de ses versants que se trouve la grotte où réside la « Dama de Anboto », la déesse de la nature qui détient le secret de la foudre et se nourrit des mensonges proférés par ses visiteurs.

## **Otxandio**/Ochandiano C2

*18 km au sud par la BI 623. Après Andaparaluzeta, faites quelques centaines de mètres et prenez à gauche la BI 3451.*

Ce petit village ne manque pas de caractère, avec ses ruelles étroites et sa place. Il regroupe, comme il se doit, l'hôtel de ville (1742) et ses arcades, le fronton de pelote, le préau et l'église de Sta Marina du 16e s. dont le **portail**★ révèle l'existence d'un sanctuaire antérieur.

## ★ **Elorrio** C2

*12 km au sud-ouest par la BI 632 en direction d'Arrasate. Après Apatamonasterio, continuez sur 3 km, puis prenez à gauche en direction d'Elorrio.*

Ce village fondé en 1356 concentre un nombre impressionnant de **palais** des 17e et 18e s. sur seulement quelques rues, héritage des fortunes accumulées par les échanges avec le Nouveau Monde. La plus blasonnée est celle de Berriochoa (Berriotxoa), mais vous verrez aussi de belles façades dans les rues San Pio X, Gernikako, Erreka ou Urarka.

Ne manquez pas de faire un arrêt sur la charmante place de l'Arbre de Guernica (plaza Gernikako Arbola), dominée par la basilique de la Purísima Concepción (15e s.). Elle conserve les reliques du saint patron de la Biscaye, san Valentín de Berriochoa (1827-1861), missionnaire dominicain qui mourut martyr au Vietnam. Il était né dans le palais d'Arriola.

## NOS ADRESSES À DURANGO

### HÉBERGEMENT ET RESTAURATION

#### PREMIER PRIX

**Bar Zero Cruzabi Lantada** – *C/Andra Maki Kalea, 6 - ✆ 946 812 222 - tlj 8h-23h30 - 10 €.* Ce bar à *pintxos*, situé en face de la collégiale, donne une ambiance locale.

#### BUDGET MOYEN

**Hôtel Kurutziaga** – *Kurutziaga, 52 - ✆ 946 200 864 - www.kurutziaga.net - info@kurutziaga.net - P - 18 ch. 75/97 € ☕ - rest. 20/30 €.* La réception et la partie commune sont petites, mais les chambres sont bien équipées. Les salles de bains des chambres individuelles ne comportent qu'une cabine de douche. Un pavillon extérieur, à la décoration originale mariant le fer et le verre, a été aménagé pour les banquets.

#### POUR SE FAIRE PLAISIR

**Grand Hôtel Durango** – *Gasteiz Bidea, 2 - ✆ 946 217 580 - www.granhoteldurango.com - P - 69 ch. 83/107 € - ☕ 15 € - rest. 23 € (fermé dim. soir).* Sorte de petit palais bien construit et décoré avec goût. Espaces communs élégants et chambres modernes. Le restaurant est bien tenu et sert des viandes de son propre élevage de bovins.

### AGENDA

**Romería à Urkiola** – (13 juin).

**Fête patronale de San Fausto** – (13 oct.). Les jours qui précèdent et qui suivent cette date sont synonymes de festivités dans toute la ville.

**Foire du livre et du disque basque** – (1re quinz. de déc.) - *✆ 946 033 938.*

# Balmaseda

**Valmaseda**

7 366 habitants

NOS ADRESSES PAGE 357

### S'INFORMER

**Office de tourisme** – *C/Martín Mendía, 2 - 48800 Balmaseda - ☏ 946 801 356 - www.balmaseda.net ou www.enkartur.net - lun.-vend. 10h-14h, 16h-19h, w.-end et j. fériés 10h-14h.*

### SE REPÉRER

Carte de région A2 (p. 314-315) – carte Michelin n° 573 C 20.

Trente kilomètres à l'ouest de Bilbao. Le vieux Balmaseda s'étend sur quatre rues parallèles le long du río Cadagua, encadré à l'ouest par l'église Santa Clara, et à l'est par l'hôtel de ville et l'église San Severino.

### SE GARER

Les parkings se concentrent principalement à l'est de la ville, de part et d'autre de la rivière. Celui qui se situe derrière la mairie est le plus central.

### À NE PAS MANQUER

L'intérieur de l'église de Santa Clara, qui est, aujourd'hui, un centre d'interprétation de la « Passion vivante », coutume religieuse de la Semaine sainte.

### ORGANISER SON TEMPS

Une matinée suffit pour arpenter les rues du vieux Balmaseda. L'après-midi pourra être consacré à la vallée de Karrantza, avec un détour par le musée des Encartaciones.

### AVEC LES ENFANTS

Rendez visite aux animaux et aux dinosaures du Parc écologique Karpin Abentura et découvrez la grotte de Pozalagua.

**Tradition et inventivité, telle pourrait être la devise de la capitale des Encartaciones. Balmaseda a en effet su préserver ses coutumes, comme celle de la « Passion vivante », et mettre en valeur son patrimoine, en n'hésitant pas à reconvertir ses monuments en musée ou en centre culturel. Résultat : un cœur historique où l'on a plaisir à flâner, et un point de départ idéal pour rayonner dans la région.**

## Se promener

Balmaseda déploie tout son charme en fin de matinée ou en fin de journée, lorsque l'animation des rues atteint son apogée.

**Casa Consistorial** (Hôtel de ville) – La forêt d'arcades qui caractérise le rez-de-chaussée de la **mairie** du 18e s. n'est pas sans rappeler celle de la mosquée de Cordoue, d'où son surnom de « Mezquita ». Les piliers ne sont cependant pas aussi anciens et datent pour la plupart du début du 20e s.

*Devant le bâtiment se déploie la vaste place San Severino.*

**Église San Severino** – Jouxtant l'hôtel de ville, cette église gothique du début du 15e s. embaume l'encaustique. On peut y admirer un certain nombre d'ajouts ultérieurs comme la chapelle centrale, commandée en 1545 par Juan de Urrutia. Des sculptures maniéristes ornent son retable, attribué aux frères Beaugrant. Notez également les bas-reliefs de style Art nouveau dans la nef de droite. De son côté, l'extérieur affiche un style baroque avec un clocher du 18e s., décoré d'un double balcon ornemental.

*Engagez-vous dans la calle Correria aboutissant à la plaza de los Fueros.*

**Palacio Urrutia** – Maison du 17e s. reconnaissable à son portail encadré de colonnes néoclassiques.

*Prenez la calle El Cubo, puis le campo de las Monjas.*

**Conjunto monumental de Santa Clara** – Occupé jusqu'en 1985 par des clarisses, ce couvent datant de 1675 abrite aujourd'hui un hôtel, et son **église★** accueille le Centre d'interprétation de la « Passion vivante » de Balmaseda. L'étape en ce lieu reconverti est indispensable, ne fût-ce que pour admirer le magnifique orgue rococo de 1770 et les superbes retables baroques des 17e et 18e s. !

*Revenez vers le vieux centre en longeant la rivière Cadagua.*

**Puente Viejo** (Pont Vieux) – Ce pont médiéval, autrefois point de passage obligé sur la route de Castille, aurait été édifié au début du 13e s. Postérieure, sa tour est devenue le symbole de Balmaseda. Elle faisait partie de l'enceinte fortifiée de la ville et en constituait l'une des principales entrées. En raison de son arche centrale surélevée qui rendait le charriage difficile, ce pont fortifié fut supplanté au 17e s. par un autre, construit plus en aval.

*Peu après le pont, tournez à gauche vers la plaza San Juan.*

**Plaza San Juan** – Sur cette place très centrale se dressent deux églises. La plus moderne (début du 20e s.) a été transformée en centre culturel, le Klaret Antzokia, inauguré en 2005. La seconde, anciennement San Juan Bautista del Moral, fondée au 15e s., a été reconvertie en musée.

**Museo de la Historia de Balmaseda** – *℘ 657 795 806 - ♿ - juin-sept. : lun.-vend. 10h-14h, 17h-19h30, sam. 10h-14h, 17h-20h, dim. 10h-14h ; oct.-mai : mar.-sam. 10h-13h30, 16h30-19h, dim. 10h30-14h30 - 1 €.* La nef de l'ancienne église réunit une série d'objets et de panneaux explicatifs illustrant l'histoire de Balmaseda, son patrimoine et ses traditions, parmi lesquelles la célèbre Passion vivante du Christ. D'autres sont consacrés aux personnalités de la ville, comme l'homme politique et historien local Martín de los Heros e Hita (1786-1859) ou les peintres Roberto Rodet (1915-1989) et María Francisca Dapena (1924-1995). La galerie supérieure présente quelques objets du 19e s., permettant de recomposer une sorte d'intérieur bourgeois typique de l'époque.

*Suivez la rue Martín Mendia pour passer devant le palais Horcasitas.*

## LA SEMAINE SAINTE

Le Jeudi et le Vendredi saint, la reconstitution de la Passion du Christ draine à Balmaseda des milliers de personnes. La tradition remonterait au 15e s. et à une épidémie de peste. Sa mise en scène a sans cesse évolué, passant d'une simple procession à la reconstitution de la Passion, laquelle comprend aujourd'hui neuf tableaux vivants. Les spectateurs assistent donc à la Cène, à la prière du mont des Oliviers, à l'arrestation de Jésus, à sa confrontation avec le grand prêtre, puis Ponce Pilate, à son chemin de croix et à sa crucifixion, joués et mis en scène par les habitants.

**UNE POSITION STRATÉGIQUE**

Balmaseda s'enorgueillit de compter parmi les cités fondatrices de Biscaye, voire la première puisque ses actes remontent à 1190. Elle se développa entre les collines et la rivière, à l'endroit le plus facile à fortifier. L'emplacement était aussi idéalement choisi d'un point de vue commercial, puisqu'il se trouvait sur la route menant en Castille. La ville n'eut qu'à réutiliser l'ancienne voie romaine pour assurer sa prospérité. Marchands, aubergistes et artisans développèrent leurs activités. Mais au 18e s., cette source de richesse se tarit, suite à l'ouverture d'une nouvelle voie de communication, qui passait par Orduña. Au 19e s., Balmaseda dut aussi faire face aux différentes guerres (napoléoniennes, carlistes). Mais à la fin du siècle, le chemin de fer relança son activité. Aujourd'hui, c'est sur son patrimoine et ses services que s'appuie la capitale des Encartaciones.

**Palacio Horcasitas** – La sobre façade de ce palais construit à la fin du 17e s. ou au début du 18e s. arbore le blason de la famille Horcasitas.
Celle donnant sur la ruelle voisine offre un bel exemple de style néoclassique.
*La rue Martín Mendia vous ramènera à la place St-Séverin.*

## À voir aussi

**Museo de la Boina La Encartada** (Musée du Béret et de l'Industrie textile basque)
*Sortie côté Burgos, Bº El Peñueco, 11 - ✆ 946 800 778 - www.laencartadamuseoa.com - de Sem. sainte au 15 oct. : mar.-vend. 10h-14h, 16h-19h, sam. 10h30-19h, dim. 11h-15h ; reste de l'année : mar.-vend. 10h-14h, sam. 10h30-19h, dim. 11h-15h - 5 € (enf. 3 €).* Ancienne usine de bérets fondée en 1892. Son architecture et ses machines sont encore en état.

4

## À proximité Carte de région p. 314-315

### **LAS ENCARTACIONES** (ENKAITERRIAK) A2

Cette appellation désigne le territoire occidental de la Biscaye, délimité par la Cantabrie, la Castille et le Nervión. C'est une région au relief accidenté, dont les vallées et les villages, encore tournés vers une économie pastorale et agricole, ont conservé toute leur authenticité.

**Güeñes** A2

▶ *10 km à l'est par la BI 636 en direction de Bilbao. Après environ 7 km, tournez à gauche et traversez Aranguren pour rejoindre Güeñes par la BI 3631.*

**Église Sta María** – Intéressante église gothique du 16e s. au mobilier et à la décoration recherchés. Son **portail★** comprend de belles portes en bois clouté ainsi qu'une ornementation marquant la transition entre les styles gothique et Renaissance.

**Avellaneda** A2

▶ *7 km au nord par la BI 630, puis la BI 2701 à Otxaran.*

**Museo de las Encartaciones** – *Le musée se trouve sur la route de Muskiz, dans la montagne. ✆ 946 504 488 - www.enkarterrimuseoa.net - ♿ - juil.-sept. : mar.-*

*sam. 10h-14h, 17h-19h (reste de l'année : mar.-sam. 10h-14h, 16h-18h), dim. et j. fériés 10h-14h - fermé lun., 1er et 6 janv., 25 déc. - gratuit.*
Un bâtiment moderne, précédé de piliers bleus, marque l'entrée de ce musée qui occupe l'ancienne demeure fortifiée (15e s.) où se réunissaient jusqu'au 19e s. les représentants des villages de la région. Les différentes salles abordent chacune un thème ou une période historique, reconstituant la géographie et l'histoire de la région. Ainsi, la pièce d'exposition évoquant la romanisation présente-t-elle la coupe d'une voie romaine et celle du haut Moyen Âge, la reproduction de tympans. Les tours défensives du bas Moyen Âge illustrent, quant à elles, les guerres d'influence que se livraient les seigneurs de l'époque. La démarche didactique est bien illustrée grâce à des maquettes, des costumes, des outils, des photos, des sculptures et de nombreux panneaux explicatifs.

## Circuit conseillé Carte de région p. 314-315

**LA VALLÉE DE KARRANTZA**
(KARRANTZA HARANA/VALLE DE CARRANZA) A1-2

*Circuit de 80 km tracé sur la carte de région (p. 314-315) – Comptez environ une journée. Quittez Balmaseda en direction de Castro-Urdiales, puis restez sur la BI 630 (direction Santander).*
**Valle de Carranza** – *Bº Ambasaguas 22, 1ª planta Karrantza - 48891 Karrantza - 946 806 928 - de mi-juin à fin sept. : tlj 10h-14h, 16h-19h ; reste de l'année : mar.-dim. 10h-14h.*

### Nuestra Señora del Buen Suceso A1-2

L'église rendant hommage à la sainte patronne de la vallée présente une silhouette trapue, aux murs épais. Un beau jour de l'an 1670, la Vierge Marie apparut à María Rozas, une sage jeune fille du village de Campillos. Elle lui demanda de prévenir le curé et les habitants afin qu'ils élèvent une église pour sa statue, trouvée le 18 septembre. Les fidèles s'exécutèrent et le temple fut dressé à l'endroit de l'apparition. Depuis l'auvent et la porte principale, la **vue** est imprenable sur le magnifique retable baroque du 18e s. qui tapisse le fond de la nef, derrière l'autel. Ses trois panneaux encadrent la statue de Notre-Dame du Buen Suceso (67 cm) en bois polychrome du 17e s.
De petites **arènes** s'appuient contre l'édifice. Elles accueillent les corridas organisées le 18 septembre, à l'occasion de la fête de la sainte patronne (ce jour-là, une messe est célébrée chaque heure). Vous pourrez pique-niquer près de l'église sur des tables en bois dressées à cet effet. Non loin de là, le **monument à la Vierge**, réalisé par le sculpteur Joaquín Lucarini Macazaga (1905-1969) en 1953, veille sur la vallée du haut de ses 14 m.
*Reprenez la BI 630 en direction de Santander. Avant El Cajello, tournez à droite en direction de Paúles.*

### Biañez A1-2

**Église St-André** – Mitoyenne du cimetière, cette église des 14e et 15e s. occupe une petite éminence à l'entrée du village. L'un de ses murs intérieurs est entièrement recouvert de fresques mises au jour lors de la restauration d'un retable. Les peintures s'organisent en trois panneaux verticaux représentant de gauche à droite : la Passion, le martyr de saint André et la Cène.
*Traversez le village et prenez la direction de Paúles.*

**Karpin Abentura**/El Carpín A1

*✆ 944 479 206 ou 946 107 066 - www.karpinabentura.com - ♿ - du 1er juil. au 15 sept. : tlj 11h-19h ; reste de l'année : w.-end et vac. scol. 11h-19h (nov.-mars : 17h) - fermé 24, 25 et 31 déc., 1er et 6 janv. - 8 € (-16 ans 5 €).*

Propriété d'été de l'ingénieur Urbano Peña y Chávarri au début du 20e s., ce parc de 20 ha a par la suite servi de jardin d'enfants, de caserne puis d'hôpital pendant la Guerre civile. Depuis 1996, il accueille une cinquantaine d'espèces protégées parmi lesquelles des chouettes, des kangourous, des sangliers, des loups et des panthères noires. La plupart des animaux sont nés en captivité, les autres étant là en convalescence. Après avoir passé un moment avec eux, vous pourrez vous amuser à découvrir la faune préhistorique en parcourant un chemin inspiré de *Jurassic Park*. Bruitages, mannequins et explications se déclenchent automatiquement à votre passage. Attention au Tyrex !

*Revenez sur la BI 630 et prenez à droite. Traversez Molinar. Juste avant Ríoseco, tournez à droite et montez jusqu'à Ranero. La grotte se trouve au-delà du village, au bout d'une route menant à une carrière et longeant la montagne sur la droite.*

**Cueva de Pozalagua** (Grotte de Pozalagua) A1

*✆ 649 811 673 - www.enkartur.net/recurso-cueva-de-pozalagua-karrantza-11.html - ♿ - visite guidée tte la journée - de mi-juin à mi-sept. : mar.-dim. et j. fériés 11h-19h ; reste de l'année : w.-end et j. fériés 11h-17h - dernière visite 30 mn av. la fermeture - fermé lun., Sem. sainte, les 3 jours suivants les ponts, 18 sept., 25 déc., 1er et 6 janv. - 5 € (enf. 2,10 €).*

Cette grotte a été découverte en 1957 par des ouvriers qui travaillaient à la carrière voisine. Comme eux, vous découvrirez d'amples salles, hautes parfois de 30 à 50 m, ornées de gigantesques stalactites colorées et de gours, successions de petits barrages de carbonate.

La grotte contient aussi quelques orgues, mais sa véritable spécificité tient dans ses **stalactites excentriques★**, ainsi appelées en raison de leur orientation défiant toutes les lois de la gravité. Elles se forment en effet en voile autour d'une goutte d'eau et peuvent ainsi être horizontales ou courbées. Particulièrement nombreuses à Pozalagua, elles tapissent une partie de la voûte, la transformant en une sorte de prairie fossilisée.

*Revenez à Balmaseda par la BI 630.*

## NOS ADRESSES À BALMASEDA

### HÉBERGEMENT ET RESTAURATION

BUDGET MOYEN

**Hôtel San Roque** – *Campo de las Monjas, 2 - ✆ 946 102 268 - www.hotelsanroque.es - P 21 ch. 78 € - ☕ 6,50 € - 1/2 P 23 €.* Ce bel hôtel se trouve dans l'enceinte même du couvent de Sta Clara construit au 17e s. Ses chambres, où dominent la pierre et le bois, possèdent beaucoup de charme. Avec sa pyramide en verre et son abondante végétation, le fabuleux patio suscitera à coup sûr votre admiration.

### AGENDA

**Marché médiéval** – Mai. Toute la communauté participe à cette reconstitution d'une Balmaseda médiévale, où échoppes et étals de marchands et d'artisans envahissent les rues de la vieille cité.

**Semaine sainte** – Représentation vivante de la Passion du Christ.

# Vitoria et la province de l'Álava 5

Carte Michelin Région n° 573 – Álava



Vue sur le parc naturel de Valderejo

*D. Rivas / Alavavision*

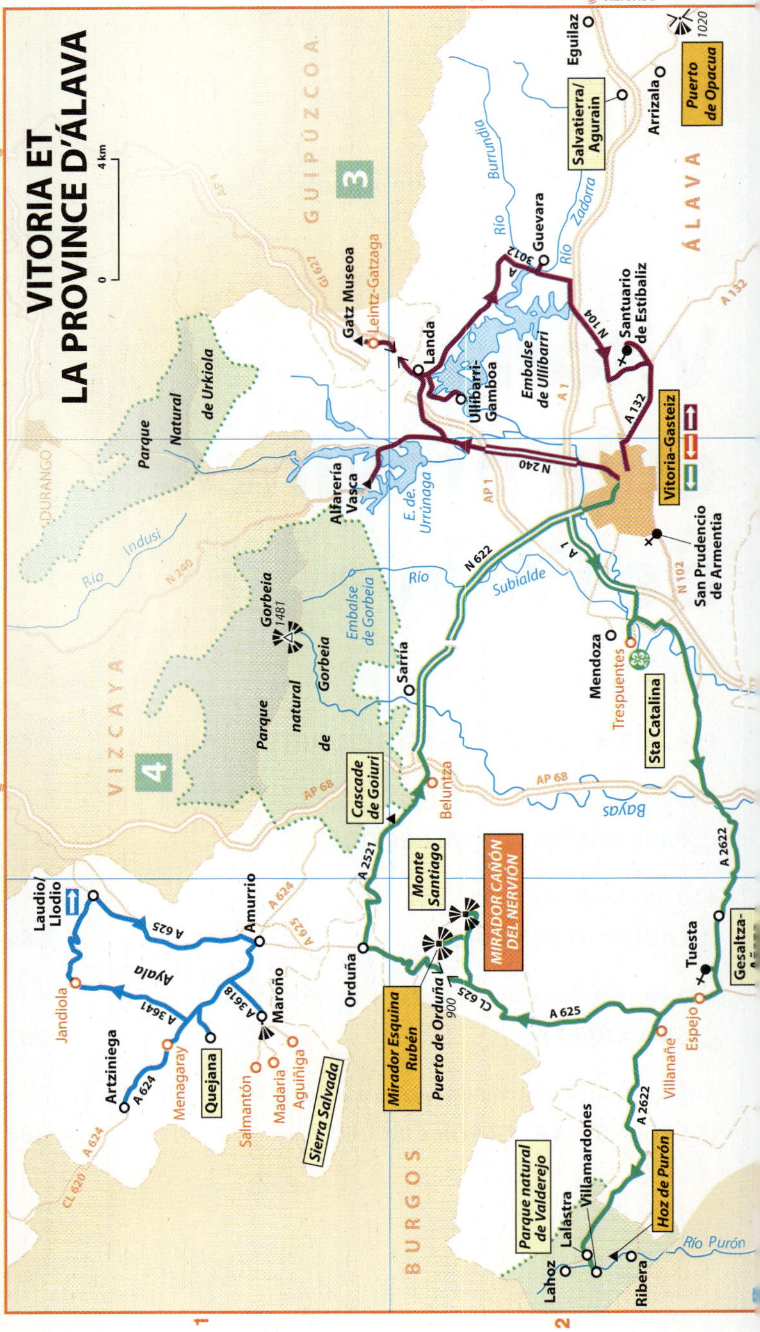
VITORIA ET LA PROVINCE D'ÁLAVA
0
4 km
EIBAR
BILBAO
ALTSASU
VIZCAYA
GUIPÚZCOA
ÁLAVA
BURGOS
Parque Natural de Urkiola
Parque natural de Gorbeia
Gorbeia 1481
Embalse de Gorbeia
Sarria
Alfarería Vasca
E. de Urrúnaga
Gatz Museoa
Leintz-Gatzaga
Landa
Ullibarri-Gamboa
Embalse de Ullibarri
Guevara
Río Burrundia
Río Zadorra
Santuario de Estíbaliz
Salvatierra/ Agurain
Eguilaz
Arrizala
Puerto de Opacua
1020
Vitoria-Gasteiz
San Prudencio de Armentia
Mendoza
Trespuentes
Sta Catalina
Río Subialde
Río Indusi
DURANGO
Cascade de Goiuri
Beluntza
Monte Santiago
MIRADOR CAÑÓN DEL NERVIÓN
Mirador Esquina Rubén
Puerto de Orduña
900
Orduña
Amurrio
Laudio/ Llodio
Ayala
Jandiola
Artziniega
Menagaray
Quejana
Maroño
Salmantón
Madaria
Aguiñiga
Sierra Salvada
Tuesta
Gesaltza-Añana
Espejo
Villanañe
Villamardones
Lalastra
Lahoz
Ribera
Parque natural de Valderejo
Hoz de Purón
Río Purón
Bayas
AP 68
AP 1
A 1
N 240
N 622
N 102
N 104
A 132
A 3012
A 2521
A 2622
A 624
A 625
A 3641
A 3618
CL 625
CL 620
GI 627

# VITORIA ET LA PROVINCE DE L'ÁLAVA

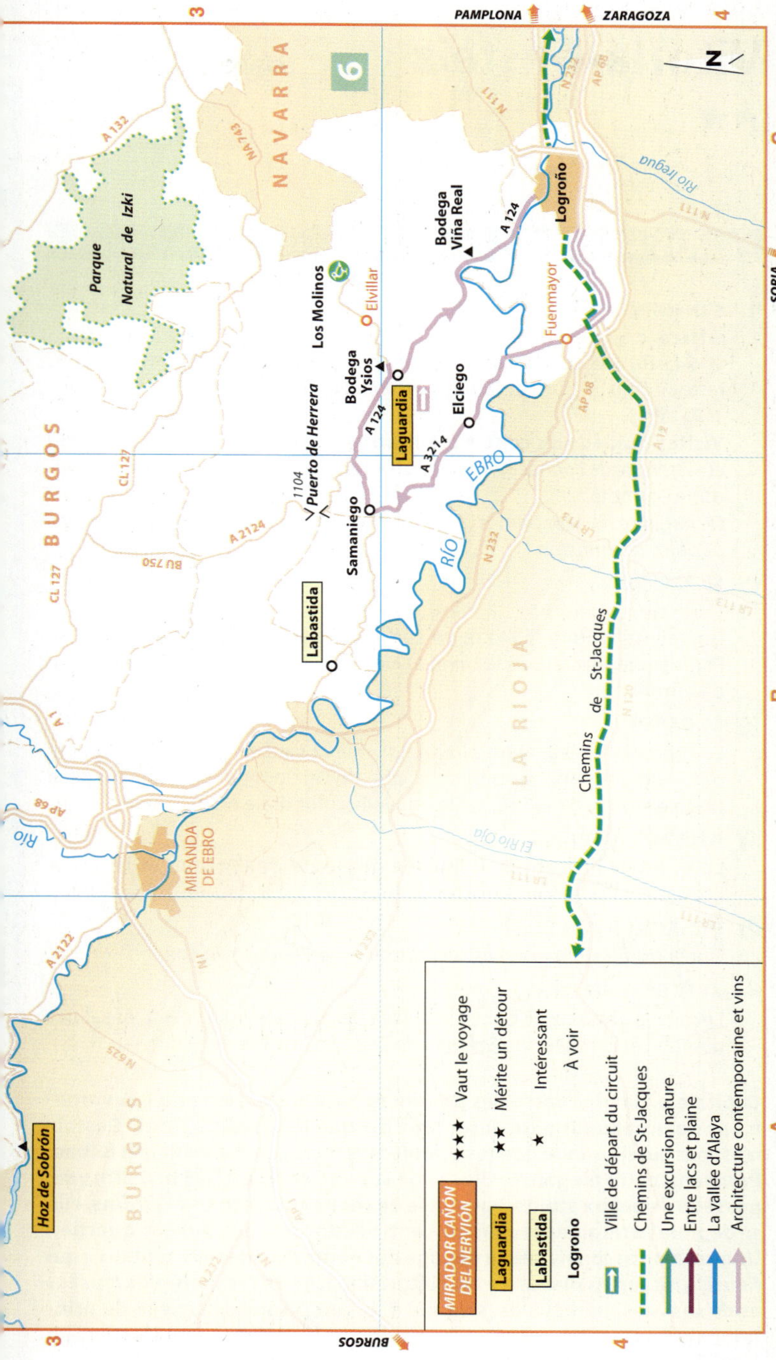

# Vitoria-Gasteiz

★★

238 247 habitants

## NOS ADRESSES PAGE 374

### S'INFORMER

**Office de tourisme** – *Plaza de España, 1 - 01001 Vitoria-Gasteiz - ✆ 945 161 598 - www.vitoria-gasteiz.org/turismo - juil.-sept. : tlj 10h-20h ; reste de l'année : lun.-sam. 10h-19h, dim. et j. fériés 11h-14h - fermé 1er janv. et 25 déc.*

**Visites guidées du centre médiéval** – *De mi-juil. à fin sept. : tlj à 11h30 et 17h ; reste de l'année : w.-end et j. fériés 11h30 - 5 € (dép. de l'office de tourisme - comptez 2h).*

*De mi-juil. à mi-sept., visites théâtralisées tlj. Renseignements et réservations à l'office de tourisme.*

### SE REPÉRER

Carte de région B2 (p. 360-361) – carte Michelin n° 573 D 21-22. Vitoria-Gasteiz se trouve à 64 km au sud de Bilbao et à 93 km à l'ouest de Pampelune, au cœur de la *Llanada Alavesa*, ample plateau cultivé à 500 m d'altitude.

### SE GARER

Le centre médiéval étant piétonnier, mieux vaut se garer en périphérie dans l'un des parkings publics (à côté de l'Artium par exemple ou de la plaza de los Fueros), près de la nouvelle cathédrale ou de la gare.

### À NE PAS MANQUER

Le quartier historique, le musée moderne de l'Artium et le jardin Sta Catalina avec son cadre romantique.

### ORGANISER SON TEMPS

Une journée suffit pour visiter le centre médiéval de Vitoria.

### AVEC LES ENFANTS

Le musée des Jeux de cartes, le musée des Sciences naturelles, les salines d'Añana et le musée du Sel près de Leintz-Gatzaga.

**Capitale de la plus vaste des provinces basques et siège du gouvernement de la communauté autonome basque (Euskadi), Vitoria-Gasteiz n'est pas aussi connue que ses grandes voisines, San Sebastián et Bilbao. Pourtant, cette élégante ville, bâtie sur une colline à 525 m d'altitude, possède de beaux atouts. Parsemée de charmants recoins et jardins, elle se déploie harmonieusement du centre historique au nouveau quartier. Une ambiance conviviale se dégage des nombreux bars à « pintxos » qui fleurissent sur les places. La vie culturelle, riche de ses multiples musées et de ses rues médiévales, s'anime d'autant plus dès l'arrivée du printemps avec ses différents festivals, dont le plus célèbre est le festival de jazz. À ne pas manquer !**

En juillet, vivez le festival de jazz de Vitoria !
J. Izarra / www.jazzvitoria.com

# Se promener Plan de ville p. 365

## ★★ LA VIEILLE VILLE (Casco Viejo)

*Circuit tracé en vert sur le plan de ville (p. 365) - Comptez 1h30. Partez de l'office de tourisme, traversez la plaza de la Virgen Blanca et gagnez la nouvelle cathédrale.*

### Museo Diocesano de Arte Sacro A2

*Catedral de María Inmaculada - 945 150 631 - ♿ - lun.-vend. 10h-14h, 16h-18h30, sam. 10h-14h, dim. 11h-14h - fermé lun., 25 déc. et 1er janv. - possibilité de visite guidée (en espagnol) sur demande préalable (1 sem. av. la visite) - gratuit.*
Installé dans la nef contournant l'abside de la nouvelle cathédrale, ce musée expose des œuvres appartenant aux diocèses de Vitoria et Álava. Outre les œuvres romanes avec lesquelles débute la visite, remarquez les belles images gothiques ainsi que les intéressantes œuvres flamandes de Van der Goes (Descente de croix) et de Ambrosius Benson (Crucifixion). Plus loin, arrêtez-vous devant la belle collection de pièces d'orfèvrerie.
*Gagnez la vieille ville par la calle Prado.*
La vieille ville est formée de plusieurs rues curvilignes qui entourent la cathédrale (l'ancienne) et portent le nom des anciens métiers. Les vieilles maisons nobles à blason y abondent.

### Plaza de España ou Plaza Nueva (Place d'Espagne) B2

Aménagée à partir de 1791, elle a été conçue par l'architecte Justo Antonio de Olaguíbel (1752-1818) et devait à l'origine être plus vaste que la Plaza Mayor de Madrid et celle de Salamanque. Si l'ambition du départ n'a pas été véritablement respectée, cette place en forme de carré parfait présente une noble ordonnance néoclassique.

5

**LA PROCESSION DES FAROLES**
La confrérie de Nuestra Señora de la Virgen Blanca prend soin des *faroles*, ces éléments en vitraux qui symbolisent les mystères du rosaire (joyeux, douloureux et glorieux), les Ave, les Pater et les Gloria. Tous sont portés en procession la nuit du 4 août, selon une tradition qui remonte à 1897.

Un passage permet d'accéder directement à la plaza de la Virgen Blanca, trait d'union entre les quartiers ancien et moderne.
**Plaza de la Virgen Blanca** (Place de la Vierge blanche) B2 5 (voir légende carte)
Dominée par l'église San Miguel, elle est l'image la plus caractéristique du centre névralgique de Vitoria.
Le lieu honore la Vierge blanche (**Virgen Blanca**) qui occupe une place à part dans le cœur des habitants et ce, depuis la fondation de la ville par Sanche VI le Sage. Cette dévotion s'est développée au fil des siècles, avec notamment la création de la confrérie de Notre-Dame-de-la-Vierge-blanche (Nuestra Señora de la Virgen Blanca), devenue officiellement la sainte patronne de la ville au 19e s., avant d'être couronnée « reine de la cité » en 1954. Le 4 août a lieu, en son honneur, le défilé des *faroles*.
La place, éclairée de vérandas vitrées *(miradores)*, encercle un lourd monument à la victoire du 21 juin 1813, jour où Wellington mit en déroute les troupes napoléoniennes. D'anciens édifices des 18e et 19e s. abritent de très agréables cafés (La Ferretería, Café Victoria). Notez que les rues les plus animées sont celles situées à gauche de la place, avec leurs boutiques et leurs commerces pleins de charme.
*Montez jusqu'à l'église de San Miguel.*

## Église San Miguel B2
À l'extérieur du porche, une niche de jaspe abrite la statue polychrome, de style gothique tardif, de la Vierge blanche, patronne de la ville. On entre dans l'église par un portail de la fin du 14e s., dont le tympan retrace des épisodes de la vie de saint Michel. À l'intérieur, on remarquera surtout le retable du maître-autel, dû à Gregorio Fernández (17e s.) et, à sa droite, un arc plateresque (orné d'éléments baroques).

## ★★ Plaza del Machete B2 3 (voir légende carte)
Une niche au chevet de l'église San Miguel abritait autrefois le *machete*, coutelas sur lequel le procureur général jurait de défendre les libertés de la ville. C'est de ce couteau que cette calme et vaste place tire son nom. On aperçoit, derrière, le clocher *(campanario)* de San Vincente, qui date de 1871.
**Los Arquillos** (B2) – Enfilade d'arcades reliant la ville haute à la ville basse, à l'extrémité droite de la place.
**Villa Suso** – 16e s. Belle demeure construite sur l'ancienne muraille. Aujourd'hui reconvertie en palais des congrès.
*Quittez la place par l'escalier contigu au palais.*
Vous passerez à proximité de l'**église San Vincente** de style gothique (15e s.).
*Par la cuesta de San Vicente, rejoignez la calle Cuchillería que vous remonterez par la gauche.*
Notez au nº 24 la **casa del Cordón** (16e s.) qui accueille des expositions temporaires.
*À l'intersection avec le cantón de San Francisco de Javier, prenez à droite et marchez jusqu'à l'Artium.*

★ **Artium** (Musée basque d'Art contemporain) B1
*C/Francia, 24 - ✆ 945 209 020 - www.artium.org - ♿ - mar.-vend. 11h-14h, 17h-20h ; w.-end 11h-21h - 6 € (entrée du musée + exposition temporaire) sf merc. : tarif à l'estimation des visiteurs (minimum 0,01 €). Visite guidée (en espagnol) dim. 12h30.* Cet important centre d'art contemporain, inauguré en 2002, a pour vocation de faire connaître et de rendre plus accessible l'art actuel au travers d'expositions permanentes et temporaires. Un système d'exposition rotative bisannuelle permet de voir une sélection significative de sa magnifique **collection**★. Son fonds est constitué de plus de 1 800 œuvres d'artistes espagnols des années 1920-1930 jusqu'à aujourd'hui. Des noms aussi évocateurs que Picasso, Miró, Gargallo, Tàpies, Canogar, Palazuelo, Oteiza, Chillida… mais aussi Barceló, Iglesias, Urzay, Badiola, Sicilia, Broto, etc., s'y côtoient, formant un vaste panorama de l'art contemporain espagnol.
*En sortant de l'Artium, prenez à droite la calle de Francia et remontez-la jusqu'à la première intersection en croix. Là, prenez à gauche la calle de San Ildefonso, prolongée par la calle de Sta Ana.*

SE LOGER

- Casa del Patrón ........ ①
- Dato ........ ②
- Haritz Ondo ........ ③
- Hotel Almoneda ........ ⑧
- Hotel Iradier ........ ⑥
- Hotel Páramo ........ ⑦
- Palacio de Elorriaga ........ ⑤

SE RESTAURER

- Arkupe ........ ①
- Arlobi ........ ②
- Dólar ........ ⑩
- El Portalón ........ ⑫
- El Rincón de Luis Mari ........ ③
- Gure Ametsa ........ ④
- Gurea ........ ⑥
- Mesa ........ ⑪
- Sidrería Casa Areso ........ ⑨

INDEX DES RUES

- Fray Zacarías Martínez ........ 2
- Machete (Pl. del) ........ 3
- Virgen Blanca (Pl. de la) ........ 5

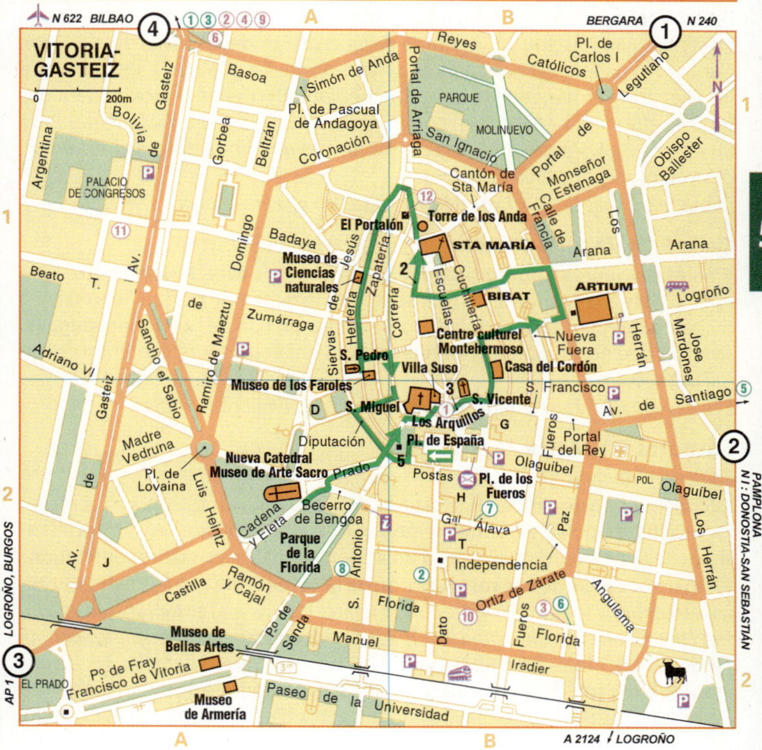

À l'intersection de la calle Cuchillería se dresse le **Bibat**, reconnaissable à sa tour d'angle et à son portail simple encadré par un *alfiz* - corniche de la forme d'un panneau rectangulaire qui enclot les bords extérieurs d'une arche. L'intérieur, qui abrite un singulier musée consacré aux cartes à jouer ainsi qu'un musée archéologique, offre aussi une belle cour Renaissance.

★ **Bibat Arkeologia Fournier de Naipes** (Musée archéologique et musée des Cartes à jouer) B1

*C/Cuchillería, 54 - ✆ 945 203 707 - www.alavaturismo.com - ♿ - mar.-vend. 10h-14h, 16h-18h30, sam. 10h-14h, dim. et j. fériés 11h-14h - fermé le 25 déc. - possibilité de visite guidée sur demande préalable - Vend. saint - gratuit.*

Le palais Renaissance de Bendaña qui abrite le musée des Cartes à jouer a été somptueusement réhabilité et doté d'une extension moderne pour accueillir le Musée archéologique, formant ainsi l'ensemble Bibat.

**Musée des Cartes à jouer de l'Álava** – Fondée en 1868 à Vitoria par Heraclio Fournier, descendant d'un imprimeur parisien dont la famille s'est fixée en Espagne au 18e s., la célèbre fabrique de cartes à jouer, bien que désormais dépendante d'une *holding* américaine, est toujours en activité. Soucieux de préserver ce patrimoine, le petit-fils du créateur, Félix Alfaro Fournier, a réuni une incomparable collection, acquise par la *diputación foral* (l'équivalent de notre conseil général) de l'Álava en 1986. La collection actuelle compte 20 000 jeux de cartes, allant du 14e s. à nos jours et provenant du monde entier. Ces jeux couvrent une grande variété de thèmes dont l'histoire, la géographie, l'art, les caricatures ainsi que les coutumes et utilisent les supports d'impression les plus divers (papier, parchemin, feuilles d'arbre, tissu, métal).

**Musée d'Archéologie** – Le nouveau bâtiment de Bibat, œuvre signée de l'architecte navarrais Patxi Mangado, que l'on apprécie pour ses réalisations au style épuré (piscine universitaire de Ourense, Bodegas Marco Real à Olite, Centre d'exposition et des congrès d'Ávila), abrite les quelque 1 500 pièces de la collection permanente du Musée archéologique. Celles-ci proviennent des fouilles effectuées en Álava et couvrent une période allant du Paléolithique au Moyen Âge. Remarquez les ensembles provenant de dolmens, ainsi que des sculptures et stèles romaines.

*Reprenez la calle Sta Ana, qui débouche sur la calle Fray Zacarías Martínez.*

## Calle Fray Zacarías Martínez B1 2 (voir légende carte)

Vieilles demeures à colombages et anciens palais caractérisent cette jolie rue. La calle Sta Ana vous a justement amené devant le portail Renaissance du palais des Escoriaza-Esquivel, construit sur un pan de l'ancienne muraille. Avec un peu de chance, si ce dernier est ouvert, vous pourrez jeter un œil au joli patio couvert.

*Suivez la rue sur votre droite en direction de l'ancienne cathédrale.*

## Catedral Sta María B1

*Édifice en travaux.*

La construction de cette église fortifiée débuta à la fin du 13e s. et ne fut réellement achevée qu'au 14e s. Initialement partie intégrante de l'enceinte défensive, elle fait aujourd'hui l'objet d'un important processus de réhabilitation.

★★ **Visite du chantier de restauration de la cathédrale** (B1) – *✆ 945 255 135 - www.catedralvitoria.com - visite libre et limitée à 1h w.-end entre 10h-14h et 16h-19h (18h en hiver) ; visites guidées (1h30) en français (sur demande le w.-end) tlj 10h30-13h30, 14h15-19h (18h en hiver) - 2 €, visite guidée 6 € (familles 3 €, -12 ans gratuit).* En raison de son emplacement, cette cathédrale gothique nécessite depuis des siècles d'être étayée afin d'éviter qu'elle ne s'effondre. En 2000,

# De deux villes l'une

## PLUSIEURS FONDATIONS

Simple oppidum construit sur une colline en surplomb de la voie romaine reliant Bordeaux à Astorga, Vitoria aurait été fondée, selon la légende, en 581 par le roi wisigoth Léovigild. Si l'on s'en tient à l'histoire, on attribuera sa fondation au roi de Navarre Sanche VI le Sage, en 1181. Ce dernier fait construire des fortifications pour se protéger des Castillans, et donne le nom de Nueva Victoria à la nouvelle cité, tandis que sur une colline voisine subsiste un hameau du nom de Gasteiz. Mais, assiégée en 1199 par le roi de Castille Alphonse VIII, Vitoria est prise et rattachée au Royaume castillan dès l'année suivante, ce qui ne l'empêche pas de recevoir des *fueros* (privilèges) de ses nouveaux souverains.

## PROSPÉRITÉ COMMERCIALE

De par sa position stratégique entre les sierras et la Rioja, et bénéficiant de l'ancien tracé de la voie romaine, Vitoria a pu développer une importante activité économique : artisanale bien entendu, comme en témoignent aujourd'hui encore certains noms de rues (*Zapatería* pour la cordonnerie, *Cuchillería* pour la coutellerie), mais aussi commerciale puisque le vin de la Rioja, le blé de la plaine et le fer des montagnes convergeaient vers elle avant de gagner la Castille.

## LA FIN DES AMBITIONS ESPAGNOLES DE NAPOLÉON

En 1813, Joseph Bonaparte est contraint de quitter précipitamment Madrid. Mais ses troupes sont attaquées à Vitoria le 21 juin par une armée anglo-espagnole commandée par le duc de Wellington et battues à plate couture. Napoléon est contraint de restituer la couronne d'Espagne à Ferdinand VII et de renoncer définitivement à mettre la main sur l'Espagne. À Vienne, on commanda même une symphonie à Beethoven pour immortaliser l'événement… Plus tard, lors des guerres carlistes, si la ville s'est attachée à conserver une certaine neutralité, cela ne l'a pas empêchée d'être occupée par les rebelles. La cité traverse donc au cours du siècle une longue période de léthargie.

un projet de grande envergure a été lancé afin de restaurer et préserver ce monument d'une valeur historique et artistique inestimable. La visite du chantier permet de contempler au plus près la restauration des œuvres (le circuit de visite est réalisé en fonction de l'avancée des travaux). Cette initiative totalement novatrice est très intéressante. Équipé d'un casque, vous emprunterez les passerelles métalliques et percerez les secrets de ce temple-forteresse ; vous comprendrez ainsi le développement et le tracé du quartier historique de la ville.

Face à la plaza de la Burullería qui lui est accolée, un ensemble de vieilles demeures donne un aspect médiéval à la rue.

**Torre de los Anda** (B1) – Sa partie inférieure fut une tour de défense médiévale. Elle forme un triangle avec les deux édifices suivants.

**El Portalón** (B1) – *De l'autre côté de la rue.* Établissement de commerce typique de la fin du 15e s.-déb. du 16e s.

*Rejoignez la calle Herrería depuis la plaza de la Burullería en empruntant le cantón del Seminario Viejo.*

Au passage, observez au n° 35 de la calle Herrería la noble façade baroque du **palacio del Marqués de Alameda**, 1731.

### Museo de Ciencias Naturales (Musée des Sciences naturelles) A1

*C/Siervas de Jesús, 24 - ✆ 945 181 924 - mar.-vend. 10h-14h, 16h-18h30, sam. 10h-14h, dim. et j. fériés 11h-14h5h - fermé lun. (sf j. fériés) - gratuit.*

Le musée des Sciences naturelles a investi la tour de Doña Otxanda. Une salle entière dédiée à l'ambre occupe le rez-de-chaussée (écrans interactifs, jeux de lumière, crâne de Tyrannosaurus rex). Le 1er étage réunit, quant à lui, une vaste collection de fossiles, tandis que le dernier niveau, à la présentation un peu datée, se concentre sur les écosystèmes de l'Álava.

### Église San Pedro A1

Cette église du 14e s. présente une intéressante façade gothique.

En haut des escaliers qui lui font face, vous apercevez la façade du **centre culturel Montehermoso** B1, qui occupe un palais Renaissance (1524).

*Prenez les escaliers.*

Dans la première ruelle à droite se trouve le **Museo de los Faroles** (A1), repérable à sa très haute porte (nécessaire pour laisser passer les éléments du rosaire). *C/Zapatería, 35 - ✆ 945 277 077 - été, Sem. sainte et ponts : tlj 11h30-13h30, 17h-19h ; reste de l'année 1er sam. du mois 11h30-13h30 - se rens. auprès de l'office de tourisme - 1 €.*

*Revenez aux escaliers et prenez la ruelle suivante, toujours sur votre droite. Poussez jusqu'à la plaza de la Virgen Blanca en marchant tout droit ou en prenant à droite le cantón de San Roque pour retrouver la calle Herrería.*

## À proximité Carte de région p. 360-361 B2

### Mendoza

Au cœur du village, le **château** est une forteresse à meurtrières, dépourvue de créneaux, mais entourée de quatre tours. Belle vue sur la plaine. Cette ancienne résidence du duc de l'Infantado abrite aujourd'hui le **Musée de Heráldica Alavesa**, qui présente une collection de blasons de familles nobles de la région. *✆ 945 181 918 - de déb. mai à mi-oct. : mar.-vend. 11h-14h, 16h-20h, sam. 11h-15h, dim. et j. fériés 10h-14h ; reste de l'année : mar.-sam. 11h-15h, dim. et j. fériés 10h-14h - gratuit.*

La cathédrale de Vitoria.
*OSOMEDIA/Age fotostock*

*Revenez sur l'A 3302 et prenez à droite pour rejoindre Trespuentes.*

### ★ Jardin botanique Sta Catalina

*Prenez l'A 3302 pour rallier Villodas. La route passe à proximité de l'oppidum d'Iruña (vestiges d'une ville romaine des 3e et 4e s.), actuellement fermé.*
*Restez sur l'A 3302 jusqu'à ce qu'elle rejoigne, en passant sous la N 1, la N 102 qui traverse Armentia pour aboutir à Vitoria.*

### Basilique de San Prudencio de Armentia

Cet édifice du 13e s. se caractérise par un chevet roman, et un intérieur à la nef et aux arcs déjà gothiques. Son auvent conserve deux superbes **tympans et deux bas-reliefs★** du 11e s.
*Rentrez à Vitoria en suivant le fléchage.*

5

## À voir aussi Plan de ville p. 365

### Museo de Armería (Musée de l'Armurerie) A2

*Po Fray Francisco de Vitoria, 3 - ✆ 945 181 925 - mar.-vend. 10h-14h, 16h-18h30, sam. 10h-14h, dim. et j. fériés 11h-14h - fermé lun., 1er janv., Vend. saint - gratuit.*
Agréablement présentée dans un bâtiment moderne, la collection, témoignant de la tradition militaire basque, présente l'évolution des armes depuis la hache préhistorique jusqu'au pistolet du début du 20e s. On y remarquera des armures (15e-17e s.), japonaises notamment, et une maquette reconstituant la bataille de Vitoria qui, en 1813, scella le sort des ambitions espagnoles de Napoléon.

### Museo de Bellas Artes A2

*Po Fray Francisco de Vitoria, 8 - ✆ 945 181 918 - ♿ - mar.-vend. 10h-14h, 16h-18h30, sam. 10h-14h, 17h-20h, dim. et j. fériés 11h-14h - fermé lun., 1er janv., 25 déc. et Vend. saint - gratuit.* Le palais de Agustí, construction néo-Renaissance élevée au début du 20e s., abrite une collection d'art espagnol des 18e et 19e s. ainsi qu'un éventail très complet de la peinture basque (Iturrino, Regoyos, Zuloaga). Un étage est consacré au peintre local **Fernando de Amárica** (1866-1956), paysagiste qui fut un disciple du maître espagnol de l'impressionnisme, Sorolla. La visite permet d'apprécier les changements intervenus à cette période où la peinture académique et classique s'est tournée davantage vers le romantisme ou le réalisme.

## Circuits conseillés Carte de région p. 360-361

### UNE EXCURSION NATURE A1-2 B2

*Circuit de 38 km jusqu'à Tuesta tracé sur la carte de région (p. 364-365) – Comptez une demi-journée. Quittez Vitoria par la N 622 en direction de Bilbao, puis l'A 1 vers Madrid. Sortie 345.*

#### ★ Jardin botanique Sta Catalina à Trespuentes B2

*Accès depuis Trespuentes (fléchage) jusqu'à une sorte de carrière de pierre. Ne vous laissez pas impressionner et suivez encore les panneaux. Montez en voiture jusqu'à un portail que vous ouvrirez, puis un parking. De là, comptez 15mn à pied (ça grimpe !) pour accéder à l'entrée réelle du jardin. Visite env. 1h - ✆ 680 470 146 - www.cuadrilladeanana.es/santacatalina - juil.-août : mar.-vend. 10h-14h, w.-end et j. férié. 11h-20h ; reste de l'année : mar.-vend. 10h-14h, w.-end et j. fériés 10h-18h - 3 € (-10 ans gratuit).*

Ce jardin enchanteur qui a ouvert ses portes en 2002 a été réalisé autour des ruines du monastère de Sta Catalina. Les sentiers aménagés serpentent autour et dans les vestiges qui réservent de belles échappées sur le plateau de Vitoria-Gasteiz. Les essences sont toutes marquées et exhalent leurs senteurs, surtout le matin ou en fin de journée. La meilleure saison pour en profiter est la fin du printemps, vers mai ou juin.

*Revenez sur l'A 3302 pour rallier Villodas, puis Nanclares de la Oca, qui permet de rejoindre l'A 2622, direction Subijana-Morillas. Le bourg et l'autoroute dépassés, poursuivez jusqu'à Gesaltza-Añana.*

#### ★ Salinas de Gesaltza-Añana A2

La réputation de ce village classé provient de ses salines à ciel ouvert, dont la présence est attestée depuis le 10e s. La légende veut que ce soit une vache en quête de sel qui fit jaillir la rivière *la Muera*. En réalité, son eau se charge en sel au fur et à mesure de son écoulement jusqu'à la vallée d'Añana, où elle était distribuée vers les « fermes » par des canaux. Cette richesse a permis au village médiéval de multiplier les privilèges de la part des rois de Castille, qui touchaient leur part des bénéfices. Dans l'église, un tableau flamand représente l'Annonciation.

**Visites guidées** – *✆ 945 351 413 - www.vallesalado.com - de fin mars à mi-oct. : tlj ttes les heures 10h-13h, 17h-19h ; reste de l'année : w.-end et j. fériés ttes les heures 10h-15h (horaires susceptibles de changer, consultez le site Internet) - 4 € (-12 ans gratuit).* La zone d'exploitation se présente comme une succession de petites plates-formes en escaliers, montées sur pilotis. Le sel en provenance de la rivière *la Muera* y séchait à partir d'avril. Aujourd'hui, le site est en cours de restauration. La visite permet d'en comprendre l'histoire et l'évolution, de façon empirique.

*Reprenez l'A 2622.*

### Tuesta A2

Le principal intérêt de ce petit hameau réside dans son **église Nuestra Señora de la Asunción** édifiée au 13e s. dans un style roman tardif. Elle présente un magnifique **portail★★**, merveilleusement conservé. Admirez les détails de ses **voussures★** richement sculptées. Anges, personnages aux différentes attitudes, animaux plus ou moins fantastiques (oiseaux, griffons), végétaux et scènes de vie rendent vivants ces arcs, reposant sur des piliers aux **chapiteaux★** non moins travaillés. Remarquez le baiser échangé, sur le deuxième pilier en partant du vantail de gauche. Au-dessus de l'archivolte, six statues entourent celle de la Vierge à l'Enfant. À gauche, vous reconnaîtrez les trois figures des Rois mages.

*Vous pouvez rentrer sur Vitoria ou poursuivre en direction du parc de Valderejo ou encore vers le Monte Santiago. Dans le premier cas, prenez la direction d'Espejo, traversez le village et poursuivez plein nord sur l'A 625 jusqu'aux indications fléchées à gauche pour le parc de Valderejo et Lalastra. Pour y accéder, vous passerez par Villanañe, Villanueva de Valdegovía, San Millán de San Zadornil, San Zadornil et Arroyo de San Zadornil.*

### ★ Parque Natural de Valderejo A2

*Voir p. 377.*

Le parc se situe à l'extrémité ouest de l'Álava. La municipalité de Valderejo est constituée de 4 villages aux églises bien conservées, et de sites sauvages préservés.

*Pour le Monte Santiago, faites la route en sens inverse jusqu'à Villanañe. Après le village, prenez plein nord sur l'A 625, direction Orduña.*

*La route monte vers un plateau sauvage du Monte Santiago, en Castille-et-León. Après Berberena, roulez encore sur environ 3 km avant de prendre à droite le chemin menant à la zone protégée du Monte Santiago.*

### ★ Monte Santiago (Mont St-Jacques) A2

*Avant le col d'Orduña (puerto de Orduña), passez la clôture sur votre droite et prenez le chemin de terre caillouteux (vitesse limitée à 30 km/h) pour atteindre le centre d'interprétation. www.patrimonionatural.org - 15 juin-15 sept. : 10h-14h, 16h-19h30 ; reste de l'année : 10h-14h, 16h-18h30.*

Classé Monument naturel depuis 1996, cet espace, situé aux confins de la province de Burgos, réserve au promeneur de magnifiques points de vue, dont le **saut du Nervión** *(voir ci-après)* n'est pas le moindre. La plupart des dix randonnées balisées partent de la **fontaine St-Jacques** (fuente Santiago), une source à côté de laquelle se dresse le centre d'interprétation, construit sur les ruines d'un ancien monastère. Vous y découvrirez l'histoire et l'écosystème de la zone, qui abrite 20 espèces de mammifères différentes, parmi lesquelles le chat sauvage, la fouine, la martre et le blaireau, et encore plus d'oiseaux (vautours, choucas, aigles). Tous profitent de la lande, des chênaies, des hêtraies et des pinèdes restaurées de cette zone protégée.

**★★★ Mirador Cañón del Nervión** (Belvédère du saut du Nervión) A2

*Sentier 42, à quelques centaines de mètres du centre d'interprétation.*

Il faut traverser un bois avant d'atteindre le plateau dans lequel s'encaisse une rivière : le Nervión. En suivant son lit, on aboutit au vertigineux **canyon de Delika★** dans lequel se précipitent ses eaux (lorsqu'il n'est pas à sec) depuis une hauteur de 270 m. Depuis la plate-forme aménagée en point de vue, le regard plonge au fond de ce paysage minéral qui file vers la vallée entre des parois de plus en plus incurvées.

Le plateau battu par les vents, où les rochers le disputent aux broussailles et aux arbres, constitue également un belvédère naturel d'où l'on peut contempler la plaine à perte de vue : un **panorama★★** sur la sierra de Salvada à couper le souffle. Attention! aucune barrière de protection n'a été fixée à l'extrémité des falaises.

★★ **Mirador Esquina Rubén** (Belvédère d'Esquina Rubén)

Le sentier 45 longe les falaises et mène au belvédère d'Esquina Rubén qui dévoile une vue grandiose sur la vallée d'Arrastaria. Vous rentrerez au parking par le sentier 41, agréablement ombragé *(30mn)*.

### **Puerto de Orduña** (Col d'Orduña) A2

Le col d'Orduña culmine à 900 m et dévoile des paysages d'une austère beauté.

La **route** qui mène à Orduña révèle des **points de vue★** magnifiques. Au-delà des champs se dressent la silhouette de la sierra Salvada et l'extrémité du canyon du Nervión.

### **Orduña**/Urduña A1

*Foru Plaza (Plaza de los Fueros), 3 - 945 384 384 - www.urduna.com - Sem. sainte et de mi-juin à mi-sept. : tlj 9h30-14h, 16h-19h30 ; de mi-avr. à mi-juin et de mi-sept. à mi-oct. : mar.-sam. 9h30-14h, 16h-19h30, dim. et j. fériés 9h30-14h ; reste de l'année : mar.-jeu., dim. et j. fériés 9h30-14h, vend.-sam. 9h30-14h, 16h-19h30.*

Les fortifications de cette ville biscayenne ont en partie disparu, souvent dissimulées derrière des édifices plus récents. Orduña dispose tout de même d'une belle place centrale, la **plaza de los Fueros**, entourée des plus anciennes maisons du village (17e et 18e s.). Les bâtiments les plus remarquables sont le **collège des Jésuites**, construit en 1694 et jouxtant l'église de la Sagrada Familia (18e s.), ainsi que la **Maison de la douane** de 1782, reconnaissable à ses arcades. Elle porte l'écusson de l'Espagne. Deux autres églises dressent leur clocher dans le bourg : Sta María de la Asunción (16e s.) et Nuestra Señora de la Antigua du 18e s.

### ★ **Cascade de Goiuri**/Gujuli B1-2

*12 km à l'est par l'A 2521. Dans le hameau du même nom, repérez sur votre gauche les containers d'ordures ménagères ; ils marquent une intersection où vous tournerez. Roulez jusqu'à l'église.*

Son accès, au-delà de la voie de chemin de fer, ainsi que ses abords ne sont pas sécurisés et peuvent être dangereux. Évitez de vous y rendre avec des enfants.

Le spectacle vaut surtout en période humide : une belle **chute** d'eau plongeant dans un ravin profond. Faites très attention, car aucune protection n'a été installée, et la tentation est grande de prendre des risques pour mieux jouir du spectacle. En été, inutile de vous déplacer, car le plus souvent, la rivière est à sec.

*Pour rejoindre Vitoria, continuez sur l'A 2521 et prenez la N 622 à Beluntza.*

## **ENTRE LACS ET PLAINE** B1 C1-2

*Circuit de 80 km tracé sur la carte de région (p. 360-361) – Comptez une demi-journée. Quittez Vitoria par la N 240 en direction de Durango.*

La route contourne le lac d'Urrúnaga tout en offrant de belles vues sur ses berges.

**Alfarería Vasca** (Atelier de poterie basque) B1
*Dépassé le panneau Elosu, l'atelier de poterie sera sur votre gauche, repérable à sa jarre géante. ✆ 945 455 145 - www.euskalzeramika.com - lun.-vend. 10h-13h, 16h-19h, sam. 10h-14h - fermé dim. et j. fériés - gratuit.* Passionnée et accueillante, la maîtresse des lieux vous fera les honneurs de son atelier. Elle vous montrera l'ancien four tricentenaire (1711), classé Monument historique, où l'on cuisait autrefois les récipients traditionnels. Elle vous présentera aussi, si vous le souhaitez, les objets exposés dans le petit musée à l'étage (les céramiques bleues du 16e s., les vertes du 18e s., etc.). Ventes possibles *(voir « Nos adresses », p. 375)*.
*Revenez sur vos pas et, après Legutiano, à la hauteur d'Urbina, prenez l'A 627 en direction de Mondragón afin de rallier, après le col d'Arlában, le village de Leintz-Gatzaga.*

**Gatz Museoa** (Musée du Sel) C1
*Dépassez le village de Leintz-Gatzaga et suivez le panneau. ✆ 665 739 550 - www.leintzgatzaga.com - visite guidée seult, w.-end à 13h en espagnol - se rens. pour les autres jours de la semaine. Mieux vaut prévenir de son passage.*
Vous verrez sur la rive opposée du torrent un charmant ensemble de petites bâtisses où les femmes extrayaient autrefois le sel. Présentation des anciens mécanismes d'extraction du sel, dont un moulin hydraulique, ainsi que des maquettes et des panneaux explicatifs.
*Repartez sur la GI 627 en direction de Vitoria.*

**Landa** C2
De ce hameau en bordure du **lac Ullíbarri** partent divers itinéraires dont une ancienne voie de chemin de fer reconvertie en voie verte.
Longez donc la berge en direction d'**Ullíbarri** pour découvrir ce village ancré au bord des eaux, dont l'église domine le lac. De petits bateaux tanguent au rythme du vent à deux pas de la petite base nautique et offrent une vision de carte postale au soleil couchant.
*Revenez à Landa et suivez la berge en direction de Marieta. Après le village et Larrinzar, roulez jusqu'à l'intersection avec l'A 3012 et tournez à droite pour rejoindre Maturana. Là, vous suivrez les panneaux « Guevara ».*

**Guevara** C2
Les ruines d'un château se dressent un peu en dehors du village, derrière un rideau d'arbres *(prenez à droite derrière l'église et allez jusqu'aux dernières maisons)*.
*1h d'ascension.* En suivant le chemin de pierres qui s'élève à sa gauche, vous accéderez à la ruine qui domine Guevara du haut de son piton rocheux. Au cours de l'ascension, le chemin devient sentier, puis sente, et offre de beaux panoramas sur le lac Ullíbarri et la plaine en contrebas.
*Retournez à Maturana et prenez la direction de Vitoria en franchissant la N 1 et en ralliant la N 104. À Junguitu, prenez à gauche la direction de Zerio et d'Aragandoña. Parvenu à ce dernier village, suivez la direction Estíbaliz.*

**Santuario de Estíbaliz** (Sanctuaire d'Estíbaliz) C2
*✆ 945 293 088 - ♿ - tte la journée.* Ce sanctuaire est chez les Álavais, depuis le 10e s., un lieu de pèlerinage très populaire à la Vierge d'Estíbaliz, dont la statue préside les assemblées législatives et judiciaires de la province. La communauté compte encore une petite dizaine de moines.
**Église** – L'église romane conserve une Vierge du 12e s. Admirez ses **chapiteaux★** d'abord sobres puis ornés de feuillages et de personnages expressifs.

5

Notez aussi les motifs arabisants. Le portail extérieur, avec ses ornementations géométriques, mérite également votre attention. Sur la façade sud, joli clocher à peigne.
**Crypte** – Construite en 1995 selon une disposition en cercle avec une ouverture sur la verdure, elle n'est ouverte qu'aux heures d'office.
*Revenez à Vitoria par l'A 132.*

## NOS ADRESSES À VITORIA-GASTEIZ

### HÉBERGEMENT

#### PREMIER PRIX

**Hôtel Dato** – *Dato, 28 - ✆ 945 147 230 - www.hoteldato.com - 14 ch. 50/55 €.* Hôtel central très bien entretenu et confortable.

**Hôtel Iradier** – *Florida 49 - ✆ 945 279 066 - www.hoteliradier.com - 19 ch. 50/57 €.* Une façade classique et un intérieur fonctionnel en plein centre, avec des chambres simples et confortables. Les salles de bains sont assez basiques.

#### BUDGET MOYEN

**À Vitoria**

**Hôtel Haritz Ondo** – *Elosu - ✆ 945 455 270 - www.hotelharitzondo.es - fermé lun. - P - 14 ch. 65/78 € - ☕ - rest. 18 €.* Situé dans une maison de campagne calme entièrement restaurée ; ambiance accueillante et décor rustique. Chambres au mobilier ancien et avec salles de bains modernes. Le restaurant vitré offre un beau panorama sur le Parc naturel de Gorbeia.

**À Murguía**

**Hôtel Casa del Patrón** – *San Martín, 2 - Murguía - ✆ 945 462 528 - www.casadelpatron.com - 14 ch. 60/65 € - ☕ 5 € - rest. 16 €.* Derrière une avenante façade, l'intérieur accueillant rappelle celui d'une maison d'antan. Chambres douillettes, parfois mansardées, et salles de bains en marbre. Restaurant au 1er étage et bar à tapas très prisé.

#### POUR SE FAIRE PLAISIR

**À Vitoria**

**Hôtel Palacio de Elorriaga** – *Elorriaga, 15 - 1,5 km de Vitoria par l'av. de Santiago et la N 104, dir. de San Sebastián - ✆ 945 263 616 - www.hotelpalacioelorriaga.com - P - 21 ch. 82 € ☕ - rest. 30 €.* Cette ancienne gentilhommière frappe par la beauté de son mobilier rustique et de ses poutres qui se marient parfaitement avec un confort contemporain. Restaurant au cadre intime.

**Hotel Almoneda** – *Florida, 7 - ✆ 945 154 084 - www.hotelalmoneda.com - 25 ch. 75 € ☕* Accueil familial et chaleureux dans cette maison qui a conservé son magnifique escalier ancien. Situation centrale et chambres agréables.

### À proximité de Vitoria

#### BUDGET MOYEN

**Hôtel Haritz Ondo** – Hors plan - *Elosu - ✆ 945 455 270 - www.hotelharitzondo.com - fermé lun. - P - 14 ch. 78 € ☕ - rest. 18/42 €.* Situé dans une maison de campagne calme entièrement restaurée ; ambiance accueillante et décor rustique. Le restaurant vitré offre un beau panorama sur le Parc naturel de Gorbeia.

## RESTAURATION

### PREMIER PRIX

#### À Vitoria

**El Rincón de Luis Mari** – *Rioja, 14 - ✆ 945 250 127 - fermé mar. et sept. - 10 €.* Établissement central à caractère familial impeccablement entretenu. Comptoir riche en brochettes et en *raciones*. Ambiance agréable et décontractée.

**Dólar** – *Florida, 26 - ✆ 945 230 071 - 6 €.* Ce bar, avec ses murs en pierre, est de style moderne et possède une véranda donnant sur une cour intérieure. Large choix de tapas.

#### À Murguía

**Sidrería Casa Areso** – *Domingo de Sautu, 35 - Murguía - ✆ 945 430 220 - 12/25 €.* Ici, on se sent tout de suite bien. Le décor montagnard – bois, pierres et grande cheminée – est chaleureux. Dans l'assiette, plats traditionnels, spécialités locales et desserts maison.

### BUDGET MOYEN

#### À Vitoria

**Gurea** – *Pl. de la Constitución, 10 - ✆ 945 245 933 - fermé 3 sem. en août, lun. soir et mar. - 21/32 €.* Sa façade, aux détails en bois, présente la carte. Salle de restaurant de style néorustique très soigné.

**Mesa** – *Chile, 1 - ✆ 945 228 494 - fermé merc. et 10 août-6 sept. - 21/33 €.* Établissement familial qui a réussi son intégration dans la communauté locale. Bar à l'entrée et salle à manger décorés de peintures murales.

### POUR SE FAIRE PLAISIR

#### À Vitoria

**Arkupe** – *Mateo Moraza, 13 - Vitoria-Gastiez - ✆ 945 230 080 - www.restaurantearkupe.com - 42/65 €.* Situé derrière l'hôtel de ville, il offre une cuisine basque traditionnelle composée de bonnes viandes et de poissons. Le bâtiment du 18e s. est classé Monument historique. Décoration de pierre et de bois.

**Gure Ametsa** – *Diseminados, 3 - Gipuzkoa - ✆ 943 714 952 - fermé 6 août-2 sept. et lun. - 35 €.* Établissement familial situé non loin d'un col. Il se compose d'un bar et de deux salles de restaurant, dont la plus accueillante dispose d'une cheminée.

**El Portalón** – *Correría, 151 - ✆ 945 142 755 - www.restauranteelportalon.com - fermé dim. soir - 38/65 €.* Ce restaurant est situé dans un bâtiment du 15e s. qui donne un bon exemple d'architecture traditionnelle, avec un intérieur rustique dominé par la brique et le bois. La cave à vins située dans les anciennes écuries est aussi accessible à la visite.

#### À Sarria

**Arlobi** – *Elizalde, 21 - Sarria - ✆ 945 430 212 - tlj sf dim. soir et mar. soir - 19 €.* Alors que certaines de ses salles affichent des tendances modernes, une salle de restaurant de style rustique reprend le caractère typique de cette maison en pierre. Bar avec cheminée.

## ACHATS

**Museo de Alfarería Vasca** – *Ollerías, 9 - Elosu - ✆ 945 455 145 - www.euskalzeramika.com - lun.-vend. 10h-13h, 16h-19h, sam. 10h-14h.* Cet ancien atelier de poterie (1711) abrite le musée de la Poterie basque. La visite présente l'histoire du lieu (four tricentenaire), explique les caractéristiques de la céramique basque et montre la fabrication des pièces. Magasin sur place.

### SPORTS & LOISIRS

**Picadero de Gopegui** – *Carretera de Manurga, s/n - Gopegui - ✆ 630* 386 *105.* Ce centre hippique possède de belles installations. Séances d'initiation et cours de différents niveaux. Randonnées équestres à travers le magnifique Parc naturel du Gorbeia/Gorbea.

**Hípica Eribe** – *Eribe - ✆ 653 703 285.* En saison, le centre organise des randonnées à cheval à travers le beau Parc naturel du Gorbeia. Sur place : restauration en plein air et tables pique-nique.

### AGENDA

**Fêtes de San Prudencio** – (27-28 avr.).

**Festival Azkena Rock** – (Juin).

**Festival image et son** – (Mai-juin) - Projections, spectacles et ateliers.

**Festival de jeux dans la rue** – (Fin juin-déb. juil.).

**Festival de jazz** – (3e sem. de juil.) - *✆ 945 141 919 - www.jazzvitoria.com - Paseo de la Florida, 3-2º D.* Né en 1977, le Festival de jazz de Vitoria-Gasteiz est aujourd'hui le plus important d'Espagne et fait partie de l'IJFO (International Jazz Festivals Organization). Il accueille chaque année, à la mi-juillet, les grands noms de la scène musicale internationale de jazz.

**Festival international de magie, Magialda** – (Sept.)

**La Nuit de los faroles** – (4 août).

**Fêtes de la Vierge blanche** – (4-9 août). Processions, festivités diverses et corridas dans les arènes futuristes à couverture mobile *(vente des billets : Espacio Ciudad, C/San Prudencio, 30 - le jour de la corrida au guichet des arènes ou sur www.taquillatoros.com).*

**Festival international de théâtre** – (Fin sept.-nov.).

## À Añana

**Pâques** – Le jour de Pâques, les sauniers descendent en procession pour la traditionnelle « Quema de Judas ».

**Fête du sel** – (Juil.).

## À Orduña

**Fêtes d'Otxomaio** – (W.-end autour du 8 mai) - *✆ 945 384 384.*

Petit matin dans le Parc naturel de Valderejo.
*D. Rivas / Alavavision*

# Parc naturel de Valderejo

**Parque Natural de Valderejo**

★

Álava

## NOS ADRESSES PAGE 379

### S'INFORMER

**Office de tourisme d'Aiaraldea** – *Parc Lamuza, s/n - ✆ 945 353 146 - www.aiaraldea.org - ♿ - avr.-sept. : mar.-dim. 10h-19h ; reste de l'année : mar.-vend. 9h-15h, w.-end 10h-18h - fermé lun., 1er janv., 25 et 31 déc. - gratuit.*

### SE REPÉRER

Carte de région A2 (p. 360-361) – carte Michelin n° 573 D 20. Le parc se situe à l'extrémité ouest d'Álava, à 56 km de Vitoria par la N 1, l'A 2622, puis la BU V 5532.

### À NE PAS MANQUER

Le défilé du Sobrón et l'arrivée sur le village de San Zadornil depuis San Millán (la route franchit une sorte de barrière naturelle qui ressemble à une porte gardée par des géants de pierre). La sierra Salvada et le lac du barrage de Maroño.

### ORGANISER SON TEMPS

Le hameau de Lalastra, porte d'entrée du parc, tout comme les autres villages y menant, dispose de structures d'agrotourisme qui permettent d'envisager de rester plusieurs jours dans les parages pour arpenter la vallée. En repartant, un détour par le défilé du Sobrón s'impose, de même que par Gesaltza-Añana, pour voir les salines *(voir p. 370)*.

**On touche ici aux confins de la province d'Álava, avec tout ce qu'elle offre de sauvage et d'agreste. Petits villages aux églises bien conservées, sites sauvages préservés sillonnés de sentiers de randonnée, il ne vous reste plus qu'à bien vous chausser et à partir à l'aventure…**

# Se promener de village en village

Carte de région p. 360-361

Le Parc a balisé neuf randonnées (de difficultés très variables) et quelques sentiers permettant de passer de l'une à l'autre. Les plus belles partent à proximité du centre d'interprétation. N'hésitez donc pas à en pousser la porte pour acheter une carte *(1,50 €)*.

### Lalastra A2

Ce village représente en quelque sorte la porte d'entrée du parc. Ne vous fiez pas à son premier abord, un peu négligé. Il suffit de dépasser les premières habitations pour découvrir un adorable village, où rien ne manque, depuis l'église du 11e s. jusqu'à l'ancien four à pain et au lavoir.
Vous trouverez toutes les informations concernant la faune, la flore et l'environnement humain du parc au **centre d'interprétation**, qui vous fournira également cartes et conseils pour partir en randonnée.

### Lahoz A2

On y accède par Lalastra, mais sans voiture puisque les non-riverains parquent les leurs à l'entrée de Lalastra.

### Villamardones et Ribera A2

Ces deux villages ont été abandonnés mais constituent d'agréables buts de randonnée. On peut atteindre Ribera par le défilé de Purón ou par le hameau de Villafría de San Zadornil (comptez 4 km à pied, car la route n'est pas carrossable).

### UN ÉDEN PRÉSERVÉ

Doyen des parcs naturels d'Álava, celui de Valderejo, créé en 1992, s'étend sur quelque 3 500 ha, qui attirent les amateurs de nature sauvage par leur grande variété d'essences et de faune. La forêt couvre plus de la moitié de la superficie avec des pins sylvestres, des chênes verts ou des chênes rouvres, ainsi que des hêtraies. Les sommets, dont le mont Lerón s'élève le plus haut avec 1 235 m, concentrent pierres et rochers, tandis que les fonds de vallée sont consacrés à l'économie agropastorale (prés et champs).
Dans cet environnement varié et protégé, les **espèces menacées** trouvent un espace à leur mesure.
L'une des grandes communautés de **vautours fauves** du Pays basque règne ainsi sur les cieux, qu'elle partage avec l'aigle royal, le faucon pèlerin, les choucas, le vautour percnoptère, le monticole de roche, etc. Bois et sous-bois abritent amphibies (salamandre, grenouille vermeille, tritons), mammifères (chevreuil, sanglier, chat sauvage, fouine) et oiseaux (roitelet, faucon abeille) qui raviront les zoologues et ornithologues amateurs. Quant au papillon apollon ou à la vipère aspic, nul doute qu'ils trouveront aussi leurs fans.

★★ **Hoz de Purón** (défilé) A2

*3h30 AR*. Rivière la plus importante du parc, le Purón prend sa source au nord de Lahoz et se resserre au sud-ouest en un défilé ponctué de grottes lorsqu'il franchit le barrage des falaises qui clôturent Valderejo. On passe ainsi de la douceur des pâturages à la forêt de conifères et de feuillus, avant de découvrir dans les gorges une végétation plus méditerranéenne. La promenade passe au pied de **Ribera** dont seule subsiste l'église, en ruines. Elle conserve encore des **fresques** gothiques, inattendues !

★ **San Lorenzo**

*1h30 AR*. Cet oratoire dédié au saint patron de la vallée offre depuis sa falaise une **vue★** dégagée sur l'ensemble du parc et de ses prairies, où paissent moutons et chevaux. En continuant sur le plateau, vers l'ouest, et en redescendant un peu *(sentiers balisés)*, on parvient à l'abreuvoir **El Cubo**, à proximité duquel se trouve un observatoire ornithologique *(derrière le bosquet)*, tourné vers les falaises où évoluent les vautours.

## À proximité Carte de région p. 360-361

★★ **Hoz de Sobrón** (défilé) A3

*24 km au sud-est de Lalastra par la BU V 5532, puis la BU V 5530 à droite qui devient l'A 2622. Après Villanañe, prenez l'A 625 en direction de Bergüenda. Une fois dépassé le village, le défilé du Sobrón se déploie à droite, le long de l'A 2122, en direction de Tobalinilla et San Martín de Don.*

Le nom de ces gorges vient du hameau de Sobrón, posté en hauteur au-dessus de la route. On y accède par une route très sinueuse qui révèle de superbes points de vue sur le défilé et les monts alentour. L'accès au village est barré d'un portail qu'il faut ouvrir manuellement. En contrebas, le défilé de l'Èbre, long d'une vingtaine de kilomètres, déploie à fleur d'eau une nature rocailleuse et boisée. La partie la plus belle commence après le barrage, en direction de Tobalinilla, avec quelques goulets d'étranglement et une route qui donne l'impression de frôler le fleuve.

5

## NOS ADRESSES DANS LE PARC DE VALDEREJO

### HÉBERGEMENT

**Bon à savoir** – En consultant le site **www.nekatur.net** de l'Association pour le tourisme rural en Pays basque *(Nekazalturismoa Elkartea)*, vous pourrez choisir et réserver en ligne votre logement dans le parc de Valderejo (entre autres), qu'il s'agisse de maisons paysannes ou de tourisme à la ferme. Site en diverses langues dont le français. Pour la région de Valderejo, sélectionnez la contrée des « Valles Alaveses ».

#### PREMIER PRIX

**Hôtel Agroturismo Valderejo Etxea** – *Real, 2 - Lalastra - 945 353 085 ou 635 707 308 - fermé fin déc.- déb. janv. - 18 € - 6 ch. 45 € - 5 €.* Difficile de trouver une adresse plus tranquille que ce lieu, planté en plein cœur du Parc naturel de Valderejo. Les chambres, associant poutres apparentes, armoires en bois et maints autres détails de décoration, sont d'une propreté exemplaire. Au restaurant, cuisine familiale, servie l'hiver devant la cheminée.

# Laudio

**Llodio**

18 420 habitants

NOS ADRESSES PAGE 382

**S'INFORMER**

**Office du tourisme de la vallée d'Ayala et du haut Nervión** – *Parque de Lamuza, 11 - 01400 Laudio - ✆ 944 034 930 - www.aiaratur.org - juil.-sept. : tlj 9h-14h, 16h-19h ; reste de l'année : mar.-vend. 9h-14h, 16h-18h30, sam. 10h-14h, 16h-18h, dim. et j. fériés 10h-14h.*

**SE REPÉRER**

Carte de région A1 (p. 360-361) – carte Michelin n° 573 C 21. Porte septentrionale d'Álava, Laudio ne se trouve pourtant qu'à 20 km au sud de Bilbao. On la rejoint par l'A 68 reliant la capitale économique de la Biscaye à celle de la Rioja, Logroño.

**SE GARER**

Près de la mairie et du parc de Lamuza.

**À NE PAS MANQUER**

Le panorama sur la sierra Salvada depuis Maroño.

**À première vue, Laudio, la deuxième ville d'Álava en nombre d'habitants, n'est guère plus qu'un bourg industriel allongé au fond d'une étroite vallée parcourue par le Nervión. Mais, malgré son charme très discret, la ville a su entretenir ses traditions agricoles et se découvre une vocation touristique grâce à ses fêtes et son musée de la Gastronomie. C'est aujourd'hui un excellent point de départ pour la découverte d'une région qui vit encore au rythme des saisons.**

## Se promener

La ville aligne des constructions modernes le long d'une rue principale très passante.

### Église San Pedro

Cachée de la rue principale par un bâtiment moderne bâti en fer à cheval, l'église San Pedro n'est pas visible. Il faut pénétrer dans ce demi-cercle où siègent la mairie et le commissariat de police pour découvrir sa silhouette, caractérisée par un auvent latéral construit au 19e s., à partir d'une structure de métal.

### Museo Vasco de Gastronomía (Musée basque de la Gastronomie)

*Passez derrière l'église San Pedro, franchissez la rivière, puis longez-la sur votre droite. C/Maestro Elorza, 11 - ✆ 944 034 940 - www.museovascodegastronomia.com - vend.-sam. 17h30-20h30, dim. et j. fériés 11h-14h - possibilité de visite guidée - gratuit.*

Aménagé dans une maison traditionnelle du début du 19e s. doublée d'un petit jardin, ce musée passe en revue tout ce qui touche à la table basque, depuis les meubles jusqu'aux ustensiles et contenants. Confréries et spécialités locales sont aussi présentées.

# Circuit conseillé Carte de région p. 360-361

## LA VALLÉE D'AYALA A1

*Circuit de 56 km tracé sur la carte de région (p. 360-361) – Comptez 2h30. Quittez Laudio vers le sud pour rejoindre l'A 625.*

### Amurrio

Ce n'est qu'en 1919 qu'Amurrio reçoit le titre de ville, mais le bourg a déjà plusieurs siècles d'existence puisque, au 15e s., il passe sous le contrôle des confréries d'Álava.

**Église Sta María** – Son portail date du 12e s., mais le reste de l'édifice a été retouché voire reconstruit au 16e s. Si vous avez la chance d'y entrer, vous aurez l'occasion d'admirer un beau retable du 17e s. en trois parties.

**Noyau historique** – Il rassemble quelques maisons anciennes, relativement en mauvais état, disposées autour de l'église. Parmi elles, vous reconnaîtrez le palais d'Urrutia (16e s.) à ses clés d'arc du rez-de-chaussée, ses deux blasons et ses angles de façade en colonnes.

*En sortie d'Amurrio, prenez la direction Artziniega puis, après 2 km, tournez à gauche vers Izoria, que vous traverserez en suivant la direction de Madaria et de Salmantón. Après 2,5 km, dépassez le barrage et faites attention à ne pas manquer sur la droite, en angle aigu, l'intersection pour Maroño.*

### Maroño

Garez-vous devant le petit ermitage et admirez la retenue d'eau avec le panorama de la sierra Salvada en arrière-plan. La **vue**★★ est magnifique !

Vous pouvez explorer les routes qui s'enfoncent vers Madaria, Salmantón ou Aguíñiga. Sans regret ni hésitation, car les **paysages**★★ sont splendides, verdoyants et vallonnés, au pied de montagnes imposantes qui forment un cirque.

*Rejoignez l'A 624 et prenez à gauche. Après Respaldiza, prenez à gauche vers Quejana.*

### ★ Quejana/Kexaa

Cet ensemble médiéval impressionnant dresse sa massive silhouette dans la vallée d'Ayala qui a donné son nom aux seigneurs commanditaires des différents bâtiments. La place forte en elle-même (tour crénelée, tours carrées d'angle) date de 1300 et le couvent des dominicaines du 18e s. *(ne se visitent pas).*

Mais les bâtiments les plus remarquables sont la **chapelle de la Virgen del Cabello** *(accès par le patio de 1735)*, qui conserve les gisants en albâtre de Pedro López de Ayala et de son épouse ainsi que la reproduction d'un retable de 1396 (l'original est aujourd'hui à Chicago), et l'**église de San Juan Bautista**. Celle-ci a été construite à la fin du 15e s., puis décorée d'un superbe retable du 17e s. en bois doré, très bien préservé grâce à la stabilité thermique de l'édifice *(on ne peut a priori pas visiter les églises, mais demandez toujours au gardien du musée, ou à l'avance par téléphone).*

**Musée** – *945 399 264 - visite de l'ensemble monumental de Quejana : lun.-vend. 11h-14h, sam. 11h-14h, 16h-18h, dim. 12h-14h - musée : mar.-dim. 10h-14h sf juil.-sept. 9h-14h, 16h-19h - gratuit.* Deux salles présentent une rétrospective sur panneaux (en castillan) expliquant l'histoire du monastère, du bâtiment militaire et de la famille des Ayala. Exposition d'objets sacerdotaux dans la salle du fond.

*Quittez Quejana vers Menagaray et reprenez votre route pour Artziniega.*

5

**Artziniega**/Arceniega
Village autrefois fortifié dont s'enorgueillit la vallée. Les maisons de pierre souvent blasonnées, qui bordent les trois rues parallèles selon le plan habituel des cités médiévales basques, remontent pour certaines à la Renaissance, tout comme l'église Nuestra Señora de la Asunción, reconnaissable à son fronton triangulaire. Notez toutefois que les demeures les plus importantes datent du 18e s., comme le palais baroque des Aranguren-Amezola, situé dans la « rue du milieu » *(Artekale)*.

**Musée ethnographique** – *C/Arteko Aldapa, 12 - ☏ 945 396 210 - www.artziniegamuseoa.org - ♿ - visite guidée uniquement mar.-sam. 11h-14h, 16h30-19h30, dim. et j. fériés 11h-14h - fermé lun., 1er janv. et 25 déc. - 4 € (-12 ans 2 €).* 1 700 $m^2$ d'exposition pour comprendre les modes de vie traditionnels des habitants de la vallée. À l'extérieur, un amphithéâtre propose régulièrement des représentations culturelles.

*Revenez sur vos pas. Peu après Menagaray, tournez à gauche dans l'A 3641 pour suivre la rivière Izalde jusqu'à Jandiola. Là, vous prendrez à droite la route menant à Laudio.*

## NOS ADRESSES À LAUDIO

### HÉBERGEMENT

#### BUDGET MOYEN

**Hôtel Los Arcos de Quejana** – *Rte de Beotegi, s/n - Quejana/Kexaa - ☏ 945 399 320 - www.arcosdequejana.com - P - 16 ch. 80 € - ☕ - rest. 28/50 €.* Dans un pittoresque paysage, ancien palais où s'illustrent toute la noblesse et la sobriété du Moyen Âge. Il dispose d'une annexe de construction récente qui abrite des chambres soignées mais peu spacieuses.

**Hôtel Torre de Artziniega** – *Cuesta de Luciano, 3 - Artziniega/Arceniega - ☏ 945 396 500 - www.hotel-torre-artziniega.com - 8 ch. 63/85 € - ☕ 7 € - rest. 10/32 €.* Ancienne tour médiévale transformée en hôtel. De majestueux murs de pierre abritent des chambres agréables au plancher de bois et aux salles de bains modernes.
Son restaurant associe l'héritage historique et le confort moderne.

### RESTAURATION

#### POUR SE FAIRE PLAISIR

**Axpe Goikoa** – *Bº Iturrioz, 11 - Dima - ☏ 946 317 215 - www.axpegoikoa.com - fermé 15-31 août, 22 déc.-22 janv. et lun. - 25 €.* Maison de campagne basque de construction récente nichée en pleine nature. Intérieur campagnard garni de planchers, de grosses poutres et de piliers en bois. Cuisine traditionnelle et bourgeoise.

**Palacio de Anuncibai** – *Anuncibai, s/n - Llodio - Alava - ☏ 946 726 188 - www.palacioanuncibai.com - fermé Sem. sainte, 7-27 août - 12/45 €.* Installé dans un hôtel particulier moderne, entouré de jardins, il possède un bar et plusieurs salles classiques, celle du dernier étage étant réservée au service du menu.

# Salvatierra

**Aguraindarrak**

★

4 867 habitants

## NOS ADRESSES PAGE 385

**S'INFORMER**

**Office de tourisme** – *C/Mayor, 8 - ✆ 945 302 931 - www.agurain.com - de mi-juin à mi-sept. : tlj 10h-14h, 16h-20h ; reste de l'année : mar.-dim. 10h-14h.*

**SE REPÉRER**

Carte de région C2 (p. 360-361) – carte Michelin n° 573 D 22. Cette petite ville se trouve sur le tracé de la N 1, à 26 km à l'est de Vitoria.

**SE GARER**

Au pied des remparts, dans le centre-ville moderne.

**À NE PAS MANQUER**

La petite porte de la casa de Diezmos, calle Carnicerías.

**ORGANISER SON TEMPS**

Comptez une bonne heure de flânerie dans la vieille ville.

**Trois longues rues bordées de maisons blasonnées aboutissant aux deux extrémités à des églises fortifiées : c'est ainsi que se présente cette petite cité pleine de charme, classée depuis 1975. Cette ancienne étape du chemin de St-Jacques a su conserver une atmosphère intemporelle, qui ne manque pas de séduire les visiteurs sensibles au calme et à l'histoire médiévale.**

## Se promener

*On entre dans le vieux centre-ville par la rue Portal del Rey, dont le nom évoque une porte détruite en 1841.*

### ENTRE CASTILLE ET NAVARRE

Des documents écrits en 1024 attestent de l'existence du village d'« Hagurahin », rebaptisé Salvatierra, en 1256, par le roi de Castille, Alphonse X le Sage. Entré dans la sphère d'influence de Charles II le Mauvais, roi de Navarre, en 1368, il est à nouveau rattaché à la Castille à partir de 1371 et donné en fief aux Ayala.

### ÉPREUVES

Au cours de l'année 1564, la cité est ravagée par la peste et détruite la même année par un incendie. La vieille ville actuelle est donc postérieure à cette date, ce qui n'ôte rien à son charme ! Quant à ses remparts, après avoir tenu bon face aux guerres provinciales et au temps, ils ne résistèrent pas aux guerres carlistes du 19e s. et furent partiellement détruits à cette période.

### Plaza San Juan

Principale place de la vieille ville, elle accueille depuis le 13e s. le marché qui se tient aujourd'hui chaque mardi. L'église St-Jean-Baptiste occupe sa face nord tandis que des maisons déploient leurs **arcades★** côté ouest.

**Église de San Juan Bautista** – Construite entre la fin du 15e et le début du 16e s. en style gothique, elle présente un portique et un campanile baroques. Notez le chemin de ronde qui court le long de son mur. À l'intérieur, le retable, en partie réalisé par Mateo de Zabala, date de 1646.

*Dirigez-vous vers les arcades qui font face à l'église et engagez-vous dans la rue Zapatari, à droite.*

### Calle Zapatari

Elle aligne quelques-uns des bâtiments les plus anciens de la ville, dont l'église San Martín du 13e s., incorporée dans l'hôtel de ville des 17e et 18e s. situé après les maisons à arcades, sur la gauche.

Plus loin au n° 30, face à un carré de petits arbres aux branches tordues, se dresse la maison des Bustamante (casa de los Bustamante) édifiée en 1564. Un magnifique **blason**, encadré par des satyres et surmonté d'un heaume et d'un oiseau, orne sa façade.

La rue aboutit à une sorte d'esplanade verdoyante occupée par l'église Sta María, dont la silhouette marque l'extrémité nord de la vieille cité.

### Église Sta María

Même si son aspect austère ne le laisse guère supposer, cette église fortifiée du 16e s. abrite un chœur plateresque (nombreux éléments baroques) et un retable Renaissance réalisé par un sculpteur de la ville, Pedro Lope de Larrea (16e s.), et achevé par Francisco Foronda après 1623.

*Engagez-vous dans l'axe central de la vieille ville.*

### Calle Mayor (Grand-Rue)

Principale artère de Salvatierra, elle concentre un grand nombre de maisons blasonnées, à commencer par la **casa Azkarraga** (17e-18e s.), au n° 79, dont la façade arbore deux écussons ainsi qu'un joli balcon d'angle.

Après la plaza Sta María, remarquez les trois blasons du n° 46. Ne manquez pas non plus **l'écu** très ouvragé du n° 42. Il est protégé par deux lions. Dans les volutes du bas apparaissent deux petits personnages aux couvre-chefs emplumés.

À sa suite, le **blason** du n° 40 (16e s.) déploie lui aussi une certaine magnificence de par sa taille. Remarquez le travail floral effectué au niveau du heaume et les deux guerriers qui le cernent.

Les nos 30 et 28 ne formaient au 17e s. qu'une seule et même demeure. Notez les balcons et l'écusson (19e s.). Au n° 23, le presbytère *(casa cural)*, repérable à sa porte-fenêtre d'angle et à sa petite annexe tournée vers le jardin, date du 18e s. Les balcons du n° 8 présentent des dessous joliment sculptés.

*De retour sur la plaza San Juan, prenez, à gauche, la plaza Sta Clara, pour vous engager dans la calle Carnicerías.*

### Calle Carnicerías *(Rue de la Boucherie)*

Étroite et bordée de maisons construites en grosses pierres, cette artère débute par le couvent des mères clarisses au n° 2, suivi par la **chapelle St-Pierre (capilla San Pedro)**, indécelable au premier coup d'œil.

Mais le détail le plus original de cette rue reste la minuscule **porte** précédant de peu, sur la gauche, la galerie habitée. Une tour encadrée d'épis marque son fronton, indiquant qu'ici se récoltait la dîme, d'où son nom de casa de Diezmos.
*Revenez à la plaza San Juan en passant par la porte nord-est de la ville, le portal de la Madura, et en longeant les remparts.*

## À proximité Carte de région p. 360-361

### Arrizala C2

*4 km au sud-est par l'A 2128, puis l'A 3110.*
Après l'église se dresse un mégalithe, le **dolmen de Sorginetxe**, entouré de quelques petits arbres malingres.

### ★★ Puerto de Opacua (Col d'Opacua) C2

*9 km au sud-est par l'A 2128.*
Une belle route boisée franchit ce col sauvage d'où part une piste plus ou moins goudronnée qui s'enfonce à travers les bois et la lande. Vaches et chevaux portant clarines y paissent librement.

### Eguilaz/Egilatz C2

*6 km à l'est par l'A 3100 jusqu'à la sortie 385.*
Dans le village, suivre le panneau « Aizkomendi ». Ce beau spécimen de dolmen, trouvé en 1831, serait le premier du genre à avoir été découvert dans le Pays basque.

## NOS ADRESSES À SALVATIERRA

### HÉBERGEMENT

#### UNE FOLIE

**Hôtel Parador de Argómaniz** – *Argómaniz - ✆ 945 293 200 - www.parador.es - P - 53 ch. 150/163 € - ☕ 16 € - rest. 20/32 €.*
Palais de la Renaissance dont la façade conserve encore le blason de famille. Si les parties communes affichent la sobriété d'autrefois, les chambres ont, quant à elles, un goût contemporain. Salle à manger au plafond de bois, aux murs blanchis à la chaux, dont la décoration inclut des détails anciens.

### RESTAURATION

#### BUDGET MOYEN

**Jose Mari** – *Mayor, 69 - Salvatierra/Agurain - ✆ 945 300 042 - 11/35 € - 10 ch. 44/50 € - ☕ 5 €.*
Cette adresse ne paye pas de mine, pourtant elle connaît un grand succès grâce aux deux spécialités culinaires du chef, à savoir le poisson et le gibier. Pour dormir, vous trouverez ici des chambres de style rustique, avec poutres, pierres apparentes et têtes de lit en fer forgé.

5

# Laguardia

**Biasteri ou Guardia**

★★

1 512 habitants

NOS ADRESSES PAGE 390

**S'INFORMER**
**Office de tourisme** – *Palacio Samaniego, pl. San Juan - 945 600 845 - www.laguardia-alava.com - lun.-vend. 10h-14h, 16h-19h, sam. 10h-14h, 17h-19h, dim. 10h45-14h - fermé 1er et 6 janv., 24 et 29 juin, 25 déc.*

**SE REPÉRER**
Carte de région C4 (p. 360-361) – carte Michelin n° 573 E 22. Comptez 47 km depuis Vitoria-Gasteiz en prenant l'A 2124 qui descend au sud, ou 21 km depuis Labastida, qui se trouve à l'ouest.

**SE GARER**
Au parking aménagé devant les remparts.

**À NE PAS MANQUER**
La visite de l'église de Sta María de los Reyes.

**Dressée sur un promontoire adossé à la chaîne de Cantabrie et tourné vers le bassin fertile de l'Èbre, la capitale de la Rioja n'a pas à rougir de ses richesses. La ville est célèbre pour ses vins rouges que vous pourrez déguster dans les caves ou bodegas des environs. La bourgade médiévale mérite également le détour pour ses remparts, ses belles maisons de pierre et pour le magnifique portail de l'église Sta María.**

## Se promener

### Puerta de Carnicerías (porte de la Boucherie)

Du 15e s., elle représente l'entrée principale du village.
*Prenez à droite la calle Sta Engracia.*

### Calle Sta Engracia

La ruelle est bordée de vieilles maisons, dont certaines sont blasonnées. Celle du n° 19 en porte même deux, ainsi que de beaux balcons en fer forgé. Arrêtez-vous aussi devant le n° 16 pour admirer son blason et le travail des poutres du toit.
*Au bout de la rue, tournez à gauche vers Sta María de los Reyes.*

### ★ Iglesia de Sta María de los Reyes (Église de Ste-Marie-des-Rois)

*945 600 845 - ♿ - visite guidée sur demande à l'office de tourisme - 2 €.*
Cette église, édifiée à partir du 12e s., présente différents styles architecturaux : roman pour certains piliers, gothique pour les voûtes et Renaissance pour le chœur, ce qui ne la distingue pas de beaucoup d'églises régionales. Même ses intéressants retables dorés du 17e s. n'expliquent pas son renom.

Laguardia.
*Melba/Age fotostock*

Son originalité lui vient en fait de son splendide **portail polychrome★★★**, véritable joyau de l'art gothique. Sculpté au 12e s., il doit son exceptionnel état de conservation à la construction d'un portique au 17e s., qui l'a protégé des intempéries. D'où l'éclat de sa décoration polychrome, refaite au moment de ces travaux. Outre ses couleurs soutenues, ce portail affiche une grande richesse sculpturale. Le tympan retrace l'histoire de la Vierge avec, de gauche à droite et par « palier » : l'Annonciation, la visite à Élisabeth, l'Adoration des Mages, la Dormition de la Vierge (le Christ porte l'âme de la Vierge dans ses bras), puis la Vierge en gloire. Les voussures se parent d'anges musiciens et de personnages de l'Ancien et du Nouveau Testament. Enfin, les statues des apôtres, à commencer par Pierre à gauche, et Paul à droite, encadrent les vantaux.

Au passage, essayez de définir combien de chevaux accompagnent les Mages. Au premier coup d'œil on n'en distingue qu'un seul, mais si l'on compte le

5

## HISTOIRE DE LA VILLE

Son nom, comme ses remparts, lui vient de sa position stratégique sur la frontière navarro-castillane. Fondé en 1164 par Sanche VI le Sage, le village est fortifié au 13e s. avant d'être rattaché à l'Álava sur décision des Rois Catholiques, en 1486. Les guerres carlistes du 19e s. entament ses murailles sans défigurer toutefois le bourg, qui a conservé tout son charme médiéval.

## LA RIOJA ALAVESA

Le bourg doit sa prospérité au vin, celui de la Rioja alavesa que l'on compare volontiers aux vins de Bordeaux. La relation s'explique par l'implantation dans la région, à la fin du 19e s., de vignerons bordelais ruinés par l'épidémie de phylloxéra. Le précieux liquide est élaboré à partir de *tempranillo*, un cépage que l'on taille ici en buisson.

nombre de jambes et de rênes, on s'aperçoit alors que chacun des mages a bien son destrier !
Notez, à droite du portail, dans l'angle, deux petites statues polychromes : il s'agit des Rois Catholiques, que le nom de l'église honore.
*Prenez face à l'église la calle Mayor.*

**Calle Mayor** (Grand-Rue)
Flânez-y le nez en l'air pour étudier les façades, et remarquer que celles du n° 4 et du n° 13 sont en briques rouges, simples et archaïques, alors que celle du n° 18 affiche un blason et des poutres sculptées sous le toit. De la même façon, vous noterez que le n° 25 présente non seulement un écusson mais également des pans de bois travaillés. Vous vous intéresserez aussi aux balcons des n^os^ 34 et 36, et vous vous direz que le n° 54, avec son blason, son balcon et ses fenêtres en avancée, est décidément représentatif des maisons de la rue.
Au cours de votre promenade, vous passerez devant l'église San Juan, qui fait face à l'office de tourisme. Elle a été agrandie au 18e s. Prenez le temps d'admirer son portail et l'expressive Descente de croix.
*Au bout de la calle Mayor, tournez à droite deux fois pour vous engager dans la calle Paganos.*

**Calle Paganos**
Plus tranquille que la calle Mayor, elle aligne des maisons moins cossues mais au charme tout aussi présent grâce aux chapelets de piments encadrant les fenêtres, ou à ses portes de bois s'ouvrant à mi-hauteur.
Elle débouche sur une esplanade qui borde Sta María de los Reyes.
Là, postez-vous face à la tour abbatiale du 13e s. afin de contempler la finesse de son **portail en fer forgé★**.

## À proximité Carte de région p. 360-361

### ★ Labastida B3

*20 km à l'ouest par l'A 124.*
*Palacio Salazar, pl. de la Paz, s/n - 945 331 015 - www.labastida-bastida.org - juil.-sept. : mar.-vend. 10h-14h, 17h-20h, w.-end 10h-14h ; reste de l'année : mar.-vend. 10h-13h, 16h30-19h, w.-end 10h-14h - visites guidées (1h30) mar.-sam. 11h, dim. et j. fériés 12h30, 4 €.*
Cette ville-frontière, juchée sur son piton rocheux, se consacre, elle aussi, à l'activité viticole, comme en témoigne le nombre de bodegas. Elle tend d'ailleurs à obtenir le titre de capitale du vignoble de la Rioja alavesa.
★**Calle Frontín** – On ne compte plus les maisons blasonnées qui jalonnent cette vieille rue.
*Parvenu au bout, prenez n'importe quelle rue sur votre gauche, qui grimpe vers le quartier La Mota.*
★ **La Mota** – Ce quartier ancien domine Nuestra Señora de la Asunción. Petites maisons aux pierres délavées par le temps, belles portes cloutées et ruelles étroites dégagent un authentique charme. Elles mènent à l'ermitage qui trône au sommet.
**Ermitage Santo Cristo** – Vous vous trouvez devant le plus ancien monument de la ville : le temple-forteresse du St-Christ. Édifié au 12e s., il mêle les styles roman (portail, début de la nef) et gothique (chœur) derrière des murs massifs.

Depuis son parvis, le **panorama** se déploie à perte de vue sur la plaine de la Rioja et sur Haro (à droite dans le lointain).
Au chevet du sanctuaire la pelouse plantée de quelques arbres constitue une pause idéale pour se reposer tout en contemplant la vue.

## Circuit conseillé Carte de région p. 360-361

### ARCHITECTURE CONTEMPORAINE ET VINS B3 C3-4

*Circuit de 65 km tracé sur la carte de région (p. 360-361) – Comptez environ 1h20. Quitter Laguardia en direction d'Elvillar et suivez les panneaux de La Hoya. Tout de suite après les hangars et les entrepôts, prenez la route de gauche.*

**Bodega Ysios** C3-4

*Parking sur le côté de la bodega. ✆ 945 600 640 - www.ysios.com - sur réserv. lun.-vend. 11h, 13h, 16h, w.-end 11h, 13h - 6 € avec un verre de vin.*
Réalisé par l'architecte valencien Santiago Calatrava pour le groupe Bodegas y Bebidas, le bâtiment évoque une vague qui reprendrait la courbe des monts Cantabriques tout proches. Son profil fait songer aux marquises, dont les auvents de verre ornent les immeubles de la Belle Époque, ou encore aux coiffes que les précieuses portaient à la fin du 18e s. À l'intérieur, cuves et bouteilles sont entreposées en arc de cercle face à l'entrée. Aucun mur n'est fermé, de manière à laisser l'air circuler. La salle de dégustation, à l'étage, se caractérise par une hauteur de plafond incroyable et un double aperçu sur les fûts et sur l'extérieur.
*Revenez vers Laguardia et prenez la direction de Logroño.*
Après une dizaine de kilomètres, vous apercevrez, au faîte d'une colline sur la droite, la forme discoïdale de la **bodega Viña Real**, propriété de la Compañía Vinícola del Norte de España (CVNE). Dessinée par l'architecte français Philippe Mazières, elle allie le cèdre rouge du Canada au béton et à l'acier. *✆ 945 625 210 - www.cvne.com - lun.-sam. 10h-18h30, dim. 10h-14h - visites guidées sur réserv. au 941 304 809, lun.-sam. 11h, 13h et 16h30, dim. 11h et 14h30 (visite, dégustation de vins, chorizo et saucisson) - 8 €.*

**Logroño** C4

La capitale de la Rioja, fièrement accrochée aux rives de l'Èbre, compte plusieurs bodegas, aux proches alentours, dont les bodegas **Ontañón**, qui ont conçu un original parcours où l'art invite à découvrir le vin. Les peintures et sculptures de Miguel Ángel Sáinz (1955-2002) deviennent ainsi prétextes à explications œnologiques.
*À l'est de Logroño, par l'av. de la Paz, dir. Varea, le bâtiment se trouve sur la gauche, avant une station-service. ✆ 941 234 200 - www.ontanon.es - visite guidée avec dégustation de 2 crus lun.-sam. 12h et 17h, 6 €; cours et initiation à la dégustation avec différents crus, lun.-sam. 10h (20 €), dim. et j. fériés 11h (10 €) - sur réserv.*
*Quittez Logroño vers l'ouest, dir. Haro sur la N 232, et tournez à droite à Fuenmayor.*

**Elciego** C4

Autre village viticole ne comptant pas moins de 14 bodegas réputées pour leurs crus. Voyez sa magnifique **Grand-Place (plaza Mayor)**, plantée de petits arbres et bordée d'une mairie du 18e s. dont le blason arbore l'aigle bicéphale.

À l'entrée se dresse la silhouette de l'hôtel-centre de vinothérapie **Marqués de Riscal** dessiné par Frank O. Gehry, architecte du musée Guggenheim de Bilbao *(voir p. 318)*. On reconnaît ses courbes de métal et ses multiples couleurs qui différencient la bouteille (rouge pour le liquide, argent pour la capsule et or pour le filet).

*Engagez-vous sur l'A 3214 en direction de Samaniego.*

### Samaniego B3

Les bodegas **Baigorri**, dessinées par Iñaki Aspiazu Iza, trônent à l'entrée du village avec leur terrasse en espalier à flanc de colline et leur hall d'accueil tout en verre.

*945 609 420 - www.bodegasbaigorri.com - visites guidées avec dégustation de 2 vins mar.-dim. 11h et 13h, 10 € - possibilité de visite de la cave à 13h, suivie d'un déjeuner (6 plats et 4 vins), 40 € - sur réserv.*

*Revenez à Laguardia par l'A124.*

## NOS ADRESSES À LAGUARDIA

### HÉBERGEMENT

#### BUDGET MOYEN

**Antigua Bodega de Don Cosme Palacio** – *Ctra de Elciego - 945 621 195 - antiguabodega@cosmepalacio.com - P - fermé 24 déc.-24 janv. - 13 ch. 85/97 € - 10 € - rest. 30 €.* Ancienne cave en pierre réhabilitée, qui propose des chambres spacieuses de style néorustique, portant chacune le nom d'une variété de raisin. Agréable salle à manger.

**Hôtel Palacio de Samaniego** – *Constitución, 12 - Samaniego - 945 609 151 - www.palaciosamaniego.com - fermé 20 déc.-20 janv. - 12 ch. 66/99 € - 8 € - rest. 27/45 €, sur réserv.* La simplicité d'une ancienne noblesse est encore visible dans cet établissement. Au demeurant sympathique, l'intérieur abrite des chambres chaleureuses et confortables. Le restaurant est divisé en trois salles dont le décor austère n'altère en rien l'atmosphère accueillante.

#### POUR SE FAIRE PLAISIR

**Villa de Laguardia** – *Paseo de San Raimundo - 945 600 560 - www.hotelvilladelaguardia.com - P - 79 ch. 103/143 € - 12 € - rest. 28/39 €.* Cet hôtel place son offre d'hébergement sous le thème du vin. Il est pourvu d'une vinothèque et d'une vaste cave, ainsi que d'un spa « Wine and Oil ». Jolie piscine entourée d'une terrasse et de grands jardins. Les chambres ont été décorées avec soin.

### RESTAURATION

#### POUR SE FAIRE PLAISIR

**Marixa** – *Sancho Abarca, 8 - 945 600 165 - restaurantemarisa.com - 18/43 € - 22 ch. 54/86 € - 9 €.* Restaurant familial très réputé dans le secteur. De la salle à manger, vous pourrez admirer la vue et goûter à une cuisine traditionnelle. L'établissement possède également quelques chambres très correctes, mais simples.

**Posada Mayor de Migueloa** – *Mayor de Migueloa, 20 - ✆ 945 621 175 - www.mayordemigueloa.com - 25/40 € - 8 ch. 86/130 €* ☕ La noblesse d'antan survit dans ce palais du 17e s., accueillant, soigneusement aménagé et dont la cave est remarquable. Des chambres de style rustique sont proposées en complément.

### À proximité de Laguardia

PREMIER PRIX

**El Bodegón** – *C/Frontín, 31 - Labastida - ✆ 945 331 027 ou 629 829 775 - 25 €.* Presque tous les clients de ce petit restaurant choisissent comme plat principal les côtelettes. Cuites au feu de sarment de vigne, elles sont divines ! La maison propose également d'autres plats bien mitonnés, que l'on déguste dans un décor rustique composé de murs en pierre, poutres apparentes et photographies anciennes.

BUDGET MOYEN

**Héctor Oribe** – *Gasteiz, 8 - Páganos - ✆ 945 600 715 - fermé 1er-15 juil., 20 déc.-10 janv., dim., et lun.-jeu. soir - 24/33 €.* Adresse disposant d'un comptoir à l'entrée et d'une salle fonctionnelle où quelques petits paravents séparent l'espace « à la carte » de celui proposant un menu unique.

### ACHATS

**Vinoteca** – *Plaza Mayor, 2 - ✆ 945 621 213.* Vous trouverez ici une belle sélection de produits régionaux. Outre un bon choix de vins de la Rioja et maints objets liés au monde vinicole (tire-bouchon, décanteur), vous pourrez repartir avec quelques souvenirs gastronomiques typiques. Parmi les plus prisés : les piments, les asperges et les spécialités sucrées.

### AGENDA

**Cachimorro** – (24 juin). Fête de la St-Jean.

# La Navarre 6

Carte Michelin Région n° 573 – Navarra



*Mozos* avec foulard rouge et drapeau pendant les *Sanfermines* de Pampelune

B. Svensson / Age fotostock

LA NAVARRE
CHEMINS DE ST-JACQUES
Estella
Tudela
Sangüesa
Chemins de St-Jacques
★★★ Vaut le voyage
★★ Mérite un détour
★ Intéressant
À voir
0
10 km
BIARRITZ
OLORON-STE-MARIE
A 64
HUESCA
BILBAO
VITORIA-GASTEIZ
ST-JACQUES
FRANCE
NAVARRA
GUIPÚZCOA
ÁLAVA
DONOSTIA/SAN SEBASTIÁN
LA RHUNE
Ainhoa
Zugarramurdi
Urdazubi/Urdax
Puerto de Otxondo
Pico Gorramakil
1090
Amaiur
Erratzu
Gorostapalo
Etxalar
P.-N. Señorío de Bertiz
Elizondo
Valle de Baztan
Valle del Bidasoa
Bera/Vera de Bidasoa
Lesaka
Igantzi
Arantza
Sunbilla
Doneztebe/Santesteban
Oronoz-Mugairi
Saint-Jean-Pied-de-Port
Orreaga/Roncesvalles
Puerto de Ibañeta
Orbaitzeta
Valle de Aezkoa
Aribe
Garaioa
N.-S. de Muskilda
Ochagavía
Ezcároz
Ustárroz
Isaba
Roncal
Garde
Valle del Roncal
Burgui
Uscarrés
Valle de Salazar
Izal
Navascués
Hoz de Arbayún
Leyre
Usún
Lumbier
Tabar
Embalse de Itoiz
Río Irati
Monreal
Artaiz
Alzuza
Ostiz
Lizaso
Chênaie d'Orgi
Jauntsarats
Pamplona
El Plazaola
Lekunberri
Puerto de Lizarraga
San Miguel de Aralar
Sierra de Aralar
Sta María de Eunate
Sta María
Obanos
Puente-la-Reina
Río Arga
Cirauqui
Abárzuza
Estella
Iranzu
Irache
Villamayor de Monjardín
Etxarri-Aranatz
Alsasua/Altsasu
Puerto de Urbasa
927
Done Bikendi Harana
Antoñana
Arraia-Maetzu
Corres
San Roman de Campezo
N 135
NA 140
NA 178
NA 214
NA 137
NA 172
NA 150
NA 234
N 240
N 121A
NA 411
AP 15
A 10
A 15
NA 7510
NA 120
NA 718
N 240A
A 21
A 8
N I
A 1
NA 132A
NA 136
A 132
D 933
570
900
1
2
3
5
A
B
C

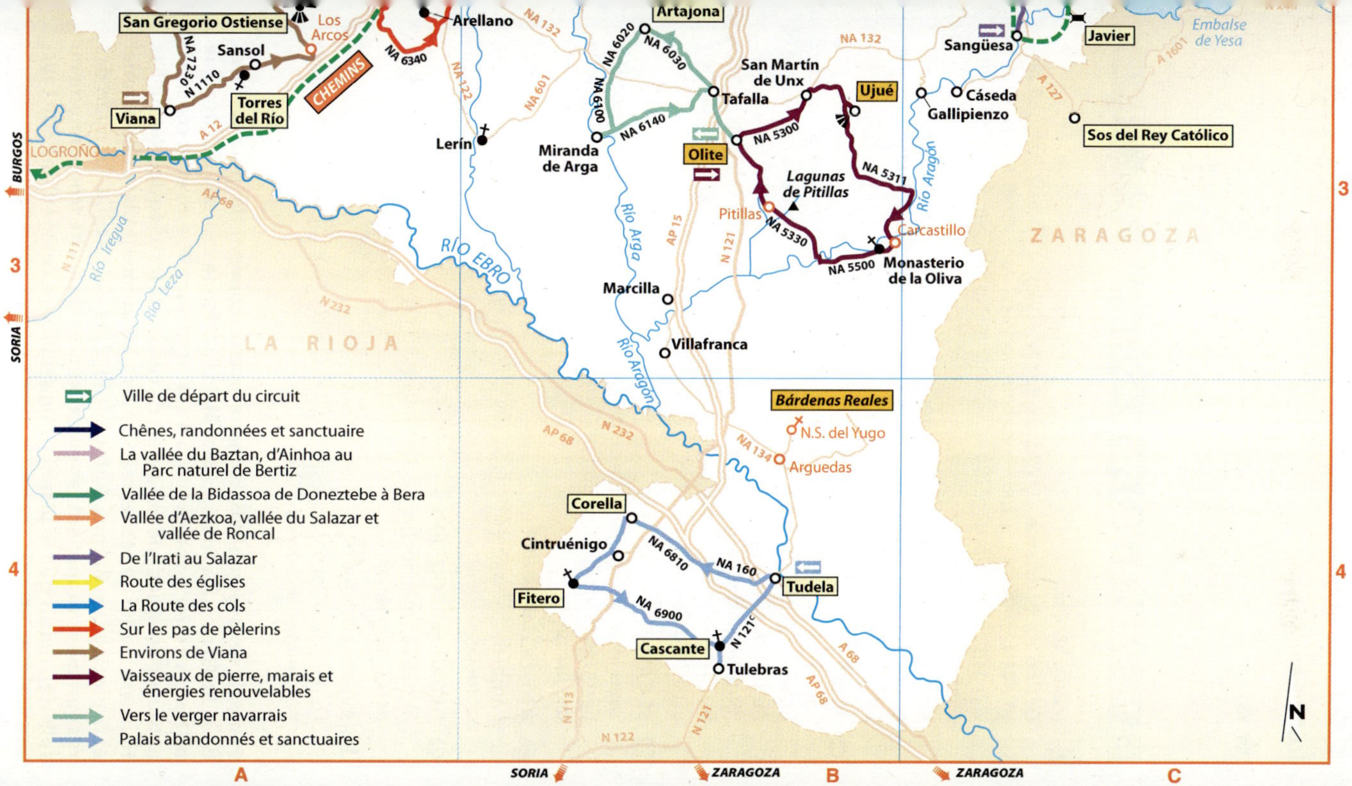
San Gregorio Ostiense
Los Arcos
Sansol
Torres del Río
Viana
Logroño
Arellano
Lerín
Artajona
Miranda de Arga
Tafalla
San Martín de Unx
Ujué
Olite
Lagunas de Pitillas
Pitillas
Carcastillo
Monasterio de la Oliva
Marcilla
Villafranca
Sangüesa
Javier
Cáseda
Gallipienzo
Sos del Rey Católico
Embalse de Yesa
Bárdenas Reales
N.S. del Yugo
Arguedas
Corella
Cintruénigo
Fitero
Cascante
Tulebras
Tudela
CHEMINS
LA RIOJA
ZARAGOZA
Río Ebro
Río Arga
Río Aragón
Río Iregua
Río Leza
BURGOS
SORIA
ZARAGOZA
Ville de départ du circuit
Chênes, randonnées et sanctuaire
La vallée du Baztan, d'Ainhoa au Parc naturel de Bertiz
Vallée de la Bidassoa de Doneztebe à Bera
Vallée d'Aezkoa, vallée du Salazar et vallée de Roncal
De l'Irati au Salazar
Route des églises
La Route des cols
Sur les pas de pèlerins
Environs de Viana
Vaisseaux de pierre, marais et énergies renouvelables
Vers le verger navarrais
Palais abandonnés et sanctuaires

# Pampelune

**Iruña/Pamplona**

★★

197 488 habitants

## NOS ADRESSES PAGE 406

### S'INFORMER

**Office de tourisme** – *Avda. de Roncesvalles, 4 - 31002 Pampelune - ☏ 848 420 420 - www.turismodepamplona.es - lun.-vend. 10h-19h, sam. 10h-14h et 16h-19h, dim. 10h-14h (Sanfermines : 9h-14h, 15h-17h) - fermé 1er et 6 janv. et 25 déc.*

**Visites guidées** – Il y a de nombreux organismes et les offres sont variées en saison. *Erreka - ☏ 948 221 506 - se renseigner pour circuits et tarifs ; Novotur Guías Culturales - ☏ 948 383 755.*

### SE REPÉRER

Carte de région B2 (p. 394-395) – carte Michelin n° 573 D 25. Le plus ancien quartier de Pampelune, la Navarrería, s'articule autour de la cathédrale. Au sud se développent les quartiers modernes *(ensanches)* d'où part la route vers Roncevaux (Roncesvalles), à 48 km au nord-est, et celle vers le col de Velate (puerto de Velate) en direction d'Hendaye. St-Sébastien est à 79 km au nord.

### SE GARER

Seuls les résidents peuvent se garer dans le centre-ville. Dans les quartiers des 19e et 20e s., le stationnement est payant. Il est gratuit autour des parcs.

### À NE PAS MANQUER

L'ambiance des fêtes de la St-Firmin *(Sanfermines)*, la cathédrale et la citadelle.

### ORGANISER SON TEMPS

Musées en matinée, sieste dans les jardins l'après-midi, tapas sur la plaza del Castillo le soir.

### AVEC LES ENFANTS

Le parc de la Taconera, le musée de l'Environnement San Pedro, le planétarium et la chênaie d'Orgi.

**Pampelune est aujourd'hui connue dans le monde entier pour ses fêtes de la St-Firmin, *los Sanfermines*. Mais l'ancienne capitale du royaume de Navarre mérite votre visite à d'autres titres : elle a en effet conservé autour de la cathédrale son aspect de vieille cité fortifiée dont les ruelles tournent autour de petites places à arcades comme la plaza Consistorial et la plaza de los Burgos. Autour de la plaza del Castillo, les noms des rues animées rappellent les vieux métiers de la cité (cordonnerie ou tuilerie), tandis que le planétarium symbolise l'essor d'une cité tournée vers l'avenir.**

# La capitale de la Navarre

## PAMPELUNE, DES ORIGINES À L'APOGÉE

C'est sur le site d'un village vascon, Iruña (la ville), que le général romain Pompée fonda, en 75 avant J.-C., la cité de Pompaleao. Au 8ᵉ s., les Maures occupent la ville ; ils en sont chassés avec l'aide des troupes de Charlemagne qui profite de la faiblesse de leurs alliés pour démanteler les remparts. Pour se venger, les Navarrais contribuent à l'écrasement de l'arrière-garde des armées impériales au col de Roncevaux *(voir p. 414)*.

Au 10ᵉ s., Pampelune devient la capitale de la Navarre, appelée alors « royaume de Pamplona ». La cité est alors gouvernée par ses évêques. Mais sa vie sera troublée tout au long du Moyen Âge, par des luttes entre les habitants du vieux quartier – la Navarrería – et les francs-bourgeois des faubourgs de San Cernín, peuplés par des immigrants de la région de Toulouse, et de San Nicolás, créé à l'arrivée d'une autre vague d'immigration.

Chacun terré derrière ses propres murailles, les trois bourgs s'ignorent superbement quand ils n'entrent pas en conflit ouvert : les Navarrais sont partisans du rapprochement avec la Castille, tandis que les francs-bourgeois préfèrent une dynastie française. Ces luttes se terminent en 1423 avec le privilège de l'Union promulgué par Charles III le Noble. Les trois municipalités se fondent alors en une seule. Conquise et incorporée au Royaume castillan en 1513, elle devient le poste avancé de la Couronne espagnole face aux éventuelles incursions françaises. En 1571, sous le règne de Philippe II, débute la construction de la citadelle.

L'essor survient au cours du 18ᵉ s. La ville qui connaît une progression économique et démographique importante se dote alors de nombreux bâtiments monumentaux comme le palais épiscopal (1732), l'hôtel de ville *(la casa consistorial)* de 1752 et la cathédrale, qui sera non seulement achevée (16ᵉ s.), mais agrémentée d'une façade néoclassique en 1783.

## TEMPS TROUBLÉS

Au 19ᵉ s., Pampelune subit le passage des troupes françaises, puis, pendant les guerres de Succession, les sièges organisés par les partisans de la reine Isabelle II comme par les carlistes, elle-même soutenant la cause de Don Carlos, garant des *fueros* (franchises qui garantissent les privilèges et libertés d'une ville ou d'une province) et des congrégations.

Soucieuse de ses intérêts et de ses privilèges, elle s'oppose à la réforme fiscale envisagée par le gouvernement de Madrid. Ses habitants manifestèrent massivement en 1893 contre l'abolition de leur régime fiscal, leur mouvement de protestation étant connu sous le nom de « Gamazada », du nom du ministre Germán Gamazo, auteur du projet de réforme qui ne fut jamais appliqué. Un monument a été érigé en 1903 pour commémorer ces manifestations : **le monument aux Fors**.

Toujours dans ce même souci de préserver au mieux ses acquis, la capitale navarraise soutient Franco pendant la Guerre civile, et se démarque à nouveau des autres provinces basques lorsque, en 1979, elle refuse de se joindre à la communauté autonome basque (Euskadi). Elle obtient un statut d'autonomie, conserve une administration issue directement des privilèges médiévaux, et peut ainsi se prévaloir d'une identité bien marquée.

# Se promener Plan de ville ci-contre

## LE VIEUX PAMPELUNE

*Circuit tracé en vert sur le plan ci-contre - Comptez 2h30 (sans les visites).*

### ★ **Plaza del Castillo** (Place du Château) B1

De par sa taille, cette grande place sert de point de ralliement aux autochtones, qu'il s'agisse de faire la fête ou de se retrouver. Autrefois place d'armes du vieux château, elle assure maintenant la jonction entre le quartier historique et le premier « *ensanche* » (nouveau quartier).

Des immeubles à arcades du 18e s. la bordent sur trois côtés, le quatrième s'ouvrant sur la grande avenue Carlos III (avenida Carlos III) qui débute avec le palais du Gouvernement de Navarre. À l'opposé de cet immense bâtiment du 19e s. s'étale l'enseigne Belle Époque du légendaire café Iruña, l'un des plus anciens d'Espagne, idéal pour prendre un verre le soir.

*Dos au palais du Gouvernement de Navarre, dirigez-vous à droite vers la bajada de Javier qui part de la place. Elle aboutit à la calle Dormitalería que vous prenez à droite. Au bout de cette rue, prenez à gauche jusqu'aux remparts.*

### ★ **Ronda del Obispo Barbazán** (Chemin de ronde de l'évêque Barbazan) B1

Ce chemin de ronde jalonné de petites guérites offre de beaux points de vue sur la boucle de l'Arga et le quartier de la Magdalena par lequel arrivent les pèlerins. Il donne aussi l'occasion de voir l'arrière de la cathédrale et les fortifications en contrebas des murailles. Il aboutit enfin au **baluarte del Redín**, un petit bastion de 1540 aménagé en un agréable jardin, depuis lequel on aperçoit, en contrebas et sur la gauche, la porte fortifiée de Zumalacárregui (ou de Francia) et une partie des murailles. La vue est dégagée sur le méandre de la rivière Arga (río Arga) et le mont St-Christophe (Monte San Cristóbal).

Côté ville, au pied des remparts, se dresse la façade du **palacio Arzobispal** du 18e s., au double portail baroque, puis de la cathédrale.

Notez que vous pouvez éventuellement poursuivre le chemin de ronde jusqu'à la porte de Francia, après lequel vous rejoindrez l'itinéraire au niveau de l'ancien palais royal (Palacio Real). Mais il serait dommage de sacrifier la cathédrale et son musée.

### ★★ **Catedral Sta María** B1

*C/Curia - ☎ 948 225 679 - www.catedraldepamplona.com - ♿ - lun.-sam. 10h-19h, dim. et j. fériés 10h14h, 18h30-21h - billet comprenant l'entrée dans la cathédrale, le musée et le cloître 4 € (-12 ans 2,50 €). Visites guidées à 12h, 13h, 17h et 18h. Accès au musée par C/Dormitalería, 3-5.*

De l'église romane primitive subsistent quelques chapiteaux des portails et du cloître, exposés au musée de Navarre *(voir p. 402)*. On reconstruit aux 14e et 15e s. une cathédrale gothique et, à la fin du 18e s., Ventura Rodríguez réédifie la façade principale dans les styles baroque et néoclassique alors à la mode. La nef ne compte que deux étages : grandes arcades et fenêtres. La sobriété des nervures, les grandes surfaces de mur nu lui donnent l'aspect dépouillé du gothique navarrais. Devant la grille ouvragée qui ferme le sanctuaire se dresse le **tombeau★** en albâtre, commandé en 1416 par le roi Charles III le Noble, fondateur de la cathédrale, pour lui-même et son épouse. Le sculpteur tournaisien Janin Lomme, instruit de l'art funéraire bourguignon, a su personnaliser les visages des gisants et varier les attitudes et les costumes des pleurants.

Admirez également les **stalles★** Renaissance du chœur, réalisées entre 1531 et 1541, et le retable hispano-flamand (fin 15e s.) exposé dans une chapelle du déambulatoire à droite.

★★ **Cloître** – 14e et 15e s. D'élégantes baies gothiques parfois surmontées de gâbles donnent à ce cloître une grande légèreté. Les tombeaux sculptés et les portes des différentes dépendances sont intéressants. La **Dormition de la Vierge** figurant au tympan de la porte d'accès au cloître est d'une expression presque baroque.

Dans l'aile est, la chapelle Barbazane (de Barbazán, l'évêque qui y a fait ériger son tombeau) présente une belle voûte en étoile du 14e s. Du côté sud, la porte de la « Sala Preciosa » est une pièce maîtresse de la sculpture de la même époque : le tympan et le linteau, consacrés à la vie de la Vierge, sont sculptés avec beaucoup de finesse ; de part et d'autre de la porte se répondent les deux statues d'une fort belle Annonciation.

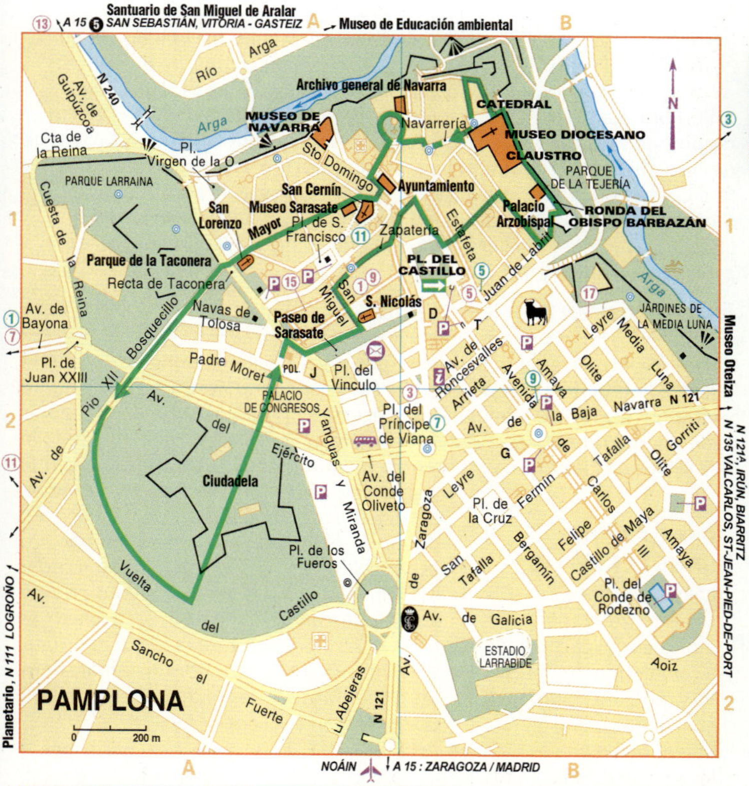


SE LOGER

- Hôtel Albret ... 1
- Hôtel Buhardilla Gambara ... 3
- Hôtel Europa ... 5
- Hôtel Yoldi ... 7
- Hôtel Leyre ... 9
- Hôtel Maisonnave ... 11

SE RESTAURER

- Baserri ... 1
- Casa Manolo ... 3
- Gaucho ... 5
- La Casona ... 7
- La Chistera ... 9
- Letyana ... 11
- Martintxone ... 13
- Museo ... 15
- Rodero ... 17

## Pampelune en fête

Les **Sanfermines** (fêtes de Pampelune) se déroulent du 6 au 14 juillet et attirent chaque année pendant neuf jours une foule immense habillée de rouge et blanc *(voir p. 392)*.

### INFORMATIONS PRATIQUES

Organisez-vous à l'avance pour y participer car les hébergements sont pris d'assaut ; autant que possible, évitez de prendre votre voiture et préférez les transports en commun, bus et trains, qui rallient Pampelune. Des consignes près de l'office du tourisme et à la gare vous permettent de laisser vos bagages durant les fêtes. *Toutes les informations de programmation et des conseils précieux pour organiser votre séjour sont sur le site http://www.turismo.navarra.es/fre/propuestas/san-fermines/* ainsi que sur *http://sanfermin.pamplona.es/*

Le 6 juillet à midi pile, le *chupinazo*, fusée tirée de la place de l'Hôtel-de-Ville, annonce le début des fêtes, salué par la foule. Le lendemain on célèbre saint Firmin : à 10h une procession mène la sculpture du saint et ses reliques à travers les rues du vieux Pampelune. Chaque jour à 6h45, la Pamplonesa, fanfare municipale, réveille les habitants de la vieille ville, tandis que se préparent les *corredores d'encierro*. Dans la journée, le cortège des grosses têtes et géants et leur joviale escorte animent les rues, où la fête bat son plein avec concerts et spectacles. Le soir, le parc Vuelta del Castillo est le meilleur endroit pour assister au feu d'artifice tiré à 23h. La fête s'achève le 14 juillet à minuit par un compte à rebours avant les prochaines *Sanfermines*.

### L'ENCIERRO : BIEN PRÉPARER SA COURSE

L'***encierro*** est l'événement central des fêtes de Pampelune : du 7 au 14 juillet, à huit heures précises, les taureaux sont conduits du corral de Santo Domingo jusqu'aux arènes. C'est l'occasion pour les *aficionados*, après avoir chanté une prière à saint Firmin, de se lancer dans une course folle devant les bestiaux qui remontent la rue. Un spectacle incroyable ! Pour le voir, asseyez-vous en haut de la palissade, dès 6h30 pour être sûr d'avoir une place. Au début du parcours, rue Santo Domingo, un espace n'est pas clôturé, mais pour y accéder il faudra plutôt y être dès 5h30 ! Vous pouvez aussi louer un balcon à un particulier - *se rens. à l'office de tourisme de Pampelune, ✆ 848 42 04 20* - ou attendre en fanfare dans les arènes l'arrivée des taureaux, en achetant un ticket bien à l'avance.

Attention ! Si vous souhaitez participer à cette course très dangereuse (mineurs non autorisés), renseignez-vous bien au préalable : ne surestimez pas vos capacités physiques, votre sang-froid et votre insertion au groupe des coureurs. Vous accéderez au parcours par les portes de la plaza Consistorial avant 7h30 *(rens. www.sanferminencierro.com)*.

#### PAS DE FÊTE SANS LES PEÑAS !

Les *peñas* sont des sociétés festives et amicales qui participent à l'animation des fêtes. À Pampelune, elles ont chacune leur blason et leur orchestre, et leurs membres forment la majorité du public exalté des corridas. À Bayonne, leur local se trouve souvent sous les remparts, et les initiés s'y retrouvent.

L'encierro à Pampelune.
*L. Nifosì / Photononstop*

6

★ **Musée Diocesain** (*lun.-sam. 10h-19h ; reste de l'année : lun.-vend. 10h-14h, 16h-19h, sam. 10h-14h*) – Il est installé dans l'ancien réfectoire et la cuisine attenante qui datent de 1330. Dans le réfectoire, grande pièce voûtée de croisées d'ogives, la chaire du lecteur est ornée d'une charmante chasse à la licorne. La cuisine carrée comporte une cheminée dans chaque angle et une lanterne centrale haute de 24 m. Le musée expose de nombreux objets de culte précieux dont le reliquaire du St-Sépulcre (13ᵉ s.) offert par saint Louis, des Vierges de bois polychrome et des Christ provenant de toute la région.

*Prenez ensuite à droite la calle Navarrería jusqu'au bout. Tournez à droite puis à gauche. Vous aboutirez à une sorte de terre-plein. Contournez-le et grimpez jusqu'au sommet.*

**Palacio Real/Archivo General de Navarra** (Palais royal et archives de Navarre) A-B 1

Au sommet de la petite éminence, jouxtant l'ancien couvent des adoratrices, trône l'ancien palais royal, demeure des vice-rois, puis des gouverneurs militaires de Navarre. Le bâtiment du 12ᵉ s., construit sous le règne de Sanche VI, a été restauré par Rafael Moneo ; il accueille les archives de la province et allie, dans un mélange réussi, vieilles pierres et aménagements modernes, où le verre domine.

Devant son entrée se dresse la **basilique de San Fermín de Aldapa** (18ᵉ s.), à l'intérieur baroque.

De l'esplanade, très belle **vue** sur le musée de Navarre et le quartier San Cernín dont on aperçoit le clocher de l'église.

*Redescendez la butte et prenez la calle del Mercado.*

## Ayuntamiento (Hôtel de ville) A1

Remarquable **façade★** baroque de la fin du 17ᵉ s. (reconstruite) avec ses statues, balustrades et frontons.

*Allez jusqu'à l'extrémité de la rue.*

À droite, au bout de la cuesta de Santo Domingo s'élèvent le portail du **musée de Navarre**★ et celui de l'église de **Santo Domingo** (façade du 18e s.) qui servit de sanctuaire aux dominicains, puis d'université de 1630 à 1771. Retable et orgue du 17e s. Sur votre gauche se trouve le marché couvert.

### ★ Museo de Navarra A1

*Cuesta de Santo Domingo, 47 - ✆ 848 426 492 - www.cfnavarra.es/cultura/museo/index.html - ♿ - mar.-sam. 9h30-14h, 17h-19h, dim. et j. fériés 11h-14h - 2 € (-18 ans et dim. gratuit).*

Élevé à l'emplacement de l'hôpital de Nuestra Señora de la Misericordia (16e s.), il en a conservé la façade Renaissance et la chapelle qui abrite l'exposition d'art sacré. Parmi les chefs-d'œuvre exposés dans ce musée moderne, citons le **coffret**★ hispano-arabe en ivoire sculpté à Cordoue (début du 11e s.) et provenant de San Salvador de Leyre *(voir p. 422)*. L'époque romaine est représentée par des vestiges lapidaires (sous-sol et 1er étage) : stèles funéraires, inscriptions et pavements de **mosaïques**★ de villas des 2e et 4e s., aux motifs noir et blanc essentiellement géométriques.

L'art roman est en vedette avec les **chapiteaux**★ de l'ancienne cathédrale de Pampelune (12e s.) : l'artiste inconnu qui sculpta les trois scènes bibliques des chapiteaux – Passion, Résurrection et histoire de Job – se montre aussi minutieux dans les détails que puissant dans la composition et génial dans l'invention.

Le musée compte aussi une importante collection de **peintures murales**★ collectées dans toute la province : Artaiz (13e s.), Artajona et Pampelune (13e-14e s.), Gallipienzo (14e-15e s.) et Olleta (15e s.). Les genres sont variés, mais on retrouve le trait légèrement appuyé, l'accumulation des personnages ainsi que le déhanchement prononcé hérités de la miniature française et illustrés par Juan Oliver qui décora en 1330 le réfectoire de la cathédrale.

La peinture Renaissance est présente aussi avec la reconstitution de l'intérieur du palais d'Oriz, décoré de panneaux peints en grisaille (16e s.) relatant l'histoire d'Adam et Ève et les guerres de Charles Quint. Toute une partie du 3e étage est consacrée à la peinture des 17e et 18e s. Une salle expose les œuvres de Luis Paret et de Francisco de Goya *(Portrait du marquis de San Adrián)*. Le musée abrite également une vaste exposition de tableaux de peintres de Navarre des 19e et 20e s.

*Dirigez-vous vers l'église de San Cernín.*

### Église de San Cernín A1

En plein cœur du quartier ancien de San Cernín aux rues étroites, cet édifice fortifié composite mêle le roman de ses tours de brique et le gothique de son porche et de ses voûtes (13e s.) à de nombreux ajouts postérieurs.

À l'intérieur, l'édifice présente deux nefs en perpendiculaire : l'une gothique et l'autre de style classique. Le sol de la première se compose de grandes planches de bois cirées et numérotées. Elle occupe l'emplacement de l'ancien cloître et est dédiée à la Virgen del Camino, l'une des patronnes de la ville, aux côtés de San Cernín.

### Museo Sarasate A1

*C/Mayor, 2 ; au dernier étage du palacio de Condestable - ✆ 948 224 249- mar.-sam. 11h-14h, 18h-21h, dim. 11h-14h - fermé lun. tte l'année et sam. de mi-juin à mi-sept. - gratuit.*

Installé dans le bâtiment des archives municipales, autrefois séminaire St-Jean (sa façade baroque du 18e s. présente dans une niche la statue de saint Jean-Baptiste), il se résume à une salle où sont exposés les objets personnels, les récompenses, les décorations, les partitions et les photos du violoniste et compositeur Pablo de Sarasate (1844-1908).

**Calle Mayor** (Grand-Rue) A1

Cette rue présente quelques belles façades. Parmi elles, au n° 3, le palais de los Redín y Cruzat (17e s.), aujourd'hui conservatoire de musique ; plus loin, au n° 65, celle du palais del Conde de Ezpeleta, du 18e s., identifiable à sa façade baroque ornée de statues.

*La rue débouche sur l'avenida Taconera. L'église de San Lorenzo fait l'angle à gauche.*

**Église de San Lorenzo** A1

Cette église du 19e s. abrite la statue de saint Firmin (celle qui est promenée dans la ville à l'occasion des fêtes), exposée dans la chapelle de droite.

*Traversez l'avenue pour rejoindre le parc de la Taconera.*

**Parque de la Taconera** A1

Ce parc, le plus ancien de Pampelune, a été conçu comme un jardin à la française avec ses allées rectilignes. Il est bordé de fossés dans lesquels s'ébattent cerfs, daims, chèvres, coqs, cygnes et tortues.

*Dirigez-vous vers la citadelle. Contournez-la pour entrer par l'arrière.*

**Ciudadela** (Citadelle) A2

Le plan des fossés et des murailles encore debout permet de prendre la mesure de cet ouvrage, construit entre 1571 et 1645 selon le modèle de la forteresse d'Anvers et devenu depuis l'un des poumons verts de la capitale navarraise. Ses fossés aménagés en promenade se couvrent au printemps de boutons d'or et de coquelicots. En son centre, la citadelle conserve encore sa poudrière et sa salle d'armes, transformée en lieu d'exposition. Sur ses pelouses sont présentées des œuvres contemporaines.

*Engagez-vous dans la calle Chinchilla qui fait face à l'entrée de la citadelle. Au bout, prenez à droite pour atteindre le paseo de Sarasate.*

**Paseo de Sarasate** (Promenade de Sarasate) A1

**Église de San Nicolás** – Construite sur un ancien sanctuaire roman, cette église gothique consacrée en 1231 présente une façade très retouchée. Elle détient de très belles **orgues★★** baroques de 1769, les plus belles de Pampelune avec celles de Santo Domingo.

La promenade aboutit au palais de Navarre, à côté duquel se dresse le monument aux Fors *(voir p. 397)*. Vous voilà de retour à la plaza del Castillo.



## À voir aussi Plan de ville p. 399

**Museo de Educación Ambiental San Pedro** (Musée de l'Environnement St-Pierre) A1

*C/Errotazar, s/n - ✆ 948 149 804 - www.museoambientalpamplona.com - ♿ - lun.-vend. 10h-13h, 17h30-20h, sam. 10h-13h - fermé dim., pdt les Sanfermines (6-14 Juil.), 1er, 5 et 6 janv., 1er Mai, 25 juil., 15 août, 12 oct., 1er et 29 nov., 3, 6, 8, 24, 25 et 31 déc. - gratuit.*

Installé dans le cloître du monastère St-Pierre (monasterio San Pedro) du 18e s., cet espace a pour but de sensibiliser le public à l'environnement, panneaux, chiffres et schémas à l'appui. Soleil, ressources naturelles, biodiversité, territoire, consommation, transports et bruit en composent les étapes. Bornes interactives. Tests sonores.

**Planetario** (Planétarium) A2

*Accès depuis la plaza de Juan XXIII par l'avenida de Bayona puis, dans le prolongement, l'avenida Barañáin. C/Sancho Ramírez, s/n - ✆ 948 262 628 - www.pamplonetario.org - mar.-sam. 10h30-13h30, 17h-20h - fermé lun., dim., j. fériés et 3 sem. en juil. - 4 € (enf. 3 €).*

Dans le parc Yamaguchi, dessiné selon le modèle japonais, le planétarium, coiffé d'une coupole de 20 m de diamètre, dresse sa silhouette cylindrique, inspirée paraît-il par les panthéons de la vallée des Rois. Aire de jeux pour enfants à proximité.

# À proximité Carte de région p. 394-395

**Musée Oteiza à Alzuza** B2

*7 km à l'est. Prenez la direction de la France, par Roncevaux. À la hauteur de Huarte, suivez le fléchage « Hoz de Lumbier ». Une fois sur la NA 150, rejoignez Alzuza par une petite route à gauche.*

*C. de la Cuesta, 7 - 31 486 Alzuza - ✆ 948 332 074 - www.museooteiza.org - ♿ - de mi-juin à mi-sept. : mar.-sam. 11h-19h, dim. et j. fériés 11h-15h ; reste de l'année : mar.-vend. 10h-15h, sam. 11h-19h, dim. et j. fériés 11h-15h - fermé lun., 1er janv. et 25 déc. - visites guidées d'1h dim. 11h30 (en espagnol), 12h30 (en basque) - 4 € (-12 ans et vend. gratuit).*

La visite nous fait pénétrer dans l'univers créatif de **Jorge Oteiza** (1908-2003), l'un des personnages clés de la sculpture espagnole contemporaine. Le musée, hébergé dans un bâtiment jouxtant la maison de l'artiste, est l'œuvre de son ami l'architecte Saénz de Oiza (1918-1988). Après avoir abandonné l'art figuratif à la fin des années 1950, Oteiza entama une période abstraite d'expérimentation géométrique et métaphysique qui lui valut d'être reconnu comme le grand sculpteur du « vide ».

**Monreal** B2

*20 km au sud-est par l'A 21.*

Pittoresque village avec un petit pont médiéval à double arche, depuis lequel on entend les grenouilles coasser. Une placette, de vieilles maisons et une église dominent le bourg.

**Artaiz** B2

*24 km au sud-est par l'A 21. Après environ 16 km, prenez à gauche la NA 234, puis roulez encore sur 6,5 km avant de prendre à droite la NA 2400.*

Charmant hameau doté d'une adorable petite église du 12e s. dont le **portail et ses corbeaux**★★ romans sont admirables pour la délicatesse et l'expressivité de leurs sculptures (lions, masque grimaçant, homme à trois têtes, musicien, guerrier, etc.).

Petite fontaine romane du 13e s. (en fait, une sorte de petit réservoir) en sortant du village en direction de Zuazu *(la route à gauche, derrière les bâtiments longs en contrebas).*

# Circuit conseillé Carte de région p. 394-395

## CHÊNES, RANDONNÉES ET SANCTUAIRE B1-2

*Circuit de 120 km tracé sur la carte de région (p. 394-395) – Comptez environ 2h. Quittez Pampelune au nord en direction de la France par la N 121$^{A}$. Parvenu à Ostiz après 14 km, prenez à gauche la NA 411 vers Gerendiain. Parcourez 8 km et, avant le village, suivez à gauche les panneaux « Lizaso ». Sur la route qui y mène, ne manquez pas, planté sur le bas-côté gauche, un panneau « parking » : il marque l'entrée de la chênaie d'Orgi.*

### Chênaie d'Orgi (Robledal de Orgi) B2

*948 305 300 - www.bosque-orgi.com - bureau d'information : juil.-août : tlj 10h-14h, 17h-20h ; avr.-juin et sept.-oct. : w.-end et j. fériés 11h-14h, 17h-19h ; nov.-mars : w.-end et j. fériés 11h-14h.* Cette forêt de chênes centenaires couvre au total 77 ha, mais seulement une moitié est accessible au public grâce à trois sentiers, ponctués de panneaux explicatifs sur le développement et l'écosystème de la chênaie. Un livret de visite *(1,50 €)*, disponible au point d'information, rend la promenade *(env. 1h)* plus interactive encore. Aire de pique-nique.

*Traversez Lizaso et poursuivez dans la vallée d'Ultzama jusqu'à Jauntsarats.*

6

### Jauntsarats B1

Ce hameau agricole compte sur son territoire deux **chênes pluricentenaires** classés Monument naturel de Navarre. Le plus accessible se dresse à côté du terrain de sport de l'école, à l'entrée du village, derrière la haie qui cache les bois.

*Continuez sur la NA 411 jusqu'à atteindre l'A 15 que vous suivrez en direction de Tolosa. Sortez à Lekunberri.*

### Lekunberri B1

*À l'entrée du village, ne manquez pas les panneaux indiquant Plazaola.*

★ **Vía Verde del Plazaola** – Certains tronçons de cette ancienne voie de chemin de fer qui reliait Pampelune à St-Sébastien, après avoir transporté du minerai de fer de Plazaola à Andoain, sont progressivement reconvertis en voie verte, ouverte aux randonneurs, aux cavaliers et aux cyclistes. L'ex-station de Plazaola présente aujourd'hui le milieu naturel traversé par ces sentiers. Un wagon-jeux a été spécialement aménagé à l'intention des enfants.

**Lekunberri-Mugiro** – *2 km - 1h15 AR.* Cette portion suit une rivière jusqu'à un petit barrage, au-delà duquel la voie reste à baliser. Elle dévoile des paysages de prairies et de collines boisées, dont certaines se resserrent presque en gorge.

*Quittez Lekunberri vers la sierra de Aralar (NA 7510) et le sanctuaire de San Miguel.*

### ★★ Santuario de San Miguel de Aralar B2

L'**église**, construite à différentes époques – l'abside et une partie des murs sont wisigothiques (9$^{e}$ s.), le reste est préroman (10$^{e}$ s.) –, englobe une petite chapelle romane. C'est là que l'on retrouva, au 18$^{e}$ s., le magnifique **parement d'autel**★★ doré et émaillé, œuvre capitale de l'orfèvrerie romane européenne, qui viendrait peut-être d'un atelier limousin de la fin du 12$^{e}$ s.

*Revenez à Pampelune par l'A 10, puis par l'AP 15.*

## NOS ADRESSES À PAMPELUNE

### HÉBERGEMENT

#### BUDGET MOYEN

**Hôtel Yoldi** – *Avda de San Ignacio, 11 - ✆ 948 224 800 - www.hotelyoldi.com - 50 ch. 80 € (345 € pendant la feria) - ☕ 10,80 €.* Rénové, cet hôtel constitue un bon choix dans le centre de Pampelune, pour son côté pratique et son confort. Il est situé à proximité des arènes et pendant les fêtes, on peut y côtoyer des toreros.

**Hôtel Buhardilla Gambara** – *Serapio Huici, 15 - Villava - ✆ 948 382 872 - www.labuhardilla.com - 🅿 - 4 ch. 75 € (210 € pendant la feria) - ☕ 8,60, 16,20 €.* Cette très belle demeure ne ressemble à aucune autre tant par son décor soigné que par son ambiance. Les chambres, personnalisées, sont meublées d'armoires massives. La suite avec terrasse et solarium, décorée de meubles anciens, est tout simplement superbe.

**Hôtel Europa** – *Espoz y Mina, 11 - ✆ 948 221 800 - www.hreuropa.com - 25 ch. 78/155 € - ☕ 9,50 €.* Bien situé au centre, il propose des chambres petites mais bien équipées avec salle de bains en marbre. Bonne option dans cette catégorie.

**Hôtel Maisonnave** – *Calle Nueva, 20 - ✆ 948 222 600 - www.hotelmaisonnave.es - 135 ch. 104/399 € - ☕ 13,50 € - rest. 15/25 €.* Outre ses prestations haut de gamme et son emplacement central, cet hôtel dispose de chambres confortables, équipées de salles de bains modernes.

#### POUR SE FAIRE PLAISIR

**Hôtel Albret** – *Ermitagaña, 3 - ✆ 948 172 233 - www.hotelalbret.net - 107 ch. 68/310 € - ☕ 10/12,50 €.* Le hall-réception, bien aménagé, donne accès à des chambres peu spacieuses mais décorées de façon moderne. La cafétéria sert quelques plats et menus.

**Hôtel Leyre** – *Leyre, 7 - ✆ 948 228 500 - www.hotel-leyre.com - 55 ch. 88 € (340 € pendant la feria) - ☕ 10,90 €.* Cet hôtel central propose des chambres à des prix très variés. Ses chambres, spacieuses et parquetées, sont décorées avec un mobilier classique.

### RESTAURATION

#### PREMIER PRIX

**Museo** – *San Gregorio, 48 - ✆ 948 222 050 - fermé 15-31 juil. et dim. en août - 💳̸ - tapa 2 €.* Dans un décor moderne, ce restaurant, qui sert tapas et *raciones*, est apprécié pour la qualité de sa cuisine.

**Gaucho** – *Espoz y Mina, 4 - ✆ 948 225 073 - www.cafebargaucho.com - fermé 15-31 juil. - 💳̸ - 12 €.* Bien géré, cet établissement jouit d'une bonne réputation locale. Le bar, qui propose une multitude de tapas appétissantes, est doté de quelques tables d'appoint.

**Baserri** – *San-Nicolás, 32 - ✆ 948 222 021 - www.restaurantebaserri.com - 14/25 €.* Établissement situé dans une rue centrale où se trouvent de nombreux bars. La salle du fond est simple et vous y dégusterez un menu à base de tapas et brochettes.

**Letyana** – *Travesía de Bayona, 2 - ✆ 948 255 045 - fermé 15-31 juil., dim. de mi-juin à mi-sept. – 26/35 €.* Bar à tapas surprenant ! Au rez-de-chaussée, le bar propose d'innombrables tapas succulentes. À l'entresol, une petite salle de restaurant ; et à l'étage, menu dégustation.

**BUDGET MOYEN**

**La Casona** – *Pueblo Viejo (Barañáin) - ✆ 948 186 713 - www.lacasonarestaurante.net - fermé lun. - 18/26 €.* Ancienne bâtisse offrant une restauration de type rôtisserie avec cidrerie d'un côté et salle de restaurant de l'autre, avec grill apparent.

**POUR SE FAIRE PLAISIR**

**Casa Manolo** – *García Castañón, 12 1° - ✆ 948 225 102 - www. restaurantecasamanolo.com - fermé août, dim. soir et lun. - 16/32,50 €.* Situé au 1er étage. Ce vaste restaurant, qui accueille aussi les banquets, propose une carte variée et une cuisine de qualité. On y appréciera le service soigné.

**La Chistera** – *San Nicolás, 40-42 - ✆ 948 210 512 ou 948 227 881 - carminacasada@hotmail. com - 30 €.* La décoration de cet élégant restaurant, réalisée par María Mendez, mérite à elle seule toute votre attention. Admirez les colonnes et chapiteaux du bar, le plafond en bois de la salle St-Firmin et les peintures évoquant la vie du violoniste Pablo de Sarasate. En cuisine, recettes traditionnelles et spécialités de Navarre.

**Rodero** – *Emilio Arrieta, 3 - ✆ 948 228 035 - www. restauranterodero.com - fermé Sem. sainte, lun. soir et dim. - 54/75 €.* Une table luxueuse. Bien situé juste derrière les arènes, cet établissement compte parmi les meilleurs de la région. Organisation familiale offrant un service de très haut niveau et une cuisine créative, innovante et d'auteur.

## À proximité de Pampelune

**BUDGET MOYEN**

**Martintxone** – *Nagusia, 57 - Arbizu - ✆ 610 462 534 - fermé lun., 25 déc.-15 janv. - 22/37 €.* Petit restaurant familial, aménagé dans une ancienne maison en pierre. Bar et salle à manger agréable proposant une cuisine traditionnelle.

### ACHATS

**Vinoteca Murillo** – *San Miguel, 16-18 - ✆ 948 221 015 - tlj sf dim. 9h30-13h45, 16h30-19h45, sam. 9h-14h - fermé dim. et j. fériés.* Ce bel établissement se transmet de père en fils depuis 1890. Son décor d'époque reste superbe et les produits proposés se remarquent par leur qualité. Vous trouverez une belle sélection de vins espagnols, des crus prestigieux en provenance du monde entier, des spiritueux et des spécialités de Navarre.

**Las Tres Z.Z.Z.** – *Carretera Puente Miluce, 6 - ✆ 948 252 629 ou 948 224 438 - www.lastreszzz. com.* Cette institution locale fabrique des outres à vin artisanales depuis 1873. Vous découvrirez les différentes matières utilisées dans la fabrication des outres, son histoire ainsi que le rituel qui préside à l'utilisation de cet objet culte.

### AGENDA

**Los Sanfermines** – (6-14 Juil.).

**Concours international de chant Julián Gayarre** – (2e et 3e sem. de sept. les années paires) - *✆ 848 424 683 - www.navarra.es*

**Concours international de violon Pablo Sarasate** – (2e et 3e sem. de sept. les années impaires) - *✆ 848 424 683 - www.cfnavarra.es/sarasate.*

**San Fermín txiki** (Petites Sanfermines – w-end. autour du 25 sept.).

6

# Vallées du Baztan et de la Bidassoa

**Valle del Baztan y valle del Bidasoa**

★

NOS ADRESSES PAGE 413

### S'INFORMER

**www.visitbaztanbidasoa.com** – Ce site donne de nombreuses informations pratiques et touristiques sur la vallée.

**Office de tourisme Elizondo** - dans le musée ethnographique Jorge Oteiza. *31700 Elizondo - 948 581 517 - ouvert pendant la Sem. sainte et en été.*

### SE REPÉRER

Carte de région B1 (p. 394-395) – carte Michelin n° 573 C 25. Les principaux accès à la vallée se font par Ainhoa au nord, le col d'Izpegui à l'est en venant de St-Étienne-de-Baïgorry, ou par le sud via Elizondo, pour ceux qui arrivent de Pampelune.

### ORGANISER SON TEMPS

Comptez une journée pour découvrir toute la vallée, sachant que le Parc naturel de Bertiz constitue à lui seul une destination… et empruntez le lendemain la vallée de la Bidassoa.

### AVEC LES ENFANTS

Le centre d'interprétation du parc de Bertiz.

**De vertes prairies où chevaux et moutons paissent entre des murets de pierre, des pentes sèches où l'herbe se fait drue, des villages aux fiers blasons et des habitants attachés à leurs traditions… Pas de doute, vous êtes dans la vallée du Baztan, à découvrir également pour ses champignons et sa spécialité : le boudin d'agneau. Avis aux amateurs !**

## Circuits conseillés Carte de région p. 394-395

### ★ LA VALLÉE DU BAZTAN, D'AINHOA AU PARC NATUREL DE BERTIZ B1

*Circuit de 42 km tracé sur la carte de région (p. 394-395) – Comptez une journée d'excursion en partant de la frontière française depuis Ainhoa sur la N 121$^B$. Juste après le village frontalier de Dancharinea/Dantxarinea, tournez à droite vers Zugarramurdi par la petite NA 4401.*

#### Zugarramurdi

*Voir le chapitre Ainhoa, p. 198.*
*Revenir à la N 121$^B$.*

#### Urdazubi/Urdax

Comme Zugarramurdi, ce village constitue avec Sare et Ainhoa *(voir p. 194 et 198)*, du côté français, un territoire transfrontalier : le **pays de Xareta**.

Paysage rural de la vallée de Baztan.
*M. A. Otsoa de Alda/Age fotostock*



*Poursuivez sur la route qui part à l'assaut du col d'Otxondo (puerto de Otxondo).*

**Pico Gorramakil**

*Accès à partir du col d'Otxondo (570 m) par la NA 2655.* Une très belle route mène en 15 km à ce sommet qui offre, du haut de ses 1 090 m, une vue dégagée sur la vallée.
*Revenez sur la N 121B et, après environ 7 km, tournez à gauche.*

**Amaiur**/Maya

Un écrin de verdure enchâsse cette commune navarraise, la dernière à avoir lutté pour l'indépendance de la province face à Charles Quint en 1522.
L'église se trouve en dehors du village, que l'on rejoint par une route bordée de murets de pierre. Une fois franchi l'entrée marquée par une arche surmontée d'un toit, une rue unique se déploie, dévoilant une succession de maisons blasonnées de grès rouge ou crépies de blanc.
Arrêtez-vous devant celle du n° 30 pour en admirer le hall ouvert et la belle porte cloutée. Face à elle, une autre arbore des clous imposants. Presque en bout de rue, au n° 47, se détachent les arcades du palais Borda du 17e s. Admirez au n° 51, face à la petite fontaine, la porte ornée de clous, les balcons et les poutres sculptées de la maison blasonnée.
Un petit oratoire clôt le village. À sa gauche se détache un chemin menant à un monument commémoratif, érigé en 1922 pour rappeler la **bataille de 1522** en faveur de l'indépendance navarraise. Il offre un beau point de vue sur le village en contrebas, ainsi que sur la vallée *(comptez 10mn d'ascension)*.
*Rejoignez la N121B et, à la première intersection, prenez à gauche la N 2600, qui vous conduira à Erratzú via Bozate.*

**Erratzú**/Errazu

Village de montagne dont les maisons anciennes et l'église sont construites en **grès rosé**. Ne manquez pas d'admirer l'adorable petit cloître jouxtant l'église. Ses galeries sont ornées de stèles. À proximité, le palacio Apeztegia

du 17e s. déploie sa sobre façade derrière une sorte d'enclos de pierre ouvert par un portique. De l'autre côté de la rivière, la calle Iturri-Zaharra présente d'étroits trottoirs de galets.
La route menant au col d'Izpegi/Izpegui (puerto de Izpegi) s'enfonce parmi les feuillus et dévoile de très beaux points de vue sur la vallée.

### Gorostapalo

*2 km au sud d'Erratzú, en passant à droite de l'église et de son cloître.*
Garez-vous dans le hameau aux ruelles pavées de grosses pierres rosées. Vous retrouverez les mêmes sur le chemin pentu qui part à droite de l'ermitage, posté à l'entrée du village, dans le virage. Attention, le pavage peut se révéler glissant par temps de pluie ! Le sentier descend vers un petit pont pour remonter ensuite légèrement à travers prairies et bois jusqu'à une cascade, que l'on entend plus que l'on ne la voit entre les feuillages *(30mn AR - balisage blanc-vert).*
*Revenez sur vos pas afin de gagner Elizondo, à l'extrémité sud de la vallée, par la N 121B.*

### Elizondo

Capitale de la vallée, ce bourg abrite de belles demeures édifiées par les anciens gouverneurs et administrateurs des Indes occidentales, ou par les « Indianos », ou « Americanos », ces Basques émigrés en Amérique du Sud, et revenus fortune faite. Certaines sont bien sûr blasonnées !
Il donne accès à une myriade de hameaux comme Arraioz ou Ziga, où se pratiqua, paraît-il, la sorcellerie (l'Inquisition y organisa des procès en 1725).
*Continuez sur la N 121B pour atteindre Oronoz-Mugairi.*

### ★ Parque Natural Señorío de Bertiz à Oronoz-Mugairi

*Accès à côté de la station-service, en limite du bourg. ✆ 948 592 421 - www.parquedebertiz.es*
Parc naturel depuis 1984, ce domaine couvre 2 040 ha, dont 1 869 de forêts (chênaies et hêtraies principalement). Ses bois et ses prairies abritent une faune diversifiée, depuis la salamandre jusqu'au desman des Pyrénées (sorte de taupe). Pedro Ciga en fut le dernier seigneur, dépositaire des terres autrefois données en cadeau par le roi Charles III (14e s.). Il planta les essences exotiques du jardin et fit construire un nouveau palais, tout en restaurant l'ancien. Il fit don de l'ensemble à la députation de Navarre en 1949, à la condition qu'elle laisse tout en l'état. Le palais Aizkolegi le domine, en offrant au regard un large panorama sur le parc et les vallées alentour.
**Jardin botanique** - *Avr.-sept. : tlj 10h-14h, 16h-20h ; oct.-mars : tlj 10h-14h, 16h-18h - fermé 1er janv. et 25 déc. - 3 € (-18 ans gratuit).* Juste à l'entrée du domaine se trouve un magnifique jardin, riche de nombreuses essences et d'un tracé rappelant les parcs à l'anglaise. Le centre d'interprétation (Centro de Turismo Rural) - *✆ 948 592 386 - fermé lun. et tlj 30mn avant la fermeture du jardin botanique* - donne les clés pour comprendre l'écosystème particulièrement humide de Bertiz, et présente une maquette du parc ainsi que des expositions temporaires.
Plusieurs circuits balisés partent de l'entrée du parc *(demandez le plan à la guérite).* Le plus court (700 m) et le plus facile s'engage tout de suite à gauche pour suivre la Bidassoa. Les autres s'enfoncent dans la forêt, à partir du chemin appelé Aizkolegi *(balisage vert - le seul autorisé à bicyclette).* Le dénivelé varie de 200 à 680 m suivant le parcours retenu.

### AU FIL DE L'EAU

Une rivière a donné son nom à la vallée encaissée entre le massif du Bost Herri (commune des Cinco Villas) à l'ouest et le Pays Quint à l'est *(voir « St-Étienne-de-Baïgorry », p. 216)*. Du nord au sud, le climat et le paysage changent une fois franchi le col de Belate (847 m). Ils deviennent alors plus secs, voire méditerranéens, proches en couleurs des jaune et ocre de la plaine navarraise.

*Arrivé à ce point, vous pouvez descendre sur Pampelune ou bien remonter en direction d'Irún en suivant la vallée de la Bidassoa. Pour cela, en quittant le parc naturel, gagnez Doneztebe/Santesteban (4 km plus loin au carrefour de la NA 170).*

## VALLÉE DE LA BIDASSOA DE DONEZTEBE À BERA B1

La vallée peut aussi se rallier côté français par Ascain, St-Jean-de-Luz ou Hendaye, via la D 4. Côté espagnol, la N 121 part de la frontière entre Hendaye et Irún pour remonter la rivière et aboutir à Bera. Par le sud, on y accède depuis Pampelune par la N 121[A].

*Circuit de 48 km tracé sur la carte de région (p. 394-395) – Comptez une bonne demi-journée en parcourant la vallée du nord au sud. Départ de Doneztebe/Santesteban que contourne la N 121A.*

À la frontière du Pays basque français, la Bidassoa s'encaisse dans les granits en un étroit sillon appelé « gorge d'Endarlaza ». Mais avant de s'y engager, elle s'est aussi frayé un chemin entre les contreforts des Pyrénées-Atlantiques, caractérisés par de grasses prairies et des champs de maïs entourant des villages aux maisons typiquement basques. Il faut bien reconnaître qu'en dehors des chemins de traverse (comme celui constitué par l'ancienne confédération des Cinco Villas, composée de cinq charmantes cités situées sur de petites routes transversales de part et d'autre de la N 121A : Etxalar, Arantza, Igantzi, Lesaka et Bera), le charme de la route est beaucoup moins prégnant que dans la vallée du Baztan en raison de l'intense trafic routier. Armez-vous de patience et profitez quand même des paysages verdoyants !

### ★ Doneztebe/Santesteban

De loin la bourgade la plus animée de la vallée, Doneztebe concentre son activité dans son cœur historique, autour de la rue commerçante qui passe devant l'**église**. Embaumant l'encaustique, celle-ci abrite trois retables baroques dorés. Notez la patine et l'usure du banc de maître, à gauche de l'allée centrale. Non loin de là, vous repérerez la mairie à ses arcades en grès et aux blasons ornant son avant-corps.

*Quittez Doneztebe vers le nord et empruntez à 1,5 km la N 121A.*

### UNE IDENTITÉ FORTE

La vallée dispose de son propre blason, un échiquier encadré par des rameaux de laurier, autour duquel se rallient les 18 villages du Baztan. Cet honneur remonte au temps de la bataille de Las Navas de Tolosa, en 1212, où les seigneurs locaux aidèrent le roi chrétien Sanche le Fort à vaincre le souverain almohade (dynastie musulmane originaire du Maroc). Quatre entités siègent aujourd'hui à la Junta General, héritage de Sanche III qui créa, en 1025, la seigneurie de Baztan.

### Sunbilla

*En retrait sur la gauche de la route.* Un pont médiéval enjambe la rivière. N'hésitez pas à le parcourir afin de contempler la végétation se reflétant dans l'eau ainsi que les maisons bordant la Bidassoa. Celle qui fait l'angle à l'extrémité droite du pont présente des poutres très travaillées. Remarquerez-vous le petit personnage sculpté sous le toit ?

Après l'église, juste à côté de la maison blasonnée, monte une petite voie pavée de galets.

*Revenez sur la N 121$^{A}$ et, après 12 km, prenez à droite la NA 4400 pour Etxalar.*

### **Etxalar**/Echalar

*4 km.* Imaginez un village rassemblé autour de son église en pierre rosée, elle-même précédée d'une pelouse où les stèles discoïdales sont disposées de manière à vous mener à l'édifice. Le tout baigne dans la lumière du soleil couchant qui enflamme les façades des maisons immaculées et caresse leurs jardinets bien entretenus. Vous ne repartirez plus !

*Reprenez la N121$^{A}$ et traversez-la en direction de Lesaka.*

### **Lesaka**/Lesaca

*On peut se garer au pied de l'église.*

Impossible de rester insensible au charme de ses maisons à pans de bois qui longent la rivière. Parmi elles trône une tour du 15$^{e}$ s. dont l'*alter ego* a été érigé du côté de l'église, près d'un calvaire. Elles auraient servi de QG à Wellington pendant les guerres napoléoniennes. Les demeures présentant les détails les plus intéressants se situent rue Albiztur. Au n° 23, ce sont les poutres qu'il faut regarder ; au n° 2, les pans de bois ; au n° 12, la porte cloutée et, au n° 5, datant de 1578, le travail effectué sur les poutres du toit ainsi que sur les galeries des maisons voisines.

**St-Martin-de-Tours** – Étonnant **portail★** baroque caché par une tour-porche pour cette église édifiée au 16$^{e}$ s. L'entrée de droite est ornée de **sculptures** naïves représentant Dieu le Père, des angelots, Adam et Ève, saint Jean-Baptiste (à gauche) et saint Paul (à droite). L'entrée de gauche est moins décorée, se contentant d'une représentation de saint Pierre et d'angelots dans les voussures.

*Gagnez Igantzi en suivant les panneaux.*

### Igantzi

Ses principaux centres d'intérêt résident dans l'**église**, que précède un petit porche crépi, et la plaza de los Fueros (place des Fors) où se trouve une élégante maison blasonnée à colonnades.

*Poussez jusqu'à Arantza en prenant à gauche la NA 4020.*

### Arantza

La façade de sa mairie à arcades affiche un blason encadré par deux petits personnages à robe rouge. Son église rassemble autour d'elle quelques vieilles maisons aux parements de pierre. Celle qui fait face au clocher arbore des poutres et une balustrade de bois travaillé.

*Revenez sur la N 121$^{A}$ et prenez à gauche. Remontez vers Bera.*

## Bera/Vera de Bidasoa

*P° Eztegara, 11 - 948 631 222 - www.berakoudala.net - Sem. sainte et de mi-juin à mi-sept. : mar.-sam. 10h-14h, 16h-19h, dim. 10h-14h.*

Cette bourgade se répartit en deux principaux quartiers. Les maisons les plus intéressantes se trouvent dans celui d'Alzate, comme celles des nos 5, 23 et 25. Les façades sont caractéristiques de l'architecture basque avec leurs pans de bois, leurs poutres travaillées et, parfois, l'avant-toit abritant un balcon de bois à la fine balustrade.

L'autre quartier se concentre autour de l'église, en direction d'Irún. La plaza Herrikoetxea est entourée de maisons blasonnées et son **hôtel de ville** baroque arbore les fresques de quatre femmes symbolisant la Justice, la Prudence, la Tempérance et la Force. Il se trouve en contrebas de l'église.

## NOS ADRESSES DANS LES VALLÉES

### HÉBERGEMENT

#### PREMIER PRIX

**Chambre d'hôte Casa Kordoa** – *Erratzu - 948 453 222 - www.kordoa.com - P - 6 ch. 42 € - 4 €.* Installée dans une jolie ferme bâtie en pierre et dirigée par un ménage accueillant. Coquet salon et chambres correctes aux poutres apparentes, dotées de salles de bains complètes.

#### BUDGET MOYEN

**Hôtel Trinkete Antxitonea** – *Braulio Iriarte, 16 - Elizondo - 948 581 807 - www.antxitonea.com - 23 ch. 72 € - 5,50 € - rest. 15 €.* Grande bâtisse du 19e s. entièrement restaurée dont les chambres, d'un grand confort et décorées avec goût, ouvrent leurs fenêtres sur le fleuve Baztan. Ici se jouent souvent des tournois de pelote basque.

### RESTAURATION

#### BUDGET MOYEN

**Juan Simón** – *Ctra de Pamplona - Ventas de Arraitz - 948 305 052 - 17 € - 10 ch. 54 € - 1/2 P 99 € - 5,70 €.* Établissement centenaire à la façade ornée de balcons fleuris. Intérieur séduisant (poutres apparentes, cheminée). Dans l'assiette : goûteux petits plats maison et spécialités basques et navarraises.

**La Galería** – *Plaza de los Fueros, 2 - Vera de Bidasoa - 948 625 540 - www.hotelchurrut.com - fermé 1 mois entre janv. et fév. - 16 € déj. - 35 € - 18 ch. 86/237 €* Décor minimaliste, tables harmonieusement placées, assiettes soignées et service attentif : ce restaurant a décidément tout pour séduire. Intéressant menu dégustation.

**Santxotena** – *Pedro Axular, s/n - Elizondo - 948 580 297 - rest. santxotena@telefonica.net - fermé 1re quinz. de sept., 22 déc.-10 janv., dim. soir et lun. - 22/29 €.* Service soigné et ambiance chaleureuse dans ce restaurant où est proposée une carte traditionnelle.

### AGENDA

**Carnaval d'Ituren** – (Fin janv.).
**Carnaval de Lesaka** – (Déb. mars).
**Fête de la St-Firmin** – (6-14 Juil.).

6

# Roncevaux

**Roncesvalles/Orreaga**

★

24 habitants

NOS ADRESSES PAGE 421

**S'INFORMER**

**Office de tourisme** – *Antiguo Molino - ✆ 948 760 301 - www.turismo.navarra.es - lun.-sam. 10h-14h, 15h30-19h (15h-18h de nov. à mars), dim. et j. fériés 10h-14h - fermé 25 déc., 1er et 6 janv.* Le site www.roncesvalles.es présente toutes les informations sur la collégiale et ses environs, ainsi que sur les services (logement, restauration, transport, visites).

**Visites guidées** – *Auria Orreaga, Edificio Casa Prioral - ✆ 948 790 480 - avr.-oct. : 10h-14h, 15h30-19h ; 6 déc.-15 fév. 10h30-14h30 (fermé le merc.) ; reste de l'année : 10h-14h-15h-18h - fermé janv. et 8 sept., 25 déc. - départ ttes les 30mn à 1h - 4,20 € (comprend la visite guidée du musée, de l'église et de la chapelle du St-Esprit, et l'entrée au cloître). Pour ceux qui ne comprennent pas l'espagnol, des audioguides sont disponibles en français, anglais et basque pour suivre la visite (1 €).*

**SE REPÉRER**

Carte de région C1 (p. 394-395) – carte Michelin n° 573 C 26. Ce point de passage obligé pour tous ceux qui suivent le chemin de St-Jacques depuis St-Jean-Pied-de-Port se trouve à 20 km de la frontière française, au pied du col d'Ibañeta.

**SE GARER**

En contrebas du monastère, sur le parking prévu à cet effet.

**ORGANISER SON TEMPS**

Comptez une journée d'excursion pour suivre l'itinéraire des trois vallées.

**Roncevaux n'est pas un village mais un hameau d'une vingtaine d'habitants, religieux pour la plupart, qui accueillent les pèlerins dans sa collégiale après le passage des Pyrénées. Si l'envie vous prend de rejoindre ici les chemins de Compostelle, sachez que les trois vallées navarraises qui se déploient à l'est du monastère vous offrent une excellente occasion de découvrir toute la beauté préservée des contreforts navarro-pyrénéens.**

## Se promener

De vastes bâtiments aux murs gris et aux toits de zinc bleuté apparaissent, entourés d'épaisses frondaisons ; leur fondation remonte au 12e s. L'ensemble comprenait alors une importante hostellerie qui accueillait et réconfortait les pèlerins, une chapelle funéraire, de plan carré, actuellement chapelle du St-Esprit, et une collégiale riche en reliques.

Église Santiago du 13e s. à Roncevaux sur le chemin de Saint-Jacques.
*F. Gilson / Photononstop*



**Iglesia de la Real Colegiata** (Église de la Collégiale)
*Tlj 9h-20h30 - gratuit.* La consécration de cet édifice gothique, très inspiré des églises d'Île-de-France, eut lieu en 1219. Sous le dais du maître-autel, le symbole actuel du pèlerinage est une **Vierge à l'Enfant★** en bois recouverte de plaques d'argent, œuvre d'un atelier français du 13e ou 14e s.

**Sala Capitular** (Salle capitulaire)
*Pour les conditions de visite, voir les rens. pratiques du musée ci-dessous.* Cette belle salle gothique abrite, sous une hauteur de voûte impressionnante, le tombeau du fondateur de l'église, le roi de Navarre **Sanche VII le Fort** (1154-1234), et de sa femme. Remarquez la scène de la **bataille de Las Navas de Tolosa** que le souverain remporta sur les Almohades en 1212, représentée sur le vitrail du début du 20e s.

**Capilla del Espíritu Santo** (Chapelle du St-Esprit)
*Pour les conditions de visite, voir les rens. pratiques du musée ci-dessous.*
Partie la plus ancienne de l'ensemble monumental avec son plan carré et sa voûte sur arcs diagonaux, la chapelle romane du St-Esprit, ou « silo de Charlemagne », date du 12e s. Sa crypte servait d'ossuaire aux pèlerins qui mouraient à l'hôpital. La légende suppose qu'elle est située à l'endroit même où Charlemagne a demandé de construire la tombe de Roland. Selon la tradition, les restes des soldats morts à la bataille y seraient enfouis.
À sa gauche se dresse **l'église Santiago**, petite église gothique du 13e s., et, de l'autre côté de la route, **Itzandegia**, autrefois hôpital (18e s.) et aujourd'hui auberge pour pèlerins.

**★ Museo**
*✆ 948 790 480 - lun.-sam. 10h-14h, 15h30-19h (15h-18h de nov. à mars), dim. et j. fériés 10h-14h - fermé 25 déc., 1er et 6 janv. - billet combiné avec salle capitulaire, cloître, église St-Jacques et Silo de Carlomagno - 4,20 €.* Installé dans les anciennes écuries, il possède de très belles pièces d'orfèvrerie ancienne : coffret

mudéjar, évangéliaire roman, **reliquaire émaillé** du 14e s. qui, sans doute à cause de sa disposition en petits compartiments géométriques, a été surnommé « l'échiquier de Charlemagne ». À signaler aussi un triptyque flamand du 16e s., une émeraude qui aurait orné le turban du sultan (ou *miramolín*) Mohammed al-Nassir le jour de la bataille de Las Navas de Tolosa, et une très belle Sainte Famille de Morales.

## À proximité Carte de région p. 394-395

**Puerto de Ibañeta** (Col d'Ibañeta) C1

*2 km au nord par la N 135. Parking aménagé derrière la petite chapelle.*

1 057 m. Une petite chapelle contemporaine et une stèle marquent le passage de ce col, première halte des pèlerins de St-Jacques en Espagne. Derrière l'édifice, notez le petit monticule hérissé de grossières croix de bois laissées par de pieux randonneurs. À proximité, un monolithe rappelle que la bataille de Roncevaux a eu lieu non loin de là, peut-être à **Luzaide**, dont le nom espagnol (Valcarlos) évoquerait Charlemagne.

## Circuit conseillé Carte des environs de Roncevaux, ci-contre

*Circuit de 200 km tracé sur la carte ci-contre – Comptez une journée, voire deux si vous vous promenez dans le massif d'Iraty.*

À l'est de Roncevaux se déploient trois vallées pyrénéennes aux identités bien marquées. Il y a d'abord celle d'**Aezkoa**, agricole et boisée, dont les greniers traditionnels ont fait la renommée. Au-delà, celle du **Salazar** paraît plus austère, ponctuée de quelques villages isolés. Enfin, la plus orientale des trois suit le cours de l'Esca, tout en prenant le nom du village le plus important de son territoire : **Roncal**.

*Au départ de Roncevaux, suivez la N 135, traversez le village-rue d'Auritz/Burguete et prenez la première à gauche, la NA 140, qui pénètre dans la vallée d'Aezkoa.*

### ★ VALLÉE D'AEZKOA

*Juste avant Aribe, vous pouvez tourner à gauche et monter à Orbaitzeta.*

**Orbaitzeta**/Orbaiceta

C'est le point d'accès à la forêt d'Iraty (bosque del Irati).

Le village conserve deux greniers à grains, sortes de petites maisons surélevées que vous trouverez presque au chevet de l'église. Au-delà du bourg, la NA 2032 continue à monter pour atteindre, 4 km plus loin, une fourche.

**Fábrica** (fabrique) – En tournant à gauche à la fourche, et après 2 km en fond de vallée sur une route défoncée, vous déboucherez sur le quartier de Larraun, en contrebas duquel se dressent les ruines d'une fabrique d'armes construite sous Charles III et fermée en 1873. On peut les apercevoir en descendant l'escalier de fer qui s'ouvre sur la place, à gauche de l'église, reconvertie en hangar.

*Prenez à gauche de l'église et, après quelques mètres, descendez vers la rivière et la bergerie. Passez devant le bâtiment et continuez sur la droite.* Un panneau balisé marque le départ d'une randonnée.

**Arrazola et Irabia** – Si vous tournez à droite à la fourche, vous verrez fléchées les forêts d'Iraty et d'Irabia. La route passe par l'aire de pique-nique d'**Arrazola**. En poursuivant votre chemin, vous aboutirez 15mn plus tard au

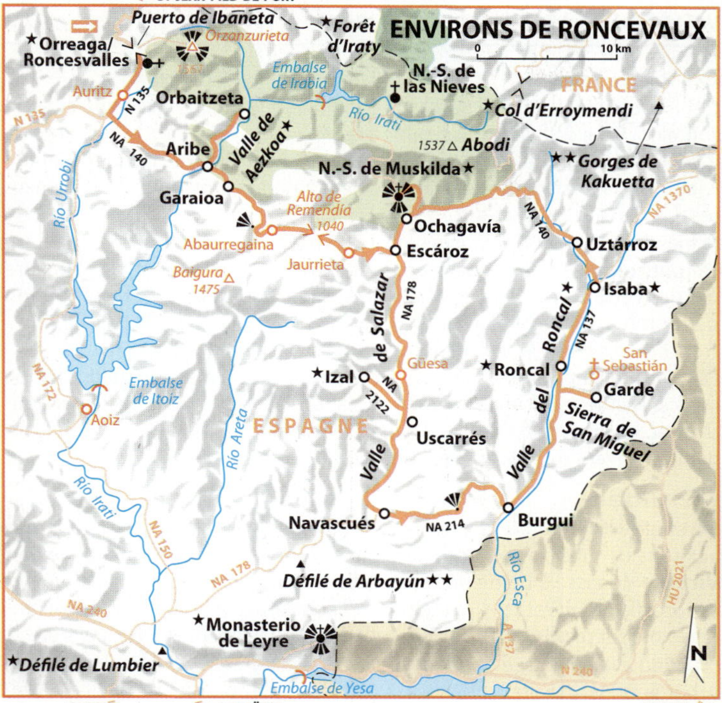


barrage d'Irabia, construit en 1922. Garez-vous au parking du bas. Le barrage se trouve à 3mn de là. Un chemin en fait le tour *(balisage 53C - une demi-journée)*. Vous pouvez le commencer par la rive sud et revenir par le chemin 52C, qui se contente de longer la même rive en surplomb *(1h30 AR)*.
*Revenez à la NA 140.*

## **Aribe**/Arive

L'Irati traverse ce village qui conserve un grenier à céréales et un pont médiéval à double arche, en assez mauvais état.
*Continuez sur la NA 140.*

## **Garaioa**/Garayoa

Jadis connu pour ses « sorcières » qui furent emmenées par l'Inquisition en 1575, ce bourg au charme discret est dominé par sa tour-clocher. Notez le portail roman de l'église et la naïveté des chapiteaux, protégés par un auvent. Jouxtant le sanctuaire un petit cimetière dissimule des stèles discoïdales.
*Traversez Abaurregaina/Abaurrea Alta.*
En sortant du village, magnifique **panorama**★★ sur les sommets enneigés des Pyrénées précédés de prairies moutonnantes. La route se révèle aussi particulièrement jolie à hauteur de Remendía, lorsque le contraste entre résineux et feuillus se fait plus prononcé.
*Vous arrivez ensuite à Escároz, après avoir traversé Jaurrieta, le village le plus haut de la vallée du Salazar.*

## VALLÉE DU SALAZAR (ZARAITZUKO IBAXA)

### **Ezcaroze**/Escároz

Chef-lieu de la vallée du Salazar, ce pittoresque village accueille aussi la Junta del Valle de Salazar, assemblée représentant les sept villages du pays. Promenez-vous quelques minutes dans ses ruelles pavées pour goûter le charme de la place de l'église agréablement ombragée, ou celui de ses demeures aux massives pierres grises.

*Prenez ensuite la NA 178 pour descendre la vallée.*

La route longe le Salazar dans un fond de vallée relativement plat, encadré par des versants peu élevés. Mais après Güesa, leurs flancs se resserrent un peu comme à l'entrée d'un canyon.

*Franchissez à droite le Salazar pour rejoindre Izal par l'étroite NA 2122.*

La route menant à Izal est sauvage, avec un côté parfois méditerranéen lorsque la rocaille affleure au milieu d'une végétation sèche et chiche. Mais au détour d'un lacet, les pentes se couvrent aussi de résineux et de feuillus, rendant soudain verdoyant un paysage qui, un instant plus tôt, paraissait aride.

### ★ Izal/Itzalle

Adorable village de montagne. Rien n'y manque, ni les maisons traditionnelles aux toits de tuiles, ni le fronton, et encore moins l'église. Le clocher de **San Vicente** dépasse à peine de l'ensemble trapu, à l'intérieur encaustiqué et décoré d'un petit retable. La maison de l'entrée, avant le pont, cache un grenier à blé sur pilotis (ou *hórreo*), le seul de la vallée encore bien conservé.

Peu avant l'entrée d'Izal *(env. 200 m)*, sur la droite, est signalée N. S. de Arburúa, un sanctuaire du 16$^{e}$ s. à 1 030 m d'altitude qui accueille un pèlerinage très couru chaque 1$^{er}$ mai. On peut y monter à pied en laissant la voiture sur l'aire de parking, nullement aménagée (véritable bourbier en cas de pluie).

*Revenez sur la NA 178 et continuez à descendre la vallée.*

### Uscarrés

Petit village accroché à flanc de colline en surplomb de la route. Quelques maisons ornées de blasons bordent ses ruelles pavées. Admirez son adorable **église** au chevet roman. À l'intérieur, traces de fresques gothiques.

### **Navascués**/Nabaskoze

Sympathique petit village, typique de la vallée avec ses grosses maisons de pierre grise. Il était l'une des deux places fortes de la vallée avec Usún.

*Après l'avoir traversé, suivez la NA 214 en direction de Burgui.*

Le paysage se fait plus sec. À peu près à mi-chemin de Burgui, lorsque la route redescend, admirez la **vue** sur les Pyrénées.

## ★ VALLÉE DE RONCAL (ERRONKARIKO IBARRA)

### Burgui/Burgi

Prenez le temps de flâner dans ses petites ruelles aux pavés irréguliers, où la pierre des maisons s'est noircie au fil du temps.

*Remontez la NA 137 vers Roncal.*

Des versants aux crêtes feuillues encadrent le fond rocailleux de cette vallée qui devient plus étroite une fois dépassé le sanctuaire de N. S. del Camino.

*Prenez à droite la NA 176 en direction de Garde.*

La route remonte la vallée du *barranco* (torrent) Gardalar.

Bataille de Roncevaux (1325-1350).
*The British Library / Age fotostock*



## Sierra de San Miguel

**Garde** est son seul village, accroché à flanc de montagne sous la protection de sa massive église avec galerie à auvent. Dans le bourg, la pierre domine, depuis les pavés jusqu'aux maisons dont les linteaux sont parfois travaillés.

400 m avant Garde, un sentier à gauche mène au sanctuaire de St-Sébastien (santuario San Sebastián).

*Retournez sur la NA 137.*

## ★ Roncal/Erronkari

*L'office de tourisme et le centre d'interprétation de la vallée de Roncal sont au bord de la route, en contrebas du village.*

*C/Gayarre, s/n - ✆ 948 475 256 - de mi-sept. à mi-juin : dim.-jeu. 10h-14h, vend.-sam. 10h-14h, 16h30-19h30 ; de mi-juin à mi-juil. : lun.-sam. 10h-14h, 16h30-19h30, dim. 10h-14h ; de mi-juil. à mi-sept. : lun.-sam. 10h-14h, 17h-20h, dim. 10h-14h. Consultez aussi le site www.vallederoncal.es consacré à la vallée.*

Il faut se perdre dans les rues pavées de Roncal pour profiter de l'atmosphère du bourg, construit tout en pierre. Quelques demeures anciennes conservent de magnifiques portes cloutées, des linteaux sculptés, des blasons ouvragés et des encorbellements de bois (calles Iriandoa et Arana). Juchée sur la colline, son église de dimensions massives offre un panorama sur la commune et la vallée.

### DRÔLE DE TRIBUT…

Le 13 juillet n'est pas un jour anodin pour la vallée de Roncal. Ce jour-là, ses syndics montent dans la vallée de Belagua jusqu'à la borne frontière 262, dite « Pierre de St-Martin », où ils retrouvent leurs homologues français de la vallée béarnaise de Barétous. Ces derniers leur remettent trois génisses sans défaut et identiques de couleur, en échange d'un droit de pacage de 28 jours dans la vallée navarraise. Ce tribut remonte à un arbitrage prononcé en 1375 pour mettre fin aux rivalités des deux communautés concernant leurs estives.

Enfin, dans le centre du village se trouve la maison natale du ténor **Julián Gayarre** (1844-1890), enterré sous un mausolée rococo réalisé par Mariano Benlliure dans le cimetière du village. Une curiosité : ce mausolée a bien failli ne jamais arriver à Roncal. Il a en effet voyagé à Paris pour l'Exposition universelle de 1900, et aurait été installé à Madrid devant le Théâtre royal (Teatro Real), selon les désirs de la régente, une « fan » de l'artiste, si la famille de Gayarre n'avait fait valoir la volonté du chanteur de reposer dans sa terre natale. La demeure de Gayarre a été transformée en **musée**, où sont exposés objets personnels, partitions, décorations et photographies. *✆ 948 475 180 - avr.-sept. : tlj sf lun. 11h30-13h30, 17h-19h (août 20h) ; oct.-mars : sam. 11h30-13h30, 17h-19h, dim. 11h30-13h30 - 2 € (12-18 ans 1 €, -12 ans gratuit).*

*Reprenez la route en direction du nord.*

Près d'Isaba, le paysage devient plus accidenté, la vallée étroite et boisée.

### ★ **Isaba**/Izaba

*C/Izarjentea, 28 - ✆ 948 893 251 - de juil. à mi-sept. : lun.-sam. 10h-14h, 16h-20h, dim. 10h-14h ; reste de l'année : jeu., dim. 10h-14h, vend.-sam. : 10h-14h, 16h30-19h30. Se rens. auprès de l'office de tourisme pour les horaires d'ouv. des j. fériés.*

*Parking aux deux extrémités du village.*

Reconnaissable à la grosse tour-clocher de **San Cipriano** (16e s.), il regroupe ses maisons montagnardes (grosses pierres et bois) autour de son église fortifiée, qui abrite un retable plateresque et des orgues baroques du 18e s. Un belvédère en haut du village ménage une belle **vue** sur les toits du bourg et les montagnes environnantes.

Après Isaba, deux options se présentent à vous. Vous pouvez monter vers la vallée de Belagua (NA 1370) menant à la frontière française *(voir carte p. 417)* et à la réserve de Larra, caractérisée par de profonds gouffres, ou continuer votre route vers Ochagavía et la vallée du Salazar par la NA 140.

### **Ustárroz**

Jolie vue depuis la route sur ce hameau accroché à une colline en bordure de rivière. Ici aussi, l'église fortifiée domine les maisons.

Plus on approche du col de Lazar (puerto de Lazar), plus la route devient montagneuse, avec parfois de beaux dégagements sur le paysage.

*Avant d'arriver à Ochagavía, ne manquez pas les panneaux indiquant sur la droite le sanctuaire de N. S. de Muskilda.*

### ★ **Église de Nuestra Señora de Muskilda**

*W.-end, j. fériés et tlj de juil. à sept. 11h-14h, 16h-18h (19h au printemps, 20h en été) - gratuit.* Adorable sanctuaire perché face aux Pyrénées. Son clocher rond et sa nef toute simple abritent des restes de fresques, un retable de style classique et une voûte centrale dont les arcs présentent une brisure. Notez les piliers massifs, trahissant l'origine romane de l'édifice (12e s.) retouché au 17e s. La tranquillité du site n'est troublée que par le son des clarines qui parvient jusqu'à son enclos.

Un chemin de randonnée devenu chemin de croix aboutit au bâtiment *(départ depuis Ochagavía).*

### **Ochagavía**/Otsagabia

*C/Labaria, 21 - ✆ 948 890 641 - de mi-sept. à mi-juin. : dim.-jeu. 10h-14h, vend.-sam. 10h-14h, 16h30-19h30 ; reste de l'année : lun.-sam. 10h-14h, 17h-20h (16h30-19h30 de mi-juin à mi-juil.), dim. 10h-14h.* Autre point de départ pour la découverte du massif et du GR 11, c'est un beau petit village à cheval sur l'Anduña. Son vieux pont à double arche enjambe le cours d'eau pour relier l'office de tourisme et le **centre d'interprétation de la nature** au reste du bourg. Ce dernier est parcouru de rues irrégulièrement pavées et bordées de maisons anciennes aux toits pentus et aux façades blasonnées, convergeant vers l'église San Juan Evangelista du 16e s.

**Boucles** – Deux itinéraires partent du village : l'un de derrière l'église *(2h, 6 km, facile)* en direction de Muskilda et l'autre du camping d'Otsate *(1h30, 4 km, facile)*. Renseignez-vous à l'office de tourisme. Pour des informations plus détaillées sur les randonnées à faire dans les environs (forêt d'Irati), rendez-vous sur le site www.irati.org

**Nuestra Señora de las Nieves** (N.-D.-des-Neiges) – *Comptez 45mn de voiture*. La route traverse la sierra de Abodí et passe devant un parking où vous pourrez vous garer pour rejoindre à pied la chapelle, si vous le souhaitez bien sûr. Vers celle-ci convergent différents sentiers qui permettent de faire simplement le tour du lac d'Irabia *(18 km)* ou de longer le torrent Urtxuria.

**Abodí** – *17 km au nord-est par la NA 140 et la NA 2011, dir. France, col de Larrau - www.esquiescolar.com*. Un petit chalet-restaurant, à gauche dans le virage, marque l'entrée de la sierra de Abodí et de ses pistes de ski de fond. C'est aussi le point de départ de nombreuses randonnées.

*Pour revenir à Roncesvalles, rejoignez Ezcároz et reprenez la vallée d'Aezkoa.*



## NOS ADRESSES À RONCEVAUX

### HÉBERGEMENT

#### PREMIER PRIX

**Hôtel La Posada** – *Roncevalles/Orreaga - ✆ 948 760 225 - www.laposadaderoncesvalles.com - fermé nov. - P - 18 ch. 60 € - ☕ 6,50 € - 1/2 P 24 €*. Installé dans une ancienne maison de ville, cet hôtel propose des chambres au décor rustique dont certaines en duplex, qui vous offriront un bon confort.

#### BUDGET MOYEN

**Hôtel Loizu** – *C/San Nicolás, 13 - Auritz-Burguete - ✆ 948 760 008 - www.hotelloizu.com - fermé 15 déc.-15 mars - P - 27 ch. 63/89 € - ☕ 6,50 € - 1/2 P 24 €*. Un lieu conçu pour se reposer dans un cadre agréable. Ses installations, accueillantes et rénovées, sont décorées de détails néorustiques. Cuisine soignée.

**Hostería de Zubiri** – *Avda Roncesvalles, 6 - Zubiri - ✆ 948 304 329 - www.hosteriadezubiri.com - fermé nov.-avr. - 10 ch. 85/119 € ☕* Hôtel de montagne typique avec un intérieur néorustique et des chambres gaies aux salles de bains soignées. Le soir, service de restauration réservé aux clients.

### RESTAURATION

#### BUDGET MOYEN

**Txikipolit** – *Auritz-Burguete - ✆ 948 760 019 - fermé lun. - 15/19 € - P* C'est dans cet établissement que le prétendant Don Carlos cacha son or lors de sa fuite en France (1876). En remerciement, il légua deux tableaux toujours exposés. Aujourd'hui, le lieu est connu pour ses spécialités : le jarret d'agneau, le magret de canard et le gâteau de légumes.

#### POUR SE FAIRE PLAISIR

**Maitena** – *C/Elizaldea, s/n - Luzaide/Vacarlos - ✆ 948 790 210 - www.hostalmaitena.com 14 € - fermé janv.-mars. - 6 ch. 55 € - ☕ 4 € - 1/2 P 17 €*. Restaurant au décor soigné et au service simple. Chambres au charme suranné.

# Monastère de Leyre

**Monasterio de Leyre**

★

NOS ADRESSES PAGE 424

### S'INFORMER
**Visites guidées** – *948 884 150 - www.monasteriodeleyre.com – de nov. à fév. : lun.-vend. 10h15-14h, 15h30-18h, w.-end et j. fériés 10h15-14h, 16h-18h30 ; reste de l'année : lun.-vend. 10h15-14h, 15h30-19h, w.-end et j. fériés 10h15-14h, 16h-19h – fermé 1er et 6 janv., 25 déc. - 2,70 € (-12 ans 0,80 €). Les visites guidées (1h) sont en espagnol mais des panneaux explicatifs en français sont à la disposition des visiteurs.*

### SE REPÉRER
Carte de région C2 (p. 394-395) – carte Michelin n° 573 E 26. Le monastère est situé sur le versant sud de la sierra de Leyre (appelée aussi sierra de Errando), dominant la retenue de Yesa sur la route de Pampelune à Jaca.

### SE GARER
Des parkings ont été aménagés en bout de route, près du monastère.

### À NE PAS MANQUER
Le magnifique portail de l'église et la crypte.

### ORGANISER SON TEMPS
Comptez 1h de visite.

**C'est ce site à la vue imprenable qu'ont choisi les moines navarrais pour y édifier ce qui deviendra l'un des plus majestueux monastères romans du territoire espagnol. Par sa simplicité et par la chaleur des tons ocre de ses murs qui se confondent avec les roches des alentours, comme par le silence qui règne sur les lieux, Leyre dégage une rare atmosphère de sérénité.**

## Se promener

### ★ Crypte
Elle fut construite au 11e s. pour soutenir l'église romane supérieure dont elle épouse le plan, mais on la dirait plus ancienne, tant il s'en dégage une impression de rudesse et d'archaïsme. Les voûtes sont assez hautes, mais coupées d'arcs en claveaux énormes et parfois à double rouleau, qui retombent sur des chapiteaux massifs, incisés de lignes très simples. Curieusement, ces chapiteaux sont posés sur des fûts de hauteur inégale, presque au ras du sol.

### ★★ Église
**Chevet** – 11e s. Trois absides de même hauteur composent, avec le mur de la nef surmonté d'un clocheton et la tour carrée à triples fenêtres, un charmant

ensemble. Les murs parfaitement lisses et l'absence de décoration, à part quelques modillons, dénotent l'ancienneté de la construction.

★ **Intérieur** – Lorsque les cisterciens réédifièrent au 13e s. une nef unique à la voûte gothique audacieuse, ils gardèrent de l'église romane les deux premières travées et le chœur avec ses absides semi-circulaires. Les trois nefs nous sont parvenues intactes : voûtes en berceau dont le départ est situé à la même hauteur, arcs à double rouleau, élégance décorative des colonnes engagées et du dessin des chapiteaux, et assemblage minutieux des grandes pierres de taille. Dans la nef gauche, un coffre en bois abrite les ossements des premiers rois de Navarre.

★ **Portail ouest** – 12e s. La richesse de son décor sculpté lui fait porter le nom de porta speciosa (porte ornée). Sur le tympan, des statues archaïques représentent au centre, le Christ, à sa droite, la Vierge et saint Pierre, et à sa gauche, saint Jean. Les voussures fourmillent de monstres et d'animaux fantastiques. Au-dessus, dans les écoinçons, on reconnaît à droite l'Annonciation et la Visitation.

### LE CŒUR SPIRITUEL DE LA NAVARRE

Attestée dès le 9e s., l'abbaye St-Saveur de Leyre (abadía San Salvador de Leyre) s'affirme au début du 11e s. comme le grand centre spirituel de la Navarre, d'autant que les vicissitudes de la vie à Pampelune obligent plusieurs fois les souverains à se réfugier dans ce nid d'aigle inexpugnable. Le roi Sanche III le Grand et ses successeurs en font leur panthéon et permettent l'édification d'une église qui compte, avec sa crypte, parmi les tout premiers témoignages de l'art roman en Espagne (elle fut consacrée en 1057). Les évêques de Pampelune étaient alors traditionnellement choisis parmi les abbés de Leyre, dont le pouvoir s'étendait sur près de 60 villages et 70 églises ou monastères.

## À voir aussi

**Fuente de la Virgen** (Fontaine de la Vierge)

*À 250 m par la route qui s'engage face au monastère, le long du petit parking.* Fontaine de pierre sculptée de deux silhouettes de femmes. Touristes et pèlerins vont y remplir de petites bouteilles à son mince filet d'eau. Le site, ombragé mais peu entretenu, fait, du reste, office d'aire de pique-nique pour nombre de visiteurs du monastère.

### DÉCLIN, OUBLI ET RENAISSANCE

Au 12e s., cependant, la Navarre ayant été rattachée à l'Aragon, la royauté délaisse Leyre pour San Juan de la Peña, tandis que l'évêché de Pampelune cherche à accroître son autorité sur les puissants moines. Un long procès s'engage, qui entame les finances et le prestige du monastère. Au 13e s., la réforme cistercienne est adoptée et Leyre devient une simple annexe de la Oliva *(voir p. 454)*. Abandonné au 19e s., le couvent a été occupé à nouveau en 1954 par les bénédictins venus de Silos. Ils ont restauré les bâtiments des 17e et 18e s. et installé une hostellerie.

6

# Escapade en Aragon

Si vous disposez d'un peu de temps, il serait dommage de ne pas en profiter pour partir à la découverte de sites aragonais très proches de Leyre : il s'agit du village et de l'église romane de **Santa Cruz de la Serós★** et du monastère rupestre de **San Juan de la Peña★★**, tous deux accessibles par la route de Jaca (N 240) puis une petite route à droite, l'A 1603, 10 km après Puenta-la-Reina de Jaca (province de Huesca) lorsqu'on vient de Leyre.
Plus au sud, en contournant le lac de Yesa, ne manquez pas de partir à la découverte de la ville médiévale perchée de **Sos del Rey Católico★**. Vous pourrez ensuite rejoindre la Navarre en ralliant Sangüesa *(voir p. 426)* qui n'est qu'à 13 km de la cité natale du roi Ferdinand le Catholique.
*(Voir description de ces sites dans le Guide Vert Espagne méditerranéenne).*

## NOS ADRESSES AU MONASTÈRE DE LEYRE

### HÉBERGEMENT ET RESTAURATION

#### POUR SE FAIRE PLAISIR

**Hôtel restaurant Hospedería de Leyre** – *Monasterio de Leyre, s/n - Yesa - ✆ 948 884 100 - www.hotelhospederiadeleyre.com - P - 32 ch. 64-81 € - ☕ 7 € - rest. 22 €.* Situé dans une aile du monastère, cet hôtel à l'ambiance sereine propose des chambres simples et confortables. Plats régionaux servis dans un restaurant au charme rustique.

Vue sur le monastère de Leyre.
von Dachsberg/Sime/Photononstop

# Sangüesa

**Zangoza**

5 248 habitants

## NOS ADRESSES PAGE 430

**S'INFORMER**

**Office de tourisme** – *C/Mayor, 2 - ✆ 948 871 411 - de la Sem. sainte à oct. : lun.-sam. 10h-14h, 16h-19h, dim. 10h-14h ; reste de l'année : mar.-dim. 10h-14h.*

**Visites guidées** – Sangüesa Tour - *✆ 948 871 084 ou 620 110 581 - www.sanguesaturismo.com.* Cet organisme propose des visites guidées des principaux monuments de la ville.

**SE REPÉRER**

Carte de région C3 (p. 394-395) – carte Michelin n° 573 E 26.

Sangüesa se trouve à 36 km de Pampelune par la N 240, à la limite orientale de la Navarre.

**SE GARER**

En périphérie du vieux centre.

**À NE PAS MANQUER**

Le magnifique portail de Sta María la Real.

**ORGANISER SON TEMPS**

Visiter l'église de Sta María la Real et les rues alentour prend 2 à 3h. Après, direction défilé de Lumbier ou d'Arbayún.

**AVEC LES ENFANTS**

Une excursion nature à la recherche des vautours aux défilés de Lumbier et d'Arbayún.

**Cette petite ville, blottie sur la rive gauche du río Aragón et perdue au milieu des champs, renferme des merveilles architecturales, comme l'église Sta María la Real. Fière de ses traditions, il s'y déroule des festivités tout l'été et c'est ici que vous pourrez assister à l'un des cinq drames religieux des Rois mages subsistant en Espagne. La ville est en outre idéalement située pour la pratique du canoë-kayak, de l'équitation ou du parapente.**

## Se promener

### ★ Église Sta María la Real

Près de la rivière, à l'entrée du bourg, cette église ouvre la calle Mayor. Édifiée au 12e s., elle est achevée au 13e s. avec le splendide portail, la tour octogonale et sa flèche.

★★ **Portail sud** – Fin 12e-13e s. C'est un tel foisonnement de sculptures qu'on reste étonné devant la variété des sujets et leur richesse d'expression. Deux artistes connus y ont travaillé (parmi d'autres) : tout d'abord Leodegarius, sculpteur que l'on pense d'origine bourguignonne (également auteur du por-

tail de l'église San Esteban de Sos del Rey Católico), s'est chargé de la partie basse à la fin du 12e s. et a signé son œuvre; la partie haute a probablement été réalisée par le Maître de San Juan de la Peña un siècle plus tard. Les statues-colonnes, déjà gothiques, s'inspirent de leurs modèles de Chartres et d'Autun. Au tympan, Dieu le Père encadré d'anges musiciens accueille à sa droite les Élus, tandis que, de son bras gauche abaissé, il accable les Réprouvés. On distingue dans un coin saint Michel pesant les âmes. Les voussures sont riches d'une multitude de motifs. Sur la deuxième en partant de l'intérieur, les humbles métiers sont illustrés : sabotier, luthier, boucher. Plus anciennes et d'une austérité tout aragonaise, les arcades supérieures représentent Dieu entouré des symboles des évangélistes, de deux anges et des apôtres.
À l'intérieur du sanctuaire, notez le dôme octogonal, la croix processionnelle, chef-d'œuvre de l'orfèvrerie locale (15e s.), et le grand retable plateresque (Renaissance espagnole teintée de baroque) du chœur que préside Notre-Dame-de-Rocamadour.

**Calle Mayor** (Grand-Rue)
Rue principale, autrefois empruntée par les pèlerins (certains l'arpentent encore), les maisons de brique cossues sont dotées du classique auvent en bois sculpté et de fenêtres aux riches encadrements gothiques ou plateresques. Leurs façades contrastent avec l'austère palais du Prince de Viana (Príncipe de Viana), résidence des rois de Navarre (aujourd'hui la mairie), dont on peut voir, en passant sous le porche, la façade flanquée de deux imposantes tours crénelées.
*Tournez à droite dans la calle Santiago.*

**Iglesia de Santiago** (Église de St-Jacques)
Commencée dans le style roman tardif et achevée avec une architecture gothique, cette église fortifiée abrite un retable plateresque du 16e s. Notez le portail roman et la statue gothique de saint Jacques Pèlerin (*Santiago Peregrino*).
Face à elle se dresse une maison décorée de blasons. Il s'agit de l'ancien hôpital, reconnaissable aux coquilles St-Jacques sculptées.
*Prenez la rue qui longe cette maison.*

**Iglesia de San Salvador** (Église de St-Sauveur)
Cette église gothique du 14e s. est précédée d'un porche aux arcs impressionnants de hauteur. Notez la scène du Jugement dernier sur le tympan. À l'intérieur, retable italianisant de Juan de Berroeta.
*Tournez à gauche et suivez la calle Enrique Labrit jusqu'à la prochaine intersection.*

### UNE PROSPÉRITÉ LIÉE AU PÈLERINAGE

Au 11e s., les habitants de Sangüesa, jusque-là repliés sur la colline de Rocaforte en raison du péril maure, sont incités par le roi d'Aragon et de Pampelune Sanche V Ramírez à descendre près du pont pour le défendre et faciliter le passage des pèlerins. Le souverain a en effet décidé de faire de la cité une des étapes principales du chemin de St-Jacques en Navarrre. À la fin du Moyen Âge, Sangüesa connaît son apogée avec la construction d'élégantes demeures bourgeoises, que l'on peut encore admirer en flânant dans les rues du vieux centre. Quant au fameux pont, le puente Sta María, il a conservé quatre arches d'origine, la partie centrale ayant été remplacée par une structure métallique.

**Palacio Íñiguez-Medrano**
Cette maison d'angle est surmontée d'un avant-toit traditionnel. Regardez-le bien et notez le personnage accroché aux griffes d'un aigle, sculpté dans la poutre d'angle.
*Revenez sur vos pas et continuez dans la calle Alfonso el Batallador.*

**Palacio Ongay-Vallesantoro**
Ce palais aligne sa façade baroque sous un **auvent monumental★★** sculpté d'animaux chimériques crachant grappes et fruits.
*La rue aboutit à la calle Mayor.*

# À proximité Carte de région p. 394-395

★ **Castillo de Javier**/Xabier Gaztelua (château de Xavier) C3
*7 km au nord-est par la NA 5 410.*
*948 884 024 - mars-oct. : 10h-13h30, 15h30-18h30 ; nov.-fév. : 10h-14h, 15h30-17h30 - possibilité de visite guidée sur demande préalable - fermé 1er janv., 24, 25 et 31 déc. - 2,50 € (-12 ans 1 €).*
Saint François Xavier (Francisco de Javier), patron de la Navarre, est né ici en 1506. À Paris, il rencontre son compatriote Ignace de Loyola avec lequel il allait poser les bases de la Compagnie de Jésus *(voir p. 306)*. Envoyé comme missionnaire à Goa par les Portugais, il accompagne ensuite ces derniers au Japon. Mort en 1552, juste avant d'arriver en Chine, il fut canonisé en 1622.
**Visite** – Cette forteresse, totalement restaurée, fut en partie démantelée en 1516 par le cardinal Cisneros, qui assurait alors l'intérim entre la mort de Ferdinand le Catholique et l'arrivée en Espagne du futur Charles Quint. Une fois franchi les fossés et la porte principale, on monte à la salle des blasons, suivie par la grande salle, au mobilier du 17e s. Parmi les pièces dont les murs remontent aux 10e et 11e s. se trouve la chambre du saint. Elle jouxte le donjon, ou tour San Miguel (belle vue sur les environs). La visite s'achève par la **chapelle du Santo Cristo**, qui abrite un Christ en noyer du 13e s. et une **Danse macabre**, fresque du 15e s.

**Cáseda** C3
*12 km au sud-ouest. Quittez Sangüesa en direction de Sos del Rey Católico et bifurquez à droite après 1 km pour suivre la NA 5341.*
La route menant à Cáseda coupe à travers les champs, verts au printemps, brûlés en été et au repos l'hiver. Le village apparaît soudain, juché sur un flanc de colline, comme une vision de Méditerranée. Son église gothique le domine, ornée d'un portail de style classique et entourée des maisons les plus anciennes.

**Gallipienzo**/Galipentzu C3
*20 km au sud-ouest de Sangüesa par la NA 132 en direction de Tafalla et Olite. Après 14 km (et avoir laissé sur votre gauche Gallipienzo Nuevo), prenez à gauche la NA 5320.*
Vue impressionnante depuis ce village accroché sur une colline couronnée par une église massive. La route dévoile, au fur et à mesure de la montée, des vestiges de fortifications et de murs de maisons, rappelant que Gallipienzo se trouve dans la zone frontalière avec l'Aragon.

Le village en lui-même paraîtrait presque à l'abandon s'il n'y avait du linge mis à sécher aux fenêtres. Les ruelles sont défoncées et les maisons sont battues par le vent. Mais l'ascension vers le sommet de la colline est récompensée par la **vue★** sur la vallée, le patchwork des champs et les toits du village, sans oublier les éoliennes sur les crêtes.

## Circuit conseillé Carte de région p. 394-395

### DE L'IRATI AU SALAZAR C2

*Circuit de 44 km tracé sur la carte de région (p. 394-395) – Comptez environ 2h (hors balades à pied). Quittez Sangüesa en direction de Pampelune par la NA 127 puis la N 240. Après 6 km, tournez à droite au grand rond-point sur la NA 178. Juste avant Lumbier, prenez à gauche la direction de Tabar, principal hameau de la commune d'Urraúl Bajo.*

#### Tabar, Urraúl Bajo

*Garez-vous sur la place de l'église.*

**Église** – On peut y admirer un adorable retable en bois.

*Revenez sur la NA 150 pour rejoindre le défilé de Lumbier.*

#### ★ Hoz de Lumbier (Défilé de Lumbier)

*Pl. Mayor, 3 - Lumbier - 948 880 874 - de mi-juil. à mi-sept. : mar.-dim. 10h-14h, 17h-20h ; de mi-juin à mi-juil. : mar.-dim. 10h-14h, 16h30-19h30 ; de mi-sept. à mi-juin : mar.-jeu. 10h-14h, vend.-dim. et j. fériés. 10h-14h, 16h30-19h30 - fermé lun., 1er et 6 janv., 25 déc.*

Creusé par l'Irati dans les contreforts de la sierra de Leyre, le défilé, long de 5 km, situé entre Lumbier et Liédena, offre à ses extrémités l'aspect d'une mince coupure dans la falaise. Une belle vue sur cette gorge s'offre du belvédère aménagé sur la N 240.

*L'accès au défilé est fléché à l'entrée de la ville. Comptez env. 1 km jusqu'au parking. L'entrée est à quelques centaines de mètres. 1h AR pour 2,6 km, et env. 2h30-3h en passant par la montagne (5,5 km, 175 m de dénivelé) ; début juste à gauche, à l'entrée du défilé, depuis le parking.*

L'ancienne voie de chemin de fer qui traversait la *hoz* a été transformée en chemin. Après avoir traversé un premier tunnel, on parcourt plus de 2 km en surplomb de la rivière tumultueuse, survolée par de nombreux vautours dont l'envergure dépasse le mètre ! Les falaises, où ils nichent, déploient de belles palettes de couleurs allant du gris à la rouille et des formes parfois torturées. La promenade débouche sur un second tunnel au-delà duquel se dressait autrefois le pont du Diable, sur l'embouchure de la *hoz*. Vous pouvez décider de revenir sur vos pas ou de rallier le sentier qui passe par la montagne pour retourner à votre point de départ.

**Centre d'interprétation des défilés** (Centro de Interpretación de las Hoces) – *À Lumbier, au-dessus de l'office de tourisme 948 880 874 - mêmes horaires que pour le hoz de Lumbier - 1,20 € (-18 ans gratuit).*

Occupant un bâtiment moderne sur la place située derrière l'église, ce centre fournit toutes les explications nécessaires à la compréhension géologique, géographique et écologique des défilés de Lumbier et d'Arbayún. Présentation de la faune et de la flore, projection vidéo : les moyens les plus didactiques et modernes sont ici employés !

6

*Poursuivez sur la NA 178. Arrivé à Domeño, prenez à droite la NA 2161.*

### Usún

*3 km de Domeño. Petit parking aménagé en début de localité.*

Cette petite localité donne accès à l'embouchure sud du défilé d'Arbayún, la plus grande *hoz* fluviale de Navarre.

*Sentier signalé par un panneau de bois dans le village (route non carrossable). Env. 5 km de promenade. 2h en passant devant l'ermitage St-Pierre. Attention, le terrain peut être glissant les jours de pluie en raison des rochers qui affleurent dans la descente vers le Salazar.* Le sentier franchit le Salazar sur un pont moderne qui permet d'admirer toute la beauté sauvage du défilé.

*Revenez à Domeño et continuez votre route sur la NA 178.*

### ★★ Hoz de Arbayún (Défilé d'Arbayún)

*Parking aménagé dans un virage, sur la droite : ne le manquez pas !*

Le Salazar est fortement encaissé dans les calcaires de la sierra de Navascués, mais la route s'éloigne du fleuve et il faut atteindre le belvédère aménagé au nord de l'alto de Iso pour avoir une splendide **vue**★★ sur la sortie du canyon. Les falaises font place vers le bas à une végétation dense au milieu de laquelle scintille l'eau du torrent.

## NOS ADRESSES À SANGÜESA

### HÉBERGEMENT

#### BUDGET MOYEN

**Hôtel Yamaguchi** – *Ctra Sangüesa a Javier, s/n - ✆ 948 870 127 - www.hotelyamaguchi.com - P - 37 ch. 68 € - ☕ 7 € - rest. 13/23 €.* Cet établissement familial s'avère une bonne alternative dans sa catégorie. Chambres aux différents niveaux de confort ; les individuelles sont au rez-de-chaussée, les plus modernes au 1er étage.

### RESTAURATION

#### BUDGET MOYEN

**Mediavilla Erretegía** – *Alfonso el Batallador - ✆ 948 870 212 - mar.-dim. à midi et sam. soir - fermé 15 sept.-5 oct. - 22/29 €.* Cela fait presque trente ans que la famille Mediavilla régale ses clients de petits plats régionaux. Elle jouit d'une grande popularité. Parmi les spécialités : viandes et poissons rôtis à la braise, toasts frottés à l'ail et jardinière.

### AGENDA

**Drame religieux du mystère des Rois mages** – (6 janv.). Les habitants du village, déguisés, interprètent l'arrivée des Rois à Sangüesa pour l'Adoration de l'Enfant.

**La Javierada** – Chaque 12 mars, date anniversaire de la canonisation de François Xavier, ils sont des milliers à se rassembler à Sangüesa pour entreprendre le pèlerinage de 8 km jusqu'au lieu de naissance du saint.

**Fêtes patronales** – (11-17 sept.). Foire aux bestiaux et *encierros* de taureaux.

La coquille, symbole du pèlerinage de St-Jacques-de-Compostelle.
*CDT64*



# Les chemins de St-Jacques

**Caminos de Santiago**

★★★

NOS ADRESSES PAGE 435

### S'INFORMER

**www.chemins-compostelle.com** – L'Association de coopération interrégionale « Les chemins de St-Jacques-de-Compostelle » fournit réponses pratiques et conseils - *4 r. Clémence-Isaure - 31000 Toulouse - ✆ 05 62 27 00 05.*

**www.aucoeurduchemin.org** – Le site de l'Association des amis du chemin de St-Jacques répond à toutes les questions (dates, logistique, itinéraires).

**www.saint-jacques.info** – À consulter pour le côté culturel.

**www.webcompostella.com** – Ce site aborde conseils pratiques et aspects spirituels.

### SE REPÉRER

Carte de région A3 C1 (p. 394-395) – carte Michelin n° 573. Outre le chemin du Nord *(camino del Norte),* dit aussi « haut chemin » ou « chemin cantabrique » qui longe la Côte basque, le chemin français *(camino francés)* traverse la Navarre. Il est constitué de deux branches, selon le col choisi pour franchir les Pyrénées : le Somport ou Roncevaux. Ces deux branches convergent à Puente-la-Reina *(voir p. 436).*

# Les pèlerins de St-Jacques

Vieux de plusieurs siècles, le chemin de St-Jacques-de-Compostelle rassemble encore aujourd'hui des jacquets de plus en plus nombreux. Longeant l'ancienne voie romaine qui va de Bordeaux à Astorga, en passant par St-Jean-Pied-de-Port, en Basse-Navarre, c'est un pèlerinage toujours chargé d'émotions.

## L'APÔTRE ET SA POSTÉRITÉ

Selon la légende, l'apôtre Jacques le Majeur aurait été chargé par Jésus d'évangéliser l'Espagne. De retour en Palestine, il fut décapité en l'an 42 sur l'ordre d'Hérode et son corps, placé dans une barque, aurait échoué sur la Côte de Galice. Il aurait alors été enterré à Compostelle… puis oublié jusqu'au début du 9e s. où un ermite du nom de Pelayo (Pélage) vit soudain une mystérieuse étoile le guider vers l'emplacement du tombeau du saint. Il découvre alors les saintes reliques qu'un évêque local décrète appartenir à l'apôtre (Rome attendra 1884 pour officialiser cette identification). Le roi des Asturies Alphonse II ordonne alors d'élever une église sur le « champ de l'étoile », ou *Campus stellae*, qui deviendra Compostelle. Le lieu attire aussitôt les pèlerins malgré un raid audacieux conduit par le futur calife de Cordoue, al-Mansūr (997), qui toutefois respecta le sépulcre de l'apôtre.
Entre-temps, lors de la bataille de Clavijo opposant en 844 le roi des Asturies aux Maures, Jacques serait apparu pour prodiguer ses conseils au roi chrétien. Il aurait même participé au combat sur un cheval blanc, et terrassé les Maures (d'où son surnom de « Matamore »). Bien que cette bataille et ce haut fait soient imaginaires, ils ont fait de l'apôtre le symbole de la Reconquête. Son image de saint batailleur lui valut même d'être « exporté » aux Amériques par les *conquistadores* sous le surnom de « Mataindios » ! Il est aujourd'hui le saint patron de l'Espagne.

## LE CHEMIN DE LA FOI

Au Moyen Âge, le tombeau de saint Jacques le Majeur attire en Espagne une foule considérable de pèlerins venus de toute l'Europe. La dévotion envers « Monsieur saint Jacques » est si vivante que **Santiago de Compostela** devient un lieu de rassemblement exceptionnel, d'autant que les deux grands lieux de pèlerinage de la chrétienté sont alors inaccessibles (Jérusalem) ou en plein déclin (Rome). Depuis le premier pèlerinage accompli par l'évêque du Puy en 951, des millions de jacquets, jacquots ou jacobits, ont pris la route pour aller vénérer les reliques de l'apôtre.
Une organisation très complète d'**hospices** facilitait le voyage et pourvoyait, le long des principaux itinéraires, à l'hébergement des pèlerins et au maintien de leur bonne santé spirituelle. Les itinéraires pour les pèlerins venus du nord convergeaient à Ostabat, en Basse-Navarre, avant le franchissement des Pyrénées, opérant leur jonction. St-Jean-Pied-de-Port représentait la dernière étape avant l'ascension vers le col frontière. Les pèlerins gagnaient Roncevaux par la route des hauteurs, section de l'ancienne voie romaine de Bordeaux à Astorga.
Chaque pèlerin portait une croix de feuillage faite de ses mains avant la montée. Au terme de la première escalade, au col de Cize (Ibañeta), près de la Croix de Charles, le jacquet priait, chantait et plantait sa croix. À l'ermitage voisin,

la cloche sonnait par temps de brouillard et durant une partie de la nuit afin de rallier les égarés.

## LE PÈLERIN

Au Moyen Âge, la pratique des grands pèlerinages fit du pèlerin un personnage familier des villages qui ponctuaient le chemin. Il était accueilli avec respect, voire enthousiasme, car il contribuait à la vitalité du commerce local. Son costume ressemblait à celui des voyageurs de l'époque : une vaste cape et un mantelet court (esclavine), une panetière (musette), une gourde, un couvert et une écuelle. En plus de cela, il était équipé d'un coffret contenant les papiers et les sauf-conduits ainsi que d'un gros bâton à crosse (bourdon). La route n'était pas sans dangers : des bandes de « coquillards », faux pèlerins, dont fit partie le poète **François Villon**, rançonnaient sans vergogne les jacquets en leur imposant des péages quand ils ne les dépouillaient pas de leurs biens. De multiples trafics sévissaient : ainsi, à l'église de Villafranca del Bierzo (León), les pèlerins découragés par l'ascension du dernier col avant la Galice pouvaient-ils se procurer de faux certificats contre monnaie sonnante et trébuchante.

Enfin parvenus à Santiago, ils se voyaient remettre les insignes du pèlerinage : coquille et médaille, ainsi que la « **compostela** », attestation en latin, d'abord destinée à prouver que ceux qui avaient été condamnés à effectuer le pèlerinage avaient bien accompli leur peine, puis généralisée par la suite. À son retour, le fidèle qui avait pris la coquille et le bourdon était considéré comme un notable. Les confréries de St-Jacques avaient leur chapelle particulière dans les églises ; elles constituaient des fraternités (frairies ou *hermandades* en Espagne) et conservaient les comptes-rendus de voyage.

## LA COQUILLE

Fréquente sur les côtes de Galice et en particulier au cap Finisterre, la coquille de *vieira* était donnée aux pèlerins qui la rapportaient en témoignage de leur équipée après l'avoir accrochée à leur manteau ou à leur chapeau. Devenue l'un des symboles du pèlerinage (et l'un des attributs du pèlerin avec le bourdon), elle prit bientôt le nom de coquille St-Jacques. Depuis lors, elle orne les façades d'églises et de demeures nobles, qui ne sont parfois liées que de loin au pèlerinage.

## DÉCLIN ET RENOUVEAU

Accentuant l'insécurité, la guerre de Cent Ans marque l'amorce du déclin. La Réforme qui s'oppose au culte des reliques s'accompagne d'un changement des mentalités. Et puis, il devient de plus en plus difficile, du point de vue administratif, de franchir les frontières : au 18$^{e}$ s., quiconque voulait se rendre à St-Jacques-de-Compostelle devait se munir d'un extrait de baptême légalisé par l'autorité de police, d'une lettre de recommandation de son curé, et d'un formulaire, dûment rempli, de son évêque.

Après une longue éclipse, et depuis les années 1980, les pèlerins reprennent la route de Compostelle. Si nombre d'entre eux sont animés par des préoccupations spirituelles (ce sont ceux qui se font remettre la *compostela* après avoir vénéré les reliques), randonneurs ou cyclotouristes (voire cavaliers) purs et durs sont tout aussi nombreux.

### À NE PAS MANQUER

En venant de Roncevaux (et St-Jean-Pied-de-Port) : l'abbaye de Roncevaux, l'adorable église de Sta María de Eunate, près de Puente-la-Reina, les églises d'Estella (notamment celle de San Pedro) et celle de Viana. En venant du Somport : le portail de l'église de Sta María la Real à Sangüesa.

### ORGANISER SON TEMPS

Si vous faites le vrai pèlerinage, c'est-à-dire à pied, comptez en moyenne 15 km par étape journalière.

### POUR RETROUVER LES PRINCIPAUX SITES DES CHEMINS NAVARRAIS

*Voir Roncevaux, Pampelune, Puente-la-Reina, Estella et Viana, mais aussi, plus au sud de la Navarre, Sangüesa.*

**Expérience intense et inoubliable : c'est le sentiment de tous ceux qui ont marché, pédalé ou galopé vers Compostelle. Qu'ils soient partis par conviction religieuse ou par envie de grands espaces, tous reconnaissent avoir vécu une véritable aventure, à la fois physique et humaine. Richesse des rencontres, beauté des paysages et intérêt des sites historiques sont au rendez-vous de ce parcours mythique. N'hésitez donc pas à prendre votre bâton et vos bottes de sept lieues pour le découvrir à votre tour !**

## Se promener

*Credencial en poche, voici les principaux itinéraires à suivre.*

**Camino del Norte** (Chemin du Nord)
Peu commode en raison des nombreuses embouchures de rivière à traverser, ce chemin a souffert de sa mauvaise réputation au 15e s., en raison des incursions côtières barbaresques. Il est encore aujourd'hui le moins fréquenté. Principalement suivi par les pèlerins venant de Bretagne ou d'Angleterre (encore que ceux-ci choisissent souvent la voie maritime en débarquant à Bermeo ou Bilbao), il passe par l'Aquitaine en longeant la côte par la voie de Soulac, jusqu'à Bayonne, St-Jean-de-Luz et Hendaye. Côté espagnol, il traverse au Pays basque : Irún, St-Sébastien, Zarautz, Guernica, Bermeo et Bilbao avant de se prolonger sur la Côte cantabrique. Son principal mérite aujourd'hui est d'être moins fréquenté en haute saison que le *camino francés*.

**Camino francés** (Chemin français)
Le plus connu et le plus emprunté (parfois trop en été !) est le *camino francés* (chemin français), qui traverse la Navarre et vous permet de découvrir, outre de superbes paysages, des églises et des monastères à l'architecture souvent marquée par les influences françaises. Ce « chemin français » ainsi que les monuments qui le jalonnent est classé au Patrimoine de l'humanité de l'Unesco depuis 1993.
Si vous venez du **Somport**, vous traverserez Jaca, Sta Cruz de la Serós, San Juan de la Peña, et aborderez la Navarre avec le monastère de Leyre *(voir p. 422)* et Sangüesa *(voir p. 426)* avant de rejoindre Puente-la-Reina *(voir p. 436)*.
Le trajet est plus court pour ceux qui préfèrent partir de St-Jean-Pied-de-Port et franchir le col d'Ibañeta. Au-delà de Roncevaux, l'unique et grande étape avant Puente-la-Reina est Pampelune.
Au-delà de Puente-la-Reina, le chemin vous conduit à Estella, puis Viana, avant de pénétrer dans la Rioja.

## NOS ADRESSES SUR LES CHEMINS

### HÉBERGEMENT

Rien ne vous interdit de recourir à l'**hôtellerie traditionnelle** *(voir à « Nos Adresses » des localités concernées)*, mais si vous faites le pèlerinage à pied, vous vous trouverez sans doute dans des lieux ne disposant pas d'hôtels. Sachez aussi que le **bivouac** est interdit en Espagne.

Vous serez donc amené à recourir aux services de l'assistance aux pèlerins. Pour pouvoir en bénéficier, il est indispensable d'effectuer le pèlerinage de manière « traditionnelle » (à pied, à cheval ou à vélo) et d'être porteur de sa **credencial « del peregrino »** *(voir ci-contre)*. On a recensé en Espagne quelque 300 auberges pour pèlerins **(« albergues de peregrinos », « refugios »** ou **« hospitales »)** et lieux d'accueil **(« lugares de acogida »)**, soit en moyenne une tous les 23 kilomètres.

**« Albergues »**

En dehors de certaines auberges privées qui pratiquent des tarifs raisonnables, l'hospitalité y est souvent gratuite, même si une participation à l'entretien des lieux est appréciée. Ces endroits disposent d'un coin cuisine, de douches et de toilettes. Aucune réservation n'est possible et les places sont attribuées au fur et à mesure de l'arrivée des pèlerins, les piétons bénéficiant de la priorité. En été, celle-ci s'étend aux pèlerins solitaires portant leurs affaires dans un sac à dos. Il est donc recommandé aux groupes dont les bagages sont acheminés à bord d'un véhicule d'y glisser une tente.

**« Lugares de acogida »**

Apposé dans un village, le panneau « acogida » signifie que la municipalité, la paroisse ou un particulier peuvent accueillir les pèlerins de façon très sommaire, c'est-à-dire offrir un toit, un peu de lumière et parfois même le luxe d'un robinet! Prévoir donc un sac de couchage.

Vous trouverez une liste de ces hébergements classés par chemin sur le site www.caminodesantiago.org

**La credencial**

Indispensable pour se loger en Espagne, elle permet en outre, grâce aux cachets qui y sont apposés chaque jour, d'obtenir à Santiago la *compostela*, diplôme attestant que vous avez réalisé le pèlerinage (attention : vous devez avoir marché pendant 100 km ou pédalé pendant 200 km pour la mériter). Vous pouvez vous la procurer avant de franchir la frontière aux bureaux Accueil St-Jacques de St-Jean-Pied-de-Port *(39 r. de la Citadelle)*, à St-Palais (ancien couvent des franciscains) ou à Bayonne; en Espagne, au monastère de Roncevaux ou auprès des Asosiaciones de Amigos del Camino de Santiago présentes dans des localités traversées par les chemins. Mais méfiez-vous! Depuis 2009, seules les **« credenciales oficiales »** distribuées par les autorités ecclésiastiques donnent droit à l'obtention de la *compostela*…

# Puente-la-Reina

**Gares**

★

2 867 habitants

## NOS ADRESSES PAGE 438

### S'INFORMER

**Office de tourisme** – *Casa del Vínculo - C/Mayor 105 - ✆ 948 341 301 - www.puentelareina-gares.net – de la Sem. sainte à mi-oct. : mar.-sam. 10h-14h, 16h-19h, dim. et j. fériés 11h-14h ; reste de l'année : mar.-vend. 10h-17h, sam. 10h-14h, dim. et j. fériés 11h-14h.*

### SE REPÉRER

Carte de région B2 (p. 394-395) – carte Michelin n° 573 D 24. Première étape importante sur la route de Compostelle depuis Pampelune, à 23 km au sud-ouest de la capitale navarraise par la N 111.

### SE GARER

Dans les contre-allées qui bordent la grande route.

### À NE PAS MANQUER

Les statues des églises du Crucifix et de St-Jacques.

**Cette capitale du piment n'a pas toujours hébergé paysans et maraîchers. Son plan typique de village-rue, où toute la vie se concentre, est caractéristique des villes de pèlerinage. Carrefour des deux chemins traversant la Navarre, Puente-la-Reina (Pont de la Reine) était et reste une étape clé de la route de Compostelle. Aujourd'hui, une nationale a remplacé l'ancien chemin des pèlerins. Mais vous pourrez encore fouler de vos pieds le vieux pont jeté sur l'Arga et flâner à loisir le long de la calle Mayor.**

## Se promener

Le vénérable **pont en dos d'âne** qui enjambe le río Arga fut construit au 11e s. pour permettre le passage des pèlerins se rendant à St-Jacques. À l'entrée de la ville en venant de Pampelune, un pèlerin en bronze signale ce point de rencontre entre les deux *caminos*.

### L'IMPORTANCE DU PÈLERINAGE

Point de convergence des deux branches du *camino francés*, celle de Roncevaux et le tronçon toulousain, Puente-la-Reina doit son existence aux pèlerins. C'est Alphonse Ier qui en ordonna en 1121 la création, de façon à peupler l'itinéraire et à en tirer profit grâce aux péages et aux échanges commerciaux. Au 14e s., la cité compte cinq quartiers et s'est entourée de remparts. Après le déclin du pèlerinage, elle s'est reconvertie dans l'agriculture, et notamment le piment.

**Iglesia del Crucifijo** (Église du crucifix)
*✆ 948 340 050 - tlj 9h-20h.* Premier monument pour les jacquets arrivant de Pampelune, elle se trouvait hors les murs et communiquait par un porche avec l'ancien hospice des pèlerins. Accolée à la nef d'origine (12e s.), une nef postérieure (14e s.) abrite la fameuse croix en Y et son **Christ★** en bois d'un expressionnisme violent. Il aurait été rapporté d'Allemagne par un pèlerin du 14e s. Engagez-vous à pied dans l'étroite **calle Mayor**, très élégante avec ses maisons en briques dorées, ses blasons (nos 27, 61, 66) et ses avant-toits de bois sculpté (nos 15, 19, 29, 33, 46, 80), qui mène au pont.

**Iglesia de Santiago** (Église St-Jacques)
*✆ 948 341 301 - lun.-sam. 10h30-14h, 17h-20h, dim. 10h30-14h.* Son **portail roman★** fourmille de figures presque effacées. La nef, refaite au 16e s., a été décorée de retables. Remarquez, face à l'entrée, un **saint Jacques★** pèlerin en bois doré et, son pendant, le **saint Barthélemy★** (14e s.).
*La calle Mayor aboutit au pont.*
Sur la gauche, les rues mènent à l'église de **San Pedro** (St-Pierre, 14e s.), qui conserve, depuis le 19e s., la **Vierge de Txori** (16e s.), autrefois postée sur le pont.



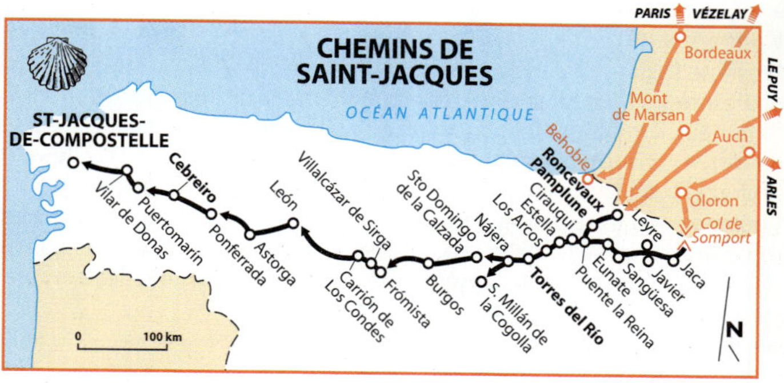


## À proximité Carte de région p. 394-395

**★ Cirauqui**/Zirauqui B2
*7 km à l'ouest par la N 111.*
Le long des ruelles tortueuses bordées d'escaliers se pressent des façades à demi blanchies, ornées de portes arrondies, de balcons, blasons et corniches sculptés. En haut du village (montée difficile), l'église de San Román possède un **portail★** du 13e s. polylobé, semblable à celui de San Pedro de la Rúa à Estella.

## Circuit conseillé Carte de région p. 394-395

**ROUTE DES ÉGLISES** B2

---

*Circuit de 20 km tracé sur la carte de région (p. 394-395) – Comptez environ 1h30. Quittez Puente-la-Reina par la N 111 en direction de Pampelune, puis tournez presque immédiatement à droite dans la NA 601. Parvenu à la hauteur d'Obanos, prenez à droite la route qui monte vers les collines face à Obanos.*

**Capilla Santa María de Arnotegui** (Chapelle Ste-Marie de Arnotegui)
*Comptez 1 km de piste à partir de la fin de la route goudronnée.*
Protégée par un petit mur défensif, cette sobre chapelle se compose d'un simple narthex et d'une pièce dans laquelle l'autel est encadré de retables baroques. Notez la statue de la Vierge en bois et respirez l'odeur de pin. Contemplez également les alentours depuis son parvis, car elle est juchée au sommet d'une colline.
*Revenez sur la NA 601, tournez à droite et dépassez Obanos. Au prochain carrefour, tournez à droite vers Campanas. Suivez les panneaux indiquant « Santa María de Eunate ».*

★★ **Iglesia de Santa María de Eunate** (Église Ste-Marie de Eunate)
*31152 Murazábal - ✆ 948 341 301 - juil.-sept. : 10h30-13h30, 17h-20h ; mars-juin et oct. : 10h30-13h30, 16h-19h ; janv.-fév. et nov. : 10h30-14h30 - fermé lun. et déc. - gratuit.*
Cette chapelle romane si harmonieuse de proportions reste d'origine énigmatique. La découverte d'ossements tend à accréditer la thèse d'une chapelle funéraire établie sur le chemin du pèlerinage qui, à l'époque, venait de Toulouse (la même thèse prévaut pour la chapelle de Torres del Río - *voir « Viana », p. 446*).
On estime sa date de construction aux alentours de 1170. Sa structure octogonale intègre un petit chevet pentagonal proche du style cistercien. Quant à l'intérieur, il trahit des influences musulmanes avec les huit nervures à section carrée convergeant vers le centre à la façon mozarabe, sans clé de voûte. Admirez les 26 chapiteaux, sculptés, pour beaucoup, de motifs végétaux.
La galerie extérieure, aujourd'hui curieusement découverte, se rattachait à des bâtiments annexes ; elle servait d'abri aux pèlerins. *Eunate*, en basque, signifie « cent portes ». Un surnom qui fait référence aux arcades entourant le sanctuaire.
*Revenez sur la NA 601 et reprenez la direction de Puente-la-Reina.*

**Obanos**
Église avec une fine tour-clocher. Un arc introduit le visiteur sur la plaza de los Fueros en forme d'entonnoir, sur laquelle se dresse un crucifix.
*Revenez à Puente-la-Reina.*

## NOS ADRESSES À PUENTE-LA-REINA

**HÉBERGEMENT ET RESTAURATION**

**POUR SE FAIRE PLAISIR**

**Hôtel El Peregrino** – *Irunbidea, s/n - 1 km au nord-est de Puente-la-Reina par la rte de Pampelune - ✆ 948 340 075 - www.hotelelperegrino.com - fermé 10-31 janv., dim. soir et lun. - 12 ch. 183/270 € - ☕ 21,60 €.* Restaurant de charme installé dans une magnifique maison de pierre. Le décor soigné crée une ambiance idéale pour se délecter d'une cuisine aux touches créatives. Salle à manger avec vue sur le jardin et la piscine.

# Estella

**Lizarra**

★★

14 207 habitants

NOS ADRESSES PAGE 445

### S'INFORMER

**Office de tourisme** – *C/San Nicolás, 3 - 948 556 301 - www.estella-lizarra.com – de la Sem. sainte à mi-oct. : lun.-sam. 10h-14h, 16h-19h, dim. 10h-14h ; reste de l'année : lun.-vend. 10h-17h, w.-end 10h-14h.*

### SE REPÉRER

Carte de région A2 (p. 394-395) – carte Michelin n° 573 D 23.

Estella se trouve sur le versant sud des sierras d'Andía et d'Urbasa, à côté de la N 111 qui relie Pampelune (36 km au nord-est) à Logroño (48 km au sud-ouest).

### SE GARER

Le long de la rivière, dans le parking jouxtant la station des autobus, plaza de la Coronación.

### À NE PAS MANQUER

L'église de San Pedro et son cloître.

### ORGANISER SON TEMPS

Flânez une journée dans la ville, en vous réservant la fin de la journée pour prendre un verre sur la plaza de los Fueros.



**Bâtie dans un cadre grandiose, Estella (Étoile) est une étape importante sur le chemin de St-Jacques. Son riche patrimoine lui a valu d'être surnommée « capitale de l'art roman navarrais » par l'historien Julio Caro Baroja. Après avoir admiré les trésors de son centre historique, profitez-en pour faire une sieste sur l'herbe tendre des rives de l'Ega ou vous promener en humant l'odeur des essences d'arbres qui longent la rivière. Ne repartez pas sans avoir goûté à la spécialité : le cochon de lait, si bien cuisiné qu'il est réputé comme étant le meilleur de la région.**

## Se promener

### Plaza de San Martín

À l'origine, c'était le centre du quartier des « francos », tout bouillonnant de l'animation de ses échoppes et de ses auberges. Aujourd'hui, rien ne trouble le calme de cette harmonieuse petite place, si ce n'est le clapotis de sa fontaine. Sur l'un des côtés, l'ancien hôtel de ville arbore une façade blasonnée du 18e s.

*Prenez la calle San Nicolás.*

★ **Palacio de los Reyes de Navarra** (Palais des Rois de Navarre)
*San Nicolás, 1.* Proche de la plaza de San Martín, le palais des Rois de Navarre est un exemple exceptionnel d'architecture civile romane du 12e s. Sa longue façade est percée d'arcades et de baies géminées remarquables par leurs chapiteaux. Il abrite aujourd'hui le **musée Gustavo de Maeztu y Whitney**.
★ **Musée Gustavo de Maeztu** – *✆ 948 546 037- www.museogustavodemaeztu.com - mar.-sam. 11h-13h, 17h-19h, dim. et j. fériés 11h-13h30 - gratuit.* Installé dans l'ancien palais des Rois de Navarre, ce musée rassemble sur deux niveaux les œuvres du peintre Gustavo de Maeztu y Whitney (1887-1947), né à Vitoria en Álava, d'un père cubain (originaire de Navarre) et d'une mère anglaise. Il grandit et étudie les beaux-arts à Bilbao. Il part à Paris, voyage à travers l'Espagne pour visualiser et fixer scènes et paysages et vit entre Madrid et Barcelone. Après un séjour à Londres, il revient et s'installe à Estella à partir de 1936. Il y restera jusqu'à sa mort en 1947.
Travail de la couleur, souci du détail dans les paysages comme dans les personnages, son trait déborde de puissance et d'épaisseur. Le premier palier aborde la représentation de la femme, le second présente des dessins, des esquisses, des portraits et des scènes rurales.

### Iglesia de San Pedro de la Rúa

*Fermée pour travaux (réouverture prévue pour le printemps 2012).*
Sur les contreforts de la falaise où se trouvait le château, l'église se dresse face au palais des Rois de Navarre. Le bâtiment garde des parties remarquables des 12e et 13e s.
Le **portail★**, au sommet d'un escalier monumental, ouvre sur le mur nord ; les chapiteaux et les voussures sont richement sculptés, mais son originalité réside dans l'arc d'entrée en tiers-point, bordé de petits lobes, qui témoigne de l'influence de l'art califal. On peut voir des portails de même type dans la région, à Puente-la-Reina et à Cirauqui, d'autres en Saintonge et dans le Poitou. À l'intérieur, remarquez les trois absides romanes : dans celle du centre, une Vierge à l'Enfant romane, un Christ gothique et une colonne faite de

### « ESTELLE LA BELLE »

C'est ainsi que l'appelaient au Moyen Âge les pèlerins de St-Jacques-de-Compostelle. Estella était une étape importante du « chemin » et, de ce fait, possède plusieurs monuments de grande valeur artistique datant pour la plupart de l'époque romane. En outre, en 1076, le roi Sanche Ramírez lui avait attribué certains privilèges qui attirèrent des commerçants et des aubergistes, essentiellement des « francos », souvent originaires du Puy-en-Velay. La plupart s'établirent sur la rive droite de l'Ega. Un siècle plus tard, les Navarrais obtinrent à leur tour les mêmes privilèges et s'installèrent de l'autre côté de la rivière.
Les pèlerins venaient vénérer la Vierge du Puy, dont le sanctuaire, reconstruit dans le style moderne, se dresse à l'emplacement où, le 25 mai 1085, selon la légende, des bergers, alertés par une pluie d'étoiles, découvrirent une statue de la Vierge. Des hospices que l'on y avait construits, celui de St-Lazare réservé aux lépreux était le plus célèbre.

### ENFANT DU PAYS

Estella est la ville natale du meilleur *rejoneador* (toréro à cheval) de ces quinze dernières années (et selon certains, de l'histoire de cet art) : **Pablo Hermoso de Mendoza**, né en 1966.

Palais des Rois de Navarre.
*F. J. Fdez. Bordonada/Age fotostock*



trois serpents entrelacés ; dans l'abside gauche, un crucifix roman.
Le **cloître★** roman a perdu deux galeries au 16e s. lorsque l'on fit sauter le château voisin. La virtuosité technique et l'esprit inventif réalisés sur les **chapiteaux★★** font regretter les parties manquantes. La galerie nord représente des scènes de la vie du Christ et des saints Laurent, André et Pierre. Les thèmes végétaux et animaliers occupent la galerie ouest, où l'architecte facétieux a glissé un groupe de quatre colonnes obliques.
Au bout de la rue, un arc marque l'ancienne entrée de la cité.
*Revenez sur vos pas et continuez dans la calle de la Rúa.*

### Calle de la Rúa

C'était le chemin qu'empruntaient les pèlerins. Au n° 7, le palais de frère *(fray)* Diego de Estella présente une façade plateresque décorée d'un blason. Il abrite aujourd'hui la maison de la culture, l'occasion d'aller jeter un œil au patio intérieur à colonnades. Admirez au n° 6 le toit monumental du palais San Cristóbal, et les arcades gothiques des nos 25, 27, 28 et 31, correspondant à d'anciennes boutiques et à des hospices jacobites. Le palais du Gouverneur (nos 27-29) abrite depuis le printemps 2010 le **musée du Carlisme** - *☏ 948 552 111 - www.museodelcarlismo.navarra.es - mar.-sam. 10h-14h, 16h-19h, dim. et j. fériés 11h-14h - fermé 6 août, 25 déc., 1er janv. - 2 € (-18 ans gratuit).* Celui-ci présente une collection de documents, objets, dessins et peintures qui retracent l'histoire du mouvement politique carliste : son origine et son évolution jusqu'à la fin de la guerre civile espagnole. Des expositions temporaires nous renseignent également sur le sujet à travers des objets variés tels des uniformes, des armes, des timbres, des monnaies, des lettres, etc.
La rue débouche sur les berges où se dresse l'église du Santo Sepulcro (*passez sous le pont routier*).

### Iglesia del Santo Sepulcro (Église du St-Sépulcre)

Elle vaut surtout pour son **portail★** nettement gothique. On reconnaît sur trois registres : la Cène, les trois Marie au Sépulcre et l'Enfer, le Calvaire et la

Résurrection. Les niches qui encadrent le portail abritent des saintes et des saints traités avec un certain maniérisme.

*Passez sur l'autre rive par le pont de la Cárcel (reconstruit en 1973) et montez la calle Asteria dans son prolongement pour rejoindre l'église San Miguel.*

### Iglesia San Miguel

*Juil.-sept. : 10h-13h, 17h-20h ; reste de l'année : 11h-13h, 17h-20h.*

Elle se trouve dans un quartier qui était peuplé de Navarrais à la fin du 12e s., et dont les rues étroites ont gardé un cachet médiéval. Son **portail nord★**, appelé « portail de l'Évangile », semble avoir été conçu comme un défi lancé aux habitants de l'autre rive *(voir encadré p. 444)*. Au tympan, le Christ est entouré des évangélistes et de personnages énigmatiques. Sur les voussures, on distingue des anges portant des encensoirs, les vieillards de l'Apocalypse, les prophètes et patriarches, des scènes évangéliques et des martyres de saints. Sur les chapiteaux : enfance du Christ et scènes de chasse. Sur les murs au registre du haut, huit statues-colonnes représentent des apôtres. Au registre du bas, deux **hauts-reliefs★★**, les plus achevés et expressifs du portail, montrent à gauche saint Michel terrassant le dragon, à droite les trois Marie au Sépulcre. Par la noblesse des attitudes, l'élégance des drapés, l'expression des visages, cette dernière scène est un chef-d'œuvre de la sculpture romane.

L'intérieur est très dépouillé à l'exception de retables dorés, baroques ou néoclassiques. Notez le retable peint dans le transept gauche.

*Dirigez-vous vers la plaza de los Fueros et traversez-la. Prenez la rue qui la prolonge à gauche, coupez par une seconde place, la plaza de Santiago, pour monter ensuite à la basilique (fléchée).*

### Basílica Nuestra Señora del Puy (Basilique N.-D. du Puy)

Située sur la colline qui domine San Miguel et la plaza de los Fueros (place des Fors), il s'agit d'une église moderne construite entre 1929 et 1951 par l'architecte Víctor Eusa (1894-1990), très actif à Pampelune et dans la région. Une statue de la Vierge à l'Enfant, datée de la fin du 13e s., trône en son centre (beau travail d'orfèvrerie), mise en valeur par les jeux de lumière et le travail du bois qui caractérisent l'édifice. On y voit de nombreuses étoiles.

*Revenez sur vos pas jusqu'à la plaza de los Fueros, dépassez-la et suivez par la droite la calle de la Carpinteria qui aboutit à la calle Mayor. Celle-ci vous ramènera, par la gauche, à la rivière et au pont qui fait presque face à la plaza San Martín.*

## À proximité Carte de région p. 394-395

### Lerín B3

*23 km au sud par la NA 122 en direction de Calahorra.*

**Église de la Asunción** – *Ouv. aux heures d'office ou de neuvaine.* Un splendide **retable**a rococo, exécuté en 1762 par Diego de Camporredondo, occupe tout le chœur de l'église, qui possède une impressionnante hauteur sous voûte.

## Circuits conseillés Carte de région p. 394-395

### LA ROUTE DES COLS A2

*Circuit de 96 km tracé sur la carte de région (p. 394-395) – Comptez environ 2h. Quittez Estella vers le nord par la NA 120.*

## ★ Monasterio de Iranzu à Abárzuza

*À 9 km d'Estella, accès signalé de la NA 120, presque à la sortie d'Abárzuza, sur la gauche. Ne manquez pas le panneau !*

*✆ 948 520 047 - www.monasterio-iranzu.com - mai-sept. : tlj 10h-14h, 16h-20h ; reste de l'année : tlj 10h-14h, 16h-18h - 2,50 € (-12 ans 1,50 €).*

Isolé dans une **gorge★** sauvage, cet ancien monastère cistercien, construit à la fin du 12e s., a été restauré à partir de 1942 après une longue période d'abandon, et abrite aujourd'hui une communauté de théatins (membres d'un ordre religieux catholique ayant fait vœu de pauvreté, chasteté et obéissance) créée en 1524 par saint Gaëtan de Thiène, prêtre de Rome, et Jean-Pierre Carafa, évêque de Chieti et futur pape Paul IV, en vue d'une meilleure formation pour les clercs. C'est un bon témoignage de l'architecture cistercienne à la transition du roman et du gothique. Les fenêtres du cloître – celles qui n'ont pas été décorées par la suite d'un remplage (armature de pierre entourant les vitraux des fenêtres polylobées) gothique très fleuri – sont caractéristiques du style : arcatures romanes, oculus et grand arc de décharge. Parmi les salles donnant sur ses galeries, en plus de la salle capitulaire, voyez la cuisine dotée d'une gigantesque cheminée intérieure. L'église est voûtée d'ogives assez frustes et son chevet plat est décoré d'un « triplet » (ensemble composé de trois fenêtres symbolisant la Trinité), ce qui est fréquent chez les cisterciens.

*Reprendre la NA 120.*



## ★★ Puerto de Lizarraga (Col de Lizarraga)

Juste à la sortie du tunnel (alt. 1 090 m) et avant d'amorcer la descente rapide au milieu des prairies et des bois, arrêtez-vous un instant au **belvédère★ (mirador)** qui domine la verdoyante vallée d'Ergoyena.

*Continuez jusqu'à Etxarri-Aranatz.*

## Dolmens d'Etxarri-Aranatz/Echarri-Aranaz

*Sortez d'Etxarri après le centre-ville, en direction de Beasain. Après le pont vient une rotonde ; suivez la signalisation du camping. Vous passerez devant une sorte de carrière-entrepôt et, plusieurs centaines de mètres plus loin, vous trouverez le camping. Vous pouvez vous garer à l'extérieur. Demandez une documentation à l'accueil ou bien suivez les panneaux d'orientation à l'entrée du parking.*

Les deux randonnées *(de 1h30 et 4h)* empruntent, pour commencer, le même chemin, agréablement ombragé par des chênes et des hêtres, et qui longe le camping puis une rivière. Au bout d'une trentaine de minutes, les sentiers bifurquent, le plus court partant à droite et le plus long continuant tout droit. Ce dernier passe à proximité de nombreux dolmens (10, contre 2 pour l'autre randonnée).

*Prenez la N 2410 vers l'ouest jusqu'à Alsasua/Altsasu et, là, tournez à gauche vers Estella-Lizarra sur la NA 718.*

## ★★ Puerto de Urbasa (Col d'Urbasa)

L'ascension au col, assez raide et rythmée par l'alternance de rochers massifs et de bosquets, est d'une beauté sauvage. Par contraste, le grand vallon boisé que l'on traverse ensuite apparaît d'une aimable fraîcheur. À la descente, après le col (927 m), les vues sont embellies par de hauts escarpements calcaires, puis vous cheminerez dans les gorges du río Urenderra aux eaux limpides.

*La NA 718 vous ramène à Estella.*

**QUERELLES DE CLOCHER**

Le monastère d'Irache fut dirigé pendant la deuxième moitié du 11e s. par un certain Veremundo (Bermond). Quelques miracles et la charité de l'abbé ont valu à ce dernier d'être canonisé et désigné patron des chemins de St-Jacques en Navarre. Seulement voilà : deux villages voisins, Villatuerta et Arellano se disputent l'honneur d'être le lieu de naissance du saint homme. C'est pourquoi (et pour ne pas faire de jaloux), tous les cinq ans, le 10 août (la prochaine fois en 2013), le coffret renfermant les reliques de l'abbé est transféré d'un village à l'autre dans une ambiance de kermesse.

## SUR LES PAS DES PÈLERINS A2-3

*Circuit de 30 km tracé sur la carte de région (p. 394-398) – Comptez environ 3h. Quittez Estella vers Ayegui. Le monastère se trouve à la sortie de ce village.*

### ★ Monastère de Irache/Iratxe (à Ayegui) A2

*948 554 464 - avr.-oct. : mar. 9h-13h30, merc.-vend. 9h-13h30, 17h-19h, w.-end et j. fériés 9h-13h30, 16h-19h ; reste de l'année : mar. 10h-13h30, merc.-dim. 10h-13h30, 16h30-18h - fermé de mi-déc. à fin janv., lun. et mar. apr. midi - gratuit.*

Dès le 10e s. une abbaye bénédictine existait ici. Étape importante sur le chemin de St-Jacques (son hôpital accueillait les pèlerins), elle adopta la règle cistercienne, puis devint au 16e s. un centre universitaire dirigé par les bénédictins. Le monastère a fermé ses portes en 1839 alors qu'il abritait encore quelques moines (jusqu'en 1985). La reconversion de certains bâtiments conventuels en *parador* (hôtel de luxe) est actuellement en projet.

★ **Iglesia** – L'abside d'un roman très pur fait face à une nef où la croisée d'ogives reste primitive. À la Renaissance, la coupole sur trompes a été refaite et le *coro alto* ajouté. La façade, comme la plupart des bâtiments conventuels, a été reconstruite au 17e s. Admirez le beau travail de bois et d'orfèvrerie de la **statue de la Vierge★★**.

**Cloître** – D'architecture Renaissance, le cloître est orné d'une fontaine moussue et décoré de culs-de-lampe et de chapiteaux relatant la vie du Christ et de saint Benoît.

Avis aux amateurs de vin : les chais qui bordent le monastère jouxtent le chemin de St-Jacques. C'est donc d'abord à l'attention des pèlerins qu'a été aménagée dans le mur même de la bodega une fontaine… à vin, mais rien n'empêche de goûter au breuvage…

*Après le monastère, continuez la route pour rejoindre la N 1110 en direction de Los Arcos. Villamayor de Monjardín sera à droite après 4 km.*

### Villamayor de Monjardín A2

Village-étape sur la route de Compostelle, il comporte une jolie église du 12e s., **San Andrés**, au portail roman et au clocher baroque (18e s.). L'édifice est censé être ouvert toute la journée, mais s'il pleut, la personne en charge de son entretien peut décider de la fermer pour limiter les empreintes boueuses des pèlerins sur le sol immaculé.

Légèrement en dehors de la commune, sur le chemin de St-Jacques (signalisation à l'entrée du village), se dresse une **fontaine gothique**a, dite « Fuente de los Moros » (fontaine des Maures). Plutôt romantique avec son escalier qui descend jusqu'à une piscine d'eau pure. Si vous voulez poursuivre sur la route de Compostelle, continuez sur la N 111 jusqu'à Los Arcos. Sinon, vous pouvez revenir sur Estella via Arellano.

*À l'entrée de Villamayor (côté Estella), prenez la petite route de Luquín et dans ce village, sur votre gauche, la NA 6340. Au-delà d'Arróniz, vous prendrez, toujours à gauche, la NA 6341 en direction de Dicastillo. Contournez ce village par la NA 6342 (encore à gauche) qui conduit à Arellano.*

### Arellano A3

**Église San Román** – *Demandez la clé à la mairie.* Jolie petite église close d'un muret contre lequel courent de petits bancs de pierre. L'intérieur abrite des grisailles et une fresque d'une hauteur de 3 m représentant saint Christophe portant l'Enfant Jésus (16e s.). De part et d'autre du retable, vestiges d'une fresque du 14e s. : l'Annonciation et un apôtre.

*Revenez à Estella par Dicastillo, puis la NA 122.*

## NOS ADRESSES À ESTELLA

### HÉBERGEMENT

#### PREMIER PRIX

**Hôtel Fonda San Andrés** – *Plaza de Santiago, 50 - ✆ 948 550 448 ou 948 554 158 - 24 ch. 42 €.* Cet hôtel occupe un bel édifice dont la façade en brique, ornée de balcons, attire le regard. L'intérieur reste plus modeste. Les chambres, impeccablement tenues et meublées dans le style castillan, possèdent, pour certaines, une petite terrasse. Dans le salon, fauteuils confortables et TV avec écran panoramique.

#### BUDGET MOYEN

**Hôtel Yerri** – *Avda de Yerri, 35 - ✆ 948 546 034 - www.hotelyerri.es - P - 24 ch. 67 € - ☕ 7,50 € - 1/2 P 19,50 €.* Voici un hôtel pratique, situé à moins de 10mn à pied du centre-ville. Ses chambres, confortables et bien équipées, affichent un style actuel. Au restaurant : décor coloré, éclairage soigné et tables bien dressées.

#### POUR SE FAIRE PLAISIR

**Hôtel Irache** – *Prado de Irache, 7 - Ayegui - ✆ 948 551 150 - www.hotelirache.com - P - 31 ch. 88 € - ☕ 6 € - rest. 21 €.* Cet hôtel propose des chambres classiques et des appartements de type studio avec chambre séparée. Dans la salle à manger de style rustique, on appréciera le service.

### RESTAURATION

#### PREMIER PRIX

**Casa Faustina** – *Magdalena, 58 - Barindano - ✆ 948 539 493 ou 948 539 150 - tlj en août ; reste de l'année : w.-end et j. fériés - fermé le soir - 16 €.* Vous ne serez pas déçu par cette petite adresse fort sympathique. Le décor des différentes salles, composé de troncs d'arbres noués, de tableaux et de figurines en terre cuite, surprend. Dans l'assiette, on trouvera une bonne cuisine familiale ; on pourra également choisir le menu dégustation.

#### POUR SE FAIRE PLAISIR

**Navarra** – *Gustavo de Maeztu (Los Llanos), 16 - ✆ 948 551 069 - fermé janv., 25 déc., dim. soir et lun. - 24/39 €.* Installé dans une ancienne villa avec jardin, ce restaurant affiche une décoration de style navarrais médiéval. À l'intérieur, on découvrira un aménagement et un décor soignés : tables en *azulejos*, linge de table raffiné.

# Viana

★

3 937 habitants

## NOS ADRESSES PAGE 449

### S'INFORMER

**Office de tourisme** – *Dans la mairie, pl. de los Fueros, 1 - ✆ 948 446 302 - www.viana.es – juin-août : lun.-sam. 9h-15h, 17h-19h, dim. 10h-14h ; reste de l'année : lun.-sam. 9h-15h – fermé 22 juil.*

### SE REPÉRER

Carte de région A3 (p. 394-395) – carte Michelin n° 573 E 22.

En lisière de Navarre, Viana se trouve sur la route de Compostelle, à 39 km au sud-ouest d'Estella sur la N 111. La capitale de la Rioja, Logroño, n'est qu'à 10 km au sud-ouest dans le prolongement de cette voie importante de pèlerinage.

### SE GARER

En dehors des remparts, à côté de l'église St-Francis (iglesia San Francisco), ou bien dans la vieille ville, sur la plaza del Coso.

### À NE PAS MANQUER

La chapelle romane de El Santo Sepulcro de Torres del Río.

### ORGANISER SON TEMPS

Partez de Viana pour rayonner une journée sur les contreforts des sierras d'Urbasa et de Santiago de Loquiz.

**La taille du bourg, niché derrière ses remparts, ne révèle pas son importance comme étape sur le chemin de St-Jacques-de-Compostelle, la dernière en terre navarraise. Il suffit de se rendre sur le parvis de sa magnifique église pour y retrouver l'ambiance sereine des pèlerins au repos.**

## Se promener

### Plaza de los Fueros (Place des Fors)

Une fois franchi l'arc séparant la vieille ville de ses anciens faubourgs, on pénètre sur cette petite place délimitée par l'hôtel de ville et le parvis clos de l'église, pavé de galets et planté d'arbres.

**Casa consistorial** (Hôtel de ville) – 17e s. Identifiable à ses arcades et au gigantesque blason qui orne la balustrade entre ses deux tours, elle déploie une belle façade à la fois Renaissance et plateresque.

### ★★ Église de Sta María de la Asunción

De style gothique et fortifiée, elle fut édifiée entre 1250 et 1312.

★ **Portail Renaissance** – Monumental, il représente différentes scènes des Évangiles, depuis Jésus priant au mont des Oliviers à gauche de la porte, jusqu'à la Passion à droite, en passant par l'Annonciation et la Nativité. Surplombant le tympan, la Crucifixion et la Descente de croix, surmontées d'un demi-dôme à caissons.

★ **Intérieur** – Retables baroques du 17e s. dans les chapelles encadrant le chœur (celle de droite expose une jolie Vierge du 14e s.). Admirez les fresques de José Bravo et notez les chaires baroques décorées d'angelots.
Dans l'atrium, vous verrez la pierre tombale de César Borgia, fils du pape Alexandre VI, cardinal et frère de la célèbre Lucrèce, tombé en 1507 au pied des remparts de Viana alors qu'il combattait pour son beau-frère, roi de Navarre.

### Calle de Sta María

Fondée en 1219 par Sanche VII le Fort, Viana s'est développée grâce à sa position stratégique sur le chemin de Compostelle. Les maisons de sa rue principale témoignent encore de l'importance des hospices et auberges qui la ponctuaient. Elle longe l'église et mène à la plaza del Coso.

### Place del Coso

Le nom de cette place désignant l'enceinte où courent les taureaux rappelle qu'ici avaient lieu autrefois les corridas, que les autorités présidaient depuis le « balcón de toros », édifice élevé en 1683 et doté d'un avant-toit travaillé. Remarquez en chemin un autre avant-toit ouvragé (à caissons celui-ci).
*Revenez sur la plaza de los Fueros et dépassez-la.*
Dans cette direction, la rue principale est bordée de maisons blasonnées (nos 2, 3 et 9) ou ornées d'un avant-toit sculpté (n° 12). Elle aboutit à l'église de San Pedro.



### Église de San Pedro

Ses ruines laissent entrevoir une architecture gothique (13e s.) et conservent un portail baroque de 1740.
Derrière l'église, on accède, par la ruelle de l'ancien cimetière et la muraille du 13e s., à un petit **jardin** aménagé sur les anciens remparts.
*Ressortez de la vieille ville par la plaza de los Fueros.*
**Le couvent et l'église St-Francis (iglesia San Francisco)** du 17e s. font face à l'arche donnant accès au centre historique de Viana. Le premier a été transformé en résidence pour personnes âgées, la seconde paraît inemployée (17e s.).

## Circuit conseillé Carte des environs de Viana p. 448

*Circuit de 110 km au départ de Viana, tracé sur la carte (voir page suivante) – Comptez environ 4h.*
*Quittez le bourg par la N 1110 en direction d'Estella.*

### Torres del Río

Petit village concentré sur le sommet d'une colline couronnée par son église paroissiale. Prenez le temps de vous asseoir dans son jardinet pour admirer la vue.

### ★ Iglesia del Santo Sepulcro (Église du St-Sépulcre)

*666 988 255 - demandez la clé à Carmen ou Ofelia (comme indiqué sur les panonceaux de l'enclos). Sinon, renseignez-vous au bar - 1 €.* À mi-hauteur dans le village. C'est un curieux édifice roman de plan octogonal, construit vers 1200. S'agissait-il d'une chapelle funéraire ? C'est probable. Toujours est-il que vous remarquerez sûrement sa ressemblance avec la chapelle d'Eunate. À l'intérieur, les lignes verticales dominent ; la magnifique **coupole**★ en étoile, d'influence mudéjar, est d'une géométrie parfaite. L'acoustique y est particulièrement bonne, comme vous pourrez le constater si certains pèlerins entonnent des chants. Les minuscules fenêtres disposées au bout des branches de l'étoile, les modillons et chapiteaux historiés sont les seuls éléments décoratifs.

### Sansol

Quelques maisons anciennes en assez bon état entourent une petite église postée sur le haut d'une colline. Belle vue sur le village de Torres del Río.

*La N 1110 se dirigeant vers Los Arcos laisse derrière elle les collines douces pour un paysage plus âpre.*

*Reprenez la route en direction d'Estella et prenez la direction de Mués à Los Arcos. Dépassez le village et tournez ensuite à droite, vers Sorlada, que vous traverserez. La basilique est fléchée.*

### ★ Basílica de San Gregorio Ostiense à Sorlada

*✆ 696 255 598 - lun.-vend. sur rdv, w.-end 9h-20h.* Depuis sa crête, ce temple baroque richement décoré domine à la fois la commune de Mués et les maisons de grès rose de Sorlada. Admirez son beau portail Renaissance. Le lieu est habituellement empreint de tranquillité mais affiche complet les jours de fêtes religieuses.

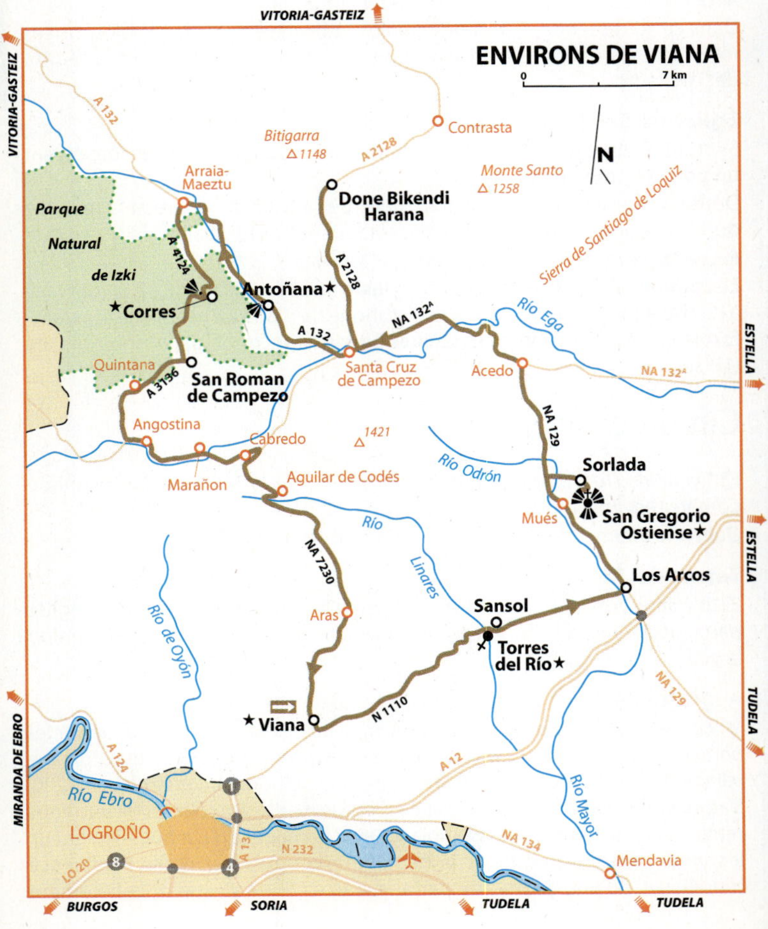

*Revenez sur la NA 129 et poursuivez jusqu'à Acedo. Là, tournez à gauche en direction de Sta Cruz de Campezo. À l'entrée du village, prenez à droite l'A 2128.*

### Done Bikendi Harana

L'**église de San Vincente** arbore un auvent et un portail Renaissance, tandis que son chœur abrite un superbe **retable**★★ polychrome de 1516 récemment restauré. Surélevé, il illustre richement quelques épisodes de la Passion du Christ comme la Cène ou son arrestation. Admirez la richesse des détails, l'expression des anges et des démons ainsi que la vivacité des couleurs de l'ensemble *(demandez la clé à la ferme qui se trouve au bas des marches).*
*Retournez à Sta Cruz de Campezo pour emprunter l'A 132, vers Vitoria-Gasteiz.*

### ★ Antoñana

Hameau de la commune de Campezo/Kampezu accroché à flanc de colline. Les anciens vous diront qu'Antoñana est le plus ancien village de l'Álava et, de fait, il a conservé une très jolie maison-porche médiévale à pans de bois pour marquer son entrée. Ses anciennes murailles servent de murs de soutènement aux demeures du bas.
*Poursuivez sur cette route jusqu'à Arraia-Maetzu et tournez à gauche dans l'A 4124.*

### ★ Corres

Le village mérite que l'on s'y arrête, non seulement parce qu'un panneau du **parc d'Izqui** y présente les différentes randonnées possibles sur la région et qu'un petit chalet y fait office de Maison du parc, mais aussi parce que le bourg se situe en surplomb d'un défilé.
En sortie de village, garez-vous sur le côté si vous le pouvez de façon à admirer le **panorama**★.
Des balisages de randonnées parsèment le village et débutent également au niveau de l'église.
*Reprenez la route pour rallier San Roman de Campezo.*

### San Roman de Campezo

Hameau champêtre servant de point de départ à différentes randonnées.
**Sanctuaire rupestre** – *Montez jusqu'au lavoir en haut du village et commencez l'ascension après l'église. Comptez 45mn. Très bien balisé.*
La pente peut paraître parfois ardue, mais on est récompensé par la beauté du chemin qui laisse entrevoir les monts environnants pour déboucher ensuite sur un col ouvert au vent.
*Revenez à Viana en prenant la direction de Quintana, puis d'Angostina et de Marañón. Après Cabredo, tournez à droite dans la NA 7200 en direction d'Aguilar. À la hauteur du bourg, dans le lacet, ne manquez pas sur votre droite la NA 7230 qui vous ramènera à Viana.*

## NOS ADRESSES À VIANA

#### HÉBERGEMENT

UNE FOLIE

**Palacio de Pujadas** – *Navarro Villoslada, 30 - ✆ 948 646 464 - www.palaciodepujadas.com - 24 ch. et suites 90/150 € - rest. 9,50/15 €.* Une nuit dans un palais du 16e s. superbement restauré et doté de belles et vastes chambres...

#### AGENDA

**Fête de la Madeleine** – (22 juil.). Défilé de vaches, *gigantes* et *cabezudos*. Concerts.
**Fête de la Vierge de la Nieva** – (2e w.-end. de sept.).

# Olite

**Erriberri**

★★

3 722 habitants

NOS ADRESSES PAGE 456

**S'INFORMER**

**Office de tourisme** – *Pl. de los Teobaldos, 10 - ☎ 948 741 703 - www.olite.es ou www.navarra.es - de la Sem. sainte au 12 oct. : lun.-sam. 10h-14h, 16h-19h, dim. 10h-14h ; reste de l'année : lun.-sam. 10h-14h, 15h-18h, dim. 10h-14h.*

**SE REPÉRER**

Carte de région B3 (p. 394-395) – carte Michelin n° 573 E 25.

Depuis Pampelune, la N 121, comme l'AP 15, part plein sud en direction d'Olite. Comptez environ 40 km.

**SE GARER**

Le centre médiéval étant piétonnier, laissez votre voiture à l'une des portes du vieux quartier, sur l'un des parkings aménagés au pied des remparts.

**À NE PAS MANQUER**

Les chapiteaux de Sta María la Real, à Ujué.

**ORGANISER SON TEMPS**

En matinée, la vieille ville et son château puis, l'après-midi, les alentours avec Ujué, les lagunes et le monastère de la Oliva.

**AVEC LES ENFANTS**

Le château des Rois de Navarre, pour son ampleur, et les lagunes de Pitillas, pour leurs oiseaux.

**Résidence de prédilection des rois de Navarre au 15e s., Olite, la « ville gothique », vit dans l'ombre d'un château si démesuré qu'il a l'allure et les dimensions d'une cité médiévale. Autrefois fortifié comme en témoignent les quelques tours et portes de la ville, le centre est désormais réservé aux touristes. Vous pourrez déambuler dans les rues animées et apprécier les dégustations proposées par les bodegas, nombreuses dans cette cité éminemment viticole.**

## Se promener

### Plaza de los Teobaldos

Occupant une place centrale dans le tissu urbain délimité autrefois par les murailles romaines, cette place, dont le nom honore la dynastie champenoise des rois de Navarre fondée en 1234 par Thibaut Ier, regroupe autour de ses arbres les principales curiosités de la ville, dont le *parador* (hôtel de luxe), l'**église Sta María** et le **musée du Vin★**. Des porches permettent de rejoindre la plaza de Carlos III.

Le palais royal d'Olite.
F. Guiziou / hemis.fr



## Église de Sta María la Real

*Plaza de los Teobaldos - ✆ 948 740 035 - www.guiartenavarra.com - ♿ - visite guidée de Sta María la Real et du château des Rois de Navarre 6 € (enf. 4 €).*

C'est l'ancienne chapelle royale. Un atrium aux fines arcades polylobées précède la **façade★** du 14e s., excellent témoin de la sculpture gothique navarraise. Sur le magnifique portail, seul le tympan est historié (vies de la Vierge et du Christ). Remarquez l'attitude de Marie et Joseph dans le tableau de la Nativité : tous deux portent la main à l'oreille et semblent assez perplexes.

L'intérieur est également intéressant. Au-dessus du maître-autel, un très beau **retable★★** peint en 1528 par Pedro de Aponte encadre une Vierge gothique.

## ★ Museo del Vino

*Plaza de los Teobaldos, 4 - ✆ 948 741 273 - www.guiartenavarra.com - ♿ - de la Sem. sainte au 12 oct. : lun.-sam. 10h-14h, 16h-19h, dim. et j. fériés 10h-14h ; reste de l'année : lun.-vend. 10h-17h, w.-end. et j. fériés 10h-14h - 3,50 € (enf. 2 €). Panneaux en anglais et en français.*

Installé dans le bâtiment de l'office de tourisme, ce musée expose dans les étages et au sous-sol, de façon moderne et didactique, toutes les étapes et le savoir-faire liés à l'élaboration du vin navarrais. À chaque palier correspond une thématique : l'histoire du vin, la viticulture, la vinification. Particulièrement intéressante, la partie consacrée à l'œnologie donne quelques clés pour reconnaître et déguster les vins.

## Plaza de Carlos III

Tout en longueur, elle assure la jonction entre le quartier nord (ancien *cerco de Dentro*) et la partie sud de la vieille ville (auparavant *cerco de Fuera*). C'est par elle que l'on accède au **palais Royal★ (Palacio Real)**. À l'opposé du monument, sur la place, des escaliers mènent à des galeries souterraines (*Galerías subterráneas medievales - ✆ 948 741 885 - fermé lun., horaires variables, se rens. - 1,50 €*) en fer à cheval, du 15e s., reconverties en salles d'exposition.

### DE LA PLACE FORTE À LA VILLE ROYALE

Place forte romaine, Olite a vu son noyau d'origine tripler avec l'octroi du *fuero* de Estella de García Ramírez en 1147. Le centre du bourg passe alors du *cerco de Dentro* au *cerco de Fuera*, enceinte médiévale nouvellement dressée au sud des anciens remparts. Des vestiges de ces murailles sont visibles à l'ouest du centre historique, le long de la rúa Romana et de la rúa Alcalde de Maillata, où se sont installées les bodegas.

Au 13e s., la cité devient siège royal des rois de Navarre, mais c'est Charles III le Noble (1337-1425) qui en fait leur résidence principale (elle le restera jusqu'en 1512) et réutilise la forteresse romaine pour la transformer en château.

### UN PATRIMOINE EXCEPTIONNEL SAUVÉ DE JUSTESSE

Cet immense et fabuleux château semble sorti d'un conte de fées, mais cet édifice classé Monument national en 1925 aurait pu ne pas nous parvenir. En 1813, un général espagnol, soucieux de le voir échapper aux Français, y met en effet volontairement le feu. L'ouvrage perd alors plusieurs tours, mais à la suite de campagnes de restauration, dont les dernières se sont achevées à la fin du 20e s., il a retrouvé toute sa majesté.

La meilleure vue d'ensemble sur le monument et sur Olite se découvre depuis la route de San Martín de Unx. Celle de Beire offre aussi un beau panorama sur la ville.

★ **Palacio Real** (Palais Royal)

*Entrée par la plaza de Carlos III el Noble. ☏ 948 740 035 - www.guiartenavarra.com - ♿ - juil.-août : tlj 10h-20h ; janv.-mars et oct.-déc. : 10h-18h (w.-end mars et oct. 18h30) ; avr.-juin et sept. : lun.-vend. 10h-19h, w.-end 10h-20h (avr. 19h) - fermé 1er et 6 janv., 25 déc. - 3,10 € (-13 ans 1,60 €) ; billet visite guidée combiné avec Santa María la Real 6 € (enf. 4 €).*

Tout droit sorti d'un conte de fées, le château se compose de deux éléments majeurs : le vieux palais, ou *palacio de los Teobaldos*, transformé aujourd'hui en *parador*, et le nouveau palais, dont Charles III le Noble ordonna la construction en 1399. Les origines françaises de ce prince – comte d'Évreux et natif de Mantes – expliquent le caractère élégant des fortifications, transition entre les lourdes maçonneries du 13e s. et les palais-résidences gothiques de la fin du 15e s., comprenant galeries et petites cours. Les architectes et certains des artisans maures qui y ont collaboré avaient du reste accompagné le souverain en France pour y puiser leur inspiration. Derrière la quinzaine de tours qui renforcent l'enceinte s'étendaient des jardins suspendus. Un décor d'*azulejos* (carreaux de céramique colorés), de stucs peints et de plafonds à marqueterie polychrome illuminait les salles. Parmi celles-ci, les plus remarquables sont la salle de la Reine et la galerie du Roi aux arcs élancés. Ne manquez ni le petit cloître couvert de vigne vierge, ni la vue sur le toit de lauzes de l'église Sta María et la ville depuis la tour du Retrait. Notez la glacière en forme d'obus qui se dresse au pied des murailles du château.

**Église de San Pedro Apóstol**

*À l'extrémité sud-est du quartier médiéval, en bordure du paseo de Doña Leonor. L'église est ouverte uniquement pendant les services religieux mais ne propose pas de visites. Le cloître est fermé aux visiteurs.* C'est la plus ancienne de la ville, mélange de roman et de baroque. Dotée d'un clocher effilé octogonal, la façade de l'église offre, en effet, un aspect assez disparate. Les voussures du portail sont soulignées de boudins. De part et d'autre, deux aigles symbolisent l'un la Violence (à gauche, tuant un lièvre), l'autre la Douceur. À l'entrée, dans le bas-côté à gauche, une pierre sculptée au 15e s. représente la Sainte Trinité. L'église conserve en outre un beau cloître roman.

## À proximité Carte de région p. 394-395

### Marcilla B3

*29 km au sud d'Olite par l'AP 15.*

Seul monument digne d'intérêt, le château du 15e s. est construit en brique. Ses habitants aujourd'hui sont les cigognes qui ont élu domicile sur ses tours et ses créneaux. Mais en dépit de son état de délabrement avancé, l'édifice a gardé fière allure et illustre encore, avec son fossé, ses tours d'angle et ses mâchicoulis, ce que pouvait être le système défensif de l'époque. L'ensemble a cependant été transformé en résidence dès le 16e s.

### Villafranca B3

*34 km au sud d'Olite par l'AP 15 puis la NA 660. Visez la calle Mayor pour trouver le quartier historique.*

Une fois oubliée l'allure négligée de la ville, on peut apprécier les maisons de brique regroupées autour de l'esplanade sur laquelle donne l'église Sta Eufemia, de 1497. La couleur rosée des édifices, tels que le palais de los Obadina ou le couvent du Carmel, et les quelques cyprès plantés sur l'esplanade face à la sierra donnent une allure méditerranéenne à l'ensemble.

6

## Circuits conseillés Carte des environs d'Olite p. 455

### VAISSEAUX DE PIERRE, MARAIS ET ÉNERGIES RENOUVELABLES

*Circuit 1 de 70 km tracé sur la carte des environs d'Olite (p. 455) – Comptez environ 3h30. Quittez Olite par la NA 5300 (face aux remparts, à hauteur du palais) à l'est.*

C'est à travers un paysage serein, sur lequel veille une armée d'éoliennes coiffant les crêtes, que vous allez évoluer. De-ci de-là, d'assez disgracieux champs de capteurs solaires rappellent que la Navarre a décidé d'investir assez massivement dans les énergies renouvelables.

### San Martín de Unx

*Garez-vous devant Sta María del Popolo et montez vers l'église San Martín (fléché). Demandez la clé à la maison marquée « Visitas guiadas », sur la gauche dans la montée (☏ 948 738 149).*

Charme assuré dans ce village dont la rue principale est bordée de vieilles demeures de pierre. Elle mène à l'église des 12e-16e s.

*La NA 5310 (sur la droite en direction de Sádaba) vous mènera à Ujué.*

### ★★ Ujué/Uxue

*Possibilité de se garer au pied de l'église.* Juché sur un sommet, dominant le pays de la Ribera, Ujué est resté tel qu'au Moyen Âge, avec ses rues tortueuses bordées de façades pittoresques qui conduisent au sanctuaire fortifié. Un village médiéval incontournable !

★★ **Église de Sta María la Real** – Une église, romane, avait été construite à la fin du 11e s. Au 14e s., le roi Charles II le Mauvais entreprit d'édifier l'église

gothique, mais les travaux durent être interrompus et le chœur roman subsista. Dans la chapelle centrale est vénérée Santa María la Blanca, statue romane en bois recouverte de plaques d'argent. Les murs extérieurs sont décorés de chapiteaux aux sculptures soignées, illustrant des scènes de la Bible (Annonciation, Nativité), des personnages (musiciens, bergers, vignerons, etc.). Notez sur le tympan le poisson qui sort du cadre.
La fête patronale d'Ujué est célèbre : chaque année depuis le 14e s., le dimanche suivant la St-Marc (25 avril), se déroule la procession traditionnelle avec des pénitents.
**Forteresse** (fortaleza) – Des tours de l'église, la **vue** s'étend jusqu'à Olite, le Montejurra et les Pyrénées. Ce poste d'observation avait un rôle militaire : du palais médiéval, il reste de hauts murs et un chemin de ronde couvert qui contourne l'église.
*Revenez sur vos pas et prenez à gauche la NA 5311 jusqu'à Murillo el Fruto au sud. De là, allez à Carcastillo par la NA 124. En ville, prenez à droite vers Mélida par la NA 5500.*

## Monasterio de la Oliva à Carcastillo

*Fléché depuis Carcastillo. On l'aperçoit à la sortie de la ville, sur la droite en direction de Mélida. ✆ 948 725 006 - www.monasteriodelaoliva.eu - ♿ - lun.-sam. 9h-12h30, 15h30-18h, dim. et j. fériés 9h-11h, 16h-18h - possibilité de visite guidée sur demande (uniquement pour les groupes) - 2 € (-12 ans 0,50 €).*
La Oliva est un des premiers monastères cisterciens édifiés par des moines venus de France du vivant même de saint Bernard de Clairvaux. Son rayonnement intellectuel fut grand au Moyen Âge. Vidé de ses trésors, le monastère offre encore la remarquable pureté de son architecture cistercienne.
★ **Église** – Fin 12e s. Récemment restaurée, la façade, extrêmement dépouillée malgré le couronnement triangulaire et la tourelle dont on l'a affublée au 17e s., joue avec une rare élégance de la perfection des lignes de son portail et des deux rosaces. Le vaisseau surprend par sa grande profondeur.
**Cloître** – Fin 15e s. Les baies du cloître apparaissent d'une exceptionnelle légèreté. Cette architecture gothique fut plaquée sur la construction d'origine comme en témoignent les retombées d'arcs qui masquent en partie l'entrée de la salle capitulaire du 13e s.
*Quittez le monastère en direction de Mélida. Dans le village, prenez à droite la direction de Santacara, que vous traverserez. Roulez ensuite environ 6 km sur la NA 5330 en direction de Pitillas. Vous verrez alors en bord de route une sorte de ferme, isolée ou presque, et un petit panneau qui indique les lagunes.*

## Lagunas de Pitillas

Cette zone marécageuse couvre 216 ha au pied de monts couronnés d'éoliennes. L'eau atteint une profondeur moyenne de 3 m. Une digue maintient ce niveau en cas de besoin. Le site a été déclaré Réserve naturelle en 1987 en raison de son importance écologique. Il se trouve en effet sur les axes migratoires de nombreux oiseaux qui viennent aussi s'y reproduire. L'hiver est la meilleure saison pour le découvrir.
**Observatoire des oiseaux** (Observatorio des Aves) – *✆ 619 463 450 - www.lagunadepitillas.org - de mi-juil. à mi-sept. : tlj sf lun. matin 10h-14h, 17h-20h ; de mi-sept. à fin fév. : w.-end et j. fériés 10h-14h et 16h-18h ; de déb. mars à mi-juil. : w.-end et j. fériés 10h-14h, 16h-19h - gratuit.* Des longues-vues sont à la disposition des visiteurs pour regarder les marais et leurs habitants à plumes (canards, sarcelles, hérons, aigles, etc.). Des explications sont également fournies sur l'origine des marais, de la faune et de la flore.

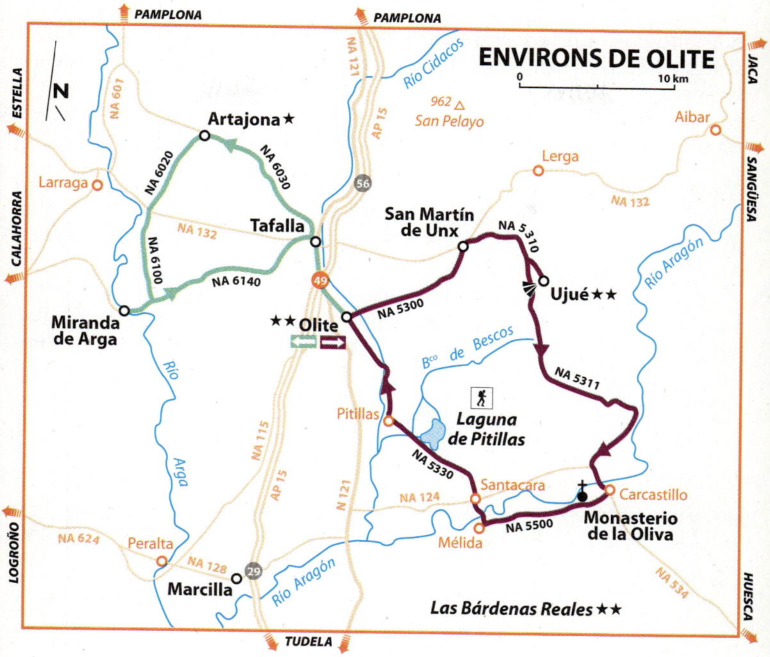


Trois sentiers partent du centre d'observation, sans vraiment pénétrer dans les zones très marécageuses. Le premier fait 1 km (45mn) ; le second s'étire sur 5 km (2h30) ; le troisième conduit, après 1 km de promenade, à un joli point de vue. Ils seront peut-être déconseillés en période de nidification (de mars à juin).

*Revenez à Olite par Pitillas puis Beire, en empruntant la NA 5330 et la NA 5301.*

## VERS LE VERGER NAVARRAIS

*Circuit 2 de 58 km tracé sur la carte des environs d'Olite (ci-dessus) – Comptez environ 2h. Quittez Olite par la N 121.*

### Tafalla

En garant votre voiture près du centre-ville, vous pourrez mieux arpenter les rues du vieux Tafalla, dont les principaux monuments sont l'église Sta María (retable du 16e s. réalisé par un sculpteur originaire d'Azpeitia, Juan de Ancheta, 1540-1588, et l'un de ses disciples) et le couvent de la Concepción, qui communique par un arc avec la demeure des Mencos.

*La NA 6030 vous conduit à Artajona.*

La route dévoile un magnifique panorama sur la crête fortifiée d'Artajona.

### ★ Cerco de Artajona (Enceinte d'Artajona/Artaxona)

*Pour atteindre le sommet de la colline depuis la route principale, prenez la calle Hospital dont l'agence CAN fait l'angle. Possibilité de monter en voiture.*

Perchée en haut de la colline, **l'enceinte** d'Artajona dresse encore vers le ciel ses impressionnantes tours de défense et des portions de murs qui laissent deviner l'ampleur de cette fortification médiévale du 12e s., l'une des plus importantes de Navarre. Sur les 14 tours d'origine, 9 tiennent encore debout

pour encadrer l'**église-forteresse de San Saturnino**, construite au 13e s. pour s'intégrer au système défensif de la forteresse. Dans un état proche du délabrement, elle sert aujourd'hui de lieu de réunion pour les habitants.
*Suivez la NA 6020, prolongée au-delà de la NA 132 (route de Tafalla à Estella) par la NA 6100, puis tournez à droite dans la NA 6140 pour arriver à Miranda de Arga.*

### Miranda de Arga

Le village s'étend sur une colline, depuis l'hôtel de ville blasonné à mi-pente jusqu'à la plaza de la Cruz, reconnaissable à la tour de l'horloge et à la tour mudéjar qui complète la iglesia de la Asunción.
Un peu en dehors du bourg, au-dessus de l'église, se dressent un petit sanctuaire et les vestiges d'une tour depuis laquelle s'offre un beau panorama sur l'Arga en contrebas, le patchwork de champs et de carrés de vigne et les rangées d'éoliennes dans le lointain.
*Revenez à Olite par Tafalla via la NA 6140.*

## NOS ADRESSES À OLITE

### HÉBERGEMENT

#### POUR SE FAIRE PLAISIR

**Hôtel Merindad de Olite** – *Rúa de la Judería, 11 - ✆ 948 740 735 - www.hotel-merindaddeolite.com - 10 ch. 58/78 € - ☕ 7,50 €.* Établissement familial agréable, reconstruit sur les restes d'une ancienne muraille romaine et décoré dans un style chaleureux.

#### UNE FOLIE

**Hôtel Joyosa Guarda** – *Rúa de Medios, 23 - ✆ 948 741 303 - www.lajoyosaguarda.com - P - 24 ch. 119/189 € - ☕* Orné de balcons en bois, ce palais du 18e s., qui a emprunté son nom à la tour où fut emprisonnée Blanche de Navarre, ne passe pas inaperçu. L'intérieur est restauré avec goût et une touche de modernité. Le soir, le patio est éclairé par des torches.

### RESTAURATION

#### PREMIER PRIX

**Casa del Preboste** – *Rúa de Mirapies, 8 - ✆ 948 712 250 - www.elpreboste.com - fermé mar. soir en hiver - 13/18 € déj. - 30/35 €.* Les épais murs en pierre de ce restaurant abritaient au 15e s. la « maison du prévôt », représentant du roi chargé de récolter les impôts. L'établissement dispose de trois salles : l'une abrite une pizzeria (le soir). Les deux autres (dont une au décor médiéval) sont réservées au service à la carte ; vous pourrez y goûter la roborative cuisine navarraise.

#### POUR SE FAIRE PLAISIR

**Casa Zanito** – *Rúa Mayo, 10 - ✆ 948 740 002 - www.casazanito.com - 26/50 € - 16 ch. 50/67 € - ☕ 5 €.* Maison soignée dans la vieille ville. Dans la salle à manger au décor classique et élégant, vous pourrez déguster une cuisine clairement locale. Les chambres, équipées de mobilier de qualité et confortable, sont un bon complément.

# Tudela

**Tutera**

★

35 268 habitants

NOS ADRESSES PAGE 463

### S'INFORMER

**Office de tourisme** – *C/Juicio, 4 (face au portail de la cathédrale) - ✆ 948 848 058 - www.tudela.com – de la Sem. sainte à nov. : lun.-vend. 9h30-14h, 16h-20h, sam. 10h-14h, 16h-20h, dim. et j. fériés 10h-14h ; reste de l'année : fermeture à 19h - 1er janv. et 25 déc.*

### SE REPÉRER

Carte de région B4 (p. 394-395) – carte Michelin n° 573 F 25.

À 96 km au sud de Pampelune par l'AP 15, Tudela veille à la frontière navarro-aragonaise. Campée au bord de l'Èbre, elle s'intègre à la Ribera, région de plaines ouvertes qui suit le cours de ce fleuve majeur.

### SE GARER

Le vieux centre est en grande majorité piétonnier. Garez-vous en périphérie *(payant)* ou dans un parking proche de la plaza de los Fueros.

### À NE PAS MANQUER

Une promenade dans les Bárdenas Reales.

**Tudela compte aujourd'hui parmi les plus importantes villes d'origine islamique. Fondée au 9e s. par le calife de Cordoue, c'est son importante communauté juive qui lui apporte alors la prospérité. Un quartier maure (Morería) et juif (Judería) ainsi que d'anciennes demeures de style mudéjar ont d'ailleurs été conservés. Aujourd'hui, la ville est un florissant centre agricole, pour le plus grand bonheur des restaurateurs locaux qui offrent, selon la saison, laitues, asperges, artichauts...**

### UN PEU D'HISTOIRE

Fondée par les Arabes en 802, Tudela devient chrétienne après la conquête de Saragosse par Alphonse Ier le Batailleur en 1119. Navarraise depuis 1134, elle fut la dernière cité à se soumettre au roi de Castille en 1512. Dès le 16e s., elle profite d'une certaine prospérité agricole et commerciale, comme en témoignent les édifices plateresques (Renaissance espagnole) qui parsèment son vieux centre. Des atouts économiques (situation stratégique et agriculture) qu'elle a entretenus et préservés tout au long des siècles puisque, à la fin du 19e s., céréaliculture et viniculture se développent comme jamais. Aujourd'hui, Tudela représente le grand centre de la Ribera, où les industries agroalimentaires côtoient la métallurgie et les équipements lourds.

## Se promener

**Plaza de los Fueros** (Place des Fors)
Au moindre événement, festif ou politique, tous les habitants convergent vers cette place baroque (1687), trait d'union entre le quartier historique et la ville moderne.
*Quittez la place par le Muro, large rue qui rejoint le paseo de Pampelune. À son extrémité, tournez à gauche pour rejoindre la plaza de la Judería.*

**Plaza de la Judería** (Place du Quartier-Juif)
Son nom rappelle que, jusqu'à son expulsion en 1498, la ville abritait une importante communauté juive dont les plus illustres représentants ont été le philosophe et mathématicien Abraham ibn Ezra et le poète Yehouda Ha Lévi. Le **palais** Renaissance **du marquis St-Adrien (Marqués de San Adrián)**, du 16e s., borde l'un de ses côtés. Notez à l'étage les arcs de style aragonais et l'avant-toit sculpté par le sculpteur d'origine franco-aragonaise installé à Tudela en 1519, Esteban de Obray. L'intérieur abrite un patio Renaissance.
*Prenez la petite rue qui longe le palais sur sa droite et marchez tout droit dans les rues Magallón puis Pontarrón pour aboutir à la plaza Vieja et à la cathédrale.*

**Plaza Vieja** (Place Vieille)
Elle est bordée par l'hôtel de ville (*ayuntamiento*), bâtiment du 15e s., et le musée d'Art moderne qui a investi le palais d'une noble famille de Tudela, profondément remanié à l'époque baroque.
**Musée d'Art moderne Muñoz Sola** – *Plaza Vieja, 2 - ✆ 948 402 640 - www.museomunozsola.com - mar.-vend. 10h-13h30, 16h-19h, w.-end et j. fériés 10h-13h30 - 1 € (-18 ans gratuit).* Natif de Tudela, le peintre César Muñoz Sola (1921-2000) a réuni au cours de sa vie une collection d'œuvres picturales, pour la plupart françaises et datant de la seconde moitié du 19e s. (Girodet de Roucy, Hugard de la Tour, Julien Tavernier, Foubert, etc.). Elle est aujourd'hui exposée dans ce musée, qui consacre également une salle aux peintures, très académiques, de l'enfant du pays.
*Rejoignez la calle Roso, à l'opposé de la calle de Pontarrón, afin de découvrir le palais épiscopal.*

**Palacio Episcopal y Museo de Tudela**
*✆ 948 402 161 - www.palaciodecanaldetudela.com - lun.-vend. 10h-13h30, 16h-19h, sam. et j. fériés 10h-13h30 - fermé dim. (sf j. fériés) - entrée combinée pour le musée, la cathédrale et le cloître 3,10 € (-18 ans 1,50 €).* L'ancien **palais épiscopal** construit en brique au 16e s. abrite le **musée de Tudela** et donne accès à la **cathédrale★★**. Avant de pénétrer dans le musée, installé pour partie dans le cloître, admirez le superbe portique plateresque qui orne sa façade côté Roso. Dans le musée, vous découvrirez une collection d'art sacré. Ne manquez pas les **azulejos★** du 16e s. de la chapelle.

**★★ Catedral Sta María la Blanca**
*Entrée combinée avec le musée 3,10 €.* Construite aux 12e-13e s., c'est un excellent exemple de l'architecture de transition romano-gothique. Le **portail du Jugement★★**, surprenant ensemble sculpté, difficile à voir globalement à cause du manque de recul, expose près de 120 personnages illustrant, parfois avec beaucoup de verve, le Jugement dernier.
L'intérieur, roman dans son élévation, est gothique dans les voûtes et les fenêtres hautes. Excepté la clôture du chœur et quelques chapelles latérales

baroques, l'église est riche en œuvres gothiques : stalles du chœur et retable du maître-autel (début 16e s.) ainsi que Notre-Dame-la-Blanche (début 13e s.), statue reliquaire d'allure byzantine dans la chapelle absidiale droite. La **chapelle N.-D.-de-l'Espérance★**, juste à côté, renferme plusieurs chefs-d'œuvre du 15e s. : le sépulcre d'un chancelier du roi de Navarre et le **retable central** (1412) dédié à la Vierge. Dans l'abside gauche, l'une des chapelles abrite le **retable de Santa Catalina★★**, en bois doré polychrome (fin 14e s.).

**BELVÉDÈRES**
Les meilleurs points de vue sur Tudela se trouvent à la **colline du Sagrado Corazón,** qui surplombe la vieille ville, et à la **tour arabe Monreal,** qui lui fait face, de l'autre côté de la plaza de los Fueros, dans la ville moderne.

### Calle Rúa
Cette rue comprend quelques-uns des plus beaux édifices civils du vieux Tudela. Voyez la magnifique façade de la **casa del Amirante★★** (1515) ornée de cariatides, d'un joli balcon plateresque et d'un avant-toit à caissons. Plus loin se dresse celle de la **casa Ibañez Luna** (16e s.), plus modeste mais du même style baroque. Admirez son tympan roman.
*La rue mène à l'église San Nicolás.*

### Église San Nicolás
*À l'angle de la calle de Serralta.* En la réédifiant au 18e s., on a replacé sur la façade en brique de style mudéjar le tympan roman d'origine où figure Dieu le Père assis, tenant son fils et entouré des symboles des évangélistes.
*Prenez à gauche la calle de Serralta, suivez-la jusqu'au bout puis tournez à gauche pour déboucher dans la plaza Mercadal.*

### Plaza Mercadal
Cette place étroite est longée par l'édifice baroque de Castel Ruiz, ancien collège des jésuites construit en 1608 près de l'église St-Georges (San Jorge), qui abrite un centre culturel. N'hésitez pas à y entrer pour admirer les caves en pierre de taille, le patio et l'ornementation baroque de la voûte.
*À son extrémité, prenez sur votre droite la rue qui débouche sur la rue Herrerías au terre-plein verdoyant.*

### Palacio del Marqués de Huarte
Ce palais du 18e s. de style néoclassique accueille aujourd'hui la bibliothèque.
*Revenez par la calle Yanguas y Miranda à la plaza de los Fueros.*

# À proximité Carte de région p. 394-395

## ★★ BÁRDENAS REALES B4

### Venir aux Bárdenas Reales

*15 km au nord de Tudela. Deux accès permettent d'aborder le désert. L'un se prend 800 m avant Arguedas, après 13 km en venant de Tudela sur la NA 134, à droite. Vous verrez de petits panneaux marqués « Case » et « Bárdenas Reales ». Tournez là. Ne manquez pas la route qui est très discrète ! L'autre accès se fait au niveau de N. S. del Yugo, qui se rallie via Arguedas. Ne vous aventurez pas dans le parc sans documentation ni carte, et encore moins sans eau ni couvre-chef si vous êtes à pied ou à vélo ; attention également à la présence de serpents. Excursions organisées (voir « Nos adresses à Tudela », p. 463).*

### Un site exceptionnel

Les Bárdenas Reales, ce sont 42 500 ha de terres arides aux multiples couleurs selon que le gypse, l'argile ou le grès affleurent. Elles se divisent en plusieurs secteurs, reconnaissables à leur végétation. Ainsi, le nord et la **Bárdena Negra** (partie méridionale) se caractérisent par la présence de pinèdes et de chênes kermès. Dans le centre et dans la **Bárdena Blanca**, il s'agit plutôt de maquis assez chichement réparti. C'est ici que se trouvent les sites les plus spectaculaires. Cette variété de paysages et de flore permet la cohabitation d'une faune sauvage (pinsons, rapaces, serins) et d'animaux domestiques. Il est en effet encore de tradition de faire entrer les brebis sur ce territoire pour qu'elles y paissent l'hiver. Leur arrivée se célèbre très officiellement lors de la Sanmiguelada qui a lieu le 18 septembre.

### Suivez le guide !

La première route traverse des marais avant de passer devant des montagnes pelées. Ce n'est qu'après 6 km que la piste commence et qu'elle s'enfonce dans un territoire un peu plus désertique, pour passer à côté d'une base militaire. Plus le chemin pénètre dans les Bárdenas, plus le spectacle de l'érosion devient féerique. Tout est raboté et raviné par le vent et l'eau.

L'entrée par Nuestra Señora del Yugo, sanctuaire abritant une Vierge du 15e s., mène à la partie la plus connue des Bárdenas, celle de la Blanca où se trouvent des sites tels que Pisquerra, la butte de Sanchicorrota, la Ralla et le Rallón. Dépaysement total assuré !

# Circuit conseillé Carte de région p. 394-395

## PALAIS ABANDONNÉS ET SANCTUAIRES B4

*Circuit de 75 km tracé sur la carte de région (p. 394-395) – Comptez 2h. Dans Tudela, suivez la direction de Logroño puis de Corella par la NA 160, puis par la NA 6810.*

La NA 160 traverse des paysages de pinèdes, de rocailles et de buissons rachitiques, avec les éoliennes en toile de fond.

### ★ Corella

Bien que les palais baroques du quartier historique de Corella tombent en décrépitude, ils donnent à la vieille ville un charme suranné auquel on ne reste pas insensible. Voyez plutôt le vieux palais de brique qui borde la plaza

Les Bárdenas Reales.
*B. Merle / Photononstop*



de los Fueros, avec son avant-toit sculpté, ses arcades au dernier étage et les vestiges de céramiques qui entourent encore sa porte. Depuis la plaza de España où se trouvent l'hôtel de ville *(ayuntamiento)* et le palais blasonné du marquis de Bajamar, un réseau de ruelles vous révélera des maisons anciennes aux murs tout juste droits comme ceux de la casa de los Sada ou encore ceux du palais Sopranis (18e s.).

**Museo Arrese** (Musée de l'Incarnation) – *✆ 948 780 825 ou 948 401 135 - visite uniquement pour les groupes, sur rdv.* Accolé à l'église, le cloître accueille désormais une intéressante collection d'art religieux des 16e, 17e et 18e s.

*La NA 161 vous conduit à Cintruénigo.*

### Cintruénigo

Quelques palais au faste fané se fondent dans le vieux centre de Cintruénigo, notamment sur la place des Fors (plaza de los Fueros) ou dans la calle Baron de la Torre.

**Basílica de la Purissima** – *Aux portes du bourg en direction de Fitero.* Sanctuaire de style maniériste de la première moitié du 17e s. À l'intérieur, l'un des premiers retables baroques de Navarre représentant l'Immaculée Conception.

*Reprenez la NA 160.*

### Fitero

*27 km à l'ouest. Pénétrez dans le centre, contournez le parvis de l'abbatiale et garez-vous sur la place ombragée de l'hôtel de ville.*

*ℹ C/de la Iglesia, 8 - ✆ 948 776 600 - lun.-vend. 11h-13h, 17h-18h30, sam. 11h-13h.* C'est à Fitero que s'élève le premier couvent cistercien construit dans la péninsule (1140). Fait rare, il est intégré au tissu urbain, en raison du développement de la population de ce qui n'était qu'un village thermal. Sa mainmise sur le bourg provoqua de nombreuses révoltes jusqu'en 1836, date à laquelle la loi de sécularisation permit aux villageois de s'en émanciper. Une partie des bâtiments accueille aujourd'hui des institutions civiles (mairie, maison de retraite, bibliothèque) qu'un plan de réhabilitation prévoit à terme d'installer ailleurs. Pour l'heure, en attendant la réhabilitation du cloître prévue pour 2013, seule l'église peut être visitée. *Visites guidées sur réserv. auprès de l'office de tourisme - tlj 12h, en été 12h et 17h - 3 €.*

★ **Église** – Elle date du 12$^{e}$ s., comme en témoigne l'allure romane de son **chevet★**, auréolé de chapelles absidiales, visibles en contournant l'édifice. L'intérieur, représentatif de la sobre architecture cistercienne, conserve un retable majeur Renaissance (fin du 16$^{e}$ s.), d'autres baroques, comme celui de sainte Thérèse (abside droite), et un orgue datant du 17$^{e}$ s.

*Achevez la traversée du village et tournez à gauche sur la NA 6900 pour rejoindre Cascante.*

Jolis paysages de vergers au pied de collines arborées.

### Cascante

★ **Basílica Nuestra Señora del Romero** – Construite en brique à la fin du 17$^{e}$ s., elle domine le bourg du haut de sa colline, depuis laquelle se déploie un très beau **panorama★** sur les plaines de Queiles, les Bárdenas, la frontière aragonaise et le massif du Moncayo. On y accède par une **rampe★** irrégulièrement pavée que bordent 39 arcades de brique.

À l'intérieur, admirez le dôme Renaissance, la riche décoration du chœur, son retable baroque et celui, plus ancien, de la chapelle de droite.

*Prenez la N 121 en direction de Tarazona.*

### Tulebras

Le monastère de brique abrite depuis 1149 une communauté de cisterciennes (la première implantée en Espagne).

Derrière le monastère et le hameau passent plusieurs voies de randonnée, comme la voie verte del Tarazonica ralliant Tudela à Tarazona sud, ou celle allant de Tulebras à Cascante via Ablitas.

*Revenez à Tudela par la N 121.*

## NOS ADRESSES À TUDELA

### HÉBERGEMENT

**PREMIER PRIX**

**Hôtel Remigio** – *Gaztambide, 4 - ✆ 948 820 850 - www.hostalremigio.com - 34 ch. 52 € - ☕ 4 € - rest. 15 €.* Cet hôtel fonctionnel constitue un point de départ idéal pour parcourir la ville à pied. Il propose des chambres d'une propreté exemplaire, desservies par un élégant escalier orné de verre. Restaurant au menu attractif. Spécialités locales à base de bons produits maraîchers.

**BUDGET MOYEN**

**Hôtel Pichorradicas** – *Cortadores, 11 - ✆ 948 821 021 - www.pichorradicas.es - 7 ch. 54/76 € - ☕ 8,50 € - rest. 35/40 €.* Outre sa situation enviable en plein quartier historique, ses chambres, personnalisées et bien équipées, s'avèrent très accueillantes. Si vous le pouvez, choisissez les pièces mansardées : plus vastes, elles possèdent des baignoires hydromassantes…

**POUR SE FAIRE PLAISIR**

**Hôtel AC Ciudad de Tudela** – *Misericordia, s/n - ✆ 948 402 440 - www.ac-hotels.com - P - 41 ch. 108/130 € - ☕ 13 € - rest. 37/47 €.* Belles installations et fusion judicieuse entre le passé et l'avant-garde. Venez découvrir le charme des chambres équipées dans le pur style de cette prestigieuse chaîne d'hôtels. Salle à manger moderne, où l'on déguste une belle variété de plats.

### RESTAURATION

**BUDGET MOYEN**

**Meson Julian** – *Merced, 9 - ✆ 948 822 028 - fermé mar. - formule déj. 22 € - 30/35 €.* Ce restaurant séduit par sa situation en plein quartier historique, par son décor où se mêlent brique et bois et, bien sûr, par ses goûteux petits plats traditionnels. Le chef utilise surtout les produits de saison qu'il fait mijoter. La carte des vins est riche de bons crus.

**Casa Ignacio (Pichorradicas)** – *Cortadores, 11 - ✆ 948 821 021 - www.pichorradicas.es - fermé dim. soir et lun. - 35/40 €.* Ce restaurant intime est installé dans une maison du quartier historique. Dans les deux salles de style moderne, on appréciera le décor de poutres et de murs en brique.

**POUR SE FAIRE PLAISIR**

**Treintaitres** – *Capuchino, 7 - ✆ 948 827 606 - www.restaurante33.com - fermé 10 j. en août, 1 sem. à Noël, lun. soir, mar. soir et dim. - 20/43 €.* Établissement familial, avec un bar et deux salles, l'une sur le côté et l'autre à l'étage, toutes deux à la décoration minimaliste.

### SPORTS ET LOISIRS

**Bárdenas Reales** – *Information et réservation : ✆ 948 412 396 - www.turismobardenas.com* Propositions d'activités (mini. 4 pers.) : promenade en 4x4 40 €/pers. (4h) ; randonnée pédestre : 30 €/pers. (3h) et en VTT 36 €/pers. (3h). Et pour les hédonistes, découverte œnologique (90 €).

### AGENDA

**Fêtes patronales de Ste-Anne** - (24-30 juil.). Comprenant à partir du 25 : feria, courses de taureaux, *encierros* et la *revoltosa*, une danse qui a lieu plaza de los Fueros.

# L'aventure Michelin

Tout commence avec des balles en caoutchouc ! C'est ce que produit, vers 1880, la petite entreprise clermontoise dont héritent André et Édouard Michelin. Les deux frères saisissent vite le potentiel des nouveaux moyens de transport. L'invention du pneumatique démontable pour la bicyclette est leur première réussite. Mais c'est avec l'automobile qu'ils donnent la pleine mesure de leur créativité. Tout au long du 20e s., Michelin n'a cessé d'innover pour créer des pneumatiques plus fiables et plus performants, du poids lourd à la F 1, en passant par le métro et l'avion.

Très tôt, Michelin propose à ses clients des outils et des services destinés à faciliter leurs déplacements, à les rendre plus agréables... et plus fréquents. Dès 1900, le Guide Michelin fournit aux chauffeurs tous les renseignements utiles pour entretenir leur automobile, trouver où se loger et se restaurer. Il deviendra la référence en matière de gastronomie. Parallèlement, le Bureau des itinéraires offre aux voyageurs conseils et itinéraires personnalisés.

En 1910, la première collection de cartes routières remporte un succès immédiat ! En 1926, un premier guide régional invite à découvrir les plus beaux sites de Bretagne. Bientôt, chaque région de France a son Guide Vert. La collection s'ouvre ensuite à des destinations plus lointaines (de New York en 1968... à Taïwan en 2011).

Au 21e s., avec l'essor du numérique, le défi se poursuit pour les cartes et guides Michelin qui continuent d'accompagner le pneumatique. Aujourd'hui comme hier, la mission de Michelin reste l'aide à la mobilité, au service des voyageurs.

## MICHELIN AUJOURD'HUI

### N°1 MONDIAL DES PNEUMATIQUES

- 70 sites de production dans 18 pays
- 111 000 employés de toutes cultures, sur tous les continents
- 6 000 personnes dans les centres de Recherche & Développement

# Avancer
# monde où la

Mieux avancer, c'est d'abord innover pour mettre au point des pneus qui freinent plus court et offrent une meilleure adhérence, quel que soit l'état de la route.

## LA JUSTE PRESSION

BONNE PRESSION

- Sécurité
- Longévité
- Consommation de carburant optimale

-0,5 bar

- Durée de vie des pneus réduite de 20% (- 8 000 km)

-1 bar

- Risque d'éclatement
- Hausse de la consommation de carburant
- Distance de freinage augmentée sur sol mouillé

# **ensemble** vers un mobilité est plus sûre

C'est aussi aider les automobilistes à prendre soin de leur sécurité et de leurs pneus. Pour cela, Michelin organise partout dans le monde des opérations **Faites le plein d'air** pour rappeler à tous que la juste pression, c'est vital.

## L'USURE

### COMMENT DETECTER L'USURE

La profondeur minimale des sculptures est fixée par la loi à 1,6 mm.
Les manufacturiers ont muni les pneus d'indicateurs d'usure.
Ce sont de petits pains de gomme moulés au fond des sculptures et d'une hauteur de 1,6 mm.

Les pneumatiques constituent le seul point de contact entre le véhicule et la route.

**Ci-dessous, la zone de contact réelle photographiée.**

PNEU NEUF

PNEU USÉ
(1,6 mm de sculpture)

*Au-dessous de cette valeur, les pneus sont considérés comme lisses et dangereux sur chaussée mouillée.*

# Mieux avancer, c'est développer une mobilité durable

## INNOVATION ET ENVIRONNEMENT

Chaque jour, Michelin innove pour diviser par deux d'ici à 2050 la quantité de matières premières utilisée dans la fabrication des pneumatiques, et développe dans ses usines les énergies renouvelables. La conception des pneus MICHELIN permet déjà d'économiser des milliards de litres de carburant, et donc des milliards de tonnes de CO2.

De même, Michelin choisit d'imprimer ses cartes et guides sur des « papiers issus de forêts gérées durablement ». L'obtention de la certification ISO14001 atteste de son plein engagement dans une éco-conception au quotidien.

Un engagement que Michelin confirme en diversifiant ses supports de publication et en proposant des solutions numériques pour trouver plus facilement son chemin, dépenser moins de carburant.... et profiter de ses voyages !

Parce que, comme vous, Michelin s'engage dans la préservation de notre planète.

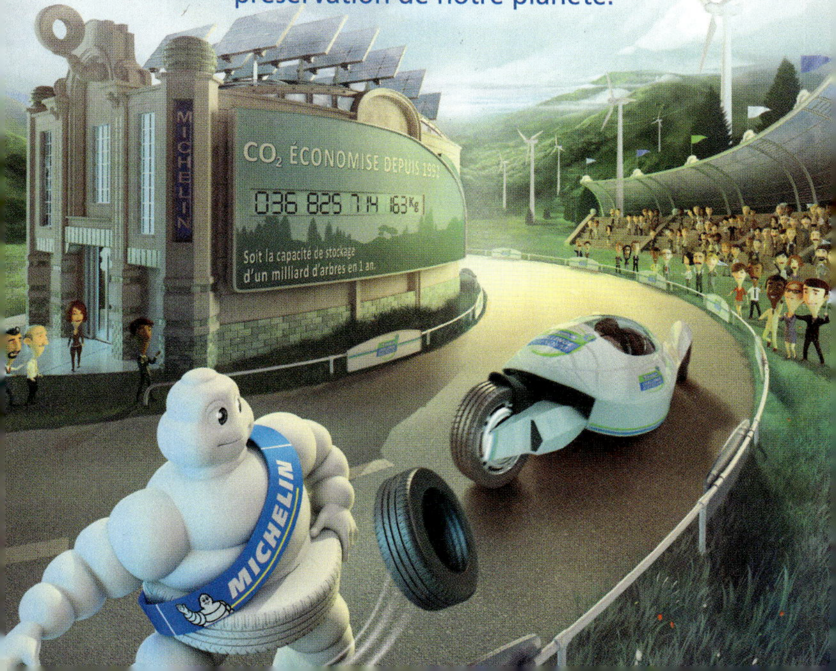

# Chattez avec Bibendum

Rendez-vous sur:
www.michelin.com/corporate/fr
Découvrez l'actualité et
l'histoire de Michelin.

## QUIZZ

Michelin développe des pneumatiques pour tous les types de véhicules. Amusez-vous à identifier le bon pneu...

Résultat : A-6 / B-4 / C-2 / D-1 / E-3 / F-7 / G-5

# Notes

# Notes

# Notes

# Notes

# Glossaire

**Quelques termes essentiels pour bien comprendre la région**

**Aste Nagusia** – *Semana Grande*, la « grande semaine », la fête par excellence.

**Bertsu** – Chant improvisé que les auteurs-interprètes (les **bertsolari**) adaptent aux réactions de l'auditoire.

**Cesta punta** – La plus spectaculaire des spécialités de la pelote.

**Chahakoa** – Gourde en cuir pour boire à la régalade.

**Chistera** – Panier d'osier à armature de châtaignier fixé à la main du pelotari. Il en existe plusieurs types: le petit chistera ou **joko garbi** (petit gant), le grand chistera et le **remonte**, à panier peu profond mais plus long que le *joko garbi*.

**Chupinazo** – Pétard mis à feu dans un bruit assourdissant au début de toute festivité qui se respecte. Le plus fameux, qui marque à Pampelune le coup d'envoi des *Sanfermines*, est retransmis à la télévision dans toute l'Espagne.

**Compostela** – Attestation délivrée aux pélerins à leur arrivée à St-Jacques de Compostelle.

**Credencial** – Le sauf-conduit indispensable pour se loger en Espagne sur les chemins de St-Jacques et pour obtenir la *compostela*.

**Encierro** – Lâcher de taureaux dans les rues sur un trajet balisé. Ceux de Pampelune sont les plus connus.

**Etxe** – La maison (prononcez « etché »).

**Fors, fueros** – Privilèges.

**Francos** – Littéralement « les Francs ». Pélerins venus de France et fixés dans les villes créées en Navarre à l'initiative des rois qui leur accordaient des privilèges.

**Gaïta-dulzaïnera** – Si le nom signifie en espagnol « cornemuse », cet instrument d'origine navarraise s'apparente plutôt au hautbois, et joue accompagné d'un tambour, l'**atabal**.

**Hórreo** – Grenier à blé sur pilotis.

**Jacquet, jacquot ou jacobit** – Surnoms donnés aux pélerins de Compostelle.

**Jaï-alaï** – Littéralement « jeu allègre ». C'est un fronton-mur à gauche, doté d'une **cancha** (terrain) de 55 à 60 m sur laquelle se pratique la **cesta punta**.

**Laminak** – Lutin légendaire, féminin ou masculin, plus ou moins bienveillant, indissociable des légendes de la région.

**Lauburu** – C'est la croix basque. Composée de quatre « virgules », elle orne les stèles discoïdales.

**Mamia** – Lait caillé de brebis, souvent dégusté avec du miel.
**Makhila** – Bâton de marche (mais aussi de défense) en bois de néflier, doté d'un pommeau en corne ou en métal. Dévissé, il révèle une pointe en fer forgé...
**Mari** – Principale divinité de la mythologie basque.
**Marmitako** – Le grand classique de la cuisine des pêcheurs basques : ragoût de poisson (en principe, de thon), pommes de terre, tomates épépinées et poivrons mijotant dans le vin blanc avec du piment (d'Espelette, bien sûr !).
**Mozárabe** – Le terme désigne d'abord les chrétiens ayant conservé leur religion sous la domination arabe. En histoire de l'art, ce terme désigne l'art aux influences islamiques (entrelacs de stucs) appliqué à des thèmes chrétiens.
**Mudéjar** – Ce sont les musulmans vivant sur des terres reconquises par les chrétiens. Le style mudéjar se caractérise par ses emprunts à l'art islamique (arcs outrepassés, artesonados – plafonds à caissons – , etc.).
**Pastorale** – Peut-être héritère des mystères du Moyen Âge. Attestée en Soule depuis 1580, cette représentation théâtrale sur des thèmes souvent religieux mais parfois historiques mobilise tous les habitants du village et peut durer plusieurs heures.
**Pibale** ou **civelle** – Alevin d'anguille, malheureusement en voie de disparition en raison de son succès en tant que spécialité culinaire basque.
**Piment** – L'incontournable spécialité d'Espelette. Attention : en Espagne, le terme **pimiento de piquillo** désigne en réalité un poivron navarrais.
**Pinxtos** – (Prononcez « pintchos »). Tapas particulièrement élaborées, véritables petits plats miniatures.
**Pottok** – Petit cheval sauvage, jadis utilisé comme animal de trait dans les mines.
**Sagardoa** – Cidre.
**Soka tira** – Le tir à la corde, épreuve reine des jeux de force basques.
**Stèle discoïdale** – Monument funéraire très présent dans les cimetières basques. Elle est constituée d'un disque de pierre souvent marqué de la croix basque *(voir plus haut)*, et reposant sur un socle trapézoïdal.
**Tobera** – Pièce de théâtre, parfois polémique, liée à des questions locales et jouée sur la place des villages; tradition toujours vivante en Basse-Navarre et en Labourd.
**Trinquet** – Fronton couvert.
**Ttoro** – Spécialité de Ciboure: soupe de poissons, langoustines et moules apprêtée au piment d'Espelette.
**Txapela** – L'indispensable béret, appelé *boina* en espagnol. Celui qui le porte est nommé **txapeldun**.
**Txarangas** (ou **bandas**, ou encore **peñas**) – Fanfares chargées d'animer avec entrain et à grands renforts de grosse caisse les festivités.
**Txikiteo** – Activité incontournable : c'est l'art de *tapear* d'un bar à l'autre.
**Txistu** – (Prononcez « tchistou »). Flûte basque à trois trous.
**Txotx** – (Prononcez « tchotch »). Du nom de la pièce de bois servant à fermer les tonneaux, c'est le rituel de dégustation du cidre nouveau.

# INDEX GÉNÉRAL

**Biarritz** : villes, curiosités et régions touristiques.
**Cézanne, Paul** : noms historiques ou termes faisant l'objet d'une explication.
**Les sites isolés** (châteaux, abbayes, grottes, etc.) sont répertoriés à leur propre nom.
Nous indiquons, entre parenthèses, le nom de l'organisation administrative auquel appartient chaque ville ou site.

## A

## B

## C

## F



## G

## H



## I



## J

## P



## Q



## R

## S

## T

## Y



## Z

# CARTES ET PLANS

## CARTE GÉNÉRALE



## CARTES DES RÉGIONS



## PLANS DE VILLE



## CARTES THÉMATIQUES



## CARTES DES CIRCUITS DÉCRITS

# LÉGENDE DES CARTES ET PLANS

## Curiosités et repères

- Itinéraire décrit, départ de la visite
- Église
- Mosquée
- Synagogue
- Monastère - Phare
- Fontaine
- Point de vue
- Château - Ruine ou site archéologique
- Barrage - Grotte
- Monument mégalithique
- Tour génoise - Moulin
- Temple - Vestiges gréco - romains
- Temple : bouddhique - hindou
- Autre lieu d'intérêt, sommet
- Distillerie
- Palais, villa, habitation
- Cimetière : chrétien - musulman - israélite
- Oliveraie - Orangeraie
- Mangrove
- Auberge de jeunesse
- Gravure rupestre
- Pierre runique
- Église en bois
- Église en bois debout
- Parc ou réserve national
- Bastide

## Sports et loisirs

- Piscine : de plein air - couverte
- Plage - Stade
- Port de plaisance - Voile
- Plongée - Surf
- Refuge - Promenade à pied
- Randonnée équestre
- Golf - Base de loisirs
- Parc d'attractions
- Parc animalier, zoo
- Parc floral, arboretum
- Parc ornithologique, réserve d'oiseaux
- Planche à voile, kitesurf
- Pêche en mer ou sportive
- Canyoning, rafting
- Aire de camping - Auberge
- Arènes
- Base de loisirs, base nautique ou canoë-kayak
- Canoë-kayak
- Promenade en bateau

## Informations pratiques

- Information touristique
- Parking - Parking - relais
- Gare : ferroviaire - routière
- Voie ferrée
- 1 Ligne de tramway
- Départ de fiacre
- Métro - RER
- Station de métro (Calgary, ...) (Montréal)
- Téléphérique, télécabine
- Funiculaire, voie à crémaillère
- Chemin de fer touristique
- Transport de voitures et passagers
- Transport de passagers
- File d'attente
- Observatoire
- D Station service - Magasin
- Poste - Téléphone
- Internet
- H H B Hôtel de ville - Banque, bureau de change
- J J ⊗ × POL. Palais de justice - Police
- GNR Gendarmerie
- T T U U M Théâtre - Université - Musée
- Musée de plein air
- Hôpital
- Marché couvert
- Aéroport
- Parador, Pousada (Établissement hôtelier géré par l'État)
- A Chambre d'agriculture
- D Conseil provincial
- G Gouvernement du district, Délégation du Gouvernement Police cantonale
- L Gouvernement provincial (Landhaus)
- P Chef lieu de province
- Station thermale
- Source thermale

## Axes routiers, voirie

- Autoroute ou assimilée
- 1 1 Échangeur : complet - partiel
- Route
- Rue piétonne
- Escalier - Sentier, piste

## Topographie, limites

- Volcan actif - Récif corallien
- Marais - Désert
- Frontière - Parc naturel

# Comprendre les symboles utilisés dans le guide

## LES ÉTOILES

★★★ **Vaut le voyage** ★★ **Mérite un détour** ★ **Intéressant**

## HÔTELS ET RESTAURANTS

| | |
|---|---|
| *9 ch.* | Nombre de chambres |
| 7,5 € | Prix du petit-déjeuner en sus |
| 50 € | Prix de la chambre double, petit-déjeuner compris |
| bc | Menu boisson comprise |
| | Air conditionné dans les chambres |
| | Restaurant dans l'hôtel |
| | Établissement servant de l'alcool (à l'étranger) |
| | Piscine |
| CC | Paiement par cartes de crédit |
| | Carte de crédit non acceptée |
| P | Parking réservé à la clientèle |
| Tram | Station de tramway la plus proche |
| M | Station de métro la plus proche |

## SYMBOLES DANS LE TEXTE

| | |
|---|---|
| | À faire en famille |
| | Pour aller au-delà |
| | Promenade à pied |
| | Randonnée à vélo |
| | Facilité d'accès pour les handicapés |
| A2 B | Repère sur le plan |

***Manufacture française des pneumatiques Michelin***
**Société en commandite par actions au capital de 504 000 004 EUR**
**Place des Carmes-Déchaux - 63000 Clermont-Ferrand (France)**
**R.C.S. Clermont-Fd B 855 200 507**


Dépôt légal : 09-2011 – ISSN 0293-9436
Compograveur : Michelin, Boulogne
Imprimeur : La Tipografica Varese, Italie
Imprimé en Italie : 09-2011
Sur du papier issu de forêts gérées durablement